Marita Bromberg
Dirk Kruse-Etzbach

New York

IWANOWSKI'S REISEBUCHVERLAG

Im Internet:

www.iwanowski.de

Hier finden Sie aktuelle Infos zu allen Titeln, interessante Links – und vieles mehr!

Einfach anklicken!

Schreiben Sie uns, wenn sich etwas verändert hat. Wir sind bei der Aktualisierung unserer Bücher auf Ihre Mithilfe angewiesen:
info@iwanowski.de

New York

7., komplett überarbeitete und aktualisierte Auflage 2017

Salm-Reifferscheidt-Allee 37 • 41540 Dormagen
Telefon 0 21 33/26 03 11 • Fax 0 21 33/26 03 34
info@iwanowski.de
www.iwanowski.de

Titelfoto: Blick auf den Central Park von der Aussichtsplattform Top of the Rock/Comcast Building © Sergey Borisov/fotolia
Alle anderen Farbabbildungen: s. Abbildungsverzeichnis S. 443
Layout: Monika Golombek, Köln
Lektorat: Gudrun Raether-Klünker, Würselen
Karten und Reisekarte: Klaus-Peter Lawall, Unterensingen
Titelgestaltung: Point of Media, www.pom-online.de
Redaktionelles Copyright, Konzeption und deren ständige Überarbeitung: Michael Iwanowski

Gesamtherstellung: Werbedruck GmbH Horst Schreckhase, Spangenberg
Printed in Germany

ISBN: 978-3-86197-147-4

Alle Karten zum Gratis-Download – so funktioniert's
In diesem Reisehandbuch sind alle Detailpläne mit sogenannten QR-Codes versehen, die vor der Reise per Smartphone oder Tablet-PC gescannt und bei einer bestehenden Internet-Verbindung auf das eigene Gerät geladen werden können. Alle Karten sind im PDF-Format angelegt, das nahezu jedes Gerät darstellen kann. Für den Stadtbummel oder die Besichtigung unterwegs hat man so die Karte mit besuchenswerten Zielen und Restaurants auf dem Telefon, Tablet-PC, Reader oder als praktischen DIN-A-4-Ausdruck dabei.
Mit anderen Worten – der „gewichtige" Reiseführer kann im Auto oder im Hotel bleiben und die Basis-Infos sind immer und überall ohne Roaming-Gebühren abrufbar.

Stadtrouten

info

Weiterführende Informationen zu folgenden Themen

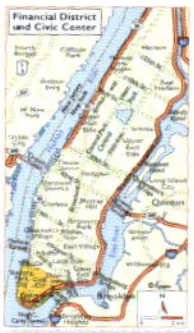

Verzeichnis der Karten und Grafiken

Legende

- Information, Visitor Center (VC)
- Sehenswürdigkeit
- Denkmal
- Post (Auswahl)
- Kathedrale
- Kirche
- Moschee
- Synagoge
- Buddhist. Tempel
- Museum
- Theater, Oper, Musikaufführungen
- Krankenhaus
- besonderes Gebäude
- ehemalige Festung
- Universität / College
- Konsulat D, A, CH
- Bibliothek
- Friedhof
- Markt / Food Mall
- Shopping
- besonderes Restaurant
- TKTS Ticket Booth
- Busbahnhof
- Bahnhof (Fernbahn)
- Metro-North – Nahverkehr (Metro-North)
- LIRR – Nahverkehr (Long Island RR)
- PATH – Nahverkehr Manhattan-New Jersey
- Light Rail (Straßenbahn New Jersey)
- M Wall St 2 3 – U-Bahn (Subway) New York mit Haltestelle und verkehrenden Linien
- RV Park (Wohnmobilpark)
- Kajak / Paddelbootverleih
- Internationaler Flughafen
- Heliport (Rundflüge)
- Schiffsanleger, Fähre
- Fußgängerzone

I. EINLEITUNG

New York – The „Big Apple“

„New York is an ugly city. Its climate is a scandal, its politics are used to frighten children, its traffic is madness, its competition is murderous. But there is one thing about it – once you have lived in New York and it has become your home, no place else is good enough.“
John Steinbeck, 1953

Als erster Europäer segelte 1524 der Italiener Giovanni da Verrazano um Manhattan herum. 85 Jahre später dann war es der Brite Henry Hudson, der einen Fuß auf die dicht bewaldete Insel setzte. Seinen Berichten zufolge hatten die Holländer zaghafte Besiedlungsversuche an der Südspitze der Insel gestartet und den kleinen Handelsposten *Nieuw Amsterdam* genannt. Die Mana-Hattans, die hier ansässigen Indianer des Delaware-Stammes, begrüßten die Weißen zurückhaltend, aber durchaus freundlich. Der Dank dafür war die Zerschlagung ihres Volkes keine 30 Jahre später.

Dass sich aus der kleinen Siedlung einmal *die* Welthauptstadt entwickeln würde, konnte zu dieser Zeit niemand voraussagen. New York, das ist heute ein Konglomerat aus den höchsten Wolkenkratzern, den besten Museen, den vielseitigsten und schrillsten Geschäftsideen und der bedeutendsten Börse der Welt. Zudem ist die Stadt Sitz der UN und bietet ein einzigartiges Kulturprogramm ... Immer im Umbruch, oft im Aufbruch, mal bankrott, dann wieder maßlos in seiner Verschwendungssucht: ein einzigartiger Schmelztiegel voller Highlights und Abgründe!

In jedem Jahrhundert legte die Stadt einen Gang zu. Erst lösten die Engländer die Holländer ab, dann erkämpften sich die Amerikaner die Unabhängigkeit. Drei große Einwanderungswellen prägten die Stadt, sie überstand lodernde Feuersbrünste, ausufernde Kriminalität, maßlose Exzentrik, himmelschreiende Wohnungsnot, Korruption und Vetternwirtschaft, immense Müllberge, Wassermangel, Rassenunruhen und den unfassbaren Terroranschlag auf das World Trade Center 2001.

Doch *New York*, wie es die Engländer 1664 tauften, ließ und lässt sich nicht unterkriegen. Immer wieder aufs Neue rettete sich die Stadt aus scheinbar aussichtslosen Situationen, um hinterher noch besser dazustehen – dank seiner Bewohner, die zu leiden, zu kämpfen und zu feiern gelernt hatten. „Wer es hier schafft, wird es überall schaffen“, war bald ein gängiger Slogan.

Schon vor dem Ersten Weltkrieg, spätestens aber mit der Etablierung der Vereinten Nationen nach dem Zweiten Weltkrieg, wurde New York eindeutig zur Weltstadt Nummer eins – und zum Trendsetter unter den Metropolen. Was aber weniger an der Zahl der Einwohner liegt – im Großraum sind 23 Mio. Menschen ansässig – als an deren Charakteren und „Histörchen“: 170 Nationalitäten leben hier auf engstem Raum, sprechen nahezu hundert Sprachen, werden beschützt von 35.000 Polizisten, betreut von 12.000 Psychiatern, bei Laune gehalten in jährlich 600 Broadway- und Off-Broadway-Produktionen und können ihre kulinarische Wünsche in über 20.000 *Eating Establishments* befriedigen. Kein Wunder, dass diese Stadt jedes Jahr 60 Mio. Besucher zählt! Die New Yorker selbst sind ebenfalls oft „nicht von hier“: Ein Viertel von ihnen ist im Ausland geboren, 40 % der Bevölkerung sprechen zu Hause Spanisch, und 25 % beherrschen die englische Sprache gar nicht.

Es sind die Menschen, die das Stadtbild und das Lebensgefühl ausmachen und immer wieder verändern, ganz nach dem Motto: „Leben und leben lassen, aber bitte im Eilschritt“. Schnell passt man sich dem Tempo unmerklich an: 30 Häuserblocks im New Yorker Gehschritt sind in 45 Minuten bewältigt, anderen den Vortritt zu lassen ist in dieser Ellbogengesellschaft nicht üblich, und beim Einkauf zählt nicht die Beratung, sondern das schnelle Zugreifen: Man weiß, was man will. Wer zögert und zweifelt, geht hier unweigerlich unter.

Man sollte sich keine Illusionen machen: Um New York zu erkunden und zu erobern, muss man in Abenteuerstimmung sein. „Pflicht“-Erlebnisse wie der Blick vom Empire State Building, die Bootsfahrt zur Freiheitsstatue, die Erkundung der Kunstmuseen, der Spaziergang durch den Central Park oder der Abend am Broadway sind faszinierend und hinterlassen unvergessliche Eindrücke. Doch ein Besuch ist aufreibend. Die Hektik, der Verkehr, das unendliche Pflastertreten, der zu bändigende Kaufrausch, die hohen Preise, der 24-Stunden-Lärm ... Zurück in Europa wird man, vielleicht mit einem Gefühl der Erleichterung, dem geruhsamen Treiben auf europäischen Großflughäfen zusehen.

Da es in New York so viel zu sehen gibt, gilt es von Tag zu Tag zu entscheiden, was man unternehmen möchte. Alles ist ohnehin nicht zu schaffen, und ein viertägiger Aufenthalt reicht nicht einmal für das „Abhaken“ auch nur der bedeutendsten Sehenswürdigkeiten. Den ersten Besuch im „Big Apple“ sollte man, um einen ersten Eindruck zu erhalten, ganz einfach mit einer Stadtrundfahrt im Bus beginnen. Danach kann man sich drei bis vier Sehenswürdigkeiten genauer anschauen. Alles andere, ob Einkaufsbummel, Livemusik-Auftritte, Broadway-Shows, den Besuch ausgefallenerer Museen oder von Restaurants gestaltet man am besten ganz nach Tagesform und Lust.

Damit Besucher ihren New-York-Aufenthalt etwas individueller gestalten können, stellt dieser Reiseführer zahlreiche Gelegenheiten und Attraktionen *off the beaten path* vor. So bietet sich die Möglichkeit, das „andere“ New York zu erleben und z. B. nachzuvollziehen, wie Manhattan früher ausgesehen haben mag. Es werden weniger bekannte Stadtteile mit Geschichte und heutigem Erscheinungsbild vorgestellt: Wie wäre es mit einem Besuch der Bronx und Staten Island? Oder einem ethnischen Restaurant in Queens bzw. einem Strandspaziergang auf Coney Island? Friedhöfe können Geschichten erzählen, kleine Museen das Amerika des 17. Jhs. näherbringen usw.

An dieser Stelle möchten wir uns beim New York Presseamt für die freundliche Unterstützung bedanken. Außerdem gilt unser Dank den Freunden und der Familie, die mit individuellen Eindrücken und neuen Entdeckungen unsere Begeisterung für New York City immer wieder bestätigen.

Marita Bromberg und Dirk Kruse-Etzbach

2. LAND UND LEUTE

New York auf einen Blick – Fakten

Einwohner	New York (alle 5 Boroughs): 8,5 Mio.; davon arbeitende Bevölkerung: 3,5 Mio.; Metropolitan Area: ca. 23 Mio.
Fläche der 5 Boroughs	779,3 km^2; Manhattan: 58,78 km^2 (zum Vergleich: Berlin: 883 km^2, London: 1.580 km^2)
Namensherleitung von Manhattan	Bei den Delaware-Indianern bedeutete „Menatay" Insel. Auf dieser Insel lebte der Stamm der Menatay (Mana-Hattans).
Woher kommt die Bezeichnung „Big Apple"?	Jazz-Musiker der 1920er- und 1930er-Jahre pflegten zu sagen: „Es gibt viele Äpfel am Baum des Erfolges. Doch wenn man New York City ‚abpflückt', dann hat man den ‚Big Apple' erwischt."
Sprache	Etwa 100 Sprachen werden gesprochen, zählt man die Dialekte mit, sind es an die 800.
Nationalitäten	Menschen aus 171 Nationen leben in NYC.
Ethnische Herkunft	33 % Eurasier, 25,5 % Afroamerikaner, 28,5 % Hispanics/Latinos, 12,5 % Asiaten, 27.540 Native Americans (Indianer)
Religionen	58 % Christen, darunter 33 % Katholiken, 10 % Baptisten, 8 % andere, z.B. Protestanten/Lutheraner, sowie Methodisten, Pentecostal (Pfingstler), Episcopale und Presbyterianer, 12,5 % Juden, 8 % Muslime (Zahl variiert), Hindus, Buddhisten sowie 20 % ohne Religionszugehörigkeit (Zahl variiert)
Kirchen, Tempel, Synagogen, Moscheen und religiöse Versammlungsplätze	über 6.000
Bürgermeister	seit 2014 Bill de Blasio (Demokrat)
Besucher	60 Mio. pro Jahr (davon 12,5 Mio. aus dem Ausland; 630.000 aus Deutschland)
Fluggäste auf den 3 Flughäfen	über 118 Mio.
Busse	2,6 Mio. Passagiere benutzen tgl. die 5.600 städtischen Busse.
U-Bahn	5,4 Mio. Passagiere benutzen tgl. die nahezu 6.300 U-Bahn-Wagen.

Taxis	Fahrer/innen aus 85 Ländern (die 60 Sprachen sprechen) chauffieren die Passagiere in 13.300 lizenzierten Taxis.
Hotelzimmer	über 100.000 Zimmer (durchschnittlicher Zimmerpreis: $ 305!), Tendenz: steigend
Parktickets	Jährlich werden über 10 Mio. Parktickets verteilt, die der Stadtkasse ca. 720 Mio. Dollar einbringen.
Gastronomische Betriebe	über 20.000, davon 4.000 Straßenstände
Gebäude unter Denkmalschutz	über 1.000
Museen	etwa 200, zzgl. 500 Galerien
Broadway-Theater	40
Besucher (jährlich)	Times Square Area: 21 Mio., Bloomingdale's: 16 Mio., Broadway-Theater: über 14 Mio., Metropolitan Museum of Art: 4,8 Mio., Freiheitsstatue: über 4 Mio., Empire State Building: 4,4 Mio., Central Park: 20 Mio.
Hochhäuser	über 6.000, davon 570 höher als 100 m
Landaufschüttung	32 % von Lower Manhattan sind künstlich aufgeschüttet worden.
Zuschauer bei Paraden	Puerto Rican Day Parade: 2,3 Mio., Macy's Thanksgiving Parade: 2 Mio., NY City Marathon: 2 Mio., Halloween Parade: 1,5 Mio., St. Patrick's Day Parade: 1,5 Mio., Silvester am Times Square: über 1 Mio.
Psychotherapeuten	12.000
Polizisten	ca. 35.000
Feuerwehrleute	11.000 Feuerwehrmänner/-frauen sowie 3.300 medizinisches Personal
Wert aller Immobilien in NYC	etwa 1.000 Mrd. Dollar
Steuereinnahmen der Stadt	50 Mrd. Dollar jährlich, davon 22 Mrd. Dollar immobilienbezogene Steuern
Entfernungen	NY – Niagara Falls: 725 km; NY – Washington: 369 km; NY – Boston: 357 km

Geschichte New Yorks

Frühe Besiedlung durch die Indianer

Wenn man sich heute das rege Treiben der Metropole New York ansieht, fällt es schwer, sich die Anfänge des einst holländischen Gebietes vorzustellen. New York liegt in der Region der ehemaligen **Eastern Woodlands**, einer Waldlandschaft riesigen Ausmaßes, die an der Atlantikküste begann, sich im Süden beinahe bis ins heutige Florida und im Norden über die kanadische Grenze hinweg und westwärts bis jenseits der Großen Seen erstreckte. Die Einwohner, **Indianer** genannt, besiedelten die Eastern Woodlands seit mindestens 3000 v. Chr. und gehörten zu **Jäger- und Sammlerstämmen**, die das Land auf ihre Art kultivierten. Organisiert waren die Stämme zumeist als Gesellschaften mit einem Oberhaupt, sie unterschieden sich jedoch stark in ihrer internen Organisation. Es gab sowohl egalitär aufgebaute Stämme als auch Gesellschaften mit einem ausgeprägten Klassensystem. Gemeinsam war diesen Stämmen jedoch der Glaube an eine spirituelle Beziehung zwischen allen Dingen der Erde, und gerade ihr Glaube an die Verbindung zwischen den Menschen und ihrer natürlichen Umgebung trennte sie von den Europäern, die sich das Land aneigneten. Die **üppige Vegetation**, die die Europäer als Geschenk der Natur betrachteten, war in Wirklichkeit das Werk der Indianer, die durch ein intelligentes System der Waldrodung durch Feuer Lebensraum für wilde Tiere und fruchtbaren Boden für den Anbau von Nahrungsmitteln geschaffen hatten. Zwischen 1500 und 1900 verringerte sich die nordamerikanische indianische Bevölkerung um ca. 95 %, von etwa 10 bis 12 Mio. auf eine halbe Million. Dies geschah teils durch Kriege, v. a. aber durch Krankheiten wie Masern, Windpocken oder die Grippe, die die Europäer eingeschleppt hatten.

3.000 Jahre Besiedlung

Henry Hudson

Im Jahre **1607** begann der britische Seemann **Henry Hudson** im Auftrag der Muscovy-Handelsgesellschaft die Suche nach einer direkten Seeroute nach China, der sogenannten Nordwestpassage, doch seine Reise endete bei Spitzbergen. Beauftragt von der **Dutch West India Company**, startete er im Jahre 1609 erneut und gelangte im September des Jahres in das heutige New York. Die Versuche früherer Forscher wie Giovanni da Verrazano oder Jacques Cartier, den amerikanischen Kontinent zu besiedeln, waren gescheitert, und sowohl Hudson als auch seine Geldgeber wussten um die Gefahren eines solchen Unterfangens. Doch Hudsons Berichte über die vorzügliche Lage des dortigen Hafens, die üppige Natur und einen breiten Fluss, der in das Innere des Landes führe, schürten die **kommerziellen Interessen** der holländischen Handelsgesellschaft. Man beschloss, das Land als Kolonie zu besiedeln und von den dortigen Bodenschätzen zu profitieren.

Die Anfänge New Yorks als New Amsterdam (1610–1664)

Das von Hudson vorgefundene Land, genannt **Manahatta** (ungefähre Bedeutung: „schöne hügelige Insel"), war besiedelt von Indianern der Algonquin-Stammesfamilie (Delaware-Indianer), den sogenannten Mana-Hattans (auch als Manhattans bezeichnet). Sie verkauften den europäischen Siedlern im Jahre 1626 ihre Ländereien für Werkzeuge und Glasperlen im Wert von nur 60 Gulden und zogen westwärts. Durch diese Jäger- und Fischerstämme lernten die neuen Siedler Mais, Bohnen und andere Nahrungsmittel sowie den Tabak kennen. Auch übernahmen sie deren Orts- und Flüssenamen.

Erste holländische Siedler

Im Jahre 1623 erreichte eine 110-köpfige Gruppe, bestehend aus 30 Familien, New Amsterdam unter der Leitung von Cornelis Jacobsz May. Sie brachten Vieh und Saatgut mit sich. Bei den meisten Familien handelte es sich um protestantische Wallonen, die aus den spanischen Niederlanden geflohen waren. Eine zweite Gruppe von ca. 270 Holländern unter der Führung des Ingenieurs Cryn Fredericksz stieß 1625 zu ihnen. Sie sollten eine neue Siedlung mit einer Kirche, einem Marktplatz, einem Krankenhaus, einer Schule sowie Wohnhäusern errichten. Für den Bau der Siedlung importierte man **Sklaven** von den karibischen Inseln, denen gewisse Freiheiten gewährt wurden, wie etwa persönlichen Besitz, wenn sie eine jährliche Abgabe entrichteten.

Bis zum Jahr 1643 war die Bevölkerung auf über 400 Personen angewachsen, und die Dutch West India Company, die seit 1621 die Kolonierechte hatte, unterstützte neue Siedler durch eine kostenfreie Überfahrt nach Amerika und die Zuteilung von Ländereien. Den Neuankömmlingen gewährte man einen großen wirtschaftlichen Freiraum. Ausnahme war der Pelzhandel, auf den die Gesellschaft ein Monopol erhoben hatte, das sich durch den zunehmenden Schmuggel mit Pelzen ab 1639 jedoch nicht mehr aufrechterhalten ließ. So entstanden in diesen Jahren mehrere **englische und niederländische Siedlungen** innerhalb der Kolonie. Um sich vor Angriffen der Indianer zu schützen, schloss man ein Freundschaftsabkommen mit der Stammesfamilie der Iroquois, die die mächtigsten indianischen Volksstämme beinhaltete. Die holländischen Siedler belieferten ihre neuen Freunde

Die Indianer verkauften Manhattan für 60 Gulden

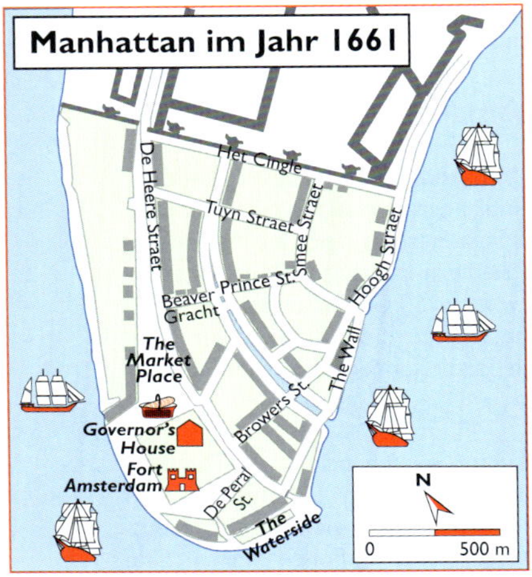

mit Waffen, die diese gegen andere Stämme und gegen französische Siedler einsetzten. Auch wurden Gesetze erlassen, die es untersagten, Indianer anzugreifen oder auszubeuten.

Nach einer Zeit relativen Friedens erließ der Gouverneur der Siedlung, Kieft, im Jahr 1638 ein Gesetz, demzufolge die benachbarten Indianer von den europäischen Siedlern besteuert werden sollten. Dies führte zu zahlreichen Übergriffen und Kriegen in den darauffolgenden Jahren. Als 1643 Friede geschlossen wurde, war von den europäischen Siedlungsanlagen nicht viel übrig geblieben. Viele Siedler zogen weiter und gründeten neue Niederlassungen in Bloomingdale Village, Harlem, Queens, Bronx und auf Long Island.

Peter Stuyvesant

Als der neue Verwalter der Kolonie, **Petrus Stuyvesant** (engl. Peter, niederländ. Pieter), **1647** den Vorstand der Siedlung New Amsterdam übernahm, fand er seine Landsleute in einem völlig demoralisierten Zustand vor. Statt den Handel auszubauen, schienen sich die Siedler mehr für Alkohol und das Kartenspiel zu interessieren. Mit seinem strengen und autokratischen Regierungsstil drängte Stuyvesant auf die Einhaltung der religiösen Pflichten und war maßgeblich beteiligt an der Verfolgung von Mitgliedern der religiösen Glaubensgemeinschaft der Quäker (Quaker). Auch war es ihm wichtig, die Stadt gegen feindliche Übergriffe zu sichern. Nachdem 1653 gegen seinen Willen ein Komitee, das aus neun Männern bestand, eine Art städtische Regierung gebildet hatte, um Entscheidungen im Sinne der Gesellschaft zu treffen, entfremdete sich Stuyvesant zunehmend von seinen Landsleuten. Bis zu diesem Zeitpunkt hatten die Siedler keinerlei politisches Mitspracherecht gehabt, und ihre Interessen wurden nicht vertreten.

Die Übernahme durch England

Die auf 1.500 Personen angewachsene und ständig um ihren Erhalt fürchtende Siedlung bestand in dieser Form bis 1664, als der britische **König Charles II.** die Landrechte über New Amsterdam seinem Bruder **James**, dem **Herzog von York**, übertrug. Aufgrund von Bürgerkriegen und Unruhen war die britische Kolonisierung in der Mitte des 17. Jhs. zu einem Stillstand gekommen, Charles II. jedoch beschloss, diese fortzuführen. Er wollte in einem ersten Schritt die Holländer, mit denen er in der Alten Welt Krieg führte, vertreiben, und gab daher seinem Bruder James die Erlaubnis, zu nehmen, was er kriegen könne. Als James im August 1664 mit seiner Flotte New Amsterdam erreichte, ergab sich ihm die Kolonie kampflos. Fortab stand die Siedlung unter der Aufsicht britischer Gouverneure. Das holländische New Amsterdam war an seiner schlechten und korrupten Verwaltung gescheitert und nun zu New York geworden.

Beginn der Ära New York

New York unter britischer Herrschaft (1664–1783)

Mit der Übernahme New Yorks durch die Briten begann der Handel in der Kolonie zu florieren. **Heterogenität** prägte nun das Stadtbild, denn die Bewohner kamen aus vielen unterschiedlichen Orten, vertraten zahlreiche Berufsgruppen – darunter auch Rechtsanwälte und Ärzte –, sprachen verschiedene Sprachen und gehörten vielerlei Konfessionen an. Für Vergnügung und Ausgleich wurde in den Kaffeehäusern, Tavernen und Bordellen gesorgt.

Der Herzog von York hatte **Richard Nicolls** zum ersten britischen Gouverneur ernannt. Dieser behielt das holländische System der Lokalregierung bei, und der Landbesitz der Siedler wurde bestätigt. Durch den zweiten britisch-holländischen Krieg im Jahre 1665 begannen jedoch einschneidende Veränderungen. Die Handelskontakte mit Amsterdam wurden beendet, und es begann eine Zeit der **Anglisierung**, die sich auf die Bereiche Regierung, Gesetzgebung und Handel erstreckte. 1673 wurde ein Postsystem zwischen New York, Boston und Hartford ins Leben gerufen. Die Verfolgung von Quäkern und Juden wurde beendet.

Nach einem kurzen Zwischenspiel im Jahre 1673, als eine niederländische Flotte mit 1.600 bewaffneten Männern versuchte, die Kontrolle über New York zurückzugewinnen, war die Stadt 1674 wieder fest in den Händen der Briten. Nach dem Tod von Charles II. im Jahre 1685 wurde James zum Monarchen und die Kolonie zur königlichen Provinz. Sein Ziel war es, die Kolonien nördlich und östlich des Delaware River mit New York zu einem gemeinsamen Herrschaftsgebiet namens Neu-England zu verbinden. Als königlicher Vertreter fungierte der Gouverneur, der über nahezu unbegrenzte Macht verfügte. Dieser prosperierende Zustand hielt bis zur Entmachtung James' II. während der Invasion Englands durch Wilhelm von Oranien an. In dessen Namen riss **Jacob Leisler** 1689 die Herrschaft über Fort James an sich, gegen den Willen der holländischen und britischen Siedler. Unter Leisler entwickelte sich ein System von Korruption und Bestechung, denn Rechte konnten nun vom Gouverneur „erkauft" werden.

Versuch der Rückeroberung

Um die Vollmachten der Gouverneure endgültig einzuschränken, beschloss die Versammlung der kolonialen Repräsentanten 1709, die Amtszeit der Kolonievorsteher auf ein Jahr zu begrenzen und deren Lohn stark zu kürzen. So begann für die Kolonie eine Zeit des wirtschaftlichen Wachstums, die bis in die 60er-Jahre des 18. Jhs. andauern sollte. *Wall Street* 1693 wurde auf der Wall Street das erste dauerhafte Pflaster in New York gelegt, im folgenden Jahr entstand der Hafen an der Wall Street und der Pearl Street. Ein neues Rathaus ersetzte das alte Stadthuys der Holländer. Mehrere Kirchen, darunter die Trinity Church, wurden erbaut, außerdem ein Marktplatz, Geschäfte und ein Sklavenmarkt.

Während der britische Handel blühte, verloren die Holländer mehr und mehr an wirtschaftlicher Bedeutung, wenn auch die Bevölkerungszahl relativ hoch blieb. Es trafen kaum noch neue niederländische Siedler in New York ein, die vornehmlich einfachen Handwerksberufen nachgingen. Reiche Händler fand man in den Reihen der Briten und unter den **französischen Hugenotten**, die ab 1685 zur Kolonie stießen. Rund 200.000 dieser Protestanten waren vor der politischen Verfolgung in ihrem Heimatland geflohen, eine kleine Anzahl davon nach Amerika. Bereits 1654 waren die ersten **Juden** in New York eingetroffen, die bis zur Unabhängigkeit New Yorks und der Übernahme der Stadt durch die Briten regen Handel betrieben, später dann zumeist nach Philadelphia auswanderten. Eine weitere Bevölkerungsgruppe waren die **afrikanischen Sklaven**, die sich in großer Zahl in der Kolonie fanden. Sie arbeiteten als Hausdiener oder im Handwerk. Es gab nur eine sehr geringe Zahl freier schwarzer Bewohner, und nach den Sklavenaufständen des frühen 18. Jhs. wurden ihnen die meisten ihrer ohnehin beschränkten Rechte, so z. B. das Recht, Land zu besitzen, genommen.

Die 60er-Jahre des 18. Jhs. waren eine **Zeit der politischen Umwälzung**. Durch Erlasse der britischen Regierung sollten die Kolonien nun für Importe besteuert werden, was zu einem Boykott britischer Güter führte. Wie schon im Jahr zuvor in Boston gab es 1774 in New York eine Tea Party, und kurz darauf kam es zu bewaffneten, anhaltenden Ausschreitungen. Durch seine Hafenlage war New York besonders anfällig für Seeangriffe. Erst **1776** kam es jedoch zu der angestrebten politischen **Unabhängigkeit vom Mutterland**. *Kampf um die Unabhängigkeit* Im April erreichte **George Washingtons** Armee New York, und im nördlichen Manhattan wurde Fort Washington angelegt. Im Juni landeten britische Truppen unter der Leitung von **Sir William Howe** auf Staten Island. Nach schweren Verlusten auf beiden Seiten musste Washington im Oktober die Stadt aufgeben. Im Juli wurde ein Konvent der Vertreter des Staates New York gebildet, und im April **1777** wurde eine neue **Verfassung** für den Staat New York unterzeichnet. Im Februar 1778 bestätigte New York als zweite von 13 Kolonien die Artikel der Konföderation.

Während der gesamten Amerikanischen Revolution, bis etwa 1783, blieb New York jedoch unter der Herrschaft der Briten. Ein Drittel der Ausschreitungen des Kriegs fand auf New Yorker Gebiet statt, und die Stadt wurde stärker beschädigt als alle anderen Kriegsschauplätze. Durch Großbrände in den Jahren 1776 und 1778 wurden weite Teile der Stadt vernichtet. Dennoch kam es zu einem star-

ken Bevölkerungswachstum von 17.000 auf 30.000 Bürger, denn viele **Loyalisten** anderer Kolonien strömten in das britische New York. Eine Anzahl dieser heimattreuen Neuankömmlinge, denen inzwischen viele Ämter und Bürgerrechte entzogen worden waren, verließ 1783 zum Ende des Kriegs mit dem britischen Militär die Stadt und zog nördlich nach Nova Scotia. 1792 wurde ihnen die Rückkehr offiziell gestattet, doch in der Zwischenzeit hatten sich die Vermögensverhältnisse in der Stadt völlig gewandelt.

Alexander Hamilton

Unter einer neuen Verfassung wurde New York City 1788 zur **Hauptstadt des Staates New York** (abgelöst 1797 von Albany) und bis 1790 zur Hauptstadt der Vereinigten Staaten. Im Vertrauen auf ihre wirtschaftliche Potenz und ihre politische Loyalität hatte man die Stadt zum Regierungssitz gemacht, und 1789 wurde **George Washington** hier als **erster Präsident der Vereinigten Staaten** vereidigt. Unter seinem Schatzmeister **Alexander Hamilton** und einer föderalistischen Regierung setzte in den 1790er-Jahren eine wirtschaftliche Blütezeit ein, und ein stabiles politisches und finanzielles System entstand. New York war nach Philadelphia die größte Stadt der Vereinigten Staaten und hatte 1790 über 33.000 Einwohner. In den darauffolgenden Jahrzehnten stieg die Bevölkerungszahl stark an durch Zuwanderer aus Neu-England und aus Irland. So war die Stadt trotz ihres wirtschaftlichen Aufstiegs bis ins 19. Jh. mit den Problemen des Bevölkerungszuwachses konfrontiert, und man musste sich mit Themen wie Armut, schlechten Wohnverhältnissen, Seuchen, politischen Vorurteilen oder religiöser Diskriminierung auseinandersetzen.

Das Industrielle Zeitalter (1825–1890)

In diesem Zeitraum wuchs New York City rasant: 1828 reichte die Stadt von der Südspitze bis ca. zur 10. Street, 1860 machte man Pläne für Straßen nördlich der 155. Street. Der **Bevölkerungsboom** führte dazu, dass 1860 bereits über 800.000 Einwohner in der Stadt lebten, verglichen mit 123.000 zum Beginn des Industriellen Zeitalters. Bis zur nächsten Jahrhundertwende hatte Manhattan die Zwei-Millionen-Marke überschritten, zusammen mit den Boroughs (zu dieser Zeit im Wesentlichen Brooklyn) zählte die Stadt im Jahre 1900 über 3,6 Mio. Einwohner. New York hatte sich zu einer reichen Stadt und einem Handelszentrum entwickelt.

Ausbau der Infrastruktur

Mit der **Eröffnung des Erie-Kanals** zwischen dem Erie-See und New York City im Jahr 1825 wurde der Warenhandel günstiger. Durch die Eisenbahn beschleunigten sich dann auch die Reisezeiten für den Personenverkehr enorm. Hatte man bisher für eine Reise nach Boston anderthalb Tage mit der Pferdekutsche gebraucht, so ließ sich diese Strecke mit der Bahn ab den 1840er-Jahren in zehn Stunden bewältigen. Auch die innerstädtische Infrastruktur wurde durch die ersten pferdegezogenen Straßenbahnen innerhalb Manhattans bis nach Harlem ab den 1830er-Jahren verbessert.

Die gesellschaftliche Trennung zwischen den **Reichen und Armen** der Stadt nahm in den 30er- und 40er-Jahren zu. Als 1834 die erste Direktwahl des Bürgermeisters durch die Bevölkerung stattfand, war diese begleitet von **Unruhen und Straßenkämpfen**. Die Bevölkerung spaltete sich in die Lager der *Whigs* (später *Republicans*) und der *Democrats*, darunter viele Einwanderer irischer Abstammung. Durch Fälschung der Wahlergebnisse im vermeintlich furchtbarsten Slum der Welt, „Five Points", gelang **Fernando Wood** der Einstieg ins Bürgermeisteramt, und er blieb mit kurzer Unterbrechung Inhaber dieses Amtes bis zum Bürgerkrieg im April 1861. Wood war ein ausdrücklicher Befürworter der Sklaverei und fand so die Unterstützung einer breiten Schicht von Händlern, die sich auf die billige Arbeitskraft der schwarzen Sklaven in der Baumwollverarbeitung verließen. Nach den Misserfolgen des ersten Kriegsjahres entschied sich New York mehrheitlich gegen den Krieg, konnte sich diesem jedoch nicht entziehen und musste Truppen zu den Kampfhandlungen schicken sowie starke Verluste hinnehmen.

Politische Entwicklung

Die Wohnverhältnisse des 19. Jahrhunderts

Währenddessen verschlechterten sich die Wohnverhältnisse in manchen Gegenden dramatisch. Im bereits erwähnten „Five Points" befand sich die Mietskaserne „Old Brewery", in der 1.200 Bewohner in drückender Enge lebten. Mieter zahlten monatlich zwischen zwei und zehn Dollar, die unverhältnismäßig hohen Preise ließen sich durch die Knappheit an Wohnraum in der Stadt erzielen. Vermehrt wurden nun **Mietshäuser** – eine New Yorker Besonderheit – erbaut, um dem immerwährenden Zustrom der Neuankommenden gerecht zu werden (s. auch unter Architektur, S. 64). Diese Gebäude, von denen im Jahr 1864 bereits 15.000 existierten, befanden sich allerdings in einem hygienisch untragbaren Zustand. Zur Kontrolle und Besserung der Situation wurde ein städtischer Gesundheitsausschuss („Metropolitan Board of Health") gegründet. Erst 1879 jedoch wurde ein Gesetz zur Baubegrenzung erlassen, bisher gängige Missstände wie fensterlose Zimmer wurden verboten. Dieses und ähnliche Gesetze verbesserten zwar den Standard der Mietwohnungen etwas, konnten jedoch die Probleme nicht beheben, zumal die Bevölkerungszahl weiter anstieg. Die Masse war unterbezahlt, viele waren arbeitslos. Unter diesen Umständen waren die Eigentümer der Mietshäuser einflussreiche Bürger der Stadt, denen um 1900 bereits über 40.000 Mietshäuser in Manhattan gehörten.

Teure Mietwohnungen

Die Stadt expandiert: The Bronx, Brooklyn, Queens und Staten Island

Das Bevölkerungswachstum New Yorks während des 19. Jhs. führte dazu, dass die Stadt über die Grenzen Manhattans hinaus wachsen musste. Das erste neue Stadtviertel, das zwischen 1874 und 1898 integriert wurde, war **The Bronx**. Dieser Bereich ist durch den Harlem River von Manhattan getrennt und hatte bereits im 17. Jh. eine wichtige strategische Position als Zollstelle für den Handel zwischen Manhattan und Neu-England inne. Bis zur zweiten Hälfte des 19. Jhs. blieb die Bronx eine vornehmlich landwirtschaftlich genutzte Gegend. Seit 1904 ist der Stadtteil mit Manhattan durch ein Schnellbahnnetz verbunden und wurde seitdem zum attraktiven Wohnort für Pendler. Im Rahmen eines Referendums von 1898 wurden drei weitere Stadtviertel in die Großstadt integriert: Brooklyn, Queens

The Bronx wird Stadtteil von NY

New York um 1895

und Staten Island. **Brooklyn** war schon früh besiedelt, da bereits 1814 eine regelmäßige Fährverbindung nach Manhattan bestand. Als 1883 die Brooklyn Bridge eröffnet wurde, lag die Einwohnerzahl bereits bei 600.000, 1898 schon bei weit über 1 Mio. **Queens** hingegen war bis zum Ende des 19. Jhs. eine ländliche Gegend geblieben und wuchs erst durch die Eröffnung der Queensborough Bridge (1909) sowie des Eisenbahntunnels nach Long Island (1910) an. **Staten Island** hat sich den ländlichsten Charakter erhalten und zählt auch heute nur 470.000 Einwohner. Immer wieder haben sich bei Wahlen die Einwohner von Staten Island dafür engagiert, eine Trennung von New York City zu erwirken, bislang jedoch ohne Erfolg.

New York im 20./21. Jahrhundert

Im Jahr 1900 kam New York City auf eine Einwohnerzahl von gut 3,6 Mio., und Wirtschaft und Handel florierten, wovon heute u. a. noch zahlreiche populäre Lieder der Zeit zeugen. Besonders das Druckerei- und Verlagswesen hatte sein Zentrum in New York gefunden. Immer mehr Theater und Kabaretts sorgten für Unterhaltung, doch auch die Probleme der Metropole wurden aufgegriffen und fanden Eingang in Theaterstücke über das Leiden der Proletarier oder in Romane über hungerleidende Fabrikarbeiter.

In den 1920er-Jahren bemühte man sich, die **Infrastruktur** der Stadt zu verbessern, und gründete als zuständiges Organ die Port of New York Authority, die seitdem die Verantwortung trägt für die Entwicklung und den Betrieb der Häfen sowie zahlreicher Flughäfen, Bahnhöfe, Brücken und Tunnel der Staaten New York und New Jersey. Gleichzeitig mit den städtischen Verbesserungen traten andere Veränderungen ein, vornehmlich die **Prohibition**. Diese von 1920 bis 1933 anhaltende Regulierung verbot die Herstellung, den Verkauf, Import und Export von Alkohol. In der Praxis war sie jedoch kaum durchzusetzen, denn die Polizei kam den „Bootleggers", den illegalen Händlern von Alkohol, und den „Speakeasies", den Bars, die illegal Alkohol verkauften, nicht nach. Glücksspiel und politische Korruption waren ebenso an der Tagesordnung. Gangster und ihre Banden beherrschten das Stadtbild, und die Moral der ersten holländischen Siedler schien vergessen. Die Prohibition regte die Fantasie der Ganoven und der Mafia noch an, und entgegen der angestrebten Kontrolle geriet die Stadt mehr und mehr aus den Zügeln. Parallel entstanden zwischen 1900 und 1930 zahlreiche Theater und Clubs,

Folgen der Prohibition

und der Jazz spielte in New York eine besondere Rolle, vorrangig die Darbietungen der Schwarzen während der sogenannten Harlem-Renaissance der 1920er-Jahre. Die Zeit des wirtschaftlichen Wachstums kam am 24. Oktober 1929, dem **Black Thursday**, mit dem Zusammenbruch der New Yorker Börse zu einem abrupten Ende, und die Stadt sollte sich bis zum Ende des Zweiten Weltkriegs von den Auswirkungen der *Great Depression* nicht richtig erholen.

„Schwarzer Donnerstag"

Die Rückkehr von Veteranen aus dem Zweiten Weltkrieg und Einwanderer aus Europa sorgten für einen erneuten Wirtschaftsboom, der zur Entwicklung von großen Wohngebieten im Osten von Queens und auf Long Island führte. Die City wandelte sich im Rahmen des Zweiten Weltkriegs zur Weltstadt, wozu die **Wall Street** maßgeblich beigetragen hat. Im Jahre 1951 verlagerten die Vereinten Nationen ihren Sitz von Flushing Meadows Park, Queens, zur Ostseite von Manhattan.

Die wirtschaftliche Entwicklung nahm Ende der 1960er-Jahre einen anderen Kurs auf, Schiffbau- und Bekleidungsindustrie nahmen rapide ab, während der Dienstleistungssektor an Bedeutung gewann. Viele große Firmen verlagerten ihre Hauptsitze in die Vororte oder in andere Städte, gleichzeitig stiegen Arbeitsplätze in den Branchen Finanzen, Medizin, Schul- und Universitätswesen, Kommunikation, Tourismus etc. New York blieb weiterhin die größte Stadt in den USA und das **Zentrum für Finanzen, Kommerz**, **Information**, **Medien und Kultur**.

Unruhen und Bandenkriege

Wie viele Großstädte in den Vereinigten Staaten, wurde auch New York City in den 1960er-Jahren von Rassenunruhen und Bandenkriegen heimgesucht. Gruppen wie die Black Panthers und die Young Lords organisierten Streiks und forderten bessere Lebensbedingungen für die Bewohner armer Gegenden. Sie richteten Kliniken ein und unterstützten andere Programme, um „power to the people" zu bringen. Ende Juni 1969 fand der **Stonewall-Aufstand** im Stadtteil Greenwich Village statt, ein Aufstand homosexueller Männer gegen die empfundene Belästigung durch die New Yorker Polizei. Die Auseinandersetzungen markieren ein überaus bedeutsames Ereignis in der Geschichte der Bewegung aller Homosexuellen. Im selben Jahr bildete sich in New York sowie in anderen Städten die Gay Liberation Front, ein Jahr später fand die erste Gay-Pride-Parade in Greenwich Village statt.

In den 1970er-Jahren hatte New York den schlechten Ruf einer von Kriminalität beherrschten Metropole. Im Jahre 1975 konnte sich die Stadt nur vor einem Bankrott retten, weil der Bund ein Darlehen bewilligte und die Municipal Assistance Corporation unter der Leitung von Felix Rohatyn die Umschuldung und Restrukturierung in die Wege leitete. Im Jahre 1977 wurde die Stadt vom Serienmörder David Berkowitz, alias *Son of Sam*, in Angst und Schrecken versetzt, und im gleichen Jahr verursachte ein Stromausfall eine massive Welle von Plünderungen und Vandalismus.

Aufschwung der Wall Street

In den 1980er-Jahren, bedingt durch den Aufschwung an der Wall Street, gewann New York wieder die Rolle als **Zentrum der globalen Finanzwelt** zurück. Das Theaterviertel rund um den Broadway, das in den 1960er- und 1970er-Jahren eher ein Rotlichtviertel war, wurde dank der wachsenden Tourismusindustrie wiederbelebt. In den 1990er-Jahren ging die Kriminalität drastisch zurück (insbesondere unter Bürgermeister Rudy Giuliani), während die Zuwanderung deutlich zunahm. Die Stadt war nicht nur das Ziel von Einwanderern aus der ganzen Welt, sondern auch für die vielen amerikanischen Bürger, die das kosmopolitische Leben suchten. Die Bemühungen der Stadt, in vielen Gegenden erneuert Wohnprojekte zu unterstützen und gezielt die Kriminalität zu bekämpfen, hatte besonders auf Gegenden wie Harlem und die Bronx, später dann z. B. auch auf Chelsea, den Meatpacking District und Williamsburg positive Auswirkungen. New York war nun in der Lage, auch verlassene und heruntergekommene Gebiete zu revitalisieren.

Terroranschläge auf das World Trade Center

Am **11. September 2001** wurde New York City von Terroranschlägen erschüttert, bei denen fast 3.000 Menschen in den Türmen des World Trade Centers und der umliegenden Gegend getötet wurden. Die ganze Welt sah zu, wie die 400 Meter hohen Zwillingstürme zusammenbrachen. Dieser Anschlag war traumatisch für New York, zum einen, weil viele Menschen in den Zwillingstürmen ums Leben kamen, unter ihnen unzählige Feuerwehrleute, Polizisten, Rettungssanitäter und freiwillige Helfer, zum anderen, weil fast jeder in irgendeiner Form von diesen Ereignissen betroffen war. Aber das hat die Stadt nicht aufgehalten, den Wiederaufbau von Lower Manhattan voranzutreiben. Im November 2014 wurde das neu errichtete One World Trade Center eröffnet.

Im August 2003 war New York City, zusammen mit acht anderen US-Staaten und Teilen von Kanada vom größten Stromausfall in der Geschichte Nordamerikas betroffen. Bei Temperaturen über 30 °C fielen Klimaanlagen, Computer, Kühlschränke usw. aus, der Northeast Blackout verursachte ein großes Durcheinander, weil Aufzüge, das U-Bahn-System, Beleuchtung und Ampeln nicht mehr funktionierten. Die nächsten Tage gaben aber auch Anlass zu spontanen Grillfesten auf den Straßen, um die Gefrierschränke leerzuräumen.

Die **Weltwirtschaftskrise ab 2007** hatte ihre Wurzeln im Finanzwesen von New York. Hier haben Banker die z. T. hochspekulativen Kreditgeschäfte getätigt und ein fragwürdiges System von Rückversicherungen für „faule Kredite" aufgebaut. Als die Blase platzte, zog es führende New Yorker Finanzhäuser mit in den Abgrund, u. a. Lehman Brothers. Doch nach bereits wenigen Jahren hatte sich New York von diesem Schock wieder erholt, die Immobilienpreise stiegen weiter, und die Banker machten aufs Neue ordentlich Gewinne.

Am 29. Oktober 2012 führte **Hurrikan Sandy** zu riesigen Überschwemmungen und Verwüstungen in New York City und in weiten Gebieten der Ostküste. Viele Straßen, Tunnel und U-Bahn-Linien in den tiefer liegenden Gebieten von Lower Manhattan waren überflutet, ganze Gebiete in Brooklyn, Queens und Staten Island waren durch den Sturm und die Überschwemmungen vollkommen verwüstet. Der Strom fiel in vielen Gegenden für Tage aus, Menschen mussten ihre Häuser verlassen und einige haben sie bis heute nicht wieder aufbauen können.

Stadt der Superlative

New York ist und bleibt eine Stadt der Superlative, die Künstler-, Medien- und Intellektuellenstadt, das kulturelle Zentrum der Vereinigten Staaten, eine Stadt mit politischer und wirtschaftlicher Bedeutung, eine Stadt der Kontraste, die manchmal unvereinbar scheinen.

Schmelztiegel der Nationen

info

Seit ihrer ursprünglichen Besiedlung durch Holländer, Briten und Hugenotten war New York eine **Stadt der Immigranten**, und diese Rolle verstärkte sich im 19. Jh. dank der Existenz eines Hafens noch. Zwischen 1815 und 1915 betraten 33 Mio. Immigranten die Vereinigten Staaten, drei Viertel davon über den Hafen von New York. Die Hungersnot von 1845 bis 1847 trieb Tausende von Iren in die Neue Welt. Hinzu kamen in großer Zahl deutsche Katholiken sowie Italiener, Skandinavier, Juden und Menschen vieler anderer Länder. Schon bald erlebte New York kulturell bedingte Unruhen und religiöse Streitigkeiten. Beinahe die Hälfte aller Immigranten arbeitete in Fabriken, darunter Schuh- und Zigarrenfabriken, oder als ungelernte Arbeiter. Man blieb weitestgehend unter sich, und so lebten etwa die Deutschen in „Kleindeutschland", das am East River zwischen der 14. im Norden und der Grand Street im Süden lag, wo sich z. B. die Singer Nähmaschinenfabrik befand und wo schnell deutsche Geschäfte und Bierlokale entstanden. Im Bowery Amphitheater wurden sogar deutsche Theaterstücke aufgeführt. 1875 bestand ein Drittel der Stadt aus Deutsch-Amerikanern!

Diese ethnischen Ansiedlungen entwickelten sich häufig zu Slums, und nur für wenige der Immigranten erfüllte sich der amerikanische Traum. Krankheits- und Todesraten lagen viel höher bei Immigranten als bei den in Amerika geborenen Mitbürgern, und man gab den Immigranten die Schuld für viele Missstände in der Stadt.

1855 wurde in Castle Garden im südlichen Manhattan (heute Battery Park) ein erstes Immigrationszentrum für die Stadt errichtet, um so die Einreise nach Amerika zu regulieren und korrupter Ausbeutung der Einreisenden vorzubeugen. Es wurde 1892 durch eine Immigrationsstelle auf Ellis Island ersetzt. In den 1880er-Jahren begann eine zweite Welle der Immigration, die nun vornehmlich Ost- und Südeuropäer umfasste. Diese waren vor den politischen Unruhen und religiösen Verfolgungen in Europa geflohen. Eine große Anzahl von Italienern erreichte in diesem Zeitraum New York. Als ungelernte Arbeiter fanden sie Anstellung in den Bekleidungsfabriken und beim Ausbau der Subway, wo sie meist ausgebeutet wurden. Bis 1919 erreichten 23 Mio. „neue Immigranten" (davon über 12 Mio. über Ellis Island) die USA – die Mehrheit davon russische, polnische und österreich-ungarische Juden, die gut ausgebildet waren. Diese Volksgruppe ließ sich in der Lower East Side nieder, wo sie in ihrem kulturellen Umfeld blieb, Yiddish sprach, Theater und Zeitungen wie „The Jewish Daily Forward", zahlreiche Synagogen und Religionsschulen gründete.

Zeitgleich markierten die 1880er-Jahre auch das **Ende der freien Einreise in die USA**: Die ersten restriktiven Gesetze wurden erlassen, vornehmlich der „Chinese

Castle Garden um 1850

Immigranten kurz vor dem Verlassen des Schiffes vor Ellis Island

Exclusion Act“ von 1882, der die Immigration von Chinesen bis 1943 fast komplett unterband, oder das „Gentlemen's Agreement“ zwischen Japan und den USA aus dem Jahre 1907/08. Um die folgende Jahrhundertwende legte man großen Wert auf eine Anpassung und Amerikanisierung der Zuwanderer und begann daher, über weitere Einschränkungen bei der Immigration nachzudenken. Seit den 20er-Jahren des 20. Jhs. wird die Einreise in die Vereinigten Staaten durch ein Quotensystem reguliert, welches sich im Laufe des Jahrhunderts mehrfach geändert hat, generell gesehen heute jedoch keiner Nationalität den Zutritt verweigert. Eine Liberalisierung in den Immigrationsgesetzen lässt sich erst seit etwa 1965 feststellen.

Zwischen 1900 und 1930 erreichten etwa 300.000 Bewohner der karibischen Inseln New York, und die sogenannte **Harlem Renaissance der 1920er-Jahre** zog viele Schwarze aus dem Süden in die Stadt, wo sich ihr kulturelles Erbe in Kunstwerken, Literatur und Musik manifestierte. So erreichten die Schwarzen ein gewisses Maß an Ruhm und Interesse, wenn auch keine Integration, denn im Gegensatz zu anderen ethnischen Gruppen blieb ihnen ein gesellschaftlicher Aufstieg meist verwehrt, obwohl sie seit dem Bürgerkrieg in einer gewissen Zahl in der Stadt vertreten waren. Mit dem Eintreffen der schwarzen Bürger verließen die Weißen Harlem beinahe fluchtartig, die Immobilienpreise in diesem Viertel sanken drastisch. Hinzu kamen die Rassenunruhen, die sich über Jahrzehnte in New York wiederholten. Die besonderen künstlerischen Darbietungen der Schwarzen, so z. B. der Jazz im Cotton Club, wurden jedoch von Weißen geschätzt, die dort das Exotische und Verruchte witterten.

Die Immigrationszahlen, während der Depression der 1930er-Jahre stark rückläufig, nahmen nach dem Zweiten Weltkrieg wieder zu. Ab der Mitte des 20. Jhs. erreichten zahlreiche Puerto Ricaner, die seit 1917 die amerikanische Staatsbürgerschaft haben, Kubaner und Dominikaner das Land. Israelis und Araber, die aufgrund wirtschaftlicher Schwierigkeiten und politischen Aufruhrs im Mittleren Osten ihre Heimat verlassen haben, zogen ab den 1960er-Jahren hierher.

Seit dem Ende der Sowjetunion sind zudem viele Russen aus der Schwarzmeerregion, zumeist orthodoxe Juden, nach New York gekommen. Sie leben überwiegend in Brooklyn, viele davon auf Coney Island.

In den letzten Jahren kommen, neben einer immer noch großen Zahl an Puerto Ricanern, Mittel- und Südamerikanern, nun immer mehr Asiaten aus Vietnam, Korea, Indien und Taiwan nach New York. Sie leben vorwiegend im Norden von Queens. Doch die größte Zahl der Neuankömmlinge schon seit 1965 liegt stetig bei den Chinesen. Heute leben über 800.000 Chinesen im Stadtgebiet. Damit sind sie die größte Gruppe außerhalb des Mutterlandes.

38 % der heutigen Bevölkerung New York Citys ist im Ausland geboren, das ist über dreimal so viel wie im Durchschnitt Nordamerikas. Prozentual gesehen leben die meisten davon in Queens. Etwa 30 % aller Bewohner New Yorks sprechen Spanisch, 25 % sogar als Muttersprache.

Zu den Immigranten kommen zahlreiche illegale Einwanderer. Heute sind nahezu alle Nationalitäten der Welt in New York vertreten.

Als wichtiges Symbol für die Immigration in New York gilt das 1892 eröffnete **Immigrationszentrum Ellis Island**, wo sich die Neuankömmlinge einer gesundheitlichen Untersuchung und später einer Anzahl an Tests unterziehen mussten, die ihre Tauglichkeit als neue Bürger Amerikas unter Beweis stellen sollten, so z. B. Tests der englischen Sprache oder der Lesefähigkeiten. Ellis Island wurde 1990 zum Immigrationsmuseum umgestaltet und lohnt einen Besuch.

Zeittafel

1609 Henry Hudson erreicht Manhattan Island (New Amsterdam).
1623 30 protestantisch wallonische Familien lassen sich in New Amsterdam nieder.
1647 Peter Stuyvesant wird Verwalter der Kolonie.
1664 New Amsterdam wird britische Kolonie; Umbenennung in New York.
1688 Aufnahme New Yorks in den Staatenbund Neu-England.
1698 Bevölkerung der Provinz: 18.067; Bevölkerung der Stadt: 4.937.
1776 Die britische Armee besetzt New York City; Unabhängigkeitserklärung am 4. Juli.
1788–90 New York ist Hauptstadt der Vereinigten Staaten
1798 George Washington wird zum 1. Präsidenten der USA vereidigt
1825 Eröffnung des Erie-Kanals
1827 Offizielles Verbot der Sklaverei in New York
1861–65 Bürgerkrieg
1898 Integration der Stadtteile Bronx, Brooklyn, Queens und Staten Island
1900 New York City hat 3,5 Mio. Einwohner.
1920–33 Prohibition
1929 Börsencrash
1939 World's Fair
1946 New York wird zum Sitz der Vereinten Nationen.
1947 Wirtschaftskrise. Die Immobilienpreise sacken ab, und die Stadt kann nur das Nötigste finanzieren.
1964 New York World's Fair
1975 Fast-Bankrott
1990–2001 Boomjahre, die mit dem Fall der Börsenkurse und den Terroranschlägen auf das World Trade Center enden.
2001 Am 11. September stürzen nach den Terroranschlägen die Twin Towers des World Trade Center ein, ca. 2.760 Menschen verlieren ihr Leben.
2008/09 Bankenkrise
2012 Im Oktober verwüstet Hurrikan Sandy weite Teile der Stadt und umliegender Gebiete.
2014 Das One World Trade Center (Freedom Tower) wird fertiggestellt.
2016 Der World Trade Center Transportation Hub wird eröffnet.
Im September werden bei einem Bombenanschlag in Chelsea 29 Menschen verletzt.

Wirtschaftliche Entwicklung

Die Anfänge als reiner Handelshafen

Günstige geografische Lage

New York City wurde als **Handelskontor** der holländischen Westindien-Gesellschaft am südlichen Ende von Manhattan gegründet. Ursache für die geografische Auswahl war der gute natürliche Hafen zwischen der Mündung des Hudson River, Long Island Sound und dem Atlantischen Ozean. Zudem gab es keine wesentlichen Hindernisse für die Kommunikationswege mit dem Hinterland. Das war ideal für die Handelsleute.

Die Dutch West India Co. besaß im Osten Nordamerikas ein Monopol auf den Handel mit Pelzen und konzentrierte sich bis zur Mitte des 17. Jhs. auf wenige wirtschaftliche Hauptzweige: Zucker aus Jamaika, Sklaven aus Afrika, Pelze aus Amerika und Fabrikwaren aus Europa. Im Bereich des Pelzhandels begann ab etwa 1650 ein derartiger Wettbewerb mit den Franzosen und Briten, dass die Holländer innerhalb von zehn Jahren ihre Hauptaktivität auf die Ausfuhr von amerikanischem Getreide verlagerten.

Nach der Übernahme des Gebietes durch die Engländer im Jahre 1664 wurden die bestehenden Handelsbeziehungen durch neue, von englischen Geschäftsleuten aufgebaute Beziehungen nach England ergänzt. Zusätzliche Zweige waren nun der Handel mit Holz und Tabak sowie mit Weinen aus Südeuropa.

Händler und Immobilienmagnat: William Backhouse Astor Sr. (um 1860)

In diesem Zeitraum und bis zur Mitte des 18. Jhs. bauten die **Händlerfamilien** New Yorks, u. a. die Astors, Beziehungen nicht nur mit Europa, sondern auch in großem Maße mit den Häfen der Karibik auf, die eine wachsende Rolle in New Yorks Handelsbeziehungen spielten. Diese Familien hatten durch ihre internationalen Verflechtungen Möglichkeiten, dort einzukaufen oder Kredite aufzunehmen, wo es am günstigsten war. Sie konnten trotz Kriegen und anderer handelsbeeinträchtigender Ereignisse ihre Geschäfte weiter betreiben. Somit waren sie in der glücklichen Lage, die Krisen und Unruhen, die im Laufe des 18. Jhs. New Yorks Bevölkerung trafen, unbeschadet zu überstehen.

Bis kurz vor dem Unabhängigkeitskrieg war New Yorks wirtschaftliches Gewicht bei Weitem noch nicht so groß wie das von

Philadelphia oder Boston. Die Stadt hatte aber bereits einige **kleine Industrien**, u. a. im Textilbereich. Die Besatzung durch britische Truppen während des Unabhängigkeitskriegs blockierte zwar die industrielle Entwicklung, gab dem Handel von New York (z. B. mit Vorräten für die Truppen) jedoch einen kräftigen Schub, während in beinah allen anderen Handelsstädten die Wirtschaft zum Erliegen kam.

Erste Industrielle Revolution

Ausbau von Straßen und Kanälen

Durch den **Handelsaufschwung während des Unabhängigkeitskriegs** wurde New York zur Wende ins 19. Jh. das wichtigste Handelszentrum und die größte Stadt der Vereinigten Staaten. Seit Beginn des 19. Jhs. wurden von den an der Atlantikküste gelegenen Städten in Richtung Westen Straßen gebaut, die die Geschwindigkeit der Personenbeförderung erhöhten. Ein Beispiel ist die National Road, eine mit Pflastersteinen befestigte Straße, die von Maryland in Richtung Westen führte und 1833 die Stadt Columbus im Staat Ohio erreichte.

Im Bereich der Warenbeförderung wurden durch den Ausbau der durch Schiffe befahrbaren Flüsse sowie den Bau von Kanälen große Schritte getan. Von besonderer Bedeutung war die Fertigstellung des **Erie-Kanals** im Jahre 1825, der über den Hudson River den Atlantik in New York mit Buffalo am Erie-See verbindet, von wo aus der Schiffsverkehr über die Großen Seen bis weit ins Hinterland reichte. Der Kanal ermöglichte einen dramatischen Anstieg des Beförderungsvolumens an Handelsgütern sowie eine drastische Reduzierung der Transportkosten. Andere Kanäle, wie der Delaware and Hudson Canal, der den Transport von Kohle aus Pennsylvania ermöglichte, folgten.

Davon sollten die Städte der Große-Seen-Region sowie New York als **Umladestation für den Import und Export** profitieren. 1830 liefen bereits 40 % des gesamten internationalen Handels der USA über New York. 1807 wurde im Hafen von New York das weltweit erste dampfangetriebene Schiff zu Wasser gebracht, das **North River Steam Boat**, das in jenem Sommer den Betrieb zwischen New York und Albany aufnahm. Dem Konstrukteur des Schiffes, Robert Fulton, wurde ein Monopol über den Bau von Dampfschiffen im Staat New York gegeben, das bis zu einem Prozess vor dem US Supreme Court im Jahre 1824 galt. Die ersten **Schlepper** wurden ab 1818 eingesetzt, und eine regelmäßige Dampferverbindung zwischen England und New York City startete 1838.

Bedeutung der Eisenbahn

1832 erfolgte die Eröffnung der ersten **Eisenbahnlinie** der New York and Harlem Railroad zwischen Union Square, der 23rd Street und entlang der 4th Avenue. Kurz darauf errichtete die Brooklyn and Jamaica Railroad die erste Verbindung bis zum Hafen, wobei die Einschränkung galt, dass bis 1876 auf Anweisung der Stadt die Züge südlich der 32nd Street nur durch Pferde gezogen werden durften. 1840 und 1842 wurde durch Brücken über den Harlem River und den Bronx River die Zugverbindung zu Orten außerhalb Manhattans ermöglicht. Bereits 1852 verbanden Streckennetze der New York and Erie Railroad die Metropole mit den Großen Seen und dem Mittleren Westen.

Zeitgleich entwickelte sich zu Beginn des 19. Jhs. die Baumwollindustrie erst in England, dann auch in Amerika rasant durch die Konstruktion von Webstühlen und Baumwollerntemaschinen. New York, durch gute Transportmittel mit dem Landesinneren verbunden, wurde als Verladestation für den Export schnell zu einem Zentrum der Textil- und Bekleidungsindustrie. Die Entwicklung der Maschinenbauindustrie fand nahe der Abbaugebiete von Kohle und Eisen statt, so z. B. in Pittsburgh und Cleveland. Stattdessen hatte New York, bedingt durch die Hafenlage, viele **Werften**, die bis nach dem Bürgerkrieg sehr aktiv blieben.

Gründung der New Yorker Börse

Kurz nach dem Unabhängigkeitskrieg (in den 1790er-Jahren) hatte man in New York begonnen, mit zur Finanzierung des Kriegs ausgestellten Schuldverschreibungen des amerikanischen Staates zu handeln. 1817 unterzeichneten 28 Börsenmakler einen Gründungsvertrag, der die Organisationsregeln des **New York Stock and Exchange Board** festlegte. Es war eine Börse, an der die gehandelten Wertpapiere einzeln aufgerufen wurden. Anfangs wurden fast ausschließlich Banken- und Versicherungswertpapiere gehandelt, ab den 1830er-Jahren auch in zunehmendem Maße Wertpapiere von Eisenbahngesellschaften. Es handelte sich aber immer noch um eine kleine Börse (einige Tausend Transaktionen pro Tag), als 1863 der heutige Name New York Stock Exchange angenommen wurde und als 1865 der Umzug an den heutigen Standort an der Wall Street stattfand.

Schon 1817 waren einige wenige bekannte Makler nicht in die neue Börse zugelassen worden. Sie trafen nun ihre Kunden auf der Straße und handelten dort. Diese „freie" Börse hieß **The Curb** (Freiverkehrsbörse) und ermöglichte den Handel mit Aktien von jungen, risikobehafteten Firmen. In dieser Börse erfolgten in den 60er-Jahren täglich etwa zehn Mal mehr Transaktionen als in der offiziellen Börse. Es war eine bewusste Marktaufteilung, denn der New York Stock Exchange nahm nur namhafte Firmen in den Handel auf. 1921 erhielt „The Curb" Räumlichkeiten und 1953 den Namen **American Stock Exchange – AMEX**.

Merchant's Exchange, Wall Street

Bereits 1784 war die **Bank of New York** als erste Bank gegründet worden. 1837 gab es schon 23 Banken in New York; hinzu kamen die nicht als Gesellschaft organisierten Privatbankiers. 1850 besaß New York etwa 5 % der 700 Banken der USA. Diese rund 35 Banken verfügten jedoch über mehr als 11 % der Depots und hatten Geschäftsbeziehungen mit 600 der restlichen Banken im Land.

Das 19. Jahrhundert

Die Wirtschaft New Yorks ist zu dieser Zeit durch ihre Position als Hafen- und Handelsstadt sowie als Großstadt mit durch die Immigration bedingten **billigen Arbeitskräften** gekennzeichnet.

Bau von Lagerhäusern

Die Handelsstadt besaß bereits ab Ende des 17. Jhs. große **Speicherräume**. Zu Beginn des 19. Jhs. wurde dann ein Lagerviertel nahe dem Hafen in der South Street errichtet, und aufgrund der großen Nachfrage sowie der verbesserten Dampferverbindungen wurden auch am Ufer des East River in Brooklyn Lagerhäuser erbaut, darunter 1844 die Atlantic Warehouses. Ab 1850 wurden viele Lager in der Lower West Side von Manhattan (am Hudson) errichtet. Dieses Wachstum war durch die Bundesgesetze der 40er- und 50er-Jahre zur Steuerbefreiung von Exportwaren angetrieben worden. Ab 1881 benutzte man für den Bau dieser Hallen fast ausschließlich Backsteine, nachdem bei einem Großbrand einige Lagerhäuser zerstört worden waren. Bedingt durch die ansteigenden Grundpreise, wurden ab den 1880er-Jahren die Speicher nicht mehr in Manhattan, sondern nun hauptsächlich in Brooklyn erbaut.

Im Produktionsbereich konzentrierten sich die Aktivitäten New Yorks auf **Konsumgüter**, in der ersten Hälfte des 19. Jhs. vornehmlich im Bereich der Zuckerraffinerien, Destillerien, Brauereien und Gerbereien. Andere Zweige waren auf die damaligen Handwerksbereiche und die Hafenaktivitäten zurückzuführen, so etwa Seilereien oder Nagelfabriken. Um 1860 wurde dann die **Bekleidungsindustrie** vor den Zuckerraffinerien der Hauptwirtschaftszweig der Stadt, das anwachsende **Verlagswesen** nahm bereits Platz 3 ein. Zudem gab es einige namhafte Firmen, die haltbare Konsumgüter herstellten wie die Nähmaschinenfabrik Singer und die Klavierfabrik Steinway & Son – beide stützten sich auf den Arbeitseinsatz einer Vielzahl deutscher Immigranten.

1900–1950: New York City als Wirtschaftszentrum der Superlative

Zur Jahrhundertwende war der Hafen New Yorks **der weltweit aktivste Hafen**. Dieser Stand ergab sich einerseits durch den regen Fährbetrieb zwischen Manhattan und den zum Ende des 19. Jhs. integrierten Stadtteilen The Bronx, Brooklyn, Queens und Staten Island, andererseits dadurch, dass viele Eisenbahnstrecken im Staat New Jersey ihre Endstation am Ufer des Hudson hatten und ihre Waggons per Fähre nach Manhattan brachten.

New Yorks Hafen 1886

Zu diesem Zeitpunkt zählte New York City allein 11 % der nationalen Stellen in den verarbeitenden Betrieben. Die produzierten Waren gehörten wie im vorherigen Jahrhundert vornehmlich den Bereichen Bekleidung, Zuckerraffinerien (mit einer rasch abnehmenden Angestelltenzahl) und Verlagswesen an. An vierter Stelle stand die **Baubranche**, was sich auf das enorme Wachstum der Stadt zurückführen lässt. Um 1900 gab es knapp unter einer halben Million Beschäftigte in den Fabriken der Stadt und fast ebenso viele in den Bereichen Transport und Handel bei insgesamt 1,1 Mio. Arbeitern und Angestellten im Stadtgebiet.

info

Gründung und Machtentwicklung der Gewerkschaften

Bereits in den letzten Jahrzehnten des 19. Jhs. wurden mehrere Gewerkschaften in New York City gegründet, insbesondere im Baugewerbe. 1872 wurde das Baugewerbe über Wochen hinweg mit Erfolg für die Einführung des 8-Stunden-Tages bestreikt. Gründungen von Gewerkschaften unter politischen oder nationalen Gesichtspunkten erfolgten auch, aber das Modell der Branchen- bzw. Berufsgewerkschaften setzte sich durch. Die New Yorker Gewerkschaften wurden auch zum Vorbild für die Arbeitnehmervereinigungen der anderen amerikanischen Städte.

Zu Beginn des 20. Jhs. legten die Immigration vieler osteuropäischer Juden und das Wachstum der Bekleidungsindustrie den Grundstein für eine **sozialistische Bewegung**, deren Anhänger sich hauptsächlich in der Lower East Side angesiedelt hatten. Ihre Organe waren u. a. die auf Yiddish erscheinende Zeitschrift „Vorwärts“ und die 1900 gegründete internationale Gewerkschaft der weiblichen Bekleidungsarbeiter (International Ladies' Garment Workers' Union – ILGWU). Diese Gewerkschaft war maßgeblich an den Streiks der Jahre 1909, 1910 und 1916 beteiligt, die bis zu 60.000 Streikende mobilisierten und wichtige Verbesserungen der Arbeitsbedingungen für ihre Branche erreichten wie die 50-Stunden-Woche, die Bezahlung von Überstunden, zehn Feiertage pro Jahr, Tarifverträge und die Anerkennung der ILGWU.

info

Hester Street in der Lower East Side (1904)

Nach dem Ersten Weltkrieg wurden wie auch in anderen Ländern viele Gewerkschaften von der Frage erschüttert, ob sie die Russische Revolution der Bolschewiken unterstützen sollten oder nicht. Diese Diskussion führte zu Unruhen in Gewerkschaftsspitzen und sogar zu einigen Morden in den 1920er-Jahren.

Der große Bauboom (insbesondere von Wolkenkratzern) führte zur Gründung vieler Gewerkschaften in den Bauberufen. Diese Baugewerkschaften waren bereits um den Ersten Weltkrieg so mächtig, dass ihre Führer in der Lage waren, auf die Arbeitgeber der Branche Druck auszuüben, damit diese einerseits keine Arbeiter einstellten, die nicht der Gewerkschaft angehörten, und andererseits Schutzgelder zahlten, um nicht bestreikt zu werden. Dies zog die Mafia an, die erst die Streikposten schützte und anschließend begann, starke Gewerkschaftsniederlassungen zu kontrollieren. Diese Verbindung zwischen einigen Gewerkschaften und der Mafia hielt noch bis zum Ende des 20. Jhs. an.

Der Erste Weltkrieg

Kriegsfinanzierung

Bevor die Vereinigten Staaten 1917 in den Krieg eintraten, hatten bereits die in den Krieg verwickelten Staaten Großbritannien und Frankreich begonnen, in den USA die für den Krieg benötigten Waren zu beziehen, dort ihre Finanzanlagen zu verkaufen und Kredite aufzunehmen. Für den Warentransport sowohl vor als auch nach 1917 spielte New Yorks Hafen eine Rolle als Verladestation vor der Atlantiküberquerung, aber die auf Konsumgüter gerichtete Industrie New Yorks profitierte nicht nennenswert davon.

Die amerikanischen Finanzfirmen, hauptsächlich in New York angesiedelt, waren jedoch stark involviert, insbesondere in der **Organisation enormer Anleihen** für Frankreich und Großbritannien, bei denen die New Yorker Bank J.P. Morgan die Führung des Bankenkartells hielt. Außerdem hatte die 1914 gegründete **Federal Reserve Bank of New York** als Kontrollorgan des Geldmarktes und der Finanzinstitute 1916 angefangen, die Goldreserven fremder Staaten zu lagern und zu verwalten.

Ab 1917 bis Kriegsende nahm die US-Regierung fünf große Anleihen (insgesamt über 20 Milliarden US-Dollar) auf. Um diese Anleihen an den Sparer zu bringen, bauten die New Yorker Banken ihr Netz über die gesamten USA aus, was ihnen in den 20er-Jahren bei der Vermarktung von Aktien und Firmenanleihen zugutekam.

Nach dem Ersten Weltkrieg wurden die USA zum ersten Mal Gläubiger der restlichen Welt, und New York City löste London als ersten Finanzplatz ab.

info

New York in der Weltwirtschaftskrise nach 1929

Von der tiefen Krise in der Landwirtschaft der USA, die das gesamte Jahrzehnt andauerte, wusste man in New York nichts. Die 1920er-Jahre waren hier wie in anderen Großstädten eine Zeit des Wachstums, der Entwicklung neuer Medien, neuer Kunstarten ... Und es wurde mit dem Bau mehrerer Wolkenkratzer begonnen. Umso überraschender kam der **Börsenkrach vom 24. Oktober 1929** („**Black Thursday**").

Im September 1929 erreichte der Dow Jones Index die 381-Marke nach etwa 300 Punkten Steigerung innerhalb von fünf Jahren (der Dow Jones Industrial Average wurde als Kursaufstellung von elf Firmen ab 1884 im Wertpapierblatt von Charles Dow, Edward Jones und Charles Bergstresser veröffentlicht; die gleichen Verleger riefen danach im Jahre 1889 das einflussreiche „Wall Street Journal" ins Leben).

Am Mittwoch, den 23. Oktober, sanken die Börsenkurse plötzlich, weil Anleger und Spekulanten Angst bekamen, dass nach der im August von der Federal Reserve getroffenen Entscheidung, die Zinssätze zu erhöhen, das Wirtschaftswachstum aufhören könnte. Sie verkauften ihre Aktien, und die Kurse fielen fünf Stunden lang – die Anleger hatten etwa 5 Milliarden Dollar verloren. Am Donnerstag („Black Thursday") fielen die Kurse weiter, bis die größten Banken um zwölf Uhr tagten und beschlossen, alle angebotenen Wertpapiere über Kurs zu kaufen. Der Tag endete mit dem Verlust von nur zwölf Punkten.

Dann aber, am darauffolgenden Montag und Dienstag, konnten die Banken diese Positionen nicht halten, verkauften und zogen sich vom Markt zurück. Am Dienstag verkauften auch Großinvestoren wie Rentenkassen und Versicherungsgesellschaften ihre Aktienbestände körbeweise, der Index sank um weitere 92 Punkte, und der Wertverlust des Tages wurde auf 6 bis 9 Milliarden Dollar geschätzt. Danach stabilisierte sich vorläufig der Markt. Der Tiefpunkt, bei einem Dow-Jones-Wert von einem Zehntel des Höchstwertes von 1929, sollte erst im Sommer 1932 erreicht werden.

Die Börsenverluste waren sehr hoch gewesen, doch das Schlimmste sollte noch kommen, denn Spekulanten hatten sich verschuldet, um Aktien zu kaufen, Banken und Versicherungen hatten Geld verloren, das gesamte Finanzwesen war angegriffen. Gerüchte über die Zahlungsunfähigkeit von Banken und Sparkassen kursierten. So holten viele Kontoinhaber ihr Geld zurück, was tatsächlich

info

die Zahlungsunfähigkeit der betroffenen Banken verursachte (zwischen 1930 und 1933 mussten 9.100 Banken die Auszahlungen einstellen). Als Reaktion gegen die Spekulationen an der Börse, die teilweise mit ausgeliehenem Geld stattgefunden hatten, wurde als Abschluss einer Parlamentsuntersuchung 1934 der Wertpapier- und Handelsausschuss (Securities and Exchange Commission – SEC) gegründet, der bis heute an der New Yorker Börse die Spielregeln bestimmt und kontrolliert.

Die Krise führte in New York zwischen 1930 und 1940 zu einer Reduzierung der Arbeitnehmerzahlen von rund 3,2 auf 2,7 Mio., wobei allein die verarbeitenden Industrien von ihren anfänglich 1 Mio. Stellen fast 300.000 verloren hatten. Die Löhne sanken von 1929 bis 1933 im Durchschnitt um 50 bis 60 %!

Das Leben für die Bürger von New York City wurde vergleichsweise schwieriger als in anderen Großstädten, denn es gab keine Möglichkeit zur Selbstversorgung, da es weder Verbindungen zu Landwirten gab, noch Platz, um Kleingärten anzulegen. Auch im Bereich der Infrastruktur hatte die Krise tiefe Auswirkungen: Während der Automobil-, Bus- und Flugzeugverkehr sich trotz Krise rasant entwickelte, musste die *New York, New Haven and Hartford Railroad* 1935 Konkurs anmelden, und die anderen Eisenbahngesellschaften standen unter dem Druck, sich der scharfen Konkurrenz anzupassen.

Der New Deal und sein New Yorker Vertreter La Guardia (1882–1947)

Fiorello H. La Guardia wurde 1882 in Lower Manhattan als Sohn einer österreichisch-jüdischen Mutter und eines italienischen Vaters geboren. Er studierte Jura an der New York University und hatte als Rechtsanwalt von 1916 bis 1932 mit einer kurzen Unterbrechung durchgehend einen Sitz im Kongress inne als republikanischer Abgeordneter eines Arbeiterwahlkreises in Manhattan. Er führte dort eine progressive Minderheit von Abgeordneten, die sich mit der Prohibition, dem Rassismus und der Wirtschaftspolitik des Laissez-faire, die die amerikanische Politik der 1920er-Jahre dominierten, nicht abfinden wollte. Als er 1932 im Rahmen der Wahl des Demokraten Franklin D. Roosevelt zum Präsidenten seinen Sitz im Kongress verlor, wechselte er in die Lokalpolitik und gewann 1933 die New Yorker Bürgermeisterwahl.

Franklin D. Roosevelt

La Guardia führte eine harte Modernisierungs-, Zentralisierungs- und Rationalisierungspolitik der Stadtverwaltungen durch und überzeugte Roosevelt, der

Stadt für den Ausbau der Infrastruktur durch Brücken, Tunnel, Abwassersysteme, Autobahnen, Flughäfen und vielem mehr Kredite in Milliardenhöhe zu geben. Innerhalb von wenigen Jahren wurden in New York City rund 200.000 Stellen geschaffen. Das öffentliche Nahverkehrsnetz wurde vereinigt (Juni 1940), und die Stadt verfügte nun über Sozialwohnungen, die an ärmere Bürger vermietet werden konnten. Am 2. Dezember 1939 wurde der North Beach Airport – heute La Guardia Airport – eröffnet.

Konjunkturpaket für New York

Um der vermeintlich negativen Einstellung der Presse gegenüber seiner Person und Politik entgegenzuwirken, las La Guardia Geschichten nach Comicvorlagen im Radio vor, darunter während eines Pressestreiks im Juli 1945 „Dick Tracy". Seine Politik führte zu einer Erhöhung der Zahl an städtischen Arbeitern von 68.000 im Jahr 1930 auf 127.000 im Jahr 1940 und parallel zu einer hohen Verschuldung der Stadt (die Ausgaben wuchsen zwischen 1933 und 1945 im Durchschnitt um 2 % pro Jahr trotz vier Rückgangsjahren während des Kriegs). La Guardia hatte die langfristigen Konsequenzen seiner Politik übersehen.

Strukturwandel in der Nachkriegszeit

Während des Zweiten Weltkriegs – die USA traten 1941 in den Krieg ein – musste zwar die Stadtverwaltung ihr Budget vier Mal reduzieren, doch im **Transportbereich** entstand eine bisher ungekannte Aktivität: Noch nie wurden (und werden danach) so viele Fahrgäste von den Eisenbahnen befördert, und der Hafen war voll ausgelastet, um insgesamt die Hälfte aller Truppen und ein Drittel aller Waren, die ins Ausland transportiert wurden, abzufertigen.

Am Kriegsende hatten noch 140 der 500 größten Industrieunternehmen ihren Sitz in New York, und 1950 zählte die Stadt noch 7 % der Arbeitsstellen der verarbeitenden Industrien der USA. Die Zeichen für den Wandel waren aber bereits gesetzt: Sinkende Beförderungskosten für Waren, schnellere (durch Flugzeuge) und flexiblere (durch Automobile und Autobahnen) Personenverkehrsmittel sowie steigende Grundstückspreise im Stadtgebiet veranlassten viele Firmen zum Umzug in Gegenden, die außerhalb der Stadt lagen. Bis 1990 befanden sich nur noch 2 % (rund 330.000) der Arbeitsstellen in den verarbeitenden Branchen der USA in New York, und bis heute hat sich diese Zahl bei etwa 1,7 % eingependelt.

Abwanderung der Industrie

Der Hafen verlor seine weltweit einmalige Stellung im Laufe der 1950er-Jahre, und während der 50er- und 60er-Jahre entwickelte sich die Warenbeförderung mittels Containern, die Häfen mit großer Lagerkapazität erfordert. Daher wurden die Hafenaktivitäten fast ganz nach New Jersey, insbesondere Bayonne und Elizabeth, verlegt. Manhattan und Brooklyn verbuchen nur noch Passagierverkehr, Queens hatte ohnehin nie Bedeutung, und die Anlagen in der Bronx existieren ebenfalls weitestgehend nicht mehr. Gleichzeitig (von Kriegsende bis 1970) verloren die Eisenbahngesellschaften der New Yorker Region die Hälfte ihrer Warentransportaufträge, und die Personenbeförderung sank um zwei Drittel. Es kam zu verschiedenen Restrukturierungen, Schließungen und Zusammenschlüssen von Eisenbahngesellschaften, und zahlreiche Strecken und Bahnhöfe wurden still-

Ohne die Subway geht in New York nichts

gelegt. 1990 wurde der Hauptbahnhof für Fernzüge der Gesellschaft Amtrak vom Grand Central Terminal zur Pennsylvania Station transferiert. Noch heute beruht der gesamte Verkehr von New York viel mehr auf Eisenbahnen und U-Bahnen als in jeder anderen amerikanischen Stadt. Der Fernverkehr spielt da aber kaum noch eine Rolle. Umso mehr aber der **Pendlerverkehr**, weshalb eine unterirdische Bahnverbindung zwischen Penn Station und Grand Central gebaut wird.

Die Entwicklung des Arbeitsmarktes

Veränderter Arbeitsmarkt

Ein Strukturwandel zeichnete sich auch im Arbeitsmarkt von New York ab: Bei einem Stellenanstieg von 1950 von rund 3,2 Mio. (mit einem Tief im Jahr 1980 bei 2,9 Mio.) auf heute 4,2 Mio. sanken die Stellen in den verarbeitenden Industrien (inkl. Konstruktion, Bau) von weit über 1 Mio. auf heute nur noch 210.000. Der Großhandel schrumpfte von 320.000 auf 100.000 Stellen, während der Bereich Banken, Versicherungen, Finanzservice und Immobilien von 240.000 auf sage und schreibe 1,2 Mio. anwuchs. Große Anstellungsbereiche decken zudem heute das nichtstaatliche Bildungs- und Gesundheitswesen (860.000), die Regierung/Government (560.000) sowie der Sektor Freizeit, Tourismus, Hotel- und Gaststättengewerbe (430.000) ab. Auch die Anzahl an Freiberuflern, wie Ärzten oder Rechtsanwälten und deren Angestellten, explodierte in den fast 70 Jahren von 290.000 auf weit über 1 Mio.

New York hat sich also mehr noch als andere Großstädte in der westlichen Welt von einer Industrie- und Handelsstadt zu einer **Dienstleistungsmetropole** entwickelt und ist auch in diesem Punkt ein Vorreiter.

Überall schießen neue Wohnhäuser in die Höhe

New York City heute

Die Boomjahre im Aktien-, Medien- und Computerbereich bis 2000 haben New York ungeahnten Reichtum beschert. Mit dem Verfall der Aktienkurse und dessen Folgen sowie dem Terroranschlag auf das World Trade Center am 11.9.2001 erhielt dieser Aufschwung eine deutliche Delle. Die Substanz der Stadt war allerdings mittlerweile so groß, dass der Abwärtstrend nur relativ schwach ausfiel. Selbst die Wirtschaftskrise 2007–2009 hat nur für kurze Zeit im Bankensektor für ernsthafte Probleme gesorgt. Für eine Weile litten Bankiers, Autoverkäufer von Luxuskarossen und mit ihnen die Stadtkasse aufgrund geringerer Steuereinnahmen. Doch selbst der Immobilienmarkt, zu dieser Zeit ein Horrorszenario im Rest des Landes, verlor in New York gerade einmal 5 %. Bereits 2011 hatten sich alle Bereiche erholt, und es konnte wieder geprasst werden.

Zählte man 2005 noch 43 Mio. Touristen, sind es heute 60 Mio., davon 12 Mio. aus dem Ausland. Immer mehr Hotels werden eröffnet, die Museen vergrößert und aufwendige Parkanlagen an den Ufern angelegt.

Teure Mieten in Manhattan

Besonders aber der **Immobiliensektor** scheint nur einen Aufwärtstrend zu kennen, besonders im oberen Segment. Überall wird gebaut bzw. werden Fabrikgebäude umgestaltet zu Malls und Loftwohnungen, selbst die einst berüchtigte South Bronx bleibt davon nicht verschont. Auch die anderen Boroughs, allen voran Brooklyn, profitieren von dem Aufschwung. Ein Problem ergibt sich dabei aber schon: die sich immer weiter öffnende Einkommensschere. Menschen mit einem normalen Einkommen können sich oft die Miet- bzw. Kaufpreise nicht mehr leisten, besonders nicht in Manhattan. Sie müssen immer weiter pendeln. Man bedenke, dass in New York über 400.000 Millionäre (und über 40 Milliardäre) leben. Die Stadtkasse aber erfreut sich an den hohen Immobilienpreisen, denn die Grundsteuer wird am aktuellen Marktwert eines Hauses ausgerichtet und hat in Amerika einen viel höheren Stellenwert als in Europa. Von den gesamten Steuereinahmen von ca. 52 Milliarden Dollar entfallen alleine 22 Milliarden Dollar auf Grundsteuern zzgl. weiteren 3,5 Milliarden Dollar auf Steuern auf Vermietungen, Immobilienkrediten und Grunderwerb, aber nur 11 Milliarden auf Einkommenssteuern. Ein lukratives, aber auch riskantes Einnahmefeld – man beachte die Geschehnisse der letzten Weltwirtschaftskrise und die Tatsache, dass ein Großteil der Immobilienkäufer aus dem Ausland stammt. Beim nächsten Mal könnte die Blase auch in New York platzen – und die Auslandsinvestoren weiterziehen.

Geografischer Überblick

Topografie

Die Stadt New York ist der **Küstenebene am nördlichen Atlantik** vorgelagert und dehnt sich dort mit seinen suburbanen Siedlungen auf über 300 Quadratmeilen (gut 480 km^2) aus. Man muss allerdings bedenken, dass die bebaute Metropolitan Area – zu der Jersey City in New Jersey und viele andere Städte zählen – mehr als doppelt so groß ist. Zahlreiche Wasserflächen im Mündungsgebiet des Hudson River durchschneiden das Siedlungsgebiet, sodass fast alle Stadtbezirke eigentlich auf Inseln liegen. Den Kern der Stadt bildet die fast 21 km lange und bis zu 4 km breite Insel Manhattan. Östlich davon erstreckt sich über 190 km Länge Long Island, in ihrem westlichen Bereich liegen die New Yorker Boroughs (Bezirke) Queens und Brooklyn. Die Insel Richmond bzw. Staten Island liegt südwestlich von Manhattan, getrennt durch die Upper New York Bay und The Narrows. Der einzige Stadtteil mit natürlicher Festlandsanbindung ist die Bronx, zugleich der nördlichste der fünf New Yorker Boroughs.

Auf Inseln erbaut

Hinweis

New Yorks Koordinaten in der Welt (Manhattan, Times Square): **40.759 N, -73.985 W.**
Andere Städte auf dieser Breite: Madrid, Neapel, Ankara, Taschkent, Peking, Salt Lake City

Der **Hudson River**, an dessen Mündung New York liegt, ist die zweitgrößte Süßwasserquelle der nordöstlichen USA. Benannt ist er nach Henry Hudson, dem Engländer, der 1609 im Dienst der Dutch West India Company als erster Europäer stromaufwärts fuhr. Der **East River** dagegen ist eigentlich gar kein Fluss, sondern eine 25 km lange Verbindung zwischen der Upper Bay und dem Long Island Sound. Zehn Brücken und zwei Tunnel (plus eine Seilbahn nach Roosevelt Island) queren den East River, und acht Inseln sind über die Strecke verteilt.

Sowohl der Hudson als auch der East River werden durch Ebbe und Flut des Nordatlantik beeinflusst (etwa wie die Elbe von der Nordsee), durchschnittlich schwankt der Wasserstand im ganzjährig eisfreien New Yorker Hafen um 1,4 m. Der starken Wasserverschmutzung wurde der Kampf angesagt, 80 verschiedene Fischarten sollen in den Gewässern um New York leben.

Eisfreier Hafen

Geologie und Landschaft

Auch wenn in New York der Boden durch den Menschen stark verändert und von Siedlungs- und Verkehrsfläche überdeckt ist, finden sich ganz zentral einige interessante Hinweise auf die Geologie des Untergrunds. Mehrfach sind Gletscher in Eiszeiten von Norden bis auf die Breite New Yorks vorgedrungen, haben die

Landschaft eingeebnet und an ihrem Rand mitgeführtes Gesteinsmaterial abgelagert. Endmoränen aus dem Quartär (Erdneuzeit) finden sich in den Stadtbezirken Queens und Brooklyn auf Long Island, außerdem auch auf Staten Island; hier liegt der Todt Hill, mit 125 m über Null die höchste Erhebung in diesem Bereich der Atlantikküste.

Zeugen aus viel älteren Zeiten, metamorphe (unter hohem Druck entstandene) Gesteine aus dem Kambrium und Ordovizium (Erdaltertum; vor 500–600 Mio. Jahren), finden sich an mehreren Stellen im Stadtgebiet. An der Westseite von Staten Island tritt ein magmatisches Gestein, der „Palisades Sill", an die Oberfläche. Bis 1909 wurde er hier abgebaut und fand Verwendung als Pflasterstein beim Straßenbau.

Ein anderes, erratisches Gestein findet sich mitten in Manhattan im Central Park: der „**Manhattan Shist**", ein Gneis. Man trifft an mehreren Stellen im Park auf ihn, vereinzelt liegen auch größere Blöcke herum, nachdem man ab 1858 bei der Anlage des Parks mehrere größere Felsen sprengen musste. Im Isham Park an der Nordwestspitze Manhattans (*zwischen Isham St. und West 214 St.*) kann man sogar Marmor („Inwood Marble") in mehreren Formen sowie blättrig geschichteten Kalkschiefer finden. Der felsige, metamorphe Untergrund von Manhattan begünstigte den Bau von Hochhäusern, denn es waren keine Tiefgründungen erforderlich, und Erdbeben treten hier äußerst selten auf.

Guter Baugrund

Manhattans Umriss ist heute nicht mehr der gleiche wie noch vor 100 Jahren. Oft wurde der umfangreiche Erdaushub für den Bau der Hochhäuser genutzt, um zusätzliches Land am Rand der Insel zu gewinnen. So steht die Battery Park City auf aufgeschüttetem Land am Rande des Hudson River, das Füllmaterial stammt weitgehend aus dem Bau des ehemaligen World Trade Center. Übrigens wurde auch der Müll für diese Aufschüttungen verwendet.

Klima und Reisezeit

Auch wenn der Besuch einer Metropole sicherlich mehr Wettervariationen als ein Badeurlaub zulässt, sollte man nicht vergessen, dass in New York im Jahresverlauf **recht große Temperaturunterschiede** das Wetter prägen. Obwohl auf der gleichen nördlichen Breite wie Madrid und Neapel gelegen, zählt New York zu einer kühlgemäßigten Klimazone, mit ganzjährigen Niederschlägen und mäßig kalten Wintern.

Durch die Lage am Meer würde man in New York ein maritimes Klima mit nur geringen Temperaturschwankungen im Jahresverlauf erwarten. Doch überraschen immer wieder die hohen Schwankungen, die durch den Stadtkörper sogar noch verstärkt werden (s. Diagramme). Während die Tagesamplituden durch die Lage am Wasser tatsächlich gering sind, wird die Großwetterlage aber von anderen Faktoren bestimmt: Das Stadtgebiet von New York liegt auf dem Weg der meisten Stürme, die den nordamerikanischen Kontinent entlang der Küste überqueren. Diese verändern ständig kurzfristig das Wetter und bringen auch viel Regen mit sich und im Winter plötzlich einsetzende Schneestürme. Da kann es vorkommen, dass innerhalb weniger Tage im März z. B. die Temperaturen von 15 °C über Minusgrade mit Schnee und Sturm wieder auf 20 °C und mehr schwanken.

Heiße Sommer, eisige Winter

Die **Sommer** sind allgemein **heiß und schwül**. Die versiegelten Flächen der Stadt heizen die Luft zusätzlich auf, sodass es in der City merklich wärmer ist als in den Suburbs. Die Winter sind meist windig und kalt, quasi als Entschädigung dafür aber auch recht sonnig. An durchschnittlich 30 Tagen im Jahr liegt eine Schneedecke in der Stadt. Der anschließende Frühling ist nur kurz und geht schnell wieder in sommerliche Temperaturen über.

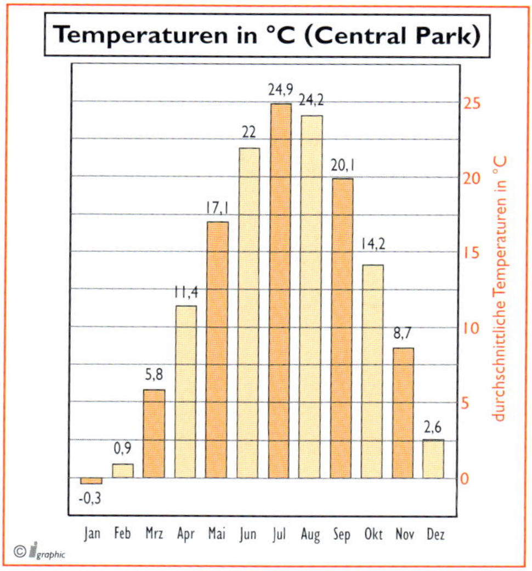

Niederschläge fallen reichlich und das ganze Jahr hindurch. Die durchschnittliche jährliche Niederschlagsmenge ist mit ca. 1.200 mm etwa doppelt so hoch wie in London! In den Sommermonaten kommt es häufig zu intensiven Schauern im Gefolge von Stürmen (abgedriftete Ex-Hurrikane), während den Rest des Jahres der Regen leider meist länger anhält.

Klimatisch betrachtet ist die beste Reisezeit von **April bis Juni und Ende August bis Oktober**. Juli und August können unangenehm und unerträglich heiß werden. Wer es weihnachtlich mag und shoppen möchte, sollte rechtzeitig von Ende November bis Ende Dezember buchen. Im Januar ist die Stadt ein wenig leerer, aber wegen des recht kalten Wetters muss man bereit sein, seine Aktivitäten eher nach drinnen zu verlegen.

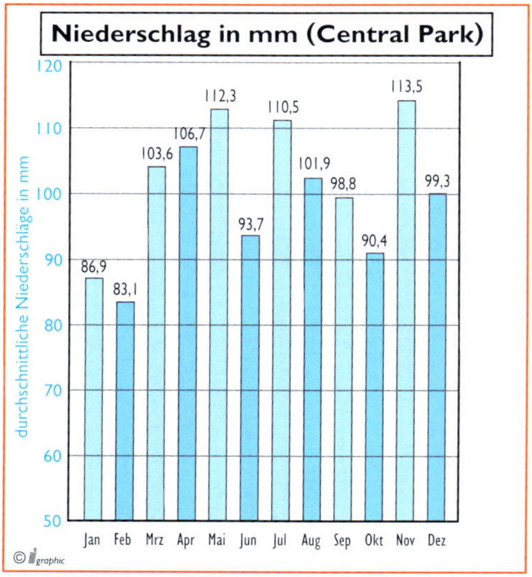

Hinweis

Umrechnung Fahrenheit in Celsius: 32 abziehen und mit 5/9 (= 0,555) multiplizieren. Somit sind 100 °Fahrenheit = 37,8 °C.

Gesellschaftlicher Überblick

Bevölkerung

Größte Stadt der USA

Die Gesamtbevölkerung von New York City liegt inzwischen bei **ca. 8,5 Mio. Menschen**, seit Anfang des 20. Jhs. hat sich die Einwohnerzahl verdoppelt. Brooklyn ist der Stadtbezirk (*Borough*) mit der höchsten Bevölkerungszahl (2,6 Mio.), gefolgt von Queens (2,3 Mio.), Manhattan (1,6 Mio.) und der Bronx (1,4 Mio.). Auf Staten Island leben mit ca. 473.000 Einwohnern die wenigsten New Yorker. Die Bevölkerung New Yorks ist sehr heterogen und spiegelt alle Einwanderungswellen der amerikanischen Geschichte wider. Zwei von fünf Bewohnern der Stadt sind nicht in den USA geboren.

Die größte Gruppe sind mit 33 % nicht-hispanische Weiße (Kaukasier), die Zahl ist seit einiger Zeit rückläufig. Der Anteil der Schwarzen (Afroamerikaner) liegt bei 25 %, doch auch hier gehen die Zahlen zurück. Einwohner, die aus einem Spanisch sprechenden Land stammen, machen ca. 28 % der Bevölkerung aus, Bürger anderer ethnischer Herkunftsgebiete, v.a. Asiaten oder Araber, machen gut 12 % aus, der Anteil dieser Bevölkerungsgruppen wächst stetig.

In der Vergangenheit haben sich Afroamerikaner, Weiße, Asiaten und Hispanics/Latinos jeweils auf bestimmte Stadtgebiete konzentriert, heute ist das nur noch tendenziell zu spüren. Der größte Teil Manhattans, v. a. Downtown und Midtown bis zum Central Park, wird überwiegend von Weißen bewohnt, eine Ausnahme bildet Chinatown. Im nordwestlichen Brooklyn leben vornehmlich Schwarze, ebenso in den Straßenzügen nördlich des Central Parks (Harlem). Hispanics/Latinos und Asiaten siedeln in den nordwestlichen Bezirken von Queens (Flushing ist inzwischen hauptsächlich von Chinesen dominiert). In der Bronx wohnen kaum Weiße (Ausnahme: Riverdale), sondern mehrheitlich Hispanics/Latinos und Afroamerikaner. Im Süden von Brooklyn (*Brighton Beach*) leben insbesondere russischstämmige Menschen, andere Teile Brooklyns, vor allen Dingen Borough Park, ist die Enklave jüdischer Familien. In den letzten Jahren hat es allerdings einige gegenläufige Tendenzen gegeben; so beträgt der Anteil der Afroamerikaner unter den Einwohnern von Harlem inzwischen weniger als 50 %, da Hispanics/Latinos und Weiße in das lange Zeit fast ausschließlich von Schwarzen bewohnte Viertel gezogen sind.

Der Anteil der Asiaten in der Stadt steigt kontinuierlich an

Informationen zu den einzelnen Stadtteilen und Gebieten finden sich im Reiseteil ab S. 195.

Religionen

Die **Vielfalt** der in New York vertretenen Religionen existiert seit den Gründungstagen als holländische Kolonie. Damals konnte aufgrund der Schwierigkeiten, genügend neue Siedler zu finden, die gängige Praxis, dass der Staat und seine Bürger die Religion des Staatsoberhauptes annehmen, nicht durchgesetzt werden. Die Kolonie vereinte verschiedene christliche Religionen, und bereits 1654 kamen die ersten 23 jüdischen Siedler. Sie waren Sepharden aus Brasilien und firm in Handelsfragen. So nahm die holländische Westindien-Gesellschaft sie – entgegen dem Willen des Gouverneurs Stuyvesant – gerne auf.

Als die Briten 1664 die Macht übernahmen, versuchten sie, die **anglikanische Kirche** zu etablieren, die bald die größte Anzahl an Mitgliedern in der Kolonie verzeichnete. Mitglieder anderer evangelischen Kirchen wie der holländisch reformierten Kirche hielten jedoch an ihrem Glauben fest. Trotz einiger Dispute tolerierte New York im 17. und 18. Jh. jede Glaubensrichtung. Diese Freiheit bedeutete aber auch, dass jede Kirche für ihre Finanzierung selbst verantwortlich war, da es keine Kirchensteuer gab. Erst ab 1830 begann eine merkliche Immigration von Katholiken, die hauptsächlich aus Irland stammten. Im Jahr 1800 entstand mit der African Methodist Episcopal Church die erste afroamerikanische Kirche der Stadt. 1863 hatte New York bereits 23 katholische Andachtsstätten (im Vergleich zu fünf im Jahr 1833), die meisten davon mit großen Gemeinden. 1850 lebte in New York fast ein Drittel der 50.000 Juden in den Vereinigten Staaten. Danach begann die große Immigration europäischer Juden, besonders während der Jahre 1880 bis 1910, als 1,4 Mio. osteuropäische Juden auf der Flucht vor Pogromen nach New York und auch in andere Teile der USA immigrierten. Die meisten der bitterarmen Neuankömmlinge blieben in der Stadt und ließen sich in der Lower East Side nieder. 1920 waren ca. 30 % der Bevölkerung jüdisch.

Religiöse Vielfalt wird toleriert

Nach dem Ersten Weltkrieg zogen viele Afroamerikaner aus dem Süden der Vereinigten Staaten nach New York, und schwarze Mitglieder evangelischer Konfessionen nahmen zu. Sie benutzten manchmal verlassene Kirchen und Synagogen, um ihre Messen zu halten. Zahlreiche amerikanische **Gospelsänger** und Poeten haben ihre Wurzeln in diesen Gemeinden, wenn sich auch viele Künstler der Harlem Renaissance von der Religion entfernten. Ab 1920 kamen Puerto Ricaner in großer Zahl nach New York, von denen die

Ein Achtel aller New Yorker gehört der jüdischen Gemeinde an

Kirchen gibt es auch in Wohngebäuden

meisten Katholiken sind, doch statistisch gesehen die Kirche kaum besuchen. 1957 begann der Prediger **Billy Graham** seinen „Kreuzweg", indem er im Madison Square Garden Andachten abhielt, die im Fernsehen übertragen wurden. Er gewann so Gläubige weit über die Grenzen der Stadt hinaus. In den 1960er-Jahren gründeten Schwarze unter der Führung von **Malcolm X** die islamische Bewegung „Nation of Islam", deren Mitglieder Black Muslims genannt wurden.

Die meisten der in den letzten Jahrzehnten des 20. Jhs. nach New York immigrierten Juden stammen aus Marokko, Ägypten und Arabien sowie aus der ehemaligen Sowjetunion. Heute ist die römisch-katholische Kirche die größte Glaubensgemeinschaft (33 % der Bevölkerung), gefolgt von der jüdischen Gemeinde (12,5 %), der größten in den USA. 25 % der Bevölkerung gehören einer anderen christlichen Kirche an.

Es sind heute fast alle Religionen der Welt in New York vertreten, darunter zunehmend Muslime (8 %), Hinduisten und Buddhisten.

Es gibt über 400 Kirchen evangelischer Baptisten, 85 Synagogen und knapp 350 römisch-katholische Kirchen (Zahl nimmt ab wegen Zusammenlegungen), an die 300 Moscheen, 37 Hindu-Tempel bzw. Begegnungsstätten sowie die zahlreichen Glaubensstätten sechs weiterer protestantischer Richtungen.

Soziale Verhältnisse

Wenig staatliche Unterstützung

Die Einstellung der Amerikaner zu ihrem sozialen System ist auch heute noch geprägt von den Lebensbedingungen der Pioniere, die den nordamerikanischen Kontinent erschlossen haben. Für Generationen von Siedlern waren Eigeninitiative, Ehrgeiz, Beharrlichkeit und Selbstverantwortung die Eigenschaften, die geschätzt wurden, um den harten Lebensbedingungen standzuhalten. Vielen Amerikanern ist der Gedanke immer noch fremd, auf Hilfe vom Staat zu bauen, eher verlässt man sich auf persönlichen Einsatz und erwartet dasselbe von seinen Mitmenschen. Dafür leisten die Kirchen und gemeinnützigen Organisationen mit unzähligen Freiwilligen einen großen Teil der „Sozialarbeit" und bieten Unterstützung in Notlagen. Noch heute sorgen ein Netz von Spendern, Hilfsorganisationen und Wohltätigkeitsvereinen sowie eine gute Öffentlichkeitsarbeit dafür, dass die, die es am nötigsten haben, unterstützt werden. Die grundsätzliche Notsituation vieler Menschen verändert diese Hilfe jedoch nicht, so effektiv sie auch im Einzelfall sein mag.

Krankenversicherung

Da in den USA bislang keine Versicherungspflicht bestand und viele Arbeitnehmer und Arbeitgeber (besonders kleine und mittlere Betriebe) die hohen Versicherungskosten nicht tragen konnten, ist immer noch ein großer Teil der amerikanischen Bevölkerung (40 Mio.) ohne Absicherung im Krankheitsfall. Um eine Reform des Gesundheitswesens hatte sich bereits die Regierung Clinton bemüht, jedoch mit nur mäßigem Erfolg. Ein 2010 auf Initiative von Präsident Obama eingebrachtes und nach heftigen Diskussionen im Kongress angenommenes Gesetz zu einer **allgemeinen Versicherungspflicht** soll sicherstellen, dass jeder Bürger im Krankheitsfall abgesichert ist. Viele Berufstätige sind über Beiträge in eine betriebliche Krankenversicherung versorgt, bei der es sich meistens um Gruppenverträge mit Versicherungsgesellschaften handelt, für die entweder Arbeitgeber und Arbeitnehmer oder nur der Arbeitnehmer Beiträge bezahlt. Die Absicherung ist jedoch in vielen Fällen nur in größeren Firmen oder für Staats- oder Stadtbedienstete gewährleistet.

Das soziale Gefälle in Amerika ist und bleibt hoch

Für die medizinische Versorgung von Mittellosen, Rentnern und Behinderten sind 1965 zwei soziale Programme eingerichtet worden. Die medizinische Versorgung von Armen wird durch Medicaid finanziert, ein vom Bund und von den einzelnen Staaten getragenes Programm. Für Rentner und Behinderte wurde Medicare eingerichtet, ein Programm, das durch Beiträge der Versicherten, Sozialversicherungsabgaben und staatliche Zuschüsse finanziert wird.

Im Alter kann man sich New York nur mit privater Zusatz-Rentenversicherung leisten

Rentenversicherung

Unter Franklin D. Roosevelt wurde 1935 mit dem **Social Security Act** eine staatliche Rentenversicherung eingeführt. Die Renten werden in den USA durch die Social Security-Steuer finanziert, die zu gleichen Teilen von den Arbeitnehmern und Arbeitgebern zu entrichten ist. Selbständige haben die Möglichkeit, durch Zahlung der Social Security-Steuer im Alter ebenfalls in den Genuss einer adäquaten Rente zu kommen. Bei entsprechender Zahlungsdauer wird etwas weniger als die Hälfte des letzten Nettoeinkommens als Rente ausgezahlt. Generell liegt das Rentenalter bei 65 Jahren. Diejenigen, die es sich finanziell leisten können, schließen darüber hinaus noch eine private Rentenversicherung ab.

Arbeitslosenversicherung

Die Höhe der Arbeitslosenversicherung ist abhängig von dem Bundesstaat, in dem sie ausgezahlt wird, und auch der Prozentsatz differiert erheblich. Je nach Wohnort betragen die Zahlungen zwischen 30 und 50 % des letzten Arbeitslohns und werden bis zu 39 Wochen nach der Kündigung geleistet. Die Situation der Arbeitslosen in den USA ist wesentlich schlechter als hierzulande, was auch damit zu tun hat, dass die Finanzierung der Arbeitslosenunterstützung auf einer Steuer basiert, die alleine von den Arbeitgebern zu entrichten ist.

Sozialhilfe

Sozialhilfe (*welfare*) wird Bürgern der USA gewährt, deren Einkommen unter der offiziellen, alljährlich neu festgelegten Armutsgrenze liegt, doch nicht auf unbegrenzte Zeit. Zudem gibt es Auflagen, besonders für arbeitsfähige Erwachsene. Nach zwei Jahren müssen die Empfänger von Sozialhilfe zumindest eine Teilzeitarbeit annehmen, was Betroffene oft in schlecht bezahlte Jobs zwingt. Immerhin ist in den USA landesweit ein Mindestlohn gesetzlich festgelegt, aber auch für dieses Gesetz gibt es Ausnahmen (z. B. Gastronomie) und deutliche Unterschiede in verschiedenen Regionen des Landes. Mindestlohn in New York: Von $9 im Jahre 2016 wird er auf $15 bis 2019 steigen.

Soziale Unterschiede

Fast ein Drittel der Afroamerikaner und ein Viertel der Lateinamerikaner sind auf Sozialhilfe angewiesen. Aber auch durch zusätzliche Leistungen wie Medicaid, Mietzuschüsse und die Ausgabe von Lebensmittelmarken können weder die sozialen Missstände behoben noch der Teufelskreis sozialer Verelendung durchbrochen werden. Schlechte Schulbildung bedeutet meist Arbeitslosigkeit oder schlecht bezahlte Jobs, die Kluft zwischen Arm und Reich wird immer größer.

Einem Prozent der Haushalte gehören 42 % des amerikanischen Reichtums. Die Zahl der Milliardäre wuchs seit 1982 von 13 auf über 400. Gleichzeitig ist das (inflationsbereinigte) Einkommen nur geringfügig gestiegen. Das Durchschnittseinkommen der ärmsten Haushalte ist sogar gesunken, 15 % der Amerikaner leben unterhalb der Armutsgrenze, wozu auch Geringverdiener gehören.

New York und das Verbrechen

Viele Jahre hatte New York einen zweifelhaften Ruf, was die Sicherheit betraf, aber die Zeiten haben sich gewandelt. Das organisierte Verbrechen, das seit den

Dank verstärkter Sicherheitsmaßnahmen und steter Polizeipräsenz gilt New York heute als eine der sichersten Städte der Welt

1920er-Jahren vornehmlich der Mafia zugeschrieben wird, wurde dank effizienter Gesetze wie dem „Racketeer Influenced and Corrupt Organization Act" (Rico, 1970) von der New Yorker Polizei erfolgreich bekämpft. Ab den 1970er-Jahren waren es hauptsächlich Drogenhandel und Gewaltverbrechen, die die Kriminalität New Yorks prägten. Heute sind es eher Wirtschafts- und Finanzdelikte – und diese sind weniger sichtbar.

Bis in die 1990er-Jahre hinein war New York ein gefährliches Pflaster. Gewaltverbrechen (Mord, Raub, Vergewaltigung etc.) waren an der Tagesordnung, und es gab für Touristen zahlreiche „No-go-Areas", Gegenden, die es zu meiden galt. Ab 1994 bekämpften der damalige Bürgermeister Rudolph Giuliani und die Polizei die Kriminalität erfolgreich. Die Zahl der Verbrechen reduzierte sich zwischen 1990 und 2007 um 77 %! Die New Yorker Polizei, das New York City Police Department (NYPD), ist für alle fünf Stadtbezirke verantwortlich, mit beinahe 35.000 Polizeibeamten und mehreren Tausend Angestellten ist sie die größte Polizeibehörde in den Vereinigten Staaten. Auf der Liste der 200 amerikanischen Städte mit der höchsten Kriminalitätsrate ist New York City inzwischen nicht mehr zu finden, und das britische Wirtschaftsmagazin „Economist", das jährlich die zehn sichersten Städte der Welt ermittelt, setzte 2015 New York immerhin noch auf Platz 10 im weltweiten Vergleich. New York ist damit die einzige US-Stadt, die es geschafft hat, in diesem Index der Top Ten aufzutauchen.

Sicherste Großstadt der USA

Bildungswesen

In den USA ist der Bildungsweg in mehrere Abschnitte gegliedert. Schulpflicht besteht ab dem sechsten Lebensjahr, Kinder können aber schon ab fünf Jahren in den Kindergarten gehen. Von der 1. bis zur 8. Klasse (amerik.: *grade*) besuchen Schüler eine Elementary School, an die meist ab der 6. oder 7. Klasse eine Middle School oder Junior High School angegliedert ist. In großen Städten sind die Junior High Schools oft separate Schulen. In der Regel besuchen amerikanische Schüler von der 9. bis zur 12. Klasse die High School.

Unterschiedliche Qualität der Schulen

Die Zuständigkeit für das Schulwesen liegt bei den Bundesstaaten und ihren Schuldistrikten. Die **öffentlichen Schulen** werden in erster Linie über die Grundstückssteuer finanziert, was zur Folge hat, dass Schulen in „reichen" Orten und Vierteln wesentlich besser ausgestattet sind als die in anderen Gemeinden oder Stadtteilen. Die Bemühungen der Regierungen verschiedener Präsidenten, durch Bildungsgesetze das Leistungsniveau zu erhöhen, haben bisher zu keinem befriedigenden Ergebnis geführt, weshalb alternative, z. B. Charter Schools, und private Schulen immer gefragter werden. Aber nicht nur die Unterschiede in Ausstattung und Qualität der verschiedenen Schulen hat zur amerikanischen Bildungsmisere geführt.

Amerikanische Schüler gehen ca. 40 Tage im Jahr weniger zur Schule als in Europa, ein nicht abnehmender Zustrom von Einwandererkindern mit den unterschiedlichsten Muttersprachen und zunehmende Probleme mit Gewalt und Drogen im Schulbereich haben ihren Anteil daran. Mit 1,1 Mio. Schülern und 1.800 Schulen ist das New York City-Schulsystem das größte in den USA.

Nach dem High-School-Abschluss folgt für viele Schüler das **College**, das meist einer Universität angeschlossen ist. Das College gleicht eher einem Grundstudium, höhere Abschlüsse sind hier nicht möglich. Nach dem Abschluss des College mit einem *Bachelor's* oder *Baccalaureate Degree* haben die Studenten die Möglichkeit, an eine Universität zu gehen, um ihre akademische Ausbildung mit einem *Master's Degree* abzuschließen. Der College-Abschluss vergrößert die Chancen auf eine Arbeitsstelle und ist für viele Berufe sogar Voraussetzung. Eine „Lehre" im deutschen Sinne existiert in den USA nicht. Man lernt einen Beruf durch Mitarbeit in der jeweiligen Branche, eventuell besucht man berufsbegleitende Kurse.

Da es in den USA neben den öffentlichen Schulen und Universitäten auch viele **private Einrichtungen** gibt, die durch Schulgeld oder Studiengebühren (und Spenden „Ehemaliger") finanziert werden, ist die Spanne des Bildungsniveaus sehr breit gefächert.

In New York gibt es **mehr als 50 Colleges und Universitäten**, darunter mit der Columbia University und der New York University einige der begehrtesten Universitäten des Landes. Zu den anderen namhaften Universitäten der Stadt gehören u. a. die Fordham University, das Barnard College, die Cornell University, die Juilliard School und das Hunter College.

Kultureller Überblick

Bildende Kunst

Erst im 20. Jh. wurde New York zum Kunstzentrum, doch dafür erlangte die Kunstszene und Museumskultur nach dem Zweiten Weltkrieg Weltruhm.

Die Malerei im 18. und beginnenden 19. Jh. beschränkte sich auf das Genre der **Porträtmalerei**, durch die reiche Bürger der Stadt sich verewigen wollten. Viele der Porträtmaler wie John Watson oder John Wollaston waren in Europa geboren und hatten dort ihr Handwerk erlernt. Andere bekannte Porträtmaler, wie John Singleton Copley oder Abraham Delanoy, verbrachten nur einige Jahre in New York.

Mit John Trumbull entstand das Genre der amerikanischen **Historienmalerei**, das durch die Bürgerkriegsszenen von Winslow Homer berühmt wurde. Auch **Stadtansichten** wurden zunehmend beliebter.

Im Bereich der **Skulptur** lieferte New York bis zum Bürgerkrieg und dem ausklingenden 19. Jh., als man begann, durch Kriegerdenkmäler bedeutende Leistungen zu ehren, keine nennenswerten Beiträge. Während der Kolonialzeit waren fast ausschließlich Grabsteine oder Ornamente für Bauwerke entstanden. Einige Büsten von Nationalhelden waren für Innenräume geschaffen worden, und eine Reiterstatue von George Washington wurde 1856 am Union Square errichtet.

Kunstwerk des 19. Jahrhunderts: Bethesda Fountain im Central Park

Was die Kunst betrifft, wurde New York während des 19. Jhs. für eine Weile durch die **Hudson River School** bedeutend, eine Schule von Landschaftsmalern, die von 1825 bis 1870 bestand. Ihr herausragendster Vertreter und Begründer ist Thomas Cole, der die amerikanische Landschaft als Sinnbild einer neuen Nation und als etwas Erhabenes verstand. Seine Zeichenreise im Jahre 1825 entlang dem Hudson River markierte den Beginn der neuen Schule, und bald fand man die Landschaftsgemälde in den Galerien von New York. Weitere wichtige Vertreter waren u. a. Frederic E. Church und Asher B. Durand, der 1848 nach Coles Tod dessen Nachfolger wurde. Durand vertrat die Theorie, dass eine wirklichkeitsnahe Darstellung der Natur die Gegenwart Gottes zeige. Somit wurde eine sorgfältige Studie von Licht und Atmosphäre zum bedeutenden Thema in der Kunst. Im **Olana State Historic Site** *(www.olana.org)*, zweieinhalb Autostunden nördlich von New York, kann man die Werke von Church bewundern und bei dem Ausblick von seinem Anwesen gut verstehen, warum er so fasziniert war von der Landschaft am Hudson River.

Ausbildung für Bildhauer

Zeitgleich errichteten Angehörige verschiedener Nationalitäten, insbesondere Italiener, Iren und Deutsche, **Denkmäler** und **Brunnen**, die bedeutende Persönlichkeiten ihrer Heimatländer, darunter Ludwig von Beethoven (1884, Henry Baerer), würdigten. Bildhauer hatten nun die Möglichkeit, in der National Academy of Design, der Cooper Union oder der Art Students League eine bessere Ausbildung als bisher zu erhalten. Sie begannen eine Zusammenarbeit mit Architekten, um Bauwerke durch Skulpturen zu verschönern. 1886 wurde die berühmteste Skulptur der Stadt, Frédéric-Auguste Bartholdis **Freiheitsstatue**, als Geschenk des französischen Staates errichtet.

Gegen Ende des 19. Jhs. strömten Künstler nach Europa, um sich mit den dortigen Trends vertraut zu machen und neue Techniken zu erlernen. Dadurch entstand in Amerika zum ersten Mal Kunst, die man als **Kunst um ihrer selbst willen** bezeichnen darf. Diese fand jedoch bei der Nationalen Kunstakademie keinen großen Anklang, und so entstand 1877 die Society of American Artists, eine Künstlervereinigung, die den modernen Malern, darunter John Singer Sargent, die Gelegenheit gab, ihre Werke öffentlich auszustellen. Die gleiche Zeit brachte impressionistische Werke von Malern wie Childe Hassam hervor.

Zentrum internationaler Kunst

Nach 1900 wurde der Stil zunehmend realistischer, und die Themen in Malerei und Skulptur wandten sich mehr der Darstellung einfacher Menschen in ihrem Alltag zu. **Abstrakte Gemälde** entstanden als künstlerische Antwort auf die zunehmende Mechanisierung der Gesellschaft. New York wurde nun zum Zentrum für international bekannte Künstler, darunter Georgia O'Keeffe, Joseph Stella und der Fotograf Alfred Stieglitz. Eine internationale Ausstellung moderner Kunst im Jahre 1913, bekannt als „Armory Show", sorgte mit den Werken der späteren Dadaisten Marcel Duchamp und Man Ray für einen Skandal. Harlem wurde während der 1920er- und 30er-Jahre zum Zentrum schwarzer Kunst.

In den 1930er-Jahren vergab die Regierung große künstlerische Aufträge für die Gestaltung öffentlicher Gebäude und Flughäfen. Es wurden auch die ersten aus Metall geschlagenen Skulpturen geschaffen.

In den 1940er-Jahren entstand dann die wohl bekannteste Kunstrichtung der Stadt, der **Abstract Expressionism**, auch „Action Painting" genannt, deren Vertreter sich in der **New York School** gruppierten und sich im Stadtviertel SoHo niederließen. Jackson Pollock und Willem de Kooning wurden neben Arshile Gorky und Mark Rothko sowie einigen anderen die bekanntesten Mitglieder der Gruppe, und New York wurde durch ihre Werke zum Zentrum der **Avantgarde**. Gekennzeichnet sind die Bilder durch das Nichtvorhandensein des Figürlichen und den losen Pinselstrich. Der Entstehungsprozess des Kunstwerkes wurde nun wichtig, und Bewegung spielte eine große Rolle. So befestigte Jackson Pollock z. B. seine Leinwand auf dem Boden, wo er, manchmal mit großer Geschwindigkeit, Farbe auf das Werk schüttete, spritzte oder tropfte und es von allen Seiten bearbeiten konnte. Mark Rothko hingegen machte große, solide Farbflächen oder -blöcke zum Motiv seiner Malerei. Vertreter im Bereich der Skulptur sind Herbert Ferber und David Smith.

Mosaic Art im Riverside Park

Die Nachkriegszeit in der Malerei ist gekennzeichnet durch eine **Vielfalt** an Stilen und Themen. Jasper Johns und Robert Rauschenberg wurden zu Vorläufern der **Pop-Art-Bewegung**, die später von Andy Warhols und Roy Lichtensteins Darstellungen von Alltagsgegenständen fortgeführt wurde. Im Bereich der Skulptur entstanden nach dem Krieg einige Friedensmahnmale, die um die Zentrale der Vereinten Nationen errichtet wurden, sowie einige kleinere heroische Denkmäler. Eine surrealistische Bewegung setzte sich in den 1940er-Jahren mit Vertretern wie Joseph Cornell durch. Jacques Lipchitz schuf ab 1941 einige bedeutende Werke.

Durch städtische Auflagen entstanden seit den 1960er-Jahren zahlreiche **Skulpturen für Vorplätze und Innenhöfe** von Großbauten, darunter Werke von Jean Dubuffet (Group of Four Trees, 1972, *28 Liberty Bldg., Liberty St.*), Alexander Calder (Le Guichet, 1963, *Lincoln Center*) und Henry Moore (Reclining Figure, 1965, *Lincoln Center*). Viele weitere namhafte Künstler wie Isamu Noguchi, Pablo Picasso, Fritz Koenig oder Louise Nevelson sind durch ihre Werke auf öffentlichen Plätzen vertreten. Doch auch unbekannte Künstler erhalten heute eine Chance. Mittlerweile wird auch viel in Parks veröffentlicht.

Kunststadt New York

Weltbekannte Museen

Ihre Berühmtheit als Kunststadt erlangte New York einerseits durch die Künstler selbst, andererseits durch die hervorragenden Museen. Mit dem Tammany Museum, später umbenannt in American Museum, wurde 1790 diese Tradition begründet. Kunstakademien wie die American Academy of Fine Arts (gegründet 1802) verfügten bald über beachtliche Sammlungen. 1844 wurde die **New York Gallery of Fine Arts** geformt, die der Öffentlichkeit zugänglich war. Nach dem Bürgerkrieg entstanden dann zahlreiche kleine Museen und Galerien, die häufig durch reiche Industrielle finanziert wurden.

1870 machte der bekannte Dichter William Cullen Bryant den Vorschlag, ein öffentliches Kunstmuseum zu gründen mit dem Ziel der besseren sozialen, moralischen und kulturellen Bildung der Bürger New Yorks. So war der gedankliche Grundstein für das **Metropolitan Museum of Art** gelegt, das bereits wenige Jahre später seine Pforten öffnete. Diesem Gedanken treubleibend, finden auch heute in diesem riesigen Museum – die Sammlung besteht aus mehr als 2 Mio. Exponaten! – noch zahlreiche Seminare und Aktivitäten zur Volksbildung statt. Interessanterweise findet man erst seit 1967 moderne Kunst im Metropolitan Museum.

2 Mio. Exponate

1897 eröffnete das **Brooklyn Museum**. Es war von dem berühmten Architekten-Team McKim, Mead & White als größtes Museum der Welt konzipiert worden. Durch den Zusammenschluss von Brooklyn mit New York im Jahre 1898 begann jedoch ein Wettrennen, das Brooklyn verlor; nur einer der vier geplanten Flügel wurde fertiggestellt. Nichtsdestotrotz verfügt das Museum über die viertgrößte Kunstsammlung der Vereinigten Staaten. 1929 wurde das **Museum of Modern Art** von drei Frauen, Lillie Bliss, Mary Quinn Sullivan und Abby Aldrich Rockefeller, gegründet, und 1930 öffnete das **Whitney Museum of American Art**. Das 1937 eingeweihte **Solomon R. Guggenheim Museum** ist gleichermaßen Kunstwerk und Ausstellungsraum: Der berühmte Architekt Frank Lloyd Wright konzipierte das spiralförmige Museum, das bedeutende Malerei des 20. Jhs. zeigt. Mit dem Entstehen des **Bronx Museum of the Arts** (1972), der Erweiterung des Museum of Modern Art (1984), der Wiedereröffnung des **P.S. 1 Contemporary Art Center** (1997), dem ältesten alternativen Ausstellungsraum der Stadt, sowie dem **New Museum of Contemporary Art** (2007) bleibt die Museums- und Kunstszene in Bewegung. Heute verfügt New York über 200 Museen, von denen sich über 50 ausschließlich auf Bildende Kunst spezialisiert haben.

In den immer selteneren Plattenläden gibt es noch Raritäten zu entdecken

Musik

Wenn auch die holländischen Siedler lange in ihrer Sprache Psalme während der Gottesdienste sangen, beginnt die New Yorker Musikgeschichte erst im Jahr 1750 mit der Eröffnung des ersten Konzertsaals, dem **Nassau Street Theater**, wo Opern aufgeführt wurden. Bis ca. 1820 blieb New York aber eher eine Art Zweigstelle des Kunstortes London, woher fast alle Darsteller stammten.

Danach wurde die Herkunft der Immigranten vielfältiger, und die Mittel, eine eigene Produktion aufzubauen, wuchsen. So wurde 1825 Rossinis „Il Barbiere di Siviglia“ die erste in ungekürzter Fassung auf Italienisch aufgeführte Oper in New York. 1842 wurde die **Philharmonic Society of New York**, das heutige **New York Philharmonic Orchestra**, gegründet, und 1854 wurde mit der **Academy of Music** das erste permanente Opernhaus der Stadt eröffnet. Es gab zu diesem Zeitpunkt einen großen Musikmarkt, und bedeutende Musikhäuser wie Steinway & Sons (Klaviere) entstanden. Zudem wurde New York zu einer wesentlichen Etappe großer Tourneen. Am 5. Mai 1891 fand unter Leitung des Komponisten Peter Tschaikowsky das Eröffnungskonzert des berühmtesten amerikanischen Konzertgebäudes, der Music Hall, statt (heute nach ihrem Erbauer, dem Industriellen und Kulturmäzen Andrew Carnegie, **Carnegie Hall** genannt).

Entwicklung der Musikszene

Unter der Leitung europäischer Komponisten, die für eine Zeit in New York lebten, wurde in der Stadt auch komponiert und uraufgeführt. Ein berühmtes Beispiel ist Dvoraks Symphonie „Aus der Neuen Welt“, die er während seines Aufenthaltes von 1892 bis 1895 als Direktor der 1885 gegründeten Musikschule National Conservatory of Music komponierte und deren Uraufführung er im Dezember 1893 in der Carnegie Hall leitete.

Als um 1900 die ersten **Phonografen** gebaut wurden, entstand in New York die Mehrzahl der amerikanischen **Aufnahmestudios**, die so Künstler in die Stadt zogen.

Während des Ersten Weltkriegs erfolgte dann eine große Wende in der Musik: **Ragtime** wurde erfunden, und bedeutende Komponisten wie Scott Joplin und George Gershwin lebten in New York und hatten dort ihre Uraufführungen. Die ersten Schritte das **Jazz** wurden in New Orleans und in Chicago gemacht, doch durch die Aufnahmestudios und Radiosender sowie eine besonders strikte Durchsetzung der Prohibition in Chicago, wodurch viele Musiker ihre Anstellungen in Clubs verloren, wurde New York ab 1925 zur Hauptstadt des Jazz, die Künstler wie **Louis Armstrong** anzog.

Hauptstadt des Jazz

Die New Yorker lieben Musik und präsentieren ihr Können gerne mal im Park

Charlie Parker

In Clubs wie dem Hollywood Club mit **Duke Ellington** oder dem Roseland Ballroom mit Fletcher Henderson präsentierten die sogenannten **Big Bands** Jazz als Tanz- und Unterhaltungsmusik. Von 1927 bis 1931 spielte Duke Ellington im legendären **Cotton Club** in Harlem Musik für „afrikanische Revues", die jedoch für ein weißes Publikum bestimmt waren.

In den 1930er-Jahren wurden viele Bands gegründet, und der **Swing** entstand mit Stars wie den Sängerinnen **Ella Fitzgerald** und **Billie Holiday**, dem Klarinettisten **Benny Goodman**, dem Pianisten **Count Basie** und vielen mehr. Sie spielten in unzähligen Clubs und nahmen Schallplatten in Jam Sessions auf.

Gegen Ende des Zweiten Weltkriegs spielten dann in den Clubs von Harlem die Pianisten Thelonious Monk und Bud Powell, die Schlagzeuger Max Roach und Kenny Clarke sowie der Saxofonist **Charlie Parker** und der Trompeter **Dizzy Gillespie**. Sie erfanden den **Bop oder Bebop**. Maßgeblich gefördert wurde diese Entwicklung durch die unkonventionelle und experimentierfreudige Plattenfirma **Blue Note Records** (s. Kasten S. 150). 1945 stieß der damals 18-jährige **Miles Davis** zu ihnen, der in den 1960er- und 70er-Jahren mit seinen Bands – einige der berühmten Mitglieder sind Keith Jarrett, Chick Corea und John Scofield – die Fusion von Jazz und Rock vollzog. **Rock** war nämlich in der zweiten Hälfte der 50er-Jahre in New York eine stark vertretene Musikrichtung geworden, da die Musiker häufig unter Vertrag mit New Yorker Plattenfirmen standen.

Punk, Rap und Jazz

In den 1960er-Jahren trat jedoch die New Yorker Musikszene – mit wenigen Ausnahmen wie den Songschreibern Bob Dylan, Carole King, Neil Diamond und Paul Simon – wieder in den Hintergrund. Im darauffolgenden Jahrzehnt entstand dann in der Lower East Side der **Punk-Rock** mit Bands wie Television, The Ramones oder Blondie. Besonders in den Gettos der Bronx hat sich die moderne Musik, wie **Rap** und **House**, seit Mitte der 1980er-Jahre entfalten können. Was den Jazz betrifft, ist der „Big Apple" weiterhin sehr aktiv mit vielen Clubs. Die Julliard School of Music und die Jazz-Abteilung des Lincoln Center – seit den 1990er-Jahren unter der artistischen Leitung von Wynton Marsalis – bilden vielversprechende Nachwuchskünstler aus, und es gibt einige Jazz-Festivals.

Im Bereich der **klassischen Musik** ist das Angebot mit über 40 Symphonie-Orchestern und der weltberühmten **Metropolitan Opera** riesig. Das **New York Philharmonic Orchestra**, das seine Heimat im Lincoln Center gefunden hat, hat zweifelsfrei seinen Weltruf bis heute aufrechterhalten. Musikdirektoren wie Gustav Mahler, Wilhelm Furtwängler, Igor Strawinsky, Arturo Toscanini, Leonard Bernstein, Zubin Mehta und Kurt Masur haben es geleitet.

New York bleibt eine **Hochburg der Gegenwartsmusik**. Sein kreativer Nachwuchs ist durch zahlreiche Musikschulen sowie durch speziell erbaute Aufführungsräume gesichert.

Klassische Unterhaltung: Theater, Oper, Tanz und Film

Schon Mitte des 18. Jhs. wusste New York seine Einwohner bestens zu unterhalten. Zu dieser Zeit konnte man im **Nassau Street Theater** bereits regelmäßig Aufführungen professioneller Schauspieler und Tänzer besuchen, und in den darauffolgenden Jahrzehnten entstanden zahlreiche Schauspielhäuser. Tanz war häufig ein Bestandteil der Theateraufführungen und ein weites Feld, das von Ballett über Gesellschaftstänze bis hin zu Seiltanz reichte. Der Bürgerkrieg brachte diese Unterhaltungen zu einem abrupten Ende. Zwischen 1797 und 1798 wurde das **Park Theater** erbaut, das bis zu den 20er-Jahren des 19. Jhs. das bekannteste Theater und Opernhaus der Stadt blieb. Es verfügte über die Mittel, berühmte britische Darsteller zu engagieren, förderte jedoch auch den amerikanischen Nachwuchs und führte Neuerungen ein, wie die **italienische Oper**. Bereits damals spielten namhafte Stars wie George F. Cooke eine große Rolle. Als Resultat der Französischen Revolution ließen sich in den 90er-Jahren viele französische Tänzer in der Stadt nieder und propagierten erfolgreich das europäische Ballett. „Sophia von Brabant" war die erste klassische Ballettaufführung der Stadt im Jahre 1794.

Lange Tradition des Theaters

Theater wurden zunehmend größer, und es bildeten sich zwei Zentren heraus: der **Broadway** und die **Bowery**. Theater diente einerseits der Unterhaltung, war andererseits aber auch häufig politisch. In den 1830er-Jahren entstanden Schauspielhäuser, die in ihrer Themenwahl speziell für die Arbeiterschicht gedacht waren, was sich auch an den niedrigeren Eintrittspreisen bemerkbar machte. Tanz blieb ebenso populär, und Stars wie Lola Montez begaben sich auf Tournee durch das Land. Neue Darbietungsformen wie der **Steptanz**, die **Minstrel-Show** – eine Darbietung, bei der meist schwarzgeschminkte Unterhalter Lieder singen oder Witze erzählen –, und **Vaudeville** – eine Art Musikhallen-Varieté – entstanden und wurden v. a. in den 1850er- und 60er-Jahren äußerst populär und hielten sich bis ins 20. Jh. mit Einrichtungen wie dem **Bronx Theater** (eröffnet 1908).

Um diese Zeit zeichnete sich ein weiterer Trend ab, der bis in unsere Zeit bestehen bleibt: die „Dauerbrenner", also Produktionen, die monate- oder gar jahrelang gespielt wurden, darunter als frühes Stück „Onkel Toms Hütte" nach Harriet Beecher Stowe. Das Geschäft der Agenten entstand, die nun Künstler vermittelten und durch Werbemittel wie Poster vermarkteten. In den 1870er-Jahren war der **Union Square** zum ersten wirklichen Theater- und Opernzentrum der Stadt geworden, im Volksmund bekannt als „The Rialto".

Vermarktung von Künstlern

Durch ein Feuer wurde 1876 das **Brooklyn Theatre** zerstört. 295 Menschen kamen dabei ums Leben. Als Resultat versuchte man, Stücke und Bauten zu verbessern, und ein wahrer Theaterboom begann in Brooklyn. Um der neuen Theaterleidenschaft gerecht zu werden, entstand 1884 die **American Academy of Dramatic Arts** als erste Schauspielschule der Vereinigten Staaten, und bis in die heutige Zeit sind zahlreiche solcher Schulen ins Leben gerufen worden. An vielen Universitäten wird Schauspiel nun als Studienfach angeboten.

Geburtsort des modernen Tanzes

Der **moderne Tanz** entstand in den 1890er-Jahren in New York und wurde durch Loie Fullers und Isadora Duncans Tourneen auch in Europa populär. 1909 öffnete die **Metropolitan Opera** die erste Ballettschule der Stadt. Sie stand unter der Leitung von Malvina Cavallazzi. Die „Met" blieb in den darauffolgenden Jahrzehnten eines der wichtigsten Balletthäuser. Viele Tänzer gründeten in den folgenden Jahren ihre eigenen Tanzschulen.

Im Bereich der **Oper** bemühte sich die 1883 gegründete Metropolitan Opera seit ihren Anfängen um die Aufführung europäischer Stücke, die in italienischer Sprache präsentiert wurden. In den späten 1880er-Jahren wurde ein preisgünstigeres deutsches Ensemble verpflichtet, und viele Aufführungen fanden nun für eine Weile auf Deutsch statt. Nach 1900 engagierte man Stars wie Enrico Caruso, Geraldine Farrar und ab 1923 den großen Wagner-Bassbariton Friedrich Schorr. Ebenso wurden in der Geschichte der Metropolitan Opera große Dirigenten wie Arturo Toscanini (1908–15) und James Levine (1971–2016, musikalischer Leiter: 1976–2016) verpflichtet.

Um die Jahrhundertwende wurde der Union Square als Theaterzentrum vom **Times Square** abgelöst, und die alten Theaterhäuser wurden zu Kuriositätenmuseen, Kinos und Filmstudios umgewandelt. Auch blieb der Vorstand der Theater nicht länger einem führenden Schauspieler überlassen, sondern der Beruf des Regisseurs entstand. Die Verwaltung vieler Theater wurde in die Hand des 1896 ins Leben gerufenen Theatrical Syndicate gelegt, das bald mehr als 500 Theater kontrollierte.

Siegeszug des Kinos

Rund um Thomas Edison entstanden in den 1890er-Jahren erstmals kurze **Filme**, und Edisons Erfindung der tragbaren Kamera ermöglichte ab 1896 sogar Außenaufnahmen von New York. So wurde die Stadt zum ersten Filmzentrum und behielt diese Stellung bis zum Ersten Weltkrieg. Besonders um das Jahr 1910 entstanden zahlreiche Filmgesellschaften, die wie Atlas Films oder Fox teilweise bis in die heutige Zeit bestehen. Das Publikum war begeistert von dem neuen Medium **Kino**, und schnell gab es Kassenschlager wie „Der Graf von Monte Cristo" mit James O'Neill (1913), der die Rolle bereits fast vierzig Jahre lang auf der Bühne gespielt hatte. Ständig öffneten immer größere, prachtvoll ausgestattete **Kinos** ihre Pforten wie das Regent Theater (1913) oder das Roxy Theater mit 6.000 Plätzen (1927). 1920 gab es bereits 1.000 Lichtspielhäuser!

Kinos waren exotische Orte, die oft im Stil ferner Länder ausgestattet waren. So sollte nicht nur der Film, sondern auch das Kino selbst zum Erlebnis werden. 1915 jedoch hatte sich das Zentrum des Filmgeschäfts schon nach Hollywood verlagert, wo das freundlichere Klima bessere Außen-Drehmöglichkeiten bot. Viele Unternehmen behielten nur noch Verwaltungsbüros in New York. 1922 war die Filmproduktion in der Stadt auf 12 % der Gesamtproduktion der Vereinigten Staaten geschrumpft, und mit der Erfindung des Fernsehens nach dem Zweiten Weltkrieg waren riesige Filmhäuser nicht mehr rentabel. Funktionale, kleinere Theater ersetzten die Prunkbauten.

Im frühen 20. Jh. änderten sich die Themen im Theater wie auch in der Literatur: Soziale und psychologische Aspekte sollten nun auf eine realistische Art im Schauspiel beleuchtet werden. Ibsen, Shaw, O'Neill und Pirandello wurden zu beliebten Autoren. Die Umbruchstimmung dieser Jahre spiegelte sich auch 1919 in einem Streik der Schauspieler für bessere Bezahlung und soziale Leistungen wider.

Vornehmlich in Greenwich Village öffneten nun **alternative Theater** wie das Neighborhood Playhouse und die Washington Square Players (später umbenannt in Theater Guild), die Werke neuerer und teils auch umstrittener Autoren spielten. Hier versuchte man, durch intellektuelle Themen ein Gegengewicht zu den pompösen Shows des Broadway zu setzen. Die meisten dieser Theater waren jedoch bereits in den späten 1920er-Jahren wieder verschwunden. Unabhängige Filmemacher arbeiteten zur gleichen Zeit an Produktionen, die ein speziell schwarzes, jüdisches oder avantgardistisches Publikum ansprechen sollten.

Gegengewicht zum Broadway

Im Bereich des Tanzes gab es nun auch bedeutende schwarze Tänzer, vornehmlich Josephine Baker und Bill Robinson („Mr. Bojangles"), die den **Charleston** unvergesslich machten. Unter der Leitung von Hemsley Winfield entstand 1931 die Negro Art Theater Dance Group.

In den 1920er- und 30er-Jahren wurden **Musicals** immens populär, und viele von ihnen sogar zur Legende, wie „Show Boat" (1927, Kern und Hammerstein) oder „Porgy und Bess" (1935, Gershwin). Nie wurden in New York so viele neue Stücke in beinahe 80 Theatern eröffnet wie in den späten 20er-Jahren, und 1932 entstand mit dem Bau der **Radio City Music Hall** das größte und berühmteste Theater der USA. Wie jedoch in allen Bereichen brachte die Depression das Wachstum zum Erliegen, viele Schauspieler wurden arbeitslos, und mehrere Theater sahen sich gezwungen zu schließen. Das Filmgeschäft erfuhr jedoch durch die Erfindung des Tonfilms einen kleinen Aufschwung, und New York spezialisierte sich auf die Verfilmung von Broadway-Stücken.

Was vom Theater übriggeblieben war, wurde in den darauffolgenden Jahrzehnten häufig politisiert. Man fand nun zunehmend patriotische Stücke, z. B. von Lillian Hellman, oder **Problemstücke** bei Eugene O'Neill, Tennessee Williams, Arthur Miller und vielen anderen Dramatikern. Die Leichtigkeit des frühen 20. Jhs. wäre vergessen gewesen, wenn es nicht auch zahlreiche musikalische Komödien wie „Oklahoma!" (1943, Rodgers und Hammerstein) und Musicals wie „Hello, Dolly!" (J. Herman) gegeben hätte.

Radio City Music Hall

Nach dem Zweiten Weltkrieg entstand eine neue Art des **modernen Tanzes**, ein minimalistischer Ansatz, der z. B. von Martha Graham und ihrer Schülerin Merce Cunningham eingesetzt wurde.

Gewissermaßen als Nachfolger der alternativen Theater des frühen 20. Jhs. entstanden um 1950 die sogenannten **Off-Broadway-Theater**, die sich gegen das konservativ gewordene Broadway-Theater richteten und neue Impulse geben wollten. Gewagtere Themen und kleinere Stücke kamen hier zur Aufführung. Die 1960er-Jahre brachten dann sogar das Off-Off-Broadway-Theater hervor, das sich völlig von professionellen Schauspielern, berühmten Stars und herkömmlichen Theaterkonzeptionen löste und Nachwuchskünstlern und Amateuren die Möglichkeit zur Darstellung bot. Cafés wie das Caffe Cino wurden zu Kleinkunstbühnen, und bedeutende Persönlichkeiten, wie der Dramaturg/Schauspieler Sam Shepard, machten hier ihre ersten Schritte. Das Kino entwickelte als Äquivalent zum Off-Off-Broadway die sogenannten **Underground Filme** wie Andy Warhols „Chelsea Girls" (1966).

Off-Off-Broadway für Nachwuchskünstler

Auch am **Broadway** gab es in den 1960er-Jahren bedeutendes Theater. Edward Albee wagte sich mit Stücken wie „Wer hat Angst vor Virginia Woolf" in den Raum des **absurden Theaters**, und der in der Bronx geborene Dramaturg Neil Simon produzierte zahlreiche Werke. Das „schwarze Theater", das es seit dem 19. Jh. gab, erfuhr mit der Gründung der Negro Ensemble Company einen Aufschwung. Werke führender schwarzer Schriftsteller wie James Baldwin, LeRoi Jones und Lorraine Hansberry wurden so propagiert und einem breiten Publikum nähergebracht. Berühmte Tänzer und Choreografen wie Twyla Tharp und Mikhail Baryshnikov erfüllten die gleiche Funktion im Bereich des Tanzes.

Broadway und Off-Broadway existierten weiterhin nebeneinander, doch gerade das **alternativere Theater** hat in der Folgezeit die bedeutenderen Stücke und Künstler hervorgebracht. Eine klare Trennung in Themen und Autoren war nicht mehr ohne Weiteres möglich. Im **Bereich des Films** haben sich einige Regisseure wie Martin Scorsese, Woody Allen, Spike Lee, Ang Lee und Wayne Wang bewusst für New York entschieden und machten die Stadt zu ihrem Drehort. Immer mehr Filmgesellschaften entdeckten New York neu und heute werden über 200 Filmproduktionen – ohne die Werbefilme – pro Jahr im „Big Apple" gedreht. Die ehemaligen Studios in Queens wurden wieder aufpoliert, und gewagte Planungen, wie z. B. Brooklyn Navy Yard zu einem Filmgelände umzugestalten, werden erörtert bzw. bereits in Teilen verwirklicht. Die Metropolitan Opera bleibt das berühmteste Opernhaus der Vereinigten Staaten, und die große Zahl an Theater-, Opern- und Konzerthäusern erlaubt einen weiterhin positiven Ausblick in die Zukunft.

Beliebte Filmkulisse

Verlagswesen und Presse

New York wurde sehr früh zu einem der führenden Literatur- und Verlagszentren der Vereinigten Staaten. Bereits 1693 öffnete der erste Buchladen der Kolonie unter der Leitung von William Bradford, der das Druckerhandwerk in London erlernt hatte und mit seiner „Gazette" (1725–44) auch die erste Zeitung der Kolonie ins Leben rief. Schon 1735 wurde nach einer Verleumdungsklage in New York die **Pressefreiheit** bestätigt. Die kolonialen Buchläden vertrieben häufig auch Lebensmittel und Schreibwaren, verfügten über eigene Druckereien und dienten zugleich als Postämter. Mitte des 18. Jhs. gab es schon eine Anzahl an Verlegern, die Kinderbücher, Gedichts- und Gebetsbände, Abdrucke britischer Romane sowie eine Vielzahl von Fachbüchern herausgaben. Auch die ersten Zeitschriften erschienen zu dieser Zeit, darunter das „American Magazine" von Noah Webster, dem Verfasser des ersten wichtigen amerikanischen Wörterbuches. Diese Zeitschriften beschäftigten sich u. a. mit Rezensionen, Musik, Kunst, Politik, und im späten 18. Jh. erschienen die ersten spezialisierten Publikationen zu Themen wie Medizin oder Recht. Zeitschriften für Frauen, wie das „Lady's Weekly Miscellany", folgten ab der Jahrhundertwende.

Buchladen seit 1693

Nach der Revolution nahm die Zahl an Buchhändlern stark zu, und 1802 fand in New York eine erste **Buchmesse** statt. Wichtige Politiker der Zeit wie Alexander Hamilton, John Jay und James Madison verteidigten nun in Zeitungen ihre Standpunkte. „The Federalist", die Sammlung ihrer 85 Essays zur Revolution, wurde zum ersten literarischen Klassiker der Vereinigten Staaten.

Im Jahr 1800 gab es fünf Tageszeitungen, und 1825 hatte New York Philadelphia und Boston als Verlagsstadt überholt. Neuerungen im Druckbereich ermöglichten eine weitere Verbreitung von Literatur. Ab 1827 erschien das „Freedom Journal", eine Zeitschrift speziell für die schwarzen Bürger der Stadt. Namhafte Autoren wie James Fenimore Cooper, bekannt durch die Lederstrumpf-Romane, und Edgar Allan Poe veröffentlichten Geschichten und Kritiken in den Publikationen der Zeit. 1841 entstand mit der „New York Tribune" die erste Zeitung mit einem landesweiten Vertrieb.

Mitte des 19. Jhs. begannen große Buchverlage, ihre eigenen Zeitschriften zu veröffentlichen, so z. B. „Harper's Bazar" oder das „Publishers Weekly", die führende Publikation des Buchhandels, die noch heute erscheint.

Durch vergünstigte Posttarife für Druckwaren wurde nun auch eine weitere Verbreitung möglich, billige Taschenbuchausgaben machten Literatur für ein breites Publikum erschwinglich, und 1895 öffnete die **New York Public Library** ihre Pforten. Viele große Verlagshäuser wie Charles Scribner (1848) und G.P. Putnam (1847) entstanden, und Dutzende neuer Zeitungen und Zeitschriften erschienen. Mit der Gründung

James Fenimore Cooper

Cartoons als politisches Sprachrohr: „Cleaning up on Wall Street" (1873, „The Daily Graphic")

der Columbia University Press (1893) und der Oxford University Press (1896) öffnete sich das Feld der Universitätsverlage, die sich auf Forschung, Wissenschaft, Politik und Literatur spezialisierten.

Ab Beginn des 20. Jhs. begann man, Zeitschriften auch durch **Werbung** zu finanzieren, und die ersten illustrierten Werke, insbesondere Kinderbücher, wurden verlegt. Ab den 1920er-Jahren kamen verstärkt Groschenromane auf den Markt (die ersten waren um 1865 erschienen, oft mit Abenteuern aus dem „Wilden Westen"), die sich vornehmlich mit „wahren" Schicksalsschlägen, Abenteuern, Affären und zunehmend mit Kriminalgeschichten befassten. Einige ernsthafte Publikationen zu Politik und Literatur wie das „Time Magazine" (1923) oder der „New Yorker" (1925) entstanden zeitgleich. Auch Übersetzungen ausländischer Werke waren nun erhältlich. Um der zunehmenden Wichtigkeit von Literaturkritik gerecht zu werden, wurden bedeutende Publikationen wie der „New York Times Book Review" (1924) veröffentlicht.

Durch die Verbreitung des Fernsehens nach dem Zweiten Weltkrieg musste das Verlagswesen seine Ziele neu definieren und verteidigen. Wirtschaftliche Publikationen wie „Money" oder „Forbes" erschienen. Die Entwicklung seit den 1960er-Jahren zeigt das Entstehen riesiger **Medienkonglomerate** wie Time-Warner oder CBS (Columbia Broadcasting System), und heute gehören die meisten namhaften Verlage zu einem der wenigen Verlagsriesen.

Namhafte Zeitungen

New York hat sich auch einen Namen gemacht durch das **Zeitungswesen**. 1801 erschien die „New York Post" (bis 1934 unter dem Namen „New York Evening Post"), 1851 folgte die legendäre und heutzutage vermeintlich beste Tageszeitung der Welt, die „New York Times". Erst 1919 kam „Daily News" hinzu. Die Wirtschaftszeitung „Wall Street Journal" gehört zu den Spitzenblättern und wird weltweit gelesen. Veranstaltungszeitungen, wie die alternativ ausgerichtete „Village Voice" kamen später hinzu und fanden große Beachtung besonders im linken Spektrum. Im neuen Jahrtausend kamen noch die überall ausliegenden, kostenlosen Anzeigenblätter (z. B. „Metro New York", „amNew York") hinzu, die aber auch über Lokalpolitisches berichten. Und in einer Stadt mit so vielen Immigranten haben sich auch einige lokale fremdsprachliche Zeitungen etablieren können. In keiner anderen amerikanischen Stadt waren und sind die Menschen so gut informiert wie in New York.

Doch auch hier entwickelte sich der Markt seit der Einführung des Internets gegen das traditionelle Druckwesen. Die großen Zeitungen veröffentlichen schon lange eine kostenpflichtige Online-Version. Und andere **Neue-Medien-Konzerne** haben sich in der Stadt etabliert bzw. hier ihren Hauptsitz, so z. B. die „Huffington Post", „Weblogs, Inc.", „Tumblr" (gehört zu „Yahoo!"), „Foursquare" und (der

Überrest) von „AOL“. Sie alle haben nicht nur vom hiesigen Markt hier profitiert, sondern auch von der **„Silicon Alley“**, dem Pendant zum „Valley“ in San Francisco. Gestartet im Flatiron District, hat sich das Silicon Alley heute über die gesamte Stadt ausgebreitet und in alten Lagerhäusern, hinter Hochhausfassaden und in Garagen in Queens tüftelt nun die Internet-, Telekommunikations- und Software-Branche an neuesten Ideen.

New Yorker Autoren und ihre Themen

info

New York übte seit seinen Anfängen eine magische Anziehungskraft auf Schriftsteller aus, doch insbesondere seit Mitte des 19. Jhs. wurde es zum nationalen Zentrum für Autoren und Intellektuelle. Ab 1809 erschien Washington Irvings satirische „History of New York“ in Fortsetzungen, veröffentlicht unter dem Pseudonym Diedrich Knickerbocker. Knickerbocker wurde bald zu einer Bezeichnung für New Yorker, und eine gleichnamige Vereinigung von Autoren setzte sich ab den 1820er-Jahren für das Entstehen einer nationalen amerikanischen Literatur ein.

Ab den 1840er-Jahren lebten und arbeiteten namhafte Schriftsteller wie Edgar Allan Poe, Herman Melville, Edith Wharton oder Henry James in der Stadt, und Washington Square wurde zu einem bedeutenden Literaten-Viertel.

Die Gier und Macht der Wall Street, Sünde und Vergnügungen der Bowery und die künstlerischen Darbietungen des Broadway waren wichtige Themen. Keine Stadt schien geeigneter, die menschlichen Versuchungen und Kämpfe ums Überleben zu schildern, und New York wurde durch seine Darstellung in populären Romanen zu einem Begriff für alle Amerikaner. Neben dem sentimentalen Aufzeigen von Lastern erschienen ab Ende des 19. Jhs. jedoch auch realistischere Darstellungen, z. B. über die Ausbeutung der Arbeiterschaft und Schreie nach einer sozialistischen Reform. Zugleich wurde New York in der Literatur auch zum Beispiel für Entwicklung und Fortschritt.

Edgar Allan Poe

Detektivromane gewannen ab den 1880er-Jahren eine große Anhängerschaft. Generell zeichnet sich um die Jahrhundertwende ein Trend der Kommerzialisierung ab. Im Gegensatz dazu entstanden jedoch in den ersten zwei Jahrzehnten des 20. Jhs. auch viele Journale und „Little Magazines“, die einen kleinen, intellektuellen Kreis an Lesern ansprachen und auch unbekannten und experimentellen Autoren die Möglichkeit der Veröffentlichung boten. Eine Vielzahl literarischer Bewegungen zeichnete sich nun in New York ab. Während der Harlem Renaissance wurden Werke schwarzer Autoren wie Zora Neale Hurston veröffentlicht, jüdische Zeitungen wie Abraham Cahans „Jewish Daily Forward“ erschienen in der Lower East Side, und die Schriftsteller der „Lost Generation“

info

gaben ihren Gefühlen der Desillusionierung Ausdruck. Die Romane F. Scott Fitzgeralds gestatten einen lebhaften Einblick in das Leben der New Yorker Upper Class der 1920er-Jahre.

In den 1940er-Jahren wurde Brooklyn zum neuen literarischen Zentrum New Yorks, und bedeutende Romane und Dramen von Autoren wie Norman Mailer und Arthur Miller entstanden. Die berühmten „Beat Poets" der 50er-Jahre, darunter Allen Ginsberg, William Burroughs und Jack Kerouac, ließen sich im Village nieder und verglichen ihre Werke mit der unruhigen Musik des Beat. In den 1950er-Jahren entwickelte sich die West Side zum Sammelpunkt für Intellektuelle. Doch in den 1970er- und 80er-Jahren verließen viele der einst berühmten Autoren die Stadt. Das Vakuum hat sich bis heute nicht wieder aufgefüllt, dafür ist die Stadt zu teuer. Nur die ganz erfolgreichen Autoren leben hier, schreiben aber über ganz andere Themen. Für Lesungen und Aufführungen aber ist die Stadt immer noch eines der wichtigsten Zentren der USA.

Architektur und Stadtplanung

Ebenso wie die Geschichte der Stadt New York beginnt auch ihre Architektur mit den Holländern. Anfangs noch inspiriert von den Lehm- und Holzbauten der Indianer, begannen die ersten Siedler bald damit, **europäische Vorbilder** des 17. Jhs. beim Bau ihrer Wohnhäuser zu imitieren, so z. B. Treppengiebel, wie man sie noch heute in manchen mittelalterlichen Bauten der Niederlande oder Belgiens findet. Auch die britische Architektur der Georgianischen Zeit stellte einen großen Einfluss dar. Beispiele sind vornehmlich öffentliche Gebäude wie das ehemalige King's College (heute Columbia University) oder das New York Hospital. Heute existieren nur noch etwa 30 Bauten aus der Kolonialzeit in New York, zudem die im Freilichtmuseum Richmond Town auf Staten Island. Darunter befinden sich auch einige Kirchen wie die Old New Dorp Moravian Church (1764, *Staten Island*).

Wenige Bauten aus der Kolonialzeit

Das Straßennetz der ursprünglichen holländischen Siedlung, die sich am Wasser beginnend südlich der Wall Street im heutigen Manhattan befand, war ohne System erschaffen worden. Das rapide Anwachsen der Bevölkerung machte eine **Straßenplanung** notwendig, die im Jahre 1811 beschlossen wurde und den ersten Versuch einer groß angelegten Stadtplanung in Amerika darstellte. Dieser Plan gliederte Manhattan in ein Netz rechtwinklig verlaufender Straßen, die sich in Avenues und Streets teilen. Avenues sind die parallel zum Fluss verlaufenden Straßen, Streets die senkrecht dazu laufenden Wege. Diagonal von Südosten nach Nordwesten verläuft der in Manhattan rund 22 km lange Broadway. Der Städteplan sah außer dem Central Park keinerlei Grünfläche in Manhattan vor.

Auch für die älteren Stadtteile, die Manhattan direkt umgeben (Union City, Brooklyn, Astoria, South Bronx etc.), wurde ein ähnlich straffes Schema erstellt; die später entstandenen Stadtteile zeigen sich entspannter in ihrer Straßenorganisation.

Nach dem Unabhängigkeitskrieg (1775–83) begann in New York eine Zeit der architektonischen Innovationen, die die Stadt schließlich zu einem Vorbild der Baukünste

Broadway und City Hall (1819)

werden ließ. Im Gegensatz zu unserer Zeit waren die Bauherren des frühen 19. Jhs. keine ausgebildeten Architekten, sondern Handwerker oder Ingenieure. Sie arbeiteten nach Musterbüchern und errichteten zumeist kleine Gebäude mit maximal drei Stockwerken. Wenig verzierte, funktionale Häuser aus Ziegelstein dienten sowohl als Wohngebäude als auch als Geschäfts- oder Lagerräume. Eine Ausnahme stellt die französisch klassizistisch beeinflusste City Hall dar, die von John McComb Jr. und Francois Mangin in den Jahren 1803–12 als öffentliches Gebäude errichtet wurde. Wer sich in der ersten Hälfte des 19. Jhs. als Architekt bezeichnete, hatte seine Lehrjahre in Europa verbracht, und viele dieser Einwanderer oder Rückkehrer, allen voran **Richard Morris Hunt**, der erste Amerikaner, der seinen Abschluss an der École des Beaux-Arts in Paris gemacht hatte, begannen, in Amerika Schüler auszubilden. Ihre Namen wie Ithiel Town oder Richard Upjohn sind heute beinahe in Vergessenheit geraten. Bekannt wurden sie durch Auftragsarbeiten an Kaufhäusern, öffentlichen oder sakralen Gebäuden wie etwa Upjohn's Trinity Church (1841–46), eine dreischiffige Basilika im neugotischen Stil.

Zunehmende architektonische Varietät

Erst 1881 bot die Columbia University unter der Leitung von William Ware als erste New Yorker Universität die Möglichkeit, einen Hochschulabschluss in Architektur zu erlangen. Im gleichen Jahr schloss sich eine Reihe von ausgebildeten Architekten zur **Architectural League of New York** zusammen, um ihren Berufsstand fester zu etablieren. 1893 entstand die Society of Beaux-Arts Architects, ein Zusammenschluss jener Architekten, die in Paris an der École des Beaux-Arts studiert hatten. Davor jedoch, im Jahre 1857, gründete eine kleine Gruppe von kaum mehr als 20 Architekten das **American Institute of Architects**, und zeitgleich lässt sich eine zunehmende Varietät sowohl in Baustilen als auch in Bautypen feststellen.

Bedingt durch das starke Bevölkerungswachstum, stiegen auch die Grundstückspreise, und alte Häuser wurden zerstört oder modernisiert, um effizienter nutzbar zu sein. Dies betraf v. a. die Geschäftszentren in Manhattan und Brooklyn, wo sich zunehmend kommerzielle Architektur findet. In Wohngegenden wie Greenwich Village oder Brooklyn Heights findet man ab den 1840er-Jahren platzsparende Reihenhäuser für die Handwerker- und Mittelschicht, die englischen Modellen folgen. Vermögendere New Yorker konnten sich zudem große Landhäuser am Stadtrand leisten.

Die ehemaligen Stallungen hinter den Häusern am Washington Square sind heute begehrt und teuer

Regierungsgebäude zeigen nun Anklänge an die klassische griechische Architektur, so das U.S. Custom House von Alexander Davis und Ithiel Town (1832), die eine Architektengemeinschaft gegründet hatten, oder der Merchants' Exchange von Isaiah Rogers (1842). Griechische Elemente finden sich auch im ersten modernen Hotel der Stadt, dem Astor House (1836), das seine Zeitgenossen durch Facetten wie fließendes Wasser beeindruckte und die Touristen rasch herbeizog. Ebenso anziehend war Stewart's Kaufhaus am Broadway (1859–60, J. Kellum).

Beliebte Gusseisen-Architektur

Um 1850 wurden in New York zwei bahnbrechende Entwicklungen gemacht: Die Erfindung des **ersten Personenaufzugs** für das Kaufhaus Haughwout & Co. (1857, *Broadway und Broome St.*, D. Badger und J. Gaynor) und der Gebrauch von Gusseisen („**Cast-Iron**") in der Architektur mit dem Bau eines Fabrikgebäudes, das vollständig aus Gusseisen bestand. James Bogardus (1800–74) propagierte dadurch die Verwendung des für die Architektur neuen Materials. Bereits 1859 wurde das an der Ecke Centre Street und Duane Street gelegene Bauwerk aufgrund einer Straßenerweiterung wieder abgetragen. Das durch Bolzen verbundene Gebäude konnte problemlos in seine Einzelteile zerlegt werden und ließ so die Möglichkeit zum Wiederaufbau an einem neuen Standort. Die Kosten für diese Art von Architektur waren niedriger als bei anderen Bauarten, und durch die vorfabrizierten Bauteile konnten Gebäude nun in sehr kurzer Zeit errichtet werden. Gusseiserne Elemente waren kommerziell herstellbar, umfassten sowohl tragende als auch dekorative Teile, und sie ließen es zu, größer zu bauen, als es bisher möglich war. Diese Architektur florierte v. a. von den 1850er- bis 80er-Jahren. Beispiele der Zeit sind noch vorhanden in SoHo, TriBeCa, Brooklyn-Downtown und Williamsburg.

Ein Beispiel ist das **Kaufhaus Haughwout & Co**. Das Gebäude hat ein backsteinernes Mauerwerk in Verbindung mit einer gusseisernen Fassade. Gusseisen lässt die Imitation fast jedes Baustils zu. So schmückt sich das Kaufhaus im Erdgeschoss mit korinthischen Pilastern und Säulen, in den oberen Stockwerken mit venezianischen Spätrenaissance-Elementen. Diese Art der Kombination von steinernem Mauerwerk und gusseiserner Fassade war für eine Weile maßgebend in New York. Daniel Badgers Fabrik Architectural Iron Works und die Novelty Iron Works waren zwei große Firmen, die sich auf die Produktion von Fassadenelementen spezialisierten. Durch die Veröffentlichung seiner Schrift „Illustrations of Iron Architecture" (1865) machte Badger die gusseiserne Architektur einem größeren Publikum zugängig.

Das „Gusseiserne Zeitalter" („Cast-Iron Age") endete in New York um 1880. Heute findet man im Stadtbereich noch etwa 250 bis 300 in dieser Art konstruierte Gebäude.

„Cast-Iron"-Architektur in SoHo

Die Zeit des großen Bevölkerungsbooms zwischen 1865 und 1930 brachte zwangsläufig auch Veränderungen in der Architektur mit sich, denn die Bevölkerung hatte sich in dieser Periode versiebenfacht. Dieser Zuwachs machte sich in der Architektur durch eine New Yorker Besonderheit bemerkbar: die Apartmenthäuser, in denen die Mehrheit der New Yorker als Mieter lebte. Die ersten sogenannten **Tenement Houses** wurden ab 1860 erbaut und beherbergten die Neuankömmlinge aus aller Welt. Man darf sie wohl zu Recht als Armenhäuser bezeichnen, denn durch mangelhafte oder gar fehlende sanitäre Einrichtungen und schlechte Belüftungsmöglichkeiten und Baumaterialien verletzten sie schnell jegliche Hygienegebote. Im Jahre 1901 wurden den Bauherren durch ein Tenement-House-Gesetz striktere Auflagen gemacht, und man bemühte sich verstärkt, die Qualität der Armenwohnungen zu verbessern. Aus diesem Gedanken heraus entstanden zwischen 1910 und 1930 in allen Stadtteilen neue, subventionierte Wohnungen, die jedoch als Mieter vornehmlich die Mittelschicht ansprachen.

Neben den Tenement Houses existierten jedoch auch luxuriösere Apartmentgebäude, die großzügiger angelegt waren mit speziellen Besucher- oder Personalräumen. Sie befanden sich in besseren Wohngegenden, wie z. B. Jackson Heights (Queens) oder in der Upper East Side von Manhattan, und waren oftmals als Wohnanlagen arrangiert, die Spielmöglichkeiten, gepflegte Innenhöfe oder sogar Brunnenanlagen besaßen. Diese Suites konnten sich nur die reichen New Yorker leisten, die oftmals zudem über ein Haus am Stadtrand oder außerhalb der Stadt verfügten und diese Wohnungen nur für ihre Stadtaufenthalte nutzten. Besonders prachtvolle Beispiele findet man auf der 5th Avenue sowie der Park Avenue (z. B. *1040 Park Avenue,* 1923, von Aldrich and Delano). Solche Luxus-Apartmenthäuser, die einen ganzen Block einnehmen konnten, wurden vermehrt zu begehrten Firmen- und nicht so sehr zu Privatinvestitionen. Sie waren divers in ihren Baustilen, darunter Art déco und Tudor, doch immer wesentlich prachtvoller und stärker verziert als die Tenement Houses.

Luxus-Apartmenthäuser

Nur die Reichsten der Stadt konnten sich in diesen Jahren des 19. Jhs. **Einfamilienhäuser** leisten, die man wiederum auf der 5th Avenue, in Brooklyn Heights, Park Slope und Fort Greene antrifft. Darunter befinden sich als frühes Beispiel das Stewart House (1869) und als späteres Werk das Carnegie House (1901) auf der

Brownstone Houses

5th Avenue. Weitaus erschwinglicher waren die aus Ziegelstein gebauten **Brownstones**, oder Reihenhäuser, errichtet in Brooklyn und Manhattan bis zum Ersten Weltkrieg, als der Bevölkerungszustrom ein Bauen in die Höhe erzwang. Wie bei den Apartmenthäusern findet man auch bei den Reihenhäusern eine große Bandbreite, die von einfachen, zweistöckigen Häusern für Handwerker und Fabrikarbeiter in Harlem bis hin zu großen Townhouses auf der Upper East Side von Manhattan für wohlhabende Familien wie die Roosevelts rangieren.

Ganze Wohngegenden wurden zwischen 1910 und 1930 als gemeinschaftsfördernde Einheit konzipiert („**Planned Communities**"), darunter Hills Gardens (ca. 1910, Grosvenor Atterbury und Frederick Olmsted) und Sunnyside Gardens (1928, Frederick Ackerman, Clarence Stein und Henry Wright). Träger dieser Bauten waren u. a. Gewerkschaften, die so ihren Mitgliedern die Möglichkeit eines relativ hohen Wohnkomforts bieten wollten.

Seit der Mitte des 18. Jhs. hatte sich in New York die Zahl an Architekten, die sich teils in Büros organisierten, aber auch von großen Unternehmen oder der Regierung beschäftigt wurden und zumeist von Auftragsarbeit lebten, kontinuierlich erhöht. Oftmals waren **Architekturbüros** spezialisiert auf eine bestimmte Art von Bauwerk, wie z. B. Wohnhäuser oder öffentliche Gebäude. Das größte Büro der Vereinigten Staaten war bis zum Jahre 1920 die Firma McKim, Mead and White mit über hundert Architekten. Sie erhielt u. a. die Aufträge für den Bau der Pennsylvania Station (1911) und des Municipal Building (1914).

Verschönerung des Stadtbildes

Um die Jahrhundertwende erreichte die „**City Beautiful**"-**Bewegung** die Stadt. Durch prachtvolle öffentliche Bauwerke versuchte man nun vermehrt, das Stadtbild zu verschönern, und so entstanden in der Zeit bis 1920 Bauwerke, die den architektonischen Charakter der Stadt durch ihren **Stileklektizismus** stark prägen sollten. Darunter befindet sich u. a. das Metropolitan Museum of Art (1910, McKim, Mead and White). Weitere Großbauten der Zeit im Beaux-Art-Stil sind die Bahnhofsanlagen Pennsylvania Station (1906–10, McKim, Mead and White) und Grand Central Terminal (1903–13, Reed, Stern, Warren und Wetmore). 1903 wurde die New York Stock Exchange erbaut, die durch ihren römisch beeinflussten Stil herausragte.

Es wurde viel und prunkvoll gebaut, und an jeder Ecke entstanden neue, reich verzierte U-Bahn-Stationen, Krankenhäuser, Schulen, Hotels, Kinos oder Veranstaltungshallen. Nebeneinander existierten nun u. a. Bauten im Kolonial-, Renaissance-, Art déco- und Second Empire-Stil.

In den ersten Jahrzehnten des 20. Jhs. erhielt New York seine charakteristische **Skyline** durch den Bau der **Wolkenkratzer**, und ein weltweites Wettrennen um immer höhere Bauwerke begann. Durch die Entwicklung von Stahlkonstruktionen, die ihren Anfang bereits in den 1850er-Jahren hatten, sowie den felsigen Untergrund New Yorks war der Bau des Wolkenkratzers hier möglich. Die ersten Hochhäuser Manhattans entstanden als reine Bürogebäude, darunter die Woolworth-Zentrale (1913, G. Gilbert). Das Empire State Building (1931, Streve u. a.) setzte mit 102 Stockwerken und 400 m Höhe neue Standards und blieb bis in die 1970er-Jahre das höchste Gebäude der Welt. Die hohen Bauten lösten nicht nur Begeisterung aus, sondern auch Sorge um die weitere Entwicklung des Stadtbilds.

Wettrennen um das höchste Bauwerk

Um eine Homogenität in der Höhe der Bauten zu wahren, wurden 1916 in New York die ersten Gesetze erlassen, die deutlich darlegten, in welchen Gebieten bis zu welcher Höhe gebaut werden durfte. Zugleich entstanden in der Metropole auch kommerzielle Gebäude wie Schlachthäuser, Brauereien, Fabriken oder große Markthallen, die wie die Brownstones meist aus Ziegelsteinen gebaut waren. Ihr funktionaler Charakter ließ wenig Raum für Verzierungen.

Mit den 1930er-Jahren und den Ereignissen, die dem Zusammenbruch der Börse im Jahre 1929 folgten, kam es zu einer starken **Verlangsamung im Baugewerbe**, doch keinesfalls zu einem Stillstand. Wahrscheinlich wäre diese Entwicklung nach dem Reichtum an Bauwerken, die in den ersten zwei Jahrzehnten des Jahrhunderts entstanden, früher oder später ohnehin eingetreten. Als bedeutende Hochhäuser der frühen 1930er-Jahre sind zu erwähnen das Daily News Building (1930, John Howells und Raymond Hood) sowie das McGraw-Hill Building (1931, Raymond Hood, Godley und Foulhoux). Herausragend sind auch das Rockefeller Center (1932–40, Reinhard, Hofmeister und Hood) und die Gebäude der Zoologischen Gärten der Central und Prospect Parks. Das Chrysler-Building (1928–30, William van Alen) zeigt sich nun unverblümt als Werbearchitektur. Geschmückt von stilisierten Adlern – dem Emblem des Automobilherstellers – und Kotflügeln stellt es eine amerikanische Neuheit dar. In der Regel jedoch war das Geld knapp, und so entstanden ansonsten vorrangig notwendige, öffentliche Bauwerke wie Krankenhäuser, Brücken oder Straßen, die wenig architektonische Innovationen zeigten.

Mit der zunehmenden Industrialisierung in den 1940er-Jahren einher gingen neue Bautrends und ein **Streben nach Modernität**. Dies wurde ausgedrückt durch den sogenannten **Internationalen Stil**, der in Europa seine Wurzeln hatte. Ab den 50er-Jahren wurde er zum Modell für kommerzielle Hochhäuser und fand schließlich im Seagram Building (1954–58, Ludwig Mies van der Rohe und Philip Johnson) seinen Höhepunkt. Der Internationale Stil fügt Beton, Stahl und Glas zu einem eleganten Gesamtbild zusammen und zeichnet sich durch seine Klarheit, ausgedrückt durch simple Formen und flache Fassaden, aus. Im Gegensatz zu früheren Hochhäusern wurden das Seagram Building und der Chase Manhattan Bank Tower (heute *28 Liberty*, 1961, Bunshaft, Skidmore, Owings und Merrill) in der Mitte großer Plätze errichtet, um so optisch genügend freien Raum zu lassen.

Moderne Bauten aus Glas und Stahl

Seit den 1930er-Jahren gab es in New York „**Public Housing**“ (auch „Projects“ genannt), von der Regierung geförderte Wohnprojekte, die von der New York

Heute lebt es sich in Stuyvesant Town, mittlerweile eher „rent controlled" denn Project, gut und relativ günstig

Housing Authority betreut wurden und den Armen der Stadt die Möglichkeit bieten sollten, unter menschlichen Bedingungen zu leben. Zu den ersten dieser Wohnanlagen zählten die Harlem River Houses (1937) sowie die Williamsburg Houses (1937), die für ihre Zeit sehr modern und architektonisch ausgereift waren. Im Rahmen der Slum-Beseitigungsprojekte sowie der Schaffung von Wohnungen für heimgekommene Soldaten aus dem Zweiten Weltkrieg, was ab Ende der 1940er-Jahre ein Hauptziel der Stadt war, wurden ganze Wohnblocks abgerissen und an ihrer Stelle „Superblocks" errichtet. Superblocks, darunter Washington Square Village und Stuyvesant Town in Manhattan oder Co-op City in der Bronx, beinhalteten außer Hunderten von Wohnungen auch andere Einrichtungen wie Schulen oder Geschäfte. Während sie erfolgreich das Ziel der Slum-Beseitigung erreichten, sorgten sie für einen sozialen Wandel: Langjährige Bewohner waren häufig gezwungen, sich nach einem neuen Heim umzusehen, alteingesessene Geschäfte oder Restaurants verschwanden, ethnische Ausprägungen einer Gegend änderten sich.

Diese Großanlagen blieben auch in den 1960er-Jahren die Norm für Public Housing, doch seit den 1970er-Jahren bis hin zu unserer Zeit ist eine Entwicklung hin zu kleineren Wohnanlagen oder Reihenhaussiedlungen festzustellen, die zunehmend auch die mittleren Einkommensschichten ansprechen. Denn einen großen Nachteil hatten die Wohnblock-Siedlungen: Anonymität, Überbelegung der Wohnungen, sozial schwache Bewohner und zu geringe Mieteinnahmen förderten Kriminalität und eine ungenügende Instandhaltungspolitik. Seit den 1950er-Jahren sehen sich Architekten in New York strengeren Auflagen unterworfen, die sowohl regionale, ästhetische als auch umwelttechnische Aspekte umfassen und deren Einhaltung verstärkt überwacht wird. In der Öffentlichkeit sowie der Presse hat sich ein zunehmendes Interesse an Architektur entwickelt. Wichtige Institutionen wie die Alliance of Women in Architecture, die Coalition of Black Architects oder das Institute for Architecture and Urban Studies entstanden, die es sich zum Ziel machten, ihr Handwerk zu fördern und es sowohl den Fachleuten als auch einer breiten Öffentlichkeit näherzubringen.

Strenge Auflagen für Neubauten

Einige **herausragende Bauwerke** dieser Jahre sind hier hervorzuheben: 1959 entstand Frank Lloyd Wrights Guggenheim Museum, Ausstellungsort für Kunst des 20. Jhs., das mit seiner spiralförmigen Konstruktion das Stadtbild veränderte. Im Jahre 1992 erhielt es einen turmförmigen Anbau (G. Siegel and Associate), der zusätzliche Ausstellungsräume auf jeder Etage ermöglichte. Im darauf folgenden Jahr entstand am John-F.-Kennedy-Flughafen das TWA Terminal (Eero

Saarinen) und 1966 Marcel Breuers Whitney Museum of American Art (heute Teil des Metropolitan Museum), ein mit Mauerwerk verkleideter Betonklotz. 1970 schuf Minoru Yamasaki mit seinen beiden weltberühmten Türmen des World Trade Center die höchsten Gebäude der Stadt. Als ebenfalls wichtige Bauwerke der Neuzeit bleiben zu erwähnen das Lincoln Center (60er-Jahre) und das Metrotech Center (80er-Jahre) sowie Queens West (90er-Jahre). Das AT&T Building (1984, Burgee und Johnson) brachte einen Hauch der Postmoderne über New York, und in den 1990er-Jahren stach v. a. Robert Venturis Entwurf für einen neu zu errichtenden Fährschiff-Terminal auf Staten Island hervor, der dann bis 2005 verwirklicht wurde.

Bedeutende Bauten nach 1950

Die jüngste Zeit ist markiert durch drei ausgesprochen unterschiedliche architektonische Zielsetzungen. Entweder plant und baut man experimentell, so wie z. B. Frank O. Gehry es bei mehreren „schiefen" und verwinkelten Gebäuden in der Stadt vormachte. Ein Beispiel dafür ist sein 8 Spruce Street (2010), der erste Wohnblock inmitten des Financial Center. Ein anderer Stil dagegen geht steil und gradlinig in die Höhe. Schmale Wolkenkratzer quetschen sich nahezu in die oft niedrigere Skyline. Das beflügelt dank der Aussicht den Kaufpreis für die avisierte Oberschicht. Beispiele dafür sind 432 Park Avenue (2016, 426 m, Rafael Viñoly) oder One57 (2014, 306 m, Christian de Portzamparc). Und zuletzt sind es die überall im näheren Umfeld von Manhattan aus dem Boden schießenden, verglasten Apartmentblocks, die besonders die jüngeren, gut verdienenden Familien anlocken sollen. Sie findet man in zunehmendem Maße im Zentrum von Brooklyn, entlang dem East River (Brooklyn, Queens), aber auch in der Bronx und am Ufer des Hudson River in New Jersey. In Manhattan umschlingen sie bereits das East Village und die Lower East Side.

Allen ist gemeinsam, dass die Außenfassaden vornehmlich aus Glas bestehen. Das ist ökologischer, günstiger zu bauen und verspricht mehr Licht. Die Kehrseite der Medaille: Überall spiegelt sich alles.

Bauten aus verschiedenen Epochen bilden heute eine bemerkenswerte Symbiose

Trotz vieler Bausünden ist der **Denkmalschutz** seit den 1960er-Jahren zu einem wichtigen Ziel geworden. Ein bedeutendes Restaurationsprojekt der jüngeren Zeit war die Wiederherstellung der Immigrationsstelle Ellis Island und darin die Einrichtung eines Museums. Ebenfalls komplett restauriert wurden das Grand Central Terminal und die New York Public Library. Nach dem Anschlag auf das World Trade Center am 11. September 2001 wurden zahlreiche Pläne für einen Neubau eingereicht, von denen der von Daniel Libeskind 2003 den Zuschlag erhielt, anschließend zwar mehrfach geändert wurde, letztendlich aber zur Fertigstellung des 541 m hohen Freedom Tower im Jahre 2014 führte.

3. NEW YORK ALS REISEZIEL

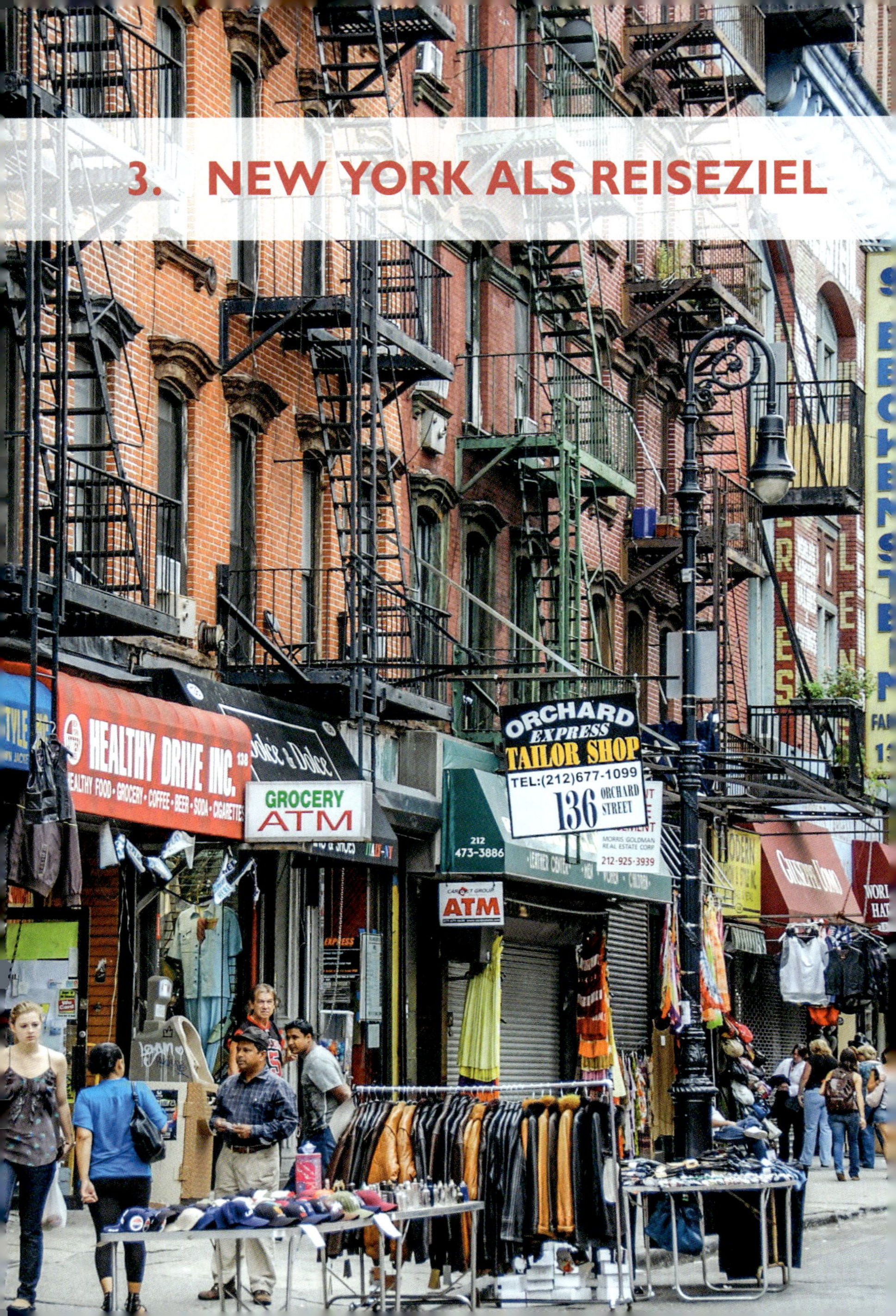

Allgemeine Reisetipps von A–Z

Hinweis

In den **Allgemeinen Reisetipps von A–Z** finden sich reisepraktische Hinweise für die Reisevorbereitung und den Aufenthalt in New York. Auf den anschließenden **Grünen Seiten** (ab S. 181) werden Preisbeispiele für den New-York-Aufenthalt gegeben. Das Kapitel **Spezielle Tipps** (ab S. 113) gibt konkrete Hinweise und Empfehlungen zu Themen wie Übernachten, Essen und Trinken, Nachtleben, Shopping etc. Der anschließende **Reiseteil** (ab S. 186) gibt detailliert Auskunft über Sehenswürdigkeiten mit Adressen und Öffnungszeiten. Die Angaben in diesem Buch wurden sorgfältig recherchiert, sollten sich dennoch einige Details geändert haben, freuen wir uns über Anregungen und Korrekturen: info@iwanowski.de.

Alkohol

Bier bekommt man in Supermärkten und kleineren Geschäften, Wein und Spirituosen dagegen nur in speziellen „**Liquor Stores**" (sonntags erst ab dem Mittag).

Einige wenige Restaurants, insbesondere islamische und tibetanische, schenken keinen Alkohol aus. Doch zumeist erlauben sie den Genuss von mitgebrachten Alkoholika.

Alkohol darf in New York erst an Personen **ab 21 Jahren** verkauft werden. Dies wird streng kontrolliert („I.D., please!"). Das Gesetz verlangt sogar von dem Verkäufer/Gastronom, sich von jedem den Ausweis zeigen zu lassen. Auch wenn dies natürlich nicht immer eingehalten wird, sollte man einen Ausweis mit Bild besser dabei haben.

Anreise

Mit dem Flugzeug

Das Angebot an Flügen in die USA wird immer größer und damit auch unübersichtlicher. Am besten informiert man sich im Internet (z. B. www.momondo.de, www.checkfelix.de, www.followme.de, www.opodo.de, www.billigfluege.de) bzw. im Reisebüro über die aktuellen Preise. **Internetanbieter** sind oft, jedoch nicht zwangsläufig günstiger als die Reisebüros. Häufig sind die preisgünstigeren Internetflüge nicht umbuchbar bzw. weisen andere Nachteile auf. Manchmal findet man auch auf den Internetseiten der Airlines Schnäppchen und kann z. B. mithilfe eines Kalenders einen besonders günstigen Tag auswählen. Möchte man Anschlussprogramme an den Aufenthalt in New York buchen, sollte man lieber auf ein **renommiertes Reisebüro** zurückgreifen. Man erhält auf diese Weise mehr Informationen, wird grundsätzlich besser beraten, und das Angebot an Zusatzleistungen (z. B. inneramerikanische Anschlussflüge, günstigere Mietwagen etc.) ist oft deutlich größer.

New York besitzt **drei große Flughäfen**: den John F. Kennedy International Airport, den La Guardia Airport und den Newark Airport (Liberty International Airport).

> **Tipp: Genug Zeit einplanen**
>
> Die meisten Flüge zurück nach Europa gehen am späten Nachmittag/Abend. Achtung! Bei einer Fahrt zum Flughafen kann man so in die **Rush Hour** (zwischen 15.30 und 18 Uhr, am schlimmsten zwischen 16 und 17.30 Uhr) geraten. Dann dauert die Fahrt zu den Flughäfen erheblich länger. Zu diesen Zeiten sollte man mind. 90 Min. nach Newark und JFK sowie 60 Min. nach La Guardia einplanen. Wer einen Mietwagen abgeben muss, sollte kalkulieren, dass er nach der Abgabe nochmals 30 Min. bis zu den Terminals benötigt. Zudem verpasst man am JFK-Airport leicht die richtige Zufahrt zu den Abgabestationen.

John F. Kennedy International Airport

Entfernung nach Manhattan: 16 Meilen/26 km, Fahrzeit mit dem Taxi nach Manhattan 40–60 Min. (bis zu 2 Std. während der Rush Hour).
Airport-Informationen: ☏ (718) 244-4444, www.panynj.gov.

New-York-Information: Infoschalter in jedem Terminal (im Ausgangsbereich). Infos bezüglich der Weiterfahrt nach Manhattan, auch Hotelreservierungen.
Der Flughafen, im Sprachgebrauch nur „JFK" genannt, ist der größte in New York und befindet sich auf einer angelandeten Ebene im Südosten von Queens. Hier werden im Wesentlichen die internationalen Flüge abgefertigt.
Die Orientierung ist einfacher, als man glaubt. Um einen großen Verkehrskreisel herum sind die Terminals angelegt. Auf dem Ticket steht, an welchem Terminal man ankommt bzw. wieder abfliegt. Der **AirTrain** (s. u.) fährt jeden Terminal an.

Transfer nach Manhattan
Bei der Ankunft folgt man den Schildern, bis man die Pass- und Zollkontrolle passiert hat. Danach bieten sich drei Möglichkeiten, in die Stadt zu gelangen:
Taxi: Nur die **gelben Taxis** sind lizenziert! Ab zwei Reisenden lohnt es sich, ein Taxi zu nehmen, man zahlt unwesentlich mehr als für den Shuttle-Bus; teilen sich drei Reisende ein Taxi, bringt eine Busfahrt keine Ersparnis. Die Fahrt mit dem Taxi ist bequemer, da man sicher vor dem Hotel abgesetzt wird. Infos und Preisbroschüren werden am Taxistand ausgegeben. Man sollte sich nicht beschweren, wenn der Taxameter nicht läuft, aber unbedingt vorher die ausgehändigte Broschüre mit den Preisen lesen. Taxipreis nach Manhattan: $70–80 inkl. Trinkgeld und Brücken-/Tunnelgebühr.
Shuttle-Bus: Sie stehen dicht an den Ausgängen vom Flughafenterminal. Die meisten Busse fahren zu bekannten Haltestellen in der Midtown. Man sollte auf das Ziel des Busses achten, um rasch die günstigste Haltestelle zu erkennen, am besten Stadtplan bereithalten. Von der Haltestelle in Manhattan muss man evtl. noch ein Taxi bis zum Hotel nehmen. Shuttle-Busse nach Manhattan ab $25 pro Pers. (bis zu $30).
Öffentliche Verkehrsmittel (**MTA New York City Transit**): Wer sparen möchte, muss etwas mehr Aufwand betreiben, doch so umständlich, wie man denken mag, ist es nicht. Der Transfer kostet p. P. unter $8. Der **AirTrain** fährt ebenfalls vor jedem Terminal ab. Die **MetroCard**, das Ticket für das gesamte MTA-Netz, kann man direkt vor dem AirTrain am Automaten mit Geld beladen – ruhig ausreichend, damit es auch für die ersten Fahrten in New York reicht (Tipp: mind. $20/Pers.). Der AirTrain bringt einen für $5 zu einer von zwei erreichbaren Subwaystationen, von wo aus nochmals eine einfache Subwayfahrt abgezogen wird von der MetroCard:
Howard Beach Station: Von hier mit dem A-Train (meist Expresszug) nach Manhattan. Gut für Ziele im Süden und Westen Manhattans.
Jamaica Station: Von hier mit E-, J-, Z-Trains sowie Long Island Railroad (LIRR) nach Manhattan. Der E-Train ist gut für Ziele in Midtown und teil-

Die Taxifahrt von Manhattan zum Flughafen wird mit dem „meter" berechnet

weise im Westen von Manhattan. Die J- und Z-Trains fahren in den Osten von Manhattan, aber nicht so häufig. Die LIRR lohnt für Besuche von Manhattan nicht, nur, wenn man noch weiterreisen will nach New Jersey etc.

Vor Besteigen der Subway sollte man unbedingt darauf achten, ob der Zug wirklich durchfährt bis Manhattan, oder ob er (wie sehr selten) als Lokalzug nur bis zu einem bestimmten Ziel in Brooklyn oder Queens verkehrt, wo man umsteigen muss. Wichtig ist auch zu schauen, wo man in Manhattan umsteigen muss. Evtl. bietet sich z. B. auch schon ein Umsteigen in Brooklyn (Atlantic Ave. oder Jay St.) an.

Sicherheit: Sicherheitsbedenken braucht man nicht zu haben, die Züge sind heute alle sicher.

La Guardia Airport

Entfernung nach Manhattan: 8 Meilen/13 km, Fahrzeit mit dem Taxi nach Manhattan 30–45 Min.
Airport-Information: ☏ (718) 533-3400, www.panynj.gov.
New-York-Information: Infoschalter im Hauptterminal.
Der älteste und flächenmäßig kleinste Flughafen New Yorks liegt im Norden von Queens und damit Manhattan am nächsten. Doch fliegen diesen Airport i. d. R. nur Airlines aus Nordamerika an. Für Reisende aus Europa ist La Guardia daher selten von Bedeutung. Die Terminals sind in einem Halbkreis angelegt.

Transfer nach Manhattan
Taxi: Auch hier ist dies der bequemste Weg und ab zwei bis drei Reisenden auch kaum teurer als der Shuttle-Bus. Taxis findet man direkt an den Ausgängen der Gepäckausgaben. Infos und Preisbroschüren werden am Taxistand ausgegeben. Man sollte sich nicht beschweren, wenn der Taxameter nicht läuft, aber unbedingt vorher die ausgehändigte Broschüre mit den Preisen lesen. Taxipreis nach Manhattan: $50–65 inkl. Trinkgeld und Brücken-/Tunnelgebühr.
Shuttle-Bus: Der **New York Airporter** verkehrt ca. alle 30 Min. zwischen 6 Uhr und Mitternacht und fährt zuerst zur Grand Central Station, dann zur Penn Station und dann zum zentralen Busbahnhof (Port Authority Bus Terminal). Preis nach Manhattan: $13–16.
Öffentliche Verkehrsmittel: Die beste Verbindung bietet der M60-Bus bis zu einer U-Bahn-Station in Manhattan, z. B. 116th St./Broadway, von dort nimmt man die U-Bahn 1 oder 9 in den Süden von Manhattan (alternativ Station Hoyt Ave./31st St. in Queens, und von dort N- bzw. Q-Trains). Die Busse Q70 Ltd. und Q47 fahren zwischen Airport und dem Westen von Manhattan. Es gibt aber keine Staufläche für das Gepäck.

Newark Airport (Liberty International Airport)

Entfernung nach Manhattan: 16 Meilen/26 km, Fahrzeit mit dem Taxi nach Manhattan 45–60 Min.
Airport-Information: ☏ (973) 961-6000, www.panynj.gov.
Ground Transportation Counter: im Ausgangsbereich der jeweiligen Terminals.
Der Newark International Airport hat sich zu einer ernsthaften Konkurrenz für die beiden New Yorker Airports entwickelt, besonders bei den internationalen Flügen. Er liegt in New Jersey, also westlich des Hudson River. Die drei Terminals (A, B und C) liegen an einem Halbkreis. Die internationalen Flüge werden i. d. R. am Terminal B abgefertigt.

Transfer nach Manhattan
Taxi: Aufgrund der größeren Entfernung etwas teurer, v. a. aber ist die Preisgestaltung wegen zahlreicher Zusatzkosten etwas unübersichtlich. Man sollte das „Share & Save"-System nutzen, das durch den Counter bzw. Taxieinweiser gelenkt wird. Hierbei teilen sich vier Pers. ein Taxi und zahlen zusammen zwar etwas mehr als den regulären Preis, aber jeder Einzelne deutlich weniger. Ansonsten gibt es eine Fixrate, die sich nach dem Abfahrtspunkt/Ziel in Manhattan richtet, zu der aber noch einige Zusatzgebühren hinzukommen: Von Manhattan nach Newark wird der Brückenzoll doppelt gerechnet und eine Zusatzgebühr erhoben, da Taxifahrer aus Manhattan i. d. R. keine Fahrgäste im Bundesstaat New Jersey aufnehmen können und somit leer zurückfahren müssen über die Brücken/durch die Tunnel. Eine Taxifahrt zum Newark Airport kostet: Taxameterstand plus doppelte Brücken-/Tunnelgebühr plus Zusatzgebühr plus Zusatzgebühr bei Kreditkartenzahlung plus Trinkgeld. Taxipreis komplett von/nach Manhattan, der sich nach dem Ziel richtet (die Ostseite von Manhattan erfordert ebenfalls eine Extragebühr): $70–90, wenn man das Taxi alleine nutzt, $25–35 „Share & Save".
Shuttle-Bus: Der **Newark Airport Express-Bus** verkehrt von und nach Manhattan. Fährt nahe der Taxistände aller Terminals ab. Stopps dort: Port Authority Busbahnhof (41st St., zw. 8th und 9th Aves.), Bryant Park (42nd St./5th Ave.) und Grand Central Station (41st St., zw. Lexington und Park Aves.) $18–20, Return-Ticket etwas günstiger. Tipp: Von Manhattan aus sollte man den Bus möglichst schon an der ersten Station, an der Grand Central Station, besteigen. Denn ist er hier voll, fährt er an den anderen Punkten nur vorbei. Trotzdem die wohl beste Wahl für bis zu drei Personen, um auf die Ostseite von bzw. Midtown Manhattan zu gelangen.
Öffentliche Verkehrsmittel: Der **AirTrain** (eine Monorail) verkehrt zwischen den Terminals, den Parkplätzen, Mietwagenstationen und der Newark Airport Station. Verbindungen gibt es von Letzterem mit dem **NJTransit-Train** zur Penn Station in Manhattan. Oder man steigt bereits an der Newark Penn Station um in den **PATH Train**, der zur 33 St. Station bzw. der World Trade Center Station in Manhattan fährt. Klingt kompliziert, doch es ist alles gut ausgeschildert und erläutert. Für bis zu drei Reisende die beste Wahl, um nach Lower Manhattan zu gelangen. Kosten ca. $15–18.

Shuttle-Busse von den Hotels zu den Flughäfen
Die Hotels stehen i. d. R. in Kontakt mit Shuttle-Bus-Unternehmen, die beim Conciérge bzw. dem Personal an der Rezeption geordert werden können. Dafür erwartet das Personal ein Trinkgeld. Auch hier sollte man je nach Abfahrtszeit die Rushour im Blick haben.

Mit dem Schiff
Schiffsreisen (auch Frachtschiffreisen) sind viel teurer als Flüge, bieten aber auch ein besonderes Reiseerlebnis. Von Hamburg oder Bremerhaven aus gibt es immer noch einen Schiffsdienst nach New York, der aber nicht regelmäßig bedient wird und häufig mit einer kleinen Kreuzfahrt verbunden ist. Nähere Informationen hierzu erhält man im Reisebüro.

Eine Alternative ist die Anreise mit einem **Frachtschiff**. Dabei stehen Touristen ein paar Kabinen auf einem Frachter zur Verfügung, und man lebt und isst zusammen mit dem Personal. Die Kabinen sind in der Regel sehr komfortabel. Frachtschiffe laufen aber nicht oft einen der New Yorker Häfen an. Nähere Infos:
Frachtschiff-Touristik Kapitän Zylmann GmbH, Mühlenstr. 2, 24376 Kappeln, ☏ 04642-96550, www.zylmann.de.

Apotheken

Drogerien (*Drugstores*) gibt es an nahezu jeder Ecke, und selbst die kleinen Lebensmittelgeschäfte führen „Basismedizin" gegen Kopfschmerzen, Fieber etc. Sollte es einmal ernster werden, wendet man sich an die Apotheken (*Pharmacies*), die sich meist in einem Drugstore befinden. 24 Std. geöffnet sind einige Filialen der Ketten **CVS** (www.cvshealth.com), **Walgreen** (www.walgreen.com) und **Duane Reade** (www.duanereade.com).
Die **Rezeptpflicht** wird streng gehandhabt, am besten also diese Medikamente bereits von zu Hause mitbringen. Für die Einfuhr benötigt man eine ärztliche Verordnung in englischer Sprache. Diese kann auch bei eventuellen Arztbesuchen helfen.

Auto fahren

Verkehrsinformation zu Brücken und Tunneln nach und von New York:
☎ 1-800-221-9303 (Ansage) bzw. www.panynj.gov/bridges-tunnels.

Mietwagen in New York sind ein teurer Luxus und obendrein extrem umständlich. Allein das **Parken** verdirbt einem den Spaß und ist immens teuer in Manhattan (24 Std. in der Parkgarage: ab $ 40). Am Straßenrand gibt es nur relativ wenige Parkplätze, und die sind oft nur Kurzzeitplätze.

Als Fahrtempo auf Manhattans Straßen wurde tagsüber eine **Durchschnittsgeschwindigkeit von 7 km/h** gemessen.

Die guten U-Bahn- und Busverbindungen sowie die annehmbaren Taxipreise machen einen **Mietwagen** überflüssig. Sollte die Reise anschließend aus New York heraus weitergehen, mietet man am besten für den Abfahrtstag ein Fahrzeug in New Jersey. Die Tarife dort sind günstiger. Sinn macht ein Leihwagen indes, wenn man am Abflugtag aus Manhattan raus durch Brooklyn, Queens oder die Bronx fährt und abends den Wagen am Flughafen abgibt.

Auf den Interstates gilt, je nach Staat, die Höchstgeschwindigkeit von 65–75 mph (ca. 110 km/h), im Stadtgebiet von New York meist darunter (Achtung! Radarüberwachung). Erlaubte **Höchstgeschwindigkeit** in New York City sowie allen amerikanischen Städten sind **30 mph** (ca. 50 km/h). Ausnahmen bilden einige mehrspurige Freeways. Dort ist die Höchstgeschwindigkeit angeschrieben (variiert).

Das **Tanken** ist in den USA sehr billig. Gemessen wird das Benzin in Gallonen (ca. 3,78 l), das Motorenöl in Quarts (ca. 1 l).

Einige wichtige Verkehrsregeln

Es gilt **rechts vor links**. Eine Besonderheit ist der **4-Way-Stop**, wo an einer Kreuzung an jeder Straße ein Stoppschild steht und derjenige zuerst fahren darf, der an der Haltelinie seiner Straße zuerst zum Stehen gekommen ist.
Das **Rechtsabbiegen an roten Ampeln ist in New York nicht erlaubt**.
Auf mehrspurigen Straßen **darf rechts überholt** werden.
In der **Nähe von Schulen** sind die Höchstgeschwindigkeiten herabgesetzt. Dies wird durch ein Schild angezeigt und streng kontrolliert. Meistens gelten diese deutlich herabgesetzten Geschwindigkeiten aber nur, wenn gleichzeitig ein gelbes Blinklicht aufleuchtet.

Schulbusse (gelb) dürfen nicht überholt werden, solange sie den Blinker gesetzt haben. Das Anlegen von **Sicherheitsgurten ist Pflicht**.
Falsch Parken endet häufig mit einem abgeschleppten Fahrzeug! Bitte nicht neben einem roten bzw. blauen Kantstein parken oder direkt vor einem Feuerhydranten. Sollte das Fahrzeug abgeschleppt worden sein, steht in New York oft auf einem nahen Schild (meist ☏-Nr.), wo man sich nach dem Verbleib des Fahrzeuges erkundigen kann.
In New York sollte man besonders auf die **Schilder der Stadtreinigung** achten! Durchschnittlich zweimal pro Woche wird der Bordstein mit Fahrzeugen gesäubert. Geparkte Fahrzeuge werden abgeschleppt, was teuer wird!
Falls man im Rückspiegel ein **Polizeifahrzeug mit eingeschaltetem Blinklicht** sieht, muss man sofort am Straßenrand anhalten, im Fahrzeug sitzen bleiben und darf keine hektischen Bewegungen machen.

Automobilclub

Telefonische Hilfe/Auskunft in **deutscher Sprache** unter 1-888-222-1373 (ADAC-Notruf), beim amerikanischen Pendant, dem AAA, in Englisch unter 1-800-222-4357
AAA/Auto Club of New York: Broadway/W. 62nd St., Upper West Side, ☏ (212) 586-1166. Mo–Sa

Bei allen größeren ADAC-Stellen in Deutschland (Touristikabteilung) erhält man allgemeines Informationsmaterial für Autoreisen in Amerika, auch eine Broschüre zu New York. Die **Mitgliedskarte des europäischen Automobilclubs nicht vergessen**!

Autoverleih (Mietwagen)

Wer das Fahrzeug bereits in Europa in Verbindung mit dem Flugticket mietet, erhält einen **günstigeren Tarif**, der v. a. alle Versicherungen einschließt.

In der Regel sind die Mietwagen außerhalb des Staates New York günstiger. Für eine Fahrt entlang der Ostküste empfiehlt sich daher die Anmietung in New Jersey (z. B. Newark Airport). Wer in New York auf die Idee kommt, ein Fahrzeug für eine Spritztour zu mieten, sollte bedenken, dass das am Wochenende teurer wird und dann die Fahrzeuge auch eher ausgebucht sind. Dann nämlich mieten die New Yorker selbst ein Auto.

Besonders für New York genügt ein Wagen der unteren Klassen (**Economy, Subcompact, Compact**). Die sind in den USA schon groß genug. Einen Kofferraum (Sichtschutz!) sollte er haben.

Die **internationalen Verleihfirmen** (z. B. Hertz, Avis, Alamo) sind den etwas günstigeren lokalen Anbietern vorzuziehen, da sie dafür sorgen, dass man im Falle einer Panne überall einen Ersatzwagen gestellt bekommt und die Wagen auch am Flughafen wieder abgeben kann.

Wer in Europa über eine seriöse Reiseagentur bucht, der erhält ein Fahrzeug, bei dem alle nötigen **Versicherungen** inbegriffen sind (keine Versicherungen am Abholschalter aufdrängen lassen!). Ein **Navigationsgerät** kostet ab $5 pro Tag. Das heißt, ab einer Mietzeit von 20 Tagen – vielleicht kehrt man noch einmal in die USA zurück – lohnt sich der Kauf.

Worauf man noch achten sollte
Ohne gängige **Kreditkarte** (MasterCard, Visa, American Express, Diners), von der bis zur Rückgabe eine Garantiesumme abgebucht wird, erhält man kein Fahrzeug.
Der Fahrer muss **mindestens 21 Jahre** alt sein, manchmal sogar 25. Bis 25 wird zumeist ein satter Zuschlag verlangt.
Betankungsvereinbarung beachten! Voll zurückgeben oder ist der **Tankinhalt** inklusive?
Anders als in Europa haben die Mietwagenfirmen ihre An- und Abgabepunkte nicht direkt am Flughafengebäude. Dafür bringt einen der AirTrain bzw. ein Shuttle-Bus vom Terminal kostenlos zum nahe gelegenen Mietwagen-Parkplatz bzw. andersherum.

Die wichtigsten Autovermieter sind (zentrale Reservierungen – **gebührenfreie Telefonnummern** innerhalb der USA):
Alamo: ☏ 877-222-9075, www.alamo.com
Avis: ☏ 800-331-1212, www.avis.com
Budget: ☏ 800-218-7992, www.budget.com
Dollar: ☏ 800-800-4000, www.dollarcar.com
Hertz: ☏ 800-654-3131, www.hertz.com
National: ☏ 877-222-9058, www.nationalcar.com

Banken/Geldwechsel

siehe unter „Geld/Zahlungsmittel/Kreditkarten, s. S. 87

Behinderte

In den USA gibt es besondere Einrichtungen für Behinderte (persons with a disability): Rollstühle an den Flughäfen, extra ausgewiesene Parkplätze, Toiletten, Auffahrrampen zu Gebäuden etc. Dafür sorgen umfangreiche Gesetze für den Schutz und die Eingliederung von Menschen mit Behinderungen. Und überall tritt man den Behinderten freundlich und hilfsbereit gegenüber.

Busse sind auf Rollstuhlfahrer eingestellt, und in einer Reihe von Subwaystationen gibt es einen Lift für Rollstuhlfahrer.

Botschaften/Konsulate

Amerikanische Botschaften und Konsulate/Konsularabteilungen
Informationen: www.usembassy.gov

In Deutschland
Amerikanische Botschaft: Pariser Platz 2, 10117 Berlin, www.germany.usembassy.gov; Konsularabteilung: Clayallee 170, 14191 Berlin, beide ☏ 030-83050.
Generalkonsulat Hamburg: Alsterufer 27/28, 20354 Hamburg, ☏ 040-41171-100, http://hamburg.usconsulate.gov.

Generalkonsulat Frankfurt/M.: Gießener Str. 30, 60435 Frankfurt/M., ☎ 069-7535-0, http://frankfurt.usconsulate.gov.
Generalkonsulat Düsseldorf: Willi-Becker-Allee 10, 40227 Düsseldorf, ☎ 0211-7888927, http://duesseldorf.usconsulate.gov.
Generalkonsulat Leipzig: Wilhelm-Seyfferth-Str. 4, 04107 Leipzig, ☎ 0341-213840, http://leipzig.usconsulate.gov.
Generalkonsulat München: Königinstr. 5, 80539 München, ☎ 089-2888-0, http://munich.usconsulate.gov.

In Österreich
Amerikanische Botschaft: Boltzmanngasse 16, 1090 Wien, ☎ 01-313390, https://at.usembassy.gov/de; Konsularabteilung: Parkring 12a, 1010 Wien, ☎ 01-313397535, 📠 01-5125835.

In der Schweiz
Amerikanische Botschaft: Sulgeneckstr. 19, 3007 Bern, ☎ 031-3577011, http://bern.usembassy.gov; Konsularabteilung: Rue François-Versonnex 7, 1207 Genf, ☎ 022-8405160; Konsularagentur: Dufourstr. 101, 8008 Zürich, ☎ 043-4992960.

Ausländische Botschaften in den USA
Informationen: www.auswaertiges-amt.de, www.bmeia.gv.at und www.eda.admin.ch
Deutsche Botschaft: 4645 Reservoir Rd. N.W., Washington D.C. 20007, ☎ (202) 298-4000, www.germany.info
Österreichische Botschaft: 3524 International Court, N.W., Washington D.C. 20008, ☎ (202) 895-6700, www.austria.org
Schweizer Botschaft: 2900 Cathedral Ave., N.W., Washington D.C. 20008, ☎ (202) 745-7900, www.swissemb.org

Ausländische Konsulate in New York
Generalkonsulat der Bundesrepublik Deutschland: 871 United Nations Plaza (1st Ave., zw. 48th und 49th Sts.), **Midtown East**, ☎ (212) 610-9700, www.germany.info/Vertretung/usa. Mo–Fr 9–11. 30 Uhr oder nach Vereinbarung
Generalkonsulat von Österreich: 31 E. 69th St. (zw. Madison und Park Aves.), **Upper East Side/Lenox Hill**, ☎ (nur für Notfälle!): (917) 612-9792, www.bmeia.gv.at/botschaft/gk-new-york.html. Mo–Fr 9–12 Uhr
Generalkonsulat der Schweiz: 633 Third Ave. (zw. 40th und 41st Sts., 30th Floor), **Midtown-East**, ☎ (212) 599-5700, www.eda.admin.ch/newyork. Mo–Fr 8.30–12 Uhr

Busse (überregional)

Zu den Stadtbussen siehe „Öffentliche Verkehrsmittel", s. S. 97

Das überregionale Busnetz verbindet alle Städte und die meisten Orte der USA und Kanadas. Es ist gut geeignet, um eine Strecke von bis zu etwa 400 km von einer Großstadt zur nächsten zurückzulegen, aber nicht, um touristische Sehenswürdigkeiten abzuklappern. Diese liegen oft weit ab von den Busterminals.

Überlandbusse verlassen Manhattan im Minutentakt

Größter Anbieter ist **Greyhound**, ☏ 1-800-231-2222, www.greyhound.com. Die legendären Pässe, mit denen man über einen bestimmten Zeitraum nach Belieben reisen konnte, gibt es nicht mehr. Besonders über das Internet lassen sich aber einige günstige Varianten buchen.

Zentraler Busbahnhof in New York ist der **Port Authority Bus Terminal**: $41^{st}/8^{th}$ Ave., ☏ (212) 564-8484. Von diesem überregionalen Busbahnhof fahren Busse in den Staat New York, nach Atlantic City, Boston, Washington, Long Island, aber auch bis nach Kanada und Kalifornien ab. Neben o.g. Greyhound Bus fährt u. a. das Unternehmen **Peter Pan** von hier ab: http://peterpanbus.com.

Alternative Unternehmen
Megabus bietet ebenfalls einen Busservice zwischen NYC und einer Reihe von Zielen im Nordosten der USA sowie Toronto an (http://us.megabus.com). Abfahrt: 34th St. (zw. 11th und 12th Aves.), Ankunft: 7th Ave./27th St.

Besonders günstig bieten **chinesische Busunternehmen** Fahrten zu den großen Städten im Umkreis von NYC (z. B. Boston) an. Sie fahren i. d. R. in Chinatown ab und sind übers Internet zu buchen, z. B.: www.gotobus.com und www.luckystarbus.com.

Concierge

Nahezu jedes mittelgroße und größere Hotel in Manhattan hat einen eigenen Concierge. Bei ihm/ihr kann man sich über alles informieren bzw. auch buchen: Sightseeing-Touren, Fahrten zum Flughafen, Theatertickets usw. Das ist bequem, erspart einiges an Laufereien, und so bekommt man auch mal ein Ticket für eine Veranstaltung, die eigentlich schon ausverkauft ist.

Doch Achtung, die Preise haben es oft in sich. In der Regel werden Touren, Tickets u. Ä. nur zum vollen Preis plus einem Zuschlag für den Concierge vergeben, zuzüglich eines erwarteten Trinkgelds. Für das Buchen der Rückfahrt zum Flughafen in einem Shuttle-Bus sollte man die Mehrkosten aber schon in Kauf nehmen.

Einreise

Für die **visumsfreie Einreise** in die USA (*Visa Waiver Program*) gilt das **Electronic System for Travel Authorization** (**ESTA**). Deutsche, schweizerische und österreichische Staatsangehörige, deren Aufenthalt im Rahmen eines Besuchs erfolgt und 90 Tage nicht überschreitet, benötigen eine Genehmigung für die Einreise in die USA über das elektronische Reisegenehmigungssystem, aber eben kein Visum. Die Genehmigung für jeden Reisenden, auch allein- oder mitreisende Kinder, muss spätestens 72 Stunden vor der Abreise beantragt werden. Dafür müssen sich Reisende über das webbasierte ESTA einloggen und online einen Antrag mit ihren persönlichen Daten ausfüllen. Mit dem Antrag ist eine Art Einreisegebühr von $14 fällig, die nur über die Kreditkarte entrichtet werden kann. Eine erteilte Genehmigung gilt für zwei Jahre. Die Internetseite www.usa-esta.de informiert über die elektronische Registrierung zur Einreise in die USA. Neben dem direkten Link zum ESTA-Formular auf der Internetseite der Homeland Security (https://esta.cbp.dhs.gov/esta) gibt es hier zusätzliche Informationen zum Reisen in den USA.

Hinweis: Aktuelle Infos einholen

Aufgrund der **wechselnden Einreisebestimmungen** in die USA sollte man sich vor der Abreise im Internet bei den Botschaften (S. 80) bzw. beim Auswärtigen Amt (www.auswaertiges-amt.de) die neuesten Informationen einholen.

USA-Reisende müssen ein **gültiges Rückflugticket** besitzen, und der **maschinenlesbare Reisepass** muss noch eine Gültigkeit von sechs Monaten haben. Neu ausgestellte Reisepässe müssen den neuesten Bestimmungen der elektronischen Lesbarkeit entsprechen. **Achtung**: Auch Kinder unter zwölf Jahren benötigen einen maschinenlesbaren Reisepass; ein Kinderpass oder ein Eintrag bei den Eltern wird unter keinen Umständen akzeptiert.

Jeder Passagier muss der Fluggesellschaft vor dem Abflug eine Adresse in Amerika angeben, oft wird danach schon bei der Buchung des Tickets gefragt. Daher sollte man sich die **Adresse der ersten Unterkunft** (inkl. Postleitzahl) notieren.

Über die Einreise und Aufenthaltsdauer wird endgültig erst bei Ankunft am Flughafen entschieden. Bei **Ablehnung** muss der Rückflug umgehend auf eigene Kosten angetreten werden. Abgelehnt werden z. B. politisch unerwünschte Personen, aber auch gesundheitliche Gründe oder „unzureichende finanzielle Mittel“ können zu einer Ablehnung führen. Entweder stellt man sich in die Schlange bei einem „Immigration Officer“ (Familien können das auch gemeinsam machen), oder man nutzt die bereitstehenden Automaten, um dann hinterher nur kurz mit einem „Immigration Officer“ zu sprechen. In beiden Fällen wird der Reisepass jedes Reisenden eingescannt, ein digitaler Abdruck aller zehn Finger gemacht und ein digitales Porträtfoto erstellt. Außerdem müssen Fragen, meist zum Zweck und zur Länge des Aufenthalts, beantwortet werden.

Ein- und Ausfuhr von fremden Währungen und der US-Währung sind unbeschränkt möglich. Allerdings müssen bei der Ein- und Ausreise alle Zahlungsmittel (Bargeld, Schecks u. Ä.), die einen Gegenwert von mehr als US$10.000 haben, deklariert werden.

Eisenbahn (überregional)

Lokale Zugverbindungen siehe „Öffentliche Verkehrsmittel“, S. 97

Die **AMTRAK** bietet verschiedene Langstreckenverbindungen. Die meisten Züge brauchen aber länger als die Busse und sind i. d. R. auch teurer. Dafür reist man aber ausgesprochen komfortabel.

AMTRAK offeriert auch spezielle und regionale Angebote. Für europäische Touristen ist z. B. der **U.S. Rail Pass** interessant, den es für 15 (8 Abschnitte), 30 (12 Abschnitte) und 45 (18 Abschnitte) Tage gibt und der zwischen $500 und $1.000 kostet. Mit dem U.S. Rail Pass kann man, mit bestimmten Einschränkungen, alle AMTRAK-Züge nutzen und benötigt für die gewünschte Route lediglich ein Ticket und eine Reservierung (rechtzeitig!). **Informationen und Verkauf des U.S. Rail Pass** unter www.amtrak.com, im Reisebüro oder bei **CRD International**, im stilwerk Hamburg, Gr. Elbstr. 68, 22767 Hamburg, ☏ 040-300616 70, www.crd.de.

Langstreckenverbindungen von New York mit AMTRAK gehen z. B. nach Washington, Boston, Montreal, New Orleans, Chicago, Miami und nach Toronto/Niagara Falls.

Es gibt **zwei wichtige Bahnhöfe** in New York, die in mittlerer Zukunft miteinander verbunden werden sollen:
Penn Station: 33rd (zw. 7th und 8th Aves). Hier fahren **alle AMTRAK-Züge** (Infos: ☏ (212) 582-6875) ab. Die **Long Island Rail Road** (LIRR, ☏ (718) 217-5477, www.mta.info/lirr) verkehrt zu allen Zielen auf Long Island, bis nach Montauk und Greenpoint ganz im Osten. **New Jersey Transit** verkehrt von hier nach New Jersey.
Grand Central Terminal: Park Ave./42nd St., ☏ (212) 935-3960. Hier fahren zurzeit nur Züge der **Metro-North** ab in die nördlichen Vororte entlang dem Hudson River bis nach Poughkeepsie und nach Connecticut. (☏ (212) 532-4900, www.mta.info/mnr).

PATH: Die Schnellbahn nach Hoboken, Jersey City und Newark hat folgende Haltepunkte in Manhattan: World Trade Center, Christopher/9th Sts. und entlang der 6th Ave. (14th, 23rd sowie 33rd Sts.). 1-800-PATH-CALL, www.panynj.gov/path.

Essen gehen

Wo und wie man sich verpflegt, ist in New York v. a. eine Geldfrage. Von den Food Trucks am Straßenrand, dem kleinen Imbiss, dem Deli, dem Diner und den Restaurants werden die verschiedensten Spezialitäten angeboten, aber die Preisdifferenzen sind gewaltig. In manchen kleinen Läden oder dem Schnellimbiss kann man sich für ca. $10 satt essen, in einem mittleren Restaurant legt man dafür, einschließlich eines Getränks, mindestens $25–30 pro Pers. auf den Tisch (plus Trinkgeld). Ein relativ vernünftiges Preis-Leistungs-Verhältnis versprechen manchmal noch die „Family-Restaurants“ (meist Ketten) und die Delis, in denen man sitzen kann, doch auch sie haben ihren Preis (ab $15 pro Pers.).

Das Essen und Essengehen kann in Amerika sehr hektisch (und laut) werden. Kaum sitzt man, geht es bereits los: Die Speisekarte kommt auf den Tisch, und die Bedienung fragt: „Kann ich schon was zu trinken bringen?“ Zwischen der Vor- und der Hauptspeise gibt es keine Verdauungspause. Und oft ist nach dem letzten Bissen auch schon der Teller weg und die Rechnung auf dem Tisch. Einer allzu eifrigen Bedienung kann man durchaus sagen, dass man etwas mehr Zeit haben möchten. Dafür hat man Verständnis.

Beim Betreten des Restaurants muss man oft warten, bis **ein Platz zugewiesen wird** („Please wait to be seated").

Das **Trinkgeld** ist wichtig und wird erwartet, auch in Bars. **15, eher 18** % sollte man mindestens geben, denn es ist die Grundlage der Bezahlung der Bedienung (Faustregel: die aufgeführte Tax von 8,875 % verdoppeln und dann noch etwas mehr). Zahlt man mit einer Kreditkarte, befindet sich eine Extraspalte für das Trinkgeld auf dem Kreditkartenbeleg, in den man die gewählte Summe einträgt. In Restaurants, in denen man am Ausgang an der Kasse zahlt, lässt man das Trinkgeld für den Kellner gesondert auf dem Tisch liegen. Achtung: In manchen Restaurants wird eine „service charge" gleich mit auf die Rechnung gesetzt.

„**Early Bird Specials**" und **Happy Hour-**Angebote gibt es häufig mittags und v. a. nachmittags zwischen 16 und 18 Uhr, manchmal auch bis 19 Uhr. Dabei kann man z. T. zum halben Preis essen, wobei die Auswahl auch nicht so groß ist.

In einem guten Restaurant sollte man unbedingt einen **Tisch reservieren**. Selbst dann kann es passieren, dass das Restaurant bereits für Monate ausgebucht ist. Vorausgesetzt, das Restaurant nimmt überhaupt Reservierungen an, was nur bedingt der Fall ist in New York oder nur mit Deckung durch die Kreditkartennummer funktioniert.

Mehr zum Thema Essen und Trinken ab S. 127 und im Anhang, S. 430.

Feiertage

Mit wenigen Ausnahmen (Neujahr, Independence Day, Weihnachten) sind Feiertage in den USA in ein Wochenende integriert. An Feiertagen ist in Amerika nicht alles geschlossen, Supermärkte und Restaurants sind meist geöffnet. Auch gibt es an vielen Feiertagen in den großen Geschäften und Malls besondere „Sales". Jedoch sollte man sich im Voraus nach Öffnungszeiten von Museen etc. erkundigen.

Gesetzliche Feiertage (public holidays)	
1. Januar	New Year's Day (Neujahr)
3. Montag im Januar	Martin Luther King Jr. Day
3. Montag im Februar	President's Day
Letzter Montag im Mai	Memorial Day (Gedenktag an alle Gefallenen)
4. Juli	Independence Day (Unabhängigkeitstag) – Nationalfeiertag
1. Montag im September	Labor Day (Tag der Arbeit)
2. Montag im Oktober	Columbus Day
11. November	Veteran's Day (Gedenktag für alle Veteranen)
4. Donnerstag im November	Thanksgiving Day (Erntedankfest)
25. Dezember	Christmas Day (Weihnachten)

Fotografieren

Speicherkarten und Akkus für Digitalkameras sind in Fotoläden, Elektronikshops, Drugstores und Supermärkten zu bekommen. Dort gibt es häufig auch digitale Druckservices, „photo kiosks". Mitgebrachte Ladegeräte sind heute ja der anderen Spannung angepasst, doch ist ein **Adapter** für die anderen Steckdosen nötig.

In **Museen** und manchen anderen Sehenswürdigkeiten sowie im Umkreis von **militärischen Anlagen** ist das Fotografieren verboten bzw. nur zu Privatzwecken erlaubt, ohne Blitz und Stativ. Bei **Personenaufnahmen** ist Respekt oberstes Gebot (ggf. vorher Fotografiererlaubnis einholen).

Kameras und Zubehör sind in den USA oft etwas preiswerter als hierzulande, beim Kauf ist allerdings zu prüfen, ob die Garantie weltweit gilt. Zum annoncierten Preis addiert werden muss meistens noch die Steuer, außerdem u. U. Zoll am deutschen Einreiseflughafen.

Tipp

Die Straßenschluchten sind eng und oft recht dunkel. Deshalb: **Weitwinkelobjektiv** nicht vergessen und die Belichtungsmessung auf die Gegebenheiten einstellen.

Führerschein

In der Regel genügt in den USA der EU-Führerschein (Kreditkartenformat), selten wird nach dem internationalen (grauen Papier-)Führerschein verlangt. Will man aber z. B. ein Auto mieten, reicht der internationale Führerschein als alleiniges Dokument nicht aus.

Fundbüro/Lost & Found

Grundsätzlich hilft bei der Suche nach abhandengekommenen Sachen immer ein Anruf unter **311** (siehe dazu auch „Telefon/Internet", S. 103).

Bei Diebstahl oder Verlust wendet man sich an die nächste **Polizeidienststelle des Gebietes, wo die Sachen abhanden gekommen sind**. Zumeist erhält man dort eine Nummer, anhand derer die verloren gegangenen Sachen – bei Auffinden – von der Polizei registriert werden.

Nach 48 Std. werden die Sachen dann zu einer der beiden folgenden **Polizeistationen** gebracht, wo man sie abholen kann:
17th Precinct, 167 E. 51 St., ☏ (212) 826-3211, oder 21st Precinct, Central Park, 86th St./ Transverse Rd., ☏ (212) 570-4821.

Für verloren gegangene/vergessene Sachen
in der **Subway/Bus**: 34th St., 8th Ave. Subwaystation (Penn Station), Lower Mezzanine, Infos über http://lostfound.mtanyct.info/lostfound, ☏ (212) 712-4500, bzw. ganz einfach über 311

auf dem **JFK-Airport**: ☏ (718) 244-4225 oder Ihre Airline
auf dem **LaGuardia Airport**: ☏ (718) 662-5043 oder Ihre Airline
auf dem **Newark Airport**: ☏ (908) 787-0667 oder Ihre Airline
in einem **Taxi**: ☏ 311 (s. o.) oder (212) 692-8294

In jedem Gepäckausgabebereich der Flughafenterminals gibt es einen Schalter für vermisstes Fluggepäck.

Traveler's Aid
Zudem gibt es Büros, die sich auf besondere Hilfe für Reisende eingestellt hat. Hier wird man in vielen Dingen beraten (Diebstahl, Überfall, Misshandlung, Unfall, Krankheit, kein Geld). Das Hauptbüro ist:
Traveler's Aid: John F. Kennedy Airport, Terminal 4, Retail Level, ☏ (718) 656-4870 bzw. (973) 623-5052.

Geld/Zahlungsmittel/Kreditkarten

Die **Kernöffnungszeiten für Banken** in New York sind Mo–Fr 9–16 Uhr. Viele haben von 8.30–18 Uhr und auch am Samstag geöffnet (9–13/14 Uhr). Die meisten Banken wechseln aber kein Bargeld. Dafür stehen in von Touristen frequentierten Gebieten (z. B. am Times Square) Wechselstuben zur Verfügung. Doch deren Kurse sind meist schlechter, als wenn man Geld im Automaten zieht.

Am einfachsten ist es, Bargeld per Kreditkarte und PIN-Nummer am **Geldautomaten** (ATM = *Automated Teller Machine*) abzuheben. Die BankCard funktioniert oft nicht wegen bestimmter Sicherheitssysteme, die für die USA gelten. Allemal muss sie das blau-rote Maestro-Zeichen aufweisen (siehe S. 88). Bei der Frage, ob es sich um einen *checking* oder *savings account* handelt, ist es meist egal, welche Taste man drückt.

Man sollte sich unbedingt vorher bei seiner Bank erkundigen. Zumeist entstehen **Gebühren**, die je nach Bank variieren. Selbst, wenn die Hausbank verspricht, keine Gebühren zu erheben, kann es sein, dass die amerikanische Bank dies tut.

Auch wenn man inzwischen fast alle Zahlungen bargeldlos machen kann, ist es wichtig, einen **bestimmten Barbetrag** mitzuführen. Scheine sollten nicht größer als $20 sein, da größere Bargeldscheine ungern angenommen werden – aufgrund der Gefahr gefälschter Scheine und weil oft nicht ausreichend Wechselgeld zur Verfügung steht. Zusätzlich sind kleine Beträge in Münzen und besonders eine Anzahl von Ein-Dollar-Scheinen hilfreich, z. B. für den Getränkeautomaten oder das Trinkgeld.

USA: 1 Dollar ($) = 100 Cent (c)
Banknoten/Scheine: $1, 2 (sehr selten), 5, 10, 20, 50 und 100; auch $500- und $1.000-Noten gibt es, sie sind aber allgemein nicht im Umlauf.
Alte Scheine sind gleich groß und grün *(greenbacks)* und unterscheiden sich nur im Wertaufdruck und dem abgebildeten Staatsmann. Man sollte also darauf achten, den richtigen Schein wegzugeben. Neue Banknoten unterscheiden sich etwas mehr und sind immer häufiger im Umlauf.
Münzen: 1 (Penny), 5 (Nickel), 10 (Dime), 25 Cent (Quarter).

Weniger im Umlauf und oft nur als Wechselgeld aus Automaten gegeben, sind 50 Cent (half Dollar) und Dollarmünzen.

Reiseschecks sind wegen des Aufwands und der Kosten kaum noch rentabel. In den USA ist es üblich, mit **Kreditkarte** zu bezahlen. Beträge über $15 werden fast ausschließlich mit Plastikgeld bezahlt. Auch die **Debit Card**, die unserer BankCard entspricht, wird immer häufiger benutzt.

Ohne **Kreditkarte** geht es in den USA nicht mehr! Die meisten Hotels und Mietwagenfirmen nehmen gar kein Bargeld mehr an. Die gängigsten Kreditkarten sind MasterCard, Visa, American Express und Diners, wobei die letzten beiden nicht immer akzeptiert werden. Grund sind deren hohe Gebühren für den Verkäufer. Mit einer Kreditkarte kann man sich an den meisten Bankschaltern auch Geld auszahlen lassen (Pincode nötig!).

Ratsam für eine Aufteilung der Reisekasse ist es, etwas amerikanisches Bargeld für die ersten Tage (etliche 1-Dollar-Scheine zwecks Trinkgeld), die BankCard (aber nur mit Maestro-Zeichen; V-Pay geht nicht!) und eine, besser zwei Kreditkarten mitzunehmen (tägliche Freischaltungssumme beachten!).

☞ Hinweis: Kreditkartenverlust

Für den Fall, dass es Probleme mit der Kreditkarte geben sollte, ist es ratsam, eine Kopie der Kreditkarte (Vorder- und Rückseite) zu machen und sich die Service- und/oder Notfallnummer des ausstellenden Kreditinstituts zu notieren. Die großen Kreditkartenunternehmen bieten auch für den Notfall einen kostenlosen 24-Std.-Service per Telefon an, diese Nummern gelten allerdings nur in den USA und können auch nur bedingt helfen.

American Express: ☏ 800-528-4800, www.americanexpress.com
Master Card: ☏ 800-627-8372, www.mastercard.com
Visa: ☏ 800-847-2911, www.visa.com
Diners Club: ☏ 800-234 6377, www.dinersclub.com
Maestro: ☏ +49-1805 021 021 (gebührenpflichtig aus dem Ausland, für diesen Anruf benötigt man die die IBAN-Nummer/BIC)

Bei Kartenverlust oder Diebstahl gibt es für beinahe alle Arten von Karten (einschließlich Kredit- und Bank/EC-Card) in Deutschland eine **einheitliche Sperrnummer**: ☏ +49-116 116 oder **+49-30-4050 4050**, im Internet: **www.sperr-notruf.de**. Die Notrufnummern der Karten von nicht angeschlossenen Kreditinstituten und für österreichische und Schweizer Karten entnimmt man den für diese Karten gültigen Merkblättern.

Geschäfte

Es gibt kein Ladenschlussgesetz in den USA, und New York „schläft nie". Somit sind viele Geschäfte von 9 bis 21 Uhr geöffnet (allemal aber bis 18 Uhr und vielfach auch bis 23 Uhr). Größere Supermärkte und viele Delis haben bis 24 Uhr oder rund um die Uhr geöffnet. Selbst an Sonntagen hat eine Reihe von Geschäften geöffnet, besonders die Delis, Kioske, großen Supermärkte und Bekleidungsgeschäfte.

Gesundheit/Krankenhäuser/Ärzte

Hinweis: Reisekrankenversicherung

Arzt- und Krankenhausbesuche sind in den USA nicht ganz billig und müssen an Ort und Stelle bezahlt werden. Man sollte deshalb eine **Auslands-Reisekrankenversicherung** abschließen und dabei darauf achten, dass sie die höheren amerikanischen Kosten vollständig abdeckt und für alle Fälle eine **Rücktransportversicherung** einschließt. Oft sind diese Reisekrankenversicherungen aber auch im **Kreditkartenkontrakt** enthalten.

Impfungen sind für die Einreise in die USA nicht vorgeschrieben.

Folgendes gilt es zu beachten

Der **Zeitunterschied** macht einem zu schaffen, wobei der Rückflug sich da noch gravierender auswirkt. Relevant wird der Zeitunterschied v. a. dann, wenn man regelmäßig Medizin einnehmen muss. Vom behandelnden Arzt erfährt man, wie man das ausgleichen kann.

Langzeitreisende sollten bei den Reisekrankenversicherungen Folgendes beachten: Oft gelten diese Versicherungen – selbst wenn sie für ein Jahr ausgeschrieben sind nur für eine begrenzte Reisedauer (z. B.: ein zusammenhängender Urlaub darf nicht länger als vier Wochen dauern). Der ADAC bietet Langzeitversicherungen an.

Die **Rezeptpflicht** (siehe auch **Apotheken**, S. 78) wird sehr streng gehandhabt. Deshalb sollte man am besten seine Medikamente bereits von zu Hause mitnehmen. Für die Einfuhr benötigt man eine ärztliche Verordnung in englischer Sprache (wird aber nicht kontrolliert). Diese kann auch bei evtl. Arztbesuchen helfen.

Notrufnummer: Polizei/Feuer/Notarzt: 911

Arztbesuch

Ist eine Konsultation bei einem Arzt unvermeidlich (Grippe, Bauchschmerzen, Medikamente verloren etc.) und ist der Fall nun nicht gleich etwas für den Emergency Room, dann sind die sog. **Walk-In-Kliniken** (**Urgent Medical Care**) die richtige Lösung, denn hier benötigt man keinen Termin und wartet auch nicht so lange. Ein paar Adressen:

New York Doctors Walk-In Urgent Cares (www.nydoctorsurgentcare.com):
65 W. 13th St./6th Ave., **Greenwich Village**, ☏ (212) 414-2800
205 Lexington Ave./E. 32nd St., **Murray Hill**, ☏ (212) 684-4700

Urgent Medical Care/UMD (www.umdcare.com):
110 W. 14th St. (zw. 6th und 7th Ave.), **Greenwich Village**, Manhattan, ☏ (212) 242-4333
164-18 Northern Blvd., **Flushing, Queens**, ☏ (718) 939-5900
5–35 50th Ave., **Long Island City (Astoria)**, ☏ (718) 721-0101
633 Driggs Ave., **Williamsburg, Brooklyn**, ☏ (347) 987-4144
109 Montague St., **Brooklyn-Heights**, ☏ (718) 522-3383

Außerdem kann man einen **Doctor on Call** rufen, der auch Hausbesuche macht: https://doctorsoncallnyc.com, ☏ (718) 238-2100.

Bei **Zahnärzten** verhält es sich ähnlich, nur heißt es hier **Dental Emergency Service** (Zahnärztlicher Notdienst).

Drei Adressen für Manhattan:
American Dental Emergency Services: 119 W. 57th St. (zw. 6th und 7th Aves.), **Midtown**, App. #700, ☏ (212) 582-4065
Emergency Dentist NYC: 100 E. 12th St./4th Ave., **East Village/Union Square**, ☏ (646) 336-8478, sowie 49 Wooster St., nahe Broome St., SoHo, ☏ (646) 494-2225

Krankenhäuser

Einige größere Krankenhäuser in Manhattan

- **New York University Medical Center**: 317 E. 34th St./1st Ave., **Kips Bay**, ☏ (212) 263-6419
- **Mt. Sinai Beth Israel Hospital**: 10 Nathan D Perlman Pl./1st Ave., **Stuyvesant**, ☏ (212) 420-2000
- **Mt. Sinai West (Roosevelt)**: 10th Ave./59th St., **Clinton/Lincoln Center**, ☏ (212) 523-4000
- **NY Presbytarian Lower Manhattan Hospital**: 170 William St./Beekman St., **Downtown/Fulton**, ☏ (212) 312-5000

In den großen Allgemeinkrankenhäusern muss man sich in der Notaufnahme auf lange Wartezeiten einstellen. Daher sollte man zuerst im Hotel nachfragen, welchen Arzt bzw. welches Krankenhaus man empfiehlt, oder eben die genannten Adressen aufsuchen. Jedes Hotel hat dafür eine Liste und ab der Mittelklasse auch ein bis zwei „Hausärzte“, die konsultiert werden. Hotels der oberen Preisklasse haben einen Arzt im Hause.

Kartenmaterial

Karten bekommt man in den **Buchläden**, sie sind in den USA natürlich billiger als in Europa. Wer von New York aus weiterfahren möchte, dem empfiehlt sich für die gesamten USA der „**Rand McNally**“**-Atlas**.

In New York selbst erhält man Stadtpläne an nahezu jeder Ecke. Im Grunde ausreichend sind die Karten in den verschiedenen kleinen Veranstaltungsblättchen und kommerziellen **Visitor Guides**, wo man einfach die Seite herausreißen und in die Tasche stecken kann.

In den **Yellow Pages** (www.yellowpages.com) findet man Geschäfte o. Ä. nach Themen geordnet und auf eine Karte projiziert. Dazu muss man die Postleitzahl zur Hand haben. Wer ein wenig Lust auf Spielerei hat, sollte die Internetseite http://nationalmap.gov besuchen. Die Seite ist nicht sehr übersichtlich, gibt jedoch die eine oder andere Anregung, zudem findet man hier auch historische Karten. Natürlich hilft auch **www.googlemaps.com**.

Kinder

Die USA sind ein kinderfreundliches Land. Das erkennt man bereits an den für eine Riesenstadt wie New York doch recht vielen Spielplätzen und besonders den Kindermenüs auf den Speisekarten (Kleinkinder dürfen bei den Großen kostenlos mitessen). Aber auch

Die USA sind ein kinderfreundliches Land

im didaktischen Bereich wird viel geboten. In vielen Museen gibt es eigens für Kinder organisierte Touren oder Filmvorträge.

Als Nachteil mag europäischen Familien aber auffallen, dass Kinder nicht so frei herumlaufen können wie bei uns. In Restaurants haben sie sich zu benehmen, und bereits von Kindern unter zehn Jahren erwartet man ein „Verständnis“ für die Welt der Großen.

The World's Biggest Playground – mit Kindern in New York

info

Tipps für Unternehmungen mit Kindern bis zu 15 Jahren. Für einige Punkte sind englische Sprachkenntnisse bzw. allemal ein Erwachsener mit englischen Sprachkenntnissen nötig.

American Museum of Natural History, siehe S. 317. Naturkundliches Museum. Oft mit interessanten Ausstellungen und Programmen speziell für Kinder. Zudem Wissenswertes zur Fauna der Erde. 7–15 Jahre.
Brooklyn Children's Museum, 145 Brooklyn Ave./St. Marks Ave., Brooklyn (Crown Heights), www.brooklynkids.org. 1899 gegründet und damit das erste Kindermuseum der Welt. 2–15 Jahre.
Central Park, siehe S. 320. Toben, Tollen, Rollerbladen u.v.m. Ausleihstationen im Park für Fahrräder siehe „Spezialtipps/Sport treiben“. Besonders beliebt bei Kindern ist hier das Ausleihen von ferngesteuerten Segelbooten an den Conservatory Waters im Südosten des Parks. Die Boote sind einfach zu bedienen. Ab 9 Jahren. Gerne erleben die Kids auch die Tiere im Central Park Zoo sowie das Karussell.
Chelsea Piers Sports & Entertainment Complex, siehe S. 178, 264. Kletterwände, Ausleihen von Fahrrädern, Inlineskaten, Sportprogramme etc. Sport treiben können die Kleinen auch in den vielen Stadtparks. Hervorzuheben wäre z. B. der **Brooklyn Bridge Park** (S. 373).

info

Children's Museum of Manhattan, siehe S. 318. Spielplatz, Kletterwände, interaktive Spiele und auf Kinder abgestimmte Lernprogramme. 2–10 Jahre.
Children's Museum of the Arts, 103 Charlton St., West Village, www.cmany.org. Interaktive Spiele. Schwerpunkt visuelle und schauspielerische Künste. Hier sind aber größtenteils Sprachkenntnisse nötig. Bis 12 Jahre.
Children's Zoo im Bronx Zoo, siehe S. 411. Der gesamte Zoo mag Kinder begeistern. Für die Kleineren ist eigens ein „Zoo für Kinder" eingerichtet.
Fahrrad fahren, Kajaktour etc. entlang dem Hudson River. Fahrradverleihe und Kanu-/Kajakverleihstationen siehe „Spezielle Tipps/Sport treiben", S. 176. Es können ja auch Zweier-Boote ausgeliehen werden, wo ein Erwachsener mit einem Kind fahren kann. Ab 10 Jahren.
Liberty Science Center (**New Jersey**), siehe S. 425. Modernes Technikmuseum. Zahlreiche Ausprobierstationen. 6–15 Jahre.
Madame Tussaud's Wax Museum, siehe S. 289. Wachsfiguren, auch von Stars, die Kinder bereits kennen. Ab 10 Jahren.
New York Aquarium (**Brooklyn/Coney Island**), siehe S. 381. Eindrucksvolles zu Salzwasserfischen. Es gibt auch Wale und eine Delphinshow. Ab 7 Jahren.
New York Hall of Science (**in Queens**), siehe S. 397. Technikmuseum mit vielen Ausprobierstationen. 6–15 Jahre.
Spielzeugläden: Spielzeugläden erfreuen jedes Kinderherz, besonders der größte der Welt, Toys „R" Us am Times Square. Auch der Disney Store (1540 Broadway/ Times Square) lohnt.

Natürlich sind Attraktionen wie das **Empire State Building**, eine Fahrt mit der **Staten Island Ferry**, ein **Hubschrauberrundflug** oder eine Sightseeing-Tour mit einem offenen **Hochdeckerbus** auch in Betracht zu ziehen.

Auch die Kleinen möchten gerne **shoppen** und ein Souvenir mitbringen: T-Shirts, Jeans und Sportbekleidung (inkl. Sportschuhe) sind in New York oft sehr günstig, so z. B. im K-Mart am Astor Place und in Chinatown bzw. in Geschäften, die auf S. 163 beschrieben sind. Ein gutes Mitbringsel ist z. B. eine Baseballmütze der New York Yankees.

Zuschauersport: Die Regeln der amerikanischen Sportarten sind bei uns nun nicht so bekannt, aber aus eigener Erfahrung ist der Besuch z. B. bei einem Baseballspiel der Yankees ein Erlebnis für Jungs ab etwa 9 Jahren.

Und nicht zuletzt: Ein **Hot Dog** von der Straße, ein **Riesen-Burger** oder eine italienische Pizza kommen immer gut an bei den Youngstern – ein Erlebnis ist es auch, beim Chinesen im tiefsten Chinatown **mit Stäbchen** zu **essen**.

Veranstaltungen für Kids

Gibt man auf der Internetseite des Touristenamtes (www.nycgo.com) im Kasten „Search" das Wort Children ein, erscheinen u. a. zahlreiche aktuelle Programme für Kinder. Zudem lohnt ein Blick auf die Seite www.nycgo.com/itineraries. Weitere hilfreiche Internetseiten sind: www.timeout.com/new-york-kids, www.nymetroparents.com und www.newyorkfamily.com. In den Buchläden gibt es zudem reihenweise Veröffentlichungen zu dem Thema.

Kino

Aktuelle Kinoprogramme findet man in den Tageszeitungen sowie im Internet: www.timeout.com/newyork/movies (Programme und Kritiken), www.moviefone.com (nach Kinos in der Nähe gelistet: nächste Postleitzahl, z. B. 10001, eingeben) sowie www.nyc.com/movies.

Ein Kinoerlebnis in 3D und auf der größten IMAX-Leinwand der Stadt bietet: **Loews Cineplex (IMAX) Lincoln Square** (1992 Broadway/68th St.).

Das **AMC Empire 25 Theater** (234 W. 42nd St./**Times Square District**) wurde aus den ehemaligen Liberty-, Harris- und Empire-Theatern zusammengestellt und als Kino- und Shoppingmall wiederhergerichtet. Letzteres, 3.700 t schwer, wurde dafür sogar um 50 m versetzt.

Wer **ausgesuchte Filme, Klassiker, Dokumentarfilme** u. Ä. liebt, wird im Programm der folgenden Kinos sicher fündig werden:

- **Film Forum**: 209 W. Houston St. (zw. 6th Ave. u. Varick St.), Hudson Square/SoHo, www.filmforum.com.
- **Angelika Film Center**: 18 W. Houston St./Mercer St., Greenwich Village, www.angelikafilmcenter.com/nyc. Hier sind mehrere Kinos untergebracht in einem alten Straßenbahndepot.
- **QUAD**: 34 W. 13th St. (zw. 5th und 6th Aves.), Greenwich Village, www.quadcinema.com. Vor allem Kunstfilme und Filme aus dem Ausland.
- **Landmark's Sunshine Cinema**: 143 E. Houston St. (zw. 1st u. 2nd Aves.), Lower East Side, www.landmarkTheatres.com. „Independent"-Filme auf mehreren Leinwänden.
- **The Film Society of Lincoln Center**: Walter Read Theater (165 W. 65th St.) sowie **Elinor Bunin Munroe Film Center** (144 W. 65th St.), Upper West Side, www.filmlinc.com. Ausgesuchte, z. T. internationale Filme. Im September/Oktober veranstaltet die Gesellschaft zudem das angesehene New York Film Festival.
- Museen, Kulturinstitute, Kinovereine u. a. zeigen oft gute Filme und kündigen diese in Zeitungen und Veranstaltungsmedien an.

Klima/Reisezeit/Kleidung

Man bedenke, dass der „Big Apple" auf dem 40. Breitengrad liegt, so wie Madrid und Neapel! Zum Klima siehe auch S. 42.

Das Klima in den **Sommermonaten** kann im Juli/August also **sehr heiß** werden – „Jahrhunderttemperaturen" lagen sogar schon über 40 °C! Mit Tagestemperaturen von über 30 °C muss gerechnet werden (die relative Luftfeuchtigkeit liegt aber nur um 80 %). Das kann sehr lästig werden in einer Großstadt. Am Tag sollte man **lockere, luftige Kleidung** tragen, am besten aus Baumwolle oder Leinen. Besonders wichtig ist der Hut gegen die Sonne. Wer viel laufen möchte, sollte über **Sportschuhe** nachdenken. Auch die ältere Generation trägt sie in Amerika, also keine Scheu!

Einen **Regenschutz** darf man zu keiner Jahreszeit vergessen, denn es regnet relativ gleichmäßig über die Monate.

Die **Wintermonate** dagegen sind **sehr kühl, teilweise sogar bitterkalt**. Für alle Fälle heißt es ab Ende Oktober (bis April): Ein dicker Pullover und eine Windjacke (herausnehmbares Futter) gehören ins Gepäck! Besonders wichtig sind auch Schal, Mütze und Ohrenschutz. Die eiskalten Windböen in den Straßenschluchten machen einem zu schaffen.

Am schönsten sind die Reisezeiten **Ende April bis Mitte Juni** sowie **September bis Mitte Oktober** („Indian Summer"). Das Klima ist mild, und die Temperaturen schwanken zwischen 10 und 25 °C, ohne diese Werte zu unter- bzw. überschreiten.

Preisgünstig reist man in den Monaten November sowie Januar bis März. Im Hochsommer sind die Flüge teuer, aber da die New Yorker vor der Hitze fliehen, gibt es einige Schnäppchen, besonders bei der Gastronomie.

Geschäftsleuten oder Reisenden, die „repräsentieren" müssen, sei noch ein Tipp mit auf den Weg gegeben: So hemdsärmelig die Amerikaner auch manchmal herumlaufen, selbst in besseren Hotels, oder hier und da sogar zum Abendessen in Shorts erscheinen: Sobald ein offizielles Treffen, ein Geschäftsgespräch o. Ä. anliegt, sind ein **Kleid** bzw. **Anzug**, am besten ein dunkler (mit Schlips u. Kragen natürlich), ein absolutes Muss.

Wetterauskunft: www.weather.com

Kriminalität

War New York einst berüchtigt für seine Gangs, Drogenszene und Mafia-Strukturen, ist das Thema Kriminalität heute relativ unbedeutend. Im Vergleich zu anderen Großstädten der USA schneidet New York mittlerweile sogar sehr gut ab. Die Subway gilt als sicher – bei Tag und bei Nacht –, in Harlem kann man sich auch nachts zu den Lokalen in den Seitenstraßen trauen, und die einst berüchtigten Viertel im East Village bzw. der Lower East Side gelten heute als trendy. Selbst in der South Bronx ist es ruhig geworden, wobei es dort sowie in einigen Vierteln von Brooklyn und Queens nicht unbedingt ratsam ist, nachts spazieren zu gehen. Über diese Gebiete informieren die Polizei bzw. die Touristeninformation, oft weiß auch das Hotelpersonal darüber Bescheid.

Tipps

An den **Flughäfen**, besonders im Bereich der Gepäckausgabe und an den Ausgängen, das Gepäck gut im Auge behalten!
Die **U-Bahnen** (und **Busse**) können als sehr sicher angesehen werden. Ab 22 Uhr aber sollte man sicherheitshalber im mittleren Wagen fahren (Schaffner).
Vor **Trickbetrügern und Taschendieben** muss gewarnt werden! Auch die zahlreichen kleinen Souvenir-, Radio- und Technikshops entlang und um den Broadway müssen mit Vorsicht genossen werden, denn gerade in Letzteren versucht man gerne, minderwertige Ware zu einem deutlich überhöhten Preis zu verkaufen.
Weder große Geldbeträge noch Schmuck mit sich führen bzw. so am Körper verteilen, dass z. B. $50 im Brustbeutel/Bauchgürtel und $50–100 in den Socken oder in einem nicht sichtbaren Geldgürtel aufbewahrt werden. Im Falle eines Überfalls täuscht man den Dieb halt nur mit den $50. Auch sollte man nur eine Kreditkarte mitnehmen, von der man die entsprechende Telefonnummer der Kreditkartenfirma bei sich hat, sodass sofort nach dem Diebstahl deren Verlust gemeldet und diese unverzüglich gesperrt werden kann.
Nur ein originales Fotodokument (mit Geburtsdatum, z. B. Personalausweis) mit sich führen, ansonsten höchstens **Kopien der Papiere**. Die anderen Originale und den Pass mit dem Einreisestempel an einem sicheren Ort im Hotel, z. B. dem **Hotel- oder Zimmersafe**, verwahren.
Die **Notrufnummer** der Polizei (gilt auch für Feuerwehr und Krankenwagen) lautet **911**.

Maßeinheiten (USA)

Hohlmaße		Längen	
1 fluid ounce	29,57 ml	1 inch (in.)	2,54 cm
1 pint (16 fl. oz.)	0,47 l	1 foot (ft.)/12 in.	30,48 cm
1 quart (2 pints)	0,95 l	1 yard (yd.)/3 ft.	0,91 m
1 gallon (4 quarts)	3,79	1 mile/1760 yd.	1,61 km
1 barrel (42 gallons)	158,97 l		
Flächen		**Gewichte**	
1 square inch (sq.in.)	6,45 cm²	1 ounce	28,35 g
1 square foot (sq.ft.)	929 cm²	1 pound (lb.)/16 oz.	453,59 g
1 square yard (sq.yd.)	0,84 m²	1 ton/2000 lb	907 kg
1 acre (4840 sq.yd.)	4046,8 m² o. 0,405 ha		
1 sq.mi. (640 acres)	2,59 km²		
Temperaturen			
23 °F	-5 °C	68 °F	20 °C
32 °F	0 °C	77 °F	25 °C
41 °F	5 °C	86 °F	30 °C
50 °F	10 °C	95 °F	35 °C
59 °F	15 °C	104 °F	40 °C

Konfektionsgrößen							
Herren / Deutsche Größe (z. B. 50) minus 10 ergibt amerikanische Größe (40)							
Herrenhemden							
D	36	37	38	39	40/41	42	43
USA	14	14,5	15	15,5	16	16,5	17
Herrenschuhe							
D	39	40	41	42	43	44	45
USA	6,5	7,5	8,5	9	10	10,5	11
Damen							
D	36	38	40	42	44	46	
USA	6	8	10	12	14	16	
Damenschuhe							
D	36	37	38	39	40	41	42
USA	6	6,5	7/7,5	8/8,5	9	9,5/10	10,5/11
Kids							
D	98	104	110	116	122		
USA	3	4	5	6	6x		

Filmempfindlichkeit								
DIN	15	18	19	21	24	27	30	33
ASA	25	50	64	100	200	400	800	1600

Medien

Fernsehen

Millionen Fernseher flimmern täglich in den Wohnstuben, Bars, selbst in Restaurants. Tausende von verschiedenen Fernsehstationen werden fast jedem (amerikanischen) Bedürfnis gerecht. Es gibt in den USA neben den kommerziellen und den Bildungssendern unzählige andere Kanäle, die sich z. B. religiösen Themen widmen oder sich nur auf das Einkaufen oder das Wetter konzentrieren. Meistens handelt es sich aber um Berieselungsprogramme, gespickt mit Unmengen von Werbespots.

Die großen, überregionalen Sender sind: **ABC**, **CBS** und **NBC**. Weitere überregionale Sender sind **FOX** und **UPN**. Daneben bietet **PBS** (Public Broadcasting Service) auch anspruchsvollere Sendungen. Der Nachrichtensender **CNN** bietet zwar Informationen rund um die Uhr, meist überwiegen jedoch die letzten Nachrichten über Stars aus Film und Musik oder vorwiegend regionale Nachrichten. Bekannte regionale Sender in New York sind **WCBS** und **WNBC**.

Größere Hotels sind meist an das Kabelnetz angeschlossen, und für eine Gebühr kann man sich einen Spielfilm (ohne Werbung), z. B. über den Sender **HBO**, anschauen.

Radio

An die 10.000 Rundfunksender gibt es in den USA, wie beim Fernsehen mit nationalen, regionalen und mehrsprachigen Sendungen. Da die meisten Stationen über Werbung finanziert werden, wird man allerdings auch spätestens nach drei Titeln von Werbespots berieselt. Von Vorteil ist jedoch, dass sich viele Sender auf eine Musikrichtung spezialisiert haben, je nach Lust und Laune stellt man den Sender für Oldies, Country Music oder Klassik ein. Interessante Berichte und anspruchsvollere Sendungen findet man auf **NPR** (National Public Radio), dem nationalen Sender. Diese Sender können allerdings nicht überall empfangen werden. FM = UKW; AM = Mittelwelle.

Zeitungen

Die renommierteste Tageszeitung ist natürlich „**The New York Times**", deren Freitagsausgabe am besten über die Veranstaltungen der kommenden Woche informiert und deren Sonntagsausgabe so dick ist wie ein Weltatlas. Gut ist auch deren Internetauftritt: www.nytimes.com.

Weitere lokale Tageszeitungen sind u. a. die „**Daily News**" sowie die kostenlosen „**AM New York**" und „**Metro**", die an den Straßen in Kästen ausliegen. Letztere eignen sich gut zum Blättern während der Fahrt mit der Subway.

Wer zudem noch etwas mehr über den wirtschaftlichen Bereich wissen möchte, der kommt nicht um das ebenfalls international renommierte „**Wall Street Journal**" herum. Als überregionale Wochenzeitschriften empfehlen sich v. a. die „**Newsweek**" und das „**Time Magazine**" für politische Berichte und „**Forbes**" und die „**Business Week**" für den Wirtschaftsbereich. Die landesweit erhältliche „**USA Today**" behandelt Landesthemen, weist eine flotte Berichterstattung und eine gute Wetterseite auf, bleibt dabei aber im politischen Bereich sehr oberflächlich.

Öffentliche Verkehrsmittel

Information: Über das New Yorker Nahverkehrssystem (Busse/U-Bahn): www.mta.info oder ☏ 511. Zudem erhält man an größeren U-Bahnhöfen Subwaymaps sowie Busmaps (nach Boroughs aufgeteilt), auf denen alle Linien eingezeichnet sind.
Bezahlung: In Stadtbussen und den U-Bahnen ist es üblich mit der MetroCard (s. u.) zu bezahlen.
Verkehrszeit: Alle U-Bahnen und fast alle wichtigen Buslinien werden rund um die Uhr bedient.

Tipp: Günstig – Sightseeing mit dem Stadtbus

Eine gute Gelegenheit, die Stadt kennenzulernen, bietet die Fahrt mit einem Stadtbus. Dafür sind die o.g. Busmaps hilfreich. Ein paar Tipps:
Manhattan: **M3** (zw. Union Square und Washington Heights), **M4** (zw. Penn Station und The Cloisters: Washington Heights, Harlem, Upper East Side/Central Park, Midtown) sowie **M15** (entlang 1st bzw. 2nd Aves. zw. Battery Park u. East Harlem).
Q53 (Queens) zwischen Woodside und Rockaway Beach, **Q58** zwischen Flushing und Ridgewood. Siehe S. 387.
B61 und **B62** (Queens/Brooklyn): zwischen Queens Plaza und Red Hook (Long Island City, Greenpoint, polnisches Viertel, Williamsburg, jüdisches Vietel, Brooklyn Downtown, Cobble Hill, Red Hook). Siehe S. 368.

Stadtbusse

Das Bussystem in New York ist gut ausgebaut und stellt in den verkehrsärmeren Zeiten eine vernünftige Alternative zur U-Bahn dar. Fast alle Linien **in Manhattan** verkehren entlang einer bestimmten Avenue (Uptown, Downtown) oder „Crosstown“ entlang einer bestimmten Street und wechseln diese jeweils nicht.

Umsteigen ist **einmal erlaubt**, soweit man beim ersten Fahrer ein „Transfer-Ticket“ kauft. Mehrfachumsteigen ist unter bestimmten Umständen möglich (aber nur innerhalb von 2 Std.).
Wichtig ist, beim Einsteigen das **passende Fahrgeld** vorzulegen. Es gibt kein Wechselgeld. Bezahlen kann man mit Geld (aber nur Münzen, keine Scheine!). Besser ist es jedoch, man benutzt die MetroCard (s. u.). Eine **Ausnahme** bilden einige **SelectBus-Linien** (zurzeit M15, M34, M34A, M60, Bx12). Hier löst man am Automaten vor dem Einsteigen ein Ticket und zeigt die Quittung beim Fahrer bzw. einem Kontrolleur vor – also behalten bis zum Ausstieg.

Am Tage lohnen Busfahrten im Süden von Manhattan nur bedingt, denn dann ist das Verkehrsaufkommen sehr hoch.

Unterschieden werden die „normalen“ Busse in „**local**“ (hält überall) und „**limited**“ (hält nur an bestimmten Stationen). Bereits bei der Einstiegshaltestelle gilt es darauf zu achten, ob der Bus dann auch dort hält, wo man gerne aussteigen möchte.

Es gibt schließlich noch einige **Expressbusse**, die als Ziel einen Stadtteil außerhalb des südlichen Manhattan haben. Sie sind teurer als der normale Bus (auch die MetroCard ist dafür teurer – die normale Karte reicht hier nicht!), halten dafür aber auch nicht so oft.

Tipp: MetroCard

Gleich am ersten Tag sollte man sich die MetroCard, ein kreditkartengroßes Pappkärtchen mit einem Magnetstreifen, zulegen (einmaliger Kaufpreis: $1). Es gibt sie in verschiedenen Wertkategorien, und sie ist „wiederauffüllbar". Sie gilt sowohl in der U-Bahn als auch in den Bussen und dem AirTrain am JFK-Airport. Ein Umstieg von U-Bahn zu Bus bzw. andersherum ist kostenlos. Da man die öffentlichen Verkehrsmittel häufig benutzt, lohnt gleich zu Beginn der Kauf einer MetroCard mit einem höheren Guthaben, was zudem noch einen kleinen Bonus einschließt. Wer länger bleibt, kann auch die Wochen- bzw. Monatskarte (unbegrenzte Fahrten, aber personengebunden!) kaufen.

Der Kauf der MetroCard ist fast nur noch am Automaten möglich. Mit Bargeld oder Kreditkarte (bei der Frage nach der Postleitzahl: diejenige angeben, zu der die Rechnung der Kreditkarte hingeht – es werden europäische Postleitzahlen akzeptiert!).

U-Bahn/Subway

Mit der Einrichtung des New Yorker U-Bahnnetz wurde 1904 begonnen. Heute befördert die „Subway" auf 374 km jährlich über 1,8 Mrd. Menschen zu 422 Stationen. Besonders am Tage ist sie *das* Verkehrsmittel, geht sie doch dem überirdischen Verkehrschaos geschickt aus dem Weg.

Wichtig ist, bereits auf der Straße, also vor dem Betreten eines U-Bahnhofs, darauf zu achten, ob z. B. „**Uptown**" (nordwärts) oder „**Downtown**" (südwärts) oder ein bestimmtes Ziel am Eingang steht. Einige Eingänge bedienen nämlich nur eine Richtung!

Es gibt neben den überall stoppenden **Local Trains** auch **Express Trains**, die auf den normalen Linien verkehren, aber nicht überall halten. Auf die Ankündigungen, die Aufschriften an den Zügen und die eigens für diese markierten Bahnhöfe auf den Karten achten!

Bezahlt wird einzig mit der **MetroCard** (s. o.). In der Regel verkehren die Züge **alle 5–8 Min.**, abends etwas seltener. Nachts (ab 1 Uhr) kann die Wartezeit auch 30 Min. betragen.

Sicherheit: Früher berüchtigt, kann die Subway heute – rund um die Uhr – als absolut sicher gelten. Wer ganz sichergehen will, nimmt ab 22 Uhr den Waggon mit dem Schaffner (in der Mitte/am Bahnsteig gekennzeichnet).

Busse (Überland) bzw. Eisenbahn

Siehe unter „Busse", S. 81

Polizei

Notruf: 911

Unter der Nummer (212) 374-5000 bzw. der Internetseite www.nyc.gov/html/nypd/html/home/precincts.shtml erfährt man, wo sich das nächste Polizeirevier befindet.

Post/Pakete

Die Postämter haben in der Regel werktags von 9–17/17.30 Uhr und einige Ämter samstags von 9–12 Uhr geöffnet. Briefmarken erhält man auch in einigen Hotels und Geschäften, aber zu einem Aufpreis. Auch über das Internet kann man Briefmarken kaufen und Sendungen abwickeln (www.usps.com). **Briefkästen** (*mail drops*) sind blau.

Briefe innerhalb Amerikas benötigen teilweise über eine Woche, nach Europa ebenfalls. **Pakete**: Schneller, doch selten günstiger, operieren private Firmen. Empfehlung: die **UPS-Stores**. In deren Geschäften gibt es auch jegliches Zubehör, wie z. B. Kartons in allen Größen, Klebebänder, Zollformulare etc. Adressen findet man unter www.theupsstore.com/tools/find-a-store. Die Alternative dazu sind die **FedEx Center**: www.theupsstore.com/tools/find-a-store.

Das New Yorker Hauptpostamt, das **Main** (**General**) **Post Office**, befindet sich an der 421 8th Ave. (zw. 31st und 33rd Sts.), Mo–Fr 7–22, Sa 9–21, So 11–19 Uhr.

Einige postalische Fachbegriffe	
first class mail	normale Briefpost
priority mail	etwas schneller beförderte Briefpost
registered (certified) mail	Einschreiben
zip code	Postleitzahl (steht immer hinter dem Ortsnamen, z. B. New York, NY **10022**)

Preisangaben/Preisnachlässe

Preisangaben in den USA basieren immer auf dem Nettopreis. Hinzugerechnet werden muss in jedem Fall die Verkaufssteuer (New York City: zzt. 8,875 %; schwankt). Zu bestimmten Jahreszeiten entfällt diese bei Kleidung und Schuhen, die unter $110 kosten (auch diese Steuerpolitik ändert sich oft!). In einigen Fällen kommen noch andere Steuern hinzu, so z. B. in New York die Hotelsteuer.

In den USA trifft man fast überall auf **Preisnachlässe**. Wer sich damit beschäftigt, kann viel Geld sparen. Hier ein paar Anregungen:

- Schüler, Studenten, Rentner u. Behinderte sollten einen internationalen Ausweis bzw. eine ins Englische übersetzte und beglaubigte Kopie des Ausweises mitnehmen. Nicht oft, aber manchmal hilft das, besonders in Museen oder bei Veranstaltungen.
- Kinder zahlen fast durchweg weniger.
- Günstiger isst man in vielen Restaurants zwischen 15 und 18 Uhr („Early Bird Dinner"), manchmal gibt es Lunch-Specials (bes. im Hochsommer).
- In den Touristenbüros und Hotels liegen Broschüren aus, in denen man eine Reihe von Rabattcoupons findet.

Wer sorgfältig die Sonderangebote in den Tageszeitungen liest, findet immense Preisnachlässe. Es gibt für New York zwei Pässe für vergünstigte Eintritte in Museen/Attraktionen. Beide kann man bereits im Internet, teilweise auch in Reisebüros, mitbuchen: Der „**City Pass**" (www.citypass.com) bzw. der „**New York Pass**" (www.newyorkpass.com) bieten deutlich vergünstigte Eintritte zu den wichtigsten Attraktionen, oft inkl. einer Tour mit einem Hop-On-Hop-Off-Bus. Die Angebote variieren sehr. Vorteil: der Preis und bevorzugter Einlass. Nachteil: Er zwingt einen in einem begrenzen Zeitraum zum „Abklappern" zahlreicher Attraktionen. Das kann man schaffen, will man aber vielleicht gar nicht.

Rauchen

In allen Restaurants und nahezu allen Kneipen, Pubs, Clubs und Bars sowie in öffentlichen Gebäuden, in Bahnhöfen, in den Parks und an vielen anderen Plätzen ist das Rauchen verboten.

Wer trotzdem nicht auf den Tabakkonsum verzichten möchte, muss sich vor die Bars und Kneipen stellen. Das ist noch erlaubt. Und es gibt ein paar wenige Raucherbars bzw. -lounges. Mehr dazu auf S. 142.

Schwule/Lesben/Bisexuelle/Transgender (LGBT)

Information

Lesbian, Gay, Bisexual & Transgender Community Center: 208 W. 13th St. (zw. 7th und 8th Aves.), ☏ (212) 620-7310, www.gaycenter.org; Mo–Sa 9–22, So 9–21 Uhr. Programme und Infos aller Art zu Veranstaltungen, Treffs, Bars, Unterkünften etc.

Das aktuelle Veranstaltungsprogramm der LGBT-Szene findet man im kostenlosen Magazin „Next" (www.nextmagazine.net) sowie in den LGBT-Seiten von www.timeoutny.com.

Mehr Infos dazu auch auf S. 152 (Nachtleben).

New York ist der stetig wachsenden LGBT-Szene gegenüber sehr offen und stolz auf deren kulturellen Einfluss. Spezielle Shows, Varietés, Clubs, Bars, Restaurants, Hotels, Buchläden u. v. m. haben sich im „Big Apple" seit Jahrzehnten entwickelt und sind seit Langem etabliert (wobei der legendäre **Oscar Wilde Bookstore** schließen musste).

Sprache

Es ist schwierig, in den USA ganz ohne Englisch auszukommen, da die Fremdsprachenkenntnisse der Amerikaner überschaubar sind. Dafür sind Geduld und Freude über selbst geringe Englischkenntnisse stark ausgeprägt.

In der Schreibweise fällt vor allen Dingen auf, dass Substantive, die im Britischen auf -re enden, im Amerikanischen mit -er geschrieben werden, z. B. *theatre – theater, centre – center.* Auch wird das Britische -ou im Amerikanischen zu -o, z. B. *colour – color, harbour – harbor.* Die Amerikaner neigen auch dazu, bestimmte Worte so zu schreiben, wie sie sie sprechen *(nite* für *night)* oder ganz neue, v. a. verkürzte Wortschöpfungen zu bilden (*u* für *you*, *r* für *are*, *4sale* für *for sale* etc.).

Im Folgenden sind einige Wörter aufgeführt, die sich vom Englischen unterscheiden:

Amerikanisch	Britisch	Deutsch
after	past	nach (zeitlich)
apartment	flat	Wohnung
can	tin	Konservendose
candy	sweets	Süßigkeiten
check	bill	Rechnung
cop	policeman	Polizist
date	appointment	Verabredung, Termin (date = romantisches Treffen)
drugstore	chemistry	Drogerie
elevator	lift	Fahrstuhl
fall	autumn	Herbst
first floor	ground floor	Erdgeschoss
first name	christian name	Vorname
french fries	chips	Pommes Frites
fridge	refrigerator	Kühlschrank
gas (gasoline)	petrol (diesel)	Benzin (Diesel)
guy	chap	Kerl
kid	child	Kind
last name	surname	Nachname
line	queue	Menschenschlange
luggage	baggage	Gepäck
mail	post	Post
movie theater	cinema	Kino
observatory	view tower	Aussichtsturm
pants	trousers	Hose
purse	handbag	Handtasche
sidewalk	pavement	Bürgersteig
store	shop	Geschäft
subway	underground	U-Bahn
truck	lorry	Lastwagen
underpass	subway	Unterführung
vacation	holiday	Ferien, Urlaub
zip code	post code	Postleitzahl

Strom

In den USA herrschen 110 V Wechselspannung (60 Hz). Flachstecker sind üblich – **Adapter** müssen also dazwischengesteckt werden. Erhältlich sind sie in Geschäften für Reisebedarf in Europa, den meisten Hardware Stores und Elektrogeschäften in den USA.

Taxi/Limousine

Taxis werden in New York einfach als „cab" bezeichnet. Südlich der W. 110th bzw. E. 96th Sts. in Manhattan und an den Flughäfen sind alle offiziellen Taxis gelb, im Rest von New York hellgrün („Boro-Taxi"). Alle anderen haben keine Lizenz, dort sollte man nicht einsteigen. Ausnahmen bilden noch die Taxis, auf deren Nummernschildern klein über der Nummer selbst „TL&C" steht. Man kann Taxis zwar **telefonisch** bestellen, doch ist das in New York unüblich. Hier steht man (oder der Hotelportier) an der Straße und **winkt eines herbei** (am besten „Cross-Street", also nicht an den Avenues selbst stehen).

Das Herbeiwinken macht Spaß, kann aber nach dem Ende einer Veranstaltung, bei schlechtem Wetter bzw. zu später Stunde am Broadway auch frustrierend werden, denn dann sind nahezu alle Taxis voll. Eine Ecke weiter kann es theoretisch ruhig zugehen.

Es ist durchaus üblich, auch kürzere Strecken mit dem Taxi zurückzulegen. Entfernungen von nur 1–2 km werden akzeptiert, da die Taxifahrer sowieso auf der Suche nach Fahrgästen im Sinne eines „Cruising" hin- und herfahren.

Bezahlt wird eine Grundgebühr für das „Warten", danach zählt der Taxameter die Meilen (in 1/5 Meile-Abschnitten), wobei ein Zeitfaktor auch eingerechnet wird (z. B. bei Staus, Warten/langsamem Verkehr). Es verwundert also kaum, dass der Preis für eine Strecke manchmal um 50 % variiert. Nachts zahlt man einen geringen Zuschlag. Preise sind am/im Taxi deutlich angeschlagen.

Falls man sich übervorteilt fühlt oder der Taxifahrer einen Umweg gefahren ist, hat man die Möglichkeit, die Taxizentrale persönlich anzurufen (☏ (212) 692-8294). Zudem kann man unter ☏ 311 bei der Stadtverwaltung (www.nyc.gov/taxi) seinen Kummer loswerden (unter Angabe der Taxi-Nummer und des Fahrers, dessen Ausweis sichtbar in Taxi hängt). Grundsätzlich hat man wenig Ärger mit Taxifahrern/innen, und es ist eher interessant, wenn sich ein Gespräch entwickelt. Letzteres scheitert allerdings oft daran, dass viele Taxifahrer kein Englisch sprechen – 85 Nationalitäten sind in dieser Branche vertreten, und die sprechen 60 Sprachen (von den Antragstellern für den Taxiführerschein kommen nur 10 % aus den USA. Tipp: das Fahrtziel auf einen Zettel aufschreiben und möglichst einen Stadtplan zur Hand haben.

Weit verbreitet ist der Fahrdienst **Uber**. Infos und Fahrtbestellungen: www.uber.com/de/cities/new-york.

i Wann ist ein Taxi frei?

Frei für neue Passagiere: Das **mittlere** Licht auf dem Dach ist an.
Taxi ist nicht im Dienst („**off duty**"): **Alle** Lichter auf dem Dach sind an.
Taxi ist bereits belegt: **Kein** Licht auf dem Dach ist an.

Tipp: Taxi zum Flughafen

Muss man am Abend zum Flughafen, sollte man sich nicht mit den Koffern an die Straße stellen! Denn obwohl die Taxifahrer alle Gäste mitnehmen müssen, fahren sie ab 17 Uhr nicht mehr gerne zum Flughafen, denn dann entgeht ihnen evtl. die Rückfahrt (und ihre beste Zeit liegt zwischen 18 und 23 Uhr). Es kann also passieren, dass viele Taxifahrer geschickt wegschauen. Hält das Taxi aber, wird der Fahrer die Tour nicht mehr verwehren können.

Telefon/Internet

Internationale **Vorwahl** von Europa in die USA: 00 1

Internationale Vorwahl für Gespräche von den USA:
nach Deutschland: 011 49 + Vorwahl (ohne 0) + Teilnehmernummer
nach Österreich: 011 43 + Vorwahl (ohne 0) + Teilnehmernummer
in die Schweiz: 011 41 + Vorwahl (ohne 0) + Teilnehmernummer

Generell wird zwischen *local calls* (Ortsgesprächen), *regional calls* (regionalen Gesprächen) und *long distance calls* (Ferngesprächen) unterschieden.

Bei allen **Telefonaten innerhalb der USA** muss zunächst eine „1" und dann die Vorwahl gewählt werden, in New York auch innerhalb eines Vorwahlbereichs! Ist man in Manhattan und will die Nummer 455-1234 in Manhattan anwählen, wählt man 1-212-455-1234. Möchte man von Manhattan aus die Nummer 122-4567 in Brooklyn erreichen, wählt man die 1-718-122-4567. Diese Regel gilt auch für einen Anruf auf ein Handy.

Gebührenfrei (*toll free*) innerhalb der USA und Kanada sind Rufnummern, die mit 1-800, 1-888, 1-877 oder 1-866 beginnen. Telefonnummern können in den USA auch über folgenden Weg in Erfahrung gebracht werden: Für gebührenfreie Nummern (z. B. Hotels, Fluggesellschaften) wählt man 1-800-555-1212, nennt den Namen des Hotels, und die Nummer wird, von einem Computer gesteuert, angesagt. Für alle anderen Nummern wählt man eine „1", dann die Vorwahl des Ortes, in dem man die Nummer sucht, dann 555-1212 und dasselbe passiert.

Öffentliche Telefone (selten sind es Zellen) gibt es immer weniger. In den Eingangshallen der größeren Hotels findet man manchmal noch Apparate, und an manchen Pfeilern hängen auch noch welche. Sie funktionieren mit Münzen (viel Kleingeld notwendig) oder mit einer Kreditkarte. Dazu muss man vorweg einen Code wählen, der auf dem Telefon aufgedruckt ist. Diese Telefonate sind allerdings sehr teuer, ebenso wie Gespräche aus dem Hotelzimmer. Anrufe von Europa in die USA sind meist günstiger als andersrum.

Telefonkarten gibt es in verschiedenen Varianten, und jede hat unterschiedliche Bedingungen, Vorteile und Kosten. Wichtig ist, dass man sich über seine „Telefonbedürfnisse" im Klaren ist und sich dann entsprechend entscheidet. Das Angebot an Telefonkarten, manchmal unterschieden in *calling cards* und *prepaid* oder *phone cards*, ist immens, neben den großen Anbietern (ATT, Sprint, MCI) gibt es unzählige andere.

Mit einer PIN-Nummer kann man dann über eine Einwählnummer (meist 1-800 …) von jedem Apparat telefonieren, die Abrechnung erfolgt über Kreditkarte. Über günstige Tarife kann man sich informieren bei www.us-callingcard.info, www.callingcards.com, www.comfi.com. Prepaid bzw. Phone Cards sind mit einem festen Guthaben beladen, das aber jederzeit nachgeladen werden kann. Anbieter solcher Karten findet man z. B. bei www.fonecards.de oder www.zaptel.com. Eine günstige Alternative sind verschiedene Telefonkarten, die man in den USA im Zeitungsladen, in der Drogerie und in vielen anderen Geschäften kaufen kann. Die Karte gibt es meist in Werten zu $5, $10 und darüber. Dabei sollte man darauf achten, in welchem Bundesstaat die Karte gültig ist (falls die Reise noch woanders hingeht) und dem Verkäufer das Land nennen, in das man hauptsächlich telefonieren will. Das Telefonieren ist auf diese Weise zwar etwas umständlich, dafür aber günstig.

Handys (in Amerika **cell phones** genannt) bzw. **Smartphones** funktionieren in den USA, wenn sie über ein Triple-Band (Tri-Band) oder ein Quad-Band verfügen. Im Ausland Telefonate zu führen und zu empfangen ist allerdings nicht ganz billig. Für das Roaming (Nutzung eines fremden Mobilfunknetzes) berechnen alle Mobilfunkanbieter einen stolzen Minutenpreis. Außerdem entstehen zusätzliche Kosten bei Anrufen aus Europa, da die Rufweiterleitung in die USA immer auf Kosten des Angerufenen geht. Also bitte vorher bei seinem Handyanbieter genau über Zugang, Kosten und Möglichkeiten erkundigen! Man sollte auf jeden Fall die Rufumleitung auf die Mailbox und die **mobile Datenübertragung deaktivieren** und nur mit WiFi ins Internet gehen. Die hohen Roaming-Kosten können mit einer amerikanischen SIM-Karte vermieden werden, die in das eigene Handy eingesetzt werden kann. Eine **USA-SIM-Karte** gibt es bei allen Telefonanbietern (Empfehlung wegen des besten Netzes: AT&T od. T-Mobile) in Form einer Prepaid-Karte, die i. d. R. 30 Tage gilt. Man kann diese auch schon vor dem Urlaub erwerben, doch gibt es trotz gegenteiliger Versicherung oft Probleme mit der Aktivierung in Deutschland. Und dann muss man sich darauf verlassen, dass alles nach Ankunft reibungslos funktioniert. **Infos** über die ständig wechselnden Möglichkeiten und Gebühren: www.billiger-telefonieren.de/prepaid-karte-ausland/usa.

Ein Anbieter von Prepaid-Karten in Europa, spezialisiert auf Urlauber, ist: http://tourisim.de.

Vorwahlnummern	
212, seltener 646 und 332	Manhattan
718, 347, 929	The Bronx, Brooklyn, Queens, Staten Island
917	kommt in allen Boroughs vor

Wichtige Telefonnummern

Operator: 0. Wenn man eine bestimmte Telefonnummer sucht, einfach den Operator fragen.
Die allgemeine **Notrufnummer** (kostenlos) lautet 911.
Die **Crime Victims Hotline** lautet: (212) 577-7777. Sie gilt aber nur für schwerere Delikte.

Tipp: 311 – die Nummer für (fast) alle Fälle

Grundsätzlich hilft bei der Suche nach verloren gegangenen Sachen immer ein Anruf unter **311**, der Nummer für alle Fragen betreffs öffentlicher Einrichtungen, außer im Falle eines Notfalls. Hier erhält man Auskunft und wird durchgestellt zu der richtigen Abteilung.

Internet

Wer einen Laptop/Tablet oder ein Smartphone dabeihat, kann in New York an vielen Orten problemlos ins Netz. Fast alle Hotels und die meisten Bars, Restaurants und Cafés bieten kostenlos **WLAN** an (Passwort erfragen). Die Stadt ist dabei, insgesamt 7.500 Hotspots an den wichtigsten Straßenzügen aufzustellen. Sie fallen deutlich auf, nennen sich **LinkNYC** (www.linknyc.com) und bedienen einen Radius von mindestens 50 Metern.

Alternativ kann man in Telefonläden eine Prepaid-Karte mit Datentarif für das Smartphone oder einen mobilen Datenstick für den Computer kaufen.

Toiletten

Öffentliche Toiletten sollte man meiden und stattdessen lieber die in Museen und Lokalen nutzen. Man sagt in Amerika übrigens nicht „Toilets", das gilt als unfein. Richtig ist: „Restroom", „Ladies' Room", „Men's Room" oder selten „Bathroom" bzw. „Powderroom".

Touristeninformation/New York im Internet

New York unterhält kein spezielles Fremdenverkehrsamt in Mitteleuropa. Dafür aber informiert eine Marketingfirma in Deutschland über „Grundlegendes" im Internet: www.newyork.de.

Touristeninformationen in New York

Es gibt vier offizielle **NYC-Visitor Information Center**:
Macy's: 151 W. 34th St. (zw. 7th Ave. u. Broadway), **Herald Square**
Times Square: 7th Ave. (zw. 44th und 45th Sts.), **Midtown**
City Hall: Südende vom City Hall Park, Broadway/Park Row, **Civic Center**
South Street: Hornblower Cruises, East River Waterfront, Esplanade am Pier 15, **South Street Seaport**

Hier erhält man auch Infos zu den anderen Boroughs, zudem Karten, Broschüren und auch den einen oder anderen Discount-Coupon. Die Internetseite lautet www.nycgo.com, auf Deutsch: www.nycgo.com/de. Keine telefonischen Auskünfte.

The Bronx Tourism Council: www.ilovethebronx.com. Deren Büro (kein eigentliches Infocenter, aber man hilft gerne aus) befindet sich 851 Grand Concourse/E. 161st St., STE 123, ☏ (718) 590-3518.
Brooklyn Tourism & Visitors Center: Borough Hall, 209 Joralemon St., **Downtown-Brooklyn**, ☏ (718) 802-3846, Mo–Fr.
Informationen zu Brooklyn im Internet: http://brooklyn.about.com. Noch peppiger ist www.hellobrooklyn.com. www.brooklynartscouncil.org bietet Infos zu kulturellen Events in Brooklyn.
Queens Council of the Arts: 37–11 35th Ave., **Astoria**, ☏ (718) 647-3377, www.queenscouncilarts.org. Infos zu kulturellen Events in Queens. Infos gibt es auch unter www.itsinqueens.com.
Staten Island Tourism Council: Kein Büro für die Öffentlichkeit. Infos: www.visitstatenisland.com.

Weitere Internetseiten

www.allny.com: Anstrengend zu lesen, dafür aber aktuelle Dinge, auch über Ereignisse im weiteren Umfeld von New York.

www.citysearchnyc.com sowie **www.cityguideny.com**: Übersichtlich gestaltet. Infos zu allen Themen (Restaurants, Hotels, Livemusik, Einkaufstipps, Galerien etc.). Gut, um kurz vor der Abreise noch einmal zu schauen, ob nicht gerade etwas ganz Besonderes ansteht.

www.weather.com: Aktueller Wetterbericht. Gut, um sich bis zu vier Tage vor der Reise über die mitzubringende Kleidung zu informieren.

www1.nyc.gov: Webseite der Stadtverwaltung. Hier kann man dem Bürgermeister ein Briefchen mailen, sich über neueste Entwicklungen informieren (unter „Culture& Recreation") sowie Stadtteil-, U-Bahn-, Fahrradrouten- und andere Karten aufrufen (unter „Transportation"), u.v.m.

www.census.gov: Webseite der Statistischen Ämter in den USA. Mit etwas Aufwand verbunden, aber hochinteressant, da nahezu alle statistisch erfassten Daten der USA „irgendwo" versteckt sind.

www.samplesale.com: Wer Internetfan, Shoppingfanatiker, Markenkenner und New-York-Liebhaber zugleich ist, wird mit dieser Internetseite Spaß haben und sehr gute Tipps herausholen. Markengeschäfte, Designer, günstige Outletmalls u.v.m. „verstecken" sich hier unter den einzelnen Links. New-York-Erstlinge und weniger Markenbewusste sollten sich aber nicht damit aufhalten.

www.ticketmaster.com: Nützliche Adresse, um Tickets für die unterschiedlichsten Veranstaltungen (Musicals, Sport, Musik) in NY zu bekommen. Informationen reichen oft bis hin zu Sitzplatzanordnungen. Gut ist auch das Angebot von Sonderpreisen.

www.villagevoice.com sowie **www.timeout.com/newyork**: Webseiten der gleichnamigen Stadtmagazine. Alle wichtigen Veranstaltungen (Musik, Film, Kultur allgemein), aber auch Tipps, Hintergrundinfos sowie z. B. Restaurantkritiken.

www.webtender.com: Manch einer mag sich bei einer New-York-Reise in das unüberschaubare Angebot der Cocktails „verliebt" haben. Auf dieser Webseite der Bartender und Cocktailmixer kann man zu Hause nochmals nachsehen, wie denn der Lieblingsdrink gemacht wird. So werden hier z. B. unter „Manhattan" 17 Drinks vorgestellt, und bei „Martinis" gibt es gar über 80 Variationen!

Trinkgeld

Das Trinkgeld (*tip, gratuity*) wird in Amerika für fast alle Service-Leistungen gegeben. Es ist die Haupteinnahmequelle des Personals in Restaurants und Kneipen und muss sogar in vielen Fällen von der Bedienung pauschal versteuert werden, egal wie viel er/sie wirklich bekommen hat. Daher ist das Trinkgeld „pflichtmäßiger" Anteil der Bezahlung (Ausnahme: Fastfood-Restaurants, Selbstbedienungsläden, ausgesprochen miserabler Service). In der Regel gibt man mindestens 15, eher an die 20 % im Restaurant, am Tresen einer Kneipe wird häufig auch mehr gegeben. Anhaltspunkt: mindestens $1 für die ersten zwei, unkomplizierten Getränke (z. B. 2 Bier), die Regel ist aber eher $1 pro Getränk). Ein Gepäckträger erwartet mindestens $1 pro Gepäckstück, je nach Größe der Koffer. Einem Zimmermädchen gibt man $1 pro Übernachtungstag. Auch Taxifahrer erwarten Trinkgeld, 15 % des Fahrpreises sind üblich. Wichtig: Ein Trinkgeld in Münzen auszuzahlen, gilt als unhöflich. Ein Dollar ist also das Mindestmaß.

Stimmt der Service, sind mindestens 15 % „Tip" fällig

> **Hinweis**
>
> **Achtung**: Oft wird das Trinkgeld bereits bei der Endrechnung im Restaurant draufgeschlagen. Dieses wird dann zwar auf der Rechnung notiert (*service charge/ gratuity included*), ist aber oft kaum wahrnehmbar. Wer nicht darauf achtet, zahlt das Tip doppelt.

Trinkwasser

Das Wasser kann überall bedenkenlos getrunken werden.

Unterkünfte

> **Hinweis**
>
> Diese Preisklassifizierungen können nur als ganz grober Richtwert angesehen werden, da sich, besonders in New York, die Preisgestaltung der einzelnen Hotels nach Zimmergröße, Wochentag, Saison u. a. richtet. Eine Pauschalisierung ist also in keiner Weise möglich.

Wann ist Saison in New York?

Hochsaison: Eine Woche vor Ostern bis Anfang Juli; September/Oktober; Ende November bis kurz nach Neujahr.
Zwischensaison: März; Ende Oktober bis Ende November.
Nebensaison: Anfang Januar bis Anfang März; Mitte Juli bis Ende August.

An Unterkünften verschiedenster Komfortklassen mangelt es nicht. Doch liegt die Qualität der Zimmer in New York deutlich unter der im übrigen Amerika. Ein günstig „erstandenes" Zimmer in einem Luxushotel kann oft sehr klein und nicht besser als in einem Mittelklassehotel in einer anderen Großstadt sein. Dunkel sind die Zimmer auch sehr oft: Entweder steht ein Wolkenkratzer gleich gegenüber, oder das einzige Fenster geht nach hinten raus zum Entlüftungshof. Häufig sind die Zimmer, besonders die günstigen, frühzeitig ausgebucht. Daher heißt es: rechtzeitig buchen! Da empfiehlt sich für die Klasse $$–$$$$$ ein Reisebüro, die oft sogar günstigere Angebote haben als die Internetportale, besonders in Verbindung mit anderen Leistungen (Flüge etc.). Die $- und $–$$-Klassen kann man aber besser im Internet buchen.

Adressen bzw. Infos zu Internetportalen auf S. 114 („Spezielle Tipps: Unterkünfte").
$$$$$ Luxushotel (z. B. The Plaza, Waldorf Astoria): ab $500
$$$$ First Class (z. B. The Royalton): $300–500
$$$ Mittelklasse (z. B. Salisbury): $200–300
$$ Untere Mittelklasse: $140–200
$ Einfach (Hostel, Airbnb): $50–140

Frühstück ist normalerweise nicht im Preis inbegriffen, wird aber in vielen Hotels entweder in einem angeschlossenen Restaurant, Coffee Shop oder Deli angeboten. Meist sind auch Delis oder Fastfood-Restaurants ganz in der Nähe.

Beim **Einchecken** muss man:
- ein Anmeldeformular ausfüllen.
- die Kreditkarte vorlegen und damit den Zimmerpreis garantieren/bezahlen, falls dies nicht bereits bei der Buchung erfolgt ist.
- Fahrzeuge werden von einem Portier in eine nahe Garage gebracht. Doch Achtung! 24 Std. Parken kosten in New York ab $40 plus Trinkgeld für den Portier. Selbst einen (fast immer) kostenpflichtigen Parkplatz zu suchen, spart nur wenig Geld und ist ausgesprochen lästig.

Beim **Auschecken** sollte man
- die Rechnung kontrollieren, die eventuell ja noch Zusatzgebühren enthält (Telefongespräche etc.).

Im Voraus selbst reservieren

Wer telefonisch im Voraus ein Zimmer reservieren möchte, hält seine Kreditkarte bereit, denn man wird nach der Kartennummer gefragt – als Garantie. Falls man nach 17/18 Uhr ankommt („Late arrival"), sollte man das angeben. Ansonsten wird das Zimmer vielleicht weitervergeben.
Bevor man ein Hotel fest bucht, sollte man nach einem Sondertarif fragen, der häufig gewährt wird, besonders an Wochenenden.

Einige Infos zu den einzelnen Unterkunftstypen

Hotel: Hier reicht die Skala von ganz einfach bis zum absoluten Luxus. Sie sind teurer als B&Bs und Herbergen, da sie eine Reihe von zusätzlichen Serviceleistungen bieten (Kofferträger, Business-Center etc.). Teurer sind sie zudem im Financial District (Geschäftsleute) und im Theater District (Touristen).

Motels (Days Inn, Quality Inn etc.): Unterscheiden sich in New York kaum von den Hotels.
Inn: In der eigentlichen Bedeutung ein „Gasthaus", heute oft ein Haus der gehobenen Ansprüche mit persönlicherem Charakter. In New York eher unter der Kategorie Hotel zu finden und auch recht teuer.
Billig-Hotels, „Dive Inns": Sehr einfach eingerichtet, oft mit Gemeinschaftsbad und ohne Telefon. Diese Hotels liegen unter $200 und werden oft auch als Wohnstätte von jungen Leuten auf der Suche nach einem Job bzw. dessen Ausübung genutzt (Langzeitrabatte). Die Atmosphäre spricht daher für sich, nicht aber die Qualität.
Bed & Breakfast: Bei den B&B-Häusern in New York handelt es sich in der überwiegenden Zahl um gute, z. T. sogar luxuriöse und teure Unterkünfte, die einen nostalgischen Touch und persönliche Betreuung einschließen, aber nur selten Familienanschluss beinhalten. Zumeist finden sich B&Bs in New York in Brooklyn und Harlem.
Jugendherbergen/Youth Hostels: Meist teurer als in Europa, aber gut ausgestattet, oft auch mit separaten Zimmern. Der Standard ist zumeist auf Rucksackreisende ausgerichtet.
Apartments/Suiten-Hotels: Es gibt in New York einige Hotels (z. B. „SoHo Suites"), die auf langfristige Aufenthalte eingestellt sind. Hier erhält man bei längeren Aufenthalten (ab 1 Woche) z. T. erhebliche Preisrabatte. Im Zimmer befindet sich zudem eine kleine Kochgelegenheit. Die Zimmer werden dafür aber nicht täglich gereinigt. Achtung! Nicht jedes Hotel, das sich Suiten-Hotel nennt, ist ein solches Hotel. Oft gilt auch nur die Größe des Zimmers als Maßstab.

Veranstaltungen/Feste/Paraden

- Nach dem ersten Vollmond im Januar (zwischen 21.1. und 19.2.): **Chinesisches Neujahr**. Farbenfrohe Umzüge in Chinatown.
- Letzte Woche im Januar: **Winterschlussverkauf** („After Christmas-Sale") in den großen Kaufhäusern. „Sales" gibt es aber mittlerweile zu und besonders nach allen Feiertagen.
- Mitte Februar: **Empire State Building Run-Up**. Läufer rennen über die Treppen bis auf die Spitze des Gebäudes. www.nyrrc.org.
- 17. März: **St. Patrick's Day**. Der irische Nationalfeiertag wird gekrönt mit einer Parade durch die 5th Ave. zwischen 44th und 86th Sts.
- Ende März/Anfang April: Der weltberühmte **Ringling Brothers and Barnum & Bailey Circus** gastiert im Madison Square Garden.
- Ostersonntag: **Easter Sunday Parade**. Bekannt durch die interessanten, historischen Kopfbedeckungen. 5th Ave. zw. 44th u. 86th Sts.

Die New Yorker lieben ihre Paraden

- Anfang Mai: **Cherry Blossom Festival**. Kirschblütenfest im Brooklyn Botanic Garden.
- Mitte Mai: **Ninth Avenue International Food Festival**. Leckereien aus aller Welt entlang der 9th Ave. zwischen 37th und 57th Sts.
- 3. Sonntag im Mai: **Martin Luther King, Jr. Parade**. Zu Ehren des bekannten Bürgerrechtlers. 5th Ave. zwischen 44th und 86th Sts.
- Memorial Day sowie Labor Day Wochenende: **Washington Square Outdoor Art Festival**. Buntes Künstlertreiben (Straßenmusikanten, Maler, Lesungen etc.) auf dem Washington Square.
- Anfang Juni: **National Puerto Rican Day Parade**. Hier feiern die Puertoricaner eine bunte Parade. 5th Ave. zwischen 44th und 86th Sts.
- Juni–Juli: **Washington Square Music Festival**. Livemusik auf dem Washington Square.
- Juni–August: **Summer Stage in Central Park**. Kostenlose Rock- und Pop-, aber auch Opernkonzerte („Opera in the Park") auf dem Rumsey Playfield bzw. dem Great Lawn im Central Park. www.summerstage.org.
- Juni–Anfang September: **Shakespeare in the Park**. Shakespeare-Aufführungen im Delacorte Theater im Central Park. www.publictheater.org.
- Letztes Wochenende im Juni: **Gay & Lesbian Pride Parade** (**Gaypride Parade**). Bunte Parade der Schwulen- und Lesbenszene im Village (5th Ave. zw. 52nd St. und Christopher St.). Im Gedenken an den 28.6.1969, an dem die Christopher Street Schauplatz eines erbitterten Widerstands gegen die diskriminierenden Methoden der Polizei war. Auslöser war eine Razzia in der Clubkneipe „Stonewall Inn".
- 4. Juli: **Nationalfeiertag**, der am eindrucksvollsten durch **Macy's Fireworks Celebrations**, ein Riesenfeuerwerk am East River (zw. 23rd und 42nd Sts.), dargeboten wird.
- August: **Harlem Week**. Vierwöchiger Straßenfest mit Gospel, Blues und Jazz zwischen 125th und 135th Sts.
- Anfang September: **US Open Tennis Tournament**. Weltbekanntes Tennisturnier (Grand Slam) in Flushing Meadows, Queens. www.usopen.org.
- Labor-Day-Wochenende: **West Indian-American Day Parade**. Bunte Parade der karibischen Bevölkerung New Yorks. Karnevalsstimmung! In Brooklyn entlang der Utica Ave. bzw. dem Eastern Parkway.
- 3. Wochenende im September: **German-American Steuben Parade**. Im Andenken an die preußischen Soldaten, die unter Steuben auf amerikanischer Seite für die Unabhängigkeit gekämpft haben. 5th Ave., zwischen 63rd und 86th St. www.germanparadenyc.org.
- Ende September/Anfang Oktober: **New York Film Festival**. Historische und neue Filme werden in der Alice Tully Hall im Lincoln Center gezeigt. www.filmlinc.com.
- Mitte Oktober: **Columbia Day Parade**. Bunte Parade entlang der 5th Ave. zw. 44th und 72nd Sts.
- 31. Oktober: **Halloween Parade**: Buntes Straßenfest (Umzüge, Straßenstände, Livemusik) im Greenwich Village.
- 1. Sonntag im November: **New York City Marathon**. Eine der größten Marathon-Veranstaltungen der Welt (an die 40.000 Läufer). Zwischen Staten Island (Verrazano-Narrows Bridge) und Central Park. nycmarathon.com.
- 4. Donnerstag im November: **Macy's Thanksgiving Day Parade**. Bunte Comicfiguren ziehen auf diesem Umzug vom Central Park West über den Broadway bis zum Kaufhaus Macy's am Herald Square.

- Anfang Dezember: **Lightning of the Giant Christmas Tree**. Wenn der riesige Weihnachtsbaum am Rockefeller Center „angezündet" wird, ist dies für Tausende von New Yorkern ein spezieller Grund, zu erscheinen und das Ereignis zu feiern.

Versicherungen

Es ist allemal sinnvoll, eine Reisegepäck- sowie eine Reisekranken- und Unfallversicherung abzuschließen. Bei Letzterer sollte man darauf achten, dass sie eine Rücktransportversicherung einschließt und die gesamte Länge des Aufenthalts abdeckt.

Wäsche waschen

In den meisten größeren Hotels steht ein 24-Stunden-Wäschedienst zur Verfügung („laundry service" bzw. „valet service"). Selbst kleinere Häuser bieten diesen Service, hier sollte man aber mit zwei Tagen rechnen, bis man die Wäsche zurückerhält, denn diese Wäsche wird außer Haus gewaschen.

Alternativ kann man auf die Waschautomaten-Shops zurückgreifen („laundromat", seltener auch „coin laundry" genannt). Hierbei handelt es sich meistens um Geschäfte, in denen man rund 20 Wasch- und Trockenmaschinen vorfindet, die mit Quarters (25c-Stücke) gefüttert werden müssen. Waschmittel erhält man hier auch. Diese Waschsalons findet man am ehesten in Greenwich Village, Chelsea, im East Village, den Wohngebieten entlang dem East River sowie im Umkreis der Universitäten. Die Mitarbeiter im Hotel kennen die Adresse des nächsten „laundromat".

In „Laundry-Shops" gibt es beides: Münzautomaten und die Möglichkeit, die Wäsche einfach abzugeben. Je nach Wunsch erhält man sie schnell oder nach etwa einem Tag, gebügelt oder auch nur zusammengelegt zurück („wash and fold"). Das ist allemal billiger als im Hotel.

Zeit/Zeitzone

New York liegt in der Zone der „Eastern Time", die sechs Stunden zur MEZ zurückliegt. Ist es in Frankfurt 15 Uhr, ist es in New York erst 9 Uhr.

Der Zeitabstand zu Mitteleuropa ist meist der gleiche, da während unserer Sommerzeit in den USA auch die entsprechende Sommerzeit („daylight saving time") gilt. Ausnahmen sind nur die Zeiten um den Wechsel, da jeder Bundesstaat das Umstelldatum selbst bestimmen kann. In den USA werden die Zeiten in „ante meridiem" (= vormittags, abgekürzt a.m.) und „post meridiem" (= nachmittags, abgekürzt p.m.) eingeteilt. So entspricht 6 a.m. unserer Morgenzeit 6 Uhr, dagegen 6 p.m. unserer Abendzeit 18 Uhr. Kuriosum: 12 p.m. ist ungewöhnlicherweise 12 Uhr mittags, 0 Uhr heißt „midnight" oder 12 a.m.

Zoll

Einreise in die USA

Zahlungsmittel im Wert von über $10.000 müssen in den USA deklariert werden. Wer größere Mengen von persönlichen Arzneimitteln mitführt, sollte ein ärztliches Attest (auf Englisch) vorweisen können.

Zollfrei sind alle Gegenstände des persönlichen Bedarfs, außerdem **dürfen zollfrei eingeführt werden**: 200 Zigaretten, 2 kg Tabak oder 50 Zigarren, 1 Liter alkoholische Getränke (pro Person ab 21 Jahre), Geschenke im Wert von $100. **Lebensmittel**, besonders Frischwaren/Obst, sowie Pflanzen dürfen nicht eingeführt werden!

Wiedereinreise nach Europa

Zollfrei sind alle Gegenstände des persönlichen Bedarfs, außerdem dürfen bei der **Wiedereinreise in Deutschland und in Österreich** zollfrei eingeführt werden: 200 Zigaretten oder 100 Zigarillos oder 50 Zigarren oder 250 g Rauchtabak oder eine anteilige Zusammenstellung dieser Waren; 1 Liter Spirituosen über 22 Vol.-% oder 2 Liter Wein oder 2 Liter Schaumwein oder 2 Liter Liköre mit einem Alkoholgehalt von bis zu 22 Vol.-%; 50 g Parfüm und 0,25 l Eau de Toilette (für Personen über 17 Jahre), 500 g Kaffee oder 200 g Auszüge, Essenzen oder Konzentrate aus Kaffee (für Personen über 15 Jahre), sonstige Waren im Gegenwert von 430 € (Kinder/Jugendliche bis 15 Jahren: 175 €).

Bei der Wiedereinreise in die **Schweiz** dürfen **zollfrei** eingeführt werden: 1 Liter Alkohol über 15 Vol.-% und 2 Liter Alkohol bis 15 Vol.-%; 200 Zigaretten oder 50 Zigarren oder 250 g Schnitttabak; sonstige Privatwaren im Gegenwert von 300 Schweizer Franken

Einfuhrbeschränkungen bestehen in ganz Europa für Drogen, Arzneimittel, Waffen, Feuerwerkskörper, Lebensmittel und Fleisch.

Weitere und aktuelle Informationen	
Deutschland	www.zoll.de
Österreich	www.bmf.gv.at
Schweiz	www.ezv.admin.ch
USA	www.cbp.gov

Zuschauersport

Besonders Sportarten wie Baseball, Basketball, Football und Eishockey sind bei größeren Spielen ein Erlebnis. Falls es kein Ticket mehr gibt, kann man es in einem „Sport-Pub" bzw. einer „Sports-Bar" probieren, die oft schon von außen mit der Liveübertragung von Spielen werben, auch von europäischem Fußball (in jeder Ecke steht oder hängt ein Fernseher). Stimmung kommt hier immer auf. Man muss sich aber etwas mit den Regeln vertraut machen. Vor allem bei American Football sollte man jemanden konsultieren. Ebenfalls zunächst recht schwierig ist Baseball, bei dem TV-Übertragungen die gesamte Spielszenerie nur sehr bedingt vermitteln können.

Mehr Infos dazu auch auf S. 179.

Spezielle Tipps

Unterkünfte

Allgemeine Hinweise

Hotels in New York sind teuer. Mindestens $140 (und das wäre ein Schnäppchen) für ein kleines Mittelklasse-Doppelzimmer in einem Hotel sollte man einkalkulieren. Nur einige B&Bs und die Hostels bieten günstigere Zimmer. Der Preis ist unabhängig davon, wie viele Personen in dem Zimmer wohnen: für Alleinreisende ein Nachteil, für Gruppen von drei, ja bis zu vier Personen in einem Raum ein Vorteil, selbst wenn ein minimaler Aufschlag verlangt wird. Man sollte in diesem Fall bei der Buchung gleich auf die Bettengestaltung achten bzw. ein zusätzliches Bett für einen Aufpreis buchen.

Da die Belegungsquote in Manhattan über 80 % liegt, sollte man schon vor der Abreise eine Unterkunft gebucht haben. Europäische Reiseveranstalter vermitteln gut ausgewählte Hotels. Wichtig ist es, darauf zu achten, ob folgende Steuern/Kosten im Preis bereits enthalten sind: City-Steuer, Hotelsteuer und Hotelgebühr. Sie machen ca. ein Sechstel des Preises aus.

Die meisten Hotels befinden sich in Manhattans Midtown. Times Square, Broadway, Central Park, 5th Avenue sowie eine Reihe von Museen kann man von hier zu Fuß erreichen. Für den ersten Besuch ist ein Hotel hier mit Sicherheit die beste Wahl.

Natürlich gibt es Alternativen. Zwischen Houston und 34th Street in Manhattan oder z. B. in Brooklyn wohnt man günstiger und bei dem hervorragenden U-Bahn-Netz ausgesprochen gut. In TriBeCa, dem Greenwich Village, SoHo und der Lower East Side haben sich zudem etliche Boutique-Hotels angesiedelt, im Meatpacking District eher teurere Etablissements. Eine Unterkunft abseits der Midtown zwingt dazu, auch mal die anderen Seiten von New York zu erleben.

Tipp

Bei einer Aufenthaltsdauer von mindestens einer Woche sollte man nach der „Weekly Rate“ fragen.

Die Auswahl orientierte sich am Bestreben, zu jedem Stadtteil Unterkünfte in allen Preisklassen vorzustellen, vereinzelt ist dies aber nicht möglich. Die Nennung vieler Luxushotels beruht im Wesentlichen auf der Tatsache, dass diese Hotels auch als „Sehenswürdigkeit“ betrachtet werden können.

Reservierungsbüros

Wer nicht im Reisebüro buchen oder über die bekannten Internetseiten (booking.com, expedia.com, hotels.de etc.) gehen möchte, kann diese beiden Adressen ausprobieren (weitere Infos im A–Z auf S. 107):

Central Reservations Service (CRS): ☏ *(407) 740-6442, www.reservation-services.com.*

Quikbook: ☏ *(212) 779-7666, www.quikbook.com. Vorteil: Preis-Filter!*

Unsere persönlichen Favoriten (nach Preisklassen sortiert)

The Plaza $$$$$ (**13**, *s. Karte S. 124), 5th Ave. am Central Park South,* ☏ *(212) 759-3000, www.fairmont.com/the-plaza-new-york,* **Midtown**. *1907 eröffnet mit dem Versprechen, das beste Hotel New Yorks zu sein, ist das Plaza auch heute noch seinem angestrebten Ziel nahe. Komplett renoviert, verfügt es über 282 Zimmer, davon 102 Suiten. Ein Teil wurde in Apartment-Wohnungen umfunktioniert. Das Plaza ist eine Klasse für sich: mit seinen Fresken, Ornamenten, hohen Decken (in allen Räumen über 4 m), weichen Teppichen, Kristallleuchtern, Marmorbädern und dem 1-A-Service. Exquisite Restaurants und verschwenderisch wirkende „Snack"-Stationen in den* **Food Halls** *(Austern, Pasta, Sushi, Handcrafted Beer etc.) im Keller, der* **Palm Court** *für die Teezeremonie am Nachmittag, der vornehme* **Rose Club** *mit seinen Ledersesseln und andere Lokalitäten verwöhnen natürlich auch Tagesgäste. Zu den ersten Gästen überhaupt zählten der Eisenbahnbaron Alfred Vanderbilt und der Schriftsteller Mark Twain. Der Opernstar Enrico Caruso und der Architekt Frank Lloyd Wright haben hier sogar für längere Zeit gewohnt. Auch Teddy Roosevelt und den Beatles hat es hier gefallen. Die Mehrausgabe für ein Zimmer mit Ausblick auf den Central Park lohnt sich! Warum ein Favorit? Gute Luxushotels mit ausgezeichnetem Service gibt es zur Genüge in New York. Doch hier genießt man nicht nur einen zauberhaften Blick auf den Central Park, sondern auch die Aura der „guten alten Zeit". Wenn schon, denn schon!*

Salisbury Hotel $$–$$$ (**15**, *s. Karte S. 124), 123 W. 57th St. (zw. 6th u. 7th Aves.),* ☏ *(212) 246-1300, www.nycsalisbury.com,* **Midtown**. *200 Zimmer. Stilvolles, älteres Hotel mit großen Zimmern, die z. T. mit kleiner Küchenzeile und Kühlschrank ausgestattet sind. Die Suiten haben z. T. 2 Räume. Die Atmosphäre ist herzlich, nie hat man das Gefühl, in einem typischen Touristenhotel zu wohnen. Nahe Central Park, den Theatern am Broadway, der 5th Avenue-Geschäfte und des Lincoln Center. Ein ausgiebiges Continental Breakfast ist entgegen New Yorker Gepflogenheiten im Preis inbegriffen. Ein absoluter Tipp in dieser Preisklasse, besonders auch für Familien. Warum ein Favorit? Günstig gelegen in der Midtown, geräumige Zimmer, herzliche Atmosphäre, gutes Frühstück für amerikanische Verhältnisse.*

Eine Klasse für sich: The Plaza

The Paramount $$–$$$ (**26**, *s. Karte S. 124), 235 W. 46th St. (zw. Broadway und 8th Ave.),* ☏ *(212) 764-5500, www.nycpara*

mount.com, **Midtown-West**. 600 Zimmer. Früher eher als günstiges „Dive"-Hotel bekannt, haben Phillipe Starck (Design) und Ian Schrager (letzte Entwürfe) aus dem Paramount ein „hippes" Boutique-Hotel gemacht, das besonders bei Medienleuten beliebt ist. Die Zimmer sind zwar recht klein, doch das Design, eine Mischung aus Modern Art und 1950er-Jahre-Nierentisch-Romantik, überzeugt. Heute heißt es über das Paramount: „Absteige für Aufsteiger". Beliebt sind die **Paramount Bar & Grill** fürs Pre-Theater-Dining und der **Diamond Horseshoe Nightclub** im Keller. Warum ein Favorit? Günstig gelegen und eine echte Hip-Atmosphäre in jugendlichen Ambiente.

Regina's New York Bed & Breakfast $$ (**10**, s. Karte S. 126), 16 Fort Greene Pl., Brooklyn (Fort Greene), ☏ (718) 834-9253, home.earthlink.net/~remanski (auf der Internetseite gibt es tolle Links zu Brooklyn), **Brooklyn**. Typisches Brownstone-Haus im kulturellen Zentrum Brooklyns (BAM, Philharmonie, Restaurants, Shopping), eine U-Bahn-Station von Manhattan (Chinatown). Relativ ruhig gelegen. 2 EZ u. 4 DZ, alle liebevoll mit ausgesuchten Antiquitäten – besonders 1930er- und -40er-Jahre-Design – eingerichtet. Viele Details erfreuen das Auge. Die Besitzerin Regina Manske, eine Deutsche, lebt seit 1984 in New York. Sie wohnt selbst in dem Haus und beantwortet gern alle Fragen. Frühstück im Preis inbegriffen. Warum ein Favorit? Wenig hektisch und „NY außerhalb von Manhattan". Günstig und ein „Preisbrecher" für Einzelreisende aufgrund der Einzelzimmer.

Unterkünfte in Manhattan

Manhattan: zwischen Financial District und Canal Street

The Ritz-Carlton, Battery Park City $$$$$ (**20**, s. Karte S. 123), 2 West St., ☏ (212) 344-0800, www.ritzcarlton.com, **Lower Manhattan/Battery Park**. Top-Hotel direkt am Wasser. Die meisten Zimmer haben schöne Ausblicke, wobei man das bei der Buchung betonen sollte, wenn man ein Zimmer mit Ausblick wünscht, besonders mit Blick in Richtung Freiheitsstatue.

Cosmopolitan Hotel $$$ (**18**, s. Karte S. 123), 95 W. Broadway/Chambers St., ☏ (212) 566-1900, www.cosmohotel.com, **TriBeCa**. 100 Zimmer. Das Gebäude stammt aus der ersten Hälfte des 19. Jhs. Nach einer gelungenen Renovierung kann es jetzt als feines Boutique-Hotel bezeichnet werden. Zu Fuß erreicht man von hier aus den Financial District, SoHo, TriBeCa, Chinatown und das Civic Center. TriBeCa-Lokale sind oft bis spät in die Nacht geöffnet.

Best Western Seaport Inn $$$ (**19**, s. Karte S. 123), 33 Peck Slip (zw. Front u. Water Sts.), ☏ (212) 766-6600, www.seaportinn.com, **Financial District/South Street Seaport**. 72 Zimmer. In einem historischen Gebäude (1852) im restaurierten Fulton Street District, nahe dem South Street Seaport. Die Zimmer sind „Durchschnitt", dafür gibt es ein kleines Frühstück inklusive. Abends bieten sich ein paar Restaurants in der Umgebung, in Chinatown oder auf der anderen Seite der Brooklyn Bridge an.

Manhattan: zwischen Canal Street und 34th Street

Inn at Irving Place $$$–$$$$ (**5**, s. Karte S. 123), 56 Irving Pl. (zw. 17th u. 18th Sts., nahe Union Sq.), ☏ (212) 533-4600, www.innatirving.com, **Gramercy Park**. 5 Zimmer und 7 Suiten. Der 19.-Jh.-Charakter ist nahezu einzigartig in New York. Es wundert nicht, dass dieses B&B immer wieder zum „Most romantic Hideaway" in New York gewählt wird. In den Räumen des viktorianischen Hauses und dem angefügten Greek-Revival-Gebäude scheint die Zeit stehen geblieben zu sein. Die Romantik beginnt bereits beim Einchecken: Sherry, Tee und Plätzchen werden im Salon gereicht. Beliebt ist die gemütliche Atmosphäre in der Cibar-Cocktail-Lounge im Haus.

Gramercy Park Hotel $$$–$$$$ (**2**, *s. Karte S. 123), 2 Lexington Ave. (zw. 21st u. 22nd Sts.), ☏ (212) 920-3300, www.gramercyparkhotel.com,* **Gramercy Park**. *357 relativ große Zimmer. Der Park um die Ecke ist privat, doch Hotelgäste erhalten einen Schlüssel. Das 1925 eröffnete Hotel bietet sich an für diejenigen, die europäisches Flair nicht ganz missen möchten und auch auf den „New Yorker Rummel an der nächsten Ecke" verzichten können. Hier haben schon einige Berühmtheiten genächtigt, u. a. Humphrey Bogart, John F. Kennedy, die Beatles und Bob Dylan! Die stilvolle Piano-Bar im Hause erinnert an die 1950er-Jahre. Oft treten auch Musiker auf.*

Incentra Village House $$$–$$$$ (**10**, *s. Karte S. 123), 32 8th Ave. (zw. 12th u. Jane Sts., nahe Abingdon Sq. und Meatpacking District), ☏ (212) 206-0007, www.incentravillage.com,* **Greenwich Village**. *10 Studios, untergebracht in 2 historischen Backsteinhäusern von 1841 (Antiquitäten). Einige Suiten mit eigener kleinen Küche und Kamin.*

Chelsea Pines Inn $$$ (**8**, *s. Karte S. 123), 317 W. 14th St. (zw. 8th u. 9th Sts.), ☏ (212) 929-1023, www.chelseapinesinn.com,* **Chelsea/West Village**. *22 Zimmer. Typisches „Village-Reihenhaus" aus der Mitte des 19. Jhs. EZ, DZ und Studios. Geschmackvoll und bunt eingerichtet. Netter, begrünter Innenhof. Frühstück inklusive.*

info

Die East Side ist nun „schick"

Jahrzehntelang verkommen, nur bekannt als Eldorado der Lampenhändler und Restaurantausstatter, wurde das Gebiet um die **Bowery** als „In"-Stadtteil von Immobilienmaklern, Hotelbesitzern und Galeristen entdeckt. Nachdem zuerst die umliegenden Gebiete wie das East Village, dann NoHo und später die Lower East Side mit dem schicken, wenn auch als Glashochhaus unpassenden **Hotel on Rivington** ($$$, **16**, s. Karte S. 123), 107 Rivington St./Essex St., ☏ (212) 475-2600, www.hotelonrivington.com) aufstrebten, folgten schließlich Hotels an der Bowery. Allen voran das bei Filmleuten sowie Schauspielern beliebte **Bowery Hotel** ($$$–$$$$, **13**, s. Karte S. 123), zw. 3rd und Broad Sts., ☏ (212) 505-9100, www.theboweryhotel.com, Bowery) – in zumindest dem Gebiet nachempfundener Architektur. Das kann man von dem Glasturm des **The Standard** ($$$$–$$$$$, **12**, s. Karte S. 123), 25 Cooper Sq., ☏ (212) 475-5700, www.standardhotels.com/east-village) ein Stück weiter nicht behaupten. Dafür hat man von den Zimmern in den oberen Etagen einen tollen Ausblick.

Orchard Street Hotel $$$ (**14**, *s. Karte S. 123), 163 Orchard St., ☏ (212) 804-8088, www.orchardstreethotel.com,* **Lower East Side**. *Der Neubau wirkt ein wenig unplatziert zwischen den alten Backsteinbauten der Neighborhood. Doch wohnt man hier mittendrin im trendigsten Stadtteil von New York. Restaurants und Nachtleben direkt vor der Tür!*

Washington Square $$$ (**11**, *s. Karte S. 123), 103 Waverly Pl. (zw. 5th u. 6th Ave., am Washington Sq.), ☏ (212) 777-9515, www.washingtonsquarehotel.com,* **Greenwich Village**. *170 Zimmer in charmantem Gebäude. Günstig gelegen zu den Musikclubs im Village und zur Uni. Die Zimmer können sehr unterschiedlich sein. Klein – groß, dunkel – hell. Schön sind die größeren Zimmer (*$$$$*) nach Süden in den oberen Etagen.*

Herald Square Hotel $$$ (**1**, *s. Karte S. 123), 19 W. 31st St. (zw. Broadway u. 5th Ave.), ☏ (212) 279-4017, www.heraldsquarehotel.com,* **Midtown-South/Herald Square**. *Kleines Boutique-Hotel, beliebt bei jungen Leuten mit etwas mehr Geld. Renoviert im Stil der Jahrhundertwende.*

Colonial House Inn $$(–$$$$) (**3**, *s. Karte S. 123), 318 W. 22nd St. (zw. 8th u. 9th Ave.), ☏ (212) 243-9669, www.colonialhouseinn.com,* **Chelsea**. *22 Zimmer, vom kleinen DZ (*$$*)*

bis hin zu den beiden Suiten ($$$$). Brownstone-Haus von 1851. Liebevoll eingerichtet. Nicht alle Zimmer mit eigenem Bad. Kleines Frühstück inklusive.

Off SoHo Suites $$–$$$ (**17**, *s. Karte S. 123), 11 Rivington St. (zw. Bowery u. Christie St.),* ☏ *(212) 979-9815, www.offsoho.com,* **Lower East Side**. *38 Suiten. Apartment-Hotel. Gutes Preis-Leistungs-Verhältnis. Die Economy-Suiten ($$–$$$, max. 2 Pers.) teilen sich Bad und Küche, die Deluxe-Suiten ($$$ bis 4 Pers.) tun dies nicht. Die Räume sind relativ groß, haben eine kleine Küche und eine Essecke. In „hipper" Umgebung.*

Chelsea Inn $$–$$$ (**7**, *s. Karte S. 123), 46 W. 17th St. (zw. 5th u. 6th Ave.),* ☏ *(212) 645-8989, www.chelseainn.com,* **Chelsea**. *Unkompliziertes Hotel mit Zimmern ($$), Studios und Suiten ($$$). Einige Zimmer haben eine kleine Küche, viele teilen sich aber das Bad.*

Comfort Suites Lower East Side $$–$$$ (**15**, *s. Karte S. 123), 136 Ludlow St. (nahe Rivington St.),* ☏ *(212) 260-4141, www.lowereastsidehotel.com,* **Lower East Side**. *Unspektakuläres Hotel. Hier wohnt man, recht günstig, mittendrin im Nightlife.*

Larchmont $–$$ (**9**, *s. Karte S. 123), 27 W. 11th St. (zw. 5th u. 6th Aves.),* ☏ *(212) 989-9333, www.larchmonthotel.com,* **Greenwich Village**. *60 einfache Zimmer, alle ohne eigenes Bad (nur Waschbecken) und ohne Room Service! In einem Brownstone-Haus von 1910. Für den Preis absolut okay. Auf jedem Flur gibt es eine kleine Küche. Einfaches Frühstück inklusive.*

Hotel 17 $$ (**6**, *s. Karte S. 123), 225 E. 17th St. (zw. 2nd u. 3rd Ave.),* ☏ *(212) 475-2845, www.hotel17ny.com,* **Gramercy Park**. *140 Zimmer und Suiten, auch für 3 Pers., aber nicht alle mit eigenem Bad. Günstige Wochenraten. Eines der bekanntesten „Dive"-Hotels in New York. Beliebt bei Künstlern, Hippies, Transvestiten, Möchtegern-Stars und auch Stars. Wer glaubt, mit dem Pinsel umgehen zu können, darf nach Absprache mit dem Chef die Kunstwerke des Vorgängers an den Tapeten übermalen. Der günstige Preis resultiert aus dem Basis-Service.*

Chelsea International Hostel $ (–$$) (**4**, *s. Karte S. 123), 251 W. 20th St. (zw. 7th u. 8th Aves., nahe Meatpacking District),* ☏ *(212) 647-0010, www.chelseahostel.com,* **Chelsea**. *130 Betten. 2- und 4-Bett-Zimmer. Einfach, aber okay und Frühstück inklusive.*

Überraschend anders: „Dive"-Hotels

info

Dive bedeutet übersetzt „abtauchen". Das Wort ist ein fester Begriff in New York, übrigens nicht nur für Hotels, auch für Bars und andere Lokalitäten. Grundsätzlich bemüht man sich in diesen zumeist (aber nicht immer) günstigeren Hotels um möglichst große Unkonventionalität. Man lässt den Gästen Entfaltungsmöglichkeiten, die letztendlich dem Charakter des Hotels wieder zugutekommen.

Wer in solch einem Hotel logieren möchte, der sollte mit folgenden Dingen rechnen:
- Feten auf den Gängen;
- Zimmer, die nicht abgeschlossen werden;
- bunte und schrille Einrichtungen, die selten einen nützlichen Zweck erfüllen;
- Langzeitgäste, die für Touristen nur ein müdes Lächeln übrig haben;
- Möchtegern-Sternchen, die sich bereits mit dem Oscar in der Hand sehen;
- lustloses Hotelpersonal;
- den Geruch von Dope;
- das „ach so lustige" „Dive"-Hotel vom letzten Jahr ist plötzlich bürgerlich geworden.

Natürlich sind das nur Beispiele, es kann auch alles völlig anders sein. Genau das aber ist das Reizvolle. Die Gäste, nicht der Hotelbesitzer, machen den „Charme" eines solchen Etablissements aus.
Bekannte Billig-„Dive"-Hotels in New York sind z. B.: **Hotel 17**, **Off-SoHo-Suites** oder das **Chelsea Inn**.

Manhattan: Midtown West und Theater District (nördl. 34th St./westl. 5th Ave.)
In dieser Region sind die Zimmerpreise oft höher. Wer hier nicht so tief in die Tasche greifen mag, der sollte besser über sein Reisebüro bzw. übers Internet ein einfacheres Franchise-Hotel auswählen.

The Michelangelo $$$$$ (**20**, s. *Karte S. 124), 152 W. 51st St. (7th Ave.), ☎ (212) 765-1900, www.michelangelohotel.com,* **Midtown**. *126 Zimmer plus 51 Suiten. Von den New Yorkern gerne als „Palazzo on Broadway" bezeichnet. Marmor-Lobby, große Zimmer, die Wahl des Interieurs (Art déco, franz. Empire o. franz. Landhausstil), Marmorbäder und hauseigene Bademäntel: Luxus pur! Frühstück (in der Lobby) inklusive. An Wochenenden $$$$.*

JW Marriott Essex House $$$$$ (**12**, s. *Karte S. 124), 160 Central Park South (zw. 6th u. 7th Aves.), ☎ (212) 247-0300, www.marriott.com,* **Midtown**. *595 Zimmer und Suiten. Aufwendig renoviertes Art-déco-Gebäude. Die geräumigen Zimmer weisen einen gemütlich-zeitlosen Einrichtungsstil auf. Marmor-Bäder, hauseigene Bademäntel sind Standard. Für ein paar Dollar mehr bekommt man ein Zimmer mit Blick auf den Central Park (gut ab 6th Floor). An Wochenenden $$$$.*

The Royalton $$$$ (**30**, s. *Karte S. 124), 44 W. 44th St. (zw. 5th u. 6th Aves.), ☎ (212) 869-4400, www.morganshotelgroup.com,* **Midtown**. *170 Zimmer. Wie im Paramount, hat sich auch hier der Designer Phillipe Starck ausgelebt. Entsprechend sind Architektur und Einrichtung zwischen gewöhnungsbedürftig und hip anzusiedeln. Die New Yorker, besonders Yuppies und Medienleute, lieben das Hotel, besonders sein „Forty-Four"-Restaurant samt Bar.*

The Westin at Times Square $$$$ (**31**, s. *Karte S. 124), 270 W. 43rd St./8th Ave., ☎ (212) 201-2700, www.starwoodhotels.com/westin,* **Midtown**. *863 Zimmer. Modernes Luxushotel in auffällig schrillem Hochhausbau. Geräumige Zimmer und oberhalb des 16. Stockwerks gute Ausblicke (viele Zimmer mit Blick in Richtung Times Square!). Großes Fitnesscenter und beliebte Bar im Hause.*

The Algonquin $$$$ (**29**, s. *Karte S. 124), 59 W. 44th St. (zw. 5th u. 6th Ave.), ☎ (212) 840-6800, www.algonquinhotel.com,* **Midtown**. *165 Zimmer. Bekannt geworden ist das plüschige Hotel durch seinen Literatenstammtisch („Round Table") in der Hausbar während der 1920er- und 30er-Jahre. Auch heute steigen Schriftsteller und Verleger hier gerne ab, und das „Round Table Restaurant" ist oft Veranstaltungsort von Lesungen und Cabarets. Beliebt ist auch die nostalgische „Blue Bar". Nahe dem Times Square.*

Hotel Metro $$$–$$$$ (**34**, s. *Karte S. 124), 45 W. 35th St. (zw. 5th u. 6th Aves.), ☎ (212) 947-2500, www.hotelmetronyc.com,* **Herald Square/Midtown-South**. *179, relativ große Zimmer und Suiten. Hotel mit Touch zum Art déco. Knüller ist der Ausblick vom Dach auf das Empire State Building.*

The Shoreham $$$ (**18**, s. *Karte S. 124), 33 W. 55th St. (zw. 5th u. 6th Ave.), ☎ (212) 247-6700, www.shorehamhotel.com,* **Midtown**. *85 Zimmer. Auch hier legte man bei der Einrichtung viel Wert auf „modernen Chic der 1950er- und 60er-Jahre": Z. B. Chrom und Aluminium, urige Beleuchtung usw. Einfaches Frühstück zumeist inbegriffen.*

Citizen M $$$ (**22**, s. *Karte S. 124), 218 W. 50th St./Broadway, ☎ (212) 461-3638, www.citizenm.com,* **Theater District/Times Sq**. *Modern gestaltetes Boutique-Hotel mit „großen Betten in kleinen Zimmern". Gym, Rooftop Bar, Frühstück (kostet extra). Gutes Preis-Leistungs-Verhältnis.*

Row NYC $$–$$$ (**27**, s. *Karte S. 124), 700 8th Ave. (W. 45th St.), ☎ (212) 869-3600, www.rownyc.com,* **Theater District**. *Nahe dem Times Square und dafür ausgesprochen günstig. Relativ modern. Die Zimmer sind zwar klein, dafür ist aber alles sauber, gut organisiert und das Publikum auch noch lustig vermischt: Medien-Sternchen, Airline-Piloten, Geschäftsleute, Touristen etc.*

Holiday Inn Midtown 57th St. $$–$$$ (14, *s. Karte S. 124), 440 W. 57th St. (zw. 9th u. 10th Aves.), ☏ (212) 581-8100, www.ihg.com/holidayin,* **Theater District**. *Bei 600 Zimmern und dem Preis darf man nicht zu viel erwarten. Die Zimmer sind okay und größtenteils renoviert. Eine gute Alternative, um Geld zu sparen. Frühstücksrestaurant im Hause. Pool auf dem Dach (nur im Sommer geöffnet).*

Tipp

Unterkünfte, die sich besonders um **schickes Design** bemühen, sind gelistet unter www.nycgo.com/designcollection.

Manhattan: Midtown East (nördl. 34th St., 5th Ave. und östl. davon)

The Waldorf Astoria $$$$–$$$$$/Waldorf Towers $$$$$ (23, *s. Karte S. 124), 301 Park Ave./50th St., ☏ Waldorf Astoria: (212) 355-3000. Waldorf Towers: (212) 355-3100, www.waldorfnewyork.com,* **Midtown-East**. *500 modern eingerichtete Luxuszimmer - und die in den Waldorf Towers sind noch eine Spur mondäner! Ein Teil des Gebäudes wurde mittlerweile zu Apartments umfunktioniert. Der Name dieses Hauses steht in aller Welt für historische Eleganz und ausgezeichnete Küche (von hier stammt z. B. der Waldorfsalat) – ganz einfach für klassisch-vornehmes Ambiente. Das 1931 eröffnete und immer nach neuestem Stand renovierte Hotel, mittlerweile in chinesischem Besitz, steht sogar unter Denkmalschutz. Besucher, die sich den Luxus einer Übernachtung nicht leisten mögen, sollten sich zumindest die in Art déco gehaltenen Innenräume anschauen und vielleicht in der* **Bar** *einen Cocktail bestellen oder in den hauseigenen vornehmen* **Restaurants** *die gehobene französische bzw. chinesische Küche genießen. Mit einem Wochenend-Paket kann sich der Gast dann ganz wie Ginger Rogers in dem Film „Weekend at the Waldorf" fühlen.* **Hinweis**: *Von 2017–2020 bleibt das Hotel wegen Renovierung geschlossen. Mehr zum Waldorf Astoria auf S. 307.*

The St. Regis $$$$$ (19, *s. Karte S. 124), 2 E. 55th St (an der 5th Ave.), ☏ (212) 753-4500, www.starwoodhotels.com/stregis,* **Midtown-East**. *230 Zimmer. Geplant von John Jacob Astor zu Beginn des 20. Jhs., war das St. Regis damals das Hotel in New York. Ziel war es, mit diesem Beaux-Arts-Gebäude auch das damalige Waldorf Astoria zu überflügeln. Salvador Dalí, John Lennon und andere Persönlichkeiten wussten den „Luxus mit viel Plüsch und Schnörkel" zu schätzen. Sündhaft teuer, aber ein ganz besonderer Knüller ist die Tiffany-Suite, wo nahezu alle Gegenstände von Tiffany & Co. sind. Im Hause besticht der legendäre* **King Cole Room**, *in dem 1934 der Bloody Mary in den USA eingeführt wurde (ein „Mitbringsel" eines Pariser Barkeepers). Das St. Regis, Inbegriff für „Sophisticated High-Standard", unterscheidet sich von den meisten anderen 5-Sterne-Hotels durch seine Beschaulichkeit.*

Tiffany Suite im St. Regis

The Four Seasons $$$$$ (16, s. *Karte S. 124*), *57 E. 57th St. (zw. Park u. Madison Aves.), ☏ (212) 758-5700, www.fourseasons.com/newyork*, **Midtown-East**. *367 Zimmer, 58 Suiten. I.M. Pei, u. a. Architekt des Jacob K. Javits Center, zeichnet auch für dieses 52-geschossige Gebäude verantwortlich. Bereits kurz nach der Eröffnung wurde das Hotel mit Preisen und Top-Ratings belohnt. Mit Recht, denn wenige Zimmer in Manhattan sind so groß (um 60 m²). Viel Marmor und eine Konstruktion, die die Badewannen in einer Minute füllt. Die Auswahl unter 15 verschiedenen Martinis in der* **TY-Bar** *sowie ein verschwenderisch ausgestattetes Spa setzen dem Ganzen noch die Krone auf. Zimmer in oberen Etagen buchen.*

Courtyard New York – Fifth Avenue $$$ (32, s. *Karte S. 124*), *3 E. 40th St. (zw. 5th u. Madison Aves.), ☏ (212) 447-1500, www.marriott.com*, **Murray Hill**. *186 Zimmer. Gut geführtes Franchise-Hotel gegenüber der New York Public Library. Fußläufig erreicht man viele Attraktionen.*

The Roosevelt $$$ (28, s. *Karte S. 124*), *45 E. 45th St./Madison Ave., ☏ (212) 661-9600, www.therooseveltHotel.com*. **Midtown-East**. *1.021 Zimmer plus 57 Suiten ($$$). Über der Grand Central Station. Architektonisch bietet das Haus aus den 1920er-Jahren ein anspruchsvolles Ambiente, dazu eine Reihe von Art-déco-Feinheiten. Doch das Haus hat bessere Zeiten gesehen, das macht den „relativ günstigen Preis" aus. Tipp: die hauseigene Rooftop Bar.*

The Fitzpatrick $$$ (17, s. *Karte S. 124*), *687 Lexington Ave. (zw. 56th u. 57th Sts.), ☏ (212) 784-2520, www.fitzpatrickhotels.com*, **Midtown-East**. *92 Zimmer und Suiten. Einziges Hotel in New York in irischem Besitz. „Cozy", wie die Amerikaner sagen würden: gemütlich, schön, unkompliziert. Die Hälfte der Zimmer besteht aus größeren Suiten ($$$–$$$$). Und wen der Durst packt, der sollte in die belebte Bar im Erdgeschoss gehen.*

Roger Smith $$$ (24, s. *Karte S. 124*), *501 Lexington Ave. (zw. 47th u. 48th Sts.), ☏ (212) 755-1400, www.rogersmith.com*, **Midtown East**. *102 Zimmer. Einige Zimmer mit Kamin. Sehr gemütlich eingerichtet. Leider liegen die Preise oft auch bei* $$$$. *Doch werden sie im Hochsommer und im Winter drastisch reduziert. Beliebte Rooftop Bar.*

The Pod Hotel 51 $$–$$$ (21, s. *Karte S. 124*), *230 E. 51st St. (zw. 2nd u. 3rd Aves.), ☏ (212) 355-0300*, **Midtown-East**. *Ansprechend renoviertes Boutique-Hotel. Gutes Preis-Leistungs-Verhältnis, wenn auch einige Zimmer sehr klein sind. Am günstigsten sind die Bunk-Rooms, wo die Betten übereinander liegen (das obere muss hochgeklappt werden). Das nahezu identisch aufgestellte Schwesterhotel ist das* **The Pod Hotel 39** (33, s. *Karte S. 124*), *145 E. 39th St., ☏ (212) 865-5700, beide www.thepodhotel.com.*

YMCA (Vanderbilt) $ (25, s. *Karte S. 124*), *224 E. 47th St. (zw. 2nd u. 3rd Ave.), ☏ (212) 912-2500*, **Midtown-East**. *377 Zimmer. Einfache EZ und DZ. Fitnesscenter und Pool.*

Manhattan: Upper West Side

Trump International Hotel & Tower $$$$–$$$$$ (11, s. *Karte S. 124*), *1 Central Park West (Columbus Circle), ☏ (212) 299-1000, www.trumphotelcollection.com/central-park*, **Upper West Side/Columbus Circle**. *170 Suiten. Purer Luxus à la Trump. Modern, ein wenig steril, aber so mag es der Bau-Tycoon und republikanische US-Präsidentschaftskandidat 2016, der im selben Gebäude auch eine Wohnung hat. Die hohen Zimmerpreise resultieren nicht nur aus der Größe und dem Luxus, sondern auch aus der Tatsache, dass jedem Gast ein persönlicher „Attaché" zugeteilt wird, der ihm auf Wunsch zur Seite steht, und dass jede Suite einen Whirlpool (Jacuzzi) hat. Einen aufwendig gestalteten Wellnessbereich gibt es auch.*

Excelsior Hotel $$$ (3, s. *Karte S. 124*), *45 W. 81st St. (Columbus Ave./Museum of Natural History), ☏ (212) 362-9200, www.excelsiorhotelny.com*, **Upper West Side**. *190 Zimmer. Neben den Standardzimmern gibt es auch noch geräumigere 1- und 2-Zimmer-Suiten ($$$$),* *alle im Art-déco-Stil eingerichtet. Die Lage zum Central Park und zu den Restaurants an der Columbus Ave. macht es zudem attraktiv.*

The Milburn $$–$$$ (**6**, s. *Karte S. 124), 242 W. 76th St. (zw. Broadway u. West End Ave.), ☏ (212) 362-1006, www.milburnhotel.com,* **Upper West Side**. *50 Studio-Zimmer, 38 Suiten. Alle Zimmer haben kleine Mikrowellen-Küchen. Einfaches Frühstück inkl. Das Dekor ist etwas gewöhnungsbedürftig, und dass die Lobby einem bayerischen Schlosseingang nachempfunden ist, mag den Süddeutschen ein müdes Lächeln entlocken. Trotzdem ein nettes Hotel ohne Schnickschnack.*

NYLO Hotel $$–$$$ (**5**, s. *Karte S. 124), 2178 Broadway (77th St.), ☏ (212) 362-1100, www.nylohotels.com,* **Upper West Side**. *230 Zimmer und 24 Suiten. Groß, einfach, aber schick eingerichtet. Helle Räume, einige mit Balkon. Wenige Blocks vom Central Park entfernt. Die Upper-West-Side-Unterkunft in Bezug auf Preis und Leistung. Oft liegen die Preise aber bei $$$. Nach „Specials" fragen.*

Comfort Inn – Central Park West $$–$$$ (**8**, s. *Karte S. 124), 31 W. 71st St. (zw. Columbus Ave. u. Central Park West), ☏ (212) 721-4770, www.comfortinn.com,* **Upper West Side**. *Gut geführtes Ketten-Hotel in ruhiger Lage. Nahe Central Park. In der Nebensaison gibt es besonders günstige Tarife.*

Riverside Towers Hotel $–$$ (**4**, s. *Karte S. 124), 80 Riverside Drive (80th St.), ☏ (212) 877-5200, www.riversidetowerhotel.com,* **Upper West Side**. *120 einfache Zimmer. Nahe dem Hudson River. Ausblicke auf den Fluss. Der Preisknüller.*

YMCA (**West Side**) $–$$ (**9**, s. *Karte S. 124), 5 W. 63rd St. (zw. Central Park West u. Broadway), ☏ (212) 912-2600, www.ymcanyc.org/westside,* **Upper West Side**. *540 Zimmer. Nur wenige der vornehmlich 1- bis 2-Bett-Zimmer haben ein eigenes Bad.*

Hostelling International New York $ (**1**, s. *Karte S. 124), 891 Amsterdam Ave. (104th St.), ☏ (212) 932-2300, www.hiny.org,* **Upper West Side**. *670 Betten. Gerne frequentiert von Rucksackreisenden aus aller Welt. Kaum EZ und DZ ($$). Die Schlafsäle (4, 6 und ein paar mit 12 Betten) sind günstig, gut und sauber.*

Manhattan: Upper East Side

Günstige Unterkünfte sucht man in dieser Region vergeblich.

The Pierre $$$$$ (**10**, s. *Karte S. 124), 5th Ave., (61st St.), ☏ (212) 838-8000, www.tajhotels.com/luxury,* **Upper East Side/(Südost-)Central Park**. *140 Zimmer plus 49 Suiten. Wenn eines der bereits vornehmsten Häuser in New York nochmals für $100 Mio. renoviert wird, dann kann man puren Luxus erwarten. Stil: alteuropäische Eleganz (viel Chippendale). Die klassisch eingerichteten Zimmer sind sehr unterschiedlich in Größe und Dekor. Das erzeugt ein Gefühl von Individualität und erhält dem Haus trotzdem den Ruf als „Grand Dame". Ein Zimmer mit Blick auf den Central Park sollte es dann auch sein, greift man schon so tief in die Tasche.*

The Carlyle $$$$ (**7**, s. *Karte S. 124), 35 E. 76th St. (Madison Ave.), ☏ (212) 744-1600, www.thecarlyle.com,* **Upper East Side**. *145 Zimmer, 45 Suiten. Inmitten des teuersten Wohnviertels Manhattans bietet dieses Haus im Stil eines altenglischen Herrenhauses Komfort und Individualität vom Feinsten. Wer hier absteigt, kauft in den Boutiquen an der Madison Ave. ein, besucht Freunde in der Nachbarschaft, schlendert durch die Museen an der Museum Mile und trinkt Kaffee bzw. schaut sich eine Cabaret-Vorführung im hauseigenen* **Café Carlyle** *an.*

The Franklin $$$ (**2**, s. *Karte S. 124), 164 E. 87th St. (zw. Lexington u. 3rd Ave.), ☏ (212) 369-1000, www.franklinhotel.com,* **Yorkville**. *50 Zimmer. Beinahe noch in die mittlere Preisklasse gehörig, ist dieses kleine Hotel der Tipp für die Upper East Side. Die Zimmer sind klein, aber schön, und frische Blumen gehören dazu wie das üppige Frühstück am Morgen.*

Manhattan: der Norden

In Harlem haben sich eine Reihe kleiner B&Bs sowie Hotels angesiedelt. Einige sind gut, andere taugen nichts. Deshalb: genau hinschauen!

The Marrakech Hotel $$ *(größere Zimmer $$$)* (5, *s. Karte S. 126), 2688 Broadway (nahe* 103rd *St.), ☎ (212) 222-2954, www.marrakechhotelnyc.com,* **Manhattan Valley**. *150 Zimmer, 100 davon mit eigenem Bad. Boutique-Hotel mit Zimmern in modernem, marokkanischem Stil. Es gibt auch Zimmer mit 2 Doppelbetten. Direkt an der U-Bahn-Station.*

The Harlem Flophouse $$ (4, *s. Karte S. 126),* 123th *St., zw.* 8th *Ave. und Clayton Powell Blvd.* (7th *Ave.), ☎ (212) 662-0678, www.harlemflophouse.com,* **Harlem**. *Tolles B&B in viktorianischem Haus. Mit alten Möbeln, gemütlichen Gemeinschaftsräumen, viel Charme, aber nur Gemeinschaftsbadezimmern.*

Harlem YMC $–$$ (3, *s. Karte S. 126), 180 W.* 135th *St. (zw. Clayton Powell und Malcolm X Blvd.), ☎ (212) 912-2100, www.ymcanyc.org,* **Harlem**. *Mitten in Harlem. EZ und DZ, Fitnessräume, großer Pool, Sauna. Günstiges Frühstück. Für ein Hostel super.*

Unterkünfte in den anderen Boroughs

In den anderen Boroughs gibt es zahlreiche Hotels, grundsätzlich sollte man immer die Anfahrt nach Manhattan im Auge behalten und darauf achten, dass eine U-Bahn-Station in der Nähe ist. Im Folgenden ein paar Empfehlungen:

Brooklyn

Marriott at Brooklyn Bridge $$$ (8, *s. Karte S. 126), 333 Adams Pl., ☎ (718) 246-7000, www.marriott.com,* **Brooklyn-Downtown**. *Modernes, auf Geschäftsleute ausgerichtetes 360-Zimmer-Hotel der Mittelklasse. Mit etwas Glück bekommt man günstige Wochenendtarife ($$). Zu Fuß sind es 10 Min. bis zur Brooklyn Bridge, Subwaystationen gibt es einige in der Nähe. Für den Preis findet man kaum etwas Ähnliches in New York. Riesiger Pool.*

The Wythe Hotel $$$ (7, *s. Karte S. 126), 80 Wythe Ave. (N.* 11th *St.), ☎ (718) 460-8000, www.wythehotel.com,* **Brooklyn-Williamsburg**. *70 Zimmer in altem Fabrikgebäude. Günstig gelegen zwischen dem Studentenviertel um die Bedford Ave. und der hippen Brooklyn Waterfont. Daher besonders an Wochenenden viel Trubel. Restaurants, Musikschuppen, die Brooklyn Brewery – alles in der Nähe. Beliebte Bar und Restaurant im Hause. Subwaystation 10 Min. entfernt (Bedford Ave.).*

Akwaaba Mansion B&B $$–$$$ (11, *s. Karte S. 126), 347 MacDonough St. (zw. Stuyvesant u. Lewis Aves., nahe Fulton St.), Subwaystation Ralph Ave. bzw. Utica Ave. (A-, C-Trains), ☎ (718)*

Unterkünfte

1 Herald Square Hotel
2 Gramercy Park Hotel
3 Colonial House Inn
4 Chelsea International Hostel
5 Inn at Irving Place
6 Hotel 17
7 Chelsea Inn
8 Chelsea Pines Inn
9 Larchmont
10 Incentra Village House
11 Washington Square
12 The Standard
13 Bowery Hotel
14 Orchard Street Hotel
15 Comfort Suites Lower East Side
16 Hotel on Rivington
17 Off SoHo Suites
18 Cosmopolitan Hotel
19 Best Western Seaport Inn
20 The Ritz-Carlton, Battery Park City

Essen & Trinken

1 Skylight Diner
2 Kunjip Restaurant
3 Artisanal
4 Kailash Parbat
5 Blue Smoke
6 Pier 66 Maritime/„Frying Pan" (nur Sommer)
7 Eataly
8 Lyric Diner-Gramercy Park
9 Empire Diner
10 Elan
11 Pete's Tavern
12 Old Town Bar
13 Cafeteria
14 Blue Water Grill
15 Coppelia
16 CATCH
17 Bill's Bar & Burger
18 Biergarten
19 Corner Bistro
20 Sugar Factory
21 Gotham Bar & Grill
22 French Roast
23 Momofuko Noodle Bar
24 Veniero's
25 Blenheim
26 The Waverly Inn
27 Rays Pizza
28 Veselka
29 Odessa
30 Paul's
31 Haveli
32 Mermaid Inn
33 The Kitchen Sink
34 Two Boots
35 Cornelia Street Café
36 Great Jones Café
37 Anyway
38 Katz's
39 Arturo's
40 Fanelli's
41 Sauce
42 Schiller's Liquor Bar
43 Loreley
44 Lombardi's
45 Eileen's Special Cheese Cake
46 Balthazar
47 Amazing 66
48 Puglia
49 Il Cortile
50 Jing Fong
51 Walker's
52 Peking Duck
53 Great NY Noodletown
54 Tribeca Grill
55 The Odeon
56 Bavaria Bierhaus
57 Fraunces Tavern
58 Pier A (Dine at Pier A, Harrison Room, Long Hall, Oyster Bar)

Manhattan Süd
Hotels und Restaurants

Manhattan Midtown und Central Park
Hotels und Restaurants
N
0 0,31 mi
0 500 m
Central Park
Manhattan Valley
97th Street Transverse
Jacqueline Kennedy Onassis Reservoir
85th Street Transverse
79th Street Transverse
65th Street Transverse
El Museo del Barrio
Museum of the City of NY
Jewish Mus.
Cooper Hewitt Smithsonian Design Mus.
National Academy Mus.
Guggenheim Mus.
Neue Galerie
The Great Lawn
Metropolitan Museum of Art
Americ. Mus. of Natural History
Belvedere Castle
Loeb Boathouse
The Lake
The Met Breuer
The Frick Coll.
The Sheep Meadow
The Dairy Visitor Center
Central Park Zoo
Carnegie Hill
UPPER WEST SIDE
UPPER EAST SIDE
YORKVILLE
Lenox Hill
Metropolitan Opera/ Lincoln Center
Columbus Circle
Central Park South
Bergdorf Goodman
Bloomingdale's
Ed Koch Queensboro Bridge
ROOSEVELT ISLAND
Turtle Bay
Museum of Modern Art
Rockefeller Center
Waldorf Astoria Hotel
HELL'S KITCHEN (CLINTON)
Theater District
Times Square
Garment District
MIDTOWN
MURRAY HILL
TUDOR CITY
Chrysler Building
Empire State Bldg.
United Nations Headquarters
Queens Midtown Tunnel (Toll road)
Lincoln Tunnel (Toll road)
N.Y. City Passenger Ship Terminal
P.D. O'Hurley's
Hudson River Park
Hudson River
East River
West Channel
Henry Hudson Parkway
Joe DiMaggio Highway
Franklin D. Roosevelt Drive
Circle Line Boat Tour
Metro-North
Grand Central
Penn Station
PATH

Unterkünfte

1 Hostelling International New York
2 The Franklin
3 Excelsior Hotel
4 Riverside Towers Hotel
5 NYLO Hotel
6 The Milburn
7 The Carlyle
8 Comfort Inn – Central Park West
9 YMCA (West Side)
10 The Pierre
11 Trump International Hotel & Tower
12 JW Marriott Essex House
13 The Plaza
14 Holiday Inn Midtown 57th St.
15 Salisbury Hotel
16 The Four Seasons
17 The Fitzpatrick
18 The Shoreham
19 The St. Regis
20 The Michelangelo
21 The Pod Hotel 51
22 Citizen M
23 The Waldorf Astoria
24 Roger Smith
25 YMCA (Vanderbilt)
26 The Paramount
27 Row NYC
28 The Roosevelt
29 The Algonquin
30 The Royalton
31 The Westin at Times Square
32 Courtyard New York – Fifth Avenue
33 The Pod Hotel 39
34 Hotel Metro

Essen & Trinken

1 Flor de Mayo (2 x in New York!)
2 Café con Leche
3 Gennaro
4 Sarabeth's Kitchen
5 Writing Room
6 Vietnaam
7 Barney Greengrass
8 Heidelberg
9 Artie's Delicatessen
10 Boat Basin Café
11 Loeb Boathouse
12 J.G. Melon
13 Tavern on the Green
14 Shun Lee West
15 Maya
16 Serendipity 3
17 The Plaza Food Hall
18 Russian Tea Room
19 Burger Joint
20 Carnegie Deli
21 Aquavit
22 P.J. Clarke's
23 Stage Coach Tavern
24 810 Deli
25 Gallagher's Steak House
26 Nippon
27 Galaxy Diner
28 Morning Star Café
29 Taqueria
30 Smith & Wollensky
31 Pampano
32 Times Square Diner
33 Restaurant Row
34 Brasilianische Restaurants
35 Hallo Berlin!
36 Marseille
37 Carmine's
38 Virgil's BBQ
39 Oyster Bar & Restaurant
40 White Castle
41 Sarge's

455-5958 oder 866-466-3855, www.akwaaba.com, **Bedford-Stuyvesant**. *B&B in historischer Villa (1860). Überdachte Veranda (Porch), 3 Zimmer ($$) und eine Suite ($$$). Großteils in westafrikanischem Stil eingerichtet. Reichhaltiges Frühstück. Nicht weit entfernt findet man nette Restaurants in der Lewis Ave. Eine Unterkunft mitten im echten New York.*

Hampton Inn/Brooklyn $$ (**9**, *s. Karte S. 126), 125 Flatbush Ave. Ext., ☎ (718) 875-8800, www.hamptoninn3.hilton.com,* **Brooklyn-Downtown**. *Modern, günstig gelegen zur Brooklyn Bridge und Subwaystationen. Frühstück inbegriffen. Nach günstigen Tarifen fragen.*

Queens

Direkt nördlich der Subwaystation Queens Plaza hat sich eine Reihe von Hotels verschiedener Franchise-Ketten ($$–$$$) angesiedelt. In einigen alten Fabrikgebäuden kommen Mittelklasse-Hotels im Loft-Stil hinzu, so z. B. in einer alten Papierfabrik das **Paper Factory Hotel** $$$ (**6**, *s. Karte S. 126), 37-06 36th St., ☎ (718) 392-7200, www.paperfactoryhotel.com,* **Queens/Long Island City**. *Große Zimmer, ansehnlich angelegte Räumlichkeiten sowie ein Innenhofgarten. Hier wohnt man stilvoll, unweit von Manhattan, entgeht aber dem Touristenrummel.*

An den **Flughäfen** (**La Guardia/JFK**) *sind nahezu alle Franchise-Ketten vertreten, und der Shuttle zum jeweiligen Airport ist meist kostenlos.*

The Bronx

Für die **zentralen Gebiete der Bronx** *gibt es keine besonderen Unterkunftstipps, da es sich meist nur um einfache Motels handelt. Doch die South Bronx ist im Kommen. Hier werden sich in absehbarer Zukunft einige nette Hotels ansiedeln. Zurzeit kann man bereits auf 2 kleine, durchaus schicke Boutique-Hotels nahe der Subwaystation 3rd Ave. – 149th St. hinweisen:*

Umbrella Hotel $$–$$$ (**1**, *s. Karte S. 126), 681 Elton Blvd., ☎ (718) 924-2100, www.umbrellahotel.com,* **South Bronx**. *Modern, Zielgruppe sind jüngere Leute.*

Opera House Hotel $$–$$$ (**2**, *s. Karte S. 126), 436 E. 149th St., ☎ (718) 407-2800, www.operahousehotel.com,* **South Bronx**. *Das plüschige Hotel ist tatsächlich im ehemaligen Opernhaus untergebracht, in dem u. a. die Marx Brothers aufgetreten sind. Heute ist es modern und stilvoll eingerichtet. Fitnesscenter, kleines Frühstück inbegriffen.*

Staten Island

In Staten Island zu übernachten lohnt aus geografisch-logistischen Gründen nicht. Die wenigen Hotels, die qualitativ infrage kämen, liegen weit entfernt vom Anleger der Staten Island Ferry.

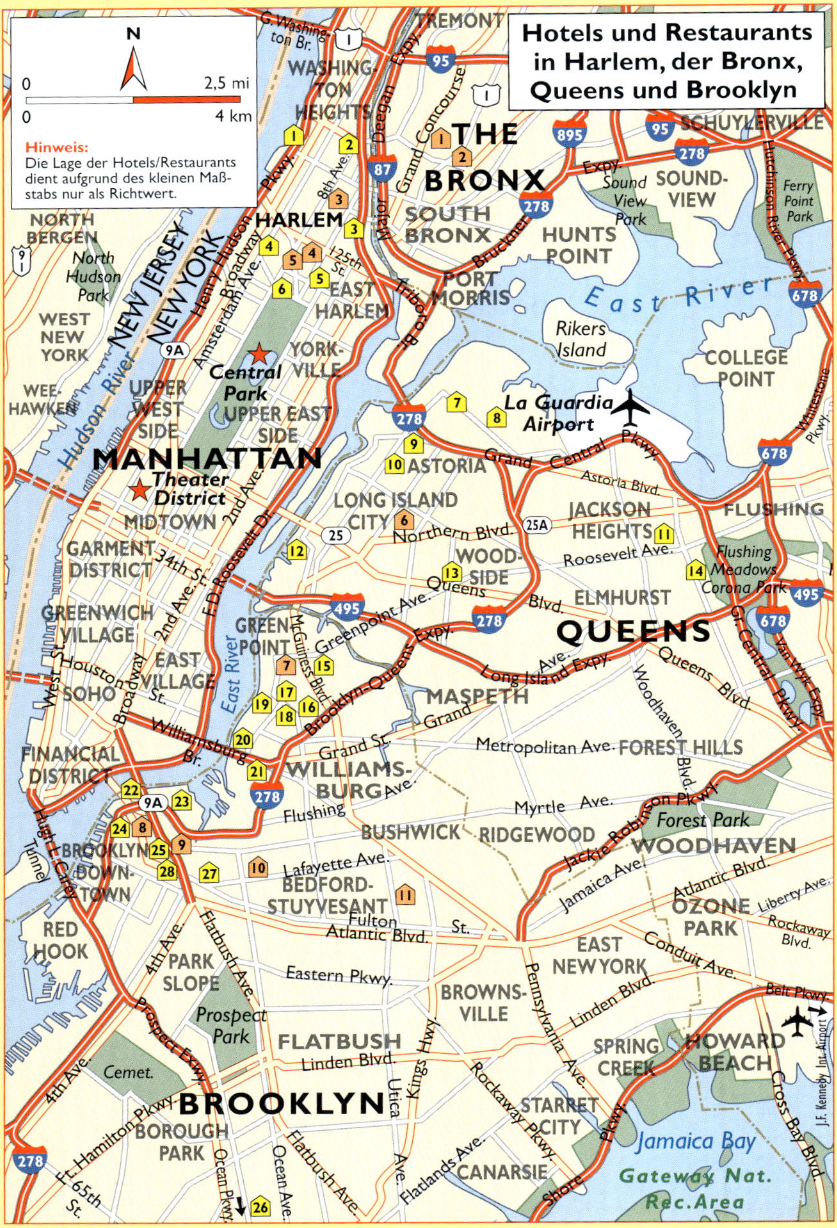

Hotels und Restaurants in Harlem, der Bronx, Queens und Brooklyn
N
0
2,5 mi
0
4 km
Hinweis:
Die Lage der Hotels/Restaurants dient aufgrund des kleinen Maßstabs nur als Richtwert.
TREMONT
WASHINGTON HEIGHTS
G. Washington Br.
THE BRONX
SOUTH BRONX
HUNTS POINT
PORT MORRIS
SCHUYLERVILLE
SOUNDVIEW
Sound View Park
Ferry Point Park
Hutchinson River Pkwy.
Major Deegan Expy.
Grand Concourse
8th Ave.
125th St.
Bruckner Expy.
Triboro Br.
HARLEM
EAST HARLEM
YORKVILLE
NORTH BERGEN
North Hudson Park
WEST NEW YORK
WEEHAWKEN
NEW JERSEY
NEW YORK
Henry Hudson Pkwy.
Broadway
Amsterdam Ave.
Hudson River
UPPER WEST SIDE
Central Park
UPPER EAST SIDE
MANHATTAN
Theater District
MIDTOWN
GARMENT DISTRICT
34th St.
2nd Ave.
F.D. Roosevelt Dr.
GREENWICH VILLAGE
EAST VILLAGE
SOHO
Houston St.
West St.
FINANCIAL DISTRICT
Williamsburg Br.
East River
Rikers Island
La Guardia Airport
COLLEGE POINT
Whitestone Pkwy.
ASTORIA
Grand Central Pkwy.
Astoria Blvd.
LONG ISLAND CITY
Northern Blvd.
JACKSON HEIGHTS
FLUSHING
Roosevelt Ave.
WOODSIDE
Queens Blvd.
ELMHURST
Flushing Meadows Corona Park
QUEENS
GREENPOINT
Greenpoint Ave.
McGuiness Blvd.
Brooklyn-Queens Expy.
Long Island Expy.
MASPETH
Grand Ave.
Grand St.
Woodhaven Blvd.
Gr. Central Pkwy.
Van Wyck Expy.
Metropolitan Ave.
FOREST HILLS
WILLIAMSBURG
Flushing Ave.
Myrtle Ave.
Jackie Robinson Pkwy.
Forest Park
BUSHWICK
RIDGEWOOD
WOODHAVEN
Jamaica Ave.
Atlantic Blvd.
Liberty Ave.
OZONE PARK
Rockaway Blvd.
Hugh L. Carey Tunnel
BROOKLYN DOWNTOWN
Lafayette Ave.
BEDFORD-STUYVESANT
Fulton St.
Atlantic Blvd.
RED HOOK
4th Ave.
PARK SLOPE
Flatbush Ave.
Eastern Pkwy.
BROWNSVILLE
EAST NEW YORK
Conduit Ave.
Pennsylvania Ave.
Linden Blvd.
Belt Pkwy.
Prospect Park
Prospect Expy.
FLATBUSH
Linden Blvd.
Kings Hwy.
Utica Ave.
Rockaway Pkwy.
SPRING CREEK
HOWARD BEACH
J.F. Kennedy Int. Airport
Cross Bay Blvd.
Cemet.
BROOKLYN
Ft. Hamilton Pkwy.
BOROUGH PARK
Ocean Pkwy.
Ocean Ave.
Ft. 65th St.
Flatlands Ave.
CANARSIE
STARRETT CITY
Shore Pkwy.
Jamaica Bay
Gateway Nat. Rec. Area

Unterkunft
1 Umbrella Hotel
2 Opera House Hotel
3 Harlem YMC
4 The Harlem Flophouse
5 The Marrakech Hotel
6 Paper Factory Hotel
7 The Wythe Hotel
8 Marriott at Brooklyn Bridge
9 Hampton Inn
10 Regina's New York Bed & Breakfast
11 Akwaaba Mansion

Essen & Trinken
1 Dinosaur Bar-B-Que
2 Charles Country Panfried Chicken
3 Sylvia's
4 Melba's Soulfood
5 Amy Ruth's
6 Miss Mamie's Spoonbread Too
7 Bohemian Beer Garden
8 Koliba
9 Bahari Estiatorio
10 Omonia Café
11 Rincon Criollo
12 Water's Edge
13 Tierras Colombianas
14 Lemon Ice King of Corona
15 The Whiskey Brooklyn
16 SEA
17 Tikki-Surf-Bar
18 Radegast Hall
19 Rosarito Fish Shack
20 Fette Sau
21 Peter Luger's Steak House
22 River Café
23 Grimaldi's
24 Teresa's
25 Madiba
26 Nathan's Famous
27 The Smoke Joint
28 Junior's

Ferienwohnungen/Wohnungen/Apartments

Wer eine Wohnung bzw. ein Apartment mieten möchte, der sollte sich zuerst mit den aktuellen Bedingungen und den hohen Preisen (bes. in Manhattan südlich der 110th St.) vertraut machen. Hierzu bieten die u. g. Internetseiten eine gute Gelegenheit. Eine Wohnung kurzfristig zu wechseln, ist üblich und wird unbürokratisch gehandhabt.

Wohnungen im Internet: *www.newyorkstay.com (auch B&B-Unterkünfte)*

Ferienwohnungen in NY im Internet: *www.aptpl.com, www.new-york-apartment.com (auch Langzeit-Vermietungen), www.nyhabitat.com, www.citylightsbedandbreakfast.com (B&B sowie Apartments)*

In einer Wohnung mit übernachten: *www.airbnb.com (hier mietet man zumeist ein Zimmer und benutzt Küche und Bad mit), www.couchsurfing.com (hier hat man persönlichen Kontakt, wohnt mit, beteiligt sich aber nur an den Essenskosten).*

Camping

Ein Campingplatz samt RV-Stellplätzen ist auf dem Gelände des stillgelegten Flughafens Floyd Bennett Field in Brooklyn zu finden: **Camp Getaway (Goldenrod & Tamarack Campgrounds)**. *52 Plätze, soll auf ca. 600 Stellplätze ausgebaut werden. ☏ (718) 338-3799, www.nps.gov/gate. Ein kleiner Ableger dieses Platzes befindet sich in Staten Island, nahe der Verrezano Bridge: 210 New York Ave., ☏ (718) 354-4655.*

Einen RV (Wohnmobil-Park) gibt es in Jersey City: **Liberty Harbor RV**, *11 Marin Blvd., Jersey City, ☏ (201) 516-7500, www.libertyharborrv.com. Ganz in der Nähe legen Personenfähren nach Manhattan ab.*

Restaurants, Cafés und andere „Eating Establishments"

Bei 17.000 „Eating Establishments" lässt New Yorks Restaurant-Szene keine Wünsche offen – wo man einkehrt, ist allerdings eine Frage des Budgets. In einem vernünftigen Bar-Restaurant ist ein Burger mit Pommes inkl. Trinkgeld und Steuer kaum unter $20 zu bekommen. Für diese Preise sind v. a. die hohen Mieten verantwortlich.

Am besten lässt man sich ein bisschen treiben: in TriBeCa, in SoHo, im Village oder im East Village (2nd Ave.) bzw. der Lower East Side.

Einen Versuch lohnt die koreanische Küche an der 32nd St., Soul Food in Harlem, ein gutes Restaurant in Fort Greene (Brooklyn) bzw. eines unter jungen Leuten in Williamsburg (Brooklyn). Oder jüdisch-russische Schwarzmeerküche auf Coney Island, asiatische in Jackson Heights und Flushing (Queens) bzw. italienische Küche in der Bronx (Arthur Ave.). Hier sind die Preise niedriger, das Essen authentischer und die Gäste keine Touristen.

Tipp

Originelle Bars, Restaurants bzw. Orte mit besonderem Hintergrund (tief im Keller, in ehemaligen Fabriken, wo nur „Locals“ hingehen etc.) findet man unter: www.thrillist.com/drink/new-york, www.thrillist.com/eat/new-york.

Tischreservierungen *für über 3.500 New Yorker Restaurants: www.opentable.com.*

Restaurants in Manhattan

Manhattan: zwischen Financial District und Canal Street

Amerikanische und andere Küchen

Pier A (58, *s. Karte S. 123), 22 Battery Pl., nördl. Castle Clinton,* **Financial District**. *Auf dem viktorianischen Pier kann man hervorragend den Tag ausklingen lassen und den Sonnenuntergang bewundern, drinnen wie draußen. Mehrere Lokale, von Fine Dining* (**Dine at Pier A**) *über Cocktails mit „gehobenen“ Snacks* (**Harrison Room**) *bis hin zu den beiden Bars im Erdgeschoss,* **Long Hall** *(Barfood) sowie der* **Oyster Bar** *(Seafood u. a.), beide bis 4 Uhr morgens geöffnet, lassen keine Wünsche offen. Und los ist hier immer was.*

Financial District: *Verschiedene Restaurants findet man entlang der* **Stone Street**, *u. a. das* **Bavaria Bierhaus** (56, *s. Karte S. 123), sowie entlang der* **Pearl Street**, *wo die* **Fraunces Tavern** (57, *s. Karte S. 123), Pearl/Broad Sts., ☏ (212) 968-1776, ein gepflegtes Restaurant in historischem Museumsgebäude mit Ledersesseln, Holzvertäfelungen und Gerichten aus allen amerikanischen Landesteilen, besondere Beachtung finden sollte. Auch am* **South Street Seaport/South Street District** *(South, Front und Fulton Sts.) locken einige Lokale.*

The Odeon (55, *s. Karte S. 123), 145 W. Broadway (Thomas St.),* **TriBeCa**, *☏ (212) 233-0507. Bistro-Restaurant (auch Frühstück) im Art-déco-Stil. Dieses Lokal war einer der Trendsetter, die TriBeCa salonfähig gemacht haben. Die exquisite Küche bietet eine Mischung aus französischen, asiatischen und amerikanischen Einflüssen.*

Walker's (51, *s. Karte S. 123), N. Moore/Varick Sts.,* **TriBeCa**, *☏ (212) 941-0142. Vornehmes Bar-Restaurant. Warme Küche bis Mitternacht (Bar bis 4 Uhr). Beliebt bei Filmleuten. TriBeCa lockt in dieser Ecke mit noch zahlreichen anderen Restaurants. Einfach treiben lassen oder auf ein Bier samt Barfood in die* **TriBeCa Tavern** *(W. Broadway, nahe Walker St.) reinschauen.*

Tribeca Grill (54, *s. Karte S. 123), 375 Greenwich St./Franklin St.,* **TriBeCa**, *☏ (212) 941-3900. Einst von dem Schauspieler Robert De Niro gegründet. Es wird gute amerikanische Küche geboten, und die Weinkarte ist erlesen. Man sagt, dass mit der Eröffnung dieses Lokals TriBeCa sich von der „Grauen Maus“ zu einem „In“-Gebiet entwickelt hat. Sonntags Brunch. Teuer.*

Tipp: Kubanischer Snack bei Sophie's

Günstiger kubanischer Mittagstisch, z. B. das Cuban Sandwich (dünnes Brot, *pulled pork*, Käse, Tomate, Salat, Senf, Salsa). Wem es nicht scharf genug ist, der sollte sein Sandwich vor jedem Bissen in die Jalapeno-Soße tunken (grün, würzig, scharf). Einige der **Sophie's**-Imbisse in Manhattan:

- 73 New St., **Financial District**
- 96 Chambers St. (zw. Church St. und Broadway), **Civic Center**
- 28 E. 23rd St., **Madison Square**
- 21 W. 45th St., **Midtown**

Weitere Sophie's: unter http://www.sophiescuban.com/locations.html

Der „Hot Pot" ist eine köstliche asiatische Speise

Asiatische Küche

Am meisten Spaß macht es, sich in **Chinatown** *selbst umzuschauen, die Speisekarten zu studieren und sich von den Zutaten in den Fenstern überzeugen zu lassen. Viele Restaurants befinden sich entlang der Mott St. und seiner Seitenstraßen.*

Great NY Noodletown (**53**, *s. Karte S. 123), 28 Bowery (Bayard St.), ☏ (212) 349-0923. Einfaches Garküchen-Restaurant. Die großen Suppen eignen sich hervorragend als Lunch. Die Wok-Gerichte überzeugen ebenfalls.*

Peking Duck (**52**, *s. Karte S. 123), 28 Mott St., ☏ (212) 227-1810. Die Adresse für Pekingente (einen Tag vorher anmelden). Auch die anderen chinesischen Spezialitäten munden.*

Jing Fong (**50**, *s. Karte S. 123), 20 Elizabeth St. (zw. Canal u. Bayard Sts.), ☏ (212) 964-5256. Mit einem Fahrstuhl bzw. über eine Rolltreppe geht es in den Speisesaal. Hier wird man an große Rundtische (8–10 Pers.) gesetzt. Mit etwas Glück teilt man sich den Tisch mit einer asiatischen Familie, die einem erklärt, was man wie, wann und in welchen Mengen essen sollte. Ähnlich geht es zu im* **Amazing 66** (**47**, *s. Karte S. 123), 66 Mott St., ☏ (212) 334-0099, das besonders bekannt ist für sein Seafood.*

Manhattan: zwischen Canal Street und 34th Street

Amerikanische Küche

Fanelli's (**40**, *s. Karte S. 123), Prince/Mercer Sts.,* **SoHo**, *☏ (212) 226-9412. Alteingesessene Bar mit schönem Holztresen. After-Work-Treff. Die wenigen Tische sind oft besetzt, da die italienische Küche nicht nur gut, sondern auch relativ günstig ist – das gilt auch für die saftigen Burger!*

Cornelia Street Café (**35**, *s. Karte S. 123), 29 Cornelia St. (zw. Bleecker u. W. 4th Sts.),* **West Village**, *☏ (212) 989-9319. Bekannt für die Lesungen sowie seine kleinen Musik- und Kulturveranstaltungen. Nettes Lokal mit gemischter amerikanischer sowie mediterraner Küche (von Pizzabrot bis zu Lobster-Ravioli).*

Katz's (**38**, *s. Karte S. 123), Houston/Ludlow Sts.,* **Lower East Side**. *Legendärer Deli: monströse Pastrami- u. Corned-Beef-Sandwiches, „All-Beef Hot Dogs" und andere koschere Gerichte. Ein Muss für New-York-Fans. Hier spielt die berühmte Szene mit dem vorgetäuschten Orgasmus aus dem Film „Harry und Sally".*

Great Jones Café (**36**, *s. Karte S. 123), an der Great Jones St. (zw. Bowery und Lafayette Sts.),* **NoHo**. *Die Burger sind der Hit in dem kleinen, dunklen Café. Zudem Südstaatengerichte.*

Gotham Bar & Grill (**21**, *s. Karte S. 123), 12 E. 12th St. (zw. 5th Ave. u. University Pl.),* **Greenwich Village**, *☏ (212) 620-4020. Feine „neu-amerikanische" Küche. Hier wurden viele Gerichte kreiert, die später den ganzen Kontinent erobert haben. Zu empfehlen sind die Salate und Fischgerichte. Rechtzeitig reservieren. Teuer!*

Old Town Bar (**12**, *s. Karte S. 123), 45 E. 18th St. (zw. Broadway u. Park Ave.),* **Flatiron**. *1892 gegründeter Pub mit altem Holztresen samt Spiegel dahinter. Die schummrige Beleuchtung* *schreckt weder Yuppie-Szene noch die alten „Barflys“ ab. Im Fenster hängen politische Statements aus – handgeschrieben und nicht immer ernstzunehmen. Deftige, amerikanische Bar-Gerichte und sättigende Suppen.*

Pete's Tavern (**11**, s. *Karte S. 123), 129 E. 18th St./Irving Pl.,* **Gramercy Park**, *☏ (212) 473-7676. 1864 eröffnet, ist dies New Yorks ältestes ohne Unterbrechung betriebenes Pub. Das historische Ambiente überzeugt, wobei die Gäste aus der wohlhabenden Neighborhood so gar nicht reinpassen wollen. Auf der Karte stehen gutes Pubfood und kalorienhaltige, z. T. zu deftige italienische Gerichte.*

Elan (**10**, s. *Karte S. 123), 43 E. 20th St. (zw. Broadway u. Park Ave.),* **Flatiron District**, *☏ (212) 353-3700. Fine „Fusion“ Dining der dekadenten Art. Hier treffen Elemente aus Amerika, Thailand, Italien und vielen anderen Ländern aufeinander. Exquisit, jedoch teuer. Das langweilig-kühle Ambiente macht klar: Hier geht es um das Esserlebnis.*

Empire Diner (**9**, s. *Karte S. 123), 210 10th Ave. (zw. 22nd u. 23rd Sts.),* **Chelsea**, *☏ (212) 243-2736. Legendärer Diner aus Chrom und Aluminium – gebaut von einer Waggonfirma. Einst mit Modell des Empire State Buildings auf dem Dach. Burger, deftiges Frühstück und Sonntags-Brunch.*

Pier 66 Maritime (**6**, s. *Karte S. 123), Pier 66, Hudson River, Höhe W. 26th St. Rustikal angelegtes Outdoor-Restaurant. Tolle Ausblicke, Selbstbedienung, Snackgerichte (Pommes, Calamari, Wurst etc.), gezapftes Bier. Gut für eine Nachmittagspause am Hudson River.*

Italienische Küche

Italienische Restaurants gibt es in **Little Italy** *in und um die Mulberry St., bes. im Bereich Hester St., so z. B. das alteingesessene* **Puglia** (**48**, s. *Karte S. 123), Hester St. (zw. Mulberry u. Mott Sts.), ☏ (212) 966-6006. Im* **Lombardi's** (**44**, s. *Karte S. 123), 32 Spring St. (zw. Mott u. Mulberry Sts.), ☏ (212) 941-7994, werden seit 1905 eine krosse Pizza gebacken sowie beste Pasta-Gerichte gereicht.* **Il Cortile** (**49**, s. *Karte S. 123), 125 Mulberry St. (zw. Canal u. Hester Sts.), ☏ (212) 226-6060, serviert norditalienische Speisen, u. a. schmackhafte, frisch zubereitete Seafood-Gerichte.*

Eileen's Special Cheese Cake (**45**, s. *Karte S. 123), 17 Cleveland Pl./Kenmare/Centre Sts.,* **NoLIta**. *Weder Restaurant noch typisch italienisch. Doch Eileen Avezzano hat wirklich leckere Käsekuchen, von denen ein kleines Stück genügt!*

Italienisches Streetfood erfreut sich großer Beliebtheit

Sauce (**41**, s. *Karte S. 123), Allen/Rivington Sts.,* **Lower East Side**, *☏ (212) 420-7700. Italienische Küche. Hier geht es um die Vielzahl an (z. T. deftigen) Soßen.*

Arturo's (**39**, s. *Karte S. 123), 106 W. Houston St./Thompson St.,* **Greenwich Village**, *☏ (212) 677-3820. Seit Jahrzehnten werden in der ehemaligen Autogarage beste (dünne) Pizzas und reichhaltige Pasta-Gerichte serviert. Zur Atmosphäre tragen Jazz-Livemusik und Arturos selbst gemalte Bilder an den Wänden bei. Ein Muss für Pizza-Fans!*

Veniero's (**24**, s. *Karte S. 123), 342 E. 11th St./1st Ave.,* **East Village**. *Italienische Bäckerei der Extraklasse. Seit 1894 eine Institution für Kuchen und Pastries, die man im Café verspeisen oder außer Haus essen kann.*
Eataly (**7**, s. *Karte S. 123), 5th Ave./23rd Sts., am Madison Square Park. Riesiger Foodmarket, in den sich zahlreiche Essensbars eingefügt haben. Hier kann man beste italienische Lebensmittel kaufen, sich aber auch hinsetzen und essen. Sehr voll und laut. Das Motto lautet: „We sell what we cook, we cook what we sell!" Oben gibt es die* **La Birreria Rooftop Bar**.

Anderes
Balthazar (**46**, s. *Karte S. 123), 80 Spring St. (zw. Broadway u. Crosby St.),* **SoHo**, *☎ (212) 965-1414. Brasserie für die Mode-, Kunst-, Film- und Bankerszene. Französische Küche, Seafood-Raw Bar (u. a. Austern). Gepflegtes Frühstück.*
Loreley (**43**, s. *Karte S. 123), 7 Rivington St. (zw. Bowery u. Chrystie Sts.), ☎ (212) 253-7077,* **Lower East Side**. *Deutsches „In"-Lokal mit deutschen Biersorten (u. a. Kölsch). Schnitzel, Sauerbraten, Knödel, selbst gemachte Gulaschsuppe und Currywurst-Pommes „rot-weiß" (wobei die Wurst sehr klein ist). Auch sonst hat die Lower East Side einiges zu bieten. Die Lokale wechseln ständig, je nach Trend. Lange schon beliebt zum Brunchen bzw. Austernschlürfen ist* **Schiller's Liquor Bar** (**42**, s. *Karte S. 123), Rivington/Norfolk Sts.*
Two Boots (**34**, s. *Karte S. 123), Ave. A/3rd St.,* **Alphabet City**. *Italo-Louisiana-Küche, wobei die gut gewürzten Pizzas (dünn, knusprig) die Empfehlung sind. Eher Take-Out, aber einfache Sitzgelegenheiten. Weitere Two Boots u. a. im West Village, Grand Central, Upper Westside. Siehe unter: www.twoboots.com.*
Anyway (**37**, s. *Karte S. 123), 34 E. 2nd St. (nahe 2nd Ave.), ☎ (212) 533-3412. Neighborhood-Kellerrestaurant mit einem interessanten Angebot an Crêpes-Variationen, aber auch Pasta-Gerichten, leckeren Salaten etc.*
Mermaid Inn (**32**, s. *Karte S. 123), 96 2nd Ave. (zw. 5th u. 6th Sts.),* **East Village**, *☎ (212) 674-5870. Fischspezialitäten von der Küste Maines. Beste Clams und verschiedene Lobster-Variationen.*
Haveli (**31**, s. *Karte S. 123), 100 2nd Ave., ☎ (212) 982-0533. Entlang der 6th St. (zw. 1st und 2nd Sts.),* **East Village**, *der sog. „Curry Row", gibt es 3–4 kleine indische Restaurants (manchmal mit indischer Musikuntermalung), doch der beste Inder ist Haveli.*
Odessa (**29**, s. *Karte S. 123), 119 Ave. A (zw. 7th St. u. Marks Pl.),* **Alphabet City**, *☎ (212) 253-1482. Ukrainisches 24-Std.-Restaurant für den kleinen Geldbeutel. Pierogi, Pfannkuchen, Kartoffelpuffer etc.*
Veselka (**28**, s. *Karte S. 123), 144 2nd Ave./9th St.,* **East Village**, *☎ (212) 228-9682. Russische und polnische Gerichte: Borschtsch, Blintzis, Pierogi, Kielbasa, Kartoffelpuffer etc. 24 Std geöffnet.*
Momofuko Noodle Bar (**23**, s. *Karte S. 123), 171 1st Ave. (zw. 10th u. 11th Sts.),* **East Village**, *☎ (212) 777-7773. Beliebtes Restaurant für Ramen (dicke Nudeln in leckerer Brühe). Die Zutaten kann man frei auswählen. Tipp: Ramen mit BBQ-Pork und Ei.*

An der Second Avenue im East Village speist man gerne draußen

The Waverly Inn (**26**, s. Karte S. 123), Waverly Pl./Bank St., **West Village**, ☏ (917) 828-1154. Das urgemütliche (lodernder Kamin), halbwegs elegante Pub-Restaurant könnte auch in einer englischen Kleinstadt zu finden sein. Das Essen: eher gute amerikanische Küche, u. a. mit leckeren Fischgerichten. Beliebt: Brunchen, Sa, So bis 18 Uhr.

Blenheim (**25**, s. Karte S. 123), W. 4th/W. 12th Sts., **West Village**, ☏ (212) 243-7073. Inmitten des lauschigsten Teils des Village gelegen. Das Bistro-Restaurant lockt mit einer kleinen, aber feinen Karte. Fast alle Zutaten, ob Lamm, Rind oder Gemüse, stammen von der eigenen Farm im Staate New York. Beliebt ist der Sonntags-Brunch. In dieser Gegend und südlich davon (bes. um die Ecke W. 4th/W. 10th Sts.) verstecken sich weitere Neighborhood-Restaurants.

Im **Meatpacking District** gibt es Restaurants aller Art. Deutsche Wurstspezialitäten im **Biergarten** (**18**, s. Karte S. 123), unter dem High Line Park (Ecke W. 13th St.); Süßes (Crêpes etc.); Deftiges und bunteste Cocktails in der **Sugar Factory** (**20**, s. Karte S. 123), Washington/W. 12th Sts.; günstige Burger in **Bill's Bar & Burger** (**17**, s. Karte S. 123), 9th Ave./W. 13th St., und bestes Seafood samt Hummer und Austern im **CATCH** (**16**, s. Karte S. 123), 9th Ave./W.13th St.

Blue Water Grill (**14**, s. Karte S. 123), 31 Union Square West, an der 16th St., **Flatiron District**, ☏ (212) 675-9500. Restaurant der Extraklasse in ehemaliger Bankschalterhalle. Spezialisiert auf einfallsreiche Sushis. Im Safe-Raum lockt die **Metropolis Bar** (Jazz-Livemusik).

Kailash Parbat (**4**, s. Karte S. 123), 99 Lexington Ave./27th St., **Kips Bay**, ☏ (212) 679-4238. Authentische indische Küche zu günstigen Preisen. Weitere indisch-pakistanische Restaurants/Imbisse findet man um die Kreuzung 28th St.

Artisanal (**3**, s. Karte S. 123), 2 Park Ave./E. 32nd St., **Murray Hill/Midtown South**, ☏ (212) 725-8585. In gepflegter Bistro-Atmosphäre dreht sich fast alles um Käse (über 600 Sorten). An der Bar gibt es einen Probierteller, im Restaurant schöpft man aus den Vollen: z. B. Fondues (mit Birnen, Fleisch, Kielbasa u. v. m.) und Käseplatten mit bestem Wein. Loser Käse wird im Geschäft verkauft.

Entlang der 32nd St. um die 5th Ave. (**Midtown South**) orientieren sich authentische **koreanische Restaurants** am asiatischen Publikum: von Snack Bar bis zu Fine Dining in versteckten Obergeschoss-Separees. Tipp: **Kunjip Restaurant** (**2**, s. Karte S. 123), 32 W. 32nd St. (zw. Broadway u. 5th Ave.), ☏ (212) 564-8238, 24 Std. geöffnet. Trotz der zahlreichen Konkurrenz zählt dieses Lokal unter den Koreanern zu den Top-Favoriten.

i Ganz einfach! Hier gibt's die besten Burger

Paul's (**30**, s. Karte S. 123), 2nd Ave. (zw. 7th u. 8th Sts.), **East Village**. Burger-Diner der alten Generation. Etwas schmierig, aber gut.

Corner Bistro (**19**, s. Karte S. 123), W. 4th/Jane Sts., **West Village**. Kleines Restaurant mit großer Bar. Zwischen 18 und 22 Uhr Wartezeit einplanen. Bis 4 Uhr geöffnet, günstig.

Blue Smoke (**5**, s. Karte S. 123), 116 E. 27th St. (zw. Park u. Lexington Aves.), **Midtown-South**. Hier gehören würziger Käse und Bacon auf den Burger. Zudem BBQ-Gerichte.

P.J. Clarke's (**22**, s. Karte S. 124), 915 3rd Ave./55th St., **Midtown-East/Sutton Place**. Burger vom Holzkohlegrill.

Burger Joint (**19**, s. Karte S. 124), 119 W. 56th St. (zw. 6th u. 7th Aves.), im Parker Meridien Hotel, **Midtown**. Versteckt hinter einem Vorhang in der Hotellobby passt der kleine Diner so gar nicht in das Luxushotel. Filiale: 33 W. 8th/MacDougal St., **Greenwich Village**.

Manhattan: Midtown und Theater District

Amerikanische Küche

Virgil's BBQ (**38**, *s. Karte S. 124), 152 W. 44th St. (zw. 6th Ave. u. Broadway),* **Midtown/Times Square**, *☎ (212) 921-9494. Herzhafte Südstaaten-BBQ-Gerichte. Ribs und Pulled Pork gehören sind besonders beliebt. Gut für Familien mit Kindern bzw. vor der Broadway-Show.*

Smith & Wollensky (**30**, *s. Karte S. 124), 201 E. 49th St. (3rd Ave.),* **Midtown-East**, *☎ (212) 753-1530. Erstklassige Steaks und Burger in gediegener Atmosphäre. Lobster, Austern und Clams gibt es ebenfalls. Wer hier keinen Platz findet, geht zum Steakessen ins 1927 gegründete* **Gallagher's Steak House** (**25**, *s. Karte S. 124), 228 W. 52nd St. (zw. Broadway u. 8th Ave.), ☎ (212) 245-5336,* **Midtown**. *Beides (teure) New-York-Klassiker mit Oldtime-Atmosphäre und alten Fotos an den Wänden.*

Vor bzw. nach einer Show gehen die New Yorker gerne in einen Deli im **Theater District**: **Stage Coach Tavern** (**23**, *s. Karte S. 124), 834 7th Ave. (zw. 53rd u. 54th Sts.), ☎ (212) 975-9044. 1937 eingerichtet als Deli, heute ein Pub. Bekannt als „Sandwich-Heaven". Das turmhoch beladene Pastrami-Sandwich ist immer noch der Klassiker. Bis 4 Uhr geöffnet. Auch der* **Carnegie Deli** (**20**, *s. Karte S. 124), 854 7th Ave., an der 55th St., ☎ (212) 757-2245, ist bis 4 Uhr geöffnet und berühmt für seine überladenen Sandwiches sowie die vielen Filmszenen, die hier gedreht wurden. Das Essen gefällt, aber Ambiente und Preise sind ein wenig zu touristisch. Wer es einfach, deftig, günstig und nach New-York-Style mag, der geht in den* **810 Deli** (**24**, *s. Karte S. 124), 810 7th Ave. (zw. 52nd u. 53rd Sts.). Burger, Tex-Mex, Pasta, Salate, Suppen, Kuchen etc.*

Burger-Diner der alten Generation: Paul's

Anderes

Oyster Bar & Restaurant (**39**, *s. Karte S. 124), Grand Central Terminal (Untergeschoss), 89 E. 42nd St.,* **Midtown**, *☎ (212) 490-6650. Der Gourmettempel mit den „frischesten Meeresfrüchten in Midtown" versteckt sich in den kunstvollen Beaux-Arts-Gewölben des Bahnhofs. Natürlich sind die Austern in allen Variationen der Klassiker, aber auch die Hummer- und Fischgerichte sind gut. Wer sparen möchte, der sollte sich an den Tresen setzen und die exzellente Clam Chowder löffeln. Ein Muss ist der „Hörtest" im Kellergewölbe. Dazu sind 3 Personen notwendig: Person 1 und 3 stehen an sich gegenüberliegenden Wänden, Person 2 in der Mitte des Gewölbes. Person 1 beginnt dann, mit gesenkter Stimme zu sprechen. Nr. 3 wird's verstehen, Nr. 2 nicht!*

Carmine's (**37**, *s. Karte S. 124), 200 W. 44th St. (zw. Broadway u. 8th Ave.),* **Theater District**, *☎ (212) 221-3800. Süditalienische Küche. Das Lokal ist groß, die Portionen größer! Wer nach der Pasta noch Hunger hat, der sollte noch die leckere Tiramisu draufpacken.*

Restaurant Row (**33**, *s. Karte S. 124), 46th St. (zw. 8th u. 9th Sts.),* **Midtown-West**. *In und um diesen Straßenabschnitt haben sich verschiedene Restaurants etabliert, die auf Gäste vor den Shows ausgerichtet sind (Spezial-Menüs; diese Menüs sind nach 20 Uhr billiger!). Empfehlung:*

Bier und Pubsnack im **Joe Allen** *(326 W. 46th St.) oder das unscheinbar wirkende indonesische Restaurant* **Bali Nusa Indah** *(651 9th Ave., zw. 45th u. 46th Sts., ☏ (212) 265-22009), in dem es zu günstigen Preisen authentische Gerichte gibt.*

Brasilianische Restaurants (**34**, *s. Karte S. 124), um die 46th St. (zw. 5th und 6th Aves.),* **Midtown**, *sog. „Little Brazil“. Zwei bis drei „Brasilianer“ bieten hier eine gelungene Abwechslung. Gut, wenn auch etwas teurer und ein paar Ecken entfernt ist der* **Brazil Grill**: *787 8th Ave./48th St., ☏ (212) 307-9449.*

Hallo Berlin! (**35**, *s. Karte S. 124), 626 10th Ave./44th St.,* **Clinton/Hell's Kitchen**, *☏ (212) 977-1944. Imbissrestaurant eines aus Berlin (ursprünglich aus Sachsen) stammenden Kochs. Echte deutsche Currywurst, Sauerbraten, Buletten, deutsches Bier.*

Marseille (**36**, *s. Karte S. 124), 630 9th Ave./44th St.,* **Theater District/Clinton**, *☏ (212) 333-2323. Südfranzösische Küche mit nordafrikanischen Einflüssen. Dauerbrenner ist die Bouillabaisse. Gute Seafood- und Hühnchen-Gerichte. Nicht billig.*

Pampano (**31**, *s. Karte S. 124), 209 E. 49th St. (zw. 2nd u. 3rd Aves.),* **Turtle Bay**, *☏ (212) 751-4545. Mexikanisches Restaurant mit Schwerpunkt auf Meeresfrüchten, in dem auch kreative Dinge, wie z. B. Lobster-Tacos, serviert werden. Super Margarita-Auswahl. Günstiger ist es in der angeschlossenen* **Taqueria** (**29**, *s. Karte S. 124), 805 3rd Ave. (zw. 49th u. 50th Sts.).*

Nippon (**26**, *s. Karte S. 124), 155 E. 52nd St. (zw. Lexington u. 3rd Aves.),* **Midtown-East**, *☏ (212) 688-5941. Elegant-dezentes Restaurant mit Höhepunkten der japanischen Küche. Eine Freude für Gaumen und Augen.*

Aquavit (**21**, *s. Karte S. 124), 65 E. 55th St. (zw. Madison u. Park Aves.),* **Midtown-East**, *☏ (212) 307-7311. Die wohl beste „Nordic Cuisine“ in New York. Einfallsreich zubereitet und eindrucksvoll fürs Auge serviert: arktische Wildgerichte, Fisch, Beeren, Smörgåsbord (Buffet) etc. Nordisch-schlichte Eleganz, Wasserfall und Glas-Atrium.*

Russian Tea Room (**18**, *s. Karte S. 124), 150 W. 57th St. (zw. 6th u. 7th Sts.),* **Midtown**, *☏ (212) 581-7100. Edel, russisch-plüschig. Überall Samoware. Dank der Gemälde an den Wänden*

Pete's Tavern ist eines der ältesten Restaurans in New York (s. S. 130)

weht ein Hauch von Eremitage durch den Speisesaal. Auf dem Menüplan: Borschtsch (Suppe), Chicken Kiew, Beef Stroganoff, aber auch Kaviar und süße Sachen. Alternativ um 17 Uhr zu Tee und Kuchen erscheinen oder auf einen Cocktail an die Bar setzen (riesige Wodka-Auswahl).
The Plaza Food Hall (**17**, *s. Karte S. 124), E. 59th St./5th Ave., unter dem The Plaza Hotel,* **Midtown**. *Der Adresse angepasst findet man hier erlesene Snacks und Speisen. Man sitzt an der Food-Bar und schaut bei der Zubereitung zu. Unter anderem Oyster-, Sushi-, Dumpling- und Wein-Bar. Gut für die Mahlzeit zwischendurch.*

i 24-Stunden-Restaurants – „Open Round the Clock"

In einer „Stadt, die niemals schläft", kann man seinen Hunger auch in der Nacht stillen. Ein paar Tipps für Manhattan:
The Kitchen Sink (**33**, s. Karte S. 123), 2nd Ave./5th St., **East Village**. Typische Diner-Gerichte. Zudem Pasta, Tex-Mex und Suppen. 24 Std. nur Do–Sa.
Ray's Pizza (**27**, s. Karte S. 123), St. Marks/3rd Aves., **East Village**. Pizza, Wraps, deftiges Frühstück und Kuchen.
French Roast (**22**, s. Karte S. 123), 78 W. 11th St./6th Ave., **Greenwich Village**. Relativ günstige französische Küche. Beliebt zum Leutegucken.
Coppelia (**15**, s. Karte S. 123), 207 W. 14th St. (7th Ave.), **Chelsea**. Kubanischer Diner. Die Palette reicht weiter über Mexiko, die Südstaaten bis hin zu ganz normalen Burgern.
Cafeteria (**13**, s. Karte S. 123), 119 7th Ave. (zw. W. 17th u. W. 18th Sts.), **Chelsea**. Alles etwas netter zubereitet. Burger, Salate, Waffeln, Calamari. Hier findet jeder etwas.
Lyric Diner-Gramercy Park (**8**, s. Karte S. 123), 3rd Ave./22nd St., **Gramercy Park**. Neben Burgern, deftigen Eier-Frühstücken gibt es Wraps, Fish & Chips, Salate, Suppen und Pasta-Gerichte.
Skylight Diner (**1**, s. Karte S. 123), 402 W. 34th St./9th Ave., **Chelsea/Javits**, ☏ (212) 244-0395. Old-Time-Diner. Dicke Sandwiches und Burger, aber auch Hühnchen mit fetter brauner Soße (Gravy).
Sarge's (**41**, s. Karte S. 124), 548 3rd Ave. (zw. 36th u. 37th Sts.), **Murray Hill**, ☏ (212) 679-0442. Jüdischer Deli mit gut bepackten Sandwiches und deftigen Suppen.
White Castle (**40**, s. Karte S. 124), 2 Filialen: 525 8th Ave. (zw. W. 36th u. 37th Sts.), **Midtown West**; 2094 7th Ave. (zw. W. 124th u. 125th Sts.), **Harlem**. Burger-Kette. Einfach, aber ehrlich.
Times Square Diner (**32**, s. Karte S. 124), 807 8th Ave. (zw. 48th u. 49th Sts.), **Midtown/Theater District**. Bekannt für seine Omelettes, den BBQ-Burger. Zudem Suppen und Salate.
Morning Star Café (**28**, s. Karte S. 124), 949 2nd Ave. (zw. 50th u. 51st Sts.), **Midtown East**. Einfacher Diner.
Galaxy Diner (**27**, s. Karte S. 124), 665 Ninth Ave. (zw. 46th u. 47th Sts.), **Midtown**. Eckkneipe und Diner zugleich. Do–Sa 24 Std., sonst 6 bis 1 Uhr. Am besten speist man draußen. Beliebt auch zum Frühstück.
Des Weiteren: **Odessa** (ukrainisch, **East Village**, S. 131), **Veselka** (russisch/polnisch, koscher, **East Village**, S. 131) sowie **Kunjip** (koreanisch, **Midtown-South/Herald Square**, S. 132).

Manhattan: Upper West Side bis zur 110th Street und Central Park

Amerikanische Küche

Tavern on the Green (**13**, *s. Karte S. 124), W. 67th St., im* **Central Park**, *☏ (212) 877-8684. Die Lage im Park gibt dem exklusiven Restaurant einen romantischen Touch. Abends sind die Bäume um das Gebäude mit Tausenden von Lampen verziert. Sonntags-Brunch (rechtzeitig reservieren).*

Loeb Boathouse (**11**, *s. Karte S. 124*), *im* **Central Park**, *East Park Drive (Höhe 73rd St.), ☏ (212) 517-2233. Amerikanische Küche (Terrasse u. Innenraum) am „The Lake". Empfehlung für den Lunch oder Kaffee und Kuchen am Nachmittag. Sa u. So Brunch.*
Boat Basin Café (**10**, *s. Karte S. 124*), *am Hudson River/W. 79th St., Zugang durch Riverside Park,* **Upper West Side**. *Terrassen-Restaurant mit Blick über den Hudson River. Zu essen: Burger, Hot Dogs, Steaks, Sandwiches, Chili con Carne usw. An Wochenenden voll! April-Okt., bei schlechtem Wetter geschlossen.*
Artie's Delicatessen (**9**, *s. Karte S. 124*), *2290 Broadway, zw. 82nd u. 83rd Sts.,* **Upper West Side**, *☏ (212) 579-5959. Kosher-Deli. Pastrami- und Corned Beef-Sandwiches sowie Salate, geräucherter Fisch, Chili Hot Dogs und Kohlrouladen.*
Barney Greengrass (**7**, *s. Karte S. 124*), *541 Amsterdam Ave. (zw. 86th u. 87th Sts.),* **Upper West Side**, *☏ (212) 724-4707. 1907 gegründeter Deli, der zu den besten der Stadt zählt. Tipp: geräucherter Lachs auf Bagel, und wer es bezahlen mag: mit Kaviar. Ansonsten gute Sandwiches und eine leckere Smoked Fish Platter.*

Anderes
Shun Lee West (**14**, *s. Karte S. 124*), *43 W. 65th St. (zw. Columbus Ave. u. Central Park West),* **Upper West Side**, *☏ (212) 595-8895. Gepflegtes chinesisches Restaurant. Hier stehen Ambiente und die frische Zubereitung der Mahlzeiten im Vordergrund. Nahe Lincoln Center.*
Gennaro (**3**, *s. Karte S. 124*), *665 Amsterdam Ave. (zw. W. 92nd u. 93rd Sts.),* **Upper West Side**, *☏ (212) 665-5348. Kleines, sehr beliebtes italienisches Restaurant. Gut ist der große Antipasti-Teller.*
Café con Leche (**2**, *s. Karte S. 124*), *726 Amsterdam Ave. (zw. 95th u. 96th Sts.),* **Upper West Side**, *☏ (212) 678-7000. Günstige, viel gelobte dominikanische Gerichte. Empfehlung: Roasted Pork Filets with mashed green Plantains.*
Flor de Mayo (**1**, *s. Karte S. 124*), *2651 Broadway (zw. 100th u. 101st Sts.),* **Upper West Side**, *☏ (212) 663-5520. Nach der Machtübernahme Castros auf Kuba kamen viele Kuba-Chinesen nach New York und eröffneten Restaurants. Das Flor de Mayo hingegen wurde Mitte der 1960er-Jahre von Chinesen aus Peru eröffnet und ist seither in Familienbesitz. Zuerst wurde einzig für die Kuba-Chinesen gekocht. Heute kann man zwischen allerlei chinesischen Spezialitäten, spanisch-karibischen Leckereien und herzhaften peruanischen Hühnchengerichten wählen. Empfehlungen: Plantains (süße Kochbanane als Beilage), Aji de Gallina (peruanisches Hühnchengericht) und das chinesische Fischgericht Fish with 5 Flavours. Weitere Filiale: (***1**, *s. Karte S. 124), 484 Amsterdam Ave.*

Hinweis

Entlang der **Columbus Ave.** (ab 68th St.) und des **Broadway** (zwischen 68th St. und 104th St.) gibt es zahlreiche Restaurants unterschiedlichster Art.

Manhattan: Upper East Side bis zur 110th Street

Hinweis: Museumscafés

Einige Museen in der Upper East Side haben Cafés/Bistros: **Rooftop Garden Café** im Metropolitan Museum of Art, das futuristisch anmutende **The Wright** im Guggenheim Museum und das (Wiener) **Café Sabarsky** in der Neuen Galerie.

Amerikanische Küche

Serendipity 3 (**16**, s. Karte S. 124), 60th St. (zw. 2nd u. 3rd Aves.), **Upper East Side**, ☏ (212) 838-3531. Lustiger Ice-Cream-Parlor hinter einem Curio-Shop. Eis, Sundeas, saftige Burger, übergroße Hot Dogs, Beefsteak mit Kartoffelpüree u. v. m. Tipp für den Mittagssnack.

J.G. Melon (**12**, s. Karte S. 124), 1291 3rd Ave./74th St., **Upper East Side**, ☏ (212) 744-0585. Neighborhood-Hangout mit hervorragenden Burgern.

Sarabeth's Kitchen (**4**, s. Karte S. 124), 1295 Madison Ave./92nd St., **Upper East Side**, ☏ (212) 410-7335. „Country"-Restaurant. Frisches Brot, viel leichte Kost (Salate) – geeignet für den Lunch. Beliebt auch fürs Frühstück: Omelett, Porridge, Waffeln mit Eis, Obst und Müsli (Brunch Sa/So). Filiale: 423 Amsterdam Ave., zw. 80th u. 81st Sts., **Upper West Side**.

Anderes

Maya (**15**, s. Karte S. 124), 1191 1st Ave. (zw. 64th u. 65th Sts.), **Upper East Side**, ☏ (212) 585-1818. Mexikanisches Restaurant mit ausgefallenen Speisen. Beliebt sind die Hühnchen mit Kochbananen, dazu eine Mango-Margarita.

In **Yorkville**, entlang der 2nd Ave. (zw. 81st und 90th Sts.), findet man zahlreiche Restaurants und Neighborhood-Pubs aller Art. Hier lädt das alteingesessene **Heidelberg** (**8**, s. Karte S. 124), 1648 2nd Ave. (zw. 85th und 86th Sts.), ☏ (212) 628-2332, zu Schnitzel, Würsten, Gulasch, Spätzle u. v. m. ein. Das schätzen nicht nur die in New York ansässigen Deutschen. Wem es hier zu teuer erscheint, bestellt gleich nebenan einfach eine Knack- oder Weißwurst am auch abends geöffneten Wurststand der Traditionsschlachterei **Schaller & Weber**. Zwei Blocks nördlich überzeugt das Restaurant **Vietnaam** (**6**, s. Karte S. 124), 1700 2nd Ave./E. 88th St., ☏ (212) 722-0558, als eines der besten vietnamesischen Restaurants der Stadt. Gegenüber liegt der **Writing Room** (**5**, s. Karte S. 124), 1703 2nd Ave., ☏ (212) 335-0075, wo es zwar nur typische amerikanische Hauptgerichte gibt (gegrilltes Hühnchen, Pork Chops, Burger, Lachs, Salate u. a.), doch alles ist fein zubereitet.

Manhattan: Harlem/Manhattan Valley

Amerikanische Küche

Miss Mamie's Spoonbread Too (**6**, s. Karte S. 126), 366 W. 110th St. (zw. Columbus u. Manhattan Aves.), **Manhattan Valley**. Soul-Food-Imbiss (Eat-in/Take-out). Beliebt bei Studenten und für die Mahlzeit zwischendurch.

Melba's Soulfood (**4**, s. Karte S. 126), 300 W. 114th St./Fred. Douglass Blvd., **Harlem**, ☏ (212) 864-7777. Southern Food etwas aufgehübscht. Ausgesprochen gute Auswahl an Südstaaten-Beilagen (Collard Greens, Black-eyed Peas, Country Yams, Mac & Cheese). Stilvolle, gehobene Bar-Atmosphäre.

Amy Ruth's (**5**, s. Karte S. 126), 113 W. 116th St. (zw. Lenox Ave. u. A. Clayton Powell Jr. Blvd.), **Harlem**, ☏ (212) 280-8779. Soul Food. Viele Gerichte sind nach prominenten African Americans benannt. Fr, Sa 24 Std. geöffnet.

Sylvia's (**3**, s. Karte S. 126), 328 Lenox Ave./126th St., **Harlem**, ☏ (212) 996-0660. Soul Food, zubereitet nach Barbara Woods Rezepten, die sie aus den Südstaaten mitgebracht hat. Reservieren sollte man für den Gospel-Brunch am Sonntag (live).

Dinosaur Bar-B-Que (**1**, s. Karte S. 126), 700 W. 125th St./12th Ave., **West-Harlem**, ☏ (212) 694-1777. Leckeres BBQ, besonders die Smoked Ribs. Für den großen Hunger: „Big Ass Pork Plate". Am Wochenende voll!

Charles Country Panfried Chicken (**2**, s. Karte S. 126), 2839-2841 F. Douglass Blvd. (zw. 151st u. 152nd Sts.), **Nord-Harlem**. Einfaches Lokal. Deftige Südstaaten-Küche mit den entsprechenden Gemüsearten (toll: die Collard Greens).

Restaurants in anderen Boroughs

Brooklyn

River Café (**22**, s. Karte S. 126), *1 Water St./Fulton Landing*, **Brooklyn-Dumbo**, ☏ *(718) 522-5200. Einmalige Aussicht auf Manhattan (Fensterplatz reservieren). Das Essen ist exzellent, aber teuer: Amerikanisch mit französischem Einschlag. Legendär ist die Bar mit Blick auf die Skyline von Manhattan.*

Grimaldi's (**23**, s. Karte S. 126), *19 Fulton St. (zw. Front u. Water Sts.)*, **Brooklyn-Dumbo**, ☏ *(718) 858-4300. Bei allen Restaurant-Kritikern immer wieder in den Top 20 der Pizzerien von NYC. Dünner, krosser Teig. Ein Klassiker.*

Teresa's (**24**, s. Karte S. 126), *80 Montague St. (zw. Montague Terr. u. Hicks St.)*, **Brooklyn Heights**. *Polnisches Diner-Lokal. Pierogis, Kartoffelpfannkuchen, Kielbasa. Auch Burger.*

Neben zahlreichen anderen guten und interessanten Restaurants im Gebiet **Fort Greene** *(DeKalb u. Lafayette Aves./Fulton St.) sei hier explizit auf die südafrikanische Küche (Cape-Malayan, Curry, Bobotie, Boerwoers) im* **Madiba** (**25**, s. Karte S. 126) *an der 195 DeKalb Ave. (zw. Adelphi u. Carlton Aves.),* ☏ *(718) 855-9190, hingewiesen. Am Kreuzungsbereich Fulton St./Lafayette Ave. (Ostwinkel) lockt der BBQ-Diner* **The Smoke Joint** (**27**, s. Karte S. 126) *mit herzhaftem, über Stunden geräuchertem Fleisch.*

Junior's (**28**, s. Karte S. 126), *368 Flatbush Ave./DeKalb Ave.*, **Brooklyn-Downtown**, ☏ *(718) 852-5257. Großer Diner mit Tradition. Es gibt drei „Abteilungen“: Café, Restaurant und Lounge. Berühmt-berüchtigt sind der kalorienreiche Käsekuchen, die überladenen Burger sowie die Gravy (braune Soße). Salate gibt es auch.*

Entlang von **Court** *u.* **Smith Sts**, *südl. des Atlantic Blvd.* (**Cobble Hill**), *wie auch in* **Park Slope** *an der* **7th Ave.**, *nördl. 9th St., findet man zahlreiche Restaurants, Luxus-Diner und Cafés. An der* **5th Ave.**, *parallel verlaufend zur 7th Ave., geht es etwas lockerer zu mit guten Burger-Restaurants, Sportsbars, Coffee Shops und Bistros.*

Kult auf Coney Island: der Hot Dog bei Nathan's

The Mill Basin Kosher Deli & Art Gallery, *Ave. T, an der 59th St.*, **Brooklyn** (**Mill Basin**), *☏ (718) 241-4910. Eine Kunstgalerie in einem guten Deli ist höchst selten. Schon lange macht Mark Schachner mehr Geld mit den Kunstwerken als mit dem Essen.*

i Restaurantszene in Williamsburg

In der Bedford Ave. und deren Seitenstraßen, so z. B. entlang der **Berry** sowie der **N. 6th Sts**., gibt es zahlreiche Lokale, sodass man in Williamsburg die freie Auswahl hat, Überraschungen inklusive.

SEA (**16**, s. Karte S. 126), 114 North 6th St., nahe Berry St., ☏ (718) 384-8850. Thailändisches Restaurant. In der Mitte locken Zweier-Tische um einen künstlichen Teich: bezaubernd beleuchtet und von einer großen Buddha-Statue beschirmt.

Wer gerne Seafood isst, geht entweder in die unkomplizierte **Tikki-Surf-Bar** (**17**, s. Karte S. 126), N. 6th St. (zw. Bedford Ave. u. Berry St.), oder in die viel gelobte **Rosarito Fish Shack** (**19**, s. Karte S. 126), N. 7th St./Wythe Ave., ☏ (718) 388-8833.

The Whiskey Brooklyn (**15**, s. Karte S. 126), 44 Berry/N. 11th Sts., ☏ (718) 387-8444. Nahe der Brooklyn Brewery. Amerikanische Standardgerichte, dafür aber eine riesige Auswahl an Whiskeys. Küche bis 2 Uhr. Nebenan: **Marble's Smokehouse**, ein gutes BBQ-Restaurant.

Radegast Hall (**18**, s. Karte S. 126), 113 North 3rd/Berry Sts., ☏ (718) 963-3973. Einer europäischen Bierhalle nachempfunden. Es gibt 14 Biere vom Fass, dazu über 40 Flaschenbiere. Das Essen ist deftig: amerikanische und bayerische Klassiker, zudem Currywurst. Oft Livemusik.

Fette Sau (**20**, s. Karte S. 126), 354 Metropolitan Ave. (zw. Havemeyer u. Roebling Sts.), ☏ (718) 963-3404. Erstklassiger, immer gut besuchter BBQ-Joint (Pulled Pork, Ribs, Beef Briskets) in ehemaliger Autowerkstatt. Selbstbedienung. Man kann draußen sitzen.

Peter Luger's Steak House (**21**, s. Karte S. 126), 178 Broadway/Driggs Ave., ☏ (718) 387-7400. Abseits der Touristenpfade und teuer. Dafür aber super Steaks. Kenner behaupten: „Best steaks in the city".

Anreise: **L-Train** bis Bedford Ave. Alternativen: **J**-, **M**- oder **Z-Trains** bis Marcy Ave., **G-Train** bis Nassau Ave. oder Metropolitan Ave.

Nathan's Famous (**26**, *s. Karte S. 126), gegenüber der U-Bahn-Station Stillwell Ave. (Stillwell/Surf Aves.)*, **Brooklyn** (**Coney Island**). *In dem riesigen Fastfood-Deli wurde einst „Nathan's Coney Island Hot Dog" erfunden. Obwohl es auch anderes gibt, dreht sich doch alles um den Hot Dog mit Chili oder Sauerkraut. Und: An jedem 4. Juli wird ein Hot-Dog-Wettessen veranstaltet.*

Osteuropäische Restaurants mit zumeist Schwarzmeerküche (viel Seafood, z. B. Kaviar auf Fisch und Schwarzbrot) findet man auf **Coney Island**. *An Wochenendabenden „tanzt der Bär" zu Wodka und guter russischer Küche im* **National** *(273 Brighton Beach Ave., zw. Brighton 2nd u. 3rd Sts., ☏ (718) 646-1225). Beeindruckend hier das opulente Ballhaus – ganz im Stil des alten Osteuropa! Die Preise sind akzeptabel, wenn auch nicht günstig. Die Menüs sind üppig und eine Flasche Wodka im Preis inbegriffen.* **Primoski** *(282 Brighton Beach Ave., ☏ (718) 891-3111) gleich gegenüber ist bekannt für seine Fischgerichte, hat aber etwas nachgelassen. Am Boardwalk (Höhe Brighton 6th St.) lohnen der „russischen" Atmosphäre wegen die beiden Tatiana-Restaurants. Im* **Tatiana Grill** *geht es einfacher zu, im* **Tatiana Restaurant,** *☏ (718) 891-5151, dagegen ist Fine Dining angesagt. Das Essen: deftig, meist osteuropäisch, gute Fischgerichte.*

Queens

Kein Borough hat so viele authentisch ethnische Restaurants wie Queens. Hier zieht es auch die Leute hin, die aus diesen Ländern stammen bzw. die Gourmets, die nicht auf Schnickschnack aus sind.

i Internationale Lokale in Astoria

Queens-Astoria war lange bekannt für seine **griechischen Lokale**. Einige gibt es auch noch: Beste griechische Kost, d. h. Fischgerichte, Oktopus, Lamm etc. werden im unscheinbaren **Bahari Estiatorio** (**9**, s. Karte S. 126), 31-14 Broadway, Subwaystation Broadway des N/Q-Train, ☏ (718) 204-8986, serviert. An Wochenenden ist das Lokal gefüllt mit griechischen Familien! Die „süßen Leckereien“ im unkonventionellen **Omonia Café** (**10**, s. Karte S. 126), 32-20 Broadway/33rd St., ☏ (718) 274-6650, einem Café zum Sehen und Gesehenwerden, sind unwiderstehlich. Auch die Paninis und Salate hier sind lecker. Schräg gegenüber wird im **Tierras Colombianas** (**13**, s. Karte S. 126), 33-01 Broadway/33rd St., ☏ (718) 956-3012, echte kolumbianische Küche serviert (Sweet Potato, Yuca, Reis, Bohnen, Kochbananen, Kassave ...). Entlang der **Steinway Street**, zwischen 24th und der 34th Aves., und umliegender Straßen haben Neueinwanderer libanesische, afghanische, nordafrikanische, südamerikanische und andere Restaurants eröffnet. Tschechisches Ambiente bietet der quirlige **Bohemian Beer Garden** (**7**, s. Karte S. 126), 29-19 24th Ave. (zw. 29th u. 31st Sts.). Zu essen gibt es Deftiges: Gulasch, Schnitzel etc. Wer es noch osteuropäischer mag, der besucht das **Koliba** (**8**, s. Karte S. 126), 31-11 23rd Ave., wo sich gerne tschechische Auswanderer zu Bier und Speisen (Dumplings/Knödel, Hühnchen-Schnitzel etc.) treffen.

Anreise: Mit dem **M-, R-** oder **E-Train** bis Steinway Ave. oder mit dem **N- oder Q-Train** bis Broadway.

Water's Edge (**12**, *s. Karte S. 126), The East River, am 44th Drive,* **Queens** (**Hunters Point**), *☏ (718) 482-0033. Ausgezeichnet zubereitete Südstaaten-Fischgerichte und Steaks. Hauptattraktion ist die Aussicht auf Midtown-Manhattan (Tisch am Fenster reservieren!). Dresscode beachten. Teuer. Nebenan geht es unkomplizierter zu im* **Anable Basin Bar & Grill.** *Und entlang dem* **Vernon Blvd.** *im südlichen Abschnitt von Hunters Point haben sich unterschiedlichste Restaurants und Pubs angesiedelt. Tipp: Anreise mit dem Boot bis Hunters Point, dann bis zu 20 Min. laufen.*

Rincon Criollo (**11**, *s. Karte S. 126), 40-09 Junction Blvd. (nahe der Subwaystation der Linie 7),* **Corona**, *☏ (718) 458-0236. Authentische, kubanische Küche. Seit den 1950er-Jahren in Familienbesitz. Ein Geheimtipp. Lecker: Stuffed Cassava als Vorspeise und als Hauptspeise zum Teilen Seafood in Spanish Sauce! Einen Kilometer weiter lockt der mittlerweile legendäre* **Lemon Ice King of Corona** (**14**, *s. Karte S. 126), 52-02 108th St., mit bestem italienischen Eis.*

In **Jackson Heights/Flushing** *finden sich einige* **indische Restaurants** *im Bereich zwischen Roosevelt und 37th Aves. (zw. 72th u. 75th Sts., Subwaystation 74th St. – Broadway), wo die meisten Speisen typisch und scharf sind. Etwas südlich davon werden im* **Upi Jaya**, *76-04 Woodside Ave.,* **Elmhurst**, *☏ (718) 458-1807, leckere indonesische Spezialitäten zubereitet. Scharf gewürzt ist das Essen im Szechuan-chinesischen Restaurant* **Spicy & Tasty**, *in* **Flushing**, *39-07 Prince St./39th Ave., ☏ (718) 359-1601.*

Im Bohemian Beer Garden geht es locker zu – von mittags bis in die Nacht

The Bronx

Hier sind die **italienischen Restaurants** *entlang der* **Arthur Avenue**, *südl. der 187th St.,* **Belmont**, *ein Muss. Hier kann man echt mediterran speisen bzw. in den Geschäften den Picknickkorb mit Parmesan, Pastrami, gekochten Muscheln (aller Art!), Rotwein etc. füllen. Zwei Traditionsrestaurants sind* **Dominick's**, *2335 Arthur Ave. (zw. E. 187th St. u. Crescent Ave.), ☏ (718) 733-2807, authentische Pasta-Gerichte, sowie* **Mario's**, *2342 Arthur Ave. (zw. Crescent Ave. u. 187th St.), ☏ (718) 584-1188, das zentraler Schauplatz des Mafia-Filmes „GoodFellas" (1990) von Martin Scorsese war.*

Auf **City Island** *kredenzen zahlreiche Fischlokale Hummer, Muscheln u. a., so z. B. das* **Lobster House** *gleich hinter der Brücke; mit Terrasse, ☏ (718) 885-1459, und der einsame Klassiker* **Johnny's Reef Restaurant** *am Südende der Insel. Der riesige Selbstbedienungsladen lockt Seafood-Fans wie Möwen gleichermaßen an, denn die besten Plätze sind auf der Terrasse.*

Nachtleben

New York ist bekanntlich die „Stadt, die niemals schläft" und das Veranstaltungsprogramm im „Big Apple" unüberschaubar groß. Veranstaltungen und Livemusik-Auftritte werden in den kostenlosen Zeitungen **„Village Voice"** *und* **„Time Out"** *bekannt gegeben, man findet die Infos, um einiges ausführlicher, auch unter www.villagevoice.com sowie www.timeoutny.com. Auch die* **„New York Times"** *kündigt Veranstaltungen an.*

Hinweis

Infos zu Lokalen findet man unter www.murphguide.com, www.nycbeer.org, www.thrillist.com/drink/new-york oder www.nyc.com/best-of-new-york. Letztere Seite ist nach Themen sortiert (Best Dive Bars, Best Bars to watch Soccer, Best Bars for Smokers etc.). Die Website www.nyc.com stellt zudem eine Reihe von Musikclubs vor (unter „Nighlife" bzw. „Best of").

Ein paar Tipps für die Abendgestaltung

Ein Abend sollte Midtown gehören, inklusive Musical-Besuch.

Einen anderen Abend kann man in **Greenwich/West Village** *mit seinen netten Restaurants und Jazz-Lokalen sowie dem Meatpacking District mit hippen Bars und Clubs verbringen.*

Die **Bowery**, *das* **East Village** *und die* **Lower East Side** *sprechen eher die jüngeren bzw. abenteuerlustigeren Leute an. Bunte Kneipen, Restaurants, Clubs und hier und dort Livemusik verlangen nach spontanen Entscheidungen.*

Ein Abend sollte etwas ruhiger gestaltet werden: z. B. mit einem gemütlichen Dinner in **Midtown-East,** *anschließend kann man New York vom Empire State Building aus bewundern.*

Cocktailbars *und* **Clubs**: *Hier wird auf angemessene Kleidung geachtet. Mit Jeans, T-Shirts und Sportschuhen erhält man oft keinen Zutritt!*

Bars, Pubs und kleine Kneipen (oft auch mit Livemusik)

Hinweis: Wie viel Trinkgeld („Tip") darf es sein?

Regel: mind. $1. Bei zwei und mehr Getränken $2 und mehr. Bei größeren Runden (ab ca. $20) mind. 15 %.

New Yorks „Bar Scene" ist ausgesprochen facettenreich – und die New Yorker gehen gerne in eine Bar: oft gleich nach der Arbeit, wenn die Happy Hour Getränke zum halben Preis verspricht, zum „Socialising" am frühen Abend oder nach einer Bühnenshow oder einem Dinner zu später Stunde. In einer Stadt mit so vielen (sich fremden) Menschen ist das Pub um die Ecke oft die einzige wirkliche Kommunikationsstätte. Hier können die New Yorker für kurze Zeit die Hektik draußen auf der Straße oder auch ihre Einsamkeit vergessen.

Adressen für Raucher

In fast allen New Yorker Bars und Kneipen gilt das **Rauchverbot**. *Einzig wenn die Kneipe nachweisen konnte, dass sie vor 2001 mehr als 10 % ihres Umsatzes mit Rauchutensilien gemacht hat und dies weiterhin tut, ist das Rauchen gestattet. Ebenso in neueren Kneipen, die mind. 20 % ihres Umsatzes mit Tabakwaren machen. Hier ein paar Raucheradressen:*

Karma, *1st Ave. (zw. 3rd u. 4th Sts.),* **East Village**. *Hier kann man Zigaretten kaufen und eine Wasserpfeife rauchen – damit dürfen auch die Glimmstängel angezündet werden.*

Circa Tabac, *32 Watts St. (zw. 6th Ave. u. Thompson St.),* **SoHo**. *Auf 1920er-Jahre getrimmter „Speakeasy". Ehemals eine Zigaretten-Bar, heute v. a. gute Zigarren, Whiskeys, Cognacs und Snacks im Angebot.*

Bar & Books *(3 Adressen): Förmlich und exklusiv geht es zu im* **Beekman Bar & Books** *(889 1st Ave./50th St.,* **Midtown-East**) *sowie im* **Lexington Bar & Books** *(1020 Lexington*

Ave./73rd St.). Beste Zigarren, aber auch Zigaretten werden angeboten, dafür aber „no Jeans" und am besten Jacket bzw. Kleid. Ungezwungener geht es zu im Ableger im West Village: **Hudson Bar & Books** *(636 Hudson St./Horatio St.). Auch hier gibt es Zigarren zu kaufen.*
Carnegie Club, *156 W. 56th St. (zw. 6th u. 7th Aves.),* **Midtown**. *Plüschig-versnobte Club-atmosphäre mit Swing- und Orchestermusik sowie Shows Fr und Sa (Eintritt).*

Manhattan (von Süden nach Norden)
Financial District, *zum viktorianischen* **Pier A** *siehe S. 128 (Restaurants).*
Puffy's, *81 Hudson St./Harrison St.,* **TriBeCa**. *Gemütliche Neighborhood-Bar. Hier wird europäischer Fußball gezeigt.*
Nancy's Whiskey Pub, *W. Broadway/Lispenard St. (nahe Canal St.),* **TriBeCa**. *Kleine Eckkneipe, in der nicht der Whiskey der Renner ist, sondern das Shuffle-Board. Hier treffen sich die Locals nach der Arbeit und die „Trend-Jugend" vor dem Club-Hopping.*
Fanelli, *Prince/Mercer Sts.,* **SoHo**. *Alteingesessene Neighborhood-Bar (zweitälteste Bar von New York), die heute so gar nicht mehr nach SoHo passen möchte. Urige Atmosphäre, altes, dunkles Eichenholz und Super-Burger.*
Ear Inn, *326 W. Spring St.,* **West Village (South)**. *Nette, traditionsreiche Bar von 1817, in der sich seit Jahrzehnten nicht viel verändert zu haben scheint. Immer mal wieder geschlossen, gilt sie als eine der ältesten Bars von New York. Gutes Pubfood. Ab und zu Livemusik und Poesielesungen.*

Die **Lower East Side** *hat sich zum Mekka für die jüngeren Leute entwickelt, besonders entlang Ludlow und Essex Sts. Beliebt ist hier z. B.* **Spitzer's Corner** *(Ludlow/Rivington Sts.), ein Gastropub mit ausgefallen zubereitetem Barfood und 40 Bieren vom Fass. Immer gut besucht (besonders zum Sonntags-Brunch) ist* **Schiller's Liquor Bar** *(Rivington/Norfolk Sts.). Das trendige, weiß geflieste Lokal lockt mit erstklassigen Cocktails, amerikanischem Pubfood und Austern! Wer sich nicht entscheiden kann, stellt sich an die Kreuzung Rivington/Ludlow Sts. und geht von dort einfach in eine beliebige Richtung los.*
Temple Bar, *332 Lafayette St. (zw. Houston u. Bleecker Sts.). Draußen steht nichts dran, doch wer das mit viel dunklem Holz und Säulen ausgestatte Lokal kennt, kommt gerne hierher: gute Cocktailauswahl und recht niedriger Geräuschpegel.*
Sláinte, *304 Bowery, gegenüber 1st St.,* **East Village**. *Große irische Bar mit vielen guten Fassbieren und Übertragungen von Sportveranstaltungen, auch Soccer (Fußball).*
D.B.A., *41 1st Ave. (zw. 2nd u. 3rd Sts.),* **East Village**. *Bekannt für seine gute Whiskey-Auswahl: etwa 85 Single-Malts, 30 Bourbon und 20 irische Whiskeys. Im Sommer kann man im Hinterhof draußen sitzen.*
Peculier Pub, *145 Bleecker St. (zw. Thompson u. La Guardia Place),* **Greenwich Village**. *Großer Studentenpub. Über 100 Biersorten aus aller Welt, davon 40 vom Fass.*
Im **East Village** *und in* **Alphabet City** *gibt es unzählige Lokale, besonders entlang der 1st und 2nd Aves. (zw. 1st u. 14th Sts.) sowie um den Tompkins Square West.*
McSorley's, *15 E. 7th St. (zw. Cooper Sq. u. 2nd Ave.),* **East Village**. *Historischer irischer Pub von 1854. Alte Fotos an den Wänden, schiefe Holztische, Sägemehl auf dem Boden und missmutig gestimmte Kellner erinnern an die Tage der irischen Einwanderer, die hier ihren Frust runtergespült haben. Bis 1970 durften hier keine Frauen einkehren. Ihr Zutritt musste damals unter starkem Protest der trinkenden Männerwelt mit Polizeigewalt vollzogen werden.*
Standings, *43 E.7th St. (nahe 2nd Ave.),* **East Village**. *Motto dieser Neighborhood-Sportsbar: „Beer & Sports Nirvana". Ausgefallene Fassbiere aus der amerikanischen Provinz. 9 Bildschirme flimmern in dem etwa 25 m² großen Lokal. Im Kellergeschoss lockt* **Jimmy's N° 43**, *eine charmante, kleine Kellerkneipe mit einer interessanten, wenn auch gewöhnungsbedürftigen Bierauswahl.*

„Dive"-Bars – wo sich nur die Locals treffen

Es gibt sie noch, die kleinen, versteckten Bars, wo es nichts Besonderes gibt, außer: wenig Platz, New Yorker Stammgäste und v. a. Bier, Whiskey und „House-Drinks".
Milano's, 51 E. Houston St. (zw. Mott u. Mulberry Sts.), **SoHo**. Ein Schlauch voller alter Bilder. Kaum 3 m breit. An dem abgewetzten, langen Tresen treffen sich Büroangestellte, Künstler und Arbeitslose. TV: Schwarz-Weiß, Bier meist nur aus der Flasche, alte Fotos an allen Wänden. Atmosphäre pur.
169 Bar, Ecke East Broadway/Ruttgers St., **Lower East Side**. Austern, Po'boys (Südstaaten-Sandwiches), Billard und Jazzmusik live in 1970er-Ambiente.
Doc Holliday, Ave. A/9th St., **Alphabet City/East Village**. Urige, alteingesessene Kneipe, wo sich v. a. die „Real People" bis 50 treffen. Billard. **Fish Bar**, 5th St., nahe 2nd Ave., **East Village**. Klein und mit durchaus interessanten Gästen: gealterte Freaks, Linksliberale, Rockmusik-Fans, Möchtegern-Schriftsteller, Uni-Angestellte, Leute aus der Nachbarschaft etc. Eine Neighborhood-Bar ohne TV!
Jimmy's, 140 W. 44th St. (zw. Broadway u. 6th Ave.), **Times Square**. Hier schauen auch mal mutige Touristen rein. Aber das Ambiente der ehemaligen Bar für die Boxer spricht für sich. Selbst Muhammad Ali war hier Gast.

Das „Doc Holliday" ist noch ein Überbleibsel aus raueren Zeiten – und stolz darauf

Bar Veloce, *175 2nd Ave. (zw. 11th u. 12th Sts.)*, **East Village**. *Hier stehen erlesene italienische Weine hoch im Kurs. Dazu gibt es italienisches Fingerfood und Sandwiches.*
Artbar, *52 8th Ave. (zw. Horatio u. Jane Sts.)*, **West Village**. *Buntes Bar-Restaurant. Die wahre Pracht verbirgt sich im hinteren Raum: Bilder an den Wänden, Sofas und ein lodernder Kamin. Beliebt wegen seiner süßen Cocktails und Nachspeisen. Auch Burger, Salate und Wraps.*
Spice Market, *403 W. 13th St./9th Ave.*, **Meatpacking District**. *Über mehrere Levels ausgedehnt. Beliebter Hangout für Celebreties. Exotische Cocktails und asiatische Speisen.*
Standard Biergarten, *Washington St. (12th St.)*, **Meatpacking District**. *Bayerisches Bier und Wurstgerichte in Biergarten direkt unter dem High Line Park.*
Brass Monkey, *55 Little West 12th St.*, **Meatpacking District**. *Pub über mehrere Etagen. Auch mit höher gelegter Außenterrasse. 30 Biere vom Fass, weitere 100 aus der Flasche. Zudem gute Cocktails und eine überschaubare Speisekarte mit Burgern, Salaten und anderen Snacks.*
Otto's Shrunken Head, *14th St. (zw. Avenues A und B)*, **Alphabet City/East Village**. *Lustig-lausige Bar, die auf der „Tiki-Welle" (Hawaii-Pazifik-Thematik: Bambus, Hula etc.) reitet.*
Nicht minder kurios ist ein paar Blocks weiter die **Beauty Bar** *(231 E. 14th St., zw. 2nd u. 3rd Ave.), die aus einem Frisier- und Beauty Salon hervorgegangen ist. Die chromblitzenden Trockenhauben bestimmen immer noch das Bild.*
Pete's Tavern *und* **Old Town Bar**, *siehe S. 129f. (Restaurants).*
Flatiron Lounge, *37 W.19th St. (zw. 5th u. 6th Ave.)*, **Flatiron District**. *Exquisit, „distinguished", Leder, Art-déco-Ambiente. Wirklich etwas, um genüsslich (laute Musik kann vorkommen) seinen Drink zu genießen.*

Paddy Macguire's Ale House, *3rd Ave. (zw. 19th u. 20th Sts.),* **Gramercy Park**. *Neighborhood-Pub, wo Fußballspiele gezeigt werden. Wenn diese in Großbritannien stattfinden, haben mitteleuropäische Spiele keine Chance!*
Gramercy Tavern, *42 E. 20th St. (zw. Broadway u. Park Ave.),* **Gramercy Park**. *Gepflegte Bar mit langem Tresen. Im hinteren Raum befindet sich ein gutes Restaurant, doch man kann auch am Tresen essen.*
Foley's, *33rd St. (zw. 5th Ave. u. Broadway),* **NoMad**. *Irischer Pub und die Kneipe für Baseball-Fans. Memorabilia aller Art: 3.000 signierte Baseballs, Sitze aus Baseball-Stadien, über 300 Baseball-Wackelköpfe („Bobbleheads") bekannter Spieler usw.*
Tir Na Nog, *8th Ave./33rd St.,* **Garment District**. *Irischer Pub mit guter Bierauswahl und Pubspeisen. Hier werden alle wichtigen Fußballspiele (Soccer) gezeigt. Eine Filiale ist nicht weit: 315 W. 39th St. (zw. 8th u. 9th Aves.),* **Midtown West**.
Keens Steakhouse, *72 W. 36 St. (zw. 5th u. 6th Aves.),* **Murray Hill**. *Die Steaks sind lekker, aber noch besser ist die Auswahl an über 200 Single-Malt-Whiskys (es gibt auch Bourbon). Einst „Teil" des Herald Square Theater District. Hier haben sich damals Literaten, Musiker und Schauspieler getroffen. Relikt aus dieser Zeit ist die Sammlung an Tonpfeifen an den Decken.*
Campbell Apartment, *15 Vanderbilt Ave., Eingang Grand Central Station,* **Midtown-East**. *Alte, gemütliche Bar aus den 1920er-Jahren. Einst das Büro des legendären Science-Fiction-Herausgebers John W. Campbell. Rush hour vermeiden, dann kommen die Pendler, um mal kurz „einen zu heben".*
Die holzgetäfelte **Blue Bar** *im* **Algonquin Hotel**, *59 W. 44th St.,* **Theater District**, *lädt ein zum „Gentlemen's Drink" bzw. auf einen genüsslichen Cocktail.*

Beliebte Rooftop Bars

Nahezu alle Rooftop Bars haben verschiebbare Glasdächer oder verfügen über einen geschlossenen Innenbereich, haben aber oft nur während der Sommermonate geöffnet.
Meatpacking District: Die Rooftop Bars im **Hotel Gansevoort** (18 9th Ave./13th St.) sowie im Standard Hotel das **Le Bain** – mit Pool (Washington St., Eingang W. 13th St.) liegen voll im Trend, machen aber auch laute Musik und sind am Wochenende proppenvoll. Sehen und gesehen werden, bevor es anschließend in einen nahen Club geht.
Birreria: 5th Ave./23rd St., **Madison Square**, Eingang durch Eataly. Großes Bar-Restaurant. Teilweise Blick auf Empire State Bldg. Pluspunkte hier: gutes Essen, selbst gebrautes Bier sowie die italienischen Weine.
230 Fifth, 230 5th Ave./27th St., **NoMad**. Größte Rooftop-Bar der Stadt. Ausblick aufs Empire State Bldg. Gerne kommt man zum Brunchen her (Sa und So, unbedingt reservieren: ☏ (212) 725-4300).
Vom **Top of The Strand** (The Strands Hotel, 33 W. 37th St., zw. 5th u. 6th Aves., **Midtown-South**), sowie der **Refinery Rooftop-Bar** (63 W. 38th St., zw. 5th u. 6th Aves., **Midtown-South**) hat man einen tollen Blick auf das Empire State Bldg. Pluspunkte: Wer früh kommt, findet einen Platz. Das alles gilt auch für das **Upstairs** im Kimberly Hotel, 145th E. 50th St./Lexington Ave., **Midtown-East**. Doch hier blickt man auf das Chrysler Bldg.
Salon de Ning, 700 5th Ave./55th St., **Midtown**. Dachterrasse des Peninsula Hotels. Gediegene Atmosphäre. Blick auf die 5th Ave.
Roof Garden im Metropolitan Museum of Art: 1000 5th Ave./83rd St., **Upper East Side**, Romantisches Setting mit Blick auf Central Park und die Skyline dahinter.
Loop Doopy Rooftop Bar, 102 North End Ave., **Battery Park City**. Unschlagbare Aussicht auf Lower Manhattan.

View Lounge, *Marriott Marquis Hotel, 1535 Broadway (zw. 45th u. 46th Sts.),* **Theater District**. *Cocktail-Lounge und Restaurant im Obergeschoss. Der Knüller: Die Bar-Etage dreht sich.*
King Cole Bar, *St. Regis Hotel, 2 E. 55th St./5th Ave.,* **Midtown-East**. *Eine der imposantesten, holzgetäfelten Bars in Manhattan. Upperclass, also keine Jeans. Genau der richtige Ort für einen gepflegten Cocktail. Von hier aus erlangte der Bloody Mary Popularität in Amerika.*
Hudson Bars, *356 W. 58th St. (zw. 8th u. 9th Aves.),* **Midtown West**. *Drei Bars in einem von Philippe Starck entworfenen Hotel. Im Sommer lockt die Außenbar „Sky Terrace", in der kühleren Jahreszeit die auf Skifahren (!) fokussierte „Hudson Lodge Bar".*

Brooklyn

Frank's, *660 Fulton St./Lafayette St.,* **Fort Greene**. *Einfaches Lokal. Livemusik, auch mal Lesungen, Karaoke, Comedy sowie hippe Disco mit DJ. Dazu wird kostenlos Soul Food gereicht. „Down to Earth" und „echt". Ein Stück die Fulton St. hinauf findet man weitere Kneipen, u. a. die deutsche* **Stammkneipe/Der Schwarze Kölner**, *wo es neben deutschem Bier Leberkäs, Halben Hahn und Würste gibt. Wer richtig Hunger hat, gönnt sich gegenüber Frank's im* **The Smoke Joint** *ein deftiges BBQ-Sandwich.*
Brooklyn Inn, *Hoyt/Bergen Sts.,* **Boerum Hill**. *Urgemütliche Neighborhood-Bar mit altem Holztresen, Jukebox, Billard, Ornamentfenstern, dem größten Barspiegel New York und ohne TV!*
Park Slope: *Die* **5th Avenue** *hier (zw. Flatbush Ave. u. Prospect Expressway) kann mit Recht behaupten: „Was die 5th Avenue in Manhattan fürs Shopping ist, sind wir fürs Barhopping".*
Williamsburg *(Subwaystationen „Bedford Ave.", „Lorimer St." od. „Metropolitan Ave.") hat ebenfalls viele Lokale, so z. B.:*
Die Brauerei-Billard-Bar **Brooklyn Brewery Tasting Room**, *79 11th St. (zw. Berry St. u. Whyte Ave.), nur Sa und So.*
Das **Black Bear**, *in einer ehemaligen Mayonnaisefabrik (70 N. 6th St., zw. Whyte u. Kent Aves.) ist ein typischer Williamsburg-Party-Hangout, des Öfteren mit Livemusik (Grunge, Blues, Hip-Hop) bzw. DJ.*
Pete's Candy Store *(Lorimer St.) ist beliebt wegen der Livemusik und der Spielenachmittage (Bingo, Scrabble etc.).*

Umtahtah in der Radegast Hall & Biergarten

Wer's deftig mag, der wird die große, massiv eingerichtete **Radegast Hall & Biergarten** *(113 North 3rd St./Berry St.) zu schätzen wissen. Neben gutem Bier kann man sich allerlei Würste vom Grill holen. Dazu werden 5 verschiedene Senfsorten gereicht.*
Die **Charleston Bar** *(174 Bedford Ave., gegenüber der gleichnamigen Subwaystation) ist eine „Dive"-Bar, die seit Generationen alle „Aufs und Abs" in der Geschichte New Yorks jenseits des East River durchgemacht hat. Die $1-Pizzaslices sind deftig wie in den 1970er-Jahren. Aus dieser Zeit stammt auch noch das Interieur.*
In den **Bedford Ave. der N. 6th** *und* **N. 8th Sts.** *gibt es weitere urige Bars.*

Alkoholische Mixgetränke mit Ursprung in New York

info

Manhattan: 6 cl. amerik. Whiskey, jeweils ein Spritzer (süßen od. trockenen) Wermut und Bitterstoff. Das Ganze verrühren und mit einer Cocktail-Kirsche garnieren. Wurde 1874 im Manhattan Club für Jenny Jerome (die spätere Lady Randolph Churchill, Winston's Mutter) auf einem politischen Bankett kreiert.
Long Island Iced Tea: 2 cl. Wodka, 2 cl. Rum, 2 cl. Gin, 2 cl. Sekt, 2 cl. Tequila und Eis zusammenfügen. Ordentlich mixen und in ein Glas geben. Mit Cola auffüllen. Diese (gemeine) Mischung wurde auf Long Island im Oak Beach Inn in Hampton Bays erfunden. Der ursprüngliche Drink wurde mit jeweils 6 cl. der harten Alkoholika bereitet, zu dem anschließend Sekt, etwas Zitronensaft und schließlich Cola gegeben wurden.
Bloody Mary: 4 cl. Wodka in ein Glas mit Eis geben. Dieses mit ca. 8 cl. Tomatensaft auffüllen. Ein bis zwei Spritzer Worcester-Sauce dazugeben, und wer es gerne scharf mag, darf nach Bedarf Tabasco hinzufügen. Das Ganze durchrühren und mit einer Selleriestange garnieren. Wurde in der King Cole Bar in Amerika eingeführt (ein „Mitbringsel" eines Pariser Barkeepers).
Cosmopolitan: 6 cl. Zitronen-Wodka, 3 cl. Cointreau, Saft einer halben Limone bzw. Zitrone und ein Spritzer Heidelbeer- oder Preiselbeersaft über Eis geben und durchschütteln. Anschließend durch ein Sieb gießen.
Fifth Avenue: 2 cl. Baileys, 2 cl. Aprikosen-Brandy und 2 cl. weißen Crème de Cacao durchschütteln.
42nd Street: 4 cl. Schlehenlikör (auf Ginbasis) in ein Champagnerglas füllen und mit 16 cl. Champagner auffüllen. Der Drink wurde 1980 angelehnt an eine Szene aus dem Musical „42nd Street" kreiert. In dieser Szene wird ein Schauspieler mit Champagner begossen, obwohl dieser in Wirklichkeit lieber Schlehenlikör getrunken hat – besonders vor seinem Auftritt.
Absolution: 4 cl. Absolut-Wodka und 16 cl. Champagner in ein Champagnerglas geben und ein Stück Zitronenschale auf das Getränk legen. Der berühmten Barmixer Jimmy Caulfield erfand den Drink im River Café (Brooklyn).
Angel Martini: 4 cl. Ketel One Vodka und 2 cl. Frangelico mit Eis durchschütteln und durch ein Sieb geben. Im Sektglas servieren. Mit einer Olive oder einer zerdrückten Limone garnieren. Ursprung: Bowery Bar (heute B-Bar & Grill).
Gibson: 6 cl. trockenen Gin mit einem Schuss trockenen Martini vermengen und auf Eis geben. Mit einer Cocktail-Zwiebel garnieren. Kreiert im Players Club zu Ehren des Boxpromoters Billie Gibson. Andere Quellen behaupten, der Drink sei für den Künstler Charles Dana Gibson gemixt worden.

Nachtclubs/Tanzclubs/Clubs

New Yorker Clubs sind am Wochenende voll, und nicht selten hat man Probleme, eingelassen zu werden. Ist man kein „Celebrity", hilft nur frühes Erscheinen (vor 22 Uhr), langes Warten bzw. ein Extratrinkgeld für den Türsteher. Zu deren Politik gehört auch die Wahl des Geschlechts. Männergruppen erhalten nur dann Einlass, wenn das Frauenkontingent wieder „aufgefüllt" ist. Mit Eintrittspreisen ab $20 und deutlich mehr pro Person muss gerechnet werden.

Clubs und deren Programme findet man unter www.villagevoice.com, www.timeoutny.com und www.nyc.com (Nightlife/Category/Dance Clubs).

Ein paar Tipps

In der **Lower East Side**, *bes. um Essex, Rivington und Ludlow Sts., machen immer wieder Clubs auf, die oft auch schnell wieder verschwinden. Am besten läuft man einfach den Bereich* *südlich der Houston St. ab. Irgendwo dröhnt dann schon Musik aus einer Ecke. Bekannt ist die* **Mercury Lounge**, *Houston/Essex Sts., www.mercuryloungenyc.com. In der* **East Village** *wird man diesbezüglich findig an der 2nd Ave. Besonders hip in Bezug auf Clubs ist die nördliche* **Bowery**.

SOB's, *200-204 Varick St./Houston St.,* **West Village**, *www.sobs.com. Im* **S***ound* **of B***rasil wird lateinamerikanische Musik gespielt (Samba, Rumba, Bossa Nova und sogar afrikanische Popmusik). An Wochenenden: erst Tanzunterricht, dann Dinner, dann Party.*

Webster Hall, *125 E. 11th St. (zw. 3rd und 4th Aves.),* **East Village**, *www.webster-hall.com. 4.500 m^2-Club mit Platz für über 3.000 Gäste. In 3 Räumlichkeiten werden verschiedene Musikrichtungen gespielt. Cool sind die House Partys.*

Der **Meatpacking District**, *bes. zw. 9th Ave. u. Washington St., ist „mega-in". Electronica- und Techno-Musik. Große Multimedia-Lounges. Die Lokalitäten wechseln ständig. Wer mal schauen will, versucht es dort, wo sich lange Schlangen bilden.*

Copacabana, *268 West 47th St./8th Ave.,* **Midtown-West**, *www.copacabanany.com. Top-Club für Salsa- und Merengue- sowie moderne Latino-Musik (Techno, Latino-Freestyle).*

Pacha, *618 W. 46th St. (zw. 11th u. 12th Ave.),* **Midtown-West/Clinton**, *www.pachanyc.com. „High-Energy-Dance-Mekka" auf 3 Räumlichkeiten verteilt. Platz für über 2.000 Gäste.*

Swing 46, *349 46th St. (zw. 8th u. 9th Aves.),* **Midtown-West**, *☏ (212) 262-9554, www.swing46.com. Bekannter Supper Club. Livebands (Big Bands), Swingmusik, gelegentlich auch Boogie-Woogie. Dresscode (keine Jeans)! Swing-Dance-Unterricht.*

In **Brooklyn-Williamsburg** *haben sich mehrere Adressen etabliert, u. a.: In der großen* **Knitting Factory** *(361 Metropolitan Ave., www.bk.knittingfactory.com, treffen sich jüngere Leute, während das* **National Sawdust** *(80 N. 6th St., www.nationalsawdust.org) mit Musikveranstaltungen verschiedenster Art aufwartet und die* **Brooklyn Bowl** *(Wythe Ave., zw. N. 11th u. N. 12th Sts., www.brooklynbowl.com) als Megaclub mit tiefen Bässen auf sich aufmerksam macht.*

i Günstige und kostenlose Sommerkonzerte

Open-Air-Sommerkonzerte (meist kostenlos, www.nycgovparks.org/events/free_summer_concerts) werden in der Stadt angekündigt, so z. B.:
Manhattan: **Summerstage im Central Park** (www.cityparksfoundation.org/summerstage)
Brooklyn: **Bandshell im Prospect Park** (u. a. „Celebrate Brooklyn! Performing Arts Festival/Concert Series", www.bricartsmedia.org/performing-arts/celebrate-brooklyn)
Mitte/Ende Juli bis Anfang/Mitte August: Konzerte am Lincoln Center: „**Lincoln Center out of Doors**" (www.lcoutofdoors.org)
Infos über kostenlose Aufführungen: www.clubfreetime.com/new-york-city-nyc/free-classical-music-jazz-blues-concerts

Livemusik

Jazz/Blues/Soul

Anders als der Blues hat der Jazz bereits früh Fuß gefasst in New York. Der Begriff „Big Apple" wurde von Jazz-Musikern in den 1930er-Jahren kreiert, für die hier „die großen Früchte am Baum hingen". Wie es zu einer Weltstadt gehört, wird experimentiert: Modern und Latin Jazz sind einer ständigen Veränderung unterworfen. **Village Vanguard** *und* **Blue Note** *haben so manche Jazz-Legende hervorgebracht. Das Publikum ist ausgesprochen kritisch. Dixie bzw. traditioneller Jazz werden kaum gespielt. Der Blues hat sich niemals richtig etablieren können. Echte Blues-Lokale gibt es kaum noch in New York. In neueren, wie dem* **B.B. King Blues Club**, *wird alles gespielt, von Rock über Jazz und nebenbei auch Blues.*

Infos zum Thema Jazz-Clubs, Führungen, Programme: www.bigapplejazz.com.

Arthur's Tavern, *57 Grove St. (zw. 7th Ave. u. Bleecker St.),* **Greenwich Village**, *www.arthurstavernnyc.com. Alter Laden mit Atmosphäre. Jazz, oft auch Blues und Bebop.*
Terra Blues, *149 Bleecker St. (zw. Thompson St. u. La Guardia Pl.),* **Greenwich Village**, *www.terrablues.com. Das einzige reine Blues-Lokal in Manhattan. Fr u. Sa treten oft hochkarätige Musiker auf. Im gleichen Straßenzug wird auch in anderen Kneipen Blues und Rock gespielt.*
Joe's Pub, *425 Lafayette St. (zw. Astor Pl. u. W. 4th St.),* **NoHo**, *www.joespub.com. Vorwiegend Jazz-Konzerte, oft auch Cabarets oder Soul-Musik. Hier ist frühes Erscheinen angesagt, denn die Künstler sind meist hochkarätig und der Raum begrenzt. Besser vorher reservieren.*
Blue Note, *131 W. 3rd St. (nahe der 6th Ave.),* **Greenwich Village**, *www.bluenotejazz.com. Legendäres Jazz-Lokal mit Top-Musikern. Eintritt und „Pflichtgetränke" summieren sich zu stolzen Preisen (oft über $50). Das Geld ist es wert, doch sollte man sich bei nur anderthalbstündigen Auftritten darüber im Klaren sein, ob man gerade diese Band sehen und hören möchte. Die letzte Session (Fr/Sa, gegen Mitternacht) ist meist die beste. Oft spielen die Musiker noch weiter bis 4 Uhr. Für Wochenendgigs gilt frühzeitiges Reservieren.*
Smalls, *183 W. 10th St.,* **Greenwich Village**, *www.smallsjazzclub.com. Jazz-Kneipe mit nur 60 Plätzen. Zumeist drei unterschiedliche Gigs: 19/19.30, 22.30 Uhr u. nach Mitternacht. Letzterer dauert oft bis in die frühen Morgenstunden. Günstig, weil der einmalige Eintritt für alle Gigs gilt.*
Village Vanguard, *178 7th Ave./11th St.,* **Greenwich Village**, *www.villagevanguard.com. Neben dem Blue Note der bekannteste Jazz-Club der Stadt. In dem kleinen Kellerlokal treten Jazz-Größen aus ganz Amerika auf. Selbst die Spätvorstellungen sind früh ausgebucht (unbedingt reservieren).*
Jazz Standard, *116 E. 27th St. (zw. Park u. Lexington Aves.),* **Midtown South**, *www.jazzstandard.com. Einer der größten Jazz-Clubs. Meist Modern Jazz. Dazu werden ausgezeichnete Südstaaten-Gerichte serviert. Tipp für den ersten Jazz-Gig in NY!*
B.B. King Blues Club, *237 W. 42nd St. (zw. 7th u. 8th Ave.),* **Midtown/Times Square**, *www.bbkingblues.com. Großer Club mit tgl. Programm zumeist hochkarätiger Musiker. Oft Rock, Musical und moderne Musik, seltener Blues. Unbedingt einen Besuch wert ist der Sunday Brunch mit dem „Harlem Gospel Choir". Zumeist kostenlos (nur mit Dinner) ist eine Aufführung am frühen Abend im angeschlossenen* **Lucille's Grill**.
Birdland, *315 W. 44th St. (zw. 8th u. 9th Sts.),* **Theater District**, *www.birdlandjazz.com. Hier treten neben Top-Jazzern viele junge Jazz-Musiker (meist Modern Jazz) auf, deren Talent bereits erkannt ist, aber deren Bekanntheitsgrad noch moderate Preise verspricht.*
Jazz at Lincoln Center, *Shops at Columbus Square, 10 Columbus Sq.,* **Midtown**, *www.jazz.org. Bester Jazz. Auch Folk sowie Gesang. Drei Aufführungsstätten, wobei der Blick durch die große Scheibe des Dizzy's Clubs auf 59th St. u. Central Park dem Ganzen noch die Krone aufsetzt.*
Smoke, *2751 Broadway (zw. 105th u. 106th Sts.),* **Manhattan Valley**, *www.smokejazz.com. Jazz-Lokal in ehemaligem Shop. Hier spielen Top- sowie Nachwuchsmusiker von den nahen*

Klein und urig: das Paris Blues in Harlem

Musikhochschulen. Manchmal kommen auch Jazz-Größen unangemeldet mit ihrem Instrument hineingeplatzt. Beliebt sind der Jazz Brunch (So) sowie die Jam-Session am Montag. Speisen: 3-Gänge-Menü und bestes BBQ-Fleisch.

Apollo Theater, *253 W. 125th St. (zw. Malcolm X- u. Adam C. Powell Blvds.), www.apollotheater.org. Legendäre, große Bühne inmitten von* **Harlem**. *Hier sind schon Duke Ellington, Billie Holiday, Aretha Franklin, Ella Fitzgerald und Michael Jackson aufgetreten. Das Apollo war und ist eines der Zentren des „Black Entertainment". NBC nimmt die Vorführungen regelmäßig auf. Die Musik reicht von Soul über Rhythm & Blues, Blues bis hin zu Rap und Hip-Hop. In der „Amateur Night" präsentieren sich (bereits ausgesuchte) Talente.*

Paris Blues, *2021 Adam C. Powell Blvd./121st St.,* **Harlem**, *www.parisblues.com. Jazz-Club seit 1969. Tgl. kostenlose Musik, oft tolle Jam-Sessions und eine Portion Soul Food gibt es dazu. Ein Geheimtipp!*

Cotton Club: *666 W. 125th St./Riverside Dr.,* **Harlem**, *www.cottonclub-newyork.com. Der Nachfolger des in den 1920er-/30er-Jahren legendären Clubs kann zwar nicht das Ambiente und die Stars seines Vorgängers aufweisen, lohnt aber trotzdem die Anfahrt. Jazz und Gospel, oft auch Blues. Dazu Latin Night und Swing Dance Night. Programm lesen!*

American Legion Post #398, *248 W. 132nd St.,* **Harlem**, *www.colchasyoungharlempost398.com. Kellerkneipe eines Veteranenvereins. Tolle Jam-Sessions, dazu Stimmung und fettiges Soul Food. Livemusik Mi, Do, So.*

Londel's, *2620 Frederick Douglass Blvd./W. 140th St.,* **Harlem**. *Jazz Fr u. Sa. Eher ein Restaurant gehobenen Standards als ein Jazz-Club. Doch läuft was, wird „aus der Seele heraus" gespielt.*

Frank's *(siehe S. 146). Hier wird oft echter Soul geboten.*

Barbès, *376 9th St./6th Ave.,* **Brooklyn** (**Park Slope**), *www.barbesbrooklyn.com. Kleines, unkompliziertes Neighborhood-Lokal. Oft voll. Nahezu täglich Livemusik oder Party. Neben Jazz viel Latin-Musik und Brass-Bands. Beliebt ist die Brass-Band Slavic Soul Party (Di).*

info

„Blue Note (Records)"

In den 1920er-Jahren erlebte der junge Alfred Löwe in Berlin das erste Mal einen Auftritt einer schwarzen Jazz-Band und war sofort begeistert von der Intensität dieser Musik. Als Jude emigrierte Löwe Mitte der 1930er-Jahre nach New York, bald darauf folgte ihm sein jüdischer Freund Frank Wolff, beide mit nur 10 Dollar in der Tasche. Als Al Lion und Frank Wolff gründeten die beiden Jazz-Fans 1939 die später legendär gewordene Plattenfirma „Blue Note Records". Besonders Al hatte ein Gespür für neue Richtungen. Vielversprechenden Nachwuchs-Jazzern gab er jegliche Unterstützung, ohne dabei auf den Profit zu schauen.

info

„Blue Note Records“ setzte neue Maßstäbe, machte z. B. das Gesangselement auf vielen Aufnahmen zum tragenden Element, erlangte mit Sidney Bichets „Summertime“ bis dahin ungeahnte Auflagenhöhen, verhalf dem Boogie-Woogie-Piano zu einer Renaissance (beginnend 1939 mit Aufnahmen von Meade Lux Lewis), experimentierte mit Jazzern aus dem tiefsten Harlem und gab dem Bebop in den 40er-Jahren erst den richtigen Kick. Einen großen Sprung wagte die Plattenfirma dann Anfang der 60er-Jahre: Mit Bud Powell und Thelonious Monk (spielte schon seit Mitte der 40er-Jahre für „Blue Note Records“) wurde die Jazz-Szene revolutioniert und der Modern Jazz ins Leben gerufen. Bald darauf folgten Hardbop und später Soul-Jazz.

Lions und Wolffs Nähe zu und Verständnis für die Musiker sowie der Mut, die Jazzer frei experimentieren zu lassen, waren einzigartig und Grundstock für den Erfolg. 1966 wurde „Blue Note Records“ verkauft an die „Liberty Record Co.“, doch noch heute sind die Begriffe Blue Note und Jazz untrennbar. Al verließ New York gleich nach der Veräußerung und ging – untröstlich über den Verkauf – ins Exil nach Mexiko.

Interessanterweise waren Lion und Wolff nicht die einzigen Europäer, die den Jazz in Amerika salonfähig gemacht haben. Viele andere, v. a. nach Amerika ausgewanderte Juden und Osteuropäer, taten es ihnen gleich. Ohne sie alle wäre der Jazz wohl schon lange ausgestorben und der Modern Jazz nie ins Leben gerufen worden. Denn für die weißen Amerikaner war Jazz bis in die 40er-Jahre hinein die Musik der Schwarzen, deren „Geklimper und Getute“ nicht ernst genommen wurde: Jazz kannten sie bis dahin nur aus Striptease-Bars und Bordellen. In den Modern Jazz flossen übrigens viele Blues-Elemente ein. Blues wird ja auch die „Musik der verlorenen Heimat“ genannt.

Für „Blue Note Records“ spielten und sangen u. a.: Bobby McFerrin, Cassandra Wilson, Albert Ammons, Jon Coltrane, George Adams, Miles Davis, Clifford Brown und Art Blakey.

„Blue Note Records hat das einzige Ziel, kompromisslos dem Hot Jazz oder ganz allgemein dem Swing zu dienen. Damit ist jene Stilrichtung gemeint, die für eine unverfälschte Form dieses musikalischen Ausdrucks steht. Aufgrund der Bedeutung von Ort, Zeit und Umständen besitzt der Jazz seine eigene Tradition sowie eine musikalische und gesellschaftliche Aussage. Das Anliegen von Blue Note Records ist es, die direkten Impulse des Jazz aufzugreifen, ohne wirtschaftliche Erwägungen und Effekthascherei wiederzugeben.“
Alfred Lion, 1939

Rock/Rock’n’ Roll, Reggae, moderne Rhythmen (Techno, Hip-Hop etc.)

Viele der einst bekannten Rockmusik-Lokale aus dem Süden von Manhattan haben lange geschlossen (z. B. CBGB) oder sind abgewandert nach Williamsburg (z. B. Knitting Factory). Hip-Hop, House, Heavy Metal, Techno und DJ-Partys haben ihren Platz eingenommen.

Knitting Factory, Mercury Lounge, SOB’s, Apollo Theater *und* **Webster Hall***:* *siehe S. 148 bzw. 150 (Apollo Theater).*

Arlene’s Grocery, *Stanton St. (zw. Orchard u. Ludlow Sts.),* **Lower East Side**, *www.arlenesgrocery.net. Hervorgegangen aus einem kleinen Supermarkt, wird hier heute täglich vornehmlich Indie-Punk und Heavy Metal gespielt. Montags Karaoke-Night.*

Bowery Ballroom, *6 Delancey St./Bowery,* **Lower East Side**, *www.boweryballroom.com. Ballsaal, umfunktioniert zu einem Livemusik-Venue. Beste Plätze sind auf dem Balkon (inkl. Bar dort oben). Hier treten oftmals noch alte Rockmusiker auf. Vorverkaufskarten gibt es in der nahen Mercury Lounge (**siehe S. 148**). Zur selben Organisation gehört auch die* **Music Hall of Williamsburg** *(66 North 6th St., zw. Kent u. Wythe Aves.,* **Brooklyn-Williamsburg***).*
Red Lion, *140 Bleecker St./Thompson St.,* **Greenwich Village**, *www.redlionnyc.com. Britischer Sports-Pub mit viel Bier vom Fass. In der „Musikecke" der westl. Bleecker St. Blues- und Rockmusik. Günstig und immer wert, das Programm mal zu checken.*
Pete's Candy Store, *709 Lorimer St. (zw. Richardson u. Frost Sts.),* **Brooklyn-Williamsburg**, *Subway: Lorimer St. (L-Train), www.petescandystore.com. Netter Neighborhood-Pub, vorne Pub, dahinter Auftrittsraum und Garten. Jam-Sessions, Bluegrass-Musik, experimentelle Grunge-Rhythmen und Folk. Abseits der Touristenpfade!*

Country/Folk, Latin American und anderes
„Urban Cowboys" und die Country Musik gelten als exotisch im „Big Apple". Der Folk dagegen ist stärker vertreten. Zumeist handelt es sich dabei um südamerikanische Gigs und v. a. irische Folkmusik. Die oft gespielte „Traditional Irish Music" ist nicht wegzudenken aus der New Yorker Musikszene. Sie wird vorwiegend in irischen Pubs gespielt. Latin Music, Folk und irische Musik sind in den Veranstaltungsblättern nur bedingt gelistet (meist gemeinsam unter der Rubrik „Folk"), denn zumeist handelt es sich um kleine Gruppen oder Jam-Sessions.

SOB's*: Modern Latin Music.* *Siehe S. 148.*
Hill Country, *30 W. 26th St. (zw. Broadway u. 6th Ave.), www.hillcountryny.com. Country- und Country-Rock-Livemusik Di–Sa. Oft auch So. Dazu BBQ-Gerichte und Burger.*
Camaradas, *2241 1st Ave. (zw. 115th u. 116th Sts.),* **East Harlem**, *www.camaradaselbarrio.com. Nahezu tgl. traditionelle und moderne lateinamerikanische, zumeist karibische, Rhythmen. Oft in Form von DJ-Partys und Karaoke. Zu essen gibt es Gerichte aus Puerto Rico und der Karibik.*
Pete's Candy Store*: s. o.*

LGBT-Szene
Das aktuelle Veranstaltungsprogramm der Homosexuellen-Szene findet man im kostenlosen Magazin „Next" (www.nextmagazine.net) sowie in den LGBT-Seiten von www.timeoutny.com (More LGBT).

Zentrum der **Schwulenszene** *sind immer noch die Bars und Restaurants in und um die Christopher Street (südwestl. der 7th Ave.) im* **Village** *sowie in* **Chelsea** *(17th bis 19th Sts., zw. 5th u. 8th Aves.). Weitere Treffpunkte der Szene sind das* **East Village**. *Die* **Lesbenszene** *verteilt sich mehr über die Stadt. Sie konnte sich nicht so leicht etablieren, da die Akzeptanz bei den New Yorkern anfangs geringer war.*

Die Szene-Lokale wechseln oft, daher sind hier nur ein paar legendäre Adressen gelistet:
Henrietta Hudson, *438 Hudson St./Morton St.,* **West Village**, *www.henriettahudson.com. Lesben. Beliebte Frauen-Bar. Billard, Comedy (meist Mi, 20 Uhr) und Livemusik (meist So). Männer nur in Begleitung einer Frau!*
The Monster, *80 Grove St./4th St.,* **Greenwich Village**, *www.manhattan-monster.com. Schwule. Oben wird getrunken und gesungen, unten getanzt bzw. Shows zugesehen.*

Stonewall Inn

Stonewall (**Inn**), *53 Christopher St./7th Ave. S.,* **Village**, *www.thestonewallinnnyc.com. Schwule. Nebenan befand sich das legendäre Stonewall Inn, eine der ersten Schwulenbars im Village. Hier fanden in den 1960er-Jahren viele Protestaktionen zugunsten der Homosexuellenszene statt, die 1969 schließlich zu ihrer allgemeinen Anerkennung führten. Dem unmittelbar vorausgegangen war am 28.6.1969 eine erbitterte Straßenschlacht zwischen Polizei und Homosexuellen vor dem Lokal, die sich angesichts der dauernden, ausgesprochen diskriminierenden Razziamethoden der Polizei entfachte. Seit 2016 ist das Stonewall Inn ein Nationaldenkmal.*
Duplex Cabaret, *61 Christopher St./7th Ave.,* **West Village**, ☏ *(212) 255-5438, www.theduplex.com. Schwule/Transvestiten/Transgender. New Yorks ältestes Kabarett-Theater. Oft Transvestiten- bzw. Schwulenshows. Bekannt für seine „Talentsuch-Abende". Unkompliziert geht es zu in der Piano-Bar im Erdgeschoss.*

Musicals

Ein New-York-Besuch ohne Musical? Die Musical-Szene der Stadt ist groß (www.nycgo.com/broadway), weltbekannt und qualitativ gut. Besonders eindrucksvoll ist es, wenn das Musical in einem der alten, renovierten Theaterkomplexe aufgeführt wird.

Kritiken und Hintergrundinfos zu Shows findet man unter www.timeout.com/newyork/theater.

Einige bekannte Musicals veröffentlichen Infos auf www.broadwaycollection.com.

Ticketkauf für Musicals und Theater
Europäische Reiseveranstalter verkaufen zusammen mit dem Reisepaket auch Tickets für Shows. Oft ist das nicht teurer.
Sonderangebote im Internet *(Achtung bei den „Nebenkosten"). Bewährte Anbieter sind: www.broadway.com, www.ticketmaster.com/broadway, www.newyorkcitytheatre.com, www.newyorkmusicalkarten.de (etwas teurer) sowie www.nyc.com/broadway_tickets.*

Günstige Tickets bekommt man an den **TKTS-Buden**: *auf dem Times Square, am South Street Seaport (Ecke John u. Front Sts.) oder in Brooklyn (1 Metrotech Center, Jay St.). Diese gibt es i. d. R. nur für Vorstellungen am gleichen Abend. Die Schlangen sind oft lang, besonders die am Times Square! Kurz vor der Show, gegen 19 Uhr, sind die Schlangen kürzer. Öffnungszeiten (Times Square): 10–14, 15–20 Uhr, ☏ (212) 912-9770, www.tdf.org.*
*Vergünstigte „***Rush Tickets***" erhält man vor Showbeginn an den Ticketschaltern der einzelnen Theater, sofern noch Plätze frei sind.*
Der **Concierge im Hotel** *schlägt eine Extragebühr auf den normalen Ticketpreis auf, kann aber mit etwas Glück ein nahezu aussichtsloses Ticket auftreiben. Dafür erwartet er/sie dann auch ein Extra-Trinkgeld. Das sollte man dann bereits bei der Order in Aussicht stellen, denn Europäer sind bei den Concierges oft wegen ihrer Trinkgeld-Knickerigkeit bekannt.*

Oper/Operette

Ein ausführliches **Opernprogramm** *findet man auf den Webseiten www.villagevoice.com sowie www.timeoutny.com. Wer* **online buchen** *möchte, der findet Tickets unter www.ticketmaster.com/broadway (Arts & Theater New York).*

Berühmt ist die **Metropolitan Opera Company** (**Met**), *deren Weltklasse-Ensemble im Metropolitan Opera House (Lincoln Center, Broadway/64th St.,* **Upper West Side**, *☏ (212) 362-6000, www.metopera.org) auftritt. Atmosphäre, Publikum, Klangqualität und Einrichtung (u. a. Chagall-Wandgemälde) sprechen ebenfalls für einen Besuch. Saison: Oktober bis Mitte April. Die Kartenpreise beginnen zwar bei ca. $25, doch sind die Plätze unter $90 i. d. R. weit hinten und/oder bedeuten eine schlechte Sicht bzw. sind sogar Stehplätze. Die* **Met** *tritt im Sommer im Central Park und in anderen Parks der Stadt auf, man achte auf entsprechende Ankündigungen.*
Infos zu günstigen Tickets (z. B. „Last Minute Orchestra Seating", Studenten, Stehplätze etc.) findet man unter www.metopera.org/Season/Tickets.

Beachtenswert sind die Aufführungen in der **Brooklyn Academy of Music** (**BAM**): *30 Lafayette Ave./Ashland Pl.,* **Brooklyn-Downtown**, *www.bam.org. Hier werden gerne auch experimentelle Stücke gezeigt.*

Im East Village gibt es noch eine Reihe kleiner Theater

Theater

Ein ausführliches Theaterprogramm bietet die Website www.timeoutny.com unter „Theater". Oder man schaut bzw. bucht unter www.ticketmaster.com/broadway (Arts & Theater/New York) oder unter www.broadway.com (Broadway Plays, Off-Broadway-Shows). Günstige Tickets für denselben Tag gibt es auch an den TKTS-Buden (www.tdf.org, s. o.).

Die New Yorker lieben das Theater. Somit gibt es unzählige Bühnen, auf denen wirklich alles geboten wird. Doch sind gute Stücke oft Wochen im Voraus ausgebucht. Besser schon von Europa aus buchen.

Ein besonderes Theater ist **Shakespeare in the Park**. *Die Shakespeare-Stücke werden während der Sommermonate unter freiem Himmel im Delacorte Theater (am Belvedere Castle) im Central Park aufgeführt – und zwar kostenlos. Die heiß begehrten Tickets bekommt man am Aufführungstag ab 12 Uhr am* **Delacorte Theater**, *um 11.30 Uhr via* **Lotterie** *am Schalter des The Public Theater (425 Lafayette St.); Ausgabe von 2 Tickets dann ab 12 Uhr oder unter Anmeldung in Form einer Lotterie über das* **Internet**: *www.publictheater.org.*

Was bedeutet ...

Broadway(-**Theater**): Die größten Shows (aber nicht unbedingt die besten). Faustregel: Das Theater verfügt über mind. 600 Sitze. Der Aufführungsort muss aber keineswegs am Broadway liegen. Hierzu gehören auch die bekannten Musicals.
Off-Broadway(-**Theater**): Kleinere Theater (250–600 Sitzplätze). Theater-, aber selten Musical-Aufführungen. Der Aufführungsort kann aber am Broadway liegen.
Off-Off-Broadway(-**Theater**): Kleine und „finanziell schwächere" Theater mit meist weniger als 150 Sitzen. Sie verteilen sich über ganz Manhattan, können aber auch mal am Broadway zu finden sein. Hier wird viel experimentiert, und (noch) unbekannte Künstler bekommen ihre Chance.

Kabarett/Komödie/Lesungen/Supper Clubs

Neben den „klassischen" Theateraufführungen erfreut sich New York auch einer Vielzahl von Kabarett- und Supper-Club-Aufführungen. Bei letzteren – das verrät schon der Name – gibt es auch etwas zu essen während der Vorführung. Die Qualität der Stücke (oft treten Entertainer, Variétisten, Akrobaten oder Zauberkünstler auf) ist i. d. R. zwar gut, doch es handelt sich um leichte Kost, die nicht ganz billig ist und den New Yorkern eher als Ablenkung vom Alltag dient. Und die Kabarettisten mögen zwar top sein, oft aber sprechen sie sehr schnell, die Witze und Anekdoten verstehen Europäer meist nicht, zu häufig basieren sie auf Insiderwissen – betreffen TV-Programme, Starlets oder NY-Politik).

Einen Überblick über die Aufführungen (inkl. Kurzbeschreibung) bieten die Webseiten www.villagevoice.com sowie www.timeoutny.com. Bekannte Kabarett- und Supper Club-Bühnen sind:
Cornelia Street Café, *29 Cornelia St. (zw. 4th u. Bleecker Sts.),* **Greenwich Village**, *www.corneliastreetcafe.com. Kabarett, Lesungen u. a. Essen gibt es auch.*
Housin Works Bookstore Café, *126 Crosby St. (zw. Houston u. Prince Sts.),* **SoHo**, *www.housingworks.org/bookstore. Vorwiegend Lesungen.*
Joe's Pub (**Public Theater**), *siehe S. 149.*
Duplex Cabaret, *61 Christopher St./7th Ave.,* **West Village**, *www.theduplex.com. New Yorks ältestes Kabarett-Theater. Oft Transvestiten- bzw. Schwulenshows.*
Oak Room, *Algonquin Hotel, 59 W. 44th St. (zw. 5th u. 6th Sts.),* **Theater District**, *www.algonquinhotel.com. Kabarett in der räumlichen Atmosphäre der 20er-Jahre. Eine der besten Adressen für Kabaretts, aber meist auch teuer.*
Swing 46, *349 46th St. (zw. 8th u. 9th Aves.),* **Midtown-West**, *www.swing46.com. Swingmusik steht obenan in diesem Supper Club. Meist Livebands (Big Bands). Dresscode (keine Jeans)! Swing-Dance-Unterricht.*

Café Carlyle, Carlyle Hotel, 981 Madison Ave./76th St., **Upper East Side**, www.thecarlyle.com. Teuer, aber hochkarätiges Kabarett. Meist mit Dinner und Minimum-Verzehr.
Nicht selten werden Kabaretts u. Ä. in der **Neuen Galerie**, 1048 5th Ave., Höhe 86th St., **Upper East Side**, www.neuegalerie.org, aufgeführt.

Klassische Konzerte

Ein ausführliches Programm entnimmt man den Webseiten www.timeout.com/newyork/music/classical-music bzw. www.bachtrack.com. Infos zu einzelnen Veranstaltungsorten findet man unter: www.ny.com/music/classical.

Das weltberühmte **NY Philharmonic Orchestra** spielt in der David Geffen (ehem. Avery Fisher) Hall (Lincoln Center, Broadway/64th St., **Upper West Side**, www.nyphil.org, Saison: Sept.–Juni) und im Sommer in New Yorker Parks.
Berühmte Gastorchester treten meist in der **Carnegie Hall** (W. 57th St., an der 7th Ave., **Midtown**, www.carnegiehall.org) auf.
Einen Besuch wert sind die Aufführungen in der **Brooklyn Academy of Music** (**BAM**), Adresse s. S. 154.
Bargemusic: Fulton Ferry Landing, **Brooklyn (unter Brooklyn Bridge)**, ☏ (718) 624-4924, www.bargemusic.org. Sehr originell und mittlerweile weltberühmt: klassische Kammermusik auf einer umgebauten Hafenbarkasse. Tickets frühzeitig reservieren, denn es gibt nur 130 Plätze.
Achten sollte man auch auf **Ankündigungen von Konzerten**, wie z. B. denen in der Trinity Church, in der St. Paul's Church, im Bryant Park, in den Kulturhäusern der verschiedenen Nationen, und im Sommer auf die unterschiedlichsten Konzerte und Darbietungen im Hudson Riverside Park (zw. 59th und 153th Sts., **Manhattan**, www.nycgovparks.org/events).

Ballett/Tanz

Saison: Oktober bis Dezember und März bis Juni.

New York ist das **Mekka der (Welt-)Tanzszene**, besonders der des Ballett und des Modern Dance. Zahlreiche hochklassige Tanzschulen unterrichten die Stars und die, die es werden wollen.

Tanzaufführungen werden angekündigt auf der Webseite www.timeoutny.com (More Dance). Zudem gibt es in ausgesuchten Zeitschriftenläden das „Dance Magazine" (www.dancemagazine.com), welches auf Aufführungen aufmerksam macht.
Günstige Tickets für Tanzaufführungen erhält man in den TKTS-Buden (siehe S. 154, www.tdf.org).
Das **New York City Ballet** tritt als gemeinschaftliche Truppe mit einer erstklassigen Choreografie auf. Nicht selten tanzt ein Star mit, www.nycballet.com.
American Ballet Theatre: Eine hochklassige Ballettkompanie seit 1957. Kein individueller Stil, doch bekannt geworden durch seine klassischen Aufführungen. Auch Baryshnikov und Nurejew haben mit dieser Kompanie geübt und hier unterrichtet. www.abt.org.
Dance Theater of Harlem: 1969 gegründet als Schule und Tanz-Kompanie von Arthur Mitchell. Ziel: den Straßenkindern von Harlem die Chance zu einer Tanzkarriere zu bieten. www.dancetheatreofharlem.org.
Andere erstklassige Tanz-Kompanien, auf deren Aufführungsprogramm man achten sollte, sind: **Eliot Feld Ballet**, **Martha Graham Dance Company**, **Alvin Ailey American Dance Theater** und **Merce Cunningham Company**.
Experimentiert wird bzw. neue Stücke werden oft uraufgeführt im **New York Live Arts** (219 W. 19th St., zw. 7th u. 8th Aves., **Chelsea**, www.newyorklivearts.org), dem **Danspace Project**

(131 E. 10th St., in der St. Mark's in the Bowery Church, **East Village**, *www.danspaceproject.org)* *oder dem* **PS (Performance Space) 122** *(150 1st Ave./19th St.,* **East Village**, *www.ps122.org).*

TV-Shows

Rechtzeitig buchen, oft sind die Tickets bereits ein halbes Jahr im Voraus vergeben. Für den Besuch beider Shows gilt: Ausweis vorlegen; Mindestalter ist 16 Jahre.

Nachfolger der weltberühmten „Late Show with David Letterman" ist seit 2015 **The Late Show with Stephen Colbert** *(www.colbertlateshow.com). Und sie bleibt eine New Yorker Institution. Tickets via Internet (www.nytix.com/TVShows/2015/lateshowstephencolbert.html) bestellen. Ed Sullivan Theatre, 1697 Broadway (zw. 53th u. 54th Sts.),* **Midtown**.

Die Talk-Show **Saturday Night Live** *gilt ebenfalls als Klassiker. Showtime ist samstags um 23.30 Uhr (Kleidercheck um 19.15 Uhr, Ankunft für die Show nicht später als 22.45 Uhr!) Die Tickets werden einmal im Jahr verlost! D. h., man gibt einen Ticketwunsch über das Internet ein. Terminwünsche werden bedingt berücksichtigt. Standby-Tickets: am Morgen der Show bei NBC (s. u.). Nur ein Ticket pro Person!*
Tickets: *NBC, 30 Rockefeller Plaza (49th Street-Seite), www.nbc.com/saturday-night-live.*

Shopping

New York ist ein Shoppingparadies par excellence. Ob der letzte Modeschrei, gebrauchte Bücher, alte Emailleschilder, Kunstgegenstände, neueste Smartphones usw.: Die Auswahl an Geschäften ist riesig, und im „Big Apple" werden Trends gesetzt. Topnamen leisten sich Flagship-Stores, und Allround-Discounter, wie z. B. „Century 21", verscherbeln die Kleidung begehrter Label geradezu. Man muss nur lange genug suchen in den endlosen Kleiderständerreihen.

Achtung jedoch vor den kleinen Kamera- und Elektroläden, die sich besonders in Midtown angesiedelt haben. Preise hängen nicht aus, und ein vermeintlich günstiger Fotoapparat ist z. B. nur dann zu erstehen, wenn man zugleich ein völlig überteuertes Objektiv dazukauft. Besser gleich ein renommiertes Fachgeschäft aufsuchen.

Hinweis: Mehrwertsteuer

In New York liegt die **Sales Tax** zurzeit bei 8,875 %. Kleidung und Schuhe, deren Einzelpreis unter $110 liegt, sind von dieser Steuer befreit (kurzfristige Änderung möglich!).

★ = *persönliche Empfehlungen*
★ = *Tipp, um Mitbringsel für die Daheimgebliebenen zu erstehen*

Die interessantesten Einkaufsviertel und -straßen im Überblick
Wo lässt es sich besonders gut bummeln? In welchen Seitenstraßen findet man interessante Geschäfte? Die folgende Listung soll einen groben Überblick und Anhaltspunkte geben, wo das Shoppen in New York besonders empfehlenswert ist.

Einkaufen in Manhattan

1 Brookfield Place (Luxus Mall)
2 Century 21 (Top-Designer zu Outletpreisen)
3 Chinatown (asiat. Gewürze, Gemüse, einige Textilien)
4 Canal Street (günstiger Ramsch, elektrische Billigprodukte)
5 Mulberry Street in Little Italy (ital. Lebensmittel) und kleine Boutiquen (Textilien)
6 Historic Orchard Street (Textilien für Alt und Jung, Eklektisch)
7 SoHo (Kunstgalerien, hippe Textilien, Boutiquen)
8 NoLIta (kleine Boutiquen für jüngere Leute, mittelpreisig)
9 East Village (Indie-Shops und freakige Boutiquen)
10 Broadway um die 12th Street/Union Sq. – (Secondhand-Bücher, Halloween, Textil-Outlets wie DSW)
11 Greenwich Village (Bleecker Street) – Boutiquen, Galerien, „In"-Geschäfte
12 14th Street (zw. Broadway und High Line Park) – Textilien, schrille Klamotten und im Meatpacking District extravagante Designer-Kleidung für die Jüngeren bzw. die ganz Reichen
13 Flatiron District / Ladies Mile (ABC-Möbel, Haushaltswaren)
14 Chelsea (günstige Designertextilien, Galerien)
15 Herald Square (Macy's)
16 5th Avenue (zwischen 49th und 59th Street) – extrem teure Designer, Saks, Tiffany's, Flagship-Stores etc.
17 Lexington Avenue (um 59th Street) – u. a. Bloomingdale's, höherwertige Designer, Marken-Textilien, Juweliere
18 Upper East Side (besonders Madison Ave.) – ausgesuchte, extrem teure Boutiquen, kleine Galerien
19 Upper West Side (Columbus Ave. / 72nd Street) – buntes Angebot, u. a. Fachgeschäfte bekannter Textilfirmen

Hinweise

Jedes Museum hat einen **Museumsshop**, in dem man auch Geschenke und Andenken findet.
Wer spezielle Dinge sucht, der sollte sich einen **Shopping-Guide** kaufen. Empfehlung: „Zagat Survey – New York City Shopping & Food Lover's Guide".
Hilfen im **Internet**: www.timeoutny.com („Sales & Bargains", „Shopping"), www.lazarshopping.com, www.newyorkcity.de/shoppen-in-new-york, www.nycgo.com/shopping.

Manhattan – von Süden nach Norden
★★ **Chinatown**: *In beinahe jeder Straße findet man Importläden, deren Farbpracht durch asiatischen Kitsch (Buddha-Altäre, Plastiklampen etc.) untermalt wird. Hobbyköche werden sich an der immensen Auswahl an Gewürzen, Soßen und Beilagen sowie Kochutensilien erfreuen. Besonders entlang der* **Canal St.** *kann man günstig bei Straßenhändlern kaufen: Elektrogeräte, Sonnenbrillen, Koffer, Parfums, Schmuck, Jeans usw. Oft aber handelt es sich, besonders bei Uhren und Parfüms, um Raubkopien.*
Mulberry Street in Little Italy: *Bietet immer noch ein paar gute italienische Feinkostläden. Nördlich davon in* **NoLIta** *haben sich kleine Boutiquen (evtl.) zukünftiger Top-Designer angesiedelt, die günstiger sind als die in Midtown und der Upper East Side. Zielgruppe: junge Leute.*
Orchard Street, *5 Blocks nördl. und* **südl. Delancey Street**: *Früher ein Gebiet, wo sich Schneider, Lederhändler, Pelzgeschäfte u. Ä. angesiedelt hatten. Diese wurden, bis auf wenige Ausnahmen, nun verdrängt von Indie-Designern, Trend-Boutiquen und anderen Geschäften, die eher auf das junge Publikum zielen. Die (noch existierende) Mischung aus beidem macht einen Besuch lohnenswert. Infos: Lower East Side Visitor Center, 54 Orchard St.*

★ **SoHo**
Broadway, *zwischen Canal Street u. 8th Street: Im „Cast-Iron"-District zwischen Uni und dem Greenwich Village hat sich ein vielseitiges Spektrum an Modegeschäften der mittleren Preisklassen angesiedelt.*
Das (südl.) **SoHo** *ist bekannt für seine Galerien und „In"-Boutiquen (W. Broadway, „5th Avenue of SoHo"/Prince- und Spring St.). Stöbern lohnt auch in den kleinen Seitenstraßen (z. B. Greene-, Mercer- und Wooster Sts.).*

East Village: *Hier heißt es Stöbern in den Streets zw. 1st und 3rd Ave. nach Indie-Shops und freakigen Boutiquen.*

Broadway ab 10th Street bis einschließlich Union Square: *Halloween-Shops, Antiquitätenläden,* **Strand** *(riesiger Secondhand-Buchladen), am Union Square Designer-Outlets (DSW, Burlington Coat Factory), Barnes & Noble (Buchladen) und im Westteil des Parks der Greenmarket (Mo, Mi, Fr, Sa).*
Im **Greenwich Village** *verteilen sich kleine Boutiquen, Galerien und „edle" Trödelläden. Unter anderem an folgenden Straßen: Bleecker St. westl. vom La Guardia Pl. bis zum Abingdon Sq., Hudson und 8th St. sowie Ecke Greenwich Ave./Ave. of the Americas.*
★ **14th Street zw. Broadway und High Line Park**: *Als Grenze zwischen Chelsea und dem Greenwich Village findet man hier in unscheinbaren Boutiquen normale und auch schrille*

Jugendmoden. Geschäfte der Top-Modedesigner gibt es weiter westlich im ★ **Meatpacking District**. *Gourmets werden den* **Chelsea Market** *lieben.*

Flatiron District: *Einkaufsmeile entlang dem Broadway und an der 5th Ave. mit feinen Möbel-, Teppich- und Kücheneinrichtungsgeschäften. Vom Madison Sq. den Broadway Richtung Norden haben sich Bekleidungsgeschäfte angesiedelt.*

Chelsea: *Trendsetter, wie das Village. Entsprechend abwechslungsreich sind die Geschäfte. Schlendert man entlang der 23th St. westl. des Broadway, finden sich in den Kreuzungsbereichen der großen Avenues günstige Markenartikler. Sa u. So findet der* ★ **Chelsea Fleamarket** *(59 W. 25th St.) statt.*

★ **Herald Square/34th St.**: *Um das Mega-Kaufhaus* **Macy's** *haben sich Marken-/Designergeschäfte niedergelassen, entlang der 34th St. nach Westen günstige Bekleidungsläden. Knüller ist Macy's selbst. Die Manhattan Mall wirkt dagegen nur praktisch.*

★ **5th Avenue – zw. 49th und 59th Sts./57th St. zw. Park und 6th Ave.**: *Die Luxusmeilen New Yorks, wenn nicht sogar der ganzen Welt. Gold, Kupfer und Marmor schmücken die Juweliere und Flagship-Stores der Edelmarken, wie z. B. Gucci, Bugatti, Cartier und* **Tiffany**. *Türsteher öffnen die Pforten in die sündhaft teuren Läden. Im Trump Tower verteilen sich ausgesuchte Geschäfte über mehrere Etagen. An der 57th St. werden die zweithöchsten Ladenmieten der Welt genommen (nach einer Straße in Hongkong).*

Lexington Ave. um 59th St.: *Um das Kaufhaus* **Bloomingdale's** *haben sich Markenartikler und in Madison und 3rd Ave. Designerläden niedergelassen. Die* **Upper East Side** *entlang Madison Ave. beherbergt sündhaft teure Geschäfte jeglicher Couleur.*

Upper West Side: *Der Geldadel hat auch dieses Gebiet entdeckt. Noch ist die Mischung aus reich, avantgardistisch und „knapp bei Kasse" ausgewogen. Von teuren Designern bis hin zu kleinen Hinterhofgalerien verkannter Künstler. Wichtigste Straßen: Amsterdam Ave., Broadway (ab 70th St.) und Columbus Ave. (ab 60th St.). Geeignet für einen Spaziergang nach Besuch des Central Park.*

Sunset Park Industrial Park: s. S. 364 *(Brooklyn).*

Malls, Kaufhäuser und Department Stores (Auswahl)

Westfield World Trade Center, Downtown. *Das 1,2 Mrd. Euro teure Shopping Center unter dem ehemaligen World Trade Center beherbergt 100 Läden, darunter Apple, Under Armour, Kate Spade und Lacoste.*

Brookfield Place, *im World Trade Center,* **Battery Park City**. *Luxusgeschäfte (Gucci, Davidoff, Omega, Diane von Furstenberg, Michael Kors, Saks 5th Ave. u. a.). Dazu Restaurants und ein französisch angehauchter Marketplace.*

Manhattan Mall, *Herald Sq./34th St.,* **Herald Square**. *Moderne Mall über 7 Etagen. Viele Markenfirmen (Spielwaren, Textilien, Sonnenbrillen etc.). Kein besonderes Shoppingerlebnis, dafür vieles schnell „zur Hand".*

★ **Macy's**: *Herald Sq./W. 34th St.,* **Herald Square**. *Größtes Kaufhaus der Welt (200.000 m^2 Verkaufsfläche). Eine Attraktion in sich. Macy's nimmt einen ganzen Häuserblock ein. Sich zu verlaufen fällt nicht schwer. Das Erdgeschoss besticht durch seine alten Holzvertäfelungen und den „Chic der 1930er-Jahre". Macy's ist bekannt für seine außergewöhnlichen „Sales".*

Saks Fifth Avenue, *611 5th Ave. (zw. 49th u. 50th Sts.),* **Midtown**. *Kaufhaus der Oberklasse: Ambiente, Service und Tradition vereinen sich zu einem eindrucksvollen, wenn auch teuren Shoppingerlebnis. Lohnend sind v. a. die Bekleidungs- und die riesige Schuhabteilung.*

Bergdorf Goodman, *754 5th Ave./58th St.,* **Midtown**. *Ebenfalls eines der Traditionshäuser New Yorks. Hier kauft die „Elegancia" ihre Kleidung ein.*

★ **Bloomingdale's**, *1000 3rd Ave. (59th St.),* **Midtown/Upper East Side**. *Die zweite Kaufhauslegende der Stadt begann als Billigdiscounter und ist heute der „Discounter für die oberen Zehntausend". Leicht verläuft man sich in dem verwinkelten Bau, dafür findet man sich dann zusammen mit der „Creme de la Creme" in den Ausverkaufs-Kleiderständern wühlend. Allemal gut für Schnäppchenjäger auf der Suche nach* **Top-***Designerware.*

Märkte/Flohmärkte

Es gibt sie noch, die netten Straßen- und Schulhofmärkte. Auch wer sich die Mühe macht, nach kurzfristig angekündigten Märkten zu schauen, wird bestimmt fündig.

Union Square Market: *größter von insgesamt 20 von der Stadt gesponserten Biomärkten („Greenmarkets"). Mo, Mi, Fr, Sa.*

★ **Chelsea Flea Market**, *W. 25th St. (zw. 6th u. Broadway),* **Chelsea**. *Sa u. So 9–18 Uhr. Antiquitäten, Kleidung und Deko-Artikel.*

★ **Hell's Kitchen Fleamarket**, *W. 39th St. (zw. 9th u. 10th Aves.),* **Hell's Kitchen**. *Der schönste Outdoor-Flohmarkt in Manhattan. Ramsch, Antiquitäten und neumodischer Kitsch. Sa u. So 9–17 Uhr.*

★ **GreenFlea Market**, *100 W. 77th St./Columbus Ave.,* **Upper West Side**. *So 10–17.30 Uhr. Bunt gemischt. Vintage, Antiquitäten, Gewürze und Gebrauchsgegenstände.*

Harlem Market, *116th St. (zw. Lenox und 5th Aves.),* **Harlem**. *Täglich. Afrikanische Holzschnitzereien, Textilien und Stoffe. Handeln!*

Brooklyn Flea, *April–Sept. Sa u. So 10–17 Uhr. Sa.: 176 Lafayette Ave. (zw. Claremont und Vanderbilt Aves.),* **Fort Greene**, *So: 50 Kent Ave. (zw. 11th u. 12th Sts.),* **Williamsburg**. *Nov–März indoor, zurzeit: Sunset Park,* **Brooklyn** *(Subwaystation 36th St., Linien D, N, R), unbedingt aber über u. g. Webseite abchecken. Alte und auf Alt gemachte Dinge, Kleidung und jeglicher Ramsch. Für uns der schönste Flohmarkt der Stadt. Angeschlossen ist ein „***Food-Fleamarket**" (**Smorgasburg**) *mit internationalen Leckereien: Sa in* **Williamsburg** *(East River Park, 90 Kent Ave./N. 7th St., 11–18 Uhr), So im* **Brooklyn Bridge Park** *(304 Furman St./Pier 5), in den o. g. Wintermonaten an der o. g. Flohmarkt-Location, www.brooklynflea.com.*

Ethnische Vielfalt in Queens – ein Einkaufserlebnis

So kann man Saris, **indischen** Schmuck, Gewürze etc. entlang der 74th St. (zw. 37th und Roosevelt Aves.), **Jackson Heights**, erstehen.
Ostasiatische Waren, wie z. B. japanische Knabbereien und koreanische Kleidung, findet man in **Flushing** (7-Train/Flushing Main St. bis hin zum Northern Blvd.).
Asiatisches Allerlei und ein asiatisches Shopping Center gibt es in **Rego Park** (Ecke Junction/Queens Blvd.).
Astoria ist neuerdings bekannt für die **brasilianischen** Einflüsse. Brasilianische Lebensmittel gibt es im Supermarkt Rio Bonito (32-15 36th Ave. = Ecke 36th Ave./33rd St.). Weitere Shoppingtipps zu Queens: www.queens.about.com/od/shopping.

Spezialgeschäfte

Lebensmittel

Wer sich für ein Picknick in einem Park oder an den Ufern des Hudson oder East River eindecken möchte bzw. ein leckeres Mitbringsel für zu Hause sucht, findet in New Yorks bunten und internationalen Lebensmittelgeschäften bestimmt etwas.

Whole Foods: *Supermarkt-Kette, die von sich behauptet, besonders ökologisch aufgestellt zu sein. Das Angebot ist enorm. Auch fertige Speisen zum Mitnehmen. Filialen: 270 Greenwich St./Warren St., 95 E. Houston St./Bowery, 4 Union Square South und 250 7th Ave./24th St.*

★ ★ **New Kam Man**, *siehe S. 170.*

★ **Hongkong Supermarket**, *Ecke Hesters/Elizabeth Sts.*, **Chinatown.** *Gut für Soßen, Konserven etc. als Mitbringsel, aber auch frische, teilweise interessante chinesische Zutaten. An der Ecke Mulberry/Grand Sts. (***Little Italy***) verwöhnen zwei italienische Feinkostläden:* **Piemont Ravioli** *verkauft selbst zubereitete Pasta,* **Alleva** *vornehmlich italienische Käsesorten und Schinken.*

Dean & DeLuca, *560 Broadway/Prince St.*, **SoHo**. *Schicker Delikatessenladen mit einer der besten Käsetheken der Stadt.*

★ **Russ & Daughters**, *179 E. Houston St. (zw. Allen u. Orchard Sts.),* **Lower East Side**. *Seit 1914 existiert das vornehmlich auf Fisch spezialisierte Geschäft. Der marinierte Hering hilft gut über einen Hangover hinweg, und die verschiedenen Lachssorten auf einem Bagel serviert eignen sich hervorragend fürs Picknick. Es gibt auch Käse, Kaviar und Gemüse.*

Li-Lac, *40 8th Ave./Jane St.*, **Greenwich Village**. *Leckere, z. T. obersüße Schokoladen aus eigener Produktion.*

★ **Warehouse Wines & Spirits**, *735 Broadway/Astor Pl.*, **Greenwich Village**. *Gute Bourbonauswahl sowie erlesene Tequilas und Weine zu günstigen Preisen. Nahe bei, Ecke Lafayette/4th Sts., wartet die edlere Konkurrenz:* **Astor Wine & Spirits** *mit einer hervorragenden Weinauswahl.*

Murray's Cheese Shop, *254 Bleecker St. (zw. Morton u. Leroy Sts.),* **Greenwich Village**. *Ältester Käseladen in New York. In der angeschlossenen Bar kann man alle Käsesorten probieren – samt einem guten Schluck Wein.*

★ **Veniero's**, *342 E. 11th St./1st Ave.*, **East Village**. *Italienische Bäckerei der Extraklasse. Seit 1894 in New York, ist diese eine Institution für Kuchen und Pastries.*

East Village Cheese, *E. 7th St. (zw. 1st u 2nd Aves.),* **East Village**. *Käseladen mit vielen Sonderangeboten. Einfach, aber gut.*

Greenmarkets/Union Square Market: *siehe S. 161.*

★ ★ **Chelsea Market**, *75 9th Ave. (zw. 15th u. 1c Sts.),* **Chelsea**. *Die Foodmall erstreckt sich über einen ganzen Block. Über 20 Lebensmittel-, Wein- und Gourmethändler. Hier findet man alles, auch schon Zubereitetes, für einen Snack am nahen High Line Park.*

Eataly, *5th Ave./23rd Sts., am Madison Square Park. Eleganter Foodmarket, in den sich zahlreiche Restaurants und Essensbars eingefügt haben. Beste italienische Lebensmittel, zum Kaufen oder zum Verzehr vor Ort. Da angesagt, meist sehr voll und laut.*

Im Chelsea Market finden man alles rund ums Essen

Ausgesucht, frisch und eine Augenweide sind die Lebensmittelstände im **Food Concourse** *des* **Grand Central Station Market** *(42nd St./ Park Ave.,* **Midtown East***).*

Balducci's, *301 W. 56th St./8th Ave.,* **Midtown**. *Gourmetladen. Bestens geeignet, um sich etwas für den Lunch zusammenzustellen.*

★ **Zabar's**, *2245 Broadway/80th St.,* **Upper West Side**. *Der Gourmettempel New Yorks. Ein Besuch hier hat etwas mit Sightseeing zu tun. Im Obergeschoss gibt es Küchengeräte und Haushaltsartikel – natürlich auch nur vom Feinsten.*

Schaller & Weber, *2nd Ave./86th St.,* **Yorkville**. *Deutsche Traditions-Schlachterei. Beste Würste und Aufschnitt. Auch Pastrami.*

Lassen Hennigs, *114 Montague St.,* **Brooklyn Heights**. *Feinkostladen mit guten Käse-, Wurst- und Kuchenspezialitäten. Auch fertige Gerichte, perfekt für ein Picknick auf der Brooklyn-Heights-Promenade.*

★ **Juniors**, *368 Faltbush Ave./DeKalb Ave.,* **Brooklyn-Downtown**. *Bester Käsekuchen New Yorks.*

Bunte Vielfalt erwartet einen beim Einkaufen im „Big Apple"

Bekleidung allgemein/Jeans

Günstige Marken-Jeans werden mittlerweile in der ganzen Stadt verkauft. **OMG-Jeans** *(408 Broadway, gleich südl. Canal St.) ist immer noch der Preisbrecher. Wer bummeln mag, der schaut entlang dem Broadway, zw. Canal und 8th Sts.* (**SoHo/Greenwich Village**).

★ *In der* **Orchard Street** *in der* **Lower East Side** *gibt es immer mehr kleine, schicke Boutiquen.*

Helmut Lang, 3 Shops: *93 Mercer St./Spring St.,* **SoHo**, *14 Prince St./Elizabeth St.,* **NoLIta**, *sowie im* **Meatpacking District** *an der 821 Washington St. Designer-Jeans und andere Kleidung.*

★ *Ein günstiges Kaufhaus für den alltäglichen Bedarf, besonders für Kleidung und Schuhe, ist* **K-Mart**: *Astor Pl.* (**Astor Place/NoHo**).

Diesel, *135 Spring St. (zw. Greene u. Wooster Sts.),* **SoHo**. *Einen Block weiter:* **Diesel Black Gold** *(68 Greene St., zw. Spring u. Broome Sts.). Jeans u. a. der Designer-Marke.*

Wer das Neueste auftreiben will und bereit ist, tiefer in die Tasche zu greifen, der schaut bei **Jeffrey** *(449 West 14th St, zw. 9th u. 10th Sts.,* **Meatpacking District***) rein. Untergebracht in einer alten Keksfabrik. Beliebte Schuhabteilung.*

Dave's New York, *581 Ave. of the Americas (zw. 16th u. 17th Sts.),* **Flatiron District**. *Marken-Jeans, v. a. Levi's und Lee.*

Original Levi's Stores, *4 Geschäfte: 495 Broadway,* **SoHo**, *414 W. 14th St.,* **Meatpacking District**, *45 W. 34th St.,* **Herald Square**, *und 1501 Broadway,* **Times Square**. *Gut sortierte Levis-Auswahl. Schnäppchen gibt es aber selten.*

„Funky Stuff“

Beste Regionen, um nach ausgefallenem Mode-Chic zu suchen, sind **NoLIta**, **SoHo** und **NoHo**, ferner **Chelsea (14th St.**, **Meatpacking District)**, das **East Village** sowie **Williamsburg** (Brooklyn). Läden, wo auch gerne die Stars der Szene vorbeischauen, sind z. B. ★ ★ **Resurrection** (217 Mott St./Spring St., **NoLIta**, spezialisiert auf begehrte Vintage-Bekleidung) und **Stella McCartney** (112 Greene St., **SoHo**). Für beide gilt: teuer, schrill und „in“.

Hinweis: Designerstücke

Die Kaufhäuser **Saks Fifth Avenue**, **Bloomingdale's**, **Bergdorf Goodman** etc. führen ausgesuchte, erstklassige Kleidung der Top-Designer. Siehe S. 160f.
In **SoHo**, am Broadway, südlich der Houston St., gibt es zahlreiche Outfitter, die Jeans, T-Shirts, Schuhe etc. anbieten. Westlich des Broadway findet man die exklusiveren Designer (auf Sonderangebote achten!).

Herrenausstatter/Hüte

INA – for Men, *19 Prince St./Elizabeth St., NoLIta. Günstige Designer- und Vintage-Bekleidung. Weitere Läden: unter www.inanyc.com.*

★ ★ **J.J.Hat Center**, *310 Fifth Ave. (zw. 31st und 32nd Sts.),* **Midtown South**. *Kleiner Laden mit einem ausgesuchten Sortiment an Stetson- und anderen Markenhüten. Hier geht man als Cowboy oder Gentleman wieder heraus. Die Filiale* **Pork Pie Hatters** *(440 E. 9th St., zw. Ave. A u. 1st Ave.,* **East Village***) zielt auf das jüngere Publikum ab.*

Brooks Brothers, *346 Madison Ave./44th St.,* **Midtown East**. *Damen- u. Herrenausstatter. Spezialisiert auf maßgeschneiderte, klassische Anzüge. Filialen: 1270 Avenue of the Americas/W. 51st St.,* **Midtown**, *sowie 1 Liberty Plaza (Broadway/Cortlandt St.,* **Financial District***).*

Barney's, *Madison Ave./61st St.,* **Midtown/Upper East Side**. *Modekaufhaus mit viel Designerware. Viele Schnäppchen. Yuppie-Klientel.*

★ **Worth & Worth**, *45 W 57th St.,* **Midtown-East**. *Handgemachte, trendige Hüte aller Art, z. B. schicke Panamas. Spitzenqualität hat aber ihren Preis.*

Alfred Dunhill, *545 Madison. Ave. (zw. 54th u. 55th Sts.),* **Midtown-East**. *Schon lange nicht mehr einzig spezialisiert auf Rauchutensilien, hat sich Dunhill dem Trend angeschlossen und verkauft Herrenbekleidung des gehobenen Standards.*

★ **HATS BY BUNN**, *2283 Adam Clayton Powell Jr. Blvd. (zw. 134th u. 135th Sts.),* **Harlem**. *Hüte aller Art. Auch Maßanfertigungen. Spezialisiert auf modische, z. T. lustige Kopfbedeckungen.*

Damenbekleidung

Die Boutiquen in **SoHo** *(zw. Houston und Grand Sts.) bieten junge, ausgefallene Moden.*

Eileen Fisher, *395 W. Broadway (zw. Spring u. Broome Sts.),* **SoHo**. *„Flagship-Store“ mit dem gesamten Sortiment an klassischer Damenmode. Die Ausverkäufe im März und August sind der Renner. Eine Filiale mit günstigen Preisen ist im* **East Village**: *314 E. 9th St. (zw. 1st u. 2nd Aves.). Weitere Shops unter www.eileenfisher.com.*

★ **INA – for Women**, *101 Thompson St. (zw. Prince u. Spring Sts.),* **SoHo**, *sowie 21 Prince St. (zw. Mott u. Elizabeth Sts.),* **NoLIta**. *Günstige Vintage- und Designer-Kleidung, vornehmlich für junge Frauen. Weitere Läden unter www.inanyc.com.*

Lord & Taylor, *424 5th Ave. (zw. 38th u. 39th Sts.)*, **Murray Hill**. *Großes Geschäft, spezialisiert auf klassische Damenbekleidung und „dezenten Modechic".*
Barney's *und* **Brooks Brothers**, *s. o. unter „Herrenausstatter".*
★ **Henri Bendel**, *712 5th Ave. (56/57th St.)*, **Midtown**. *Elegantes Modekaufhaus. Die Ware ist dezent und einladend ausgestellt.*
Chanel, *15 E. 57th St. (zw. 5th u. Madison Aves.)*, **Midtown-East**. *Eine Abendgarderobe für die Broadway-Show gefällig? Chanel ist bekannt für klassischen Chic. Filiale: 139 Spring St./Wooster St.*, **SoHo**.
Besonders exquisite Modegeschäfte findet man entlang der **5th Avenue/57th Street** *(südl. der 59th St.,* **Midtown-East***) und entlang der* **Madison Avenue** *(nördl. der 59th St.,* **Upper East Side***).*

Kinderbekleidung

GAP *und einige der „Mode-Discounter" haben eigene Kinderabteilungen. Speziell auf Kinderbekleidung abgestimmt ist* **GAP Kids**, *122 5th Ave. (zw. 17th u. 18th Sts.)*, **Union Square**.
★ **Space Kiddets**, *26 E. 22nd St.*, **Flatiron District**. *„Normale" sowie freakige Bekleidung. Der Trendsetter in New York.*

Schuhe

★ *Die Schuhabteilung im Discounter* **Century 21** *(siehe S. 167) lohnt den Besuch.*
Ausgesuchtere Schuhgeschäfte *haben sich u. a. am Broadway zwischen Canal St. und 4th St.*, **SoHo**, *angesiedelt. Kleine Designer-Schuhgeschäfte gibt es in* **NoHo/NoLIta** *(Mulberry, Mott u. Elizabeth Sts.).*
Günstige Markenschuhe verkauft **DSW**: **Union Square**, *an der Südseite (14th St.); 213 W. 34th St. (zw. 7th u. 8th Aves.)*, **Garment District**, *sowie Ecke 79th St./Broadway*, **Upper West Side**.
Jeffrey, *449 West 14th St. (zw. 9th u. 10th Sts.)*, **Meatpacking District**. *Die Schuhabteilung führt günstige Top-Designer-Ware.*
Die Schuhabteilung von **Bloomingdale's**, *1000 3rd Ave./59th St.*, **Midtown/Upper East Side**, *ist ausgesucht, wenn auch nicht billig.*

Sportbekleidung und -ausstattung

Aufgeführt sind hier die Topadressen für Sportbekleidung bzw. die Geschäfte der großen Hersteller, doch findet man deren Produkte oftmals günstiger in unabhängigen Geschäften.
Fjällräven, *262 Mott St. (zw. Prince u. Houston Sts.)*, **NoLIta**. *Praktische Kleidung und Accessoires des schwedischen Outdoor-Ausstatters.*
Patagonia, *72 Greene St. (zw. Broome u. Spring St.)*, **SoHo**, *313 Bowery (zw. 1st u. 2nd Sts.)*, **East Village**, *414 W. 14th St. (zw. 9th*

Wer es sich leisten kann: Shoppen in der Upper East Side

Ave. u. Washington St.), **Meatpacking District**, *und 426 Columbus Ave./81st St.,* **Upper West Side**. *Strapazierfähige Outdoor-Bekleidung aller Art. Etwas billiger als in Europa.*
Eastern Mountains, *530 Broadway/Spring St.,* **SoHo**, *sowie 2152 Broadway/76th St.,* **Upper West Side**. *Outdoor-Artikel verschiedener Marken.*
Adidas, *136 Wooster St. (zw. Houston u. Prince Sts.),* **SoHo**, *sowie 610 Broadway/Houston St.,* **NoHo**. *Nicht nur auf Sport, sondern auch auf modische Dinge spezialisiert.*
North Face, *139 Wooster St. (zw. Houston u. Prince Sts.),* **SoHo**, *sowie 2101 Broadway/73rd St.,* **Upper West Side**. *Wander- und Campingausrüstung. Erstklassige Verarbeitung.*
★ **Blades Downtown**, *659 Broadway (zw. Bleecker u. Bond Sts.),* **NoHo**. *Größter Laden der Kette. Hier gibt es alles rund um Rollerblades, Skateboards und Rollschuhe.*
Paragon, *867 Broadway/E. 18th St.,* **Flatiron District**. *Große Auswahl an Sportgeräten und -bekleidung. Einer der wenigen Läden, die nicht einer Kette angehören.*
Modell's Sporting Goods, *740 Broadway/Astor Pl.,* **Astor Place**. *Laden der größten Sporthauskette in Familienbesitz. Weitere Filialen: www.modells.com.*
★ **NikeTown**, *6 E. 57th St. (zw. Madison u. 5th Ave.),* **Midtown-East**. *5-stöckiger Hightech-Palast. Sportschuhe und andere Artikel der Marke.*
Reebok, *1 Union Square W./14th St.,* **Union Square**. *Reebok-Produkte. Vieles für Golfer.*

Weitere „Flagship-Shops" bekannter Marken und Designerläden
Die folgenden Geschäfte sind nicht billig, dafür prunkvoll und bieten ein tolles Ambiente. Viele der New Yorker „Filialen" der Designer sind ihre Flaggschiffe.

GAP, *60 W. 34th St., direkt am* **Herald Square**
Banana Republic, *107 E. 42nd St./ Park Ave.,* **Murray Hill**
Prada, *724 5th Ave. (zw. 56th u. 57th Sts.),* **Midtown**
Tommy Hilfiger, *681 5th Ave.,* **Midtown**
★ **Versace**, *647 5th Ave./52nd St.,* **Midtown-East**
Gucci, *5th Ave./56th St.,* **Midtown-East**
Christian Dior, *21 E. 57th St. (zw. 5th u. Madison Aves.),* **Midtown-East**
Calvin Klein, *654 Madison Ave./60th St.,* **Lenox Hill/Midtown-East**
★ **Giorgio Armani**, *760 Madison Ave./65th St.,* **Upper East Side**
Prada, *841 Madison Ave./70th St.,* **Upper East Side**
Yves Saint Laurent, *3 W. 57th St./5th Ave.,* **Midtown-East**
Polo/Ralph Lauren, *711 5th Ave. (zw. 55th u. 56th Sts.),* **Midtown-East**

Designer-Discountläden und Designer-Secondhand-Bekleidung

Tipp: Lagerverkäufe

Oft werden in Zeitungen/Zeitschriften sowie im Internet (www.whsale.com/content/new-york-warehouse-sales) Lagerverkäufe, z. B. Restposten, Waren aus Konkursen oder Versicherungsschäden sowie Modelkleider) angekündigt. Nachteil: Nicht selten liegt das besagte Lagerhaus außerhalb von Manhattan, und/oder die Ankündigung gilt nur für denselben Tag.

Siehe auch unter **Malls**, **Kaufhäuser** und **Department Stores** sowie **Thrift- und Vintage Shops**.

★ **Century 21 (Sh23)**, *21 Dey St. (zw. Broadway u. Church St.),* **Financial District**. *Discount-Warenhaus. Top-Designer-Textilien, Kosmetika, Schuhe u. a. Früh erscheinen, ab mittags wird es voll. Keine Beratung, keine Anprobe.*
Dave's New York, *siehe S. 163.*
T.J. Maxx *und* **Marshall's**, *620 6th Ave./18th St.,* **Chelsea**, *und nur T.J. Maxx, 407 E. 59th St. (zw. Sutton Pl. u. 1st Ave.),* **Midtown-East**, *sowie nur Marshall's: Ecke Broadway/78th St.,* **Upper West Side**. *Die Designerware „versteckt" sich zwischen einer Menge Ramsch. Doch gerade das macht das Suchen zu einem kleinen Abenteuer. New Yorker lieben diese Läden.*
Burlington's Coat Factory, *707 6th/W. 23th St.,* **Chelsea**, *sowie am* **Union Square**. *Traditionshaus für günstige Textilien. Zwischen den ganzen „Preisbrechern" minderer Qualität verstecken sich günstige Markenartikel. Stöbern lohnt.*
Bloomingdale's, *siehe S. 161, „Malls, Kaufhäuser und Department Stores".*
★ **Armani A/X**, *642 5th Ave./51st St.,* **Midtown-East**. *Armani-Ware zu Discountpreisen. Oft aus Lagerbeständen oder Auslaufmodelle.*
Michael's for Women, *Madison Ave. (zw. 79th u. 80th Sts., 2nd Floor) sowie* **Encore**, *Madison Ave./84th St., beide* **Yorkville**, *verkaufen klassische, Top-Secondhand-Bekleidung sowie neue Designerware zu günstigen Preisen. Hier haben schon Prominente ihre Kleidung abgegeben.*
Beacon's Closet, *74 Guernsey St. (zw. Nassau u. Norman Aves.),* **Williamsburg (Brooklyn)**. *Großer Secondhand-Laden mit Superangeboten. Ein echter Tipp! Zum Stöbern benötigt man Zeit. Zwei kleinere Geschäfte gibt es in* **Park Slope (Brooklyn)**, *92 5th Ave., sowie im* **West Village (Manhattan)**, *10 W. 13th St. (zw. 5th u. 6th Aves).*

Thrift- und Vintage-Shops (Bekleidung)

Ware in den „Thrift Shops" stammt meist aus Spenden reicher New Yorker. Der Erlös ist für wohltätige Zwecke bestimmt. Vintage Shops dagegen bieten vornehmlich Dinge an, die vor Jahrzehnten „in" waren und dies wieder sind.

siehe auch unter **Designer-Discountläden**, **„Funky Stuff"** *und* **Secondhand-Bekleidung**

What comes around goes around, *351 W. Broadway/Broome St.,* **SoHo**. *Vintage Store mit ausgesuchterer Kleidung.*
Resurrection, *siehe S. 164.*
Screaming Mimi's, *382 Lafayette St. (zw. E. 4th u. Great Jones Sts.),* **NoHo**. *Nicht nur Vintage-Kleidung, sondern auch Haushaltswaren der letzten 50 Jahre.*
★ **Housing Works**, *143 W. 17th St./7th Ave.,* **Chelsea**. *Secondhand-Bekleidung der Topklasse. Hier kann man nur einmal getragene Designerware zu Spottpreisen finden. Auch Möbel. Zugunsten der Aidshilfe. Filialen u. a.: 730 9th Ave. (zw. 49th u. 50th Sts.),* **Midtown-West**, *157 E. 23rd St./Lexington Ave.,* **Gramercy Park**, *306 Columbus Ave., nahe 74th St.,* **Upper West Side**.
Vintage Thrift Shop, *286 3rd Ave. (zw. 22th u. 23rd St.),* **Gramercy Park**. *Kleidung und einfacher Schmuck (Sa. geschl.).*
New York Vintage, *117 W. 25th St. (zw. 6th u. 7th Aves.),* **Chelsea**. *Frauenkleidung aus der Zeit von 1930 bis 1970. Schuhe, Blusen, Kleider etc.*
Salvation Army. *Deren Läden verteilen sich über die gesamte Stadt, so z. B.: 112 4th Ave./E. 12th St.,* **Union Square/Greenwich Village**, *und 8th Ave., nahe 21st St.,* **Chelsea**.
Cancer Care Thrift Shop, *3rd Ave./84th St.,* **Yorkville**. *Secondhand-Bekleidung. Sehr gute Qualitäten. Zugunsten der Krebshilfe.*

Spielzeug

Toys „R" Us, *1514 Broadway/44th St.*, **Midtown/Times Square**. *Einer der größten Spielzeugläden der Welt. Der Kitsch reicht von rosa Plüsch-Teddys bis hin zu Computerspielen aller Art. Wer aber Modelleisenbahnen oder „einfache" Brettspiele sucht, wird von einem mageren Angebot enttäuscht. Mehrere Filialen, u. a. in der Manhattan Mall (Herald Square) sowie* **Babies „R" Us** *am* **Union Square** *(Ostseite).*

Smartphones/Foto-/Kamerazubehör

Apple Store, *767 5th Ave. (zw. E. 58th u. E. 59th Sts.)*, **Midtown-East**. *Imposanter Flagship-Store des Konzerns. 24 Std. geöffnet. Der größere Laden aber befindet sich im* **Meatpacking District**, *Ecke 14th St./9th Ave., ein weiterer in* **SoHo**: *103 Prince St./Greene St. In allen drei Geschäften darf man alle Produkte testen.*

★ **B & H Photo/Video**, *420 9th Ave. (zw. 33th u. 34th St.)*, **Fashion Center/Midtown-West**. *Der Superladen für alle Arten von Foto- und Kamerageräten. Beliebt bei Profis. Hier sind komplette TV-Filmausrüstungen erhältlich. Man sollte genau wissen, was man möchte. Die Beratung ist eher kurz und knapp, denn für „kleine" Geschäfte hat man hier nicht so viel Zeit übrig.*

★ **Willoughby's**, *298 5th Ave./31st St.*, **Herald Square/Flatiron District**. *Fotoladen mit guter Beratung, dafür aber langen Wartezeiten.*

CDs/Platten/DVDs

Moderne Musik gibt es im Geschäft **Other Music**, *4th St. (zw. Broadway u. Lafayette St.).*

Academy Records & CDs, *12 W. 18th St. (zw. 5th u. 6th Aves.)*, **Flatiron**. *Riesige Auswahl an zumeist gebrauchten DVDs, CDs (alle Musikrichtungen) und Klassik-LP.*

★ ★ **Jazz Record Center**, *236 W. 26th St. (zw. 7th u. 8th Aves., 8th Floor)*, **Chelsea**. *Spezialisiert auf Jazz-LP.*

Met Opera Shop, *1941 Broadway, Lincoln Center, Metropolitan Opera House*, **Upper East Side**. *Hier erhält man nahezu jede jemals aufgenommene Opern-CD/DVD.*

Westsider Records, *233 W. 72nd St. (zw. Broadway u. West End Ave.)*, **Upper West Side**. *Nahezu 100.000 LP aller Musikrichtungen, darunter viele seltene Platten. Die Adresse für Vinyl-Fans!*

★ *In* **Williamsburg** (**Brooklyn**) *haben sich gleich zwei erstklassige Läden Laden mit vielen Rock-, Jazz- und Blues-Raritäten (neu und Secondhand) angesiedelt:* **Norman's Sound & Vision**, *555 Metropolitan Ave. (zw. Lorimer St. u. Union Ave.) sowie* **Rough Trades**, *64 N. 9th St. (zw. Wythe u. Kent Aves.).*

i Diamonds are your best friend

★ **Tiffany's**, 727 5th Ave. (zw. 56th u. 57th St.), **Midtown**, trägt selbstbewusst sein traditionelles Image vor sich her. Gefördert durch den legendären Film „Breakfast at Tiffany's" (1960), in dem Audrey Hepburn als Holly Golightly immer wieder staunend vor den Auslagen des Juweliers stehen bleibt. Heute gibt es auch Erschwingliches neben den 100.000-Dollar-Halsketten.

In der legendären **Diamond Row**, 47th St. (zw. 5th u. 6th Ave.), werden die meisten Diamanten der Welt gehandelt und natürlich auch in Form von Schmuck verkauft. Wer sich vorher über Geschäfte und Angebote informieren möchte, der schaut nach bei: www.diamonddistrict.org. Einen exklusiven Ehering in 24 Std.? Hier: **Unique Settings/Wedding Rings**, 29 W. 47th St. Die „Luxus-Filiale" des französischen Juweliers **Cartier** ist auch nicht weit: 611 5th Ave. (zw. 49th u. 50th Sts.), **Midtown**.

Galerien

An die 600 Galerien soll es geben – einige Quellen sprechen sogar von nahezu 1.000. Wir beschränken uns hier auf die Nennung der „Art-Gallery-Distrikte" und Infoquellen.

Die wichtigsten Galerieviertel
SoHo *(und z. T.* **TriBeCa***)*
Lower East Side/Bowery, *das* **West Village** *(direkt südl. des 14th St.-Dreiecks) und* **West Chelsea** *(W. 20th – W. 26th Sts., jeweils westl. der 10th Ave.)*
Lexington/57th Sts. *und* **Madison Ave.** *nördlich 70th St. (ausgesucht und teuer)*
Verstreut in den Nebenstraßen der **Upper West Side**
In **Williamsburg** (**Brooklyn**) *ist die Avantgarde in die Lofts eingezogen*

Informationen über Galerien in New York:
Freitags- bzw. Sonntagsausgabe der „New York Times"
Die Magazine „Art & Auction" (www.blouinartinfo.com/artauction-magazine) sowie „Art News" (www.artnews.com) informieren die Insider.
Internetadressen: www.timeout.com/newyork/art, www.blouinartinfo.com/galleryguide, www.nymag.com/arts/art, art-collecting.com/galleries_ny.htm und www.artnet.com

Bücher, Reiseliteratur und Karten

„Comic-Hauptstadt" New York

info

Comic-Fans werden ihre Freude haben, in New York nach alten und neuen Comics zu stöbern. Viele Geschäfte, auch im East Village, verkaufen Secondhand-Comics. Drei Adressen renommierter Comic-Läden:
Universe: 32 E. 32nd St. (zw. Madison u. Park Aves.), **Gramercy**, www.jhuniverse.com.
Midtown Comics: 459 Lexington Ave./45th St., **Grand Central Station**, und 200 W. 40th St./7th Ave., **Times Square**, www.midtowncomics.com.

The Mysterious Bookstore, *58 Warren St.,* **TriBeCa**. *Spezialisiert auf Krimis, Thriller und Geistergeschichten.*
McNally Jackson Books, *52 Prince St. (zw. Lafayette u. Mulberry Sts.),* **NoLIta**. *Beste Auswahl an schöngeistiger und zeitloser Literatur. Oft Lesungen. Im Buchladencafé kann man mit der Espresso Book Machine ganz unkompliziert ein eigenes Buch drucken lassen und ins Schaufenster stellen: www.mcnallyjackson.com/self-publishing.*
★★ **Housing Works – Used Book Café**, *126 Crosby St., Block südl. Houston St.,* **SoHo**. *Modernes Antiquariat (auch gebrauchte Bücher) und Café zugunsten von AIDS-Kranken.*
Bookbook, *266 Bleecker St. (zw. 6th u. 7th Aves.),* **Greenwich Village**. *Unabhängiger Buchladen mit breitem Sortiment. Biografien, Briefe, Tagebücher u. v. a. m.*
St. Mark's Bookshop, *136 E. 3rd St. (zw. 1st Ave. u. Ave. A),* **East Village**. *Tgl. bis 23 Uhr. Berühmt-berüchtigt für seine „Underground"-Literatur sowie politische und sozialkritische Publikationen.*
★★ **Strand**, *828 Broadway/12th St.,* **Union Square**. *Größter Secondhand-Buchladen Amerikas. Auch „Modernes Antiquariat". Über 2 Mio. Bücher verstecken sich in den überhohen, eng stehenden Regalreihen.*

★ ★ **Barnes & Nobles**, *33 E.17th St., Nordseite des Union Sq.,* **Union Square/Chelsea**. *Eines der größten Geschäfte der über ganz Amerika verbreiteten Kette (der Flagship Store um die Ecke in der 5th Ave. musste 2014 schließen). Auch Modernes Antiquariat und CDs. Gute Auswahl an Büchern über New York. Weitere Filialen unter www.bn.com.*
Books of Wonder, *18 W. 18th St. (zw. 5th u. 6th Aves.),* **Chelsea**. *Großer Laden mit guter Kinderbuchabteilung und bekannt für die Abteilung „Old & Rare".*
★ ★ **Kitchen Arts & Letters**, *1435 Lexington Ave. (zw. 93rd u. 94th Sts.),* **Yorkville**. *Eine größere Auswahl an Koch- und Lebensmittelbüchern – inkl. Büchern über die Geschichte von Lebensmitteln und den Kochrezepten – hat die Welt noch nicht gesehen!*

info

Brooklyn Book Festival

Das Mitte/Ende September stattfindende Buch-Festival ist international bekannt. Jahr für Jahr zieht es namhafte Schriftsteller nach New York. Zentrale Anlaufstelle und Festival-Mittelpunkt: Brooklyn Borough Hall, 209 Joralemon St., www.brooklynbookfestival.org. Auch in Theatern, Restaurants, Parks, Clubs, Buchläden und Büchereien finden Veranstaltungen statt.

Outlet-Malls

Outlet-Malls gibt es nur weit außerhalb von New York. Die Preise liegen kaum unterhalb derer in der Stadt (laut Studie der „New York Times"), dafür ist das Angebot reichhaltiger. Im New Yorker Touristenbüro erhält man Infos über Bustouren dorthin. Die bekannteste Mall ist **Woodbury Commons** *im Central Valley (498 Red Apple Court, Central Valley, NY, gut 30 Meilen von Manhattan, www.premiumoutlets.com), eine weitere die* **Tanger Outlet Mall**, *152 The Arches Circle, Deer Park, New York, Long Island, nahe Deer Park LIRR-Train Station, 45 Meilen von Manhattan, www.tangeroutlet.com).*

Brooklyn Book Festival

Kunterbunt gemischt

★ ★ **City Store**, *1 Centre St./Chambers St., Manhattan Municipal Bldg.,* **Civic Center**. *Alle möglichen New-York-Souvenirs, z. B.: NYPD-T-Shirts, Bücher über die Stadtregierung etc.*
★ ★ **New Kam Man**, *200 Canal St./Mulberry St.,* **Chinatown**. *Asiatisches Kaufhaus. Im Erdgeschoss gibt es die verschiedensten fernöstlichen Lebensmittel, bis hin zu Wurzeln, Krähenfüßen, Gesundheitstees und chinesischen Wunderkonserven. Im Kellergeschoss außerdem Haushaltswaren, so z. B. günstiges asiatisches Geschirr, Tee-Service, Sushi-Gedecke etc.*
★ ★ **Waterworks**, *215 E. 58th St. (zw. 2nd u. 3rd Aves.),* **Midtown-East**. *Exklusives Küchenzubehör sowie Dinge fürs Badezimmer, neben Armaturen und Waschbecken dicke Handtücher und Bademäntel.*
Altman Luggage, *135 Orchard St. (zw. Rivington u. Delancey Sts.),* **Lower East Side**. *Zu viele*

Mitbringsel? Koffer zu klein? Altman verkauft Koffer, Rucksäcke und Taschen der bekannten Marken in allen Größen und zu günstigen Preisen.

★ **Chess Forum**, *219 Thompson St. (zw. 3rd u. Bleecker Sts.),* **Greenwich Village**. *Spezialisiert auf Schachspiele. Einige sind lustig, andere kaum als solche zu erkennen, andere wiederum klassisch im Design. Im Laden kann man an Spielen teilnehmen.*

★ **Broadway Panhandler**, *65 E. 8th St. (zw. Broadway u. University Pl.),* **Greenwich Village**. *Großer Küchenausstatter. Designergeräte und -geschirr, Töpfe. Ein Eldorado für Hobbyköche. Aber Achtung! Vieles stammt aus Europa und ist dort billiger.*

★ **C.O. Bigelow**, *414 6th Ave. (zw. 8th u. 9th Sts.),* **Greenwich Village**. *Traditions-Apotheke von 1838! Verkauf von hochwertigen und ausgefallenen Drogeriewaren aus aller Welt.*

★ **Tudor Rose Antiques,** *43 Greenwich Ave. (zw. Charles u. Perry Sts.),* **Greenwich Village**. *Silberbestecke, Klunker, Vintage-Badezimmer- und Ankleidezubehör u. v. m.*

★ *Die* **9th Street im East Village** *(zw. 1st u. 2nd Aves.) bietet mittlerweile Shoppingerlebnisse, wenn man auf der Suche ist nach ausgefallenen Waren, Modeshops für junge Leute etc.*

★ ★ **Kiehl's**, *109 3rd Ave./Ecke 13th St.,* **East Village**. *Alteingesessene Drogerie, deren Geschichte zurückgeht auf eine Apotheke von 1851. Erstklassige Duft- und Pflegeprodukte aus der eigenen Herstellung. Motto des Hauses: „Qualität hat Vorrang vor Verpackung". Aaron Morse, ehemaliger Besitzer, agierte geschickt. Oft verschenkte er Proben oder ließ sie von einem Affen zustellen. Der Laden wurde im alten Stil erhalten und ist auch ohne Kaufabsicht den Besuch wert. Hier stehen Morses alte Harleys und das Skelett „Mr. Bones" ganz ungezwungen zwischen Apothekergläsern und Hautcremes. Über ein Drittel der Marketinggelder werden immer noch für kostenlose Proben verwendet. Weitere Shops siehe unter www.kiehls.com.*

Bed, Bath & Beyond, *620 6th Ave. (zw. 18th u. 19th Sts.),* **Chelsea**. *Spezialisiert auf Bade- und Schlafzimmereinrichtungen. Man findet auch tragbare Mitbringsel.*

★ ★ **ABC Carpet**, *888 Broadway/19th St.,* **Flatiron District**. *Einrichtungshaus mit Plüschteppichen, alten und auf Alt getrimmten Möbeln und „In"-Kleinteilen (Tiffanylampen, Geschirr, Kerzenhalter etc.). Hier stöbert die Oberschicht. Ein Schnäppchen ist immer drin. Versandservice (auch nach Europa).*

★ **Movie Materials**, *216 W. 30th St. (zw. 7th u. 8th Aves., 2nd Floor),* **Chelsea**. *Verkauf von Filmpostern und anderen Movie-Memorabilia.*

★ ★ **Nat Sherman**, *E. 42nd St. (zw. 5th Ave. und Madison Ave.),* **Midtown**. *Ein Tipp für Genuss-Raucher. Beste Zigarren und Ausgefallenes, z. B. die länger brennende Zigarette oder der tragbare Humidor. Gut geeignet, um einem daheim gebliebenen Raucher etwas Lustiges mitzubringen. Sehr exklusiv!*

Martinez Handmade Cigars, *171 W. 29th St. (zw. 6th u. 7th Aves.),* **Chelsea**. *Erlesenes Zigarrengeschäft.*

Sam Ash, *333 W. 34th St. (zw. 8th u. 9th. Aves.),* **Midtown-West**. *Fachgeschäft für Musikinstrumente und Aufnahmegeräte. Spezialisiert auf Gitarren. Auch wer nichts kaufen möchte, sollte mal reinschauen.*

★ ★ **MoMA Design Store**, *44 W. 53rd St. (zw. 5th u. 6th Ave.),* **Midtown**. *Hier wird modernstes Design vom Feinsten angeboten. Neben den Möbeln gibt es viele kleine Dinge für den Schreibtisch (Briefbeschwerer, Schreiber), die Küche, Armbanduhren und auch Kinderspielsachen. Ein Tipp für ausgefallene Mitbringsel. Filiale in* **SoHo**, *Ecke Spring u. Crosby Sts.*

★ **Hammacher & Schlemmer**, *147 E. 57th St. (zw. Lexington u. 3rd Aves.),* **Midtown-East**. *Kuriositäten aller Art für die Wohnung. Sogar Haushaltsroboter!*

★ **Zabar's**, *2245 Broadway/80th St.,* **Upper West Side**. *Im Obergeschoss des Delikatessengeschäfts gibt es eine Haushaltsabteilung, die besonders Hobbyköche begeistern wird.*

Sport und Aktivitäten

Touren/Sightseeing

Hinweis: Erster Überblick

Einen ersten Überblick über die Stadt vermitteln Sightseeing-Touren mit einem **Hop-On-Hop-Off-Bus**. Weitere Orientierung bieten **Bootstouren**.

Wer bereits öfter in New York war, sollte einen Tag mit einem New Yorker verbringen („**Big Apple Greeter**“) und Ausflüge in die anderen Boroughs unternehmen.

Bustouren

Bei Hop-On-Hop-Off-Stadtrundfahrten in Doppeldeckerbussen werden alle wichtigen Sehenswürdigkeiten auf verschiedenen Touren (Downtown, Uptown und Harlem, Brooklyn und Downtown usw.) abgefahren. An allen Haltepunkten kann man zusteigen und Tickets kaufen. Bei Kombi-Tickets gilt: Routen und Anzahl der Tage wählen. Angeboten werden auch spezielle Touren (New York by Night, Harlem, Brooklyn, in Verbindung mit Hafenrundfahrten usw.).

City Sightseeing: *www.city-sightseeing.com*
Gray Line New York: *www.newyorksightseeing.com*
Erste Abfahrt ist bei beiden: 234 W. 42nd St. (zw. 7th u. 8th Ave., Lobby von Madame Tussauds).

Bronx Tour Trolley: *Der Trolley-Bus verkehrt nur selten, eine Fahrt ist jedoch lohnend, zumal das Tourenangebot Interessantes bereithält: Art & Culture Tour, zu den Geburtsstätten des Hip-Hop usw. Abfahrten teilweise auch ab Manhattan. Es gilt: rechtzeitig buchen und informieren, von wo es losgeht: www.bronxtrolley.com.*

Praktisch für den ersten Überblick: die Hop-On-Hop-Off-Bustouren

Mit dem Boot

Circle Line, *Pier 83 (Hudson River), 42nd St./12th Ave.,* **Midtown-West**, ☏ *(212) 563-3200, www.circleline42.de. Kommentierte Fahrten, z. B. 2 Std. um Süd-Manhattan, 3 Std. um ganz Manhattan, Sunset Cruises, zur Statue of Liberty oder mit einem Speedboot. Attraktiv sind die ganztägigen Touren im Herbst auf dem Hudson River zum Bear Mountain Park (Mitte Sept.–Ende Okt., Sa u. So), wenn die Blätter sich bunt färben („Indian Summer“).*

Eine Bootstour um Manhattan gehört zum „Pflichtprogramm"

NY Waterway, *Hauptabfahrtspunkte sind: East River Ferry, E. 35th St., am FDR Drive (kostenloser Shuttlebus von Midtown); Hudson River Ferry: W. 39th St./12th Ave., World Financial Center, Pier 11/ Wall St., ☏ 1-800-533-3779, www.nywaterway.com. 1-stündige Hafenrundfahrten, Rundfahrten um die Südspitze von Manhattan sowie Fährbetrieb zwischen Manhattan und Jersey City, Brooklyn und Governors Island. Tipp: mit der East River Ferry zwischen 34th St. (Manhattan), einigen Anlegern in Brooklyn und dem Wall Street-Anleger fahren (www.eastriverferry.com).*

New York Water Taxi, *Hauptabfahrtspunkte wie bei NY Waterway zzgl. einiger am Hudson River und in Brooklyn, ☏ (212) 742-1969, www.nywatertaxi.com. Die gelben Wassertaxis verkehren auf festen Routen: Bereich von Manhattan südlich 40th St. sowie Anlegern in Brooklyn (Brooklyn Bridge, Red Hook, IKEA), die Statue of Liberty und Jersey City. Je nach Jahreszeit auch Themen-Fahrten.*

Fähre zur Statue of Liberty und nach Ellis Island: **Statue Cruises**: *In der Regel ab 8.30 Uhr vom Pier am Battery Park (vor Fort Clinton), ☏ 1-877-523-9849, www.statuecruises.com. Wegen der Sicherheitsvorkehrungen und des großen Andrangs empfiehlt es sich, eine frühe Überfahrt zu wählen und extra Zeit einzuplanen.*

Ab Sommer 2017 gibt es mit **Hornblower Ferries** *eine neue Fährlinie, die auf verschiedenen Routen alle 5 Boroughs miteinander verbinden wird, und das für den Fahrpreis einer Subwayfahrt. Deren Heimatpiers sind die Piere 11 und 15 (nahe South Street Seaport), www.citywideferry.com oder www.hornblowernewyork.com.*

Tipp: Kostenlose Bootstour

Die Überfahrt mit der **Staten Island Ferry** von der Südspitze Manhattans aus ist kostenlos und besonders schön bei untergehender Sonne.

Mit dem Helikopter

In ca. 15 Min. fliegt man vom Heliport 6 East River Piers, **Downtown** *(gegenüber Vietnam Veterans Memorial), mit* **Liberty Helicopters**, *☏ 1-800-542-9933, www.libertyhelicopters.com, bzw. einem anderen hier ansässigen Unternehmen über ganz Manhattan zwischen Central Park und Governors Island.*

TV-Studios/Entertainment-Touren

NBC Studio Tours, *30 Rockefeller Plaza (Eingang 49th St.),* **Midtown**, *☏ (212) 664-3700, www.thetouratnbcstudios.com. Alle 15 Min. Führungen durch die Studios (inkl. der historischen) von NBC. Mindestalter: 6 Jahre.*

CNN-Studio-Time Warner Center, *10 Columbus Circle, ☏ 1-866-426-6692, www.edition.cnn.com/tour/newyork. 45-minütige Führungen, Beginn alle 10 Min. Dabei wird hinter die Kulissen der Nachrichtenreportage geschaut und die Geschichte des Journalismus erläutert. Mo–Fr 8.30–17 Uhr, Reservierung empfohlen.*

Neighborhood-Touren/Zu Fuß/Thementouren

Tipp: Interessante Stadtführungen

In der Freitagsausgabe der „New York Times" und in anderen New Yorker Zeitungen sowie unter www.timeout.com/nywalks werden spezielle Touren bekanntgegeben. Oft werden sie von Kunst- bzw. Stadthistorikern geleitet. Dabei trifft man auf interessante Leute! Meist kosten die Touren etwas, falls nicht, ist ein Trinkgeld angemessen.

Für den Besuch eines **Gospel-Gottesdienstes**, *der sonntags Bestandteil jedes Harlem-Programms ist, sollte man auf angemessene Kleidung achten (keine Jeans, Shorts etc.).*

Harlem Your Way! *129 W. 130th St. (zw. A. Clayton Powell Jr. Blvd. u. Lenox Ave.),* **Harlem**, *www.harlemyourwaytoursunlimited.com. Larcelia Kebe führt – zu Fuß – durch das echte Harlem. Besonders hervorgehoben seien hier die „Gospel Tour" (So) und die „Jazz Safari Tour" in die Nightclubs (Fr u. Sa). Alle Touren beginnen in Larcelias Brownstone House, zu dem sie so einiges zu erzählen hat.*
Harlem Spirituals, *Büro: 690 8th Ave. (zw. 43rd u. 44th Sts.), ☏ (212) 391-0900, www.harlemspirituals.com. Auf Musik-Touren (Jazz, Gospel etc.) durch Harlem spezialisiert.*
Municipal Art Society, *488 Madison Ave. (zw. 51st u. 52th Sts., Suite 1900),* **Midtown-East**, *☏ (212) 935-3960, www.mas.org. Fachkundig geführte Spaziergänge durch Neighborhoods, den Grand Central Terminal u. v. m. Schwerpunkt wird auf die Erläuterung der Geschichte und der Architektur gelegt. Treffpunkt wird vereinbart.*
On Location Tours, *☏ (212) 913-9780, www.screentours.com. TV-and-Movie-Touren zu Drehorten verschiedenster TV Serien und Filme, z. B. „When Harry met Sally", „Friends, Sex and the City", „The Sopranos Tour", die „Central Park Movie Sites Tour", die „Gossip Girl Sites Tour" sowie die „Classic New York Movie Sites Tour". Die Touren werden auch in Deutsch angeboten. In der Regel dauert eine Tour 3 Std.*
Insight Seeing, *☏ (718) 447-1645, www.insightseeing.com. Deutschsprachige Stadtrundgänge/Touren. Auch Queens, Brooklyn und The Bronx stehen auf dem Programm.*
Downtown Alliance, *thematische Spaziergänge durch den Financial District. Zumeist unter dem Motto „Wall Street", „Finanzdistrikt" oder „9/11", www.downtownny.com/events.*
Big Onion Walking Tours, *☏ (212) 439-1090, www.bigonion.com. Bekannt für ethnisch orientierte und thematische Spaziergänge, z. B. durchs „Irische New York", das „Historische Harlem" oder auch die sehr beliebte „Multiethnic Eating Tour" durchs East Village bzw. die Lower East Side.*

Savory Sojourns, *155 W. 13th St., ☎ (212) 691-7314, www.savorysojourns.com. Addie Tomei führt zu gastronomischen Highlights in New York: Top-Restaurants, Märkte, Patisserien, Weinkeller, Gourmetgeschäfte, ethnische Restaurants u. a. Die Standardtouren führen in einzelne Neighborhoods und Boroughs. Zumeist wird auf den Touren gespeist, daher sind sie nicht billig. Gourmets wird das kaum stören.*

„Walking Tours" durch das **jüdische Viertel Crown Heights** *führt das Chassidic Discovery Center durch. Neben dem Besuch einer Synagoge werden Begegnungen mit Menschen aus dem Viertel sowie einem Kopisten ermöglicht, sodass man Einblick erhält in die Traditionen und Lebensweisen der ansässigen Juden. 305 Kingston Ave., Brooklyn, ☎ (718) 953-5244, www.jewishtours.com.*

Big Apple Greeter, *1 Centre St., Room 2035,* **Civic Center**, *☎ (212) 669-8159, www.bigapplegreeter.org. New York mit einem New Yorker erleben! Für einen Tag (meist am Wochenende) führt ein Einheimischer durch seine Neighborhood bzw. erlebt mit dem Gast New York auf seine Weise. Eine einmalige Gelegenheit, die Stadt von ihrer wahren Seite kennenzulernen. Unbedingt lange im Voraus buchen!*

Bike the Big Apple, *☎ 1-877-865-0078, www.bikethebigapple.com. Geführte Fahrradtouren durch verschiedene Stadtteile New Yorks (2 ½ Std. bis ganztags). Fahrräder werden ausgeliehen.*

Und auch diese Touren könnten interessieren: *www.streetartwalk.com (Wandgemälde, Graffitis etc.), www.shopgotham.com (Boutiquen-Tour durch SoHo und NoLIta), www.harlemheritage.com (Tour durch Harlems Restaurantszene).*

Sport und Strände

New York bietet auch seinen Besuchern vielfältige Gelegenheiten, Sport zu treiben. So geben z. B. viele **Fitnessclubs** *Tagespässe aus, und im Central Park kann man* **Skates** *oder* **Ruderboote** *ausleihen. Und wer einen Hang zum Modern Dance hat, hat die Möglichkeit, in einem der Tanzclubs Unterricht zu nehmen (stundenweise möglich).*

Das Ausleihen eines **Fahrrads** *kann so manches ermüdende Pflastertreten ersparen. Der Verkehr in New York ist gar nicht so schlimm, wie man meint. Wenngleich viel gehupt wird, fahren die New Yorker sehr aufmerksam. Positiv ist zudem der stete* **Ausbau von Fahrradspuren/-wegen**, *inklusive deutlicher Markierungen, besonders entlang der Avenues und über die Brücken.*

Und New York hat **Strände**, *die man bequem mit den öffentlichen Verkehrsmitteln erreicht.*

i Fitness am Hudson River

Entlang des Hudson River, zwischen der Battery Park City und 59th St., wurde eine tolle Sport- und Spielstrecke eingerichtet. 42 Pieranlagen und die gesamte Uferzone wurden dazu umgestaltet, sodass man hier hervorragend joggen, skaten, biken, spazierengehen und sogar kajaken kann.

Auf den Piers selbst gibt es verschiedene Sportstätten (z. B. Pier 25: Skaterbahn, Minigolf, Beachvolleyball; Pier 40: ein Fußballfeld).

Zentrale Kultstätte ist der **Chelsea Piers Sports Club** (s. u.). www.hudsonriverpark.org.

Sport treiben in New York

Laufen/Jogging

In New York läuft man auf Asphalt. Das gilt auch für die Parks, die neben den Ufern des East sowie des Hudson River die „Laufadressen" der Stadt sind:

Central Park: *Lange Strecke entlang des 6 Mile Central Park Drive, die kurze (1,6 Meilen) um das Reservoir (Jaqueline Kennedy Onassis Lake). Auf den Straßen im Park darf man zu folgenden Zeiten laufen: Mo–Fr 10–15 u. 19–22, Fr–Mo 19–6 Uhr, www.centralparknyc.org/things-to-see-and-do.*

Beliebt sind die Strecken entlang der **Promenade an der Battery Park City**, *über die* **Brooklyn Bridge**, *im* **Hudson River Park**, *entlang der* **East River Promenade** *(zw. Jackson St. u. 23rd St.), im* **Brooklyn Bridge Park** *und im* **Prospect Park** *in Brooklyn sowie in den* **Botanical Gardens** *in der Bronx.*

Der **New York Road Runners Club** *(9 E. 89th St., www.nyrrc.org) informiert über spezielle Läufe und Veranstaltungen.*

Fahrradtouren/Fahrradverleih

In New York gibt es rund 100.000 blaue **Citi Bikes**. *Die Mietfahrräder stehen an ca. 600 Mietstationen in Manhattan und einigen Bereichen in Brooklyn und Queens. Dort meldet man sich über einen Touchscreen als Mitglied oder für einen Access Pass an (Kreditkarte notwendig). Die Räder sind robust, jedoch etwas schwerfällig. www.citibikenyc.com.*

Dannys Cycles *verleiht Räder in mehreren Geschäften, z. B.: 332 E. 14th St. (zw. 1st u. 2nd Ave.),* **East Village**, *653 10th Ave./46th St.,* **Hells Kitchen**, *und 1690 2nd Ave. (zw. 87th u. 88th St.),* **Upper East Side**. *www.dannyscycles.com.*

Weitere Fahrradverleihe: **Pedal Pushers**, *1306 2nd Ave./69th St.,* **Upper East Side**, *www.pedalpusherbikeshop.com, und* **Bike & Roll NYC** *(Verleihstationen in mehreren Parks, siehe www.bikeandrollnyc.com).*

Geführte Fahrradtouren *durch die Stadt, samt Mietfahrrädern, unternimmt* **Bike the Big Apple** *(s. S. 175).*

Einmal im Jahr, zur Five Boro Bike Tour, werden die Straßen für Autos gesperrt (Infos: www.bike.nyc)

Fahrräder dürfen in der **Subway** *mitgenommen werden (macht aber fast keiner). Die Rush Hour sollte man vermeiden. Es gibt entlang vieler Avenues (z. B. 1st, 2nd, 8th u. 9th Aves., Broadway) und wichtiger Querstraßen sowie über die Brücken und durch die Parks gut markierte* **Fahrradwege**. *Und es werden immer mehr! Die* **New York Bicycle** *(***Bike***)* **Maps** *findet man unter: www1.nyc.gov (Transportation =>Getting around =>Bicycle).*

Beliebte Ausflüge: *durch den Norden der* **Bronx** *(Van Cortlandt Park/Museum – Botanical Gardens – City Island – Orchard Beach – Bartzow Pell Mansion) oder in* **Brooklyn** *(Red Hook bis Coney Island). Und natürlich durch den* **Central Park** *(Ausleihstation am Loeb Boathouse).*

Infos zum Fahrradfahren in NYC: **Bike Smart**, *www.nyc.gov/html/dot/html/bicyclists/biketips.shtml.*

Rollerskaten/Inlineskaten

Auch wenn mutige New Yorker auf den Skates durch die Straßenschluchten jagen, sollte man sich erst einmal auf die schönen Strecken im **Central Park** *beschränken. Wie beim Laufen ist die beliebteste Strecke entlang des Central Park Drive (Zeiten s. o.). Möchtegern-Akrobaten versuchen sich auf dem Platz vor der Naumburg Bandshell.*

Auch entlang des **Hudson River Park** *(Hudson River zw. Battery Park City und 59th St.) ist das Skaten möglich. Verleihstation für Rollerskates: Central Park Sightseeing Store; 56 W. 56thSt. (zw. 5th u. 6th Ave.).*

Ein besonderes Ereignis ist der **Tuesday Night Skate**. *Dienstags um 20 Uhr starten Skater am Blades Board and Skate Shop, 156 W. 72nd St. (zw. Broadway u. Columbus Ave.) zu einer 11–20 Meilen langen „Stadtrundfahrt". Das Ganze ist privat organisiert, die Route wechselt wöchentlich, und jeder, der skaten kann, darf mitmachen. Skates können im o. g. Shop bzw. dessen Filiale in SoHo (Broadway, zw. Bleecker u. Great Jones Sts.) ausgeliehen werden. www.empireskate.org, www.blades.com.*

Etwas ganz Besonderes ist die **Central Park Dance Skater Ass.** **(CPDSA)**. *Sie organisiert regelmäßig, im Sommer meist jeden Sa u. So,* **Skater-Partys** *samt zum Skaten passende DJ-Musik. Die Lokalitäten wechseln. Infos: www.cpdsa.org.*

i Entspannung pur

Muskeln verspannt? Es gibt unzählige Wellness-Oasen in New York, aber das bereits 1892 eingerichtete **Russian & Turkish Baths** mit seinen russischen und türkischen Dampfbädern, einer Sauna, schwedischen Duschen und dem Angebot an Massagen und anderen Behandlungen ist schon ein (zugegeben: uriger) Geheimtipp – auch in puncto Preis-Leistungs-Verhältnis. Von dem schlichten Äußeren darf man sich nicht täuschen lassen, ein Luxusschuppen ist es indes auch nicht. 268 East 10th St. (zw. 1st St. u. Ave. A), **East Village**, ☏ (212) 674-9250, www.russianturkishbaths.com.

Wer nun Wellness der Oberklasse wünscht, der sollte das **Exhale Spa** im Gansevoort Hotel im **Meatpacking District**, 18 9th Ave., besuchen. Es gehört zu den Top-Ten-Spas der Welt, ☏ (212) 660-6733, http://www.gansevoorthotelgroup.com.

Kayaking

Die Mitglieder des **NYC Downtown Boathouse Club** *bieten im Sommer Seakayaking für Anfänger und Fortgeschrittene an. Vom 10-minütigen Schnuppertrip bis hin zu mehrstündigen Hudson-River-Touren. Knüller ist das kostenlose Ausleihen von Kajaks (first come – first serve). Zwar darf man nur für 20 Min. aufs Wasser, aber eine tolle Erfahrung ist es schon. Ausleihstationen am Hudson River: Pier 40 (W. Houston St.) sowie Pier 96 (72nd St.). Zeiten variieren. In der Regel im Sommer tgl., Mo–Fr allerdings nur am späten Nachmittag, Ende Mai, Juni u. Sept. (je nach Wetter) nur an Wochenenden. Infos: www.downtownboathouse.org.*

Kajaks vermietet auch die **Manhattan Kayak Company** *im Hudson River Park, die ebenfalls Touren für Anfänger und Fortgeschrittene anbietet. Pier 84 Boathouse (555 12th Ave./44th St.), www.manhattankayak.com.*

Schlittschuh-/Eiskunstlaufen

Weltbekannte Eisbahnen sind in den Wintermonaten der **Rink at Rockefeller Center** *(***Midtown***, 601 5th Ave.), der* **Wollman Rink** *im südlichen Central Park sowie die Bahn im* **Bryant Park***. Zudem lädt der* **Sky Rink** *im Chelsea Piers Sports Center (23rd St., ganzjährig) zum Schlittschuhlaufen ein. Überall hier gibt es Schlittschuhe auszuleihen. Weitere Eisbahnen in New Yorks Parks: www.nycgovparks.org/facilities/iceskating.*

Fitnesscenter

Fast alle Fitnesscenter in New York vergeben (nicht ganz billige) Tagespässe. Die Hotels kennen die Adressen der nahe gelegenen Clubs. Oft haben die Hotels auch eigene Fitnessräume.
Große Clubs mit mehreren Filialen sind u. a. **David Barton Gym** *(www.davidbartongym.com),* **Crunch** *(www.crunch.com),* **New York Health & Raquet Club** *(www.nyhrc.com),* **Synergie Fitness** *(www.synergyfitclubs.com),* **Equinox** *(www.equinox.com) und* **New York Sports Clubs** *(www.mysportsclubs.com).*

Chelsea Piers Sports & Entertainment Complex, *Piers 59-62, 23rd St. am Hudson River,* **Chelsea**, *☏ (212) 336-6000, www.chelseapiers.com. Das Megazentrum für Sportfanatiker. Über 4 ehemaligen Hafenpiers erstreckt sich dieser Komplex. Hier werden alle nur erdenklichen Sportarten ausgeübt: Fitness, Ballsportarten, Klettern, Boxen, Laufen (400-m-Bahn), Schwimmen, Schlittschuhlaufen, Skaten, Bowling, Beachvolleyball u. v. m. Die Hightech Golf Driving Range hat z. B. 50 Abschlagplätze, jeder mit eigener automatischen Ballzufuhr.*

Modern-Dance-Tanzschulen

New York ist bekannt als das Mekka der Modern-Dance-Szene. Für Broadway-Shows und spezielle Tanz-Auftritte wird in den Schulen geprobt und experimentiert. Zahlreiche, oft weltbekannte Choreografen haben sich in New York niedergelassen und die Tanzszene maßgeblich geformt. Heute kann jeder an einer Tanzstunde teilnehmen.

Einige der bekanntesten Schulen:
Broadway Dance Center, *322 W. 45th St. (zw. 8th u. 9th Aves.),* **Midtown-West**, *☏ (212) 582-9304. Eine der größten Schulen. Unterrichtsfächer: Ballett, Jazz, Hip-Hop, Theatre Dance, Step, Modern, Voice u. a.*

Steps on Broadway, *2121 Broadway/74th St.*, **Upper West Side**, *☏ (212) 874-2410, www.stepsnyc.com. Nahezu alle Richtungen werden gelehrt: Ballett, Jazz, Modern Tap, Theatre Dancing, ethnisch usw. Die richtige Schule, um die Szene erst einmal zu „beschnuppern".*
Alvin Ailey American Dance Center, *405 W. 55th St./9th Ave.*, **Midtown-West**, *☏ (212) 405-9000, www.alvinailey.org. American Modern Dance sowie Kurse mit südamerikanischen und afrikanischen Elementen.*
Martha Graham School of Contemporary Dance, *55 Bethune St./West St.*, **West Village**, *☏ (212) 229-9200, www.marthagraham.org. Martha Graham war eine der bedeutendsten Persönlichkeiten des zeitgenössischen Tanzes im 20. Jh. Ihre Tradition sowie ihre Repertoirestücke werden, neben anderem, heute noch gelehrt.*

Weitere Sportmöglichkeiten

Im **Central Park** werden auch andere Sportarten betrieben bzw. angeboten (z. B. Bogenschießen, Fußball, Basketball usw.). Infos dazu im Info Center in der Dairy (Höhe 65th St., Wollman Rink, www.centralparknyc.org). Östlich der „Sheep Meadows" und nordöstlich des Great Lawn sind **Volleyballfelder** vorbereitet. Hier können alle spielen. Mitspieler werden oft gesucht.

Strände in New York

Sommertage in Manhattan können heiß werden. Da ist einem vielleicht mal nach ein paar Stunden Strand zumute.

Die bekanntesten Stadt-Strände sind:
Coney Island Beach/Brighton Beach, *Coney Island, östlich der Stillwell Ave.*, **Brooklyn**. *Die beste Wahl, da am schnellsten erreichbar und weil man von hier aus das NY Aquarium und abends dann noch die Restaurants in Brighton Beach erreichen kann. Subwaystationen: Stillwell Ave., West 8 St./NY Aquarium, Ocean Parkway und Brighton Beach.*
Rockaways, Süd-Queens, *dem JFK-Airport vorgelagert. Der schönste Strand auf Stadtgebiet, über 7 Meilen lang. Die besten Abschnitte liegen um die 9th St., um die 23rd St. und zwischen der 59th St. und J. Riis Park. Subwaystationen: Alle Stationen zw. Beach 36th St. und Rockaway Park.*
Orchard Beach, *in der* **Nordost-Bronx**. *Schön, aber an Wochenenden laut und voll. Schwer zu erreichen: Mit dem 6-Train bis Pelham Bay Park und dann mit dem Bus BX12 weiter. Vorteil: Abends kann man Fisch essen gehen auf der nahen City Island.*

Auf **Staten Island** *sind die Strände entlang der Südostseite die besten:* **South Beach** *(Bus S51), Great Kills Park (Bus S78, dann noch 45 Min. laufen) und* **Wolfe's Pond Park** *(SIR, dann Bus S56). Die Strände in Brooklyn und Queens sind allerdings schöner.*

Beliebt sind auch die Strände weiter östlich auf **Long Island**. *Das bedeutet eine zweistündige Anfahrt mit der LIRR (Long Island Railroad) und dann dem Bus. Empfehlungen: Long Beach, Jones Beach und der schönste, Robert Moses Beach.*

Zuschauersport

Amerikanische Sportarten erfreuen sich auch bei uns großer Beliebtheit. Also, warum nicht mal zuschauen bei den Stars? Unsere Tipps: Basketball, Eishockey, und wenn es Baseball sein soll, dann ein Spiel der Brooklyn Cyclones. Für alle Veranstaltungen sollte man Tickets rechtzeitig über das Internet erwerben.

Als Weltstadt bietet New York noch viel mehr erstklassige Sportveranstaltungen, als hier erwähnt werden können. Ob Boxen, Rollerbladen, Wrestling, nichts, was hier nicht stattfindet. Infos zu Sportveranstaltungen aller Art im New Yorker Raum: www.nycgo.com/sportscalendar.

Basketball
Saison: *Ende Oktober bis ca. Anfang Mai.*

New York Knickerbockers *(„Knicks", www.nba.com/knicks): Madison Square Garden (7th Ave., zw. 31st und 33rd Sts.). Tickets: www.ticketmaster.com.*
Die **Brooklyn Nets** *(www.nba.com/nets): Barclays Center (Ecke Flatbush/Atlantic Aves., Brooklyn). Tickets: www.ticketmaster.com bzw. www.barclayscenter.com.*

Basketball-Souvenirs findet man im **NBA-Store**, *645 5th Ave./51st St.,* **Midtown**.

Football
Saison: *September bis Ende Dezember/Anfang Januar.*
New York Giants *(www.giants.com) sowie die* **New York Jets** *(www.newyorkjets.com), MetLife Stadium in New Jersey: Meadowlands Sporting Complex, East Rutherford, NJ. Busse fahren von Manhattans Port Authority Bus Terminal aus dorthin. Tickets: www.ticketmaster.com.*

Baseball/Fußball
Saison: *April bis Oktober*

New York Yankees *(newyork.yankees.mlb.com), Yankee Stadium in der Bronx: 161st St./ River Ave., Subwaystation: 161st St./Yankee Stadium. Tickets: www.ticketmaster.com oder www.mlb.com/ticketing. Hier spielt auch New Yorks bester Fußballclub (Major League), der* **New York City FC** *(www.nycfc.com).*
New York Mets *(newyork.mets.mlb.com), Citi Field Stadium in Queens (126th St./Roosevelt Ave., Flushing, Subwaystation: Mets-Willets Point). Tickets: www.mlb.com/ticketing.*
Brooklyn Cyclones *(Minor League): MCU Park auf Coney Island. Tickets: www.brooklyncyclones.com. Die Gelegenheit, ein Spiel mit einem Besuch auf Coney Island zu verbinden. Auch der Fußballclub* **Cosmos New York** *(www.nycosmos.com) trägt hier seine Heimspiele aus.*

Tennis
US Open: *Anfang September im Billie Jean King National Tennis Center im Corona Park in Flushing Meadows, Queens (Subwaystation: Mets-Willets Point). Tickets (ab Mai): www.usopen.org bzw. www.ticketmaster.com. Endrunden-Karten sind schwer zu bekommen, für die Vorrunden ist das i. d. R. kein Problem.*

Eishockey
Saison: *Oktober bis April*

New York Rangers *(rangers.nhl.com, www.newyorkrangers.com): Madison Square Garden (s. o.).*
New York Islanders *(islanders.nhl.com): Barclays Center in Brooklyn (s. o.).*

Das kostet der Aufenthalt in New York

Stand: Sommer 2016

Auf den folgenden Seiten finden sich Preisbeispiele für einen Aufenthalt in New York, die eine realistische Vorstellung über die Kosten der Reise vermitteln sollen. Die angegebenen Preise sind jedoch nur als Orientierungshilfe bzw. Richtwerte zu verstehen.

Aktuelle Kurse	
1 US$	0,90513 €
1 US$	0,9696 CHF

Beförderung

Flüge

Nebensaison (Winter): mit viel Glück ab 400 €, meistens aber erst ab 430 €.
Zwischen- und Hauptsaison: ab 500 €, in der Hauptsaison auch locker über 700 €.

Reise nach New York: Pauschalangebot
7 Tage New York: Flug, Steuern, Unterkunft in einem Mittelklasse-Hotel (6 Nächte), Transfer vom und zum Airport, 1 Stadtrundfahrt, Reisebegleitung (= Kostenteilung): ab 1250 €/Pers. im Doppelzimmer. Die Spannbreite ist aber groß, und so kann es sein, dass ein Discounter 6 Tage New York inkl. Übernachtung für 700 € anbietet. Buchen Sie dabei aber unbedingt ein Hotel in Manhattan oder in Downtown Brooklyn und nicht an den Airports oder weiter weg.

Taxi (Richtwerte)/Bus vom/zum Airport

Zwischen John F. Kennedy Airport und Midtown Manhattan (Festpreis): $52 plus ca. $10–12 Tunnel-/Brückenzoll plus ca. $1 spezielle Gebühren plus $10 Trinkgeld = $73–75. Auf dieser Strecke gibt es nur durch den Midtown-Tunnel eine Maut!
Zwischen Newark Airport und Midtown Manhattan: ca. $45 plus ca. $24 Tunnel-/Brückenzoll (beide Richtungen müssen bezahlt werden) plus $17,50 Newark-Gebühr plus $10 Trinkgeld = $96,50. Achtung! Von Manhattan nach Newark wird der Brückenzoll doppelt gerechnet und eine Zusatzgebühr von $17,50 erhoben, da Taxifahrer aus Manhattan i. d. R. keine Fahrgäste aufnehmen können im Bundesstaat New Jersey und somit leer zurückfahren über die Brücken/durch die Tunnel. Die Preise nach Manhattan variieren je nach Fahrtziel, doch gibt es eine Art Fixrate (beachten Sie den ausgehändigten Zettel).

Zwischen John F. Kennedy Airport und Brooklyn-Mitte: ca. $45 plus $8 Trinkgeld = $53.

An den Airports können sich auch mehrere Leute zusammentun und ein Taxi teilen. Ein Tipp aber bleibt von/nach Newark der Express-Bus (einfach: $16, hin und zurück: $25) und von/nach JFK-Airport der AirTrain samt U-Bahnfahrt (zusammen: $7,75 einfach).

Limousinen

Von der Stadt mit einem Limo-Service zum Airport zu fahren kostet ab $52 plus Brücken-/Tunnelgebühren (s. o.) mit einem Towncar (kurze Limo). Eine überlange Limousine („Stretch-

Limo"), der Knüller in New York, kostet deutlich mehr (ab $180 plus Brücken-/Tunnelgebühren von Manhattan nach JFK bzw. Newark Int. Airport. Abends wird es noch teurer.

Allgemeine Taxipreise
Grundpreis: $2,50. Anschließend fährt man für 50 Cent 320 m (1/5 Meile, ca. 3 Blocks). Der Taxameter rechnet also hauptsächlich nach Strecke, wobei bei zähfließendem Verkehr oder Warten 50 Cent zusätzlich pro Minute berechnet werden.
Nachts (20–6 Uhr) wird ein Aufpreis von $0,50 erhoben.
Zuschlag für **Spitzenzeiten an Wochentagen** (16–20 Uhr): $1.
Hinzu kommen noch **Zuschläge** von zusammen $0,80.
Brücken-/Tunnelgebühren von ca. $10–12 zahlt der Fahrgast.
Trinkgeld: 15–20 % des Fahrpreises sind üblich.
Bei **Beschwerden** oder vergessenen Dingen im Fahrzeug: ☏ (212) 221-TAXI.

Übrigens: Um eine **Taxilizenz** in New York zu bekommen, muss man diese auf dem freien Markt erstehen. Der Marktpreis dafür liegt zzt. bei $250.000. Kein Wunder also, dass viele Taxifahrer 12-Stunden-Schichten fahren – 7 Tage in der Woche.

Hinweis

Bedenken Sie bei allen u. a. Preisen für Shuttlebusse und bes. die öffentl. Verkehrsmittel, dass Sie häufig noch eine Taxifahrt von der Endstation des Busses (oft einer der beiden Bahnhöfe) bis zu Ihrem Hotel einplanen müssen. Dafür kommen inkl. Trinkgeld gut $15 hinzu ($2,50 Grundpreis, $10 Fahrpreis, $2–3 Trinkgeld)!

Shuttlebusse (Preise pro Person!)
Vom John F. Kennedy Airport nach Midtown Manhattan: ab $20, je nach Komfort und Fahrtziel (einfach nur Manhattan oder direkt zum Hotel).
Vom Newark Airport nach Midtown Manhattan: je nach Komfort und Fahrtziel einfach nur Manhattan ($16) oder direkt zum Hotel (ab $23).

Metro/Öffentliche Verkehrsmittel
Vom John F. Kennedy Airport nach Midtown Manhattan: $7,75 (AirTrain $5 plus ein U-Bahn-Ticket $2,75. Tipp: Gleich eine Mehrfach- bzw. Wochenkarte für die U-Bahn/Busse kaufen.
Vom Newark Airport nach Midtown Manhattan: AirTrain zur Newark Airport Train Station. Von dort entweder ohne Umsteigen mit dem Zug zur Penn Station für ca. $15 oder von der Newark Airport Station zur Newark Station für ca. $10 und dann mit PATH für $2,75 nach Midtown bzw. Lower Manhattan.

Allgemeine Preise

Bus- und U-Bahn-Tickets, einmalig $1 für die MetroCard (mit Magnetstreifen).
Einfache Fahrt inkl. beliebigen Umsteigens (Zeitfenster: 2 Std.), kostet $2,75. Eine Mehrfachfahrkarte (MetroCard) mit unbegrenzten Fahrten für eine Woche $31 und für 30 Tage $116,50. Diese „Zeit"-Karte ist natürlich nicht übertragbar, d. h., sie kann z. B.

nicht von 2 Personen für die gleiche Fahrt genutzt werden. Eine MetroCard, die nach Anzahl der Fahrten abgerechnet wird, gibt es auch. Wer eine Mehrfachkarte kauft, kann einige Prozente sparen.

Fähren/Bootstouren

Staten Island Ferry: kostenlos
Eine **Fahrt rund um Manhattan** (Circle Line) kostet $ 40–45 pro Pers., eine um den **Südteil von Manhattan** ab $36 pro Pers. Mit NY Water Taxi gibt es z. B. einen **Ganztagespass**, bei dem man an allen 6 Piers ein- und aussteigen kann, so oft man mag, für ab $31.

Tunnel/Brücken

Die Gebühren liegen zwischen $8 und 12.

Hinweis: Sparfüchse buchen vor Ort

Bitte beachten Sie, dass bei einer Buchung von Sightseeing-Touren, Theaterbesuchen, Rundflügen etc. durch Ihren Hotel-Concierge mind. $5 extra berechnet und dass bei einer Buchung über ein Reisebüro in Deutschland meist höhere Preise berechnet werden. Die hier angegebenen Preise setzen voraus, dass man selbst vor Ort oder bereits online von zu Hause aus bucht. Sparen kann man mit einem New York City Pass (ab $115), muss dafür aber in relativ kurzer Zeit nahezu alle Angebote nutzen.

Sightseeing

Stadtrundfahrten/-touren (Richtwerte)
Süd-Manhattan (südl. Central Park) mit dem Doppeldeckerbus („Hop-On-Hopp-Off"): ca. $44/Pers.
3 Tage Manhattan („Hop-On-Hopp-Off"), inkl. Eintritt zu 3–5 Attraktionen, 4 Routen, frei wählbar im Zeitraum: ca. $100–130/Pers.
Harlem Gospel Tour: ab $60/Pers.

Rundflüge mit einem Helikopter
5 Min. ab $100/Pers.
15 Min. (die beste: zw. Freiheitsstatue und Central Park) ab $160/Pers.

Aufenthalt

Hotelpreise (Preise pro DZ)		
$$$$$	Luxushotel (z. B. The Plaza, Waldorf Astoria)	ab $500
$$$$	First Class (z. B. Marriott/Sheraton)	$300–500
$$$	Mittelklasse (z. B. Salisbury)	$200–300
$$	Untere Mittelklasse	$140–200
$	Einfach (Hostel, AirBnB)	$50–140

Hinweise: Preisvergleiche lohnen sich

Diese groben Preisangaben basieren auf der eigenen Buchung direkt im Hotel und an „normalen" Wochentagen. Pauschalangebote im Reisebüro bzw. im Internet können, müssen aber nicht billiger sein (Kleingedrucktes/Zusatzkosten beachten!). Wochenenden sind i. d. R. billiger. Vergleichen Sie die Preise und bedenken Sie auch, ob das im Reisebüro/Internet gebuchte „Gesamtpaket" (Flug, Unterkunft, Sightseeing-Touren, Musical) unter dem Strich billiger ist.

Essen

Preise pro Person (ohne Trinkgeld!)
Fine Dining: Essen ab $80 (3 Gänge), 1 Flasche Wein ab $35. Hier kann es aber auch deutlich teurer werden.
Familien-Restaurant: zwischen $12 und 20 für das Hauptgericht; Suppen: $7–9; Softdrinks: ca. $3.
Normales Pub mit Küche: Lunch-Specials ab $9; Hamburger mit Pommes $12–17; Schüssel mit Chili $10–12; Softdrink: $2–3; Bier (Flasche) $5–8, gezapftes Bier $6–9 (Letzteres z. B. Hefeweizen).
Imbiss, Fastfood (keine Kette): (Guter) Hamburger mit Pommes ab $10; Kaffee $2,50; achten Sie auch hier auf günstige „Specials" (Tagesgerichte) ab $7.
Fastfood (Kette, z. B. McDonald's, Burger King): einfacher Hamburger $2,50; Burger u. Pommes u. Softdrink ca. $8.
Deli mit Buffet: Hier wird nach Gewicht berechnet, also sehr individuell. Ein Tipp: Gehen Sie nicht völlig ausgehungert hier rein, denn dann lädt man sich zu viel auf. Schnell kostet die aufgefüllte Plastikbox dann $15 plus $3 für einen Fruchtsaft plus $4 für einen „Spezial-Kaffee"! Also: Schauen Sie sich zuerst das Buffet genau an und überlegen Sie vorher. Nehmen Sie anschließend **die kleinere** Plastikbox. Diese zu 2/3 gefüllt genügt voll und ganz als Mahlzeit und kostet so etwa $10. Nachnehmen können Sie ja immer …

Museen

Viele Museen sind an bestimmten Tagen „kostenlos", erwarten aber einen Obolus, den man auch entrichten sollte. Die Höhe dieses Obolus wird i. d. R. bekannt gegeben (zwischen $5 und 12). Die Museen sind auf dieses Geld auch angewiesen.
Größere Museen verlangen zwischen $15–22 Eintritt (einige sogar über $25), kleinere zwischen $5–15.

Der **City Pass New York** (www.citypass.com) sowie der umfangreichere **New York Pass** (www.newyorkpass.com) bieten vergünstigte Eintrittspreise in/zu Attraktionen, u. a. Empire State Building Observatory (nur das auf dem 86th Floor!), Guggenheim Museum, Museum of Modern Art, American Museum of Natural History, Metropolitan Museum of Art (inkl. The Cloisters) sowie entweder eine Bootsfahrt zur Statue of Liberty/Ellis Island, eine Bootstour um Manhattan mit der Circle Line oder eine Bustour. Tickets erhalten Sie an jeder dieser Attraktionen. Es handelt sich dabei um Hefte, die bereits sämtliche Eintritts-Tickets beinhalten. Vorteile: günstige Preise, keine Wartezeit an den Kassen. Nachteil: Sie müssen alle Tickets im Block kaufen, ob Sie nun alles sehen möchten oder nicht. Der NY City Pass kostet $114 (Jugendliche 13–17 Jahre: $89) und ist 9 Tage gültig, der New York Pass gilt, ja nach Wahl, zwischen einem und 10 Tagen und beinhaltet an die 80 Attraktionen und Touren. Ein 3-Tagespass kostet dafür ab $210, ein 7-Tagepass ab $310.

Top-Attraktionen

Eintritte zu den Top-Attraktionen, wie z. B. das **Empire State Building**, liegen ab $32 für 86th Floor und $52 für 86th u. 102th Floor (**Rockefeller Aussichtsplattform** ab $30)!

Broadway-Shows

Eine normal erstandene Karte für eine Broadway-Show/Musical (mittlere Preiskategorie) kostet ab $80, gut besuchte Musicals kosten eher $100–200. Beziehen Sie diese über Ihren **Concierge** am Hotel, kommen noch zwischen $10 und 20, über **Ticketmaster** bis zu $15 hinzu. **Restkarten** (meist nur für Veranstaltungen am selben Tag) an den TKTS-Schaltern kosten zwischen 30 und 75 % des ursprünglichen Preises. Somit können Sie Glück haben und relativ gute Tickets für $30–60 erhalten. Machen Sie aber keine „Lotterie“ daraus. Sind Sie nur ein paar Tage da, lohnen das lange Anstehen und das Risiko nur bedingt.

Sollten Sie aber nicht so fixiert sein auf das Stück, das Sie sehen möchten, machen Sie sich vorher eine Liste der für Sie interessanten Stücke und entscheiden Sie dann am TKTS-Schalter anhand der noch vorhandenen Karten.

Und noch etwas: Sparen Sie auch nicht zu sehr an der Sitzkategorie. Die **mittlere Preiskategorie** sollte es schon sein. Beachten Sie daher unbedingt den Sitzplan, der an allen Verkaufsstellen aushängt/vorliegt bzw. im Internet einzusehen ist.

Mietwagen

Aufgrund der komplizierten Regelung mit den Versicherungen sollte man unbedingt von Europa aus buchen und nicht vor Ort am Schalter. Am Wochenende, wenn die New Yorker selbst gerne ins Grüne fahren und ein Auto mieten, liegen die Preise 10–20 % höher, und die Fahrzeuge sind dann frühzeitig ausgebucht.

Mietwagen bekannter Mietwagenunternehmen (Avis/Budget etc.) kosten ab $60 (teilw. plus ca. $20 für die Versicherung; Economy Car/Tag unlim. km). Für eine Woche liegen Sie bei $280 (teilw. plus ca. $120 für die Versicherung). Oft werden für die Einwegmiete von Manhattan zum Flughafen $20–30 berechnet.

4. NEW YORK ENTDECKEN

Vorschläge für die Stadterkundung

Hinweis

Hier werden immer ganze Tage zugrunde gelegt. Zwei Tage bedeuten also drei Übernachtungen! Was man am An- bzw. Abreisetag noch unternehmen kann, wird im Folgenden erläutert.

Zum ersten Mal in New York

Grundsätzlich: Beim ersten Besuch des „Big Apple" sollte man sich auf die Highlights konzentrieren und auch ein wenig treiben lassen. Tipp: auch eine Attraktion, Gegend, Kneipe o. Ä. abseits der Touristenpfade besuchen, etwas, das einem auch das andere New York zeigt.

Wo übernachten? Ein Hotel in **Midtown** hat den Vorteil, dass man von hier aus viele Sehenswürdigkeiten und die Broadway-Shows zu Fuß erreicht.

Anreisetag: In der Regel kommt man am Abend an. Für mehr als einen Spaziergang in die Umgebung des Hotels und einen Restaurantbesuch wird es nicht reichen. Am besten überlegt man sich schon an diesem Abend, was man während des Aufenthalts unternehmen möchte, insbesondere, welche Shows o. Ä. man am nächsten Tag reservieren will.

Abreisetag: Flüge nach Europa gehen i. d. R. erst am späteren Nachmittag bzw. Abend. Wer früh aufsteht, kann noch shoppen gehen bzw. ein weiteres Museum besuchen. Achtung: Ab 16 Uhr beginnt die Rush Hour, eine Fahrt zu den Flughäfen kann bis zu zwei Stunden dauern. Das frühe Aufstehen hat noch einen Vorteil: Abends im Flugzeug wird man so müde sein, dass man etwas schlafen kann.

New York in 3 Tagen

1. Tag

Eine Broadway-Show reservieren! Notfalls zum „normalen" Preis, denn das Anstehen an den TKTS-Schaltern würde bei einem so kurzen Aufenthalt zu viel Zeit kosten. Dann Sightseeing-Tour mit einem Bus, unterwegs bieten sich drei Hauptattraktionen für einen Zwischenstopp an: Empire State Building, 5th Avenue und Financial District. Im Financial District verlässt man den Bus ganz, geht zum 9/11 Memorial, dann zur Brooklyn Bridge und von dort durch Chinatown, Little Italy ins East Village. Den Abend kann man entweder im East Village oder im Greenwich Village (Blues- u. Jazzkneipen) verbringen.

2. Tag

Den Auftakt bildet ein Museumsbesuch, den Rest des Tages verbringt man dann mit Shoppen und Spazierengehen. Vom Metropolitan Museum of Art erreicht man rasch den Central Park, dann geht es zur 5th Avenue und von dort am Rockefeller Center vorbei zum Kaufhaus Macy's. Abends steht die bereits gebuchte Broadway-Show auf dem Programm, anschließend noch ein Drink in einer Rooftop Bar.

3. Tag

Fahrt zur Statue of Liberty und zur Ellis Island (Einwanderermuseum). Wer früh startet, umgeht die Warteschlangen für das Schiff, die über Tag immer länger werden. Rückkehr wird nicht vor 15 Uhr sein. Das genügt noch für die Erkundung des Battery Park-Gebietes. Anschließend kann man nach günstiger Designer-Kleidung im Century 21 schauen. Abends stehen SoHo oder das Greenwich Village auf dem Programm, wo man nette Restaurants findet. Lokale für ein Abendbier, einen gepflegten Wein oder mit Live-Jazz gibt es hier auch.

New York in 5 Tagen

1.–3. Tag: wie oben.

4. Tag

Der Tag beginnt mit einem Besuch der United Nations. Anschließend ist dann noch Zeit für ein bis zwei Museen in Midtown bzw. an der Museum Mile. Sollten nun noch Zeit, Energie und Licht vorhanden sein, spaziert man durch den Central Park. An Loeb's Boathouse bzw. in der Upper West Side kann man zu Abend essen und sich am späteren Abend spontan, je nach Lust und Laune, z. B. für eine Musikveranstaltung entscheiden oder mit einem Stadtbus durchs abendliche New York fahren.

5. Tag

Besuch von Brooklyn: Spaziergang über die Brooklyn Bridge, durch DUMBO und den Brooklyn Bridge Park, dann nach Brooklyn Heights. Die Brooklyn Historical Society hier bietet einen geschichtlichen Überblick über den Stadtteil. Anschließend lädt die Montague Street dazu ein, eine Kleinigkeit zu Mittag zu essen, bevor es zum New York Transit Museum geht, wo die Geschichte der U-Bahn erläutert wird. Danach sollte man durch die Fulton Mall schlendern und den Käsekuchen im nahen Junior's probieren. Alternativprogramm: Anstelle der Fulton Mall und des Transit Museum geht es zum Prospect Park mit Brooklyn Museum (of Art) und Botanischem Garten. Der frühe Abend böte drei Alternativen: Fahrt nach Coney Island (Spaziergang am Boardwalk, ein russisches Restaurant besuchen), das Szeneviertel Williamsburg erkunden oder Blick vom Empire State Building bei Dunkelheit.

Manhattan abseits der Touristenpfade

Für den, der das erste Mal in New York ist, reicht ein Tag abseits der Touristenpfade. Dazu drei Alternativen:

- **Harlem-Tour** mit einem dort ansässigen kleinen Unternehmen (z. B. mit Harlem Your Way!). Nach Ende der Tour Bummel durch Harlems Einkaufsstraße, die 125th Street, dann Soul Food essen und den Abend mit einem Cocktail beenden.

Und immer mal wieder eine Pause einlegen!

• Ein Kulturtag: Zwei bis drei von Touristen weniger besuchte Museen, z. B. Lower East Side Tenement Museum, Whitney Museum of American Art, New York Historical Society, Museum of the City of New York und/oder ein ethnisch orientiertes Museum (z. B. Ukrainian Museum o. El Museo del Barrio) stehen zur Auswahl. Abends – bei guten Englischkenntnissen – ein Theaterstück am Off-Broadway besuchen.

• Morgens besucht man die Galerien und Geschäfte in SoHo. Anschließend lässt sich herrlich im Strand Bookstore (Broadway/12th St.) stöbern, dann folgt eine Kaffeepause auf dem Union Square. Den Mittag verbringt man im Flatiron District (Lunch in Eataly oder in dessen Rooftop Bar Birreria). Ausgesuchte Einrichtungsgeschäfte nehmen einen dann für ein bis zwei Stunden in Beschlag. Nun geht's zum Shoppen entweder zu Macy's und/oder in die 5th Avenue. Um den frühen Abendhunger zu stillen, sollte man im Keller der Grand Central Station der Oyster Bar einen Besuch abstatten. Um dem Ganzen schließlich die Krone aufzusetzen, lässt man sich auf einen Cocktail oder ein Bier in den Bars des St. Regis (King Cole Room) oder eines der anderen Top-Hotels in der Gegend nieder. Abendessen in einem kleinen, gepflegten Restaurant in TriBeCa, West Village oder der Upper West Side.

New York für Fortgeschrittene

Hinweis

Im Folgenden Tipps für diejenigen, die die wesentlichen Attraktionen (Empire State Building, Metropolitan Museum of Art, Times Square, MoMA, Statue of Liberty etc.) bereits gesehen haben.

An- und Abreisetag: siehe Einführung auf Seite 187.

Wo übernachten? Das hängt vom gewünschten Programm ab. Grundsätzlich sollte man eine Unterkunft außerhalb des Touristengebietes um den Times Square wählen, z. B. das Regina's New York B&B in Brooklyn ($$), das Cosmopolitan in TriBeCa ($$$), ein Hotel in der Lower East Side/East Village oder, wenn man tiefer in die Tasche greifen will, das Bowery Hotel ($$$–$$$$) an der Bowery/East Village.

New York in 2–3 Tagen

1. Tag

Ein bzw. zwei Tage sollten noch Manhattan gehören. Dazu wählt man im Vorkapitel aus den drei Alternativen aus unter: „Manhattan etwas abseits der Touristenpfade – für Erstbesucher".

2. Tag

Wer Brooklyn noch nicht gesehen hat, besucht diesen Borough wie im Vorkapitel unter „5 Tage" beschrieben. Kennt man bereits Brooklyn Heights, konzentriert man sich eher auf den Prospect Park, das Brooklyn Museum (of Art), den Botanischen Garten und anschließend auf einen Bummel über die 7th Avenue. Hier gibt es auch ein paar nette Restaurants. Alternativ dazu wären die kleinen Restaurants in Fort Greene für das Abendessen zu empfehlen. Wer abends noch unternehmungslustig ist, sollte sich alternativ ein Programm auf Coney Island zusammenstellen (vorher evtl. spazieren gehen auf dem Boardwalk von Coney Island) oder sich im Szeneviertel Williamsburg umtun.

New York in 5 Tagen

1.–3. Tag: wie oben unter „3 Tage" beschrieben.

4. Tag

Fahrt zum Corona Park in Queens, wo das Queens Museum of Art („Panorama of New York") lockt; anschließend geht es weiter nach Astoria mit dem Museum of the Moving Image. Ist nun noch Zeit, läuft man zum Socrates Sculpture Garden (Picknick) und in dessen Nähe sich auch noch das Isamu Noguchi Garden Museum befindet. Abschließen lässt sich der Tag in einem der ethnischen Restaurants in Queens (siehe dazu S. 140, Queens: Restaurants).

Eine Broadway-Show sollte man gesehen haben

5. Tag

Entweder ist einer der unter „Shoppingtrips" beschriebenen Tage dran – oder die Bronx! Zuerst geht es zum Zoo oder (noch schöner) in den New York Botanical Garden, am Nachmittag in die Arthur Avenue, das wahre „Little Italy" von New York. Hier kann man Zutaten für ein Picknick im Central Park kaufen oder in einem der italienischen Restaurants zu Abend essen. Alternative: erst fürs Picknick einkaufen und dann in den Botanischen Garten. Am letzten Abend sollte es noch einmal Livemusik geben. Alternativ: eine Vorführung der Metropolitan Opera als besonderes Highlight.

3 Tage Kulturprogramm

Der Central Park ist Manhattans „grüne Lunge“

Dieses Programm setzt voraus, dass Museen, Galerien und kulturelle Abendprogramme im Fokus stehen.

1. Tag

Zwei Museen entlang der Museum Mile besuchen, zwischendurch im Central Park ein Picknick machen. Alternative: in einem Museums-Café speisen. Abends eine Broadway-Show besuchen.

2. Tag

Ein langer Tag! Ein Besuch der New York Historical Society in der Upper West Side. Anschließend mit dem Taxi zur Cathedral of St. John the Divine und von dort über den Campus der Columbia University zum Riverside Park (Ausblick) laufen. Von dort geht es mit dem Bus in den Norden Manhattans zum The Cloisters, der riesigen Klostersammlung. Abends Besuch des Village Vanguard oder eines ähnlich guten Jazzlokals (siehe Liste S. 149f.).

3. Tag

Dieser Tag steht unter dem Motto „Galerien, Kunstmuseen, Buchläden und Büchereien“. Beginn ist in SoHo, wo man in die Galerien hineingehen sollte. Anschließend schaut man, was im New Museum of Contemporary Art und International Center of Photography ausgestellt ist. Weiter oben am Broadway stößt man auf den Secondhand-Buchladen Strand (*Ecke 12th St.*), bevor man in einem Restaurant im Umfeld des Union Square eine Mittagspause einlegt. Weiter geht es, am besten mit einem Taxi, zur Morgan Library & Museum. Hier kann man im Café nach Besichtigung der Bibliothek noch einen guten Kaffee trinken und zum Abschluss zur New York Public Library an der 5th Avenue laufen. Am Abend: z. B. ein Off- bzw. Off-Off-Broadway-Theaterbesuch.

3 Tage Shopping

Hinweis

Teilen Sie sich für die ersten 2 Tage Manhattan in „südlich der 23rd Street“ und „nördlich der 23rd Street“ ein.

1. Tag

Südlich der 23rd Street: Der Einkaufsbummel beginnt in Chinatown, wo man Gewürze und Soßen bekommt. In der Canal Street gibt es günstigen Schmuck, Uhren, Jeans vom Straßenhändler, schicke Sonnenbrillen und allerlei Elektroramsch. Allemal ist dann wohl eine Stärkung in einer asiatischen Garküche vonnöten. Anschließend wären Designer-Textilien zu Ausverkaufspreisen im Century 21 gegenüber dem 9/11 Memorial dran. Wem es noch nicht reicht und wer eher jugendliche Kleidung zu Ramschpreisen sucht, der sollte statt des Century 21 NoLIta, den kleinen Stadtteil nördlich von Little Italy, abklappern. Den Rest des Tages bummelt man durch die Lower East Side und das East Village und isst auch dort zu Abend.

2. Tag

Erster Anlaufpunkt ist das Kaufhaus Macy's am Herald Square. Fast nebenan bekommt man in der Manhattan Mall „normale" Markenkleidung, im obersten Stockwerk gibt es dazu einige Imbissrestaurants verschiedenster Nationalitäten, die sich anschließend für den Lunch anbieten. Damit der Exklusivität New Yorks Genüge getan wird, fährt man anschließend per Taxi zu Bloomingdale's. Hier macht man garantiert noch einige Luxus-Schnäppchen. Im Umkreis dieses Kaufhauses und dann weiter entlang der 57th Street und später der 5th Avenue warten Top-Boutiquen der Welt mit horrenden Preisen für ohne Zweifel exklusivste Stoffe. Alternativ besucht man den interessanten Museumsshop des Museum of Modern Art, der dem Museum schräg gegenüber liegt.

3. Tag

Jetzt heißt es, die Zeitung, die Wochenmagazine und den Einkaufsteil dieses Buches ab S. 157 zu studieren! Was interessiert noch? Was fehlt noch? Wo gibt es gerade etwas superbillig? Ein weiterer Tipp für New York sind die Museumsshops. Jedes Museum hat einen solchen Shop, und jeder bietet alles Mögliche zum und um das Museumsthema herum an. Alternativ dazu, und sollte es Wochenende sein (notfalls Tage „tauschen"), wäre ein Schlendern über die Flohmärkte (siehe S. 161) eine tolle Sache.

Hinweis

Alternative Shopping-Distrikte zu o. g. sind: Günstige Sporttextilien und Jeans entlang der Fulton Mall in Brooklyn-Downtown; die Atlantic Mall in Brooklyn (*Flatbush/Atlantic Aves.*); ausgefallene Geschäfte entlang der Bleecker Street in Greenwich Village oder Asiatisches in Queens.

4 Tage abseits der Touristenpfade

Falls die oben beschriebenen Vorschläge nicht mehr von Interesse sind, bieten sich die folgenden einzelnen Tagestouren an.

1. Tag: Brooklyn

Mit der U-Bahn geht es zur Station De Kalb Street. Noch nicht ausreichend gefrühstückt? Dann rein in den Super-Diner Junior's. Anschließend schlendert man durch den zehn Minuten entfernt gelegenen Fort Greene District mit seinen Mittelklasse-Brownstone-Häusern. Nun geht es per Taxi (zwischendurch noch einmal aussteigen in Park Slope zum Shoppen/Kaffee trinken?) zum Greenwood Cemetery, wo man herrlich spazieren gehen kann, und dann weiter mit der Subway (am besten von der Station Fort Hamilton Parkway) bis Coney Island. Von der Station Stillwell Avenue aus Richtung Osten laufen, mal auf dem Boardwalk am Strand, mal auf dem Ocean Parkway/Brighton Beach Avenue. Zuerst passiert man das beeindruckende NY Aquarium und weiter östlich dann – genau richtig zur Abendessenszeit – die russischen Restaurants und Kneipen in Brighton Beach, die ein so ganz anderes Bild von New York vermitteln. Zurück nach Manhattan geht es wieder mit der U-Bahn. Wer früh aufgebrochen ist, kann zwischen Greenwood Cemetery und Coney Island auch noch eine Stunde durch das jüdische Viertel Borough Park schlendern.

2. Tag: die Nord-Bronx

Mit der Subway 1 oder 9 geht es bis zur nördlichsten Endstation (*242nd St.*) in der Bronx. Hier öffnet sich eine große Parkfläche, auf der sich das Cortlandt House Museum (hist. Farmgebäude) befindet. Etwas umständlich mit der Subway wäre nun die Fahrt zum Woodland Cemetery (besser ein Taxi nehmen). Die nicht gelben Taxis (T&LC auf dem Nummernschild) warten direkt unter der Subwaystation 242nd Street. Die riesigen Grabmonumente hier mögen gar nicht so zum Klischee der Bronx passen. Doch die Nord-Bronx ist das Wohngebiet der Reichen. Alternativ dazu böte sich ein ausgedehnter Spaziergang durch den New York Botanical Garden an sowie ein Besuch des italienischen Viertels entlang der Arthur Avenue.

Um nun zum wohlverdienten Endpunkt dieser Tagesetappe zu kommen, fährt man wieder umständlich mit der Subway zur 125th Street in Manhattan zurück, von dort verkehrt die 6 zur Pelham Bay Park-Endstation. Hier geht es mit dem Bus nach City Island, einem Fischerort auf der gleichnamigen Insel. Ein Bummel über die Insel verlangt dann nach einem guten Dinner. Abwechslungsreiche Fischgerichte gibt es hier in allen Restaurants. Alternatives Abendessen bietet die o. g. Arthur Avenue, „das Little Italy" der Bronx.

3. Tag: Manhattan für Sportliche

Wer günstige Sportsachen kaufen möchte (ein Paar Nikes, ein T-Shirt, luftige Sporthose), stöbert in den auf S. 165f. angegebenen Geschäften. Damit bestückt, schlendert man durch Chelsea bis zu den Chelsea Piers, dem Megasportzentrum. Hier gibt es Tageskarten. Ob man Golf oder Basketball spielen bzw. Krafttraining, Turnen, Boxen betreiben möchten: Hier ist alles möglich. Natürlich gibt es auch einen Jogging-Pfad. Für den zweiten Teil des Tages gäbe es dann mehrere Alternativen, die alle, bis auf Nr. 4, gerne mit dem Taxi angefahren werden dürfen: 1) Schattenboxen und „Turnübungen" der Banker im Battery Park. 2) An Loeb's

Boathouse im Central Park Ruderboote ausleihen. 3) Im 10th Street Russian & Turkish Bathhouse (*268 East 10th St., zw. A u. 1st Ave.*) im East Village gibt es Saunen, türkische und russische Bäder, Massagen u. v. m. 4) Sportmöglichkeiten entlang des Hudson River Park (Joggen, Fußball, Kajak etc.) nutzen. 5) Mit der Subway nach Coney Island: dort Joggen am Strand und Trimm-Dich-Übungen an den Reckstangen am Boardwalk/Strand. 6) Mit dem Fahrrad auf den mittlerweile zu einem großen Teil ausgebauten Wegen rund um die Südspitze von Manhattan fahren bis auf Höhe Alphabet City.

4. Tag: Mit dem Mietwagen „einmal rundherum“

Früh aufbrechen und für ein Picknick einkaufen! Auf dem West Side Highway nach Norden fahren. Erste Abfahrt ist Morningside Heights, wo man den Riverside Park und Grant's Tomb besuchen sollte. Weiter geht's durch Harlems Seitenstraßen und nach Norden durch die Viertel der Hispanics und Latinos. Hier kann man z. B. ein mexikanisches Frühstück einnehmen (Omelette mit Paprika, etwas Chili etc.). Ziel ist aber The Cloisters, das große Klostermuseum. Nach dem Besuch ergibt sich eine gute Chance für ein Picknick im Fort Tryon Park. Über die imposante George Washington Bridge geht es dann nach New Jersey. Zu sehen gibt es hier nicht viel, eindrucksvoll sind aber die vielen alten Eisenziehbrücken, die das Marschgebiet überspannen. Ansonsten folgt man einfach der I-95 nach Süden.

Vorbei am Newark International Airport verlässt man die Interstate wieder und fährt über die Goethals Bridge nach Staten Island. Ist es für die Historic Richmond Town bereits zu spät, geht es gleich zur nördlich gelegenen Richmond Terrace (Straße), die schließlich zum Snug Harbor Cultural Center und zu dem Riesenrad führt. Danach fährt man zur Verrazano-Narrows Bridge, die man überquert. Auf der anderen Seite, in Brooklyn, geht es dann den Shore Parkway entlang bis nach Coney Island. Ein Spaziergang entlang des Boardwalk macht hungrig, sodass man hinterher in einem russischen Restaurant so richtig zuschlagen kann. Alternativ sucht man sich ein Restaurant auf S. 138f. (Restaurants in Brooklyn) aus, z. B. im Gebiet Fort Greene oder in Williamsburg. Für diejenigen, die Coney Island bereits am Vortag besucht haben, bietet sich ein Abstecher nach Williamsburg an (Künstlerszene, Lofts etc.). Über die Brooklyn- oder Manhattan Bridge geht es dann zurück nach Manhattan.

Tipps

Der Mietwagen sollte nicht zu groß sein. Übrigens: Autofahren in New York stellt kein besonderes Problem dar – außer bei der Parkplatzsuche, vor allem in Manhattan.

Wer diese Route nach dem angegebenen Zeitplan befährt, umgeht nahezu jede Rush Hour (die kommt einem entgegen) und spart die teure Brückengebühr an der Verrazano-Narrows Bridge.

Sollte es der Abreisetag sein und der Flug abends gehen, kann man von Brooklyn aus direkt zum JFK-Airport fahren und das Fahrzeug dort abgeben. Und immer das Gepäck im Kofferraum verstauen!

5. MANHATTAN

Allgemeiner Überblick

Kurz und knapp

Manhattan ist eine **Insel**, umgeben vom Hudson River im Westen, dem East River im Osten und dem Harlem River im Nordosten. **Einwohner**: 1,63 Mio. (1910: 2,76 Mio.), **Fläche**: 58,5 km^2.

Manhattans bauliche Facetten – historisch ...

... oder gigantisch

Manhattan besitzt **all das, was man mit New York verbindet**: Wolkenkratzer, Museen von Weltrang, das Weltfinanzzentrum, den Central Park, berühmte Theater und Konzertsäle, Luxushotels und den Sitz der Vereinten Nationen. Dabei ist der Inselstadtteil von der Fläche her der kleinste New Yorks, gerade einmal 22 km lang und (an der weitesten Stelle) 3,7 km breit. Bis 1898 stellte Manhattan alleine New York dar. Erst dann schlossen sich die anderen vier Boroughs zu der Megastadt des 20. Jhs. zusammen. Einwanderer aus aller Welt, von denen viele in New York blieben, der große Hafen und die vielseitigen wirtschaftlichen Möglichkeiten, die sich hier boten, ergaben den Rest. New York ist heute ein Synonym für kulturelle Vielfalt, Modetrends, Künstlerszene und natürlich architektonische Meisterleistungen. Immer wieder fällt den Stadtplanern und Architekten etwas Neues ein.

In Manhattan zu leben und zu bestehen, ist nicht einfach: Die Mieten sind hoch, das Leben schrill, der Verkehr laut, Arbeitszeiten von durchschnittlich über zehn Stunden am Tag sind die Regel und Mitleidsempfindungen nahezu unbekannt. Das muss man wollen. Viele kommen mit Mitte 20 hierher, haben dann aber genug und sehnen sich nach Ruhe und Freiheit, wenn sie Mitte 50 sind.

Bei all dem Reichtum, dem Glamour, den Wolkenkratzern und der drastisch gesenkten Kriminalitätsrate sollte man aber nicht vergessen, dass die **soziale Schere** sich besonders hier sehr weit geöffnet hat. Schon lange kann ein normaler Angestellter sich kaum noch eine Wohnung südlich der 110th Street leisten und muss lange Anfahrtswege mit der Subway in Kauf nehmen. Zudem sind viele der Dienstleistungsjobs schlecht bezahlt. Immer mehr kleine Läden, alteingesessenen Neighborhood-Restaurants und Pubs müssen aufgeben. In kaum einer anderen Stadt der Welt lässt sich die Entwicklung der letzten hundert Jahre – mit ihren Höhen und Tiefen – besser nachvollziehen. Manhattan hat gefeiert, geprasst, aber auch gelitten und am Rande des Abgrundes gestanden.

Neighborhoods von Manhattan
Guttenberg
West New York
Union City
NEW JERSEY
NEW YORK
Hudson River
Lincoln Tunnel
Holland Tunnel
Morningside Heights
Harlem
125th St.
110th St.
East/Spanish Harlem
Manhattan Valley
96th St.
Broadway
West
Park
Central Park West
Central
Fifth Ave.
Upper West Side
Ward's Island
Yorkville
Upper East Side
Astoria
59th St.
Central Park Sth.
Hell's Kitchen (Clinton)
Lenox Hill
Theater District
MANHATTAN
Franklin D. Roosevelt Dr.
Roosevelt Island
Ed Koch Queensboro Bridge
Long Island City
42nd St.
Garment District
Midtown
Turtle Bay
34th St.
Tudor City
Murray Hill
Queens-Midtown Tunnel
QUEENS
Chelsea
23rd St.
Kips Bay
14th St.
Flatiron District
Meat Packing District
Gramercy Park
Greenwich Village
West Village
East Village
Alphabet City
Houston St.
SoHo
Canal St.
Bowery
TriBeCa
Little Italy
Lower East Side
Battery Park City
Civic Center
Chinatown
Lower Manhattan
Financial District
Brooklyn Bridge
Manhattan Bridge
Williamsburg Bridge
DUMBO
Brooklyn Heights
Brooklyn Downtown
Hugh L. Carey Tunnel
East River
Newton Creek
Greenpoint
Williamsburg
BROOKLYN
501
9A
495
287
N
0
1,24 mi
2 km
© graphic

info

Wie das „alte New York" verschwindet

Die Gentrifizierung und die damit verbundenen hohen Immobilienpreise lassen viele Traditionsunternehmen verschwinden. Jeremiah Moss hat einen interessanten Blog dazu veröffentlicht: *http://vanishingnewyork.blogspot.de.*

Doch rollt der Rubel, besonders an der Wall Street, dann kommen die Bauunternehmen nicht mehr hinterher, steigen die Bodenpreise in astronomische Höhen und werden weitere Areale freigegeben für Hochhausbauten und luxuriöse Apartments. Früher schlug die Stimmung nach nur wenigen Boomjahren i. d. R. wieder um, und es sprossen Bürgerinitiativen gegen Spekulanten und „für die Freiheit des Individuums" aus dem Boden. Das scheint vorbei zu sein. Immer weniger Bewohner Manhattans sind hier auch geboren, und die „echten" New Yorker zieht es schon lange raus nach Brooklyn oder Queens, wo sie ihre neue Szene gegründet haben. Ihren Platz in Manhattan haben nach und nach die sogenannten Weltbürger eingenommen, die ebenfalls eine ethnische Vielfalt ins Spiel bringen, für mehr Geld sorgen, aber sich immer die Option offenhalten, wieder gehen zu können. Heute ist man Bürger auf Zeit und erfreut sich an den Clubs, Shops, Restaurants, Hochschulen und dem bunten Treiben. Es lebt sich gut und ziemlich unkompliziert in Manhattan – wenn nur das nötige Geld da ist.

Klassifizierung der Sehenswürdigkeiten	
***	Top-Attraktion – ein „Muss"
**	sollte man gesehen haben
*	sehr sehenswert
Alle nicht markierten Punkte lohnen sich natürlich auch, sind aber von den jeweils speziellen Interessen abhängig.	

Orientierung

Manhattan ist unterteilt in **29 Stadtviertel** (*Neighborhoods*), wobei immer neue „Kreationen" hinzukommen, wie „NoLIta", ein paar Blocks **No***rth of* **L***ittle* **Ita***ly*, das sich von den Strukturen des italienischen Viertels entfernt hat.

Grundsätzlich gibt es zwei Wolkenkratzer-Gebiete, den Financial District südlich des Civic Center (Rathaus) und Midtown zwischen 34th Street und Central Park. Dazwischen liegen die „älteren" Wohnhaus-, Geschäfts- und ehemaligen Industriebezirke, i. d. R. mit Gebäuden bis zu fünf, oft aber auch nur drei Obergeschossen. Um den Central Park herum befinden sich wiederum höhere Wohnhausgebiete. In Nord-Manhattan mischen sich alte Baustrukturen mit unattraktiven, riesigen Wohnblöcken („Projects"). Downtown nennt sich das Gebiet südlich der 14th Street, Midtown das zwischen 14th und 59th Street und Uptown alles nördlich der 59th Street.

Mit dem Boot zur Freiheitsstatue und nach Ellis Island

An klaren und sonnigen Tag ist die Aussicht auf das Financial Center von Manhattan, besonders bei Bootsfahrten zur Freiheitsstatue oder nach Staten Island, besonders eindrucksvoll.

i So kommt man zur Freiheitsstatue (Statue of Liberty) und nach Ellis Island

Minimum: 4 Std., **Optimum**: 6 Std.
Abfahrtsort: Battery Park, am Castle Clinton
Abfahrtszeiten variieren; Kernzeiten: 8.30–18 Uhr (im Sommer), 9.30–15.30 Uhr (Rest des Jahres), jeweils alle 20–30 Min. Die Fähre unternimmt nur Rundfahrten: Battery Park – Liberty Island – Ellis Island – Battery Park
Reservierung für die Fährpassage empfehlenswert, für den Besuch der Hochetage bzw. der Krone auf der Freiheitsstatue ein Muss, ☏ 1-877-523-9849, www.statuecruises.com.

*** Liberty Island (Statue of Liberty)

Früher hieß die Insel nach ihrem Eigentümer „Bedloe's Island". Erst 1956 wurde sie umgetauft in „Liberty Island". Die 45 m hohe Freiheitsstatue ist ohne Zweifel ein Wahrzeichen und das augenfälligste Symbol für das Einwandererland Amerika. 4 Mio. Menschen kommen jährlich. Für viele Amerikaner hat der Besuch der „Lady Liberty" Wallfahrtscharakter.

Der elsässische Bildhauer Frédéric-Auguste Bartholdi entwarf die Außenansicht, Gustave Eiffel zeichnete für das innere Eisengerüst verantwortlich. Eigentlich sollte sie in Alexandria, am Eingang des Suezkanals, in Anlehnung an den „Koloss von Rhodos", aufgestellt werden. Dafür erhielt Bartholdi aber keine Genehmigung von den englischen Kolonialherren. Mithilfe einer Initiative französischer Intellektueller bot er sodann die Statue dem amerikanischen Volk als Geschenk des französischen Volkes an. Die Franzosen erhofften sich davon größere demokratische Freiheiten im eigenen Land und untermauerten ihr Bestreben mit der Erinnerung an die Waffenbrüderschaft in der Zeit der Revolution und an deren vornehms-

Redaktionstipps

- Um auf die **Freiheitsstatue** (S. 199) (*Pedestal*) bzw. in die Krone (Crown) zu steigen, frühe Fähre nehmen (vor 9 Uhr), vorher via Internet/Telefon Tickets reservieren.
- Die Schlangen sind lang, also **früh anstellen**, Wochenenden und Feiertage meiden.
- Um die Freiheitsstatue herumgehen und dem **Museum** (S. 202) einen Besuch abstatten sowie **Ellis Island** (S. 201) besichtigen.
- Beide Inseln bieten kleine **Schnellrestaurants** und schöne Plätze für ein **Picknick**.
- **Alternative**: Die Fahrt mit der **Staten Island Ferry** (S. 220) ist **kostenlos**; wunderschöner Blick auf die Skyline des Financial District und die Freiheitsstatue.

tes Symbol, die *liberté*. Gleichzeitig sollte der erhobene Arm der Figur nicht nur der Welt die **Fackel der Freiheit** zeigen (eigentlicher Name: „Statue of Liberty Enlightening the World"), sondern auch als Leuchtturm dienen.
Statue of Liberty, *Infos unter: www.nps.gov/stli*

info

Statue of Liberty – Daten und Fakten

Einweihung: 28. Oktober 1886
Gewicht: 226 t
Höhe: 45 m (Statue) plus 45 m (Sockel)
Kopf: 3 m breit und 5 m hoch
Der rechte Arm (Fackel): 12,7 m lang
Finger: durchschnittlich 2,4 m lang
Symbolisierung: Die Liberty tritt auf die entzweiten Ketten der Tyrannei; die 7 Kronenspitzen zeigen auf die 7 Kontinente und 7 Weltmeere; in der linken Hand hält sie die amerikanische „Declaration of Independence" und in der rechten die Fackel, die das Licht der Hoffnung ausstrahlt.

Frankreich war für die Finanzierung der Statue verantwortlich, Amerika für die des Sockels. 1874 begann Bartholdi mit den Arbeiten. Vier kleinere Vorentwürfe aus Ton, Gips, Marmor und Terrakotta waren vonnöten, um die eigentliche Figur aus 300 gehämmerten Kupferplatten, getragen von einem Eisengerüst, fertigzustellen. Die Franzosen hatten wenig Probleme, ihren Teil des Projektes zu finanzieren, während es mit der Spendenfreundlichkeit der Amerikaner bis 1885 nicht weit her gewesen ist. Erst ein erbitterter Appell des „New York World"-Herausgebers Joseph Pulitzer an den Nationalstolz der Amerikaner brachte schließlich – in letzter Minute – die nötigen Finanzen zusammen. In einer spektakulären Aktion wurde die Statue schließlich im Mai 1885 über den Atlantik gebracht und auf den Fundamenten des ehemaligen, sternförmig angelegten Fort Wood platziert.

Miss Liberty ist ein Geschenk Frankreichs und wacht über New Yorks Hafen

Die pompöse Einweihung fand am 28. Oktober 1886 statt. Danach haben Millionen von Einwanderern auf den Schiffen dieses Symbol für Amerikas Freiheit passiert. Zum 100-jährigen Jubiläum im Jahre 1986 wurde die Statue für 70 Mio. Dollar in jahrelanger Arbeit sorgsam renoviert.

In der Statue of Liberty

Wer sich nicht nur an der pathetischen Gestalt (deren Bekanntheitsgrad höher ist als ihr künstlerischer Wert) erfreuen, sondern auch das Innere und die Aussicht genießen will, muss dafür vorher Tickets reservieren. Wer jedoch unter Klaustrophobie leidet bzw. langes Warten in schwüler Hitze nicht verträgt, dem ist davon abzuraten. Zunächst sorgen eine Treppe und ein Lift für den Transport durch den Sockel zur **Aussichtsplattform** (*Pedestal*, zu Fuß: 215 Stufen). Von dort führt schließlich eine Wendeltreppe in 171 Stufen durch die Statue hinauf zur **Krone**, von wo aus man einen tollen Ausblick auf die Skyline von Manhattan genießen kann. Die Fackel kann nicht mehr bestiegen werden. In der Basis beschäftigt sich eine Ausstellung mit der Geschichte, dem Bau und der Konstruktion der Statue. Ein Film und ein Modell erläutern die innere Konstruktion. Zudem ist hier die ehemalige Fackel, die 1986 ausgetauscht wurde, zu sehen.

An den Wegen des Inselparks sind Skulpturen ausgestellt, die ehemalige Alternativen zu der heutigen Statue darstellen. Im Park lässt es sich gut picknicken, und ein Café mit Terrasse lädt zum Verweilen ein (um die Mittagszeit sehr voll). Die Schlange am Fähranleger sollte man immer im Auge behalten. Die Wartezeit für die Überfahrt zur Ellis Island kann gut eine Stunde betragen.

Redaktionstipps

Sehens- und Erlebenswertes

- Das **9/11 Memorial** und das **One World Trade Center** (S. 208) symbolisieren Grauen und Neubeginn.
- Von Hochhausbauten umgeben: die **Trinity Church** (S. 220).
- Das Schicksal der verfolgten und aus Deutschland emigrierten Juden im **Museum of Jewish Heritage & Living Memorial to the Holocaust** (S. 217).
- Der **Battery Park** (S. 209): Erholungsort und herrliche Panoramablicke.
- Lebendiges **South Street Seaport samt Museum** (S. 219) und die **Brooklyn Bridge** (S. 213) am Abend.
- Informatives zum Thema Wolkenkratzerbau im **Skyscraper Museum** (S. 218).
- Tolle Perspektiven auf Manhattan bieten **Hafenrundfahrten** (S. 172).

Restaurants

- Gut essen kann man in der **Fraunces Tavern** (S. 128), einen Sundowner genießt man in der Oyster Bar auf dem **Pier A** (S. 128).

Shopping

- Designer-Kleidung zu Discountpreisen gibt es im **Century 21** (S. 167), Luxusshopping ist im **Brookfield Place** (S. 160, 211) angesagt.

Zeitplanung

- Die Fahrt zur Statue of Liberty und zur Ellis Island und die anschließende komplette Erkundung des Financial District sind nicht an einem Tag zu schaffen, zumal sich für die Fährtour zur Statue of Liberty/Ellis Island sowie die Aussichtsplattform des One World Trade Center bis mittags lange Schlangen bilden. Schwerpunkte setzen!

Am Abend

- Abends locken **Restaurants und Pubs** im **South Street Seaport District** (S. 219) und im **Stone Street Historic District** (S. 220).

Ellis Island

Während die Freiheitsstatue die Einwanderer verheißungsvoll begrüßte, erlebten viele von ihnen auf der kleinen Ellis Island zunächst einmal das Gegenteil von Freiheit: Von den 12 Mio. Menschen, die zwischen 1892 und 1954 das Lager passierten, mussten sich viele hier einsperren, prüfen und etwa 350.000 Personen wieder abschieben lassen. Besonders für „politisch oder moralisch Fragwürdige“ – z. B. alleinstehende Mütter! – und hauptsächlich während der beiden Weltkriege bedeutete Ellis Island qualvolles Warten und oft das Ende aller Träume. Das verlieh ihr den Beinamen „Insel der Tränen und Hoffnung“.

Über Ellis Island immigrierten 12 Millionen Menschen in die USA

Nach anfänglichem Kompetenzgerangel wurde hier 1990 ein großzügiges **Museum** eröffnet. Es hat sich zudem zu einem Zentrum der genealogischen Forschung Amerikas entwickelt. Immerhin haben Vorfahren von fast einem Drittel aller US-Amerikaner das Eiland als Asylanten und Flüchtlinge passiert!

Suche nach Vorfahren

Der Museumskomplex verfügt über eine Bücherei, Theater, Tausende an Fotodokumenten und eine Ausstellung zur Geschichte der Immigration in den USA. An Computern kann man herausfinden, ob vielleicht ein entfernter Verwandter über New York in die USA eingewandert ist. Hinter dem Gebäude des Museums befindet sich die **American Immigrant Wall of Honor**, in die über 700.000 Namen von Immigranten eingraviert sind, z. B. John Washington, Urgroßvater des Präsidenten George Washington, und die Urgroßeltern von John F. Kennedy. Auch Marlene Dietrich ist hier zu finden. **Tipp** für eine Rast: Die Cafeteria im Ellis Island Museum ist i. d. R. nicht so voll wie die auf Liberty Island.
Ellis Island, *die Öffnungszeiten des Museums richten sich nach dem Bootsfahrplan (www.statuecruises.com); www.nps.gov/elis.*

Jahrzehntelange Streitereien über die Zugehörigkeit der Insel wurden erst 1998 gerichtlich entschieden: Der größte Teil der Insel steht New Jersey zu, das daraufhin eine Versorgungsbrücke zum Festland baute. New York hat nur Anspruch auf ein kleines Gebiet „unter“ dem Museum.

info

Ellis Island

Über Ellis Island eingewanderte Bürger (1892–1954): über **12 Mio**. Davon stammten aus **Italien** 2.502.000, **Russland** 1.893.500, **Österreich (1905–31)** 859.600, **Österreich-Ungarn (1892–1904)** 648.200, **Deutschland** 633.200, **England (ohne Schottland/Wales)** 552.000, **Irland** 520.900, **Schweden** 350.000, **Griechenland** 253.000 und **Norwegen** 250.000. Aus der **Schweiz** kamen in dieser Zeit nur 1.103 Einwanderer.

Financial District und Civic Center

Überblick

Die Stadtteile Financial District, Lower Manhattan, Battery Park City und Civic Center

In Stichworten

Wolkenkratzer und Finanzwelt – 9/11 – Historischer Hafendistrikt – Gebäude aus der Kolonialzeit – Fähre nach Staten Island – Modern-lebendiges Wohngebiet in Battery Park City – Designershopping im Century 21 – Brooklyn Bridge – Südspitze von Manhattan – Worth Street, **Einwohner**: 42.000

Hinweis

Redaktionstipps s. S. 201

Der kleine Zipfel an Manhattans Südspitze ist die **Geburtsstätte New Yorks**, im Grunde sogar Amerikas. 1625 errichtete die „Dutch West India Company" ihren Handelsposten hier, den sie *Nieuw Amsterdam* taufte. Ein Kanal *(„ditch")* wurde entlang der heutigen Broad Street geschaufelt.

Ein Fort schützte den Süden der 1.000-Einwohner-Stadt, eine Wand aus dicken Holzbohlen (*„The Wall"* – heute Wall Street) den Norden. 1642 wurde das erste Rathaus (*Stadt Huys*) eingeweiht. Ein Gouverneur, der bekannteste war Peter Stuyvesant, regierte die ethnisch stark durchmischte Gemeinde (um 1650 wurden hier 20 Sprachen gesprochen) bis zum Jahre 1664, als sich die Engländer die holländische Kolonie einverleibten. Sie nannten sie New York.

Die Holzwand wurde schließlich 1699 abgebaut und zur Wall Street umfunktioniert. Sie bildete von da an das Herz der Stadt mit der neuen City Hall, administrativen Gebäuden sowie herrschaftlichen Wohnhäusern.

Nach der Unabhängigkeit begann das Finanzwesen zu florieren, besonders aufgrund der Handelstätigkeit im Hafen. Die New York Stock Exchange wurde 1792 gegründet. Ein Feuer zerstörte im Jahre 1835 große Teile der Stadt, aber das fachte die Investitionswut nur noch an. Vor allem **Banken und Handelskontore** zogen in die neu errichteten Gebäude ein. Ab 1850 wurden die Geschicke der New Yorker Finanzwelt besonders durch Persönlichkeiten wie Jay Gould (Finanzier), J. Pierpont Morgan (Stahl, Öl, Eisenbahnen) und Cornelius Vanderbilt (Schifffahrt, Eisenbahnen) bestimmt. In den 1920er-Jahren löste New York London

Financial District und Civic Center

als die Nummer eins der internationalen Finanzwelt ab. Seither schossen die Wolkenkratzer in Lower Manhattan nur so in die Höhe, bis heute, einzig unterbrochen in den Zeiten der Weltwirtschaftskrisen und nach dem Anschlag auf das World Trade Center 2001.

Berühmte Skyline

Die dichte **Ansammlung von Wolkenkratzern** bestimmt das Klischeebild von Manhattan, das auf unzähligen Fotos festgehalten wird. Sie stehen so dicht, dass die Sonnenstrahlen kaum die Straßen erreichen. Trotzdem finden sich zwischen diesen Glas-, Stahl- und Betongiganten noch einige historische Gebäude, wie der Fraunces-Tavern-Block, die Trinity Church, der Stone Street Historic District und die Häuser des South Street Seaport District. Als Einkaufsstraße fungiert die zentrale Nassau Street, wobei das Angebot an Geschäften nicht besonders attraktiv ist.

Der Anschlag auf das World Trade Center am 11. September 2001 („9/11") hat natürlich viel bewegt in diesem Teil New Yorks. Erst Jahre später kehrte wieder Normalität ins Geschäftsleben ein und – typisch für New York – wurde nun noch mehr geklotzt. Battery Park City wurde familienfreundlich gestaltet, das **neue World Trade Center** ist noch höher und mit einem gigantischen, unterirdischen Bahnhof ausgestattet, immer mehr Apartmentblöcke tauchen auf, was die Einwohner- und damit Restaurantzahl steigen lässt, der South Street Seaport wurde mit viel Geld restauriert, Fähren legen überall ab, und der Battery Park hat sich zu einem reizvollen Ausflugsziel entwickelt. Nur das **NYC Police Museum** (*100 Old Slip, www.nycpm.org*) scheint wohl auf unabsehbare Zeit geschlossen zu bleiben.

Den besten Blick auf den Financial District hat man übrigens von einem Schiff aus (z. B. von der kostenlosen Staten Island Ferry).

1970 aufgeschütteter Stadtteil

Battery Park City ist der neueste Stadtteil Manhattans. Er verdankt seine Existenz einer massiven Landaufschüttung um 1970 herum. 37 Hektar wurden so geschaffen, von denen 10 Hektar allein von den Aushebungen für das World Trade Center stammen. Battery Park

Historie und Moderne: Trinity Church und One World Tower

City wurde dann 1979 komplett auf dem Zeichentisch geplant. Ziel war es, einen Stadtteil zu schaffen, in dem eine gesunde Mischung aus Wohnungen (42 %), Büroräumen und Geschäften (9 %) sowie Grün- bzw. freien Anlagen (30 %) die Lebensqualität steigert (die restlichen 19 % entfallen auf Straßen). Zur Finanzierung wurden finanzkräftige Unternehmen herangezogen, die hinterher einen Teil des Gewinnes abgeben mussten für preisgünstige Wohnprojekte in anderen Teilen der Stadt.

Kernstück dieser künstlichen Stadt ist das **World Financial Center** mit seinen fünf Bürotürmen (zw. 16 und 51 Stockwerke), der Luxusmall **Brookfield Place** und einer vorgelagerte Marina für hochseetaugliche Luxusjachten. Doch hat man sich auch bemüht, Wohnraum für den besser verdienenden Mittelstand, auch mit Familie, zu schaffen. Es macht Spaß, entlang dem Boardwalk *(Esplanade)* zu spazieren und den Leuten bei ihren Fitnessübungen zuzusehen oder auch einfach nur auf einer Bank zu sitzen und zu picknicken. Der Blick hinüber nach New Jersey, zur Freiheitsstatue und auf den Hudson River ist einfach schön.

Einstiges Sumpfland

Dort, wo sich heute das **Civic Center** befindet, gab es bis zum Ende des 18. Jhs. nur Marschland, Sümpfe und ein paar schwer zugängliche Weiden. Damals war dieses „Common Land" ein beliebter Treffpunkt protestierender Gruppen. Im nördlichen Abschnitt befanden sich ein Trinkwasserreservoir, im westlichen ein Friedhof für die schwarze Bevölkerung. 1812 wurde die **City Hall** im damaligen Nordteil der Stadt eingeweiht. Ihr folgten zahlreiche Gebäude der Stadtverwaltung. New York zählte zu dieser Zeit gerade einmal 60.000 Einwohner. Die City Hall ist auch heute zentraler Punkt. Sie wird überragt vom Woolworth Building, dem Municipal Building und anderen Verwaltungsgebäuden. Die Atmosphäre wird bestimmt vom Verkehr und Treiben hier am Fuße der Brooklyn Bridge.

Spaziergang im Financial District

Minimum: *3 Std.,* **Optimum**: *5–6 Std. (inkl. 9/11 Memorial-Museum/Aussichtsplattform des World Trade Center)*

Die Erkundung beginnt im „Innern“ der Südspitze: City Hall/Civic Center, 9/11 Memorial/Aussichtsplattform des World Trade Center, Fraunces Tavern, Stone Street Hist. District, Wall Street. Anschließend umrundet man die Halbinsel entlang dem Ufer gegen den Uhrzeigersinn: Battery Park City Esplanade, Battery Park, Fähranleger an der Südspitze, South Street Seaport District. Alternativ zum Abschluss: 1–2 Std. vor Sonnenuntergang: Fahrt mit Staten Island Ferry und/oder über die Brooklyn Bridge spazieren oder Sundowner am Pier A.

Hinweis

Die **Downtown Alliance** informiert in drei Kiosken (Bowling Green, 7 World Trade Center Plaza sowie Ecke Fulton/South Sts.) und auf ihrer Webseite (www.downtownny.com) über Lower Manhattan.

11. September 2001: „Amerika wird niemals mehr so sein wie vorher“

info

Was an diesem Tag geschah, erschütterte die ganze Welt. Nachdem sie die Crews überwältigt hatten, kaperten Terroristen vier Passagierflugzeuge und steuerten ausgewählte Ziele in den USA an, um sie zu zerstören. Eines davon war das World Trade Center in New York mit seinen jeweils 411 m hohen Twin Towers. Die vom japanischen Architekten Minoru Yamasaki entworfenen Gebäude beherbergten 400 Firmen und Organisationen, Schulen, Banken, etliche Börsen (z. B. Kaffee-, Zucker-, Baumwoll- und Goldbörse) und waren ein Herzstück des Kapitalismus. Ein wesentlicher Grund, warum die 1972 erbauten Twin Towers eingestürzt sind, lag in deren Konstruktion: Die Außenwände waren jeweils an zwei Seiten zerstört, und die Hitze des entflammten Kerosins hat die Innenträger regelrecht weggeschmolzen.

Die Anschläge trafen nicht nur im Grundsatz die Gemüter von Menschen in der ganzen Welt, sondern sie setzten sich durch eine medientechnische Darstellung für immer in vielen Köpfen fest. Bereits Minuten nach dem ersten Anflug waren alle Sender auf Empfang, und den Flug des zweiten Flugzeuges auf den Süd-Turm erlebten Millionen von Zuschauern live mit. Es gibt kaum jemanden, der nicht an diesem Tag am Bildschirm miterleben konnte, wie die Flugzeuge in die Türme schossen, und der nicht die verzweifelten Menschen auf den Straßen sah und hörte. Blitzschnell waren die Medien zur Stelle, machten Interviews auf der Straße und schnitten in den folgenden Tagen jeden Schritt der Aufräumarbeiten live mit.

Der Schock saß tief. Noch niemals wurde so gezielt ein Terroranschlag ausgeführt. Schnell war klar, dass der Islamisten-Führer Osama Bin Laden dahintersteckte und dass ein Teil der Terroristen als „Schläfer“ jahrelang in

info

Hamburg gelebt hatte. Die US-Regierung unter Präsident Bush ging mit der Schuldfrage noch weiter und bezichtigte weite Teile der islamischen Länder der „stillen" Duldung bzw. sogar Unterstützung der Terroristen. Die Einmärsche in Afghanistan 2002 und im Irak 2003 mit der jeweiligen Niederwerfung der Regime waren die bekannte Folge. Nicht jeder in Amerika billigte diese Handlungen, in New York gab es sogar zahlreiche Anti-Kriegs-Kundgebungen.

Die New Yorker haben Jahre benötigt, um das Erlebte zu verarbeiten. Es war eine Mischung aus Hass und Entsetzen, aber auch aus Stolz und Patriotismus. Helden waren geboren, und das Sternenbanner wehte überall. Es dauerte nur wenige Wochen, da wurden wieder stolze Pläne geschmiedet für einen Wiederaufbau.

Erst zwei Jahre später stand die offizielle Zahl der Opfer fest: 2.746 Tote am WTC, 184 am Pentagon und 40 in Shanksville. 343 Tote am WTC waren Feuerwehrleute, 23 Polizisten. Direkt vor dem Anschlag befanden sich etwa 17.400 Menschen in den beiden Türmen, die meisten konnten sich noch retten. 1,6 Mio. m^2 Bürofläche wurden im und um das WTC zerstört. 1,5 Mio. t Schutt sowie 180.000 t Stahl mussten weggeräumt werden.

Sehenswürdigkeiten

*** 9/11 Memorial – World Trade Center

Anfang 2003 enthielt der Entwurf des Architekten Daniel Libeskind den Zuschlag für den Bau des neuen World Trade Center. Dessen Pläne wurden teilweise noch während der Bauphase immer wieder geändert, sodass sich Libeskind in vielen Punkten von der Ausführung des Projektes distanzierte. Doch letzten Endes wurden die geplanten fünf Türme gebaut. Im höchsten, dem **Freedom Tower/One World Trade Center** (533 m = 1.776 ft. = Jahr der Gründung der USA) befinden sich in ca. 381 m Höhe in den Etagen 100–102 Aussichtsplattformen, zu denen der Fahrstuhl in nur 47 Sekunden hochjagt und die einen grandiosen Blick auf Manhattan und die Bay versprechen. Filme erläutern Bau und Geschichte, und ein Café sowie zwei Restaurants dort oben sorgen für das leibliche Wohl. Tickets sollte man im Voraus reservieren.

Gedenken an die Opfer

Die Flächen der **ehemaligen Türme** wurden als Aushub („Footprints") belassen, und an deren Innenwände stehen die Namen aller Opfer des Anschlags. Ein **Museum** dokumentiert die Anschläge in ergreifender Form und mithilfe von multimedialen Installationen sowie Relikten des Anschlags. Direkt dahinter prunkt der Eingang zum neuen, unterirdischen Bahnhof.

9/11 Memorial/Museum, *200 Liberty St., zw. Church-, Liberty-, Vesey Sts. sowie dem West Side Highway, www.wtc.com; Memorial tgl. 7.30–19 Uhr, Museum So–Do 9–20, Fr, Sa bis 21 Uhr, www.911memorial.org; Tribute Center Mo–Sa 10–18, So 10–17 Uhr, www.tributewtc.org*

One World Observatory, *Ecke Vesey/West Sts., www.oneworldobservatory.com; tgl. 9 Uhr bis Mitternacht*

28 Liberty
(ehem. One Chase Manhattan Plaza)

Die Fertigstellung des 248 m hohen, **60-stöckigen Klotzes** markierte 1961 den Beginn eines neuen Baubooms in Lower Manhattan. Ein bauliches Experiment war nicht nur die schnörkellose, kühle Fassade der Bankenzentrale, sondern auch die Architektur der tiefer gelegten Plaza. Auf der Plaza steht die 14 m hohe, schwarz-weiße Skulptur „Four Trees" von Jean Dubuffet aus dem Jahre 1972.
28 Liberty, *Liberty St., zw. Nassau u. William Sts.*

Die „Footprints" erinnern an die Opfer des Anschlags auf das ehemalige World Trade Center

African Burial Ground

Bis zum Ende des 18. Jhs. befand sich an dieser Stelle der Friedhof für die Schwarzen (Sklaven und „Freie"). Sie durften, so wollten es die Kolonial- und Kirchengesetze, nicht zusammen mit den Weißen auf den Friedhöfen der Kirchen begraben werden. Um 1750 lag der Anteil der Schwarzen an der Gesamtbevölkerung New Yorks bei über 20 %, somit war dieser Friedhof damals einer der größten und diente der schwarzen Bevölkerung auch als Kultstätte und geheimer Versammlungsort. Sogar Voodoo-Zeremonien wurden abgehalten. Sieben Grabstätten, in denen Überreste von 419 Toten gefunden wurden, sind noch erhalten.
African Burial Ground, *Duane St., zw. Elk St. u. Broadway, VC: Eingang am 290 Broadway, www.nps.gov/afbg; Di–Sa 10–16 Uhr*

* Battery Park

Grüne Oase

Die grüne Oase schiebt sich zwischen den geschäftigen Hafen und die Wolkenkratzer des Financial District. Die Ausblicke auf das Wasser und die architektonische Kulisse begeistern immer wieder. Um die Stadt in früheren Jahrhunderten zu schützen, wurde hier die erste Batterie an Kanonen aufgestellt, daher der Name. Am Eingang des Parks ist ein Fahnenmast den ersten europäischen Bewohnern Manhattans, den holländischen Siedlern, gewidmet. Weitere Denkmäler und Statuen sind von nationalem und geschichtlichem Interesse und erinnern an Immigranten(-Gruppen), Wirtschaftsführer, Gestalten des Geisteslebens und an den 11. September 2001. Kinder mögen sich an dem urigen **Fisch-Karussell** (SeaGlass Carousel) erfreuen, andere an den Ruheplätzen.

Am Nordende des Parks passiert man die Statue des florentinischen Seefahrers Giovanni da Verrazano, der als erster Europäer das spätere New York mit dem Schiff erreichte. Etwas weiter liegt der restaurierte **Pier A**, der letzte noch bestehende (viktorianische) Pier für Feuerschiffe der Stadt. Diese löschten ja nicht nur, sondern begrüßten große Ocean Liner mit Wasserfontänen. Heute befinden sich auf ihm Restaurants und Pubs. Von allen kann man den Sonnenuntergang über der Bay bewundern, samt Freiheitsstatue.

Inmitten des Battery Park erhebt sich das massige und runde Ziegelsteingebäude des **Castle Clinton** (*www.nps.gov/cacl, tgl. 8.30–17 Uhr, im Sommer länger*). Nahe dem ehemaligen holländischen „Fort Amsterdam" wurde es als Kanonenstellung vor dem Britisch-Amerikanischen Krieg erbaut und diente ab 1824 als Stätte des öffentlichen Amüsements. Nachdem es 1844 überdacht worden war, konnten hier vor mehr als 6.000 Zuschauern weltberühmte Sänger, Tänzer und Schauspieler auftreten. Als „Castle Gardens" wurde die Festung 1855–92 als Auffanglager für insgesamt 8 Mio. Immigranten benutzt und war so Vorgängerin der Ellis Island. Für 45 Jahre beherbergte das Fort anschließend das New Yorker Aquarium, um dann, nach Zeiten des Verfalls, als nationale Gedenkstätte restauriert zu werden. Als solche erinnert es an die genannten historischen Zusammenhänge. Wandgemälde im Inneren geben das Aussehen Manhattans im Lauf der Geschichte wider.

Nationale Gedenkstätte

Während der Sommermonate werden im und um das Castle Musik-, Tanz und andere Kulturveranstaltungen geboten.

Nach dem Besuch des Forts sollte man die schöne Sicht von der Promenade aus genießen, die bis nach Jersey City jenseits des Hudson, zur Ellis Island, zur Freiheitsstatue, nach Staten Island, Governor's Island und Brooklyn reicht. Am

Das Fisch-Karussell (SeaGlass Carousel) im Battery Park

Südende des Parks befindet sich die Abfahrtsstelle für die **kostenlose Fähre nach Staten Island**. Die Fähre zur Liberty Island (Freiheitsstatue) und Ellis Island legt nahe dem Castle Clinton ab (*Tickets dafür gibt es im Castle*). Am Nordende des Battery Park befindet sich das Holocaust Museum (s. u.).

* Battery Park City

37 Hektar Land wurden in den 1970er-Jahren aufgeschüttet, um einen modernen, auf dem Reißbrett entwickelten Stadtteil zu ermöglichen. Mehrere renommierte Architekturbüros haben an der Planung mitgewirkt, und heute stellt sich die Battery Park City als eine Mischung aus Büro-, Wohn- und Geschäftshäusern mit einer Uferpromenade, einem schicken Jachthafen und ein paar Grünanlagen dar. Heute leben hier über 30.000 Menschen, alle natürlich mit einem wohlgefüllten Bankkonto. Die Immobilienpreise sind hoch, doch ein Teil der Verkaufserlöse wird weitergeleitet in ärmere Stadtteile. Und Einrichtungen für Familien gibt es hier ebenfalls.

Wohlhabender Stadtteil

Kernstück des Stadtteils bildet das **World Financial Center**, dessen fünf Hochhäuser (16–51 Stockwerke) mit ihren markanten geometrischen Dachaufbauten schon von Weitem auffallen und Sitz einiger weltbekannter Finanzhäuser sind. In dem vom bekannten Architekten César Pelli entworfenen Komplex befindet sich die verschwenderisch gestaltete Mall **Brookfield Place** mit Top-Restaurants, Boutiquen und einem 2.300 m² großen, französisch gehaltenen Marktplatz. Zudem locken Kulturprogramme die wohlhabenden Kunden hierher.

Winter Garden im Brookfield Place

Direkt nördlich von Battery Park City *(Vesey St./North End Ave.)* wird mit dem **Irish Hunger Memorial** an die über 1 Mio. Toten während der Großen Hungerkatastrophe in Irland (The Great Famine) 1845–52 gedacht. Eigens dafür wurde ein irisches Steinhaus aus dieser Zeit hierher gebracht. Irische Volkslieder untermalen den Eindruck dieses düsteren Kapitels der Inselgeschichte.

Battery Park City, *westlich der West St., zw. Chambers St. und Battery Park;* *s. auch S. 205.*

Bowling Green

Im 17. Jh. Marktplatz, war Bowling Green während der ausgehenden englischen Kolonialzeit Treffpunkt der Gentlemen. Jedes Jahr durften einzig drei ausgewählte Bürger samt ihrer Gäste für den Preis von jeweils einem Pfefferkorn die Bowlingflächen nutzen. 1770 errichtete die Kolonialregierung eine Statue König Georges III., die bereits 1776 der Unabhängigkeit zum Opfer fiel. Heute steht hier ein Kupfer-Bulle, der **Charging Bull**, als Symbol für den prosperierenden Aktienmarkt. Am Platz befinden sich das US Custom House (s. u.) sowie auf der Westseite das 1921 eröffnete **Cunard Building**, dessen imposante Lobby damals der Cunard-Line als Ticketoffice diente. Beeindruckend sind die 22 m hohe Rotunda, die Fresken an den Decken, die Wandmalereien und der viele Marmor. Das Gebäude ist nur zu bestimmten Anlässen geöffnet.

Die großen Brücken von Manhattan

Name	Von/nach	Bauzeit	Höhe über dem Wasser (höchster Punkt)	Bauart
Brooklyn Bridge	East River: Zw. Brooklyn Heights u. City Center **Länge**: über 1 km, zwischen den Pfeilern: 487 m	14 Jahre **Eröffnung** 24. Mai 1883	40,5 m	Stahl-Hangebrücke. Oft als „Achtes Weltwunder" und Symbol für Amerikas Stadtarchitektur angesehen
Manhattan Bridge	East River: Zw. Downtown Brooklyn u. Chinatown **Länge**: 2.091 m, zwischen den Pfeilern: 462 m	5 Jahre **Eröffnung** 1909	41,4 m	Stahl-Hängebrücke mit zwei Leveln
Williamsburg Bridge	East River: Zw. Williamsburg (Brooklyn) und der Lower East Side **Länge**: 2.229 m, zwischen den Pfeilern: 488 m	7 Jahre **Eröffnung** Dezember 1903	40,7 m	Stahl-Hängebrücke. Die erste der Welt, bei der beide Türme einzig aus Stahl gefertigt wurden
Ed Koch Queensboro Bridge	East River: Zw. Long Island City (Queens) und der Midtown-East **Länge**: 2.272 m	7 Jahre **Eröffnung** 1909	41,1 m	Stahlbrücke mit zwei Leveln. Die erste große Brücke New Yorks, die nicht von Stahlseilen gehalten wird. 4 Pfeiler
Triborough Bridge (Robert F. Kennedy Bridge)	East River u. Harlem River: Zw. Harlem, der South Bronx und Long Island City (Queens) **Länge**: Zw. der Bronx und Queens: 4 km, auf 850 m den East River überspannend sowie auf 235 m den Harlem River; zudem 371 m zwischen Randall's Island und der Bronx	7 Jahre **Eröffnung** 11. Juli 1936	43,6 m	Viadukt-Brücke über Land und Stahlbrücke über die Flüsse. Es gibt drei eigentliche Brücken. Die Brücke über den Harlem River ist eine Zugbrücke.
George Washington Bridge	Hudson River: Zw. Washington Heights und Fort Lee (New Jersey) **Länge**: 2,4 km, zwischen Pfeilern: 1.068 m	8 Jahre **Eröffnung** 1931	64,6 m	Stahl-Hängebrücke. Das zweite Level wurde 1962 eingesetzt. Von Le Corbusier als die schönste Brücke der Welt bezeichnet.

*** Brooklyn Bridge

Etwa 60 Brücken verbinden in New York die einzelnen Boroughs miteinander. Die Brooklyn Bridge ist davon eine der ältesten und sicherlich die bekannteste. Verantwortlich zeichnete der deutsche Einwanderer Johann August Roebling. Als Roeblings Sohn Washington das Werk im Jahre 1883 vollendete, war die Brooklyn Bridge nicht nur die **erste Hängebrücke New Yorks**, sondern bis zur Ablösung durch die Williamsburg Bridge 1903 die längste der Stadt. Zur Zeit ihrer Erbauung galt sie als ein Wunderwerk der Technik, vergleichbar mit den kühnsten Ingenieurleistungen der Epoche. Noch heute verschafft sie mit ihrem harmonischen Schwung, den 83 m hohen Pylonen und dem Netzwerk der 22 km Kabelseile einen unvergleichlichen ästhetischen Genuss. Um die vier massiven Stahlseile (jedes hat einen Durchmesser von 40 cm) zu spannen, bedarf es riesiger Gewichte, die unter den Brückenpfeilern verankert sind („Anchorages").

Brooklyn Bridge: Achtung Radfahrer!

Wer diese Brücke wirklich erfassen will, sollte sie auf der für Fußgänger und Fahrradfahrer eingerichteten Ebene begehen. Ein schöner Rundumblick – besonders im Abendlicht – belohnt dafür, trotz des Trubels. Berühmte Literaten wie Henry Miller nutzten einen Gang über die Brücke, um ihre Gedanken zu ordnen.
Brooklyn Bridge, *Zugang vom Cadman Plaza Park (Washington St.) u. Tillary St.*

Spaziergang über die Brooklyn Bridge

Minimum: *1 Std. (nur Brücke hin u. zurück)*, **Optimum**: *3 Std. (inkl. Brooklyn Heights, Dumbo, Brooklyn Bridge Park)*
Beginn: *an der Rampe zur Brooklyn Bridge an der Park Row/U-Bahn-Station: Civic Center; auf Fahrradfahrer achten, für die ein markierter Abschnitt reserviert ist*

Wer noch genug Zeit hat, sollte anschließend Spaziergänge durch **Brooklyn Heights** (S. 371), den Lagerhausdistrikt **Dumbo** (S. 373) und/oder entlang dem Ufer im begrünten **Brooklyn Bridge Park** (S. 373) unternehmen. In Letzterem locken am Fähranleger die Bar des River Café oder die Brooklyn Ice Cream Factory. Nahebei begeistern ein historisches Karussell und an der Old Fulton Rd. der Pizza-Klassiker Grimaldi's.

* City Hall, Civic Center und Tweed Courthouse

Viele sind erstaunt über die geringen Dimensionen der **City Hall**, des New Yorker Rathauses mitten im Verwaltungsbezirk **Civic Center**. Aber als es zwischen 1802 und 1812 im Stil des Klassizismus errichtet wurde, genügte es für die 60.000-Einwohner-Stadt. Das Gebiet nördlich des Gebäudes war zu dieser Zeit nicht bewohnt, was die Bauherren dazu veranlasste, nur die Südseite aus teurem Marmorsteinen zu bauen. Bei einer Komplettrenovierung 1956 wurde das gesamte Gebäude neu eingekleidet in Kalksandstein. Der heutige Park vor dem Gebäude war um 1800 noch ein freies Feld- und Sumpfgebiet, wo sich allerhöchstens konspirierende Gruppen trafen. Nördlich schloss sich der Friedhof der Schwarzen an (s. o.).

Büro des Bürgermeisters

Die City Hall besteht aus drei Flügeln, deren mittlerer Trakt sehr fein gegliedert ist. Über diesem erhebt sich eine Laterne mit Kuppel (Rotunda), bekrönt von der Statue der Justitia (1819). Im Inneren sind die Treppenanlage, der Ratssaal und der Governor's Room sehenswert. Letzterer beherbergt ein kleines Museum, in dem u. a. auch der Mahagoni-Schreibtisch von George Washington zu bewundern und ein wenig über die frühe Stadtgeschichte zu erfahren ist. Auch heute residiert der New Yorker Bürgermeister in der City Hall, wobei sich die Mehrzahl der Verwaltungsabteilungen in benachbarten Gebäuden befindet.

Das **Tweed Courthouse** hinter der City Hall ist dadurch bekannt geworden, dass der legendäre Bürgermeister „Boss" William M. Tweed (1823–78) von den damals angegebenen 15 Mio. Dollar Baukosten nahezu 10 Mio. in die eigene Tasche wirtschaftete.

City Hall, *Ecke Broadway/Murray St., ☏ (212) 788-2656, Tours@cityhall.nyc.gov; Besichtigungstouren i. d. R. Do 10 Uhr, mind. 2 Wochen vorher anmelden*

Die Anfänge der U-Bahn

Unter dem City Hall Park befindet sich eine **1904 fertiggestellte U-Bahn-Station**. Diese wurde 1946 geschlossen. Erhalten blieben ein atemberaubendes Gewölbe mit Kandelaber und bunten Deckenziegeln. Sie vermitteln einen Eindruck von den Anfängen des New Yorker U-Bahn-Systems.

Die Station ist zzt. nur für Mitglieder des Transit Museum auf **geführten Touren** zugänglich. Das soll sich ändern. Aktuelle Infos unter http://web.mta.info/mta/museum/programs.

info

Night Court

Bereits in den 1990er-Jahren begann man damit, in New York „aufzuräumen". Dazu gehört auch die Verurteilung von Bagatelldelikten (Marihuana rauchen in der Öffentlichkeit, Diebstahl von $ 40 etc.). Um der Flut der Kleindelikte Herr zu werden, wurden Gerichtsverhandlungen in die Abend- und Nachtstunden gelegt.

Es ist interessant, diesen öffentlichen Schnellverfahren zuzuschauen. Zumeist dauert eine Verhandlung nicht länger als eine, die Pausen dazwischen aber 5 Min. Die Urteile sind i. d. R. sehr milde (2 Tage Park fegen, Kinderbetreuung, $100 usw.), sodass die Angeklagten selten Berufung einlegen.

Wer sich tagsüber Gerichtsverhandlungen anschauen will, der kann dies werktags zwischen 9 und 17 Uhr tun. Am besten sitzt man vorne in der zweiten Reihe (die erste ist für Anwälte). Waffen, und dazu gehören auch kleine Taschenmesser, sind nicht erlaubt!
Criminal Courts Building, *100 Center St., am Hogan Pl.; tgl. 17–1 Uhr*

* Federal Hall National Memorial & Museum

Das heutige Gebäude wurde als Zollhaus im Stil eines dorischen Tempels erbaut und 1842 eingeweiht. Vorher befanden sich hier die City Hall (1702–89) und später die Federal Hall (1789–1812), die für ein Jahr (1789/90) das erste Capitol der Vereinigten Staaten war. Danach zog die Regierung um nach Philadelphia. Vor der Freitreppe, wo seit 1883 die Statue George Washingtons steht, soll der erste Präsident der USA am 30. April 1789 seinen Amtseid abgelegt haben.

Das Innere, konzipiert von Pierre Charles L'Enfant (entwarf auch die Anlage des Washingtoner Regierungsviertels), bildet eine von 16 marmornen Säulen getragene Rotunde. Originaldokumente und ein Film erinnern an George Washington und seine Zeit.
Federal Hall National Memorial & Museum, *26 Wall St., www.nps.gov/feha; Mo–Fr 9–17 Uhr*

* Federal Reserve Bank

Das Gebäude steht mit seinen dicken, grauen Mauern und den vergitterten Fenstern wie eine Trutzburg inmitten des Finanzzentrums. Hier lagern 8.000 Tonnen an Goldbarren von über 80 Nationen im Wert von mehr als 280 Milliarden Dollar, je nach Goldkurs. Davon gehören den USA nur ca. 6 %! Um diese zu schützen, hat man das 14-stöckige Gebäude mit fünf Untergeschossen versehen, sodass sich die Schätze in einer Kammer 25 m unterhalb des Straßenlevels befinden. Auf den Touren gibt es neben einem Teil der Goldkammern einige historische Münzen und Geldscheine zu sehen.

8.000 t Gold

Federal Reserve Bank, *33 Liberty St./Nassau St., Touren: Mo–Fr 13 und 14 Uhr, nur nach Voranmeldung (www.newyorkfed.org/aboutthefed/visiting), ab 30 Tage im Voraus, Eingang: 44 Maiden Lane.*

** Fraunces Tavern Museum

1719 wurde an dieser Stelle ein Wohnhaus im georgianischen Stil erbaut für den Kaufmann Etienne de Lancey. 1763 kaufte der (freie) schwarze Samuel Fraunces das Haus und richtete hier eine Taverne ein. In deren „Long Room" fanden bedeutende Bankette und politische Versammlungen statt. Und hier verabschiedete sich 1783 George Washington von seinen engsten Offizieren, nachdem die letzten englischen Truppen New York verlassen hatten. Glanzpunkte der Schänke waren die Jahre 1785–88, als sie zum Sitz des amerikanischen Außenministeriums avancierte.

Sitz des Außenministeriums

1927 wurde der gesamte Straßenblock komplett restauriert – nicht ganz originalgetreu, denn das ehemalige Haus der Taverne war um einiges größer. Heute befindet sich im Obergeschoss ein kleines Museum, das sich mit der frühen Geschichte New Yorks und des Unabhängigkeitskriegs beschäftigt. Im Erdgeschoss laden ein gepflegtes Restaurant bzw. eine alte Bar zu einer Verschnaufpause ein.
Fraunces Tavern Museum, *Ecke Broad/Pearl Sts., www.fraucestavernmuseum.org; Mo–Fr 12–17, Sa, So 11–17 Uhr*

Governors Island und Battery Maritime Building

Der wunderschöne Beaux-Arts-Fährterminal wurde 1906–09 erbaut und ist der letzte seiner Art in New York. Hier, am Battery Maritime Building, legen heute die Fähren nach Governors Island ab.

Die der Südspitze von Manhattan vorgelagerte, 70 ha große **Governors Island** trägt ihren Namen seit 1784, denn die britische Kolonialregierung hatte sie vormals für ihren Gouverneur reserviert. 1776 errichtete man erste Befestigungsanlagen. 1783 übernahm die Armee die Insel und übergab sie 1966 der ihr unterstellten Küstenwache. Nach dem Ende des Kalten Kriegs hatte die Insel für militärische Zwecke ausgedient, und die Anlage wurde 1997 geschlossen. Nach einem anfänglichen Zickzack-Kurs der Verwaltungen, gelangten 61 ha der Insel 2001 in die Hände

Governors Island ist ein schönes Ausflugsziel

der Stadt New York. Der nördliche Teil mit einigen **historischen Häusern** (18./19. Jh.) um das Fort Jay und Castle Williams, dem Pendant zum Castle Clinton, wurden zum National Monument erklärt. Doch wieder dauerte es mehrere Jahre, bis die Insel als Erholungsgebiet mit bezaubernden Parkanlagen, Fahrradwegen, Snackbuden sowie Ateliers und Galerien für Künstler ausgelegt war. Die Ruhe und der Blick auf Manhattan lohnen den kleinen Ausflug. Bisweilen finden hier Festivals, Musikaufführungen etc. statt. Fahrräder können am Insel-Fähranleger ausgeliehen werden. **Tipp**: Picknick und „Besteigung" des Hill (Ausblick) am Südende der Insel einplanen.

Erholungsgebiet

Governors Island, *www.govisland.com; Ende Mai bis Ende Sept. 10–18/19 Uhr;* Fährabfahrten: *Battery Maritime Bldg., South St., am Südende der Broad St. sowie dem Pier 6 im Brooklyn Bridge Park (nur Sa u. So)*

Museum of American Finance

Ein-Zimmer-Museum zur Geschichte des New Yorker Finanzwesens und speziell zur Wall Street. Das älteste bekannte Foto der Wall Street ist hier zu sehen.
Museum of American Finance, *48 Wall St./William St., www.moaf.org; Di–Sa 10–16 Uhr*

* Museum of Jewish Heritage & Living Memorial to the Holocaust

Das Museum erinnert sowohl an die Gräueltaten des Nazi-Regimes als auch an die darauf folgenden Irrwege, die viele flüchtige bzw. vertriebene Juden nach dem Zweiten Weltkrieg durchlebt haben. Der auffällige Bau ist der achteckigen Form einer Synagoge nachempfunden, und die sechs Stufen des Daches symbolisieren die 6 Mio. umgebrachten Juden des Holocaust. Die über 2.000 Fotos (nicht alle werden gleichzeitig ausgestellt) und die Filmvorführungen sind ergreifend. Regelmäßig Sonderausstellungen.
Museum of Jewish Heritage, *36 Battery Pl., www.mjhnyc.org; Do, So–Di 10–17.45, Mi 10–20, Fr 10–15/17 Uhr*

* National Museum of the American Indian

Geschichte der Indianer

Das Museum beschäftigt sich mit der Geschichte der Indianer Nord-, Mittel- und Südamerikas und soll v. a. an deren Kulturgeschichte erinnern. Mindestens ebenso interessant ist das Gebäude (ehemals Alexander Hamilton Custom House, erbaut 1899–1907) selbst, das einst als Zollgebäude fungierte. Die Statuen direkt am Eingang wurden von Daniel Chester French entworfen, der berühmt geworden ist durch die Lincoln Statue in Washington, D. C. Die Sitzhaltung der hier symbolisierten Kontinente (von links nach rechts: Asien, Amerika, Europa und Afrika) hat einiges gemeinsam mit der von Lincoln in der Hauptstadt. Die Statuen über dem Eingang stellen wichtige Handelsstädte der Welt dar. Im Gebäude bestechen eine große, ovale Marmor-Rotunda und Wandmalereien aus den 1930er- bis 50er-Jahren.
National Museum of the American Indian, *im Old U.S. Custom House, 1 Bowling Green, www.nmai.si.edu; tgl. 10–17, Do bis 20 Uhr*

info

NYSE – Zahlen und Fakten

Der „**Schwarze Freitag**" begann eigentlich mit dem „Schwarzen Donnerstag" (24. Okt. 1929). Der schlimmste Tag war aber der „Schwarze Dienstag" (29. Okt. 1929), als in Panik über 16 Mio. Aktien verkauft wurden.
Noch schlimmer waren die **Krisen 1987** sowie **zwischen Oktober 2007** und **März 2009**. In letztgenanntem Zeitraum fielen die Aktienwerte um über 50 %.
Im Schnitt werden tgl. **Aktien im Wert von knapp 200 Mrd. Dollar** gehandelt.
Täglich werden Milliarden an Aktien gehandelt. Die Zahl schwankt extrem, aber Tage mit mehr als 5 Mrd. gehandelter Aktien, ja bis zu 7,3 Mrd. Aktien, sind schon vorgekommen.
Über 2.500 US-amerikanische und etwa 750 ausländische Firmen sind gelistet.
Ein „**Sitz**" (Handelserlaubnis auf dem Trading Floor) **kostet ca. 4,5 Mio. Dollar** (Preis schwankt). Es gibt genau 1.366 Sitze.
90 % des Aktienhandels wird heute **via elektronischer Order** getätigt.

New York Stock Exchange (NYSE)

Das markante Gebäude mit seinen korinthischen Säulen wurde 1903 eingeweiht. Die Skulpturen darüber symbolisieren den Handel, und ein Baum am Eingang erinnert an den Baum Ecke Williams/Wall Sts., an dem sich 1792 24 Broker trafen, um den Grundstein für die erste New Yorker Börse zu legen.

New York Stock Exchange

Die NYSE ist die bedeutendste Börse der Welt. Mit dem Aktienhandel der mächtigsten Firmen der Welt ist hier sowohl Wirtschafts- als auch politische Geschichte geschrieben worden, die freilich bisweilen in katastrophale Krisen umschlagen konnte. So z. B. am „Schwarzen Donnerstag" 1929 und am „Schwarzen Montag" 1987, als sich vor dem monströsen Gebäude ruinierte Spekulanten das Leben genommen haben sollen.
New York Stock Exchange, *20 Broad St., zw. Wall St. u. Exchange Pl., www.nyse.com; Besichtigungen sind nicht mehr möglich.* *Siehe auch im Geschichtsteil S. 32, 36.*

* Skyscraper Museum

Das Museum präsentiert, besonders mit aktuellen Sonderausstellungen, einen Überblick über Geschichte, Bau, Finanzierung, Problematik u. v. m. von Thema Wolkenkratzern. Wie man hier auch lernt, definiert sich ein Wolkenkratzer nicht durch seine Höhe, sondern dadurch, dass ihn sein inneres Gerüst stabilisiert. Die Twin Towers des WTC wurden im Wesentlichen durch die Außenwände gestützt, waren also keine „Skyscraper".

Skyscraper Museum, *39 Battery Pl. (Ritz-Carlton Hotel), www.skyscraper.org; Mi–So 12–18 Uhr*

** South Street Seaport Historic District & Museum, Pier 15 und 17

Das Viertel wurde 1967 zu einem historischen Distrikt erklärt. Heute handelt es sich um ein komplett restauriertes Stadtviertel mit Häusern des 19. Jhs., originalen Segel- und Dampfschiffen, mit Kneipen, einer Essenshalle mit Fischmarkt, Restaurants, Boutiquen und erfreulich viel Leben – und immer wieder spannenden Blicken auf die Skyline und den Fluss mit seinen weiten Brücken. Am South Street Seaport gibt es laufend neue Attraktionen: Freiluftkonzerte, Happenings, Feuerwerke u. v. m. Der Pier selbst ist an Wochenenden ein **beliebtes Ausflugsziel**. Viele kommen entlang dem East River sogar mit dem Fahrrad bzw. laufen hierher, um einfach dem Treiben zu Wasser und zu Land beizuwohnen.

Restauriertes Viertel

Zuerst sollte man das Areal ab der Ecke Fulton/Pearl Streets (kleiner Leuchtturm; „**Titanic**"-**Memorial**) im Kontrast zur verspiegelten Hochhaus-Architektur der nächsten Nachbarschaft auf sich wirken lassen und langsam die Fulton Street entlangschlendern. Hier, in einem großen Backsteinhaus, ist das **Visitor Center** (s. u.) untergebracht, in dem man sich über Tourenangebote informieren und Eintritte für die historischen Schiffe samt Museum lösen kann. Die **TKTS-Booth** für günstige Musical- und Theaterkarten befindet sich Ecke Front/John Sts. Um die nächste Ecke an der South Street stößt man auf den **Fulton Fish Market** – mittlerweile eher eine Shopping-Attraktion mit vorwiegend „Non-Fish-Shops". Besonders beeindruckend sind an den Piers 15–17 die **historischen Schiffe**, u. a. der Dreimastsegler „Wavertree" aus dem Jahr 1885, das Feuerschiff „Ambrose" (1907) und der Schoner „Pioneer" (1885), der im Sommer auch Fahrten unternimmt. Über dem **Pier 17** erhebt sich ein neu errichteter Komplex mit Restaurants und Geschäften. Besonders beeindruckend ist die riesige Dachterrasse mit Sitz-, Liege- und Verzehrgelegenheiten. Hier kann man in Ruhe den Tag in Lower Manhattan ausklingen lassen. Die Front Street ist gesäumt von kleinen Restaurants und z. T. recht urigen Bars.

Im South Street Seaport Historic District gibt es noch Kopfsteinpflaster-Straßen

Am nahen Pier 11 beginnen Hafenrundfahrten, und auf **Pier 15** gibt es einen höher gesetzten „Park" (River Esplanade) mit Begrünung und weiteren Sitzgelegenheiten. Von hier legen die stadtweit operierenden **Hornblower Ferries** ab.
South Street Seaport Museum, *hierzu gehören neben den Schiffen ein Museum samt Visitor Center, 12 Fulton St., sowie ein Komplex an der Water St., zw. Fulton u. Beekman Sts., www.southstreetseaport.org; Mi–So 11–17 Uhr.*

St. Paul's Chapel

Älteste Kirche Manhattans

Dieses älteste erhaltene Gotteshaus Manhattans ist mit seinem Friedhof ein ruhender Pol inmitten des hektischen Broadway-Verkehrs. Der westliche Haupteingang (zum Kirchhof) und das Hauptschiff wurden 1766 fertiggestellt, während der Osteingang (zum Broadway) mit Portikus und Säulen sowie der westliche Turm 1794 hinzukamen. Innen überrascht die Kirche durch ihren edlen und hellen Raum, der vom französischen Architekten L'Enfant (dem Planer der Hauptstadt Washington) entworfen wurde. Die Kirche diente nach den Anschlägen vom 11. September 2001 für viele als Zufluchtsort.
St. Paul's Chapel, *Broadway, zw. Fulton u. Vesey Sts.*

Staten Island Ferry Whitehall Terminal

In den großen, modernen Hallen des Fährterminals wimmelt es nur so von Menschen, die alle die **kostenlose Fähre** nach Staten Island nutzen, die im 20- bis 30-Minuten-Takt mit einer Überfahrt mit unbeschreiblichen Ausblicken auf die Skyline von Manhattan und die Statue of Liberty lockt.
Staten Island Ferry Whitehall Terminal, *Südspitze des Battery Park*

* Stone Street Historic District

Wie im 18. Jh.

Inmitten der zumeist modernen und Schatten werfenden Bankgebäude wurde dieser kleine Straßenzug restauriert, mit Kopfsteinen gepflastert und nachgebauten Gaslaternen bestückt. Auch die Häuser haben Fassaden erhalten, die das Aussehen der Stadt im 18. Jh. widerspiegeln. In ihnen befindet sich eine Reihe von Restaurants und Pubs. Der **Hanover Square** im Norden der Straße war, bevor die Landaufschüttungen am East River vorgenommen wurden, der zentrale Platz am Hafen und Adresse der ersten Druckerei der Stadt. Denn ehemals markierten die Pearl und Water Sts. die Uferlinie zum East River.
Stone Street Historic District, *zw. Hanover Square und Coenties Alley*

** Trinity Church

Ihr Turm überragte lange Zeit das Viertel, ist aber nun durch die Bankgebäude förmlich eingezwängt. Die neugotische Kirche ist bereits die dritte am gleichen Platz und stammt aus dem Jahre 1846, während der Friedhof schon zur Zeit der ersten Kirche 1681 angelegt wurde. Auf ihm befinden sich altehrwürdige Grabsteine von nationaler Bedeutung, u. a. die von Alexander Hamilton (erster Finanzminister der USA; † 1804) und Robert Fulton (berühmter Reeder von Dampfschiffen; † 1815).

Zeuge früher Tage: der Friedhof an der Trinity Church

Wie bei der St. Paul's Chapel, ist auch hier der 90 m hohe Turm im Osten und dem Broadway zugewandt, während das westliche Hauptportal vom Friedhof aus zugänglich ist. Neoromanische Bronzeportale öffnen sich zum Inneren des Gotteshauses, das u. a. über schöne Glasmalereien verfügt. Die Trinity-Gemeinde wurde bereits 1667 durch König William III. als Hauptkirche New Yorks installiert, und 1705 vermachte Königin Anna der Gemeinde große Ländereien in Manhattan. Dadurch ist die Trinity Church eine der reichsten des Landes.

Reiche Gemeinde

Trinity Church, *Broadway, gegenüber Wall St., www.trinitywallstreet.org*

Vietnam Veterans Plaza & Memorial

1985 errichtete Mauer aus Granit und Glasbausteinen (22 x 4 m), die an die Teilnehmer des Vietnamkriegs erinnert. Die Inschriften sind Tagebüchern und Briefen amerikanischer Soldaten entnommen.

Vietnam Veterans Plaza & Memorial, *Water St., gegenüber Coenties Slip*

Woolworth Building

Das schmucke Gebäude, 1910–13 entworfen von dem Architekten Cass Gilbert, war bis zur Errichtung des Chrysler Building (1930) mit einer Höhe von 242 m das höchste der Welt. Der Volksmund fand schnell einen Spitznamen: „Cathedral of Commerce". Den Kaufpreis von $13,6 Mio. bezahlte Frank. W. Woolworth, Gründer der Woolworth-Kette, „cash auf die Hand". Von außen überzeugt der gotische Stil, wobei das eigentliche Prunkstück die über drei Stockwerke reichende Eingangshalle ist. Hier hat man wahrhaftig nicht mit Mosaiken, Fresken und Marmor gespart. Von den sechs Karikaturen hier stellt eine Woolworth beim Münzenzählen dar, eine andere den Architekten Gilbert.

Prunkvolle Eingangshalle

Woolworth Building, *233 Broadway/Park Pl.; Besichtigung nur im Rahmen von Touren: www.woolworthtours.com*

Zwischen Civic Center und Houston Street

Die Stadtteile Manhattans zwischen Civic Center und Houston Street im Überblick

In Stichworten

Aufgepäppelte Lagerhausdistrikte in SoHo und TriBeCa – Galerien und Shopping in SoHo – Chinatown (Garküchen, Gewürzläden, asiatische Kaufhäuser) – Kaum noch italienische Relikte: Little Italy – Hip: die Lower East Side

TriBeCa

Hinweis

Der Name kommt von: „**Tri**angle **Be**low **Ca**nal Street“ (sprich: Trei-Bekka). TriBeCa liegt zw. Hudson und Broadway sowie Canal und Barclay Sts.
• **Einwohner**: 18.000

In der frühen Kolonialzeit wurde das Gebiet als stadtnahe Weidefläche genutzt. Später kaufte die Kirche Abschnitte davon und investierte in Häuser und einen vornehmen Park. 1813 wurde ein Obst- und Gemüsemarkt eingerichtet, der unter dem Namen „Washington Market“ firmierte. Fortan hieß der Stadtteil auch so. Der „Washington Market“ entwickelte sich zum bedeutendsten Lebensmittelmarkt der Stadt, und Großhändler siedelten sich um ihn herum an. Mit der Zunahme des Güterumschlags im Hafen wurde nach 1840 aus dem Stadtteil immer mehr ein industrieller Bezirk mit Textilbetrieben und anderen Fabriken. Anders als in SoHo hat man hier gleich damit begonnen, die Gebäude aus Stein und Eisen zu bauen, sodass es nicht zu großen Bränden kam. Den wirtschaftlichen Höhepunkt erlebte der Stadtteil vor dem Zweiten Weltkrieg, als der ausgedehnte Markt größer war als alle anderen Märkte New Yorks zusammen. Doch in den 1960er-Jahren wurde er aus Platzgründen umgelagert in die South Bronx. Das entzog dem Stadtteil die wirtschaftliche Grundlage. Lagerhäuser standen leer und begannen zu verfallen. Gewiefte Immobilienmakler und Stadtplaner erkannten bald sein Potenzial und nannten den Bezirk um in TriBeCa.

Tipp

Lustig: das **Mmuseumm**
In der Cortlandt Alley (*zw. Franklin u. White Sts., www.mmuseumm.com; Do, Fr 6–21, Sa, So 12–18 Uhr*), untergebracht in einem alten Lastenfahrstuhl, werden moderne, teilweise **skurrile Errungenschaften** des modernen Lebens aus vielen Ländern gezeigt.

Mit den steigenden Immobilienpreisen in SoHo ab den 1980er-Jahren zogen viele Künstler von dort hierher. Ihnen folgten ein paar Jahre später die Filmleute, allen voran Robert De Niro, entsprechend änderte sich das Ambiente. Sie eröffneten Restaurants, richteten sich in den Lofts der ehemaligen Fabriken und Lagerhäuser ein und zogen schließlich viele wohlhabende New Yorker nach sich. Mit seinen Restaurants, ein paar Galerien und v. a. der hier angesiedelten Filmszene (TriBeCa Film Center, TriBeCa Film Institute, TriBeCa Film Festival im April) ist TriBeCa einer der Trendsetter von Manhattan. Nur die meisten Künstler sind schon wieder weg, zu hoch sind auch hier jetzt die Immobilienpreise. Abends bevölkern Banker und Broker die alten Lagerhausstraßen und kehren in die schicken, teilweise sehr kleinen und nahezu unauffindbaren Restaurants und Kneipen ein.

TriBeCa ist schick und teuer

info

Canal Street: Nomen est omen

Zur Zeit der Holländer flossen hier zwei stark versumpfte Flüsse, einer zum Hudson, der andere zum East River. Letzterer entsprang dem Kalch Lake, einem frühen Frischwasserreservoir. Zuerst wurden um die Flüsse Entwässerungssysteme angelegt. Später, mit dem Anwachsen der Stadtfläche am East River, wurde der östliche Flusslauf ausgebaggert und begradigt. Dieser Kanal war auf einem kurzen Abschnitt mit kleinen Booten befahrbar und diente in erster Linie zur Entwässerung – auch von Abwasser und Unrat. Ende des 18. Jhs. entschied man sich dazu, die stinkende Kloake zuzuschütten und mit einer Straße zu bedecken.

SoHo

Hinweis

Der Name kommt von: **So**uth of **Ho**uston Street (sprich: HAUS-Tonn). SoHo liegt zw. 6th Ave. sowie Houston, Crosby und Canal Sts. • **Einwohner**: 14.000

Bis zum Ende des 18. Jhs. wurde die damals hügelige Landschaft als Farmland, zu Beginn v. a. von befreiten Sklaven, genutzt. Weiße Siedler folgten nach. Als um 1800 klar wurde, dass New York sich ausdehnen wird, entschied man sich, die Hügel abzutragen und mit der Erde den Kanal (siehe Kasten) zu bedecken. Auf diese Weise wurde ein neuer Stadtteil geschaffen, der bereits nach wenigen Jahren zum am dichtesten besiedelten Bezirk der Stadt wurde. Vor allem wohlhabende Kaufleute lebten hier, und bessere Geschäfte säumten die großen Straßenzüge.

In SoHo muss alles ein bisschen besser sein

Um 1850 änderte sich die Struktur. Alte Häuser wurden abgerissen, um größeren, von Gusseisenträgern („Cast-Iron“) gestützten, bis zu sechsgeschossigen Gebäuden Platz zu machen. Der Baustil war kostengünstig und ermöglichte große Räume. An den Außenfassaden wurde aber nicht gespart. Anlehnungen an griechische, italienische und viktorianische Stilrichtungen sind bis heute zu erkennen. Viele Säulen und Ornamente an den Fassaden sind aus (angemaltem) Eisen. Vornehme Warenhäuser, Casinos, Theater, Hotels, Restaurants, aber auch Bordelle, zogen hier ein. Als Wohngebiet war die Gegend damit nicht mehr attraktiv, und ab 1870 siedelten sich Industriebetriebe, allen voran Textilfirmen, sowie Großhändler an. Nach 1900 ging es dann stetig abwärts. Zuerst verlegten die Warenhäuser ihren Wohnsitz nach Norden, ihnen folgten die Theater und Casinos. Ab 1950 brach dann auch der industrielle Sektor zusammen. Die Gebäude entsprachen nicht mehr den Vorstellungen moderner Industriebetriebe. Nur die „Sweatshops" blieben. Das Areal war nur noch bekannt als „Hell's Hundred Acres", bezogen auf die hier schon seit 1910 auffällig häufig ausbrechenden Feuer.

Doch zwei Initiativen verhinderten den kompletten Niedergang des ab 1970 als SoHo bezeichneten Stadtteils. Zum einen hatte sich schon seit den 1940er-Jahren eine Künstlerszene etabliert, die die großen Räume und die niedrigen Mieten schätzte. Die andere Tatsache war, dass Bürgerinitiativen den Abbruch der historischen „Cast-Iron"-Gebäude und die Asphaltierung der Kopfsteinpflasterstraßen erfolgreich verhinderten. Damit wurde der größte Bezirk dieser Art in Amerika erhalten.

Ab Mitte der 1970er-Jahre eröffneten immer mehr Galerien sowie kleine, schicke Lokale. Die Mieten stiegen rapide, und wenige Jahre später konnten sich nur noch erfolgreiche Künstler die Räume leisten, andere mussten ausweichen nach TriBeCa oder Chelsea. Teure Galerien, Top-Restaurants, In-Bars und -Cafés, ausgefallene Shops und Boutiquen, aber auch Franchise-Geschäfte bekannter Bekleidungsfirmen ziehen zu jeder Tages- und Nachtzeit Menschen nach SoHo. Spring Street und Prince Street sowie Broadway bzw. West Broadway sind die belebtesten Straßen.

Redaktionstipps

Sehens- und Erlebenswertes

- Wer die **Entwicklung New Yorks** verstehen möchte, der sollte das **Lower East Side Tenement Museum** (S. 238) besuchen.
- Weitere sehenswerte Museen sind das **Museum of Chinese in the Americas** (S. 237) das **New Museum of Contemporary Art** (S. 238) und das **International Center of Photography** (S. 237).
- Die „**Cast-Iron**"-**Architektur** und die **Galerien** in SoHo lohnen einen Besuch, ebenso wie die „In"-Viertel **TriBeCa** und **NoLIta**.

Gastro-Tipps

- Mit **Chinesen** an einem Tisch speisen im **Jing Fong** (S. 129) in SoHo.
- „Snobby" in und um die **Prince Street** in SoHo.
- Koscheres Essen – und evtl. Brunchen – im legendären **Katz's** (S. 129).

Shopping

- Ausgefallenes, **neueste Mode** und auch Kitsch werden in der **Prince Street/W. Broadway** angeboten.
- Entlang dem **Broadway** in SoHo bzw. in **NoLita** und der **Lower East Side** shoppt die „Junge Upperclass".
- **Chinatown** (*Mott-, Mulberry-, Canal Sts.*): asiatischer Kitsch, Lebensmittel und einfache Textilien.

Zeitplanung

- Mind. **1 Tag einplanen**, da allein das Tenement Museum 2 Std. beansprucht und verlockende Geschäfte und Galerien am Weg liegen.

Am Abend

- Restaurants, Bars und „**In**"-**Kneipen** findet man im Kreuzungsbereich **Grand Street/W. Broadway** und in/um die **Prince Street** (SoHo), in **Ludlow** und **Orchard Sts.** (Lower East Side) und an der nördlichen **Bowery**.

Chinatown

Hinweis

Chinatown liegt zw. Grand St. im Norden, Broadway im Westen, East Broadway und Allen Sts. im Osten und Südosten und Chambers St. im Südwesten
• **Einwohner**: 90.000 (davon 3/4 Chinesen)

Die ersten Chinesen kamen um 1840, zumeist als Händler, Köche und Zigarrenverkäufer. Ab 1865 folgten ihnen die Eisenbahnarbeiter aus dem amerikanischen Westen. Alle wollten nur Geld sparen für einen geruhsamen Lebensabend in China, doch die meisten blieben. Zählte man 1870 hier noch 250 Asiaten, waren es 1882 bereits 2.100. Ein strenges Immigrationsgesetz („Chinese Exclusion Act") von 1882 verbot dann, dass Familienangehörigen den Männern nach Amerika folgen durften. Das führte zu einer „Junggesellen-Gemeinschaft" und zu vielen Mischehen. Um 1900 lebten 7.000 chinesische Männer, aber nur etwa 140 chinesische Frauen in New York!

Bildung von Syndikaten

Syndikate (*tongs*) wurden Ende des 19. Jhs. gegründet. Sie wahrten die Interessen ihrer Mitglieder und halfen Neuankömmlingen, entwickelten sich jedoch z. T. zu kriminellen Banden (Prostitution, Hehlerei, Glücksspiel) und kämpften bis 1924 in den „Tong Wars" um ihre Einflussgebiete. Oft versteckten sich diese Banden hinter dem Schutzschild einer Wäscherei, dem ansonsten einträglichsten (legalen) Geschäft. Noch lange hing daher der „Chinese Laundry" ein Hauch von Scheinheiligkeit an. Zumeist aber wurden diese Wäschereien von rechtschaffenen und fleißigen Familien geführt. Sie boten eine Einstiegsnische für die neu zugewan-

In Chinatown macht man mit Farben auf sich aufmerksam

derten Chinesen, die kein Englisch sprachen und bereit waren, mehr als zwölf Stunden am Tag zu arbeiten.

Essen steht hoch im Kurs

Während des Zweiten Weltkriegs, China war Verbündeter der USA, wurde das strenge Immigrationsgesetz von Roosevelt gelockert. Chinesen konnten sogar amerikanische Bürger werden. Von da an nahm die Bevölkerung in Chinatown deutlich zu. Die **politische Öffnung Chinas** Anfang der 1970er-Jahre und die Übergabe von Hongkong an China 1997 führten zu weiteren Auswanderungswellen mit Ziel Amerika. Diese trafen v. a. die Westküstenstaaten und New York. Chinatown wucherte über seine abgesteckten Grenzen hinaus, und die Chinesen übernahmen Teile Little Italys sowie der Lower East Side, denn die Italiener, Hispanics/Latinos und die osteuropäischen Juden dort zogen weiter in andere Boroughs. Die Chinesen waren gerne gesehen: Zum einen galten sie als fleißig, und die aus Hongkong und Taiwan stammenden brachten viel Kapital mit, das sie in Immobilien und kleine Textilfabriken investierten, die berühmt-berüchtigten „Sweatshops" (siehe Kasten S. 228).

Bunter, belebter Markt

Chinatown wirkt heute wie ein bunter Markt. Nahezu alle Schriftzeichen sind chinesisch, und entlang und um die Mott Street faszinieren die Fisch- und Gewürzgeschäfte, zwischen die sich preiswerte Garküchen und kleine „Kaufhäuser" mit asiatischem Plastikramsch und preiswerten Textilien zwängen. Laufend kommt der Verkehr zum Erliegen in dem **Gewimmel an Menschen**. Die Canal Street ist neben der Mott Street die zweite Lebensader von Chinatown. Hier werden auch Waren zu verhandelbaren Preisen für die europäischen Kunden feilgeboten – wobei die Rolex nicht unbedingt echt sein muss. In den Seitenstraßen dagegen finden sich kleine Textil- und Schuhgeschäfte. Auch hier gilt: Mit etwas Feilschen kann man ein Schnäppchen machen.

Die meisten Asiaten sparen für ein besseres Leben im Alter, und somit verfügt Chinatown über eine hohe Bankendichte. Auch in puncto Religionsausübung sind die Bewohner Spitzenreiter. Doch die vielen kleinen Tempel fallen meist nicht auf. Oft befinden sie sich in Hinterhöfen oder in einer Wohnung in der 3. Etage. Hier heißt es: Augen auf und die Nase benutzen (Räucherstäbchen), um die Tempel zu finden. Der **Eastern State Buddhist Temple** *(64 Mott St.)* befindet sich z. B. in einem Geschäft. Die größte Buddha-Statue (5 m hoch) kann man im **Mahayana Buddhist Temple** *(Confucius Plaza/133 Canal St.)* bewundern.

Jüdischer Friedhof

Ein Relikt aus ganz frühen Tagen ist der **First Shearith Israel Graveyard** am St. James Place. Er ist der erste jüdische Friedhof Amerikas, eingerichtet 1683. Die ältesten Gräber weisen auf jüdische Einwanderer iberischer Abstammung hin. Sie entkamen damals der Inquisition und sind über Brasilien nach New York gekommen.

info

„Sweatshops“

Es gibt sie noch in New York, die dunklen, feucht-heißen Löcher, in denen billige Arbeitskräfte rund um die Uhr Textilien fertigen. Eine neuere Studie besagt: 90.000 illegale Einwanderer, zumeist Frauen, eingeschleust aus Asien, arbeiten in über 4.000 Sweatshops, verteilt auf ganz New York. Für $2–4/Std. und das für zwölf Stunden an sieben Tagen in der Woche. Wer nun glaubt, hier würden nur Billigtextilien gefertigt, der irrt. Bei einem Umsatz der Modebranche in New York von über 30 Milliarden Dollar wird immer mehr nach schnellen Trendwechseln gefragt, und die können viel einfacher vor Ort – in „Sweatshops“ – bewerkstelligt werden.

Mit dem Zuzug von immer mehr Menschen aus immer mehr Teilen Asiens wächst auch das Selbstbewusstsein der einzelnen Gruppen, und eine ethnisch differenzierte Besiedlung von Chinatown ist erkennbar. Noch ist die Mehrzahl der Einwohner hier in Asien geboren. In Amerika geborene Chinesen werden daher als ABCs (American born Chinese) oder im Spaß als Bananas („außen gelb, innen weiß“) bezeichnet.

Illegale Arbeiter

Auch heute ist die Immigration nach Amerika nicht einfach, v. a. aber ist sie kostspielig. Viele Chinesen verfügen oft nicht über genug Geld für die Schlepperbanden. Angekommen in New York, müssen die Immigranten dann dieses Geld abarbeiten, oft bei einem Monatslohn, der deutlich unter dem gesetzlichen Mindestlohn liegt. Hinter zugemauerten Fenstern nähen die Frauen dann Designer-Etiketten in Billigtextilien (siehe Kasten), während die Männer Handlangertätigkeiten in den Garküchen übernehmen oder mit dem Fahrrad Essen ausfahren. Arbeitszeiten von zwölf Stunden pro Tag sind keine Seltenheit. Der amerikanische Staat drückt dabei beide Augen zu, denn in die asiatischen Strukturen dieses Viertels kann er sowieso nicht eindringen. Chinatown ist einfach eine Welt für sich.

Die Architektur des asiatischen Kerngebiets besteht aus alten, drei- bis fünfstöckigen Stadthäusern (1880–1920), während besonders nach Osten hin viele Chinesen in den Wohnblocks der 1950er- und 60er-Jahre leben.

Heute stagniert die Einwohnerzahl in Manhattans Chinatown. Der Zuzug hält sich wegen der hohen Immobilienpreise in Grenzen, und mittlerweile zählt man zwölf chinesische Viertel im Großraum New York. Die bedeutendsten sind in Sunset Park (Brooklyn) und Flushing (Queens). Von den über 520.000 Chinesen im New Yorker Stadtgebiet leben 100.000 in Manhattan, jedoch mehr als jeweils 200.000 in Queens und Brooklyn.

Little Italy und NoLIta

Hinweis

Angesiedelt zw. Lafayette, Houston und Canal Sts. sowie der Bowery (viele Gebiete davon sind bereits Teil von Chinatown bzw. zählen jetzt zu NoLIta) • **Einwohner**: 6.000

Eine städtische Siedlung gab es in diesem Areal östlich der Bowery bereits ab Mitte des 18. Jhs. 1815 wurde das römisch-katholische, heute als **Old St. Patrick's Cathedral** (*zw. Mott, Prince u. Mulberry Sts.*) bekannte Gotteshaus eingeweiht. Es ist der „Vorgänger" der berühmten St. Patrick's Cathedral in Midtown. Zu dem Umzug kam es, als ein großes Feuer 1866 die Kathedrale hier nahezu zerstörte. Grundlegend restauriert, wartet sie heute mit auffälligen gotischen Ornamenten auf.

Einwanderer aus Süditalien

Die ersten italienischen Einwanderer siedelten hier um 1850, denn die Mieten waren günstig, was den verarmten Neuankömmlingen, v. a. aus dem Süden Italiens, sehr entgegenkam. Immer mehr Italiener zogen während der nächsten 80 Jahre hierher und verdrängten die anderen Nationalitäten, besonders die Iren. Um 1900 reichte Little Italy bis hinein nach Greenwich Village und in andere Randbezirke. Um 1930 waren über 96 % der 10.000 Einwohner des Viertels italienischer Abstammung bzw. dort geboren. Ein „elitärer" Kreis entstand, für den ab 1900 auch die Mafia Rechnung trug. Die ersten Säulen des Systems aber setzte die Kirche mit drei „parishes" (Kirchengemeindekreise). Ihr folgte die Etablierung fester Nationalfeiertage und jährlich stattfindender italienischer Feste, von denen auch heute noch das zehn Tage andauernde „**Feast of San Gennaro**" (September, entlang Mulberry St.) mit seinen vielen Imbissständen äußerst beliebt ist.

Das rege Treiben der Mafia und ganz einfach das Platzproblem führten dann seit 1930 dazu, dass immer mehr Bewohner abwanderten. Die meisten gingen in die vornehmer ausgebauten Gebiete in Belmont (The Bronx) und v. a. nach Staten Island, wo heute 200.000 Menschen italienischer Abstammung leben. Wer es wirklich zu etwas gebracht hatte, übersiedelte in den Süden von Brooklyn. Little Italy begann zu schrumpfen, und immer mehr Asiaten wurden hier sesshaft.

Beim San-Gennaro-Fest geht es bunt zu

Die alten, sechsgeschossigen Gebäude, nahezu alle Ende des 19. Jhs. gebaut, vermitteln einen guten Eindruck vom New York dieser Zeit. Die Wohnungen darin nannten sich „Railroad Flats", da sie wie Eisenbahnabteile aneinandergereiht und alle gleich groß waren (27 x 7,5 m).

Heute findet man nur noch im Bereich um die Mulberry Street einen letzten Hauch von Italien, zumeist in Form von Pizza- und Pasta-Restaurants. In den Seitenstraßen locken ein paar

Lebensmittelgeschäfte mit italienischem Wein, Brot und Käse, und das kleine **Italian-American Museum** (*Mulberry/Grand Sts., Fr–So*) erinnert in Sonderausstellungen an die vergangene Zeit.

Der Norden des Viertels nennt sich heute **NoLIta** (**No**rth of **L**ittle **Ita**ly) und ist bekannt für seine Cafés, schmucken Neighborhood-Restaurants und die trendigen Start-Up-Boutiquen. Die Mieten sind günstiger als in SoHo und man ist hier, verkehrsgünstig, von fünf U-Bahn-Stationen umgeben. Die Käuferschicht, vorwiegend junge Leute, wohnt auch nicht weit. Kein Wunder also, dass hier so mancher neue Modetrend seinen Anfang nimmt – in den kleinen Schaufenstern der unscheinbaren Shops.

Bowery

Hinweis

1,7 km langer Straßenzug, zw. Chatam und Cooper Squares • **Einwohner**: 1.000

Vor der Kolonisation ein Wanderpfad der Indianer, nannten die Holländer die Region dann *„bowerij"* (= Farm), da sie das Umland landwirtschaftlich nutzten. Ende des 18. Jhs. siedelten sich wohlhabendere Städter hier an. Ausflugslokale, Bars, Theater, vornehme Geschäfte sowie schließlich die Aristokratie und Schriftsteller folgten diesen. Nach dem Bürgerkrieg übernahm der Broadway die Rolle als Boheme-Straße. Die Bowery verkam in rasantem Tempo und galt mit ihren Biergärten, Bordellen, Obdachlosenheimen, den ersten Schwulenbars sowie der unattraktiven Trasse des „3rd Avenue Elevated Train", der ersten Hochbahn über einem Straßenzug, fortan als „Tummelplatz der Unterschicht". Auch der Bau imposanter Gebäude, wie z. B. 1893 dem der **Bowery Savings Bank** (*Ecke Bowery/Grand St.*) mit seiner klassisch-römischen Straßenfront, den massigen korinthischen Säulen sowie dem vielen Marmor innen, änderte nichts daran. Ausgerechnet die Zeit der Prohibition verhalf zu einem kleinen Aufschwung. Kneipen mussten schließen, ihnen folgten Lampen- und Restaurantaustatterläden. Doch es blieb noch lange ein Viertel der „Bowery Bumps" (Alkoholiker und Obdachlose), und im Volksmund hielt sich der Spitzname „Skid Row" (= Kneipenstraße) bis in die 1990er-Jahre.

Bowery: Die Graue Maus wird bunt

Doch es wäre nicht New York, wenn sich das nicht auch ändern würde. Schon seit geraumer Zeit hat eine **Gentrifizierung** eingesetzt, v. a. nördlich der Houston Street. Alte Geschäfte schließen, und der legendäre Punk-Rock-Club CBGB's sowie die putzige Amato Opera sind längst Geschichte. Dafür eröffnen Techno-Clubs und schicke Lokale. Galerien folgen – viele von ihnen aus Chelsea. Hotels, wie z. B. das feine Bowery Hotel, sind schon lange kein Geheimtipp mehr. Und das passt architektonisch sogar noch ins Bild, was man von dem aus sechs versetzten Quadern gestalteten **New Museum of Contemporary Art** südlich der Houston Street nicht behaupten kann. Ganz zu schweigen von den pragmatischen Glasmonstern im Kreuzungsbereich mit der Houston Street. Auch das **International Center of Photography** hat sich an der Bowery niedergelassen.

Schneller Wandel

Typisch New York: Erst ist ein Gebiet unten durch, dann folgen Subkultur und Künstler. Doch plötzlich, nur weil zwei oder drei Investoren es wagen, hier umzugestalten, schießen die Preise in die Höhe, und der Wandel beginnt. So war es mit TriBeCa, dem Meatpacking District und anderen Gebieten.

Lower East Side

Hinweis

Die Lower East Side erstreckt sich zw. Houston St., Bowery, Canal St., Manhattan Bridge Ramp, East Broadway und East River • **Einwohner**: 85.000

Kein Stadtteil spiegelt die Stadtgeschichte besser wider: Zuerst bewirtschafteten in der Gegend freie, schwarze Familien kleine Parzellen. Sie wichen im 18. Jh. Großgrundbesitzern, allen voran dem Farmer James de Lancey. Zu Beginn des 19. Jhs. wuchs New York über seine Grenzen hinaus, für die unzähligen Einwanderer fehlte Wohnraum. Das Farmland, größtenteils schon nach der Revolution konfisziert, wurde nun umstrukturiert zu billigen Wohnvierteln *(tenements)* für die Neuankömmlinge. Gut 100 Jahre sollten sie das Bild der Lower East Side, zu der damals auch das Gebiet der heutigen Stadtteile East Village, NoHo, Little Italy und Chinatown zählte, maßgeblich bestimmen. Die ersten waren die Iren um 1830, ihnen folgten deutsche Siedler, die ihren Einflussbereich auch „Kleindeutschland" nannten. Deutsche Theater, Kneipen, Tanzlokale, Schulen und Sportvereine prägten das Bild. Mit zunehmendem Einkommen wanderten die Deutschen dann ab ins heutige Yorkville. Ihnen folgten ab 1880 die Italiener und orthodoxe Juden aus Mittel-, Süd- und Osteuropa.

Spiegel der Stadtgeschichte

Kurz vor 1900 lebten hier bis zu 2.500 Menschen pro Hektar. Damit waren die ca. 8 km^2 der Lower East Side zu dieser Zeit die am dichtesten besiedelte Fläche der Welt. Platz gab es in den kleinen Wohnungen kaum, und die hygienischen Verhältnisse waren miserabel. Viele Wohnungen besaßen nur ein kleines Fenster und zwei kleine Räume, die sich nicht selten bis zu 20 Personen teilen mussten! Statistiken besagen, dass zu dieser Zeit auf ein Bett 2,6 Personen kamen. Entsprechend mussten diese sich ihre Arbeitszeiten einteilen. Doch es wurde

Historic Orchard Street

noch enger: Um 1920 lebten alleine 400.000 Juden zwischen Bowery, Houston und Delancey Streets sowie dem East River.

Verbesserte Wohnbedingungen

Viele radikale Politiker sowie linksorientierte Künstler und Schriftsteller lebten in der Lower East Side, unter ihnen Irving Berlin, George und Ira Gershwin sowie die Marx Brothers. Politische Protestbewegungen, die sozialen Verhältnisse und immer wieder auftretende Cholera und Tuberkulose-Epidemien zwangen die Stadtverwaltung um 1900 zu verschärften Auflagen. „Sweatshops" durften nur noch mit entsprechenden Entlüftungsanlagen betrieben werden, und in den Wohnungen mussten mehr Fenster eingebaut werden. Erstrebenswert wurden die Lebensverhältnisse hier aber nie. Jeder zog so schnell als möglich in andere Stadtteile. Nach dem Zweiten Weltkrieg kamen Puertoricaner und schwarze Mittelständler hierher, und Chinatown dehnte sich immer weiter aus, während die Juden nur noch ihre Textilgeschäfte und Lager in den alten, mit den markanten schwarzen Feuerleitern versehenen Backsteinhäusern beließen.

Szeneviertel

Die Textilgeschäfte der Juden sind mittlerweile fast alle verschwunden, das Vordringen von Chinatown im Südwesten ist gestoppt, während der Teil nördlich der Houston Street, das heutige East Village, mit seinen Restaurants zu einem beliebten Wohnbezirk geworden ist. Das **Gebiet südlich der Houston Street**, das heute als die eigentliche Lower East Side bezeichnet wird, hat sich dagegen seit der Jahrtausendwende zu einem trendigen Szeneviertel entwickelt. Schicke kleine Restaurants, „In"-Boutiquen, Bars, versteckte Keller-Clubs und Boutique-Hotels haben sich, besonders zwischen Houston und Delancey Streets, etabliert, und an Wochenenden lässt es die Ü-30-Generation hier so richtig krachen. Für das **Lower East Side Tenement Museum**, in dem die Geschichte dieses Stadtteils beleuchtet wird, und einen kurzen Spaziergang sollte man sich Zeit nehmen.

Tipps für Spaziergänge

TriBeCa, SoHo und die Bowery

Minimum: *2 ½ Std.*, **Optimum**: *5 Std.*

Für einen Bummel durch TriBeCa, bei dem man sich einfach treiben lassen kann, sollte man etwa 45 Minuten einplanen, bevor es weitergeht nach SoHo, für dessen Shopping- und Gastronomieszene man sicherlich mehr Zeit benötigt. An der Bowery, zwischen Houston und Prince Streets, befinden sich das sehr eigenwillige New Museum of Contemporary Art sowie das International Center of Photography.

Chinatown, Little Italy und NoLIta

Minimum: *1 ½ Std.*, **Optimum**: *2 ½ Std.*

In Chinatown herrscht immenser Trubel. Überall wird gehandelt und gefeilscht. Das kostet Zeit und macht neugierig, in einige der Geschäfte zu schauen und in einer Garküche zu speisen bzw. in der 65 Bayard Street *(zw. Mott u. Elizabeth Sts.)* in der Chinatown Ice Cream Factory asiatische Eiskrem zu probieren. Anschließend im Zickzack laufen durch Little Italy und NoLIta. Bei knapper Zeit: einfach der Mulberry Street folgen in nördliche Richtung.

Lower East Side

Minimum: *1 Std.*, **Optimum**: *3 ½ Std. (inkl. des Tenement Museum)*

Entlang der Orchard und Ludlow Sts. lohnt der Blick in das eine oder andere flippige Geschäft, man sollte sich zudem in einer der hippen Bars ein Getränk gönnen. Highlight ist das Lower East Side Tenement Museum. Bei Katz's *(Ecke Houston u. Ludlow Sts.)* gibt's beste Pastrami-Sandwiches, während Russ & Daughters leckeren Lachs, Kaviar und Heringsdelikatessen anbietet (Geschäft: *179 E. Houston St., zw. Allen u. Orchard Sts., Restaurant: 127 Orchard St., zw. Delancey u. Rivington Sts.*).

Hudson River Park

info

Entlang dem Hudson River, im Süden beginnend am Battery Park, zieht sich heute ein „Park" bis hin zur 59th Street. Hier gingen früher die Ocean Liner und großen Frachtschiffe vor Anker. Nachdem die Hafenanlagen nach New Jersey verlagert worden waren, begannen die Piers zu verrotten. Langsam werden nun alle Piers wieder restauriert. Teilweise werden bzw. sind auf den Kais Parks oder Sportanlagen angelegt (siehe S. 175). Einige Piers weiter im Norden werden auch heute noch von Passagierdampfern bzw. für das Intrepid Sea, Air & Space Museum genutzt, andere für die Fähren und Ausflugsdampfer, wieder andere für Outdoor-Lokale (Tipp: Sonnenuntergang vom Lokal auf Pier 66). Pier 55 soll umgestaltet werden zu einer parkähnlichen Insel, doch es gibt Proteste gegen das Projekt. Zum aktuellen Stand des Parkausbaus: www.hudsonriverpark.org.

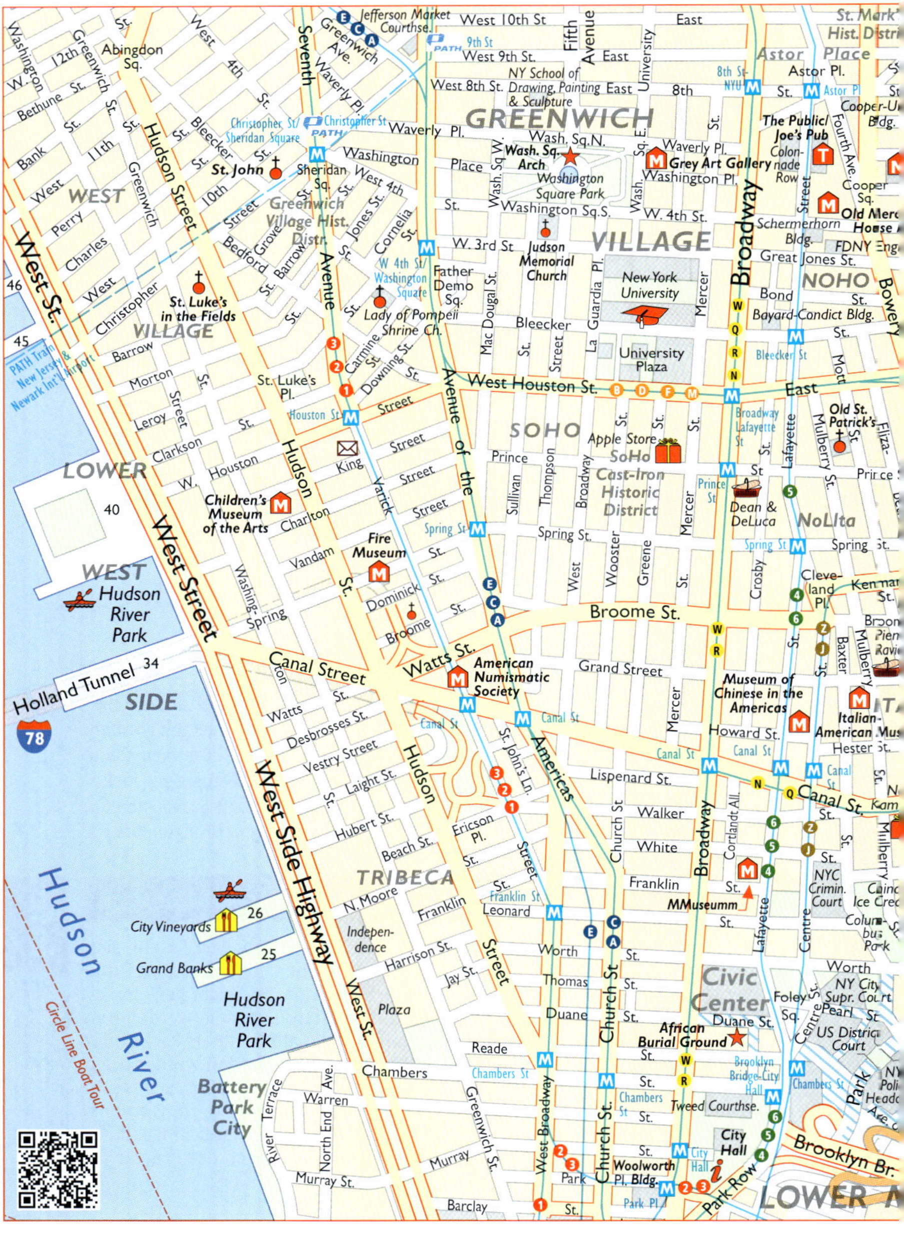
GREENWICH
VILLAGE
WEST VILLAGE
Greenwich Village Hist. Distr.
SOHO
SoHo Cast-Iron Historic District
NOHO
NoLIta
LOWER WEST SIDE
TRIBECA
Civic Center
Battery Park City
Hudson River
Hudson River Park
Jefferson Market Courthse.
NY School of Drawing, Painting & Sculpture
Wash. Sq. Arch
Washington Square Park
Grey Art Gallery
The Public/ Joe's Pub
Colonnade Row
Cooper Sq.
Cooper-Union Bldg.
Old Merchant's House
Schermerhorn Bldg.
FDNY Engine
Judson Memorial Church
New York University
University Plaza
St. John
St. Luke's in the Fields
Lady of Pompeii Shrine Ch.
Father Demo Sq.
Abingdon Sq.
Sheridan Sq.
Christopher St/ Sheridan Square
W 4th St/ Washington Square
Bayard-Condict Bldg.
Apple Store
Dean & DeLuca
Old St. Patrick's
Children's Museum of the Arts
Fire Museum
American Numismatic Society
Museum of Chinese in the Americas
Italian-American Museum
MMuseumm
NYC Crimin. Court
NY City Supr. Court
US District Court
African Burial Ground
Tweed Courthse.
City Hall
Woolworth Bldg.
Foley Sq.
Columbus Park
Independence Plaza
City Vineyards
Grand Banks
Holland Tunnel
78
PATH Train New Jersey & Newark Int'l Airport
Circle Line Boat Tour
West Street
West Side Highway
Hudson Street
Seventh Avenue
Avenue of the Americas
Broadway
West Broadway
Church St.
Canal Street
Broome St.
Grand Street
West Houston St.
Spring St.
Prince St.
Bleecker St.
Chambers St.
Brooklyn Br.
Park Row
Lafayette
Bowery
Mulberry St.
Mott
Houston St
Canal St
Spring St
Franklin St
Chambers St
Brooklyn Bridge-City Hall
City Hall
Park Pl.
8th St-NYU
Astor Pl
Bleecker St
Broadway Lafayette St
Prince St
Astor Place
St. Mark's Hist. District
LOWER M

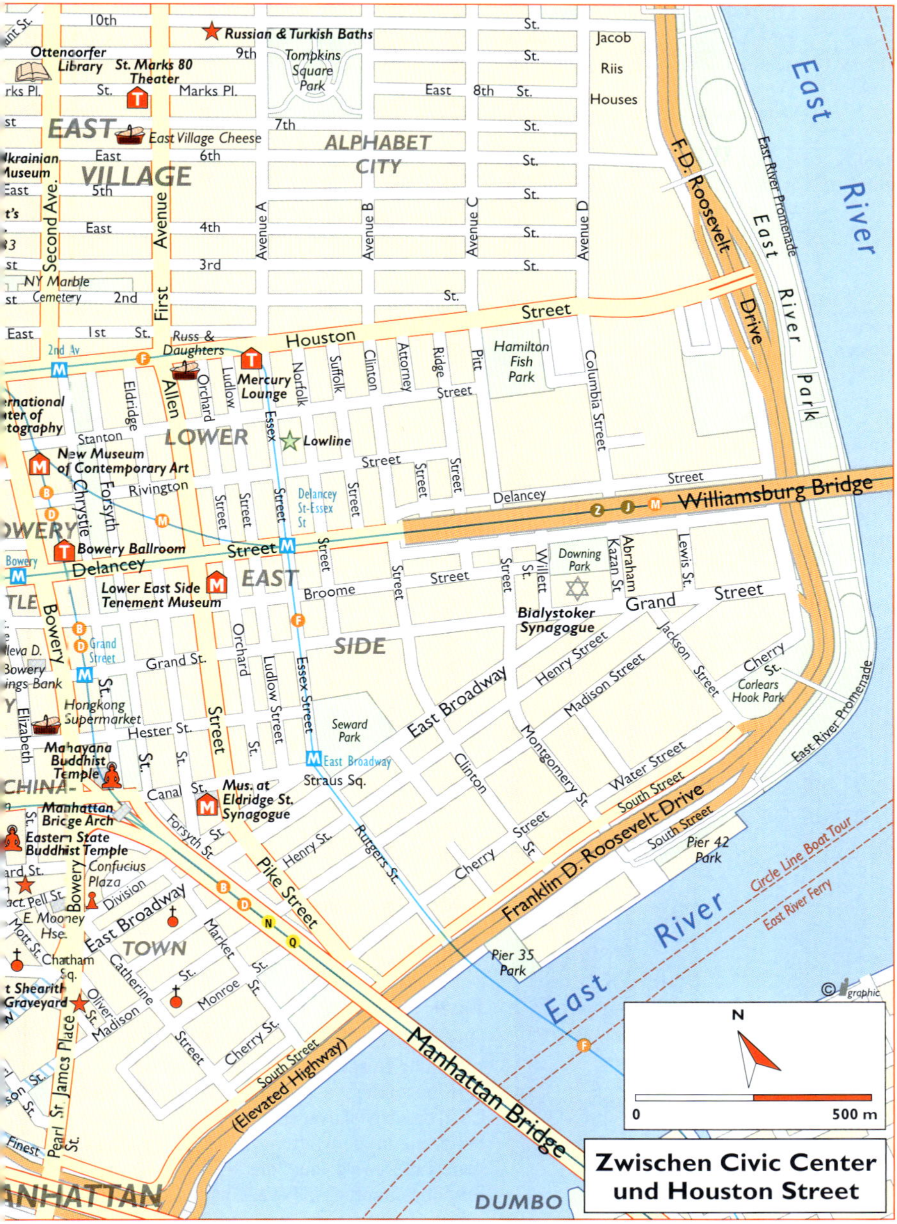

Zwischen Civic Center und Houston Street

Die Tunnel nach Manhattan				
Name	**Von/nach**	**Bauzeit**	**Max. Tiefe**	**Sonstiges**
Holland Tunnel	Hudson River: zw. Canal St. und Jersey City **Länge**: 2.610 m	7 Jahre 1927	28,4 m	2 Röhren. Die größte Herausforderung beim Bau stellte das Entlüftungssystem dar
Lincoln Tunnel	Hudson River: zw. W. 39th St. und Weehawken **Länge**: Mittelröhre: 2.506 m, Nordröhre 2.286 m, Südröhre: 2.442 m	mit Unterbrechungen 20 Jahre **Eröffnet** 1937 • Mittlere Röhre: 1937 • Nordröhre: 1945 • Südröhre: 1957	30,9 m	Der meistbefahrene Tunnel der Welt (über 40 Mio. Fahrzeugen/Jahr)
Queens/ Midtown Tunnel	East River: zw. 36th St. u. Long Island City (Queens) **Länge**: 1.921 m	4 Jahre **Eröffnet** 1940	-	Ein ausgereiftes Entlüftungssystem ermöglicht den kompletten Austausch der Luft in nur 90 Sek.
Brooklyn-Battery (Hugh L. Carey) Tunnel	New York Bay: zw. Manhattans Südspitze u. dem Brooklyn-Queens Expressway (Brooklyn) **Länge**: 2.781 m	10 Jahre (Bauunterbrechung während des 2. WK) **Eröffnet** 1950	–	Längster Unterwassertunnel Amerikas. 17 Mio. Fahrzeuge pro Jahr

Typisch SoHo: „Cast-Iron“ und Galerien

Sehenswürdigkeiten

TriBeCa und SoHo

American Numismatic Society

Das Institut beschäftigt sich mit Münzen aus aller Welt und ist vornehmlich als Forschungsstätte gedacht. Doch gibt es immer wechselnde Ausstellungen mit zumeist alten Münzen.

American Numismatic Society, *75 Varick St./Canal St., www.numismatics.org; Mo–Fr 9.30–16.30 Uhr*

New York City Fire Museum

Hier gibt es alles rund um die Feuerbekämpfung zu sehen, ein bis heute – und nach 9/11 besonders – wichtiges Thema in den USA, da viele Häuser auf Holzkonstruktionen basieren. In dem alten Feuerwehrgebäude von 1904 wird auf die Geschichte der Brandbekämpfung in New York eingegangen.

Historische Fotos, knallig rote Feuerwehrfahrzeuge der letzten zwei Jahrhunderte u. v. m. gibt es zu bewundern. Eine Ausstellung widmet sich den Geschehnissen des 11. September 2001, bei dem 343 Feuerwehrmänner starben.
New York City Fire Museum, *278 Spring St., zw. Hudson u. Varick Sts., www.nycfiremuseum.org; tgl. 10–17 Uhr*

Chinatown und Little Italy

Confucius Plaza und Museum of Chinese in the Americas

Auf dem Platz direkt an der Auffahrt zur Manhattan Bridge, benannt nach der Konfuzius-Statue am mittlerweile südlich davon gelegenen Chatham Square, beeindruckt der 1915 eingeweihte **Manhattan Bridge Arch and Colonnade**, ein mit Ornamenten und Fresken besetzter Triumphbogen. An der Südwestseite *(Ecke Pell St.)* steht New Yorks ältestes Reihenhaus, das **Edward Mooney House** (1789). Folgt man nun der Canal Street bis zur Centre Street, findet man in dieser das **Museum of Chinese in the Americas** *(215 Centre St., www.mocanyc.org; Di–So 11–18, Do bis 21 Uhr)*, dessen permanente Ausstellung die Herkunft der chinesischen Bevölkerung und die Integrationsgeschichte der chinesischen Einwanderer (Fotos u. Artefakte) erläutert. Die Erläuterung der Arbeitsbedingungen und die Hinweise auf Sonderausstellungen beachten!

Geschichte der chinesischen Einwanderung

Bowery und Lower East Side

Eldridge Street Synagogue

Die 1887 im heutigen Chinatown eröffnete Synagoge beeindruckt mit großen, farbenfrohen Fenstern. Sie dient auch heute noch den aus Osteuropa eingewanderten orthodoxen Juden als religiöse Versammlungsstätte. Die Fassade wurde aus Terrakotta und Ziegelsteinen zusammengesetzt und verbindet romanische, gotische sowie maurische Stilelemente. Die Touren sind ein Muss für historisch Interessierte! Ein paar Türen weiter gibt es jetzt einen Buddhisten-Tempel.
Eldridge Street Synagogue, *12-16 Eldrige St., zw. Canal u. Division Sts., www.eldridgestreet.org; So–Do 10–17, Fr bis 15 Uhr, Touren zur vollen Stunde*

Eldridge Street Synagogue

* International Center of Photography (I.C.P.)

Hier sieht man wechselnde Ausstellungen bekannter Fotografen. Das eine oder andere Foto

Ein Haufen Quader: das New Museum of Contemporary Art

wird einem aus Zeitungsberichten sicherlich bekannt sein. Der Bruder von Robert Capa hat das I.C.P. und zusammen mit Robert auch den Fotografenkreis Magnum gegründet.

International Center of Photography, *250 Bowery, südl. Houston St., www.icp.org; tgl. 10–18 Uhr*

** Lower East Side Tenement Museum

New York zwischen 1860 und 1930: Hier erfährt man, aus welchen Verhältnissen heraus sich die Stadt entwickelt hat. Dokumentiert werden in erster Linie die Wohnverhältnisse zu dieser Zeit, wobei man sich im Klaren darüber sein sollte, dass auch heute noch in Teilen der Stadt die Wohnbedingungen äußerst schlecht sind.

Die Besichtigung beginnt im Visitor Center mit einem Film zur Geschichte der Lower East Side. Anschließend werden ein- bis zweistündige Führungen geboten durch drei Wohnungen *(tenements)* unterschiedlicher Epochen (ca. 1860, 1890 und 1930). Interessant sind die Erläuterungen zu den Themen: Dunkelheit, Entlüftung und Bewohner pro Wohnung.

Lower East Side Tenement Museum, *103 Orchard St./Delancey St.; Fr–Mi 10–18.30, Do bis 20.30 Uhr, Touren sollte man vorher reservieren, www.tenement.org; auch Führungen durch das Lower East Side-Viertel*

* New Museum of Contemporary Art

Provokative und interaktive Kunst

Der siebenstöckige Neubau aus versetzt gestapelten Quadern wurde von den japanischen Architekten Kzuyo Sejima und Ryue Nishizawa entworfen. Gezeigt werden zeitgenössische Wanderausstellungen der modernen und provokativen sowie der interaktiven Kunst. Die Museumsleitung hat sich als Ziel gesetzt, Künstler und ihre Kunstwerke vorzustellen, die von anderen Museen abgelehnt worden sind. Vom Café der Dachterrasse aus hat man einen schönen Blick über Manhattan, die Bibliothek bietet fast alles zum Thema zeitgenössische Kunst.

New Museum of Contemporary Art, *235 Bowery, südl. Houston St., www.newmuseum.org; Mi–So 11–18, Do bis 21 Uhr*

Tipp: Unterirdisch – The Lowline

Unter der Delancey Street, wo bis 1948 die MTA ihre Straßenbahnen parkte, legt eine Investorengruppe einen Park mit Pflanzen, Bänken, Wasserspielen und den alten Kopfsteinpflasterstraßen an. Natürliches Licht wird durch Parabolkollektoren gebündelt, dann durch Lichtröhren geschickt und unten wieder zerstreut. **Eingang**: *140 Essex, zw. Rivington u. Stanton Sts., www.thelowline.org; zzt. Sa, So geöffnet.*

Zwischen Houston Street und 14th Street: Greenwich Village, NoHo und East Village

Die Stadtteile Manhattans zwischen Houston Street und 14th Street im Überblick

In Stichworten

„Village“: Im Westen oft nur 2–3 Stockwerke – Bäume an Straßen – Universität – Jazz-Clubs, Restaurants, Kneipen und kleine Theater – Homosexuellenszene – Shoppen am Broadway bzw. NoHo • East Village: Alt und „in“ – breitgefächerte ethnische Restaurantauswahl – Partyzone am Wochenende – Urige (z. T. Neighborhood-)Kneipen – Studenten – Meatpacking District: hip, teuer und begrünte Bahntrasse

Greenwich Village/ West Village

Hinweis

Greenwich Village und West Village liegen zw. Hudson River, Broadway, 14th sowie Houston St. • **Einwohner**: 25.000

Einst kamen Indianer regelmäßig in das von Hügeln durchsetzte Marschland. Der Manetta Creek („Teufelswasser“) versorgte sie mit Lachsen. Um 1630 legten die Holländer in gerodeten Waldlichtungen Tabakfelder an. Im Laufe der nächsten 150 Jahre entwickelten sich diese unter den Engländern, dank der fruchtbaren Böden, zu großen Gemüsefarmen. Das Ende des 17. Jhs. hier gegründete Dorf Greenwich (*Groenwijck = grüner Distrikt*) erlebte während der Revolution einen Aufschwung, da es die Soldaten mit Lebensmitteln versorgen konnte. Anschließend gebaute Straßen trugen als Dank Namen berühmter Revolutionsoffiziere (Mercer-, Sullivan-, Thompson-, Mac Douglas Sts.).

Nach 1780 wurde das Gebiet des Washington Square trockengelegt, und Greenwich entwickelte sich zu einem Ausflugsziel für die New Yorker. Wegen der Cholera- und Gelbfieber-Epidemien in New York in den Jahren 1800 und 1822 wurden Pläne geschmiedet, die Städter nach Greenwich umzusiedeln. Dies wurde zwar nicht im großen Stil umgesetzt, aber wohlhabende Städter siedelten sich trotzdem an. Geschäfte und Banken folgten ihnen. Die mittlerweile etablierte Oberschicht ließ große Villen bauen und beendete damit die Zeit der großen Farmen. Die Unterteilung der Ländereien wiederum zog befreite Sklaven sowie Immigranten, darunter viele Iren und Chinesen, an. Sie ließen sich v. a. entlang dem Hudson River nieder, wo erste Fabriken und Hafenanlagen entstanden.

Künstler und Intellektuelle

Im Ortskern herrschte weiterhin der Bohemian Lifestyle vor. 1831, mit der Eröffnung der privaten New York University (NYU), mischten sich nun auch Dozenten, Studenten und links orientierte Künstler unter die Bevölkerung, etwa Edgar Allan Poe, Mark Twain, Henry James, denen später auch T.S. Eliot, Gertrude Stein, Sinclair Lewis und Edward Hopper folgten. Um den Washington Square eröffneten ab 1835 Hotels, Clubs, Restaurants und Galerien. 40 Jahre später folgten Off-Broadway-Theater im nördlich davon gelegenen Umfeld. Die politisch links orientierte Avantgarde verdrängte ab 1870 die reiche Oberschicht, die es bevorzugte, unter sich zu bleiben und in noch pompösere Paläste in der Upper East Side umzusiedeln. Sie machten in ihren Village-Villen Platz für weitere Künstler und Literaten, die sich die Mieten in den bald etwas heruntergekommenen Wohnungen in diesen Häusern leisten konnten. Armut herrschte aber trotzdem nicht, was z. B. die beiden säulenbestandenen Bankgebäude an der Kreuzung 8th Avenue/14th Street aus der Zeit vor 1900 belegen.

Vornehme Wohnhäuser am Washington Square

Erst in den 1920er-Jahren drohte diesem Leben ein Ende. Zwischen 1920 und 1928 stiegen die Mietpreise zwischen 140 und 300 %. Weniger betuchte Künstler mussten ausziehen. Zudem näherte sich der Bauboom von Süden und drohte mit dem Abriss vieler alter Häuser. Der Börsencrash von 1929 und später der Zweite Weltkrieg setzten dieser Entwicklung bis in die 1950er-Jahre ein Ende. Als dann 1951 die Modernisierungspläne wieder auf den Tisch kamen, setzte eine Protestwelle dagegen ein, die besonders von der Beat-Bewegung unterstützt wurde. Das 1955 gegründete und heute noch kursierende „Village Voice"-Blatt galt als ihr Sprachrohr. 1961 lenkte die Stadt mit dem *„downtown-zoning act"* ein, dem 1969 die Deklarierung des Village zu einem Historic District folgte. Damit waren die Gebäude zwar gerettet, doch im Umkehreffekt stiegen die Mieten wieder, was die Stadt dazu veranlasste, in einigen Regionen des Village Mietpreiskontrollen festzulegen. Die anderen Gebiete aber wurden immer teurer, sodass nur betuchte Künstler bleiben konnten und wohlhabende Leute zuzogen. In den 1960er-Jahren lebte u. a. Bob Dylan hier. Heute finden sich die vier Postleitzahlendistrikte des Village in den Top-Ten des amerikanischen Immobilienmarktes wieder.

Mietpreiskontrolle für das Village

Besonders das **West Village** *(zw. 6th Ave. u. Hudson River)* mutet im Gesamtbild einer Stadt wie New York wie ein Dorf an. Zwei- bis dreistöckige Wohnhäuser aus dem 19. Jh. an mit Bäumen bestandenen Straßen sind typisch. Hier zu wohnen gilt ohne Zweifel als schick! Boutiquen, Jazz-Clubs, Feinkost- und Bioläden und ein paar kleinere Bühnen verwöhnen die Avantgarde. Vielseitigster Straßenzug diesbezüglich ist die Bleecker Street, die aber wenig von dem Charme des Village ausstrahlt. Dafür muss man in die Seitenstraßen schauen, wie z. B. die Hudson Street mit ihren Cafés und Bistros. Hier trifft sich auch die Gay-Szene.

Die **Homosexuellenszene** hat sich im Village eine feste Nische geschaffen. Bereits in den frühen 1960er-Jahren angesiedelt, hat sie ihre Anerkennung – stellvertretend für ganz Amerika – immer wieder erkämpfen müssen. Der Aufstand am **Stonewall Inn** am Sheridan Square 1969 brachte schließlich den endgültigen Durchbruch und sicherte ihre Rechte. Auch bei Anti-Kriegs-Demonstrationen und in den 1980er-Jahren im Kampf gegen AIDS stand und steht das Greenwich Village immer wieder im Mittelpunkt, sorgt für Schlagzeilen und neue Strömungen. Bunt

Am Sheridan Square wurden die Rechte der Homosexuellen durchgesetzt

geht es hier zu, wenn sich die weltgrößte **Halloween-Parade** mit über 60.000 Teilnehmern entlang der Spring Street und 6th Avenue bewegt.

Mehr zum **Meatpacking District** auf S. 254 und zum **Union Square** im folgenden Kapitel, S. 258f.

NoHo und Astor Place

Hinweis

Der Name kommt von: **No**rth of **Ho**uston Street. Das Viertel liegt zw. 8th St., 3rd Ave., Bowery, Houston St. u. Mercer St. • **Einwohner**: 5.000

Bis 1803 befand sich an dieser Stelle Jacob Sperry's Botanical Garden. Dann erwarb der reiche Kaufmann John Jacob Astor das Areal, benannte den Stadtteil Astor Place und ermöglichte ab 1825 dessen Besiedlung. Vornehmlich wohlhabende Bürger ließen sich nieder. Nach dem Bürgerkrieg wurden hier Bürogebäude errichtet, die vorwiegend von Verlagen bezogen wurden. Mit dem Umzug der meisten Firmen in den 1960er-Jahren in noch größere Häuser in Midtown kamen die Künstler und richteten in den großen Räume ihre Ateliers ein. Autowerkstätten und Handwerksbetriebe nutzten die Nischen und Straßenecken.

Galerien und Boutiquen halten Einzug

Seit der Jahrtausendwende nennt sich der kleine Stadtteil **NoHo**. Größere Geschäfte, Boutiquen, feine Lokale und teure Galerien haben die Künstler- und Handwerkerszene längst wieder verdrängt. Wohlhabende Persönlichkeiten haben sich die Wohnungen in den oberen Etagen luxuriös eingerichtet, und die Immobilienpreise stehen denen in SoHo in nichts mehr nach. Einzig die Cooper Union Art School samt ihrer Studenten versprüht noch einen Hauch von Kunstszene, und in **Joe's Pub** in der Public Library *(425 Lafayette St.)* finden Musik- und andere Veranstaltungen statt. Ihm gegenüber trotzt ein Relikt aus der Zeit des (ersten) Wohlstands den Abrissbirnen, die **Colonnade Row** (1832–33), eine Häuserreihe im römischen Tempelstil (Marmor-Säulen), die im 19. Jh. zu den Top-Adressen New Yorks zählte und heute u. a. die New Yorker Aufführungsstätte der „Blue Man Group" beherbergt.

East Village/Alphabet City

Hinweis

Diese Viertel liegen zw. 14th St., Avenue D, Houston St. und Bowery sowie 3rd Ave. • **Einwohner**: 61.000

Zu Beginn der Kolonialzeit war das Gebiet Teil der großen Farm des Gouverneurs Peter Stuyvesant und später seiner Nachfolger. Um 1800 wurden hier erste „Town Houses" für den gehobenen Mittelstand gebaut, in die ab Mitte des 19. Jhs. vorwiegend deutsche Einwanderer zogen. „**Klein-Deutschland**" mit der drittgrößten deutschen Stadtbevölkerung (nach Berlin und Wien) war geboren. Iren und Osteuropäer mischten sich darunter. Sie alle prägten bis ins 20. Jh. hinein einen kulturell vielfältigen Stadtteil mit Theatern, Sportheimen, Restaurants und einem aktiven politischen Umfeld. Inschriften an Kirchen und Gebäuden (z. B. Ottendorfer Library, s. S. 252) zeugen noch heute davon. Die deutschen Einwanderer zogen zu Beginn des 20. Jhs. weiter, während osteuropäische Einwandererfamilien, besonders aus der Ukraine, ihren Platz einnahmen. Im kleinen **Ukrainian Museum** *(E. 6th St., zw. 2nd Ave. u. Cooper Sq., www.ukrainianmuseum.org; Mi–So 11.30–17 Uhr)* erinnern Artefakte an diese Immigranten und ist ukrainisches Kunsthandwerk zu sehen.

Redaktionstipps

- Quirliges, studentisches Leben herrscht rund um die berühmte **New York University** (S. 250).
- Bei einem **Picknick im Washington Square Park** (S. 249) erholt man sich vom Pflastertreten.
- Shopping-Fans aufgepasst: **Secondhand-Bücher** gibt es im The Strand Bookstore (S. 159); **Designer-Kleidung** entlang dem Broadway zw. Houston und 8th Sts.; **Kunsthandwerkliches** und **ausgefallene Klamotten** an der Bleecker St.; sündhaft teure Top-Designer sitzen im Meatpacking District.

Zeitplanung

- Für Greenwich Village 3 Std., für NoHo und East Village 2 Std. insgesamt einplanen.
- Etwas **Ausgefallenes für den Abend**: Massage und Dampfbad im Tenth Street Bath & Health Club/Russian & Turkish Baths (S. 177).

Doch die Baustruktur verfiel zunehmend, was schließlich zu niedrigeren Mieten führte. Das wiederum löste ab den 1950er-Jahren die nächste Welle aus: die Beatniks kamen aus dem mittlerweile für sie zu teuren Greenwich Village, gefolgt von Künstlern, Poeten, Musikern und Schauspielern und später den Hippies. Das wiederum löste politische „Underground"-Aktivitäten aus, die sich zumeist auf lokaler Ebene abspielten.

Auf der Second Avenue ist Tag und Nacht etwas los

Die Musik- und Theaterszene entwickelte sich und brachte so manche der später bekannten Rockbands bzw. Theaterensembles hervor. Um 1965 wurde das East Village politisch abgetrennt von der Lower East Side. Damit durften die Immobilieninhaber die Mieten langsam steigen lassen, denn sie unterlagen nicht mehr den Richtlinien der Lower East Side. Doch noch bis in die 1980er-Jahre überwog die **Kunst- und Musikszene**, und im legendären Musikclub CBGB an der Bowery soll in den 1970er-Jahren der Punkrock geboren worden sein. Die meisten Musik- und Poetry-Clubs sind längst auch wieder Geschichte aufgrund der Mietpreisentwicklung. Trotzdem entsprachen die Mieten Ende des letzten Jahrtausends weder dem Zustand der Wohnungen noch dem Sicherheitsfaktor auf den Straßen. Besonders die Drogenszene geriet ab 1980 nahezu außer Kontrolle. Proteste und Straßenschlachten Ende der 1980er-Jahre sowie die Schließung des Tompkins Square Park, des damals wichtigsten Drogenumschlagplatzes Süd-Manhattans, durch die Polizei 1992 waren die Folge.

Geburt des Punk

Die Probleme konnten mittlerweile alle beseitigt werden, bis auf die Mietpreisentwicklung, denn das Mietpreiskontrollsystem greift nur bedingt. **Alphabet City**, benannt nach den Straßennamen, ist heute „Spielwiese der Gegenkulturen". Piercing, Kneipen, ethnische Restaurants, immer mehr kleine, aber teure Esstempel, Off-Off-Broadway-Shows, Musik-Clubs, in den Seitenstraßen ausgesuchte Schnickschnack-Boutiquen, Cafés, Teestuben und nur bedingt restaurierte Wohnhäuser bestimmen das Bild. 2nd Avenue, St. Marks Place und das Gebiet westlich des Tompkins Square Park gelten Freitag- sowie Samstagabend als „Fress- und Zappelmeile" für New Yorks Studenten und der „Bridge and Tunnel People" (alle, die nicht aus Manhattan sind). Unter der Woche sorgt v. a. die Jugend der verschiedenen ethnischen Minderheiten, ob aus der Karibik, aus der Ukraine, aus China, aus Polen, von den Philippinen oder aus Westeuropa, für ein buntes Treiben auf den Straßen. Sie alle geben diesem Stadtteil einen interessanten, manchmal sogar verrückten Anstrich. Künstler, Schriftsteller, Homosexuelle und die Bürgerlichen, die dabei sein wollen, haben sich ihre Nischen geschaffen. Hier schläft New York nachts wirklich nicht (24-Std.-Delis und Bars).

Buntes Treiben auf den Straßen

Beachtenswert ist die Entwicklung des **East River Park** ganz im Osten, wo man heute schön spazieren gehen kann und zahlreiche Sportanlagen für die Anwohner zur Verfügung stehen.

info

Community Gardens

Eine Besonderheit im East Village sind die Community Gardens. Hier haben Anwohner, zumeist Ende der 1970er-Jahre, sich dafür eingesetzt, dass unbebaute Flächen in dem sonst so dicht bevölkerten Areal der Allgemeinheit zu Verfügung gestellt wurden. Seither haben sich insgesamt 39 Kleinode jeweils auf ganz eigene Weise entwickelt. In einigen wird Gemüse angepflanzt, andere dienen als Treffpunkt der Nachbarschaft oder als begrünte Spielplätze. In vernachlässigten Gärten toben sich oft Künstler und Sprayer aus. Infos: *www.evpcnyc.org*.

Tipps für Spaziergänge

Meatpacking District, West Village, Greenwich Village und Broadway

Minimum: *2 ½ Std.,* *Optimum: 4–6 Std. (ob mit oder ohne Whitney Museum of Art)*

Beginn ist im Meatpacking District bzw. im High Line Park und im Whitney Museum. Weiter geht es nach Süden entlang den baumbestandenen Straßen um die Hudson Street (historische Brownstone-Häuser), dann nach Osten über die 10th Street und anschließend in die Christopher Street. Danach läuft man die Bleecker Street (Windowshopping) entlang und zweigt dort dann auf Höhe der NY University ab zum Washington Park. Zum Schluss gelangt man über den Broadway zum Union Square (Shoppen/Bookstore Strands).

Das Village strahlt Gelassenheit aus

NoHo (Astor Place) und East Village

Minimum: *1 ½ Std.,* **Optimum**: *3 Std.*

Start ist am Union Square, von hier geht man einen Block östlich davon die 3rd Ave. hinunter zum Astor Place und dann durch die quirlige 8th Street *(St. Marks Pl.)* zur 2nd Ave., wo es erst richtig interessant wird. Hier haben sich zuerst Deutsche, dann viele Osteuropäer angesiedelt. Entsprechende Restaurants (z. B. Veselkas) bieten eine gute Essensgelegenheit, Mc Sorley's *(15 E. 7th St.)* dagegen eher etwas für die Fans historischer Pubs. Relikte (Mauerinschriften, Geschäftsnamen etc.) erinnern an die verschiedenen Einwanderergruppen. Ganz nach eigenem Belieben kann man nun durch das East Village laufen. Erwähnenswert sind das Ukrainian Museum *(6th St., zw. Cooper Sq. u. 2nd Ave.)* sowie der Tompkins Square. Zum Abschluss geht es in den kleinen Stadtteil NoHo. Hier, wie auch im East Village, kann man gut den Abend verbringen.

Sehenswürdigkeiten

Hinweis

Die **6th Avenue** ist auch bekannt als **Avenue of the Americas**.

Greenwich Village und West Village

Church of St. Luke's in the Fields

Der 1822 errichtete Ableger der Trinity-Gemeinde (Financial District) wurde 1981 nahezu komplett von einem Feuer zerstört. Die Restaurierung konnte nur durch Spenden der Anwohner gesichert werden. Beachtung verdienen der zur Kirche gehörende **Barrow Street Garden** sowie gegenüber in der **Grove Street** bzw. dem **Grove Court** die Wohnhäuser aus den 1850er-Jahren.
Church of St. Luke's in the Fields, *485 Hudson St., zw. Barrow u. Christopher Sts.*

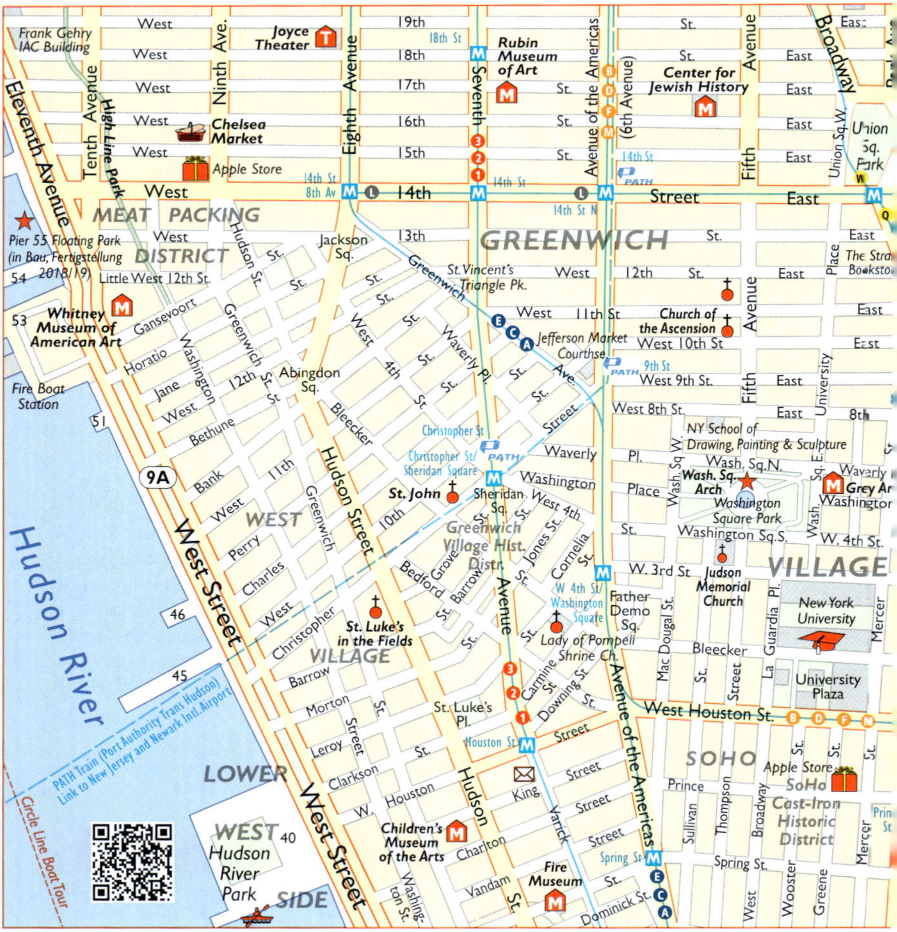

Church of the Ascension

Die erste große Kirche des Village wurde 1841 im neugotischen Stil erbaut. Der Entwurf stammt von Richard Upjohn, der auch die Trinity Church (Financial District) geplant hat. Eindrucksvoll ist das Innere der Kirche, das auf einer Zusammenarbeit von Stanford White (Architekt; Spitzname: „Master of Effects") und John LaFarge um 1888 beruht. Letzterer zeichnet in dieser Kirche für das eindrucksvolle Wandgemälde (*Ascension* = Himmelfahrt) und die Bleiglasfenster verantwortlich.

Church of the Ascension, *12 W. 11th St., zw. 5th u. 6th Aves., www.ascensionnyc.org*

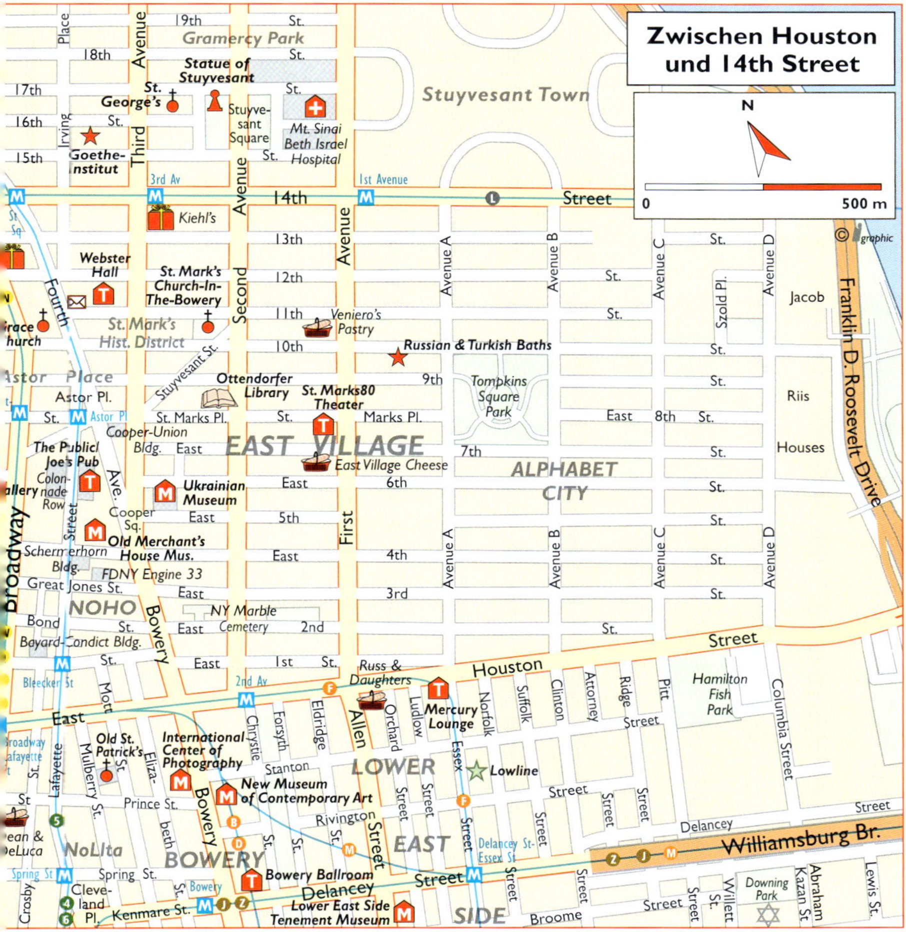

Father Demo Square

Infrastrukturelles Zentrum des Greenwich Village. Hier kreuzen sich Bleecker Street (ausgesuchte Boutiquen, Musikclubs, Cafés u. a.), die 6th Avenue sowie die kleineren Carmine und Downing Streets. Im Umkreis des Platzes findet man zahlreiche Restaurants, die besseren davon an der Carmine Street. Die **Our Lady of Pompeii Shrine Church** wird oft besucht von italienischen Einwanderern, denn hier betete Amerikas erste heilige, Mother Cabrini.
Father Demo Square, *Kreuzung 6th Ave./Bleecker St.*

** Greenwich Village Historic District

Historisches Flair

Hier wird deutlich, wie sich die Stadt seit dem beginnenden 19. Jh. entwickelt hat. Die meisten historischen Gebäude, angelegt als *Federal-Style Row Houses*, haben nur zwei Obergeschosse, einige wenige drei. Interessante Beispiele entdeckt man in Grove, Barrow, Commerce und Hudson Streets. In diese Gebäude zogen ab 1820 Familien des Mittelstandes ein, auf der Flucht vor den Epidemien weiter südlich in New York. Ab 1835 errichteten wohlhabendere Familien größere Gebäude um den Washington Square. Einige davon sind noch an der Nordseite zu bewundern. Deren Pferdeställe dahinter *(Washington Mew)* sind heute begehrte Wohnhäuser.

Der Baustil dieser Epoche ist gut erhalten, da zu späterer Zeit, als überall pompös und in die Höhe gebaut wurde, sich die Bewohner hier gegen Abriss und Restrukturierung zu wehren wussten.
Greenwich Village Historic District, *zw. Washington St., St. Luke's, W. 4th und 13th Sts. sowie Washington Sq.*

„Neuschwanstein in New York": Jefferson Market Courthouse

Jefferson Market Courthouse

425 6th Ave., Ecke 10th St.

Das 1874–77 aus rotem Backstein errichtete Gebäude ist das imposanteste seiner Art im Village. Der angewandte Architekturstil bezeichnet sich als „American High Victorian Gothic", was deutlich macht, dass die Amerikaner mit diesem Baustil europäische Größenmaßstäbe nicht nur imitieren, sondern auch übertrumpfen wollten. Ursprünglich erbaut als Gerichtsgebäude – der Turm (Vorbild: Turm des Schlosses „Neuschwanstein") wurde als Feuerwehrausguck genutzt –, hat es im Laufe der Zeit auch andere öffentliche Einrichtungen beherbergt. 1959 haben sich die Einwohner des Village erfolgreich gegen den Abriss gewehrt. Daraufhin wurde 1961 eine

Filiale der New Yorker Stadtbücherei hier eingerichtet. Beachtenswert sind die Ornamente und Verzierungen sowie der Blumengarten neben dem Gebäude.
Jefferson Market Courthouse, *425 6th Ave./10th St.*

New York School of Drawing, Painting and Sculpture

1914 richtete die Bildhauerin Gertrude Vanderbilt Whitney (1875–1942) hier ihr zweites Studio samt Galerie ein (das erste befand sich um die Ecke). Die Räume stellte sie jungen, amerikanischen Nachwuchskünstlern zur Verfügung. Im Laufe der Jahre sammelten sich dabei zahlreiche zeitgenössische Kunstwerke an, die Mrs. Whitney 1929 dem Metropolitan Museum of Art anbot. Da dieses die Stücke aber ablehnte, richtete sie hier in ihrem Studio und den hinzugekauften Nebengebäuden das **Whitney Museum of American Art** ein und wohnte auch hier. 1954 wurde das Museum in die Upper East Side verlagert und 2015 schließlich in den Meatpacking District.

Kunst-Kurse

New York School of Drawing, Painting and Sculpture, *8 W. 8th St., zw. Macdougal St. u. 5th Ave., www.nyss.org*

** Washington Square Park und New York University (NYU)

An sonnigen Tagen kann man auf dem begrünten, rechteckigen Platz schön sitzen und dem bunten Treiben der Straßenmusikanten, Skater, Liebespaare und Studenten zuschauen. An der Südseite wird in den Sommermonaten ein kleiner Bücherflohmarkt abgehalten. Zuerst war der Platz Hinrichtungsstätte und Armenfriedhof, rund 20.000 Opfer der Gelbfieberepidemie sollen hier begraben liegen. Dann sollte ein Exerzierfeld daraus werden, doch 1928 wurde der Platz zum Park erklärt. Der markante Triumphbogen von 1892 ist ein Denkmal für George Washington und heißt daher auch **Washington Memorial Arch**.

Washington Memorial Arch

An der Nordseite beeindruckt „**The Row**", Stadthäuser aus den 1830er-Jahren. So hat einst das gesamte Umfeld des Parks ausgesehen. Hier schrieb Henry James seinen berühmten Roman „Washington Square". Die **Judson Memorial Baptist Church** (1888–96) an der Südseite wirkt mit dem freistehenden Campanile im norditalienischen Stil etwas exotisch.

Bei gutem Wetter treffen sich die Schachspieler auf dem Washington Square oder dem Union Square

Die 1831 gegründete **New York University** (**NYU**), die größte private Universität Amerikas, belegt mehrere Blocks um den Platz herum. In ihren über ganz New York verteilten Colleges studieren ca. 60.000 Studenten. In den zurzeit bereits 14 Ablegern in der ganzen Welt (u. a. Shanghai, Florenz, Accra, Paris) sind es nochmal an die 10.000. Doch hier im Village ist das Zentrum, und der Washington Square gilt gewissermaßen als ihr Campus. Die Strukturen und die Denkweisen an dieser Uni wurden und werden als sehr liberal angesehen. Viele Bewegungen keimten hier auf, bevor sie anderswo umgesetzt wurden. Die zur Uni gehörende **Grey Art Gallery** *(Washington Sq./Washington Pl., www.nyu.edu/greyart)* zeigt ständig wechselnde Kunstausstellungen.

Liberale Universität

Hinweis

„Geschwindigkeitsrausch"
Neue Verkehrskonzepte haben bewirkt, dass die Durchschnittsgeschwindigkeit in Manhattan während der Rush Hour (750.000 Fahrzeugen) von 7,1 km/h auf 8,4 km/h erhöht werden konnte.

NoHo (Astor Place) und East Village

Bayard-Condict Building

Zwölfgeschossiges, 1897–99 erbautes und einziges von dem Architekten Louis Sullivan (1856–1924) in New York entworfenes Gebäude. Sullivan wirkte eigentlich in Chicago und hatte dort großen Einfluss in der „Chicagoer Schule", einer

Architekturbewegung, die maßgeblich für die Gestaltung von Hochhäusern gewesen ist. Sullivans Devise lautete „Form folgt Funktion“: Ein Hochhaus sollte einen attraktiven Sockel haben, der die Menschen auf das Gebäude aufmerksam machen sollte, dazu eine dekorative „Krone“ tragen. Die Geschosse dazwischen durften schlicht ausfallen. Eine Grundidee, die später an vielen Hochhäusern New Yorks verwirklicht wurde.

Bayard-Condict Building, *65 Bleecker St., zw. Lafayette St. u. Broadway*

Cooper Union Foundation Building und Academic Building

Erstes Gebäude in Amerika, das von einem Stahlsystem getragen wurde. Peter Cooper (1791–1883), ein Industrieller und Philantroph, ließ es 1853–59 erbauen, um damals Schülern aus der Arbeiterklasse die Möglichkeit zu bieten, kostenfrei Architektur, Kunst bzw. Ingenieurwesen *„for the Advancement of Science and Art“* zu studieren. Abraham Lincoln hielt hier 1860 seine berühmte Rede gegen die Sklaverei. Die Brownstone-Fassade zeigt romanische Züge, während das Innere nach damals modernstem Stand ausgebaut wurde, z. B. mit einem der ersten Aufzüge in New York. Heute befinden sich noch die Verwaltung, eine Bibliothek und Veranstaltungsräume (für Konzerte, Kunstausstellungen, politische Vorträge) hier. Viele Abteilungen sind umgezogen, u. a. in das 2009 eröffnete **Academic Building** schräg gegenüber *(zw. 6th u. 7th Sts.)*. Das „Monster aus Aluminium und Glas“ löste noch vor Baubeginn wegen seiner Größe und Struktur heftige Kontroversen aus, doch fühlen sich die Studenten in dem mit einer eigenwilligen, „vertikalen Innen-Piazza“ ausgestatteten Gebäude heute recht wohl.

Cooper Union Foundation Building und Academic Building, *Cooper Sq., zw. 3rd und 4th Sts.*

Eigenwillig: Cooper Union Academic Building

Fire Engine Company N° 33

Das 1899 fertiggestellte Feuerwehrgebäude im Beaux-Arts-Stil wurde entworfen von Ernest Flagg, der wie viele New Yorker Architekten seiner Zeit in Frankreich studiert hat und der deshalb den großen Bogen über dem Eingang dem Stil der Zeit Ludwigs XV. nachempfunden hat. Einige Feuerwehrgebäude der Stadt wurden in diesem Stil erbaut.

Fire Engine Company N° 33, *44 Great Jones St., zw. Lafayette St. u. Bowery*

Grace Church

Dieser große Kirchenkomplex entstand zwischen 1843 (Kirche) und 1975 (Anbau des Neighborhood House). Die entscheidenden Pläne stammen von dem Architekten James Renwick (1818–95), der u. a. auch an der Planung der St. Patrick's Cathedral mitwirkte. Die Grace Church selbst war eines der ersten großen neugotischen Bauwerke in Amerika. **Französische Stilelemente** und viel Marmor machen dies besonders deutlich. Renwick wählte den Standort am „Broadway-Knick", damit der Blick von der Battery nach Norden direkt auf die Turmspitze fällt.

Grace Church, *Broadway/10th St.*

Ottendorfer Library und German Dispensary

Deutsche Traditionen anno 1883: Ottendorfer Library

Beide Gebäude, eines eine Bibliothek, das andere eine Klinik, wurden 1883/84 von dem Deutschamerikaner Oswald Ottendorfer, dem Herausgeber der deutschsprachigen „Staats-Zeitung", finanziert. Ottendorfers Absicht war es, deutsche Traditionen mit denen Amerikas zu verbinden. Dafür ließ er den Komplex von einem deutschstämmigen Architekten, William Schickel, planen. Die Außenfassade erinnert stark an Gebäude in Deutschland. Die Bibliothek vermachte Ottendorfer noch vor ihrer Fertigstellung der „New York Free Circulating Library". Heute ist sie die älteste Filiale der „New York Public Library". Sehenswert ist auch das Innere der Bibliothek. Büsten am Klinikgebäude, das mit ausgesprochen vielen Terrakotta-Elementen versehen ist, stellen u. a. Alexander von Humboldt, Hippokrates und Carl von Linné dar.

Ottendorfer Library und German Dispensar, *135 u. 137 2nd Ave., zw. St. Marks Pl. u. 9th St.*

* Old Merchant's House Museum (Seabury Tredwell House)

Wohlhabendes Bürgertum

Das Haus stammt von 1832 und hat nicht nur eine schöne neoklassizistische Fassade, sondern auch eine bemerkenswert aufwendige Innenausstattung. Hier lebte im 19. Jh. die wohlhabende Tredwell-Familie. Das Museum gibt Aufschluss darüber, wie das wohlhabende Bürgertum damals gelebt hat. Unregelmäßig werden „Ghost-Tours" angeboten.

Old Merchant's House Museum, *29 East 4th St., zw. Lafayette St. u. Bowery, www.oldmerchantshouse.org; Do 12–20, Fr–Mo 12–17 Uhr*

Schermerhorn Building

Ein gutes Beispiel für den **monumentalen Baustil**, der zum Ende des 19. Jhs. beim Bau von kommerziellen Gebäuden in New York Einzug hielt. William C. Schermerhorn ließ eigens sein Wohnhaus niederreißen, um 1888–89 dieses (ehemalige) Fabrikgebäude zu errichten, das er lukrativ zu vermieten wusste.
Schermerhorn Building, *376–380 Lafayette St., Ecke Great St./Jones St.*

** St. Mark's Historic District

Einst Teil der Farm des Gouverneurs Peter Stuyvesant. Sein Urenkel, Petrus Stuyvesant, ließ das Areal aufteilen und zwischen 1795 und 1861 Häuser und Gärten anlegen. Ältestes Gebäude ist das **Nicholas William Stuyvesant House** von 1795 *(44 Stuyvesant St.)*. Sehenswert sind auch das **Fish House** von 1804 *(21 Stuyvesant St.)* sowie die 1828 fertiggestellte und damit zweitälteste Kirche Manhattans, die **St. Mark's-in-the-Bowery Church** *(E. 10th St./2nd Ave.)*. Auf ihrem Friedhof liegt Stuyvesant begraben.

Farm des ersten Gouverneurs

St. Mark's Historic District, *zw. Stuyvesant St., St. Marks Pl., sowie 2nd und 3rd Aves.*

Tompkins Square Park

Der Park inmitten von „Alphabet City" blickt auf eine bewegte Vergangenheit zurück. 1874 wurde hier ein Arbeiteraufstand von der Polizei blutig niedergeschlagen. Auch später war er immer wieder Versammlungsstätte Andersdenkender, von denen es zu jeder Epoche im East Village viele gab. So traf sich hier in den 1950er-/60er-Jahren die Beat-Bewegung, anschließend die Hippie-Szene. In den 1980er-Jahren fanden zahlreiche Protestaktionen gegen die grassierende Immobilienspekulation im East Village statt.

Ende der 1980er-Jahre zog es die Tippelbrüder hierher, die eine Art Zeltsiedlung errichteten („Tent City"). Das wiederum nutzten die Junkies und Drogendealer für sich aus, was letztendlich 1992 die Polizei auf den Plan rief, die den Park gründlichst „säuberte". Heute ist er eine Oase in dem hektischen Gewirr des East Village, und an der Avenue A haben sich eine Reihe von unterschiedlichsten Lokalen angesiedelt.
Tompkins Square Park, *zw. 7th u. 10th Sts. sowie A u. B Aves.*

Alter Hinterhof-Friedhof im East Village

Meatpacking District

Vom Industrie- zum Szene- viertel

Das ehemalige Fleischverpackungsviertel im Dreieck zwischen Gansevoort Street, W. 14th Street sowie 10th Avenue, einst berüchtigt wegen seines Gestanks, der Bordelle und anrüchigen Kneipen, ist heute mega-hip. Zuerst kamen einige Underground-Clubs, dann das eine oder andere Restaurant, später änderten Kneipen und Diner ihr Angebot (und auch die Preise), dann folgten die **Top-Designer**. Allen voran Stella McCartney, Diane von Fürstenberg, Alexander McQueen, die Dessous Boutique La Perla u. a., in denen einfache Dinge wie Schals und BHs gerne mal $500 kosten können. Wer wirklich was auf seine Kleidung hält und über das nötige Kleingeld verfügt, der lässt sich einen Exklusiv-Termin geben, um in Ruhe den neuesten Schick anzuprobieren. New Yorks größter **Apple Store** *(Ecke 14th St./9th Ave.)* befindet sich ebenfalls hier, und schicke Hotels fehlen auch nicht – das Spa des Gansevoort Hotels z. B. zählt zu den Top-Ten auf der Welt. Touristische Höhepunkte sind der **High Line Park**, eine begrünte Oase auf ehemaligen Eisenbahntrassen, sowie das **Whitney Museum of American Art**.

Alte Kühlhäuser für Fleisch verwandelten sich also in schicke Läden, deren Mietniveau sich in kürzester Zeit so weit hochschraubte, dass sich alteingesessene Lokale **Mieten von über $60.000/Monat** nicht mehr leisten konnten und abzogen. Die Clubs hier sind heute so angesagt, dass man, wenn man nicht bekannt ist, kaum Einlass findet … und das auch nur, wenn Kleidung, Geschlecht und Alter stimmen. Sportschuhtragende Ü-30-Männer haben da keine Chance! Ein Club ist aber auch schnell wieder „out". Doch schnell findet sich ein neues Konzept, und ein neuer Schuppen macht auf. Devise im Viertel: Wenn die Bars schließen, öffnen bereits die ersten Breakfast-Diner wieder. *www.meatpacking-district.com*.

info

Wer profitiert von den privat finanzierten Parks?

Das Ehepaar Barry Diller (Medienmogul) und Diane von Fürstenberg sind bereit, 113 Millionen Dollar zu spenden, um den Pier 55 *(westl. der 13th/14th Sts.)* umgestalten zu lassen zu einer parkähnlichen Insel. Eigentlich eine nette Idee. Doch es gibt auch Protest. Denn wie beim High Line Park, spenden die Reichen für die Anlagen große Summen, machen aber später dann noch mehr Geld mit ihren hier bereits vorher erworbenen Immobilien. Denn mit den Parks steigen die Immobilienpreise.

** High Line Park

Zwischen Gansevoort Street und 34th Street verläuft oberhalb der Straßenebene, **auf ehemaligen Bahntrassen**, heute ein Spazierweg durch einen eigens angelegten, teilweise begrünten Park, samt Ruhewiesen und -bänken. Die Schienenstränge führten einst bis in die Lagerhäuser. Eindrucksvoll sind die Aussichten auf den Meatpacking District und den East River. Ein Ruhepol in der Großstadt – zumin-

Auf ehemaligen Eisenbahntrassen angelegt: der High Line Park

dest unter der Woche. Gleich unterhalb des südlichsten Abschnittes lockt ein Biergarten mit bayrischen Wurstspezialitäten, Brezeln sowie kühlem Weißbier.
High Line Park, *www.thehighline.org; tgl. 7–22 Uhr*

** Whitney Museum of American Art

Das Museum entspringt der Galerie der Bildhauerin und Sammlerin Gertrude Vanderbilt Whitney (siehe S. 249). Mehr von Bedeutung aber war ihre Herkunft. Das Geld zweier überaus reicher Familien ermöglichte es ihr, die zeitgenössische amerikanische Kunst zu fördern.

Zwischen 1954 und 2014 in der Upper East Side angesiedelt, besitzt das Museum die wohl umfangreichste und wichtigste Sammlung amerikanischer Gegenwartskunst (einschließlich Film- und Videokunst sowie Kunst der neuesten Medien). Natürlich gibt es auch hier wechselnde Ausstellungen moderner amerikanischer Künstler. Toll der Ausblick von der Außentreppe und dem Dachterrassen-Café.
Whitney Museum of American Art, *Gansevoort St., zw. Washington u. 10th Sts., www.whitney.org; Mi–Mo 10.30–18, Fr, Sa bis 22 Uhr*

Das Dachterrassen-Café des Whitney Museum of American Art ist an kalten Tagen beheizt

Zwischen 14th Street und 34th Street

Die Stadtteile Manhattans zwischen 14th Street und 34th Street im Überblick

In Stichworten

Chelsea: Hier leben Menschen, die verändern wollen – Lofts in ehemaligen Lagerhäusern – Galerien und Künstlerwerkstätten – „In"-Lokale – Schwulenszene – Hudson River Park und Chelsea Piers – Union Square, Broadway und Flatiron District: Shopping, Markt und Party – Empire State Building – Gramercy Park: die Upper Class bleibt unter sich

Chelsea

Hinweis

Chelsea erstreckt sich zw. 14th St., Hudson River, 30th (34th) St. u. Broadway
- **Einwohner**: 41.000

1750 kaufte der britische Offizier Thomas Clarke eine Farm zwischen Hudson River und der heutigen 8th Avenue *(zw. 21st u. 24th Sts.)* und benannte sie nach einem Soldatenheim und Krankenhaus in London, dem Chelsea Royal Hospital. Clarke, sein Schwiegersohn, und schließlich auch sein Enkel, Clement Clark Moore, erweiterten die Farmgebiete. Letzterer ließ, gegen seine ursprüngliche Überzeugung, um 1830 ein Gebiet zwischen 9th und 10th Avenue sowie 20th und 22nd Streets aufteilen und mit vornehmen Reihenhäusern bebauen. Die Stadt wuchs, und ein Farmgebiet war hier, wirtschaftlich betrachtet, nicht mehr vertretbar. Schottische, britische, deutsche und italienische Enklaven entwickelten sich. Auch Kirchen der verschiedensten Konfessionen mischten kräftig mit bei der Grundstücksverteilung. Nach 1850 folgten große Hafen-, Handels- und

Industrieanlagen. Für die Arbeiter mussten große Wohnblocks errichtet werden, in deren Umfeld es dann häufig zu Ausschreitungen kam. 1871 kamen über 60 Menschen bei einem Zusammenstoß von protestantischen und katholischen Iren um. Auch Theater und Musikbühnen wurden zu dieser Zeit errichtet.

Um 1900 lebten 85.000 Menschen in Chelsea, das sein Image als sozialer Brennpunkt erst in den 1980er-Jahren verlor. Ab 1910 siedelten sich Textilfabriken, griechische Pelzhändler und erste Filmindustrien an. Die Infrastruktur wurde ausgebaut, so um 1930 auch die Eisenbahntrassen. Doch zu Beginn der 1970er-Jahre zogen die Wirtschaftsbetriebe ab, und mit ihnen gingen viele der Bewohner. Einzig die Drogendealer, Hehler und finanziell schlechter Gestellten blieben. Chelsea verkam zunehmend. Erst mit dem Anstieg der Mietpreise im Village änderte sich das Bild. Eine junge Künstlerszene zog in die ehemaligen Lagerhäuser und Fabriken ein und baute sie zu Lofts aus, während die Bürger des Mittelstands die Wohnhäuser im zentralen, heute als **Chelsea Historic District** bezeichneten Bereich *(zw. 18th u.*

Redaktionstipps

- Bis zu 130 km weit kann man an klaren Tagen von der Terrasse des **Empire State Bldg.** (S. 268) aus blicken (102. Stock).
- **Seafood** im **Blue Water Grill** (S. 132), Burger im **Blue Smoke** (S. 132), edles Barfood in der **Gramercy Tavern** (S. 145) oder italienische Leckereien im **Eataly** (S. 131) – die Auswahl ist riesig.
- **Windowshopping** lohnt im **Flatiron District**, günstige **Designer-Textilien** (S. 166) findet man bei **T.J. Maxx, Marshall's** od. **Burlington's Coat Factory** in Chelsea, **exklusive Boutiquen** im **Meatpacking District**.
- **Zeitplanung**: Für High Line und Hudson River Park 2 Std. einplanen, für das übrige Chelsea: 1–2 Std.; Shoppen zw. Union Markt und NoMad: 2 Std.; Gramercy Park und Empire State Bldg.: 3–4 Std.
- **Abends** lockt die **Old Town Bar** (S. 129) mit riesigem Holztresen; auf den Spuren der alten Literaten wandelt man in **Pete's Tavern** (S. 130).

Chelsea hat sich in den letzten Jahren sehr verändert

Am Union Square ist immer etwas los

23rd Sts. sowie 8th u. 10th Aves.) für sich entdeckten. Schriftsteller und „Bohemians" sowie Restaurants, Kneipen, Theater, Galerien und Clubs folgten, und die Homosexuellengemeinde, die größte in New York, hat ihr Kerngebiet um die 8th Avenue gefunden.

Der **zentrale Abschnitt** dieses Stadtteils wirkt **etwas dörflich**, und der östliche Teil Chelseas ist geprägt durch Geschäfte, besonders durch Bekleidungs- (alles zwischen Boutique und Superstore) und Antiquitätenläden *(um die 6th Ave., etwa Höhe 26th St.)*.

Im Westen wird dagegen ordentlich restauriert bzw. gebaut für den wohlhabenden Mittelstand, und hier haben sich die meisten Galerien angesiedelt. Der Hudson River Park (siehe S. 233) samt dem Mega-Sport-Center auf den Chelsea Piers ist mittlerweile zu einer Attraktion für Bewohner und Touristen gleichermaßen avanciert. Der Meatpacking District (siehe S. 254) bietet mit dem nahen Chelsea Market sowie dem **High Line Park** eigene Ikonen. Und mit dem Ausbau der High Line bis zu den **Hudson Yards**, einer (zukünftigen) Stadt in der Stadt, verschiebt sich das Gewicht immer weiter nach Westen.

Union Square/Flatiron District/NoMad

Hinweis

Diese Stadtteile liegen zw. 14th u. 34rd Sts. sowie Park u. 6th Aves. • **Einwohner**: 14.000

Bis zur Mitte des 18. Jhs. wurde hier noch Farmwirtschaft betrieben. Mit dem Ausbau der Bowery und der Bloomingdale Road (heute: Broadway) veränderten sich die Strukturen. 1811 wurde der Union Square eingeweiht, 1831 bepflanzt und zum Park erklärt. Das wertete natürlich die umliegenden Wohngebiete auf, und neue, vornehme Wohnhäuser zogen das Bürgertum an. Ihm folgten Theater, Konzerthallen, Hotels und ab Mitte des 19. Jhs. Geschäfte (u. a. Tiffany's) und Kaufhäuser für den gehobenen Anspruch – besonders in dem Areal nordwestlich des Platzes, das bald nur noch bekannt war als „Ladies' Mile": Elegante Damen liebten es, hier zu flanieren. Trotz des gehobenen Lebensstils war der Union Square bis ins 20. Jh. hinein oft Schauplatz politischer Protestaktionen und Streiks. Im Volksmund wurde er „**New York's Hyde Park**" genannt, denn Redner stritten sich hier auf Behelfspodien.

Zentrum politischer Proteste

Nach dem Ersten Weltkrieg wanderte die Oberschicht und mit ihr die Geschäfte und Theater ab in nördlichere Stadtteile. Arbeiter, kleine Angestellte sowie Gewerkschaften übernahmen deren Räumlichkeiten. Über Jahrzehnte ging es stetig bergab. In den 1960er- und 70er-Jahren erreichten Drogendelikte und Einbrüche Rekordhöhen. Doch ab Mitte der 1980er-Jahre begannen Geschäftsleute damit, hier Geld zu investieren. Und das mit Erfolg. Vornehme Geschäfte für Haushaltswaren und Bekleidung und auch größere Häuser haben sich seither am Union Square und im **Flatiron District** niedergelassen. Auf dem Union Square selbst findet mehrmals in der Woche ein Biomarkt statt. Zum Schlendern lädt dieser Stadtteil also allemal ein, besonders entlang dem Broadway mit seinen schönen, stuckverzierten Großstadthäusern.

Eataly lockt mit italienischen Delikatessen

Am **Madison Square** (**Park**) und dem Gebiet nördlich davon, bekannt als **NoMad** *(***NO***rth of* **MAD***ison Square Park)*, begann alles etwas ruhiger. Im 17. Jh. noch öffentliche Fläche, wurden später ein Paradeplatz und dann ein Baseballfeld angelegt. 1847 wurde schließlich der 2,5 ha große Park eröffnet und um ihn herum großzügige Brownstone-Häuser gebaut, in denen sich u. a. Clubs, wie der Manhattan Club, etablierten. Hier trafen sich bis in die 1940er-Jahre Politiker, Geschäftsleute und die Aristokratie. Nur der Broadway nördlich davon entwickelte sich zum Ende des 19 Jhs. zum Rotlicht-Distrikt, im Volksmund als „Tenderloin" bezeichnet, mit Bordellen, Kasinos, Kneipen und der ersten Peepshow überhaupt. Erst spät im 20. Jh. erholte sich das gesamte Gebiet um den und nördlich vom Madison Square wieder. Heute laden exquisite Geschäfte zum Bummeln, Clubs und Rooftop Bars zum Feiern und Restaurants zum Schlemmen ein.

Gramercy Park

Hinweis

Der Stadtteil erstreckt sich zw. 23rd St., 3rd Ave., 18th St. u. Park Ave. • **Einwohner**: 14.500

Ehemals ein Sumpfgebiet, nannten die Holländer diesen Bereich damals *Krom Moerasje* (= kleiner, krummer Sumpf). Daraus entwickelte sich das heutige Wort

Die Idylle des Gramercy Park ist rein privat

Gramercy. 1831 ließ Samuel Ruggles, ein Nachfahre von Peter Stuyvesant, den Sumpf trockenlegen und nach englischem Muster einen Park anlegen. Um ihn herum baute er Straßen, deren anliegende Grundfläche er in 36 Parzellen aufteilte. Investoren erhielten die Auflage, ausschließlich vornehme Häuser zu bauen und dabei nur neoklassizistische Stilelemente zu verwenden. Damit war klar: Nur betuchte Leute konnten und können es sich leisten, hier zu wohnen.

Unter den Bewohnern des kleinen Stadtteils befanden sich zahlreiche Politiker, so z. B. James Harper (Bürgermeister von New York um 1844 und Mitbegründer des gleichnamigen Verlags), aber auch bekannte Künstler, Schriftsteller, wie z. B. O. Henry, Eugene O'Neill und Robert Henri, und Schauspieler. Zu den Letzteren zählte Edwin Booth, Bruder des Attentäters von Abraham Lincoln. Er gründete 1888 am 16 Gramercy Park den noch heute existierenden Players Club, zu dessen Mitgliedern später Mark Twain und Winston Churchill zählten. Weitere Clubs, wie der National Arts Club *(3 Gramercy Park)*, siedelten sich an. Theodore Roosevelt wurde 1858 in Gramercy Park geboren und verbrachte hier seine ersten 15 Lebensjahre. Beliebter Treffpunkt der Intelligenzia war bereits im 19. Jh. **Pete's Tavern** *(18th St./ Irving Pl.)*, die sich heute New Yorks älteste Kneipe nennt.

Geburtsort von Teddy Roosevelt

Mit dem Bau der 3rd-Avenue-Hochbahn (1878) zogen einige der Persönlichkeiten in andere Stadtteile, und viele „Townhouses" wurden in Apartmentblocks umgewandelt. Doch ist Gramercy Park, heute ein Historic District, immer noch ein begehrtes Wohnviertel, wobei man das Gefühl erhält, dass die Bewohner gern unter sich bleiben möchten, denn sogar der Zugang zum Gramercy Park selbst ist nur Anwohnern (und den Bewohnern des Gramercy Park Hotel) gestattet. Damit ist der Park der letzte private Park in New York. Beachtung verdienen bei einem Bummel durch das Viertel die schönen Hausfassaden aus dem 19. Jh., besonders die der Häuser um den Park selbst und die der östlich der 3rd Avenue gelegenen im sog. **Stuyvesant Square Historic District**.

Hinweis

Der **Herald Square District** mit dem Kaufhaus Macy's zählt schon zur Midtown. Mehr dazu auf S. 287f.

Tipps für Spaziergänge

Chelsea, Madison Square, Union Square und Flatiron District

Minimum: *2 ½ Std.*, **Optimum**: *5–6 Std. (je nach Wahl eines Museumsbesuchs)*

Zuerst sollte man sich etwas Zeit für den Hudson River Park nehmen. Bereits am Pier 66 erwartet einen eine Restaurant-Bar. Ansonsten folgt man parallel einfach der Trasse des High Line Park. Ab der Höhe 26th St. geht es dann stadteinwärts in den Chelsea Historical District. Sehenswert sind hier die Cushman Row (Greek-Revival/Anglo-Italian, 1839–40, *408-418 W. 20th St., zw. 9th u. 10th Aves.*) und die St. Peter's Episcopal Church (neugotisch, 1836–38, *344 W. 20th St., zw. 8th u. 9tth Aves.*). Dann geht es weiter gen Osten, teilweise nach eigenem Gusto. Evtl. einen Schlenker nach Süden zum Union Square einbauen (Mo, Mi, Fr u. Sa Markt) und dann den Broadway (Windowshopping) hoch bis zum Madison Square Park bummeln, wo Rooftop Bars oder der italienische Esstempel Eataly oder im Park die Burger-Bude Shake Shack für das leibliche Wohl sorgen.

Putzig: Die 28th Street westlich der 6th Avenue gilt als Flower Market, denn der Straßenzug ist gesäumt von Pflanzenläden, die ihre größten Pötte auf dem Bürgersteig stehen haben. Ein lustiger Anblick in so einer Stadt.

Gramercy Park und Stuyvesant Square

Minimum: *½–1 Std.*, **Optimum**: *1 ½ Std.*

Vom Union Square (Geschäfte, Markt, s. o.) geht es nach Osten entlang der 14th Street bis zur Stuyvesant Town. Einfach mal umschauen und dann die 17th Street wieder gen Westen zum Stuyvesant Square bummeln, der Sitzgelegenheiten für ein Picknick bietet. Anschließend geht es im Zickzack zum Gramercy Park. In dessen Nähe lockt die Gramercy Tavern (42 E. 20th St., zw. Park Ave. u. Broadway) zu einer Snackpause. Nahebei befindet sich das Geburtshaus von Teddy Roosevelt. Schließlich kann man das Empire State Building avisieren.

Sehenswürdigkeiten

Chelsea, Union Square, Flatiron District, Madison Square und NoMad

* Center for Jewish History

Ausstellungen und Kulturprogramme, die sich mit der Geschichte der Juden befassen. **Center for Jewish History**, *15 W. 16th St., zw. 5th u. 6th Aves., www.cjh.org; Mo–Do 9.30–17 (Mo, Mi bis 20, Fr 9.30–16, So 11–17 Uhr*

* Chelsea Hotel/Chelsea Apartments

1883–85 erbaut im Queen-Anne-Stil. New Yorks erstes gemeinnütziges Apartmenthaus weist auffällige, mit Blumenornamenten verzierte Eisenbalkone auf und

Port Authority Bus Terminal
NY Times Building
Fashion Center Inform. Kiosk
Times Square-42nd St
Lincoln Tunnel (Toll road)
Midtown/ W. 39th St.
Newark Int. Airport
Garment District
Hell's Kitchen Flea Market
J.K. Javits Exhibition and Convention Center of New York
Fashion Walk of Fame
Broadway
Twelfth Avenue
Eleventh Avenue
Tenth Avenue
Ninth Avenue
Eighth Avenue
Seventh Avenue
West 41st
West 40th
West 39th
West 38th
West 37th
West 36th
West 35th
West 34th St.
Hudson River Park
34th St Hudson Yards
34th St-Penn Station
Nelson Tower
Macy's
34th St Penn Station
NJ Transit - Amtrak
West 33rd St.
Muhammad Ali Lane
33rd St- Herald Sq
PATH
Hudson Yards
Madison Square Garden
Penn Station
James A. Farley Post Office
West 31st
LIRR
AMTRAK
High Line Park
West 30th
West 29th
Flower Market
West 28th
28th St
Chelsea Park
West 27th
Museum at FIT
Pier 66 Maritime
Starrett-Lehigh Bldg.
West 26th
Hist. Feuerschiff „Frying Pan“
West 25th
West 24th St.
CHELSEA
64
63
Hudson River Park
Chelsea Waterside Park
West 23rd
23rd St
Burlington's Coat Factory
Dia Art Foundation
Chelsea Historic District
West 22nd St.
62
West 21st
Cushman Row
St. Peter's Episcopal Church
61
West 20th St.
100 11th Nouvel Bldg.
Circle Line Boat Tour
Chelsea Piers Sports and Entertainment Complex
60
Frank Gehry IAC Building
West 19th
Joyce Theater
18th St
Rubin Museum of Art
West 18th
59
West 17th St.
The Golf Club at Chelsea Piers
West 16th St.
Chelsea Market
Hudson River
West 15th St.
Hudson River Park
57
Apple Store
14th St 8th Av
West 14th
14th St
14th St
MEAT PACKING DISTRICT
Pier 55 Floating Park (in Bau, Fertigstellung 2018/19)
West 13th
Jackson Sq.
GREENW
Hudson St.
West St.
St. Vincent's Triangle Pk.
54
Little West 12th St.
Greenwich Ave.
Eighth Ave.
4th St.
Whitney Museum of American Art
Gansevoort
Horatio Street
Greenwich St.
Jane St.
Waverly Pl.
West
Jefferson Market Courths.
53
West Street
Washington
12th
Abingdon Sq.
Bleecker St.
Fire Boat Station
51

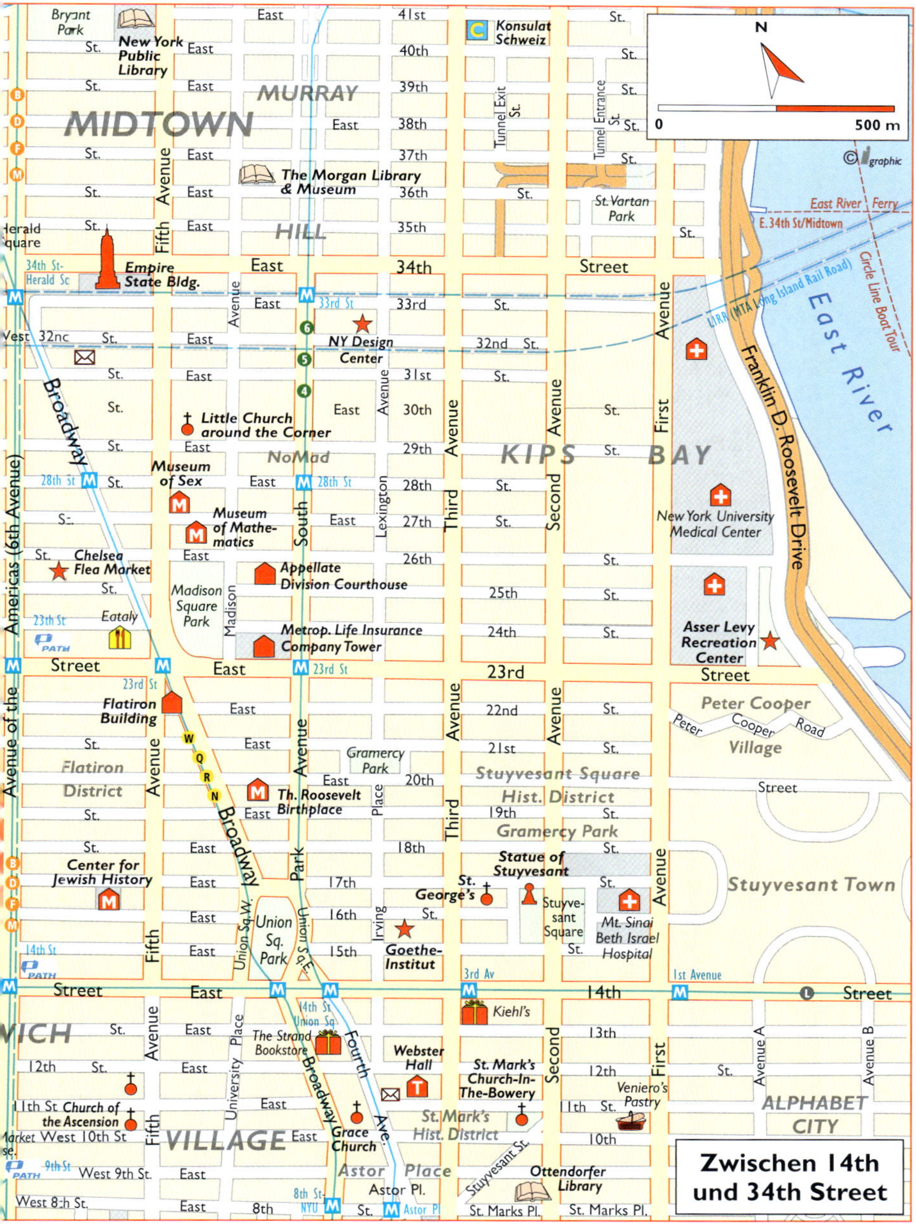
Zwischen 14th und 34th Street
N
0
500 m
MIDTOWN
MURRAY
HILL
NoMad
KIPS BAY
Flatiron District
VILLAGE
ALPHABET CITY
Bryant Park
New York Public Library
Konsulat Schweiz
The Morgan Library & Museum
St. Vartan Park
Empire State Bldg.
NY Design Center
Little Church around the Corner
Museum of Sex
Museum of Mathematics
Chelsea Flea Market
Appellate Division Courthouse
Madison Square Park
Eataly
Metrop. Life Insurance Company Tower
Flatiron Building
Gramercy Park
Th. Roosevelt Birthplace
Stuyvesant Square Hist. District
Gramercy Park
Statue of Stuyvesant
Center for Jewish History
St. George's
Stuyvesant Square
Mt. Sinai Beth Israel Hospital
Union Sq. Park
Goethe-Institut
Kiehl's
The Strand Bookstore
Webster Hall
St. Mark's Church-In-The-Bowery
Veniero's Pastry
Church of the Ascension
Grace Church
St. Mark's Hist. District
Astor Place
Ottendorfer Library
New York University Medical Center
Asser Levy Recreation Center
Peter Cooper Village
Stuyvesant Town
East River
Franklin D. Roosevelt Drive
East River Ferry
E. 34th St/Midtown
Circle Line Boat Tour
LIRR (MTA Long Island Rail Road)
Broadway
Fifth Avenue
Madison Avenue
Park Avenue South
Lexington Avenue
Third Avenue
Second Avenue
First Avenue
Avenue of the Americas (6th Avenue)
Avenue A
Avenue B
East 34th Street
East 23rd Street
East 14th Street
Irving Place
University Place
Union Sq. W.
Union Sq. E.
Fourth Ave.
Stuyvesant St.
Tunnel Exit St.
Tunnel Entrance St.
Peter Cooper Road
St. Marks Pl.
Astor Pl.
West 10th St
West 9th St.
West 8th St.
Herald Square
34th St-Herald Sq
33rd St
28th St
23rd St
14th St
14th St-Union Sq
3rd Av
1st Avenue
8th St-NYU
Astor Pl
PATH
©graphic

beeindruckt bereits von außen durch seine massive, rote Ziegelsteinfront. 1905 wurde das Gebäude zu einem Hotel umgewandelt, in dem vornehmlich **Künstler und Schauspieler** abstiegen, oft für Monate und Jahre. Eingetragene Gäste waren u. a. Thomas Wolfe, Mark Twain, Tennessee Williams, Arthur Miller, O. Henry und Sid Vicious. Letzterer soll hier in einem Apartment 1978 seine Freundin Nancy Spungeon erstochen haben, was man ihm aber nicht nachweisen konnte. Nach der Feier zur Entlassung aus der Untersuchungshaft starb Vicious in dem selben Apartment an einer Überdosis Heroin. Das Hotel war so berühmt, dass es öfter als Filmkulisse diente, u. a. für den Warhol-Film „The Chelsea Girls". Das Chelsea wurde 2011 verkauft und anschließend umfangreich renoviert. Nicht allen Langzeit-Bewohnern gefiel das, denn sie befürchteten, dass die Gemälde und Wandmalereien – viele von ihnen stammen von den ehemaligen Gästen, die damit ihre Zimmer finanzierten – verloren gehen und die Zimmerpreise enorm steigen würden. Heute befindet sich das Chelsea unter neuem Management, ist schick und versucht, die Atmosphäre vergangener Tage wieder einzufangen.

Legendäres Hotel

Chelsea Hotel, *222 W. 23rd St., zw. 7th u. 8th Aves., www.hotelchelsea.com*

Chelsea Piers Sports & Entertainment Complex

Diese Piers wurden 1910 ausgebaut für die großen Ozeanriesen. Die „Titanic" sollte hier anlegen, und die „Lusitania" trat von hier 1917 ihre letzte Reise an. Mit dem Niedergang der Passagierschifffahrt verfielen die Piers. Erst Anfang der 1990er-Jahre fanden sich Investoren, die für über 60 Millionen Dollar hier das mit 170.000 m² Grundfläche größte Sportcenter der Welt errichten ließen – inklusive Restaurants und Partyzonen. Ganzjährig geöffnete Eislaufbahnen, eine riesige Golfrange mit über 50 Abschlagplätzen, mehrere Sporthallen, eine Mega-

Auf dem Pier 66 lockt im Sommer ein schrulliges Bar-Restaurant

Fitnessarea, Kletterwände, ein Boxring, ein Bowling-Center, die längste überdachte Laufbahn der Welt, ein Schwimmbad und vieles mehr erfreuen Sportfanatiker aus ganz Manhattan. Mittlerweile ist es zentraler Punkt der Sportszene entlang dem **Hudson River Park** (siehe S. 233) zwischen Battery Park City und 57th Street. Es gibt auch Tagestickets. Von der Marina gehen (teure) Hafenkreuzfahrten aus, meist jedoch nur für Gruppen mit langer Voranmeldung. Das Sports Center ist wirklich eine Attraktion für sich.

Riesiges Sportcenter

Chelsea Piers Sports & Entertainment Complex, *Piers 59-62, Hudson River (zw. 17th u. 23rd Sts.), www.chelseapiers.com*

DIA Art Foundation

Kleines **Kunstmuseum** inmitten des Galerie-Distrikts, das v. a. Werke zeitgenössischer, aber oft noch wenig bekannter Künstler ausstellt. Die permanente Sammlung wird i. d. R. nur im weitaus größeren Ableger, **DIA: Beacon**, 65 Meilen nördlich von hier, in Beacon ausgestellt. Sie umfasst Werke von Andy Warhol, Joseph Beuys u. a.

DIA Art Foundation, *535 W. 22nd St., zw. 10th u. 11th Aves., www.diaart.org; Öffnungszeiten variieren*

Fashion Institute of Technology/Museum at FIT

Wanderausstellungen zum Thema Mode. Neueste Trends stehen dabei im Vordergrund, wobei es auch Historisches zu sehen gibt.

Fashion Institute of Technology/ Museum at FIT, *Ecke 7th Ave./27th St., www.fitnyc.edu; Di–Fr 12–20, Sa 10–17 Uhr*

Markant: das Flatiron Building

* Flatiron Building

1902 nach Plänen des Architekten Burnham (ein Schüler Sullivans) fertiggestellt, gilt das ungewöhnliche, 20-stöckige Bauwerk im Renaissance-Stil eines italienischen Palazzo als **erstes Hochhaus von New York**. Die Konstruktionsweise mit einem Stahlgerüst war bahnbrechend für die weitere Entwicklung der Hochhaus-Architektur. Über einem dreieckigen Grundstück erbaut, ist das Flatiron Building vorne nur knapp 2 m schmal und verbreitert sich anschließend, sodass es **wie ein riesiges Bügeleisen** (daher der

Name) wirkt. Der erste Fahrstuhl fuhr in nur 25 Sekunden bis in den 20. Stock hinauf – damals ein Rekord und ein Beweis dafür, dass auch höhere Gebäude versorgt werden können.

Bei starken Winden versammelten sich damals die Männer an der 23rd Street. Denn die Böen bliesen hier regelmäßig den Damen die Röcke hoch. Um die Voyeure zu verscheuchen, musste eigens ein Polizist abgestellt werden.
Flatiron Building, *175 5th Ave., zw. 22nd u. 23rd Sts. sowie Broadway*

Hudson Yards

Neubau eines Viertels

Bis 2023, aufgeteilt in drei Bauabschnitte, entsteht hier ein ganz neues Viertel. Das größte privat finanzierte Immobilienprojekt der USA wird nach seiner kompletten Fertigstellung aus einem Park bestehen – mit Zugang zum Nordende der High Line –, um den Bürogebäude, ein Luxushotel, 5.000 Wohnungen und eine große Shopping Mall samt Restaurants angelegt werden. Alles soll dann verbunden sein mit der Penn Station, dem Kongresszentrum, dem Madison Square Garden und dem James A. Farley Post Office Building.
Hudson Yards, *zw. 10th u. 12th Aves., sowie W. 30th u. W. 33rd Sts., www.hudsonyardsnewyork.com/the-story*

James A. Farley Post Office Building

1914 wurde der erste Abschnitt des von dem Architektenbüro McKim, Mead & White geplanten Gebäudes eröffnet und zum **General Post Office** ernannt. Die Verdopplung seiner Größe fand dann 1934 statt. Das riesige Granitgebäude fällt besonders durch seine 20 korinthischen Säulen auf, von denen jede 17 m hoch ist. Mit der Umgestaltung des gesamten Gebietes, einschließlich Penn Station, Madison Square Garden und der Hudson Yards dient die große Halle heute auch als Zugang zum Bahnhof.
James A. Farley Post Office Building, *8th Ave., zw. 31st u. W. 33rd Sts.*

Madison Square Garden

Eishockey und Basketball

Der in aller Welt bekannte Veranstaltungsort für Sportereignisse und Konzerte erregte Anfang der 1960er-Jahre viele Gemüter. Denn ihm musste das imposante Gebäude der **Pennsylvania Station** weichen. Heute spielen in der 20.000 Plätze fassenden Arena regelmäßig die „NY Knicks“ (Basketball) und die „NY Rangers“ (Eishockey). Der Name bezieht sich auf den ersten Standort am gleichnamigen Platz. New Yorks größter Bahnhof, **Penn Station** (AMTRAK, LIRR, NJ Transit), befindet sich heute unter dem Gebäude. Ironischerweise wird die Arena eventuell in einigen Jahren dem neu zu gestaltenden Bahnhof weichen müssen und dann einige Blocks weiter westlich neu errichtet.
Madison Square Garden, *zw. 7th u. 8th Aves. sowie 31st u. 33rd Sts., www.thegarden.com; Touren: tgl. 10.30–15 Uhr, am besten online reservieren*

* Madison Square Park

Zwei Denkmäler fallen sofort auf: Das von dem Seehelden des Bürgerkriegs, Admiral Farragaut, steht im Norden, das von William H. Seward (setzte 1867 als

Präsidentenberater den Kauf von Alaska durch) im Südwesten. Der parkähnliche Platz wird betont durch die eindrucksvollen Bauwerke an der Ostseite. Der **Metropolitan Life Insurance Company Tower** *(zw. 23rd u. 24th Sts.)* war bei seiner Einweihung 1909 mit 54 Stockwerken das größte und höchste Bürohaus der Welt und fällt besonders durch seine Uhr auf. Das **Appellate Division Courthouse** *(zw. 25th u. 26th Sts.)* wurde bereits 1899 fertiggestellt. Dessen Beaux-Arts-Fassade mit den Statuen sowie die Main Hall mit den Wandmalereien alleine beweisen, wie wohlhabend New York bereits um die Jahrhundertwende gewesen ist.

Um 1900 entstanden prächtige Gebäude

Am Südende des Parks hat der Diner **Shake Shack** mit seinen (etwas pappigen) Burgern bereits viele Freunde gefunden. Italienische Leckereien werden an den Essensbars im edlen **Eataly-Foodmarket** *(5th Ave./23rd St.)* serviert.

Freunde von Zahlen und Berechnungen sollten auf der Nordseite des Parks dem **Museum of Mathematics** *(11 E. 26th St., www.momath.org; tgl. 10–17 Uhr)* einen Besuch abstatten.

Einen Block entfernt, Ecke 5th Ave./27th St., befindet sich das kleine **Museum of Sex** *(www.museumofsex.com; So–Do 10–21, Fr, Sa 11–23 Uhr)*, das sich mit der Geschichte der Pornografie, Prostitution und auch der Geburtenkontrolle in New York beschäftigt.
Madison Square Park, *zw. 26th u. 23rd Sts., sowie 5th u. Madison Aves.*

Rubin Museum of Art

Das kleine Museum zeigt Kunstwerke aus der Himalaya-Region, v. a. Gemälde, Skulpturen und Textilien.
Rubin Museum of Art, *150 W. 17th St., nahe 7th Ave., www.rmanyc.org; Mo, Do, Sa, So 11–17, Mi bis 21, Fr bis 22 Uhr*

Sidewalk Clock

Große „Eisen"-Uhren wie diese von 1909 gehörten seit der Jahrhundertwende ins typische Straßenbild einer amerikanischen Großstadt. Sie wurden zudem genutzt für Werbung. In Manhattan gibt es noch vier dieser Uhren, wobei diese als die schönste gilt.
Sidewalk Clock, *200 5th Ave./23rd St. (Madison Square Park)*

Starrett-Lehigh Building

Das 1931 fertiggestellte Fabrik- und Lagerhaus ist bis heute ein Markenzeichen für elegante und einfallsreiche Industrie-Architektur. Die Ecken sind leicht abgerundet, die Verjüngung zu den oberen Stockwerken hin gleicht Terrassen, und die Fensterreihen ziehen sich um jede Etage in Form eines Bandes. Angelegt wurde das Bauwerk über den Eisenbahnschienen der Lehigh Valley Railroad. Im Gebäude wurden dann die Waggons abgekoppelt und konnten über Aufzüge in die entsprechenden Stockwerke geliftet werden. Heute belegen Modefirmen, Studios, Werbe- und Büroagenturen die Räumlichkeiten.

Einfallsreiche Industrie-Architektur

Starrett-Lehigh Building, *zw. W. 26th u. W. 27th St., sowie 11th u. 12th Aves.*

Der Greenmarket am Union Square ist der größte Farmer's Market in Manhattan

** Union Square

Auffällige Gebäude säumen den parkähnlichen Platz, so z. B. das **Lincoln Building** (*1-3 Union Square West*, von 1890), die **Bank of the Metropolis** (*31 Union Square West*, von 1903), das **Decker Building** (*33 Union Square West*, von 1893), das **Century Building** (*33 E. 17th St.*, von 1881, heute Barnes & Noble), das **Everett Building** (*E. 17th St., Park Ave.*, von 1908), die **Union Square Savings Bank** (*20 Union Square East*, von 1907, heute Daryl Roth Theatre Zeckendorf Towers) sowie das **German Life Insurance Company Building** (*E. 17th St./Park Ave.*, von 1911, heute W Hotel). Sie alle symbolisieren den Übergang von fünfstöckigen Stadthäusern hin zu den Megabauten der ersten Hälfte des 20. Jhs. In das eine oder andere Gebäude sollte man ruhig hineinschauen.

Die **Reiterstatue von George Washington** überwacht das Geschehen auf dem Platz. Weitere Skulpturen gedenken Abraham Lincoln und Mahatma Gandhi.

Beliebt ist der Platz heute wegen seines Obst- und Gemüse-Marktes, der vielen Geschäfte und bei Schachspielern, die hier gerne sitzen und gegeneinander antreten. **Union Square**, *am Broadway, zw. 17th u.14th Sts.*

Gramercy Park, Stuyvesant Town und das Gebiet zwischen Broadway, 23rd Street, 34th Street sowie East River

*** Empire State Building

Einst das höchste Gebäude der Welt

Kein anderer Wolkenkratzer in der Welt hat einen solchen Klang wie das Empire State Building, das darum auch täglich von rund 40.000 Besuchern frequentiert wird. Mit **102 Stockwerken** und einer Höhe von 381 m war es ab seiner Fertigstellung im Jahre 1931 bis 1973 das höchste Gebäude der Welt. Bei einer Bauzeit von nur 15 Monaten, den Unmengen an verbautem Stahl, Kalkstein, Granit

Das Empire State Building ist und bleibt das Wahrzeichen New Yorks

und Marmor, mit seinen 6.500 Fenstern, 73 Fahrstühlen und auch wegen seiner schönen Art-déco-Architektur wurde es als „8th World Wonder, the only one built in the 20th Century" bezeichnet. Im 80. Stock, vor der letzten Aufzugfahrt, erzählt eine Ausstellung die Geschichte des Wolkenkratzers.

Besucher reizt natürlich besonders der Blick von den **Aussichtsplattformen** im 86. (320 m) und 102. Stockwerk (373 m). An klaren Tagen sieht man von der geschlossenen Plattform im 102. Stockwerk bis zu 130 km weit. Wer die Zusatzkosten für den Besuch des 102. Stockwerks sparen möchte, wird auch mit der bis zu 80 km weiten Aussicht vom 86. Stockwerk durchaus zufrieden sein. Und bereits die Lobby im feinsten Art-déco ist sehenswert. Das Empire State Building steht auf dem ehemaligen Grundstück des ersten Waldorf Astoria Hotel, das dem Koloss weichen musste und sich nun an der 5th Avenue, zwischen 49th und 50th Streets, befindet.

Das berühmteste Hochhaus der Stadt

Empire State Building, *5th Ave., Ecke 34th St., 8–2 Uhr, letzter Aufzug 1.15 Uhr; Tickets möglichst online buchen: www.esbnyc.org. Oft lange Wartezeiten! Beste Besuchszeiten: früh (vor/zur offiziellen Öffnungszeit), gegen 20 Uhr (wenn die meisten zu Abend essen) bzw. nach 23 Uhr (wenn nur noch wenige hinauffahren)*

info

Das Empire State Building – Zahlen und Fakten

Prunkvoll ausgestattet ist auch das Innere des Empire State Building

Namensherleitung: Der Staat New York trägt den Spitznamen „Empire State"
Höhe: 381 m, mit Antenne 443 m; 102 Stockwerke
Antenne: Die Antenne wurde erst 1951 als Fernsehantenne aufgesetzt
Lobby: Der Marmor in der Main Lobby stammt aus Deutschland
Eröffnung: April 1931. Danach erhielt es den Spitznamen „Empty State Building", da aufgrund der wirtschaftlichen Depression während der 1930er-Jahre die meisten Büros leer blieben. Das Observation Deck hat es vor dem Bankrott bewahrt
Kosten: 41 Mio. Dollar
Gewicht: 364.000 t, davon 60.000 t Stahl
Fenster: 6.500 mit einer Gesamtfläche von 2 ha
Büroplätze: Kein Arbeitsplatz im Haus ist weiter als 8,5 m von einem Fenster entfernt
Wasserleitungen: Gesamt: 97 km
Fahrstühle: 73, von denen der Expressfahrstuhl den 80. Stock in nur 54 Sekunden erreicht
Empire State Run Up: Jährlich stattfindendes Wettrennen, in dem Läufer 1.576 Stufen hinaufwetzen (bisheriger Rekord: 9 Min., 33 Sek.)
Besucher: tgl. bis zu 40.000, im Jahr über 2,5 Mio.
Menschen, die hier arbeiten: über 16.000
Beleuchtung der oberen 30 Stockwerke (Sonnenuntergang bis 22 Uhr/Mitternacht): grün: St. Patrick's Day; rot: St. Valentine's Day; rot, weiß, blau: an nationalen Feiertagen; blau und weiß: United Nations Day; rotorange und gelb: Halloween bis Thanksgiving; rot und grün: um Weihnachten; ausgeschaltet: während der Vogelwanderungen und bei Nebel; Rest des Jahres: weiß

Goethe-Institut

In dem Gebäude von 1912 fördert das Institut den deutsch-amerikanischen Kulturaustausch in Form von Literatur-, Theater-, Musik-, Kunst- und anderen Veranstaltungen. Eine Bücherei sowie Sprachkurse runden das Programm ab. Tipps zu weiteren deutschen Kulturveranstaltungen, zu denen auch kulinarische Highlights sowie Oktoberfest-Partys gehören, findet man unter www.germanyinnyc.org.
Goethe-Institut, *30 Irving Pl./E. 16th St., www.goethe.de/newyork*

New York Design Center

1926 als New York Furniture Exchange begonnen, wurde diese Adresse später zum Mekka der Möbelhersteller und -designer. In 100 Räumen stellen heute Hersteller und Künstler neue (aber auch traditionelle) Möbel, Decken, Tapeten und alles, was zur Inneneinrichtung gehört, vor bzw. treffen sich mit Profis aus dem Handel, um spezielle Wünsche abzusprechen. Grundsätzlich ist das Gebäude nur für Gewerbe und Handwerk zu betreten, doch gibt es immer wieder öffentliche Veranstaltungen. Infos dazu im Access to Design Office (Suite 424).

Möbel-Mekka

New York Design Center, *200 Lexington Ave., zw. 32nd u. 33rd Sts., www.nydc.com*

Stuyvesant Square Historic District

Der Platz selbst, ehemals Teil der Stuyvesant Estate, wurde 1846 angelegt und wird durch die 2nd Avenue geteilt. In seinem Umfeld befinden sich einige historische Gebäude aus der Mitte des 19. Jhs., u. a. die ersten Wohnhäuser New Yorks im Greek Revival-Stil *(214–216 E. 18th St.)*. Andere bekannte Gebäude sind das **Friends Meeting House & Seminary** *(15 Rutherford Pl./226 E. 16th St.)* und das **Friends Meeting House** (heute Brotherhood Synagoge, *144 E. 20th St.*), die beide als Versammlungsort für die Quäker dienten, sowie die Kirche: **St. George's Church** (*Rutherford Pl./E. 16th St.*, von 1846–56), deren Äußeres auf den Plänen des bayerischen Architekten Otto Blesch beruht.

Stuyvesant Square Historic District, *2nd Ave., zw. 15th u. 17th Sts.*

Peter Stuyvesant wacht auch heute noch über „seinen“ Park

Stuyvesant Town/Peter Cooper Village

Der Bau dieser **riesigen „Project“-Siedlung** aus dunkelrotem Backstein (35 Häuser mit jeweils 13–14 Stockwerken) begann 1943. Ziel war es, Wohnraum für die weiße Unterschicht aus der Lower East Side zu schaffen. Nach dem Krieg aber waren es vornehmlich heimkehrende Soldaten und ihre Familien, die hier bevorzugt aufgenommen wurden. Dem Versicherungsgiganten Metropolitan Life, dem die Siedlung damals gehörte, wurde zu Beginn Rassismus vorgeworfen, denn „nicht weiße“ Familien sowie unverheiratete Paare und Singles bekamen keine Wohnungen. Diese aber waren und sind überaus beliebt wegen der günstigen Lage und der niedrigen (subventionierten) Mieten. Nach vielen Protesten konnten dann ab 1950 auch farbige Familien einziehen. Heute beträgt die Miete für ein 2-Bedroom-Apartment „nur“ $3.700.

Das etwas vornehmere, nördlich angegliederte **Peter Cooper Village** dagegen wird eher von jungen, wohlsituierten Familien bewohnt. Direkt nördlich davon, am

Stuyvesant Town ist begehrt wegen seiner halbwegs günstigen Mieten

Asser Levy Place, steht noch eines der ursprünglichen **Badehäuser New Yorks** (heute: Asser Levy Recr. Center). Diese wurden nach 1900, über die ganze Stadt verteilt, nach römischem Vorbild errichtet, denn die hygienischen Verhältnisse in den Arbeiter- und Immigrantenvierteln waren damals höchst unbefriedigend. Oftmals gab es nur eine Wasserpumpe im Hof eines ganzen Häuserblocks, und die Ganzkörperpflege bestand aus dem Baden (im verdreckten) East River oder aber aus Strandausflügen an arbeitsfreien Sonntagen.
Stuyvesant Town, *zw. 1st Ave., 14th u. 20th Sts. sowie Franklin D. Roosevelt Dr.; 20.000 Einwohner*

* Theodore Roosevelt Birthplace

Rekonstruktion von Präsident Theodore Roosevelts (1858–1919) Geburtshaus. Das eigentliche, viktorianische Backstein(-Brownstone)-Haus stand auf dem Nachbargrundstück, wurde aber 1916 abgerissen, doch dank des Engagements der Woman's Roosevelt Memorial Ass. hier wieder aufgebaut und 1963 der Nationalpark-Behörde übergeben. Roosevelt lebte 15 Jahre hier, bevor seine Familie 1872 nach Uptown zog. Vor seiner Präsidentschaft war er übrigens Polizeipräsident der Stadt und später auch Gouverneur des Staates New York.

Namensgeber des Teddybären

Im Haus sind alte Möbel sowie viele Erinnerungsstücke ausgestellt. Zudem wird erläutert, wie es dazu kam, dass der Präsident auch Namensgeber für den Teddybär wurde.
Theodore Roosevelt Birthplace, *28 E. 20th St., zw. Broadway u. Park Ave. South, www.nps.gov/thrb; Di–Sa 9–17 Uhr*

Midtown (zwischen 34th Street und 59th Street)

Die Stadtteile von Manhattans Midtown im Überblick

In Stichworten
Wolkenkratzer – Büros großer Konzerne – Geldadel – vornehme Geschäfte – Broadway-Shows – Hotels und Touristen – MoMA – Times Square: „Nabel der Welt“ – UN Headquarters – Relikte der „Golden Twenties“

Garment District

Hinweis

Der Garment District liegt zw. 5th u. 9th Aves., 34th sowie 42nd Sts. • **Einwohner**: 16.000

Um 1900 zogen die Textilunternehmen aus Platzgründen von der Lower East Side nach Norden, zuerst in das Gebiet um den Madison Square. Als es auch dort zu eng wurde, entschloss sich eine Gruppe aus 38 Textilunternehmen („Garment Center Realty Co.“), ein Gebiet um die 7th Avenue *(zw. 36th und 38th St.)* so umzugestalten, dass es zu einem Magneten für Textilunternehmen unterschiedlicher Art wurde und bald die größte Konzentration an Textilunternehmen weltweit aufwies. Neue Einwanderer fanden hier schnell Arbeit. Ein Sechstel aller New Yorker arbeitete in den 1920er-Jahren in der Textilindustrie. Die verkehrsgünstige Lage zu den Hafenpiers, zum Bahnhof und den Modegeschäften war dabei nur förderlich. Der besseren Kommunikation wegen wurden die Gebäude sehr eng beieinander gebaut. Damals waren die Straßen von kleinen Raucher-Cafés gesäumt, in denen die Arbeiter, vornehmlich Einwanderer aus Ost- und Südeuropa, während der

Auf den Straßen in Midtown herrscht reger Betrieb

Lunchpause einen Snack einnahmen. Abends zog es sie ein Stück weiter zum Hafen hin, wo das verruchte Amüsierviertel, **Hell's Kitchen** (s. u.), eine beliebte Anlaufstelle für Seeleute, Packer und Textilarbeiter gleichermaßen war.

Fashion Week im Garment District

Die Strukturen des Garment District wurden ab Ende der 1970er-Jahren weitgehend zerstört, besonders wegen drastisch gestiegener Mieten und niedrigerer Löhne im Ausland. Kleine Betriebe wichen aus nach Chinatown, größere verlagerten ihre Produktionsstätten ins Ausland. Doch dank Initiativen der Stadt sowie der Gründung der Garment District Alliance blieben die meisten Designer hier, was auch einige Schneidereien, Spezialgeschäfte und Modeschulen zum Bleiben veranlasste. Zweimal im Jahr wird die weltbekannte „Fashion Week" abgehalten. Im **Fashion Center Information Kiosk** *(7th Ave./W. 39th St., www.garmentdistrictnyc.com)*, direkt unter der auffälligen Skulptur „Needle Threading A Button" können sich Mode-Profis, Studenten und Shopper über alles informieren, was sich in dem Viertel so tut und auch organisierte Führungen buchen. Beachtenswert ist der **Fashion Walk of Fame** an der Ostseite der 7th Avenue *(zw. 34th u. 40th Sts.)*, auf dem Goldplaketten an bekannte Designer erinnern.

Clinton (Hell's Kitchen)

Hinweis

Hell's Kitchen liegt zw. Hudson River u. 8th Ave., sowie 34th u. 59th St. • Einwohner: 46.000

Das berüchtigte Gebiet **Hell's Kitchen**, welches seinem Namen durch Straßenschlachten zwischen Polizei und Gangs im ausgehenden 19. Jh. alle Ehre machte, zog sich einst entlang Manhattans Westseite *(zw. 14th u. 59th Sts.)*. Namensgeber war wohl eine Gang, die sich „Hell" nannte und später Vorbild war für das bekannte Musical „West Side Story". Bordelle, Kneipen, heruntergekommene Mietshäuser, Märkte und herumlungernde Tagelöhner formten über ein Jahrhundert lang den Eindruck des Viertels, um das Stadtverwaltung und Polizei, soweit es ging, einen großen Bogen machten. Während der Prohibition florierten hier die Whiskey- und Rumproduktion, danach Prostitution und Glücksspiel.

Einst berüchtigt wegen seiner Gangs, heute beliebt wegen der zahlreichen Restaurants und des großen Flohmarktes: Hell's Kitchen

Mit der Abwanderung der Hafen- und Textilbetriebe ab Mitte des 20. Jhs. verloren viele Menschen ihre Arbeit und zogen weg. Ganze Straßenzüge standen leer. Brandstiftung, zumeist als Versicherungsbetrug getarnt, löste viele architektonische Probleme. Die Stadtverwaltung ließ Hell's Kitchen daraufhin eingemeinden in Chelsea, den Garment District und Clinton. Der Abriss weiterer Gebäude, die Einrichtung des Busbahnhofs, der Bau des Kongresszentrums, die Umgestaltung der ehemaligen Frachthafenanlagen zum begrünten Hudson River Park, die Einrichtung des Intrepid Sea, Air & Space Museum und der Passagierschiffkais sowie Investitionen in teure Apartmentblocks und die Planungen um die Hudson Yards haben dazu beigetragen, dass der Stadtteil sich vom Sündenbabel zu einem begehrten Wohnbezirk entwickelt hat. Auffällig sind die beiden 45-stöckigen Backsteintürme, das sog. **Manhattan Plaza** *(zw. 9th u. 10th Aves., sowie 42nd u. 43rd Sts.)*, in dessen 1.688 Apartments v. a. Schauspieler untergebracht sind. Trotz bzw. wegen all dieser Maßnahmen fehlt es dem Stadtteil an Charme – sieht man einmal ab von den kleinen Restaurants entlang der Avenues, den Piers und ein paar einzelnen Gebäuden, so z. B. dem 1928 mit Art déco und Barock-Elementen erbaute **Hearst Building** *(8th Ave., zw. 56th u. 57th Sts.)*. Es diente einst als Firmensitz des Verlegerimperiums von William Randolph Hearst. Die jeweils zwei Skulpturen an den Gebäudesäulen stellen die Themen Wissenschaft und Druck, Industrie und Sport, Musik und Kunst sowie Komödie und Tragödie dar. Nicht minder eindrucksvoll ist das **McGraw-Hill Building** *(330 W. 42nd St., zw. 8th u. 9th Aves.)*, ein 35-stöckiges Hochhaus mit grüner Glasfassade. 1931 fertiggestellt, beherbergte das Art-déco-Gebäude für viele Jahre das Hauptquartier der Verlagsgesellschaft McGraw-Hill Publishing Co. („Business Week" u. a.). Sollte es eine Gelegenheit geben, in die Lobby zu schauen, tun Sie es!

Beliebter Wohnbezirk

Theater District/Times Square

Hinweis

Der Theater District liegt zw. 42nd u. 57th Sts., sowie 9th u. 6th Aves. • **Einwohner**: Aufgrund Überschneidungen mit umliegenden Stadtteilen gibt es keine offiziellen Angaben

Startpunkt der Pferdekutschen

Der Theater District entwickelte sich erst gegen Ende des 19. Jhs. zum „**Mekka der Theaterwelt**". Damals zogen die Theater aus den südlicheren Stadtteilen hierher. Erste große Bühne war die Metropolitan Opera, die sich 1893 für 70 Jahre an der Ecke Broadway und 40th Street ansiedelte. Bis 1904 hieß der Times Square noch Longacre Square. Bis ins ausgehende 19. Jh. kamen auf dem damals doppelt so großen Platz die Pferdekutschen aus allen Teilen des Landes an bzw. begann für viele New Yorker hier die Reise aus der Stadt.

1904 ließ der Verleger Adolph Ochs mitten auf dem Platz die „New York Times Towers" errichten. Ochs veranlasste die Stadt dazu, eine U-Bahn-Station einzurichten und diese dann Times Square zu nennen, ebenso wie den Platz selbst. Hotels folgten dem Zeitungsgebäude, u. a. das erste Astoria Hotel und das legendäre Knickerbocker Hotel, dessen King Cole Bar so beliebt war, dass diese mit der Umfunktionierung des Hotelgebäudes 1919 umgesiedelt wurde, zuerst in den Racquet und Tennis Club und 1935 dann ins heutige St. Regis Hotel.

New 42nd Street

Noch vor, besonders aber nach dem Ersten Weltkrieg entwickelte sich das Areal rund um den Times Square zum Nabel der Welt in Sachen Bühnenkünste. 1922 gab es 73 Bühnen, 1929 waren es dann 122. Immer protzigere Lichtreklamen, Varietés, Tanzpaläste und ab den 30er-Jahren Big-Band-Lokale sowie Kinos lockten v. a. die besser verdienenden New Yorker an. Mit der Zeit wurden sogar die Theaterbühnen in die Seitenstraßen verdrängt.

Das Ende der glorreichen Zeit begann in den 1950er-Jahren mit dem Niedergang der Kinoindustrie – Fernseher zogen in die Wohnstuben ein –, setzte sich fort mit der Schließung vieler Varietés und der Ablösung der Big-Band-Paläste durch die ersten Discos. Alte Gebäude wurden entweder abgerissen, oder Pornogeschäfte (1975 gab es hier über 100 davon), Peepshows und billige Souvenirshops zogen ein. Das wiederum ermutigte die Drogenszene, und die Kriminalität wuchs. Der Abriss des Astoria Hotels 1968 besiegelte den Abstieg.

Re-vitalisierungs-Programm

Ab Mitte der 1970er-Jahre begann die Stadt, zunächst recht zaghaft, mit einem Revitalisierungs-Programm: 1977 wurde das Manhattan Plaza, ein Wohnkomplex für Schauspieler (s. o.: Clinton) errichtet und gleich daneben die **Theater Row** *(42nd St., zw. 9th u. 10th Aves.)* etabliert mit Off-Off-Broadway-Theatern. Mitte der 80er-Jahre folgte der Bau des Mariott Marquis Hotel direkt am Times Square, wofür drei Broadway-Theater abgerissen werden mussten. Zu dieser Zeit galt die 42nd Street zw. 7th u. 8th Avenues mit jährlich 460 schweren Delikten (Mord, Vergewaltigung etc.) als Hochburg der Kriminalität. Erste Anläufe, das Gebiet zusammen mit privaten Investoren zu einem Eldorado für Freizeit, Kultur und Kommerz zurückzuführen, scheiterten zunächst am Widerstand der Anwohner, die immense Mietpreissteigerungen befürchteten.

Die Stadt startete 1986 einen neuen Anlauf, diesmal mit finanzieller Unterstützung auch von landes- bzw. bundestaatlicher Seite. Dabei floss auch viel Geld in den aufsässigen Stadtteil Clinton, um dort Bau- und Wohnstrukturen zu verbessern. Schließlich fanden sich private Investoren für die großen Projekte, allen voran die Disney Company, die später auch andere Konzerne mitzog, so z. B. die deutsche Bertelsmann-Gruppe. Glücklicherweise hatten sich die Bauträger für den Erhalt alter Baustrukturen ausgesprochen. Historische Theater wurden reaktiviert, und alte Gebäude wurden nicht abgerissen, dafür aber oft als Werbeflächen genutzt, wie z. B. das **One Times Square**, das für den Platz namensgebende Gebäude.

Musicals und Theater-stücke

Das Bild des Theater District hat sich seit der 1990er-Jahre drastisch gewandelt. Die o. g. Investitionen sowie eine massive Säuberungsaktion der Stadt haben ihn wieder attraktiv und v. a. sicher gemacht. Die Reklamen am Times Square leuchten heller denn je, an die 40 Bühnen führen Musicals und Theaterstücke auf, Restaurants locken die Touristen und die Filiale von Toys „R" Us die Kinder an, die Nasdaq-Börse sowie große Unterhaltungskonzerne haben sich angesiedelt, und die bestuhlte Fußgängerzone entlang dem Broadway zwischen 42nd und 47th Streets begeistert besonders die Selfie-Fans (Selfie mit Glitzerwelt und Freiheitsstatuen-Pantomime). Das alljährliche Feuerwerk auf dem Times-Gebäude am Silvesterabend sorgt für kilometerlange Staus. Madame Tussaud's Wax Museum, Malls sowie Hotels bieten sich hier ebenfalls an, besonders entlang der „**New**" **42nd Street**. Der Disney Co. gehören heute mehrere Bühnen sowie Shops und Immobilien. Natürlich freuen sich alle über die Sicherheit, doch die New Yorker selbst bedauern die **Disneyfication** und haben das Terrain mittlerweile kampflos den Touristen überlassen. Sie kommen höchstens noch für die Shows hierher und nehmen dann das nächstbeste Taxi zurück in ihr oder ein anderes Viertel. Für den Erstbesucher gehört der quirlige Times Square, die „**Crossroads of the World**", natürlich zum Pflichtprogramm.

Zum Abschluss eines Besuchs des Theater District sollte man unbedingt die nostalgische **Blue Bar** im schönen **Algonquin Hotel** (*59–61 W. 44th St., zw. 5th u. 6th Sts.*) aufsuchen bzw. sich erkundigen, ob dort im **Round Table Restaurant** gerade eine interessante Lesung oder Vorstellung stattfindet, siehe auch S. 118 (Unterkünfte). Nur zwei Eingänge weiter (*37 44th St.*) verrät die maritime Ornamentik bereits: Hier residiert der **New York Yacht Club**.

Midtown

Hinweis

Midtown erstreckt sich zw. 34th bzw. 40th u. 59th Sts., sowie East River u. 8th Aves. (was in diesem Buch die o.g. Theater u. Garment Distrikte miteinschließt, aber Clinton und Murray Hill ausklammert) • **Einwohner**: ca. 310.000 und über 1 Mio. Menschen, die hier lediglich arbeiten.

Neben dem Broadway bildete die 5th Avenue im 19. Jh. die Expansionsachse nach Norden. Während der Broadway v. a. Durchschnittsgeschäfte, kleine Theater und Restaurants zu bieten hatte, begann die **5th Avenue**, sich gleich von Beginn an abzusetzen: Vornehme Villen und Marmorpaläste reicher New Yorker, wie z. B. des Astor-Clans und der Vanderbilts, brachten der Straße den Beinamen „Millionaire's Row" ein, und nach dem Bürgerkrieg begann einen wahrer Bauboom. Privatclubs für die Oberklasse folgten. Erst nach der Jahrhundertwende siedelten sich, erst allmählich, dann ab 1910 in rasantem Tempo, Geschäfte als „Caterer for the Rich" an – auch in den Seitenstraßen, wobei die 57th Street zuerst berühmt wurde wegen der Kunstgalerien.

Die Food Carts bieten an allen Straßenecken leckere Snacks an

Lebhafter war die Entwicklung des Gebietes um die heutige **6th Avenue**. Bereits zum Ende des 18. Jhs. ließ ein Biologie-Professor um das Areal des heutigen Rockefeller Center einen Botanischen Garten anlegen. 1811 verkaufte er diesen und das umliegende Farmland an die Stadt, die hier die Columbia University einrichtete, die ihrerseits nicht genutztes Land an Farmer verpachtete. Ab Mitte des 19. Jhs. begann der erste Bauboom mit Wohnhäusern für den oberen Mittelstand. Ab 1900, mit dem Bau der (lauten) Hochbahn entlang der 6th Avenue, zog es die wohlhabenderen Bürger in bessere Stadtteile. Weniger Betuchte übernahmen ihre Häuser und teilten sie auf in kleinere Wohnungen. Midtown westlich der 5th Avenue machte danach eine nahezu 40-jährige Leidenszeit durch. Während der Prohibition etablierten sich illegale Clubs („Speakeasies") und zogen die Kriminalität an. 1928 begann John D. Rockefeller Jr., Sohn des Standard Oil-Gründers, das Land der Universität zu übernehmen, um hier eine moderne „Stadt in der Stadt" erbauen zu lassen.

6th Avenue, auch bekannt als Avenue of the Americas

Der Börsencrash von 1929 und die anschließende wirtschaftliche Depression verzögerten zwar das Projekt, doch 1940 waren die ersten Gebäude fertig. Dem **Rockefeller Center** folgten, aufgrund des massiven Erfolgs, in den folgenden Jahrzehnten weitere Hochhausbauten, in die andere große Konzerne einzogen. Anfang der 1960er-Jahre konnte Midtown den dichtesten Bestand an Wolkenkratzern in der Welt melden und wurde bekannt als der „Second Central Business District", denn neben den multinationalen Konzernen etablierten sich nun die Dienstleistungsunternehmen, die diesen zuarbeiten. Die Einrichtung der UN Headquarters am East River, ebenfalls Rockefellers Engagement zu verdanken, gab der Entwicklung von Midtown einen weiteren Schub. Trotz der baulichen Veränderungen ab den 1920er-Jahren finden sich in Midtown immer noch ein paar Relikte aus früheren Zeiten, so z. B. die 1907 mit ausladender Terrakotta-Ornamentik versehenen **Alwyn Court Apartments** (*W. 58th St./7th Ave.*).

Die höchsten Gebäude in Manhattan

info

(Angaben in Klammern mit Antenne)

One World Trade Center	417 m (541,3 m)
Central Park Tower	434 m (541,0 m), ab 2018
111 West 57th Street	538 m, ab 2018/19
Empire State Building	381 m (443 m)
432 Park Avenue	426 m
125 Greenwich Street	414 m, ab 2018
30 Hudson Yards	395 m, ab 2018

Redaktionstipps

Sehens- und Erlebenswertes

- Den **Times Square** (S. 290) und die **5th Avenue** (S. 291) entlangbummeln, außerdem Museumsbesuche einplanen, z. B. das **Museum of Modern Art** (S. 294) oder das aufregende **Intrepid Sea, Air & Space Museum** (S. 288).
- Ein Muss für Freunde der Musik ist die **Carnegie Hall** (S. 292), und die besten Panoramablicke genießt man vom „**Top of the Rock**" (**Rockefeller Center**) (S. 296).
- Architekturliebhaber sollten weder das **Chrysler Building** (S. 301) noch die **Grand Central Station** (S. 303) versäumen; über die Geschicke der Welt wird im **United Nations HQ** (S. 306) debattiert, das man auch von innen besichtigen kann.
- Berühmte und geschichtsträchtige Hotels wie das **Plaza Hotel** (S. 296) und das **Waldorf Astoria** (S. 307) kann man auch von innen anschauen, z. B. die Lobby sowie die Bars und Restaurants.

Shoppen, Essen, Unterhaltung

- Nobelgeschäfte locken in der **5th Ave.** und **57th St.**, und die Warenhäuser **Macy's** (S. 288) und **Bloomingdale's** (S. 300) versprechen das ultimative Shoppingerlebnis.
- Wem es nach einem guten Steak gelüstet, der ist bei **Smith & Wollensky** (S. 133) richtig; Austern unterm Bahnhof gibt's im **Oyster Bar & Restaurant** (S. 133), Nordic Cuisine im **Aquavit** (S. 134); russisch-plüschig geht es im **Russian Tea Room** (S. 134) zu, günstige und beste Burger bereitet der **Burger Joint** (S. 132).
- Ein Abend sollte einer **Broadway-Show** gehören, auch ein Cocktail im **King Cole Room** (St. Regis Hotel) (S. 299) bzw. in der **Blue Bar** (Algonquin Hotel) (S. 278) haben Stil; Rock-, Jazz- und Bluesfreunde sollten schauen, was im **B.B. King Blues Club** (S. 149), im **Dizzy's Club** (Jazz@ Lincoln Center) bzw. im **Birdland** (S. 149) läuft.

Planung

- **Zwei Tage** sollte man schon einplanen. Tag 1 gehört dem Times Square, Rockefeller Center und dem Museum of Modern Art: am 2. Tag stehen Shoppen, Midtown-East, die UN sowie 1–2 Museen auf dem Programm.
- Ticket für eine **Broadway-Show** reservieren!
- Wer sich in diesem Gebiet ein vornehmes Hotel oder eine Bar besuchen möchte, sollte dabei beachten: **Dresscode** ist Smart Casual (keine T-Shirts oder Sportschuhe).

Die Neighborhood **Turtle Bay** *(zw. 40th u. 53rd Sts.)*, sowie Lexington Avenue und East River, wurde benannt nach den Schildkröten *(turtles)* in der Deutal Bay. Die Bucht schnitt einst dort in ein Farmland ein, wo sich jetzt die UN, der Beekman Place und die 51st Street befinden. Nach dem Bürgerkrieg wurden die ersten Brownstone-Häuser gebaut. Diese wurden um die Jahrhundertwende aufgeteilt zu kleinen Tenement-Wohnungen für Immigranten aus Osteuropa, die in den ebenfalls hier angesiedelten Schlachthäusern und Brauereien arbeiteten. Um 1920 kaufte die Hobby-Architektin Charlotte Martin das gesamte Careé *(E. 48th u. E. 49th Sts. zw. 2nd u. 3rd Aves.)* und richtete die mittlerweile halbverfallenen Häuser wieder her. Dann legte sie alle Gärten zusammen und gestaltete so einen italienisch anmutenden Park daraus. Heute ist **Turtle Bay Gardens** eine begehrte Wohngegend.

Beekman Place und **Tudor City** wurden in den 1920er-Jahren eingerichtet. Letzteres *(zw. 40th u. 43rd Sts., sowie 1st u. 2nd Aves.)* ist ein drei Blocks umfassendes, im neu-gotischen Stil erbautes Viertel. Zuerst zogen Mittelständler hier ein, doch mit dem Zuzug der UN 1952 änderte sich alles. Botschaften verschiedenster Nationen ließen sich im Umkreis nieder und deren Mitarbeiter bewohnen heute die Wohnungen in Tudor City sowie die vornehmen Apartmenthäuser, von denen immer noch weitere gebaut werden.

Heute drängen sich über 200 Wolkenkratzer in Midtown und bilden das wichtigste Geschäftszentrum der USA, in dem über 1 Mio. Menschen arbeiten. Durch die tiefen Straßenschluchten zu laufen und die Glitzerwelt um den Times Square (s. o.) zu bestaunen, sind ein Erlebnis. Mindestens genauso eindrucksvoll sind die zahlreichen älte-

Tudor City: Briten-Gotik gleich neben der UN

ren Gebäude, allen voran das Chrysler Building, die Grand Central Station, das Empire State Building und die New York Public Library. Wenn auch kaum bezahlbar, lohnt das Reinschnuppern in die vornehmen Geschäfte entlang der 5th Avenue, der Besuch der St. Patrick's Cathedral, der UN und natürlich des Rockefeller Center samt der Aussichtsplattform „Top of the Rock". Für kulturelle Highlights sorgen das weltberühmte Museum of Modern Art sowie das Museum of Arts & Design. Für Midtown kann man getrost zwei Tage einplanen und wird auch dann nur einen Bruchteil dessen gesehen haben, was sehenswert ist. Und immer die Zeit im Auge behalten und die Erkundung nach den Öffnungszeiten der Sehenswürdigkeiten ausrichten.

Murray Hill

Hinweis

Murray Hill ist das Gebiet zw. 34th u. 40th Sts. sowie East River u. Madison Ave. • **Einwohner**: ca. 110.000

Im 18. Jh. betrieben die Quäker Robert und Mary Murray hier eine 10 ha große Farm. Mit dem Ausbau der 4th Avenue (Park Ave.) sowie 1834 der in Murray Hill durch einen Tunnel führenden Eisenbahnlinie nach Harlem begann sich der Stadtteil zu entfalten. Um 1900 wohnten hier wohlhabende Familien, Aristokraten und Akademiker. Einer von ihnen war Pierpont Morgan, ein gewiefter Banker, der es verstand, in nur 30 Jahren zu unermesslichem Reichtum zu gelangen und sich maßgeblich an den Geschicken der Stadt zu beteiligen.

Botschafts-Viertel

Heute ist Murray Hill eher ein gemischtes Wohnviertel. Zum einen wohnt hier die Oberschicht, die sich in den Apartmenthäusern, abgeschirmt von Türstehern, regelrecht „verschanzt", zum anderen leben hier Studenten sowie viele Wahl-New Yorker, Botschafts- und UN-Angestellte (in ihren Zweitwohnungen). Dazu haben sich auch hier einige Botschaften niedergelassen. Entsprechend bunt ist die Restaurant- und Kneipenszene entlang der 3rd Avenue. Eindrucksvoll sind das Morgan Library & Museum und am Rande des Viertels das Empire State Building sowie das Chrysler Building.

Midtown (zwischen 34th Street und 59th Street)

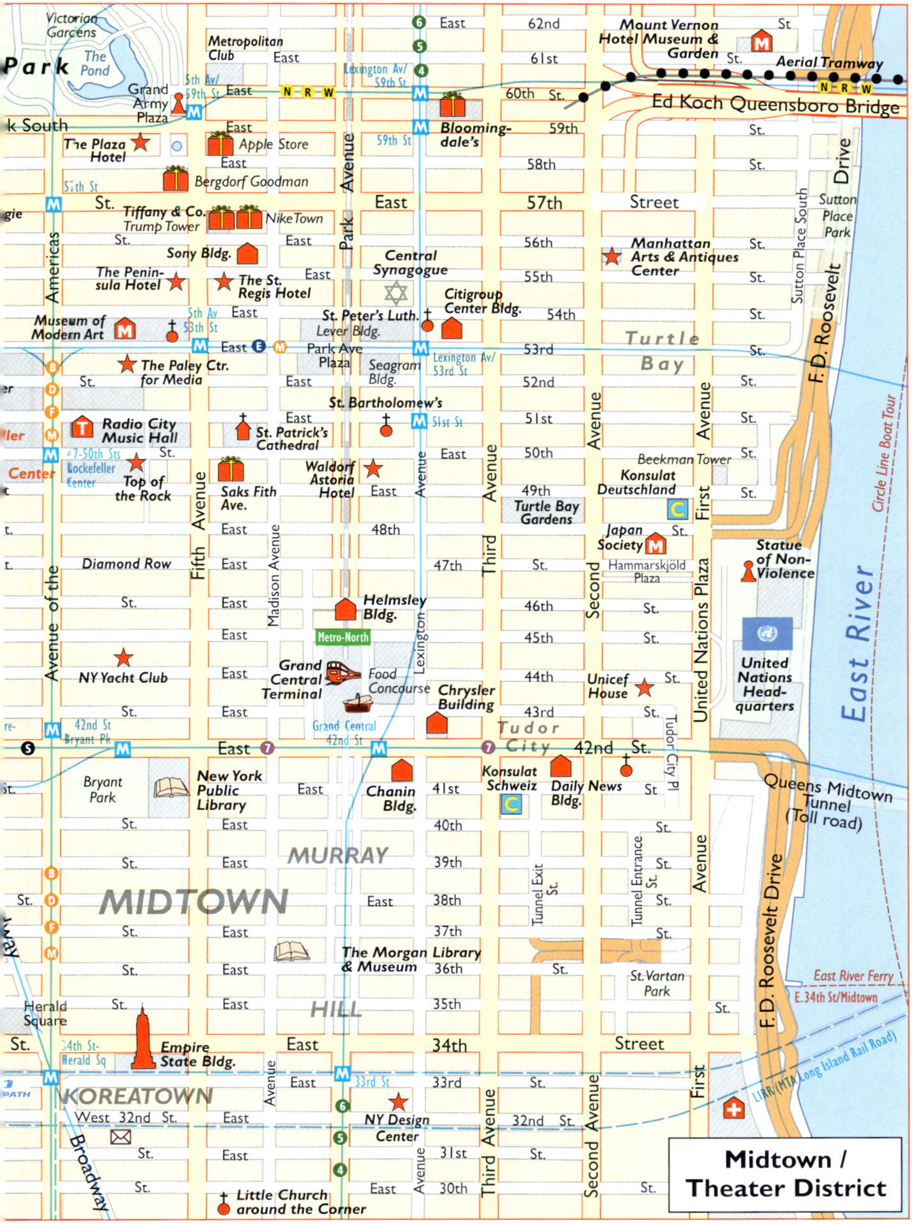
Victorian Gardens
Park
The Pond
Metropolitan Club
Grand Army Plaza
5th Av/ 59th St
Lexington Av/ 59th St
59th St
N R W
Mount Vernon Hotel Museum & Garden
Aerial Tramway
Ed Koch Queensboro Bridge
62nd
61st
60th
59th
58th
57th
56th
55th
54th
53rd
52nd
51st
50th
49th
48th
47th
46th
45th
44th
43rd
42nd
41st
40th
39th
38th
37th
36th
35th
34th
33rd
32nd
31st
30th
East
St.
Street
k South
The Plaza Hotel
Apple Store
Bloomingdale's
Bergdorf Goodman
57th St
Tiffany & Co.
Trump Tower
NikeTown
Sony Bldg.
The Peninsula Hotel
The St. Regis Hotel
Central Synagogue
Citigroup Center Bldg.
Manhattan Arts & Antiques Center
Sutton Place South
Sutton Place Park
Drive
F.D. Roosevelt
Museum of Modern Art
5th Av 53rd St
St. Peter's Luth.
Lever Bldg.
Park Ave Plaza
Seagram Bldg.
Lexington Av/ 53rd St
Turtle Bay
The Paley Ctr. for Media
St. Bartholomew's
51st St
Radio City Music Hall
St. Patrick's Cathedral
47-50th Sts Rockefeller Center
Center
Top of the Rock
Saks Fifth Ave.
Waldorf Astoria Hotel
Beekman Tower
Konsulat Deutschland
Turtle Bay Gardens
Japan Society
Hammarskjöld Plaza
Statue of Non-Violence
Circle Line Boat Tour
Diamond Row
Helmsley Bldg.
Metro-North
United Nations Headquarters
East River
NY Yacht Club
Grand Central Terminal
Food Concourse
Chrysler Building
Unicef House
Tudor City
Tudor City Pl
Grand Central 42nd St
42nd St Bryant Pk
Bryant Park
New York Public Library
Chanin Bldg.
Konsulat Schweiz
Daily News Bldg.
Queens Midtown Tunnel (Toll road)
MURRAY
HILL
MIDTOWN
Tunnel Exit St.
Tunnel Entrance St.
The Morgan Library & Museum
St. Vartan Park
East River Ferry
E.34th St/Midtown
Herald Square
34th St-Herald Sq
Empire State Bldg.
KOREATOWN
33rd St
LIRR (MTA Long Island Rail Road)
PATH
West 32nd St.
Broadway
NY Design Center
Little Church around the Corner
Avenue of the Americas
Fifth Avenue
Madison Avenue
Park Avenue
Lexington Avenue
Third Avenue
Second Avenue
First Avenue
United Nations Plaza
F.D. Roosevelt Drive
Midtown / Theater District

Die „Intrepid" vor Midtown-West

info

Tin Pan Alley

Der Begriff „Tin Pan Alley" steht bis heute für den Beginn der großspurigen Vermarktung von „populärer" Musik. Der Name selbst entspringt dem blechernen („tinny") und hohlen („panny") Klang der Boogie-Woogie-Pianos des ausgehenden 19. Jhs. Als Tin Pan Alley wurde schon um 1890 der Block um den Broadway, Ecke 14th Street, bezeichnet. Hier hatten die großen Musikverlage, die v. a. an den Lochbändern für die selbst spielenden Pianos verdienten, sowie die Agenten der Musiker ihren Sitz. Dem Umzug der Bühnen und Lokale in Richtung Midtown/Times Square folgten kurze Zeit später auch die Verlage und Agenten, bis sie sich schließlich Ende der 1920er-Jahre am Broadway zwischen Times Square und 56th Street endgültig niederließen.

Die Macher im Dunstfeld der Tin Pan Alley beeinflussten bis in die 1950er-Jahre die Musikentwicklung und -vermarktung Amerikas und der ganzen Welt. Auslöser war der sagenhafte Erfolg von Charles K. Harris's Lied „After the Ball", das sich alleine zwischen 1892 und 1898 fünf Millionen Mal verkaufte. Verleger und Komponisten, oft Juden aus Ost-Europa, hatten erkannt, dass die Melodien aus der Volksmusik, lyrisch und flott aufgepeppt, überall gefielen. Stilelemente des schwarzen Jazz rundeten das Bild noch ab.

Eine neue Ära der Musik stand damals vor der Tür, und die Verleger begannen, aggressiv zu werben, ließen Musiktheater errichten und gaben Noten bzw. Lochbänder kostenlos an alle Interpreten aus. So entging niemand diesem Trend. Das zahlte sich aus: Die Theater füllten sich, die Musicals waren oft monatelang ausgebucht, nahezu jede Kneipe hatte ein selbst spielendes Piano. Selbst die einfachen Straßenmusikanten wurden „versorgt".

Mit dem Niedergang des Lochbandes in den 1920er-Jahren kamen als Ersatz Radio und Grammofon und bald darauf das Kino. Besonders das Grammofon sorgte bei den Verlegern für einen ungeahnten Gewinnschub. Denn nun wurde die Musik nicht nur an öffentlichen Plätzen vermarktet, sondern fand Einzug in die Wohnstuben. Ähnlich verhielt es sich zwar auch mit dem Radio, doch vergaben die Verleger die Senderrechte als Werbung zumeist kostenlos. Dies hatte zur Folge, dass die Verleger und nicht die Sendeanstalten die gespielte Musik bestimmten. Damit beherrschten sie Amerikas Musikszene, die dann nach dem Zweiten Weltkrieg auch Europa und den Rest der Welt erreichte.

Viele bekannte Musiker und Songschreiber verdanken ihre Entdeckung und spätere Karriere den Denkern der Tin Pan Alley, so z. B.: Duke Ellington, Cole Porter, Fats Waller, Irving Berlin, Ira und George Gershwin sowie Shelton Brooks.

Mit dem Rock' n' Roll in den 1950er-Jahren und den Protestsongs in den 1960er-Jahren begann der allmähliche Niedergang der Tin Pan Alley. Denn diesen Musikrichtungen wurde nicht genügend Aufmerksamkeit geschenkt – man hatte sie sogar verdammt. Das sollte sich rächen, denn aus dem Rock, dem Beat und den neuen Folk-Protestsongs entwickelten sich weitere erfolgreiche Musikrichtungen, wie z. B. der Country & Western-Sound, der wiederentdeckte Blues, der Hard Rock u. v. m.

Gerade diese Musikrichtungen bescherten das ganz große Geld, denn seit den 1960er-Jahren fanden Plattenspieler, dann Rekorder und CD-Spieler und zuletzt das Internet Einzug in alle Haushalte. Die aufmüpfige Jugend der 60er- und 70er-Jahre kaufte Tonträger in bis dahin ungeahntem Umfang. Dieses lukrative Geschäft haben die Tin Pan Alley-Manager verpasst.

Tipps für Spaziergänge

Zwischen Times Square und Hudson River

Minimum: *2 Std. (ohne Intrepid Sea, Air & Space Museum)*, **Optimum**: *4–5 Std. (mit Intrepid Sea, Air & Space Museum)*

Am Times Square sollte man sich Zeit lassen und anschließend entlang der „New" 42nd Street mit ihren bunten Theatern in Richtung Hudson River laufen. Zum Wasser hin wird es etwas dauern, bis es sehenswert wird. Der große Flugzeugträger markiert das Intrepid Sea, Air & Space Museum (Besichtigung: mind. 2 ½ Std.). Nebenan liegen die Kreuzfahrtschiffe, und hier legen auch die Boote der Circle Line zu den Hafenrundfahrten ab.

Man folgt dem Hudson River nach Norden und läuft die 60th St. wieder zurück zum Columbus Circle, von aus man dann auf dem Broadway zurückschlendert zum Times Square. Lunchpause: im Carnegie Deli *(7th Ave./55th St.)*.

Zwischen Times Square, 5th Avenue und Columbus Square

Minimum: *1 ½ Std. (ohne Museum of Modern Art)*, **Optimum**: *6 Std. (inkl. Museum of Modern Art u. „Top of the Rock")*

Diamantenhandel

Beginn ist auch hier am Times Square. Die 42nd Street führt einen dann zum Bryant Park. Anschließend geht es entlang der 6th Avenue zur Diamond Row *(47th St., zw. 6th u. 5th Aves.)*, wo mehr Diamanten als sonstwo gehandelt werden. Ein erster Blick in die 5th Avenue und die St. Patrick's Cathedral ist nun gestattet. Das Rockefeller Center bietet sich als nächstes an, besonders die Fahrt hinauf zur Aussichtsplattform „Top of the Rock". Ab 17 Uhr hat übrigens die Rooftop Bar im gleichen Gebäude im 65. Stock geöffnet (Dress-Code: Smart Casual). Noch einmal geht es zur 5th Avenue mit ihren teuren Läden. Ein Muss ist nun das weltberühmte Museum of Modern Art.

Weiter entlang der 5th Avenue, vorbei am Trump Tower, geht es zur 57th Street, die weitere Top-Designer und weiter westlich ein paar nette Restaurants beherbergt. Preisgünstiger sind die Delis in den anderen Seitenstraßen rechts und links der 5th Avenue. An der Ecke 7th Avenue/57th Street steht die Carnegie Hall: weltberühmt, doch von außen ein Ungetüm. Am Columbus Circle warten das Museum of Arts & Design und das gewaltige Time Warner Center. Vier Blocks nach Nordwesten befindet sich das Lincoln Center (Metropolitan Opera und die Philharmoniker), nach Nordosten erstreckt sich dagegen der Central Park. An der 59th Street (hier Central Park South genannt) endet der Spaziergang. Im Kreuzungsbereich 5th Avenue/59th Street befinden sich die Luxusherberge The Plaza, der Apple Store und das vornehme Kaufhaus Bergdorf-Goodman.

Der Times Square ist das touristische Zentrum von New York

Zwischen 5th Avenue und East River

Minimum: *2–3 Std. (ohne Besichtigung der UN)*, **Optimum**: *5–6 Std. (mit Besichtigung der UN und einer Sehenswürdigkeit)*

Start ist an der Ecke 5th Avenue/Central Park South (s. o.). Der Weg führt zuerst im selbst gewählten Zickzackkurs durch Bürohausviertel zur Hotellegende Waldorf Astoria *(Park Ave./50th St.)* mit toller Lobby. Fünf Blocks weiter südlich imponiert die Grand Central Station, ein Meisterwerk architektonischer Baukunst des beginnenden 20. Jhs. Im Keller versteckt sich die Oyster Bar (aber auch ein preiswerterer Food Court). Ebenfalls reizvoll ist es, sich durch die alten Bibliotheksräume der New York Public Library *(5th Ave., zw. 40th u. 42nd Sts.)* zu bewegen. Der Bryant Park direkt dahinter lädt mit seinem gleichnamigen Café (April–Nov.) zu einer Verschnaufpause ein.

In Midtown stehen die meisten Skyscraper

Das **Morgan Library & Museum** *(Madison Ave./37th St.)* wird Buch- und Kunstfreunde gleichermaßen begeistern, während das Chrysler Building (*Lexington Ave./42nd St.)* der vermeintlich schönste Wolkenkratzer New Yorks ist. Von hier geht es – mit einem Schlenker durch Tudor City – hinunter zum East River, denn die Schlange für die Besichtigung des UN-Hauptquartiers kann lang sein.

Sehenswürdigkeiten

Fashion Center, Clinton und Times Square/Theater District (Midtown West)

* Herald Square

Im 19. Jh. war das Gebiet ein beliebtes Abendziel, besonders nach dem Bau der 6th Avenue Railroad, einer Hochbahnstrecke. Tanzlokale, Kneipen, Theater, Restaurants und später die Manhattan Opera hatten sich hier angesiedelt und gaben dem Distrikt den Beinamen „Heart of the Tenderloin".

Den Namen erhielt der Platz, wie der Times Square, von einer Zeitung, dem „New York Herald", die an der 35th Street zwischen 1893 und 1924 ihren Hauptsitz hatte. 1901 kaufte die Kaufhaus-Firma R.H. Macy (s. S. 288) das Operngebäude. Es folgten weitere Kaufhausketten und Geschäfte, so z. B. Saks Fifth Avenue. Lange Zeit galt der Herald Square als eine der besten Shoppingadressen Amerikas. Heute ist von den herausragenden Namen nur noch Macy's übriggeblieben, doch in dessen Dunstkreis, besonders entlang der W. 34th Street, sonnen sich mittlerweile bekannte Franchise-Unternehmen, wie z. B. GAP, Timberland und H&M.

Berühmtes Kaufhaus

Herald Square, *Broadway/6th Ave. u. 34th St.*

info

** Macy's Department Store – das größte Kaufhaus der Welt

Die Erfolgsgeschichte von Macy begann 1858 mit Rowland H. Macys viel kleinerem Geschäft an der 6th Avenue (*zw. 13th und 14th Sts.*). In den Hinterzimmern wurde das genäht, was vorne verkauft wurde. Während der folgenden Jahrzehnte galt das Geschäft als Trendsetter: Krumme Preise (immer ein bis zwei Cent unter dem vollen Dollarpreis) sowie Geld-Zurück-Garantie. Um 1875 wurden neben Textilien bereits Möbel, Spielzeug, Schmuck, Bücher, Süßigkeiten u. v. m. verkauft und die Schaufenster beleuchtet. Bekannt ist Macy's zudem für die alljährlich stattfindende, legendäre Thanksgiving Parade sowie die Einführung des „lebendigen" Weihnachtsmannes in der Kinderabteilung.

Macy's ist mehr als dreimal so groß wie das KDW

1888 verkaufte R.H. Macy das Unternehmen an die Gebrüder Straus, die besonders in Brooklyn erfolgreich waren.

1902 zog Macy's um an den Herald Square. Auch hier war es ein Trendsetter, denn zu dieser Zeit war der Herald Square noch kein Shopping District (s. o.). In den folgenden Jahrzehnten wurde die Verkaufsfläche des bis heute größten Kaufhauses der Welt auf nun 200.000 m² ausgedehnt (KDW: 61.000 m²). Ein Zusammenschluss mit Bloomingdale's über eine Holding fand 1930 statt. 1992 ging Macy's in Konkurs, wurde aber zwei Jahre später von der o.g. Holding gerettet. Macy's ist eine Attraktion für sich: Alleine die Kosmetikabteilung im Erdgeschoss ist so groß wie ein deutscher Supermarkt, die Modeabteilung setzt Trends, und Service wird großgeschrieben: Geldwechseln, Pack- und Versanddienst, Rabatte für Touristen, verschiedene Restaurants. Auf Wunsch kann man sogar einen „Einkaufshelfer" ordern, der einen berät bzw. die Wunschliste zusammenstellt und die Ware nach Hause befördert.

** Intrepid Sea, Air & Space Museum (Pier 86)

Das größte Marinemuseum der Welt bietet vieles zum Thema US-Navy, deren Forschungsprogrammen und Fliegerstaffeln sowie Erkundungen im Weltall.

Kernstück des Museums ist der Flugzeugträger „Intrepid", der sowohl im Zweiten Weltkrieg als auch im Korea- und Vietnamkrieg eingesetzt worden ist. Alleine die Besichtigung dieses Carriers dauert mindestens zwei Stunden! Interessant sind zudem das U-Boot „Growler", die Concorde, welche einst den Atlantik in Rekordzeit überflog (2 Std., 53 Min.), das Space Shuttle „Enterprise" – das aber niemals im All gewesen ist – sowie die Kollektionen und der Flugsimulator. Das Museum hinterlässt viele Eindrücke, doch sollten nur wirkliche Fans der Marine-Seefahrt sich die Zeit nehmen, hierher zu kommen.

Für Fans der Marine-Seefahrt

Intrepid Sea, Air & Space Museum, *Pier 86 (Hudson River), Höhe W. 46th St., www.intrepidmuseum.org; April–Okt. Mo–Fr 10–17, Sa, So bis 18 Uhr, Nov.–März tgl. 10–17 Uhr, Führungen dauern bis zu 2 Std.!*

Jacob Javits Exhibition and Convention Center

Das riesige **Kongress**- und **Tagungszentrum** („Java-Center") nimmt fünf Häuserblocks für sich ein. Auf 170.000 m² bemisst sich die, einzig von getöntem Glas überdachte und über mehrere Etagen verteilte, Grundfläche. Es können gleichzeitig bis zu acht Kongresse mit 85.000 Teilnehmern parallel stattfinden. Der berühmte Architekt I.M. Pei hat für Planung und Erbauung sieben Jahre (1979–86) benötigt und dabei das veranschlagte Budget von 360 Millionen Dollar um 130 Millionen überzogen. Trotzdem hatten sich die Kosten schnell amortisiert.

Jacob Javits Exhibition and Convention Center, *zw. 38th u. 34th Sts., sowie 11th u. 12th Aves.*

** „New" 42nd Street

Dieser Straßenzug ist so bunt, glitzernd und glamourös wie kaum ein anderer in der Stadt. Historische Theater wurden renoviert und zu Musical-Bühnen umgebaut. Zudem findet man hier große Souvenirgeschäfte, Kinokomplexe, den B.B. King Blues Club und **Madame Tussaud's Wax Museum** *(234 W. 42nd St., www.madametussauds.com; tgl. 10–21, Sa, So bis 22 Uhr, v. a. Wachsfiguren aus dem Show-Business)*. Als eine Art Ikone fällt das „zukunftsweisende" 860-Zimmer-Hotel **The Westin at Times Square**, eine Herberge für gehobene Ansprüche, bereits von Weitem auf durch den bogenförmig aus ihm heraus „schießenden" Lichtpfeil. Von Nahem dann steht man vor einer riesigen „Postkartenwand", auf der New Yorker Gebäude und Sehenswürdigkeiten abgebildet sind. Hinzu kommen im Gebäude ein Moviemultiplex mit 25 Kinosälen, ein Virtual-Reality-Dome und ein 20.000 m² großes Shopping- und Entertainmentcenter.

Bunt, glitzernd und glamourös

Ein Lichtblick für Kinder ist mit Sicherheit **The New Victory Theater** *(209 W. „New" 42nd St., www.newvictory.org)*. Hier werden Theater-, Marionetten-, Film-, Tanz- und Musikaufführungen speziell für sie angeboten. Das 1903 eröffnete und von Disney aufwendig renovierte **New Amsterdam Theater** *(214 W. 42nd St., zw. Broadway u. 8th Ave)* ist dagegen das Vorzeigetheater mit Art-Nouveau-Dekorationen, Terrakotta-Ornamenten, ausladenden Treppengeländer und tollen Wandgemälden.

„New" 42nd Street, *zw. Broadway/Times Square und 8th Ave.*

info

Die Piers am Hudson River

Die New York Waterways Line legt am **Pier 78/79** ab, die Circle Line am **Pier 83** (siehe S. 172).
Pier 84 wurde umgestaltet zu einem kleinen Erholungsgebiet und gehört zum Hudson River Park. Ein kleiner Botanischer Garten, ein Spazierweg und Sitzgelegenheiten mit Blick auf den Hudson River laden zum Entspannen ein. Hier können Ruderboote und Kanus ausgeliehen werden, und eine kleine Station erklärt die Wasserkraft. Auch von hier legen bedingt Boote ab.
Pier 86: Intrepid Sea, Air & Space Museum (s. o.)
An den **Piers 88 bis 99** legen die großen Passagierschiffe an.

Port Authority Bus Terminal

Das stillose und hässliche Gebäude wurde 1950 eingeweiht und seither mehrfach erweitert. Mit jährlich über 65 Mio. Fahrgästen und über 2,5 Mio. Bus-An- und -Abfahrten sowie 225 Haltebuchten ist es einer der größten Busterminals der Welt. Es wird von lokalen, überregionalen und nationalen Buslinien angefahren.
Port Authority Bus Terminal, *zw. 8th und 9th Aves., sowie 41st u. 42nd Sts.*

*** Times Square – Crossroads oft the World

Hinweis

Weitere Infos zur Geschichte und Entwicklung des Times-Square-Gebietes ab S. 276f.
Times Square VC: im ehem. Embassy Theater, 1560 Broadway, zw. 46th u. 47th St., www.timessquarenyc.org

Synonym für Manhattan

Der Times Square gilt mit seinen überdimensionalen Lichterreklamen und Filmwänden, den Theatern, Hotels, Restaurants, Shops, der Nasdaq-Börse, der geschäftigen Subwaystation (65 Mio. Nutzer) sowie dem ständig brodelnden Menschengewimmel als Synonym für Manhattan schlechthin.

Eigentlich ist er kein Platz, sondern durch das Schneiden des Broadway durch die 7th Avenue entstanden, wobei sich zwei dreieckige, unbebaute Grundstücke ergaben. Das südliche davon ist der eigentliche Times Square, das nördliche der **Duffy Square**, benannt nach einem Helden des Ersten Weltkriegs und späteren Pastor. Eine Statue erinnert an ihn, eine andere an den Broadway-Entertainer George M. Cohan („Yankee Doodle Dandy"). Zudem gibt es den riesigen Spielzeugladen Toys „R" Us *(Ecke 44th St.)*, den Disney Store *(7th Ave./46th St.)* und das Ticketoffice TKTS *(verbilligte Broadway-Show-Tickets)*. Großbildschirme mit aktuellen Übertragungen (Sport etc.) und Laufbänder an den Hauswänden sind weitere „Eyecatcher". Der Broadway selbst ist hier zur Fußgängerzone mit Sitzgelegenheiten umgestaltet worden, auf der sich unzählige Pantomimen für ein Fotoshooting anbieten. Der Times Square ist zugleich das Herz des **Theater District**, der mit seinen über

40 Broadway-Theatern weltberühmt ist und, besonders vor und nach einer Show, mit seinen Tausenden von Theaterbesuchern den Eindruck einer Dauerpremiere entstehen lässt.

Namensgeber war das Gebäude **One Times Square** auf der Insel zwischen Broadway, 7th Avenue sowie 42nd und 43th Streets. Es wurde 1904 errichtet, war 25 Stockwerke hoch, bis 1913 Sitz und bis 1961 noch in Besitz der „New York Times". Zu Silvester wird hier ein großes Feuerwerk entfacht und um 24 Uhr fällt der Zeitball auf dem Dach („Ball Drop"). 1964 wurde das Gebäude großteils stillgelegt. Nur die stählernen Stützpfeiler und die unteren Etagen blieben erhalten, denn sie genügten, um die lukrativen Reklamen zu tragen, die eine jährliche Miete von 25 Millionen Dollar einbringen – Tendenz steigend. Das neue Gebäude der „New York Times" befindet sich an der 8th Avenue *(zw. 40th u. 41st Sts.)*.

Der Times Square gilt als „Crossroad of the World"

Von der Zeit der Medienkonzerne zeugt das **Paramount Building** *(1501 Broadway, zw. 43rd u. 44th Sts.)*. 1926–27 erbaut, beheimatete dieser Bau einst die Filmgesellschaft Paramount und das gleichnamige Theater. In der Architektur wiederholt sich an mehreren Stellen das Konzern-Logo, der Berg mit den ihn umkreisenden Sternen. Auf dem Gebäude thront eine vierseitige Uhr, die von einem, bei Dunkelheit beleuchteten, Glasglobus gekrönt wird.

Außer dem bunten Treiben, das sich naturgemäß besonders abends entfaltet, bietet sich noch an, die Lobby (8. Etage) und das Atrium-Restaurant (oft voll, dafür aber mit Ausblick auf den Times Square) des **Mariott-Marquis-Hotels** *(45th St./ Times Sq.)* zu erkunden.

Midtown, South Central Park und 5th Avenue

* Bryant Park

Eine Grünfläche wurde bereits 1884 auf dem Gelände des ehemaligen Crystal Palace angelegt. Zum eigentlichen Park wurde er in den 1930er-Jahren – als Arbeitsbeschaffungsmaßnahme – und anschließend immer wieder verschönert. Anfang der 1990er-Jahre genoss er den unvorteilhaften Ruf als Drogenumschlagplatz, ist aber heute eine Oase inmitten der quirligen Midtown und

Schlittschuhlaufen im Bryant Park

wird gerne während der Mittagspause von den Büroangestellten als „grüne Lunge" genutzt. Die sechs Skulpturen stellen u. a. Herbert A. Bryant (Bildhauer), Goethe und Gertrude Stein dar. Der Josephine-Shaw-Lowell-Brunnen war das erste große Monument New Yorks, das einer Frau gewidmet wurde. Lowell (1843–1905) war eine bekannte Sozialarbeiterin.

Veranstaltungen, teilweise in Form von Outdoor-Film-Vorführungen, teilweise musikalischer Art, sowie im Winter der beliebte Weihnachtsmarkt samt Eislaufbahn, erfreuen auch Familien. Das Café am Park ist nett, aber oft voll.
Bryant Park, *zw. 6th Ave., 40th u. 42nd Sts. und der NY Public Library*

Carnegie Hall

Die monströse, von drei Seiten nahezu fensterlose (viele Fenster sind zugemauert) Konzerthalle wurde 1891 eingeweiht. Gründungsvater und Mäzen war der Stahl-Tycoon Andrew Carnegie. Tschaikowsky dirigierte das Eröffnungskonzert. Jahrzehntelang war die Carnegie Hall der Aufführungsort für hochklassige Konzerte, Shows und Theaterstücke. Doch mit dem Bau modernerer Konzerthallen drohte ihr 1960 das Aus. Erst in letzter Minute entschied sich die Stadtverwaltung zum Kauf des Gebäudes und ließ es in den 1980er-Jahren komplett renovieren. Heute finden hier wieder Konzerte der Extraklasse statt. Im kleinen **Rose Museum** *(tgl. 11–16.30 Uhr)* sind Geschenke hier aufgetretener Künstler zu bewundern.

Konzerte der Extraklasse

Carnegie Hall, *154 W. 57th St./7th Ave., Touren: www.carnegiehall.org/Tours*

Columbus Circle

Die 700 t schwere und 24 m hohe Granitstatue von Christoph Kolumbus, geschaffen von Gaetano Russo und finanziert von italienischen Einwanderern, gab dem Platz seinen Namen. Ein Monument am Eingang zum Central Park erinnert an die Explosion auf der „Maine", die den spanisch-amerikanischen Krieg (1898) auslöste.

Rege Bautätigkeit

Eine geplante Umgestaltung zu einem Park konnte nicht verwirklicht werden. Dafür aber gab Donald Trump mit seinem gläsernen Hotelturm auf der Nordseite den Startschuss für weitere Bebauungen: An der Westseite hat Time Warner 2000–2003 für 1,8 Mrd. Dollar ein markantes Gebäude errichtet und (bis zum Jahre 2018) zum Hauptsitz deklariert. Das CNN-Studio (Touren siehe S. 174), ein Luxushotel, Konzerthallen für Jazz („Jazz at Lincoln Center"), Top-Restaurants und -Geschäfte sowie Luxus-Apartments und hochwertige Büroräume füllen die 55 Stockwerke des doppeltürmigen Komplexes.

Investoren planen übrigens eine unterirdische Mall zwischen Subwaystation und dem Time Warner Building.
Columbus Circle, *großer (Straßen-)Kreis, der Broadway, 8th Ave., Central Park W. u. 59th St. verbindet.*

Columbus Circle

* Diamond Row/Diamond District

In keinem Straßenzug der Welt werden so viele Diamanten verkauft wie hier. Mehr als 2.000 Firmen, um die 100 Geschäfte und Hunderte von Experten kaufen, verkaufen und schätzen die beliebten Edelsteine, aber auch Gold und andere Juwelen. Erste Anlaufstelle dafür sind die „Exchanges", wo über den Ladentisch gehandelt wird. Natürlich wird hier auch handwerklich gearbeitet. So kann man den eigenen Schmuck herbringen und umgestalten lassen, doch sollte man sich vorher nach den seriösen Adressen erkundigen. Und Geduld ist gefragt: Um einen Karat eines Diamanten durchzutrennen, benötigt eine mit Diamantenstaub ummantelte Bronzesäge acht Stunden. Die wirklichen Fachleute findet man übrigens in den oberen Etagen.

Diamanten-Experten

Eingeführt wurde die Diamond Row von orthodoxen Juden polnischer Abstammung, die vor den Nazis geflohen waren. Auch heute noch machen sie den größten Teil der Händler aus, und viele von ihnen handeln nur untereinander. Dabei wird, ganz nach jüdischer Tradition, ein Handel einzig mit einem Handschlag besiegelt.
Diamond Row/Diamond District, *47th St., zw. 5th u. 6th Aves.*

Grand Army Plaza

Den belebten Platz umgeben der Central Park, das Plaza Hotel, die 5th Avenue und das Kaufhaus Bergdorf-Goodman. Inmitten des Platzes befindet sich der **Pulitzer Memorial Fountain**, dem die Reiterstatue des Bürgerkriegsgenerals William T. Sherman aufsitzt. Am Rand warten die Kutschen, die einen auf eine romantische Reise durch den Central Park mitnehmen.

An der Ostseite ragt das 50-geschossige GM-Building empor. Das Erdgeschoss diente einst dem Autohersteller als Ausstellungsraum. Später bezog der berühmte Spielzeugladen **F.A.O. Schwarz** die Räumlichkeiten, ging dann aber 2015 pleite. Erhalten geblieben ist vor dem Gebäude der Flagship-Store von **Apple**, ein zur Hälfte unterirdisch verlegter Glaspalast in Form eines Quaders.

Das MoMA ist immer gut besucht

Museum of Arts & Design

Das Museum ist ein Tipp für Liebhaber (oft) provokativer Kunst. Die Ausstellungen wechseln. Es werden v. a. kleinere Kunstwerke (Keramiken, Schmuck u. a.) nationaler und internationaler Künstler gezeigt.
Museum of Arts & Design, *Columbus Sq., www.madmuseum.org; tgl. 10–18, Do, Fr bis 21 Uhr*

*** Museum of Modern Art (MoMA)

Weltberühmtes Museum

Das mehrfach renovierte und immer wieder in Erweiterung befindliche MoMA widmet sich der modernen Kunst und genießt zweifelsfrei Weltruhm. In dem architektonisch interessanten Gebäude gibt es auf mehreren Etagen ständige und Wechselausstellungen von Malerei, Plastik, Film, Architektur und Kunsthandwerk. Einige der größten Meisterwerke des Impressionismus, Expressionismus, Kubismus, Fauvismus, der amerik. abstrakten Kunst, Op- und Pop Art u. v. m. sind hier zu sehen, daneben laufen cineastische Raritäten. Auch der Skulpturengarten, in dem während der Sommermonate oft kleine Musikveranstaltungen stattfinden, ist sehenswert. Genügend Zeit einplanen! Im Haus gibt es ein Café sowie ein Restaurant.
Museum of Modern Art, *11 W. 53rd St., zw. 5th u. 6th Aves., www.moma.org; tgl. 10.30–17.30, Fr bis 20 Uhr*

*** New York Public Library – Main Branch

John Jacob Astor, Andrew Carnegie sowie später auch der Rockefeller-Clan haben zu Beginn das Gebäude und die Bibliothek, die aus mehreren Privatbibliotheken zusammengelegt wurde, maßgeblich finanziert. Heute handelt es sich um eine

John Jacob Astor, Andrew Carnegie sowie später auch der Rockefeller-Clan waren maßgeblich an der Finanzierung der New York Public Library beteiligt

mit öffentlichen Mitteln finanzierte Privatbibliothek, die als eine der führenden Bibliotheken der Welt gilt. In ihren Sammlungen und Leseräumen befinden sich unsagbare literarische und dokumentarische Schätze, so z. B. die von Thomas Jefferson geschriebene Kopie der Unabhängigkeitserklärung. Der Bestand zählt **53 Mio. Objekte**, darunter 13 Mio. Bücher und Karten, von denen wiederum ca. 1 Mio. digitalisiert wurden. *Historische Büchersammlung*

Allein das zwischen 1898 und 1911 erbaute Gebäude (Spätrenaissance) mit seiner zentralen Rotunda und den alten Lesesälen kann begeistern. Im 3. Stock werden Wechselausstellungen gezeigt. Wer Lust verspürt, in alten Büchern zu stöbern, kann dies tun. Doch sind viele historische Werke nur mit einer Sondergenehmigung einzusehen. Einmalig ist auch die Kartensammlung. Im Erdgeschoss kann man einen Blick in internationale Zeitungen werfen (z. T. in digitaler Form).

Ausländer erhalten auf Wunsch im 2. Stock eine drei Monate gültige „Temporary" Card, müssen dafür aber einen Adressennachweis liefern (am besten Personalausweis). Damit darf man hier lesen, aber nicht ausleihen.
New York Public Library, *5th Ave., zw. 40th u. 42nd Sts., www.nypl.org; Mo, Do–Sa 10–18, Di, Mi bis 21, So 13–17 Uhr*

Peninsula Hotel

1905 im italienischen Renaissance-Stil erbautes Luxushotel, u. a. mit beeindruckender, marmorner Lobby. In der **Gotham Lounge** kann man Tee trinken oder von der spektakulären **Rooftop Bar** auf die 5th Avenue hinunterschauen (Dresscode: Smart Casual).
Peninsula Hotel, *696-700 5th Ave./55th St.*

The Paley Center for Media

Das 1975 von dem damaligen Chef der Fernsehanstalt CBS, William S. Paley, gegründete Museum bietet alles zum Thema Fernsehen, Radio, digitale Medien und Medienforschung.

Riesiges Medien-Archiv

Hauptattraktion ist das Research Center, in dem seit 1925 Tausende von Radiosendungen, Filmen und TV-Spots archiviert wurden. Daraus darf man wählen und sie dann ansehen. Spaß machen alte Werbefilme bzw. ungekürzte Filmversionen.
The Paley Center for Media, *25 W. 52nd St., zw. 5th u. 6th Aves., www.paleycenter.org; Mi–So 12–18, Do bis 20 Uhr*

Hinweis

Die 52nd St. zwischen 5th und 6th Ave. trägt den Beinamen **Swing Street**. Hier gab es in den 1930er- bis 50er-Jahren viele Jazz- und Swing-Clubs. Vor dem CBS-Building sind einige Granitplatten mit Namen bekannter Musiker eingelassen.

** The Plaza Hotel

Auch heute zählt das Plaza zu den besten Hotels der Welt. Das wussten schon Persönlichkeiten wie Frank Lloyd Wright (er schrieb sogar ein Buch über das Hotel), Teddy Roosevelt, Solomon Guggenheim und die Beatles zu schätzen. Die Flaggen am Eingangsportal symbolisieren die Herkunftsländer der anwesenden VIP-Gäste. Natürlich hat das Plaza auch als Filmkulisse herhalten müssen, so z. B. für Szenen in „Schlaflos in Seattle" und „Frühstück bei Tiffany's". Im Keller gibt es einen luxuriösen Food Court! Mehr dazu auf S. 114 (Übernachtungen).
The Plaza Hotel, *Grand Army Plaza, Ecke Central Park South*

** Rockefeller Center und „Top of the Rock"

Während der 1920er-Jahre entwarf der visionär veranlagte Ölmagnat John D. Rockefeller den Plan, eine „Stadt in der Stadt" bauen zu lassen: architektonisch kühn und wirtschaftlich zukunftsweisend. Kernstücke sollten sein Hauptquartier und die Metropolitan Opera werden. Zu dieser Zeit gab es kaum höhere Häuser in Midtown. Der Börsencrash von 1929 und die darauffolgende Rezession ließen zwar einige der Pläne platzen, so auch die der Met, doch wurden die ersten Gebäude 1929 fertiggestellt, und es kamen immer mehr hinzu. Heute zählt das Rockefeller Center selbst 19 Hochhäuser.

Grandiose Aussicht

Rockefeller selbst zog gleich nach der Fertigstellung in das höchste Gebäude (70 Stockwerke, 278 m hoch), das RCA Building *(zw. 49th u. 50th Sts.)*, welches, nach mehreren Besitzerwechseln, heute einfach **30 Rockefeller Center** heißt. In ihm residiert der NBC-Medienkonzern und oben auf ihm thront die Aussichtsplattform „**Top of The Rock**" *(Eingang 50th Sts, zw. 5th u. 6th Aves., tgl. 8 Uhr bis Mitternacht, www.topoftherocknyc.com)*. Hier geht es zwar „nur" bis auf den 70. Stock, aber die Aussicht hat Vorteile zum Empire State Building: Auf der schmalen Plattform genießt man einen absoluten Rundumblick über Manhattan sowie die Randgebiete der anderen Boroughs, und den Central Park kann man von hier auch besser sehen (s. Titelbild). Im 65. Stockwerk lockt eine feine Cocktailbar, die höchste Rooftop Bar der Stadt (Dresscode: Smart Casual). NBC bietet im gleichen Gebäude *(Eingang 49th St.)* Studiotouren an. Siehe dazu S. 174 (Touren).

30 Rockefeller Center

Das Rockefeller Center wird täglich von 250.000 Menschen frequentiert. Die zentrale Achse bildet der **Channel Garden** (vor dem 30 Rockefeller Center), der auf die tiefer gelegene „Sunken Plaza" zuführt. Hier sitzt man im Sommer in Cafés, während in der Weihnachtszeit ein monumentaler Christbaum (25.000 Birnen) im Zentrum des festtäglichen Treibens steht. Im Winter kann man den Schlittschuhläufern zusehen (Schlittschuhe werden vermietet). Bewacht wird die Szenerie von kitschigen, vergoldeten Bronzestatuen (Prometheus und Atlas) und dem in Marmor gehauenen politischen Nachlass Rockefellers.

Channel Garden im Frühling

Die weltberühmte **Radio City Music Hall** *(Ecke 6th Ave./50th St.)*, der „Showplace of the Nation", ist mit 6.000 Plätzen eines der größten Theater der Welt. Die von innen schöne Art-déco-Anlage wurde 1932 eröffnet und diente damals als Kino, auf dessen herrlicher Bühne auch Shows veranstaltet werden konnten. Die Shows und Musikveranstaltungen mit weltberühmten Stars waren es dann auch, die Radio City berühmt gemacht haben. Oft ist es schwierig, an die heiß begehrten Karten zu kommen, besonders wenn die „Rockettes" im beliebten Christmas Spectacular die Beine schwingen *(Führungen durch Radio City: tgl. 10–17 Uhr, www.radiocity.com)*.

Christie's führt seine Auktionen im 20 Rockefeller Plaza *(zw. 5th u. 6th Aves.)* durch. Die meisten davon sind zugänglich für die Öffentlichkeit *(www.christies.com)*. Wie bei Sotheby's (siehe S. 332) werden hier jährlich mehrere Milliarden umgesetzt. Atemberaubend im Gebäude ist die dreigeschossige Lobby mit einem Wandgemälde des Künstlers Sol LeWitt.
Rockefeller Center, *zw. 5th u. 7th Aves. sowie 46th u. 52nd Sts. (zentraler Bereich: zw. 48th u. 51st Sts. sowie 5th u. 6th Aves.)*

info

Plazas, Skyscraper und Pocketparks

Skyscraper: Ein Gebäude, das von seinem inneren Gerüst gestützt wird, nicht von seiner Außenfassade. Das ehemalige World Trade Center war also kein Skyscraper.
Spitz zulaufende Dächer: Ein Gesetz von 1916 besagt, dass die oberen Etagen nur 25 % der bebauten Grundfläche ausmachen dürfen. Und gebaut wird oft auf der gesamten Fläche.
Später erfanden Architekten die **Plaza**. Zugebaut bzw. unterkellert, wird sie zum Gebäude gezählt. Das eigentliche Gebäude steht so nur auf 25 % der Gesamtfläche der Plaza und kann bis in die oberste Etage voll ausgebaut werden. Das hat natürlich den Nachteil komplett zugepflasterter Straßenblocks.

Die etwa 60 **Pocketparks** bzw. zugepflasterten „Zwischenräume" in Hochhausgebieten mit wenigen Bäumchen können über den Betoncharakter nicht hinwegtäuschen. Für Investoren rechnet sich das jedoch: Man hat eine Plaza (s. o.) und erhält Steuervorteile wegen der „Begrünung".

Saks Fifth Avenue

Luxusgeschäfte um die 5th Avenue

Das 1924 eröffnete exklusive Textilwarenhaus hat sich bis heute einen guten Ruf bewahrt und ist der Flagship-Store der Warenhauskette. Zielgruppe ist die Oberklasse, und schon früh hat Saks sich um erstklassigen Service mit bestens ausgebildetem Verkaufspersonal bemüht. Saks war in New York einer der Vorreiter für telefonische Bestellungen, inkl. guter Beratung. So konnten sich viel beschäftigte Geschäftsleute vom Büro aus die Urlaubsgarderobe zusammenstellen, die dann, auf Wunsch, sogar zum Abflugschalter am Flughafen gebracht wurde. Die Schuhabteilung ist übrigens so groß, dass sie eine eigene Postleitzahl hat: 10022-Shoe.

Saks Fifth Avenue, *611 5th Ave., zw. 49th u. 50th Sts.*

Die 100 m hohen Türme der St. Patrick's Cathedral wirken klein gegen die umliegenden Hochhausbauten

* St. Patrick's Cathedral

An der neugotischen, ganz aus Marmor bestehenden Kirche (93 m lang, 38 m breit) wurde ab 1858 gearbeitet. Von Anfang an war sie als Bischofskirche und Zentrum des New Yorker Katholizismus geplant. Der Architekt James Renwick Jr. wurde u. a. **vom Kölner Dom inspiriert**. 1879 erfolgte die Einweihung, und 1888 waren auch die beiden 100 m hohen Westtürme fertiggestellt. Im Jahre 1905 kam schließlich noch die östliche Marienkirche hinzu. Während der ersten Bauphase war das Gebiet um das Gotteshaus kaum besiedelt, was sich aber bis zum Ende des 19. Jhs. drastisch änderte. Heute wirkt die Kathedrale beinahe fehl am Platz zwischen all den Luxusgeschäften. Ein Blick hinein vermittelt einen Eindruck, wie das aufstrebende Amerika des ausgehenden 19. Jhs. versucht hat, mit viel Geld historische Bauwerke nachzuempfinden.

Wie der Name schon andeutet, richtet sich die Kathedrale v. a. an die irische Gemeinde, deren **St. Patrick's Parade** natürlich hier vorbeiführt.

St. Patrick's Cathedral, *5th Ave., zw. 50th u. 51st Sts.*

* St. Regis Hotel

Das 1904 im Beaux-Arts-Stil fertiggestellte Luxushotel geht ebenfalls auf John Jacob Astor zurück. Er wollte ein Hotel schaffen, dessen Eleganz alle anderen Hotels der Welt in den Schatten stellen sollte. Das gelang für ein paar Jahre, bis dann das „Plaza" eröffnete. Das Hotel ist auch heute noch eine der Top-Adressen von New York, und ein Blick hinein lohnt sich. Seinen Durst kann man in der eichenen Hotelbar, dem **King Cole Room**, löschen, jedoch sollte man den Dresscode einhalten (keine Jeans und Sportschuhe). Siehe auch S. 119. Top-Adresse

St. Regis Hotel, *699-703 5th Ave., Ecke 55th St.*

* Trump Tower

Das 68-geschossige Hochhaus, 1982 erbaut, beherbergt in den unteren Etagen ein nobles Einkaufsparadies, u. a. mit dem größten **Gucci-Store** weltweit, Juwelieren (**Tiffany's** ist gleich nebenan), Boutiquen, Restaurants, einem Atrium-Café direkt am mehrstöckigen Innenspringbrunnen und **Niketown**, dem New Yorker Flagshipstore des Sportartikelherstellers. Die oberen Etagen beherbergen schicke Wohnungen und Büros.

Architektonisches Vorbild

Die Architektur hatte beim Bau Vorbildcharakter: Stahl und Glasflächen, überraschende Konturen, ein geschicktes Spiel mit Licht und Schatten, im Inneren dann edelste Materialien, viel Grün und großzügige Atrien. Dafür aber, hieß es damals, habe Donald Trump sich nicht an alle Vorgaben gehalten und versprochene Relikte aus dem abgerissenen Gebäude nicht übergeben, sondern zertrümmern lassen – denn das war billiger. Zudem soll die Mafia den Zement geliefert und illegale, unterbezahlte Bauarbeiter angestellt haben.
Trump Tower, *5th Ave., zw. 56th u. 57th Sts.*

Midtown East und Murray Hill

* Bloomingdale's

Das heutige Kaufhaus ist hervorgegangen aus einem 1861 in der Lower East Side von den Gebrüdern Bloomingdale gegründeten Geschäft für Reifröcke. Die Erfolge waren so groß, besonders als die Kollektion auch andere Damenbekleidung einschloss, dass das Geschäft weiterziehen musste in immer größere Räumlichkeiten. Zuerst 1872 in die 3rd Avenue – dort bekannt als East Side Bazaar –, anschließend 1886 an die 49th Street und dann schließlich 1927 an die heutige Adresse. Zielgruppe war anfangs die Mittelklasse, und der stadtbekannte Slogan lautete „the best possible value for the least possible price". 1929 verkauften die Bloomingdales das Unternehmen an einen Warenhauskonzern. Nach dem Zweiten Weltkrieg wurde die Strategie geändert und Kleidung für die Oberschicht angeboten.
Bloomingdale's war in den 1970er-Jahren eine der Vorreiter des „Shop-in-Shop"-

Bei Bloomingdale's gibt es viele Ecken und Winkel

Prinzip, bei dem große Flächen im Haus an Markenartikler vermietet wurden. Danach begann ein wirtschaftlicher Schlingerkurs, doch konnte sich Bloomingdale's 1993 mit dem damals bankrotten Konkurrenten Macy's zusammentun, und seither wirtschaften beide mit ihren landesweit verteilten Warenhäusern zufriedenstellend. 60.000 Shopper kommen täglich zu Bloomingdale's, und täglich werden über 16 kg Duftstoffe als Probe versprüht. Für ein Einkaufserlebnis ist also gesorgt, wenn auch Macy's übersichtlicher und traditionsreicher erscheint. *Shopping-Erlebnis*

Bloomingdale's, *59th St., zw. Lexington u. 3rd Aves.*

Central Synagogue

1872 erbaut, ist dies die älteste durchgehend genutzte Synagoge von New York. Der Sandsteinbau im maurischen Stil – es sollte an die spanischen Juden erinnert werden – mit den beiden Zwiebeltürmen wurde der Dohány Synagoge in Budapest nachempfunden.

Central Synagogue, *Ecke 55th St. u. Lexington Ave.*

Chanin Building

Der Art-déco-Wolkenkratzer (1928) gilt als einer der schönsten New Yorks. Auffällig ist der Sockel mit einem Terrakotta-Fries, dessen Motiv naturalistische Züge trägt (typisch fürs Art déco). Darunter zieht sich ein bronzenes Band, auf dem die Evolutionsgeschichte dargestellt ist. Beeindruckend ist die marmorne Lobby.

Chanin Building, *122 E. 42nd St., zw. Park u. Lexington Aves.*

** Chrysler Building

Das Gebäude stellt den wohl „romantischsten" Wolkenkratzer der Stadt dar. Der Architekt William van Alen entwarf es für den Automobilfabrikanten Walter P. Chrysler. An **automobilistischen Stilelementen** wurde nicht gespart: Wasserspiele in Form einer Kühlerhaube, ein Fries aus Radkappen und Kotflügeln, stilisierte Rennautos u. a. Die gestaffelte Spitze mit ihren Bogen und Dreiecksfenstern aus rostfreiem (Krupp-) Stahl kann man auf vielen Fotos sehen und gefällt durch ihr spiegelndes Lichterspiel im wechselnden Sonnenlicht. Die Art-déco-Lobby (afrikanischer Marmor u. Granit) mit ihrem Deckengemälde und die Bogengänge suchen ebenfalls ihresgleichen.

Das Chrysler Building ist und bleibt der schönste Wolkenkratzer

Mit der Vollendung im Jahre 1930 war das 319 m (mit Spitze 343 m) hohe Chrysler Building das höchste Gebäude der Welt. Doch nur ein Jahr später musste es diesen Rekord abgeben an das Empire State Building. 1953 verkaufte die Chrysler-Familie das Gebäude, heute gehört es einem Investmentfonds.
Chrysler Building, *405 Lexington Ave., zw. 42nd u. 43rd Sts.*

Citigroup Center/„601 Lexington Avenue"

59 Stockwerke bzw. 280 m hoch ist das 1977 eingeweihte Gebäude mit dem markanten, abgeschrägten Dachaufbau. Das Center umfasst einen in verschiedene Ebenen gestaffelten Unterbau, in dem sich U-Bahn-Stationen sowie in der darüber liegenden Atrium Mall Restaurants und Geschäfte befinden.

Einsturzgefährdet

Ein bauliches Problem deckte 1978 eine Studentin auf: Das Gebäude wurde nicht für schräg einfallende Starkwinde konzipiert. Diese hätten unweigerlich zum Einsturz geführt. In aller Eile, unbemerkt von der Öffentlichkeit, mussten alle 200 tragenden Bolzen verstärkt werden. Ein Vorfall, der erst 1995 publik gemacht wurde und zu heftiger Kritik führte.

Die Gemeinde der modern gestalteten **St. Peter's Lutheran Church** an der Nordwestseite hatte bereits seit 1905 ein Gotteshaus hier und stimmte dem Bau des Wolkenkratzers nur zu, wenn ihr dafür diese neue Kirche errichtet würde. Sie dient nicht nur religiösen Zwecken, sondern ihr Untergeschoss bzw. die Außenterrassen können umgewandelt werden in eine kleine Bühne, wo häufig Aufführungen dargeboten werden. Sonntags um 17 Uhr findet z. B. eine Jazz-Vesper statt *(www.saintpeters.org/jazz)*.
Citigroup Center, *Lexington Ave. zw. 53rd u. 54th Sts.*

Grandios: der Main Concourse in der Grand Central Station

Daily News Building

Kantige Strukturen

Das 1930 eröffnete Art-déco-Gebäude, ehemals Hauptsitz der „Daily News“ (damals Amerikas größte Zeitung), beeindruckte die Fachwelt durch seine schlichten und kantigen Strukturen. Besonders auch, weil das verantwortliche Architektenteam auch den gotisch-kitschigen Tribune Tower in Chicago entworfen hat. Sehenswert sind das Fries über dem Eingang sowie der weltgrößte Indoor-Globus in der Lobby.

Daily News Building, *220 E. 42nd St., zw. 2nd u. 3rd Aves.*

*** Grand Central Station

Der Bahnhof wurde bereits 1853 angelegt, später ständig erweitert und schließlich 1913 in seiner heutigen, massiven Form fertiggestellt. Das Beaux-Arts-Gebäude beherbergte über Jahrzehnte den Hauptbahnhof New Yorks, verfiel aber in den 1980er-Jahren aufgrund des Niedergangs des überregionalen Zugverkehrs. Seit 1991 verkehren hier **nur Pendlerzüge der Metro-North**. Doch war man sich der architektonischen Bedeutung des Bahnhofs bewusst und ließ ihn zwischen 1993 und 1999 komplett renovieren. Jacqueline Kennedy Onassis stand Pate dafür und hat mit ihrem Namen viele Sponsoren angelockt.

Beeindruckende Halle

Beeindruckend sind die Gänge und die zwölf Stockwerke hohe Haupthalle (**Main Concourse**), an deren Decke 2.500 kleine Sterne glitzern und die durch die großen Fensterscheiben immer wieder in ein anderes, faszinierendes Licht getaucht wird. Die Halle ist 142 m lang, 50 m breit und 46 m hoch. Der verschwenderische Umgang mit italienischem Marmor macht auch hier deutlich, wie reich Amerika im ausgehenden 19. Jh. gewesen ist.

Empfehlung für den Mittagssnack: die Oyster Bar im Keller des Bahnhofs

Service wird großgeschrieben in Amerika: Schuhputzer in der Grand Central Station

Die 67 Gleise verlaufen auf zwei unterirdischen Ebenen und bedienen 44 Bahnsteige. Täglich fahren bis zu 500 Züge an und ab. Außerdem ist die Grand Central Station ein Verkehrsknotenpunkt für mehrere U-Bahn-Linien. Ein Gleis gehört dem Waldorf Astoria Hotel. Ein Autotunnel verbindet beide, wurde aber natürlich nur für entsprechend wichtige Gäste genutzt. Bis 2019 soll eine unterirdische Verbindung mit Long Island fertiggestellt sein, sodass dann auch die LIRR den Grand Central anfahren kann.

Heute findet man zahlreiche Shops und Restaurants im Gebäude. Zu empfehlen sind ein Kaffee in der Haupthalle während der Rush Hour (Leute schauen), ein Austern-Lunch in der **Oyster Bar**, die sich in einem Gewölbe im Untergeschoss versteckt (s. S. 133), oder ein Cocktail in der **Campbell Appartement-Lounge**. Der **Food Market** im Mittelgeschoss ist beliebtes Ziel für Gourmets und diejenigen, die sich für ein Picknick eindecken möchten. Günstige Speisen, z. B. Pizzas von Two Boots oder Käsekuchen von Junior's, findet man im **Dining Concourse** im Keller.

Kulinarische Tipps

Subway-Enthusiasten sollten im **New York Transit Museum-Annex** *(Shuttle Passage, Mo–Fr 8–20, Sa, So 10–18 Uhr)* reinschauen. Hier gibt es immer eine kleine Ausstellung zum Thema Subway/Eisenbahn. Natürlich winken auch Subway-Souvenirs zum Kauf.

Auch von außen vermag der Bahnhof zu beeindrucken. Unterbricht er doch die Führung der Park Avenue, die somit über eine unkonventionelle Trasse, den **Park Avenue Viaduct**, um und durch den Bahnhof gelenkt wird. Nördlich des Gebäudes erhebt sich als Kontrast das MetLife-Building.

Grand Central Station, *E. 42nd St./Park Ave., www.grandcentralterminal.com; Headsets für individuelle Audio-Touren erhält man an den mit „GCT-Tour" markierten Ticketschaltern im Main Concourse. Geführte Touren: Municipal Art Society (www.docentour.com/gct)*

Helmsley Building (New York Central Building)

Das Gebäude (1929) sticht hervor durch seine überladene Pracht, das goldverzierte Dach mit Laterne und die imposante Rokoko-Lobby. Eigentlich sollte es eine Symbiose mit dem Bahnhof eingehen. Hotelräume und Eisenbahnbüros sollten hier einziehen, und die Lobby war als Durchgang zum Bahnhof gedacht. Wirtschaftliche Entwicklungen haben aber andere Wege gewiesen, und heute ist das Helmsley ein reines Bürogebäude.

Goldenes Dach

Helmsley Building, *230 Park Ave., zw. 45th u. 46th Sts., hinter MetLife Bldg. u. Grand Central Station*

Japan Society

In der Galerie des japanischen Kulturzentrums werden japanische Kunstwerke (Wechselausstellungen) gezeigt. Zudem gibt es Filmvorführungen, Lesungen, Konzerte und Kurse zu Themen japanischer Kultur.

Japan Society, *333 E. 47th St., zw. 1st u. 2nd Aves., www.japansociety.org; Di–Do 11–18, Fr 11–21, Sa, So 11–17 Uhr*

MetLife (Pan Am) Building

Bauhaus-Architekten unter Leitung von Walter Gropius zeichnen für die Konstruktion des achteckigen, ehemaligen Pan Am Building (59 Stockwerke, 264 m hoch, 1963) verantwortlich. Bei der Fertigstellung war es das größte rein als Bürohaus fungierende Gebäude der Welt. Die Form ist eine Anlehnung an einen Teil eines Flugzeugflügels. Kritiken richteten sich damals zum einen gegen die Versperrung der Sicht auf das Helmsley Building und den Bahnhof, zum anderen aber steckte eine gewisse Enttäuschung dahinter. Man hatte Besseres erwartet von Gropius. Obwohl das Gebäude 1992 an MetLife veräußert wurde, nennen es viele New Yorker auch heute noch Pan Am Building. Einen Eindruck muss es wohl doch hinterlassen haben.

Früher das weltgrößte Bürohaus

MetLife (Pan Am) Building, *200 Park Ave., hinter Grand Central Station*

** Morgan Library & Museum

Der berühmte Finanzier John Pierpont Morgan (1837–1913) erwarb das Palazzoartige Gebäude 1906 und richtete seine Privatsammlung hier ein, aus der schließlich die **einmalige Museumsbibliothek** hervorging. Später ging diese in eine Stiftung über.

Zu sehen gibt es einzigartige Manuskripte, handgeschriebene Noten bedeutender Komponisten, ausgesuchte Zeichnungen von Kinderbuchautoren (z. B. „Der kleine Prinz" und „Struwwelpeter") und wertvolle historische Bücher, u. a. Hunderte alter Bibeln. In den Galerien im Neubau werden Wanderausstellungen gezeigt.

Manuskripte und Bücher

Im glasüberdachten Atrium befindet sich ein Café-Restaurant, und im Museumsshop findet man ausgesuchte Literatur.

Morgan Library & Museum, *225 Madison Ave./36th St., www.themorgan.org; Di–Do 10.30–17, Fr bis 21, Sa, So bis 18 Uhr*

Seagram Building

International Style

1958 eingeweiht, ist dies ein Paradebeispiel des „International Style", der auf **Bauhaus-Traditionen** beruht. Architekten waren dann auch Mies van der Rohe und sein Schüler Philip Johnson. 38 Stockwerke zählt der kühle Block aus bronzenem Glas und Stahl. Ursprünglich hat van der Rohe das minimalistische Meisterwerk bereits in den 20er-Jahren für die Berliner Friedrichstraße entworfen. Beeindruckend ist die schlichte, aber grandiose Lobby. Gegenüber, als Symbol der Veränderungen während des 20. Jhs., der 1916–19 im florentinischen Palazzostil erbaute **Racquet and Tennis Club**.
Seagram Building, *375 Park Ave., zw. 52nd u. 53rd Sts.*

* Sony Building

Das Gebäude (1984), für das der Architekt Philip Johnson (s. o.) verantwortlich zeichnet, gilt mit seinem Chippendale-Dach und der Statue des „Golden Boy" in der Lobby als gelungenes Werk der Postmoderne.
Sony Building, *550 Madison Ave., zw. 55th u. 56th Sts.*

St. Bartholomew's Protestant Episcopal Church

Das 1919 vollendete Gotteshaus bildet mit seiner neoromanisch-byzantinischen Architektur einen seltsamen Kontrast zur eleganten und hochstrebenden Welt der Glitzerpaläste und Bürotürme. Doch ausgerechnet beim 1931 eingeweihten **General Electric Building** *(570 Lexington Ave./51st St.)*, einem 170 m hohen Bürohaus im Art-déco-Stil, hat man versucht, eine optische Verbindung mit der nahen Kirche einzugehen.
St. Bartholomew's Church, *Park Ave., zw. 50th u. 51st Sts.*

UNICEF House – Danne Kay Visitor Center

Es werden Wechselausstellungen über die Arbeit der UNICEF gezeigt, die sich bekanntlich mit der Ausbildung und Erziehung der Kinder in aller Welt beschäftigt.
UNICEF House, *3 UN Plaza, zw. 1st u. 2nd Aves.; Mo–Fr wie UN (s. u.)*

*** United Nations Headquarters

Gelände mit Hoheitsrechten

Das aus mehreren Gebäuden bestehende Hauptquartier ist oft Schauplatz erbitterter Debatten und weitreichender Entscheidungen. Das gesamte Gelände hat eigenständige Hoheitsrechte, sodass es u. a. über eine eigene Post verfügt, in der man Sonderstempel der UN bekommt. Auf den von Leuten aus verschiedensten Ländern geführten Touren wird man in die vier großen Sitzungssäle (General Assembly, Security Council, Trusteeship Council und Economic & Social Council) geführt sowie vorbei an zahlreichen Geschenken der einzelnen Nationen.

Vor der Anlage, an der UN Plaza, wehen die Flaggen aller **193 Mitgliedsländer** der UNO. Keine Mitglieder sind: der Vatikan und Palästina (Beobachterstatus), Taiwan (vertreten durch China), der Kosovo, Nordzypern, die Cook-Inseln, West-Sahara und die kaukasischen Republiken Abchasien und Südossetien.
United Nations Headquarters, *UN Plaza: 1st Ave./46th St., Touren: Mo–Fr 9–16.30 Uhr, nur VC: Sa, So 10–17.30 Uhr, visit.un.org. Frühe Online-Buchung empfehlenswert. Ausweis (Pass, Personalausweis od. Führerschein) mitbringen und 1 Std. vor Tourbeginn erscheinen.*

info

Die Vereinten Nationen

Mit dem Ende des Zweiten Weltkriegs stand die Staatengemeinschaft vor der Frage, wie man die zerstörte Welt wieder aufbauen, Gerechtigkeit wiederherstellen und den Frieden sichern könne. Da sich der Völkerbund (seit 1919) als wirkungslos erwiesen hatte, konstituierte sich 1945 die „United Nations Organisation" (UNO, später nur UN) in San Francisco. Sie versucht seither, einen Ausgleich zwischen den unterschiedlichen militärischen, politischen, wirtschaftlichen und kulturellen Interessen auf der Welt zu finden.

Die Weltorganisation, in der fast alle Staaten der Welt Mitglied sind und die über verschiedene Ausschüsse und Nebenorganisationen mit unterschiedlichen Aufgaben und Kompetenzen verfügt (Vollversammlung, Sicherheitsrat, UNESCO, UNICEF u. a.), tagte zunächst an provisorischen Stellen in New York und London. Die USA und besonders John D. Rockefeller Jr. sprachen sich aber für einen ständigen Hauptsitz in New York aus. Rockefeller schenkte der UNO für den Erwerb des Grundstücks hier 8,5 Millionen Dollar, und die USA liehen der UNO 64 Millionen Dollar zinsfrei, womit die Baukosten komplett abgesichert waren.

UN Headquarters

Die Bauarbeiten begannen 1949 und standen unter der Leitung der bekannten Architekten Oscar Niemeyer (Brasilien), Le Corbusier (Frankreich/Schweiz) und Sven Markelius (Schweden). Bereits 1952 konnte die UNO in das 73.000 m² bedeckende Hauptquartier einziehen. Am markantesten sind das 154 m aufragende (39 Stockwerke), grüne Glashochhaus der Verwaltung (Secretariat Building) und das geschwungene General Assembly Building mit dem Saal der Vollversammlung. Das Innere der Gebäude schmücken Kunstwerke, z. B. große Wandgemälde von Marc Chagall und Fernand Léger.

Alle Mitgliedsstaaten haben unabhängige Botschaften in New York.

** Waldorf Astoria Hotel

Der Name geht zurück auf die Familie des deutschen Einwanderers John Jacob Astor aus Walldorf, der 1848 als einer der reichsten Männer New Yorks verstarb.

Lobby des Waldorf Astoria mit der Waldorf Clock

Suite im Waldorf Astoria

Die Familie, deren Zweige sich getrennt und zwei Hotels mit den Namen „Astoria" und „Waldorf" an der Stelle des heutigen Empire State Building eröffnet hatten, vereinigten sich wieder mit diesem 1931 im Art-déco-Stil fertiggestellten Bau, in dem gleich zu Beginn der erste Room Service überhaupt eingerichtet wurde.

Das Waldorf Astoria zählt immer noch zu den allerbesten Hotels, denn Stil und Ambiente sind auch mit Tradition verbunden – und das wurde und wird bei der jüngsten Komplettrenovierung (2017–2020) berücksichtigt. Bereits die Lobby und die Zugangstreppen beeindrucken durch ihre **verschwenderische Pracht**. Die fast 3 m hohe Waldorf Clock inmitten der Lobby zeigt Queen Victoria und sieben US-Präsidenten. Die exklusiven Geschäfte in den Passagen machen deutlich, wer sich die Übernachtungen leisten kann bzw. mag. Die Zimmer im herkömmlichen Bau sind alle unterschiedlich eingerichtet. Die wirklich luxuriösen Zimmer aber befinden sich in den beiden „Towers". 1.400 Bedienstete im gesamten Hotel sorgen für absolute Exklusivität. Übrigens kann die Präsidentensuite gebucht werden, muss aber sofort von jedem Gast, egal wie wichtig er ist, geräumt werden, wenn der US-Präsident kommt.

Und kein Luxushotel ohne entsprechend vornehme Gastronomie: Im Küchenkomplex, einem der größten der Welt, können täglich bis zu 4.000 erstklassige Mahlzeiten zubereitet werden.

Waldorf Astoria Hotel, *301 Park Ave., zw. 49th, 50th Sts. u. Lexington Ave. Mehr dazu auf S. 119 (Übernachtungen).* **Hinweis**: *Von 2017–2020 ist das Hotel wegen Renovierung geschlossen.*

Zwischen 59th und 110th Street

Die Stadtteile zwischen 59th Street und 110th Street im Überblick

In Stichworten

Museen – Central Park – Livekonzerte und Kulturprogramme – Upper West Side für die Intelligenzia – Upper East Side: Hier wohnen die ganz Reichen – Naturkunde „en gros“ im Museum of Natural History

Upper West Side

Hinweis

Die Upper West Side erstreckt sich zw. East River und Central Park sowie 59th u. 125th Sts. (inkl. Morningside Heights) • **Einwohner**: 235.000

Bis zur Amerikanischen Revolution war das hügelige Terrain bekannt als „Bloemendaal“, das Tal der Blumen. Hier hatten die wohlhabenden New Yorker ihre Landhäuser. Doch dann wurden viele von ihnen als „Freunde Englands“ vertrieben. Ab ca. 1800 begann man mit der Anlage kleiner Dörfer, in denen sich aber vorwiegend wieder reiche Bürger niederließen. Die Bloomingdale Road, der spätere Broadway, entwickelte sich von da an zu einer Ausflugsroute, an der die zahlreichen Country Inns ein beliebter Treff und Inspirationsort für Schriftsteller und Poeten waren. Mit der Anlage des Central Park und einer Wirtschaftsflaute nach 1850 kamen viele arme Leute in die Gegend.

Nach dem Bürgerkrieg wurde die Bloomingdale Road erweitert, Parks am Hudson River und im Norden angelegt sowie erste Hochbahnstrecken durch die Upper West Side verlegt. Damit wurde der Stadtteil attraktiv. Die Reichen zog es mehr zum Central Park, wo luxuriöse Apartmenthäuser, wie das Dakota, gebaut wur-

Der Subway-Kiosk an der 72nd Street

Rasante Entwicklung

den, während die Mittelklasse sich entlang der Columbus und Amsterdam Avenues niederließ. Für alle anderen blieben dann noch die Tenement-Siedlungen weiter im Westen. Anschließend ging es Schlag auf Schlag: Die Columbia University, das Museum of Natural History, die (erste) Cathedral of St. John the Divine, Hotels u. v. m. folgten. Ein ganz besonderer Augenschmaus war und ist das 1904 im Beaux-Arts-Stil erbaute (ehemalige) **Ansonia Hotel** *(2109 Broadway, zw. 73rd u. 74th Sts.)*, das größte Gebäude dieser Bauart in der Upper West Side. Da die feuerfesten Wände sehr dick waren, wohnten hier v. a. Musiker, Sänger und Dirigenten, u. a. Arturo Toscanini, Igor Strawinsky und Enrico Caruso. Auch der **Subway-Kiosk** *(Broadway/72nd St.)*, eine 1905 eingeweihte Ticket-Kontrollstation der U-Bahn aus Backstein und Terrakotta, verdient Beachtung.

Multikultureller Stadtteil

Bis Ende der 1920er-Jahre hielt der Bauboom an, doch während der Depressionszeit verfiel die Upper West Side zunehmend, und nach dem Zweiten Weltkrieg zogen Armut und Kriminalität nach: ein Zustand, der sich bis in die 1970er-Jahre hielt. Mit dem Bau des Lincoln Center und dem Abriss der vielen Slums begann sich das Blatt zu wenden und die Upper West Side entwickelte sich zunehmend zu einem multikulturellen Stadtteil. Akademiker, Künstler, Yuppies, Schauspieler, politische Aktivisten, kinderreiche Familien, Einwanderer aus Mittelamerika und auch die Upperclass – sie leben hier heute alle zusammen.

Die wesentlichen **Sehenswürdigkeiten** der Upper West Side beschränken sich jedoch auf das Museum of Natural History, die New York Historical Society, die Gebäude entlang dem Central Park West, die Cathedral of St. John the Divine und das Lincoln Center, die alle sehr weit voneinander entfernt liegen. Es macht aber auch Spaß, die Cafés, Restaurants und kleinen Boutiquen entlang den Columbus und Amsterdam Avenues zu besuchen, im Feinkostladen **Zabar's** *(Broadway/80th St.)* fürs Picknick im Central Park einzukaufen sowie in Shops und Galerien zu stöbern.

Upper East Side

Hinweis

Die Upper East Side liegt zw. East River und Central Park sowie 59th u. 96th Sts • **Einwohner:** 210.000

Lange Zeit gab es nur entlang dem East River einige Häuserreihen. Erst um 1810 etablierte sich eine Kirchengemeinde um die St. James Church *(Madison Ave./71st St.)* und wurde die Siedlung Hamilton Park *(zw. 3rd u. 5th Ave. sowie 66th u. 69th Sts.)* gegründet. Doch erst nach der Eröffnung des Central Park im Jahre 1859 begann die Upper East Side sich zu entwickeln. Hauptproblem war die Verkehrsanbindung. Außer der 1837 eingerichteten New York & Harlem Railroad gab es nur unbefestigte Straßen, auf denen sich die Pferdefuhrwerke nur langsam fortbewegen konnten. Nach dem Bürgerkrieg begann man mit der Anlage fester Straßen, und die relativ wohlhabende, deutsche Volksgruppe sorgte schließlich für den Bau eines Krankenhauses, einer Bücherei und anderer Sozialeinrichtungen.

Anschließend ging es steil bergauf: 1879 wurden zwei Hochbahnen und 1880 das Metropolitan Museum of Art eröffnet. Der Bau von soliden Brownstone-Häusern lockte weitere wohlsituierte Bewohner irischer oder deutscher Abstammung an. Als dann die 5th sowie die Park Avenue um 1888 ausgebaut wurden, kamen die Superreichen: Industrie-Tycoone, millionenschwere Kaufleute und findige Immobilienmakler siedelten sich an und investierten in großem Stil. Kleine Schlösser und teure Apartmenthäuser säumten von nun an die Straßenzüge zwischen Park Avenue und Central Park. Ihnen folgten die „Sozialeinrichtungen der Oberschicht": Clubs nahe dem Central Park, Pferdeställe östlich der Park Avenue.

Das American Museum of Natural History ist bekannt für seine fossilen Skelette

Wer sich diesen Luxus nicht mehr leisten konnte, zog in Richtung East River bzw., wie die deutschen, irischen und einige osteuropäische Einwanderer, weiter nach Norden, nach **Yorkville**, das sich damals um den

An der Museum Mile verkaufen Händler eigene „Kunstwerke“

Bahnhof an der 86th Street *(„German Broadway“)* konzentrierte, sich heute aber zwischen East River, Park Avenue sowie 79th u. 96th Streets erstreckt. Während der Nazizeit noch Schauplatz politischer Aktivitäten (pro und contra Hitler), hat Yorkville heute die meisten seiner deutschstämmigen Einwohner verloren und sich zu einem Wohngebiet für den gehobenen Mittelstand entwickelt, ebenso wie **Carnegie Hill**, der Stadtteil nordwestlich davon – wobei dieser bereits seit 1902 geprägt wurde durch den Stahlbaron Andrew Carnegie.

info

East River Houses: soziales Engagement auf Amerikanisch

Als 1911 eine Tuberkulose-Epidemie die Lower East Side heimsuchte, wurden an der 523 E. 77th Street u. 508-522 E. 78th Street, mit finanzieller Unterstützung von William Vanderbilts Frau, den Bedürfnissen angepasste (Sonnenlicht, Gärten, viel frische Luftzufuhr) Wohnblocks mit bezahlbaren Wohnungen für Arbeiterfamilien mit Tuberkulosefällen in der Familie hochgezogen. Das hatte Modellcharakter für weitere solche Bauten.

Hier residiert der Geldadel

Die Postleitzahl-Region 10021 der Upper East Side hat das höchste Pro-Kopf-Einkommen in Manhattan und eines der höchsten landesweit. Hier leben die berühmtesten Schauspieler, die reichsten Witwen, Erben großer Imperien, Nachkömmlinge europäischer Adelsgeschlechter, jüdische Diamantenhändler, Milliardäre aus Asien usw. und verstecken sich hinter den Fassaden der von außen relativ unscheinbaren Apartmenthäuser, deren Innenleben aber kaum Wünsche offen lässt. Die Mehrzahl der New Yorker, die sich ein Apartment hier niemals werden leisten können, rümpfen gerne die Nase über das „Old Money“, wie sie es nennen.

Neben den weltbekannten Museen entlang der 5th Avenue (**Museum Mile**) beeindrucken den einen oder anderen vielleicht die sündhaft teuren Boutiquen an der Madison Avenue, dem „Silk Stocking District" (denn hier kaufen angeblich nur Frauen mit seidenen Strumpfhosen ein). Entlang der Wohnstraßen gibt es wenig zu sehen, da sich alles hinter den Kulissen, abgeschirmt durch livrierte Türsteher, abspielt. Der Besuch der **Gracie Mansion**, wo der amtierende New Yorker Bürgermeister wohnt, muss weit im Voraus angemeldet werden!

Spanish Harlem/El Barrio

Hinweis

Das Gebiet liegt zw. 96th u. 120th Sts. sowie East River u. 5th Ave. (Teil von East Harlem) • **Einwohner**: 95.000

Erste Siedlungen datieren zwar auf das 19. Jh., doch begann sich dieser Teil New Yorks erst um 1900 zu entfalten. In den 1920er-Jahren kamen vornehmlich Einwanderer italienischer Abstammung („Italian Harlem"), und von hier agierte der Genovese-Mafia-Clan. Wenige Jahre später folgten erste Einwanderer aus Puerto Rico *(Nuyoricans)*. Nach dem Zweiten Weltkrieg zogen viele der Italiener weiter, und der Zustrom aus Lateinamerika nahm zu. Ruhig blieb es nicht, denn die Mafia blieb noch bis in die 1980er-Jahre präsent, und bis in die 1990er-Jahre beherrschten Banden die Straßen.

Mittlerweile hat sich der Stadtteil beruhigt, doch bleibt er einer der ärmsten Manhattans, was überall spürbar ist. Gut die Hälfte der Bewohner ist noch lateinamerikanischer Abstammung. Abends treffen sich die Männer in den Bodegas, und die Kirche bildet einen wesentlichen Faktor im sozialen Leben.

Redaktionstipps

Lohnende Museen

▸ Das **Guggenheim Museum** (S. 327) und das **Metropolitan Museum of Art** (S. 329) sind die berühmtesten Museen dieses Stadtteils, aber auch die kleineren Museen der „**Museum Mile**" (S. 326) wie das **American Museum of Natural History** (S. 317), das **Museum of the City of New York** (S. 331), das **Cooper Hewitt Smithsonian Design Museum** (S. 326), die **Frick Collection** (S. 327), **El Museo del Barrio** (S. 327) und auf der West Side die **New York Historical Society** (S. 319) lohnen den Besuch.

Nicht verpassen

▸ Besuch des **Lincoln Center** (S. 318).

Unternehmungen

▸ Bootstour, sommerliche Livekonzerte oder ein Picknick im **Central Park** (S. 320).

Restaurants

▸ Im Central Park lockt das **Loeb Boathouse** (S. 325) mit einer Außenterrasse und leichtem Lunch.

▸ In der Upper West Side sind die Pastrami-Sandwiches vom **Barney Greengrass Deli** oder die karibisch-peruanischen Leckereien im **Flor de Mayo** kaum zu toppen.

▸ In der Upper East Side findet man nette Museumsrestaurants: **Café Sabarsky** (Neue Galerie) (S. 331), **Russ & Daughters Café** (Jewish Museum) (S. 328) sowie das Bistro auf der Dachterrasse des **Metropolitan Museum of Art** (S. 330). Alternativ: Knackwurst vom Wurststand der Traditionsschlachterei **Schaller & Weber** (S. 163) oder abends ins **Vietnaam** (S. 137).

Shopping

▸ Upper West Side: Der Feinkostladen (inkl. Haushaltsartikel) **Zabar's** (S. 163) sowie Geschäfte entlang der Columbus Ave.

▸ Upper East Side: **Luxusboutiquen** und kleine **Galerien** entlang der Madison Avenue (zw. 60th u. 80th Ave.). In den **Museums-Shops** gibt es Geschichtliches, Kunstbände, Plakate, Souvenirs u. v. m.

Zeitplanung

▸ 2–3 Tage. 1 Tag Upper West Side inkl. eines Spaziergangs durch den Central Park (ohne Museum of Nat. History). Upper East Side: mind. 1 Tag für 2 (evtl. 3) Museen entlang der Museum Mile.

Hudson River
Henry Hudson Pkwy.
Henry Hudson Parkway
Riverside Drive
9A
79th Street Boat Basin
Boat Basin Café
American Buddhist Center
Duke Ellington Blvd
(West 106th St)
Firemen's Memorial
Symphony Space
Joan of Arc Monument
Soldiers and Sailors Monument
Edgar Allen Poe St (West 84th St)
Children's Museum of Manhattan
Zabar's
Broadway
West End Avenue
Amsterdam Avenue
Columbus Avenue
Central Park West
Manhattan Valley
UPPER WEST SIDE
American Museum of Natural History
Greenflea Market
NY Historical Society
The San Remo
The Dakota
The Majestic
Ansonia Bldg.
Verdi Square
Subway Kiosk
Sherman Square
Lincoln Towers
Lincoln Center
Lincoln Center Theater
Metropolitan Opera
David Geffen Hall
D.H. Koch Theater
American Folk Art Museum
Amsterdam Houses
Fordham University
Time Warner Center/ CNN
Columbus Circle
Mus. of Arts and Design
Central Park South
Great Hill
The Pool
The Loch
West Drive
Central Park
North Meadow
97th Street Transverse
Jacqueline Kennedy Onassis Reservoir
85th Street Transverse
The Great Lawn
Cleopatra's Needle
Delacorte Theater
Belvedere Castle
Turtle Pond
79th Street Transverse
The Ramble
The Lake
Loeb Boathouse
Conservatory Pond
Strawberry Fields
Cherry Hill
Bethesda Fountain
Terrace Drive
Naumburg Bandshell
Tavern on the Green
The Sheep Meadow
The Mall (Lit. Walk)
Children's Zoo
65th Street Transverse
Carousel
The Dairy Visitor Center
Wollman Rink
Central Park Zoo
The Arsenal
Heckscher Playground
Victorian Gardens
The Pond
Grand Army Plaza
The Plaza Hotel
Bergdorf Goodman
El Museo del Barrio
Museum of the City of NY
Graffiti Hall of Fame
Mt. Sinai
St. Nicholas Cathedral
Fifth Avenue (Museum Mile)
East Drive
Carnegie Hill
Jewish Museum
Cooper Hewitt Smithsonian Design Museum
National Academy Museum
Guggenheim Museum
Park Avenue Synagogue
Neue Galerie
St. Ignatius
Metropolitan Museum of Art
Ukrainian Institute of America
Fordham University
The Met Breuer
St. James
The Frick Collection
Asia Society
Lenox Hill
Konsulat Österreich
Hunter College
Park Ave Armory
Temple Emanu-El
Fifth Avenue Synagogue
Metropolitan Club
Museum of Comic & Cartoon Art
Dahesh Mus. of Art
Bloomingdale's
Madison Avenue
Park Avenue
Lexington Avenue
Third Avenue

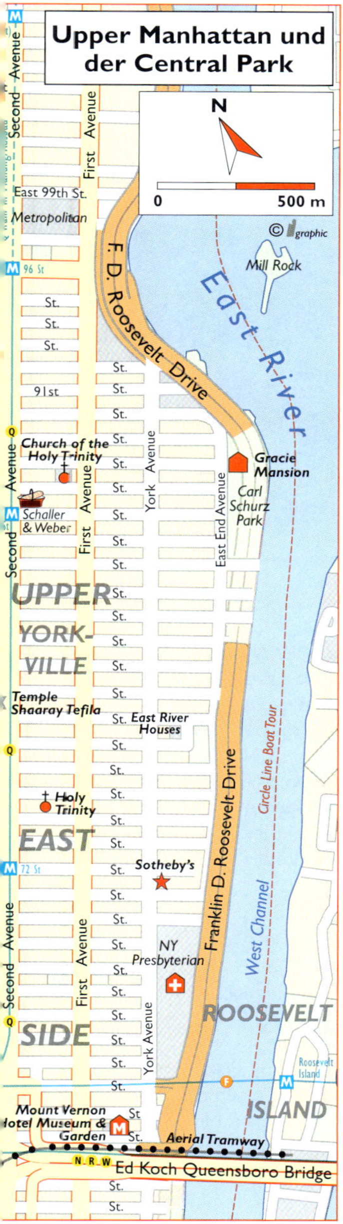

Zu sehen gibt es in diesem Stadtteil also nichts, sieht man einmal ab von dem El Museo Del Barrio und dem Museum of the City of New York an der 5th Avenue. Doch machen immer mehr lateinamerikanische Lokale auf, in denen interessante Gerichte aufgetischt und flotte Rhythmen gespielt werden.

Tipps für Spaziergänge

Upper West Side und Central Park

Minimum: *2 Std. (ohne Museen), 3 Std. inkl. der NY Historical Society,* **Optimum**: *1 Tag, wobei für ausgewählte Abteilungen des Museum of Nat. History weitere 2 Std. einzuplanen sind*

Start ist am Columbus Circle. Vorbei an Trumps Hotelhochhaus liegt bald linker Hand das Lincoln Center. Von da an folgt man dem Broadway und/oder der Columbus Avenue mit ihren Geschäften, Cafés und Restaurants. Biegt man dann in die 77th Street ein, erreicht man rasch die New York Historical Society und/oder das American Museum of Natural History. Danach geht es in den Central Park, wo man sich, je nach Laune und Wetter, einfach treiben lassen sollte. Highlights wären das Dakota Building, Loeb Boathouse *(Ruderboote/Fahrradverleih/Restaurant)*, die Region um „The Lake" und auf der Ostseite das Metropolitan Museum of Art.

Central Park

Minimum: *2 Std.,* **Optimum**: *4–5 Std. (inkl. 1 Std. Boot- oder Fahrradfahren und einem Picknick)*

So wunderschön der Central Park auch ist, es macht aus Zeitgründen wenig Sinn, den Park in seiner gesamten Länge zu durchwandern. Man sollte sich auf den Süden bis zur Höhe des Metropolitan Museum of Art beschränken und anschließend nur noch der 5th Avenue folgen.

Am besten beginnt man im Süden am Grand Army Plaza. Wegkarten und Infos zu aktuel-

Ein Spaziergang durch den Central Park verspricht zu jeder Jahreszeit Erholung und Abwechslung

len Aufführungen (Konzerte u. a.) gibt es am The Dairy Visitor Center. Der Zoo ist nur etwas für die Kinder, das historische Karussell mag aber Groß und Klein begeistern. Die Strawberry Fields, der Bethesda Fountain und schräg dahinter das Loeb Boathouse bilden den Kernbereich des Parks. Hier kann man am The Lake speisen, Ruderboote und Fahrräder mieten. Cleopatra's Needle steht weniger im Rampenlicht, denn das riesige Metropolitan Museum of Art zieht meist die Blicke auf sich. Belvedere Castle verdeckt ein wenig Shakespeare's Garden und das Delacorte Theater. Das Swedish Cottage dagegen verspricht leichtere Kost. Wen es nun doch in den Norden des Parks verschlägt, der sollte die Blumenpracht in den Conservatory Gardens auf sich wirken lassen.

Ein Tag im Park

Lenox Hill, Upper East Side und die Museum Mile

Minimum: *4 Std. (für 2 kleinere Museen bzw. einen Teil des Metropolitan Museum of Art)*, **Optimum**: *mind. 1 Tag*

Bloomingdale's *(Lexington Ave./59th St.)* oder der Grand Army Plaza eignen sich als Startpunkte. Abgesehen vom Windowshopping oder dem einen oder anderen Schlenker in den Central Park sollte man einfach der 5th Avenue („Museum Mile") nach Norden folgen. Suchen Sie sich das eine oder andere Museum aus, aber behalten Sie dabei die Zeit im Auge. Für das leibliche Wohl wird in den Museumscafés gesorgt. Food Carts gibt es ebenfalls zur Genüge.

Tipps für den Museumsbesuch

Mehr als **zwei Museen** sind kaum zu verkraften! Das Metropolitan Museum und das Museum of Natural History sind sogar so groß, dass man sich an einem Tag auf eines der beiden Museen beschränken sollte! Unbedingt beim Eintritt die Lagepläne studieren. Das spart Zeit.
Eintrittspreise: Oft wird von „suggested admittance" gesprochen. Man muss dann nicht den vorgeschlagenen Preis zahlen, auf eine gewisse Summe wird allerdings Wert gelegt. An bestimmten Tagen/Zeiten wird in vielen Museen New Yorks kein Eintritt verlangt. Die Zeiten wechseln, also sollte man sich vorher erkundigen.

Sehenswürdigkeiten

Upper West Side

American Folk Art Museum

Gezeigt wird amerikanische Volkskunst aus der Zeit des ausgehenden 17. Jh. bis heute. Dabei handelt es sich vornehmlich um Handwerkskunst der europäischen Einwanderer, selten um die der Indianer und African-Americans.
American Folk Art Museum, *2 Lincoln Sq., zw. 65th u. 66th Sts., www.folkartmuseum.org; Mo–Do u. Sa 11.30–19, Fr 11.30–19.30, So 12–18 Uhr*

*** American Museum of Natural History

Eines der größten Naturkundemuseen der Welt. Vor dem Museum erinnert ein Reiterstandbild an Theodore Roosevelt, der sich wie kein anderer Präsident in der Natur wohl und sich ihr verpflichtet fühlte.

Einzigartiges Naturkundemuseum

Ein Besuch erfordert einige Stunden, selbst wenn man sich nur auf die wichtigsten Abteilungen beschränkt, etwa die Exponate zu den frühen Kulturen Amerikas oder die Abteilungen, die sich Schmetterlingen, Vögeln der Welt, Juwelen und Kristallen, den Ozeanen und den Wäldern widmen. Die spektakulären Dinosaurier-Skelette, die 3D-Filme sowie die Glasschaukästen, in denen ausgestopfte Tiere in „natürlicher" Umgebung gezeigt werden, werden besonders Kinder begeistern.

Viel besucht ist das **Rose Center for Earth & Space**, wo die Entstehungsgeschichte der Erde ergründet und eine Space Show alle Altersgruppen in den Bann ziehen wird, aber auch die Frage gestellt wird „Are we alone?" (... im Universum). Zu sehen gibt es hier u. a. einen 15,5 t schweren Meteoriten. Zum gleichen Komplex gehört das **Hayden Planetarium**, in dem man ein Modell des Sonnensystems, Meteoriten, Filme, Fotos und Modelle der Erde, der Planeten und des Mondes zu sehen bekommt. Hierfür sollte man bereits vorher übers Internet Tickets reservieren, sich über die variierenden Vorführzeiten (z. B. Lasershow) erkundigen und mindestens zwei weitere Stunden einplanen.

Hilfreich sind die unterschiedlichen „Self-Guided Tours" (Highlight-, Earth & Space-, Dino-Tours u. a.).
American Museum of Natural History, *Central Park West, zw. 77th u. 81st Sts., www.amnh.org; tgl. 10–17.45 Uhr*

Children's Museum of Manhattan

Ein riesiger Spielplatz für Kinder von zwei bis zehn Jahren. Die Kids können klettern, Filme anschauen, malen, sich kostümieren, sich auf spielerische Weise über andere Kulturen informieren und – zusammen mit den Eltern – lernen, wie man gesund lebt.
Children's Museum of Manhattan, *212 W. 83rd St., zw. Broadway u. Amsterdam Ave., www.cmom.org; Di–So 10–17, Sa bis 19 Uhr*

Dakota Building/Apartments

Als das Gebäude 1884 fertiggestellt war, war die Gegend kaum besiedelt und weit entfernt von der Innenstadt. Daher benannte man es nach den gleichnamigen, „gottverlassenen Bundesstaaten in der fernen Provinz". Der Bau des pompösen Apartmenthauses veranlasste dann auch andere Bauherren, in diesem Stadtteil zu investieren. In Architekturkreisen heißt es, dass sich der Konstrukteur dieses Hauses von deutschen und nordeuropäischen Vorbildern leiten ließ, was besonders an den pittoresken Giebeln zu erkennen sei. Weltberühmt wurde das Dakota erstmals durch Roman Polanskis Gruselfilm „Rosemary's Baby". Im Dezember 1980 wurde, direkt vor dem Eingang 72nd Street, John Lennon von einem geistesgestörten Fan erschossen. Zu den VIPs, die hier wohnen bzw. gewohnt haben, zählen Yoko Ono, Leonard Bernstein, Judy Garland, Sting und viele andere.

Berühmte Adresse

Weitere vornehme Residenzen sind u. a. das **Majestic** *(115 Central Park West)* und das **San Remo** *(145 Central Park West)*, beide um 1930 erbaut. Letzteres beeindruckt durch die hohen Türme, die italienische Renaissance-Architektur und letztendlich die (snobistische) Tatsache, dass die Bewohner selbst Madonna hier nicht einziehen lassen wollten. Besser erging es da Bruce Willis, Steven Spielberg, Steve Jobs, Dustin Hoffman u. a.
Dakota Building, *1 W. 72nd St., Ecke Central Park West*

** Lincoln Center

Hierbei handelt es sich um einen der ganz großen kulturellen Orte dieser Welt. Zwischen 1959 und 1966 erbaut, umfasst das Lincoln Center Musikschulen, Theater- sowie Musik- und Tanzbühnen, Bibliotheken und ein Opernhaus. Wer vom Broadway auf die Anlage zukommt, erlebt dessen Schauseite mit der großzügigen Plaza und ihrem Springbrunnen. Hinter dem Platz beherrscht die Front des weltberühmten **Metropolitan Opera House** mit seinen hohen Arkaden das gesamte Ensemble. In dessen Inneren sieht man Marc Chagalls große Wandgemälde.

Links rahmt das **David H. Koch Theater** (NYC Ballett) und rechts die **David Geffen Hall** (NY Philharmoniker) die Plaza ein. Weitere Gebäude (Schulen, Theater etc.) sind rechts um einen hübschen rechteckigen Brunnen gruppiert, während links neben der Oper der Damrosch Park zur Erholung einlädt. Auch die einen Block nördlich gelegene **Alice Tully Hall** (Film und Musik) gehört dazu.

Kultureller Sammelpunkt: das Lincoln Center

Lincoln Center, *70 Lincoln Center Plaza (Broadway/64th St.), www.lincolncenter.org; Touren: Anmeldung im David Rubenstein Atrium (Broadway/62nd St.), Dauer 75 Min., Mo–Sa 11.30 u. 13.30 Uhr (März–Mai Sa nur 15 Uhr), So 15 Uhr*

* New York Historical Society

New Yorks **ältestes Museum** wurde 1808 an dieser Stelle gegründet. Im Vordergrund stehen Sonderausstellungen, die sich v. a. mit der Geschichte von New York befassen. Dabei wird weniger auf eine gezielte „Schulung" zum Thema New York Wert gelegt (wie im Museum of the City of New York), sondern es werden Kunstgegenstände, Fotos u. a. aus den verschiedensten Epochen gezeigt, die sich dabei einem speziellen Thema widmen. Lohnend ist die Teilnahme an einer Führung. Wer sich mit ausgesuchten Details zur Stadtgeschichte beschäftigen möchte, ist hier goldrichtig.

Stadtgeschichte

New York Historical Society, *Ecke Central Park West/77th St., www.nyhistory.org; Di–Sa 10–18, Fr bis 20, So 11–17 Uhr*

Nicholas Roerich Museum

Nicholas Roerich (*1874 in St. Petersburg, † 1947 in Indien) war ein Exzentriker, Philosoph, Künstler, Architekt, Maler, Weltbürger und Pazifist russischer Abstammung. Er widmete einen großen Teil seines Lebens der Zusammenarbeit mit russischen Künstlern (u. a. Strawinsky), die in New York lebten, und dem Erhalt internationaler kultureller Schätze. In dem von seiner Frau zusammengestellten Museum ist ein buntes Kaleidoskop seiner Arbeiten und Erinnerungsstücke von seinen Reisen (bes. Tibet/Himalaya) zusammengestellt.

Nicholas Roerich Museum, *319 W. 107th St. (Riverside Dr.), www.roerich.org; Di–Fr 12–17, Sa, So 14–17 Uhr*

Riverside Park

1873–75 von Frederick Law Olmsted (siehe Central Park) angelegter Park. Ursprüngliches Ziel war es, durch eine attraktive Erholungsfläche die Immobilien-

Erholungsfläche

preise in der Upper West Side steigen zu lassen. Dafür wurden eine baumbestandene Straße (heute der Riverside Drive) sowie ein breiter Wanderweg und einige Aussichtspunkte angelegt. Spielplätze und Fußwege kamen später hinzu, genau wie verschiedene Skulpturen und Monumente, z. B. **Grant's Tomb** (siehe S. 343) und das **Soldiers' and Sailors' Monument** *(W. 89th St.)*, beides in Gedenken an den Amerikanischen Bürgerkrieg. In letzter Zeit entstanden entlang dem Park teure Apartmentwohnungen. Einer der Drahtzieher: Donald Trump, wer sonst.

Das **Boat Basin Café** am Ende der W. 79th Street und direkt am Hudson River bietet während der Saison eine gute Gelegenheit für ein Snack bzw. eine kühle Erfrischung.
Riverside Park, *entlang dem Hudson River, nördl. der 72nd St.*

Symphony Space

In dem zu einer großen Konzerthalle umgebauten Kino werden erstklassige Aufführungen geboten, z. B. Modern Dance, Folk aus aller Welt, Gospelmusik, Lesungen u. a. Wer in die New Yorker Kulturszene reinschnuppern möchte und sich nicht mit den touristischen Highlights begnügen mag, sollte auf Ankündigungen achten.
Symphony Space, *2537 Broadway/95th St., www.symphonyspace.org*

*** Central Park

Hinweis

Lage: zw. Central Park West u. 5th Ave. sowie 59th u. 110th Sts. **The Dairy** (Höhe 65th St., mitten im Park), bis etwa 1950 eine Milchbar, ist heute das größte von 5 VC im Park und ganzjährig geöffnet, www.centralparknyc.org.

Tipps

Essen im Central Park
Mit Blick auf „The Lake" im **Loeb Boathouse**
Kerb's Boathouse (Café mit Snacks) mit Blick auf die Modellboote im Conservatory Water
Im Mineral Springs Pavilion (*nördl. Sheep Meadow, Höhe 69th St.*) gibt es Snacks, Bier und Cocktails.
Einen **Hot Dog** an den Food Carts vor dem Park kaufen und sich auf der Wiese nierderlassen; alternativ **Picknicken** unter einem Baum – Delis findet man in der Nähe.
Teuer, romantisch, exquisit und beliebt für den Sonntags-Brunch ist die **Tavern on the Green**.

Der Central Park ist bekannt als die „grüne Lunge" von Manhattan. Er ist Stätte der Erholung, der sportlichen Betätigung, des Frustabladens, der Romantiker und Liebespaare, Schauplatz großer Musikveranstaltungen und an warmen Wochenenden Treffpunkt der wohl größten Picknickgemeinde der Welt.

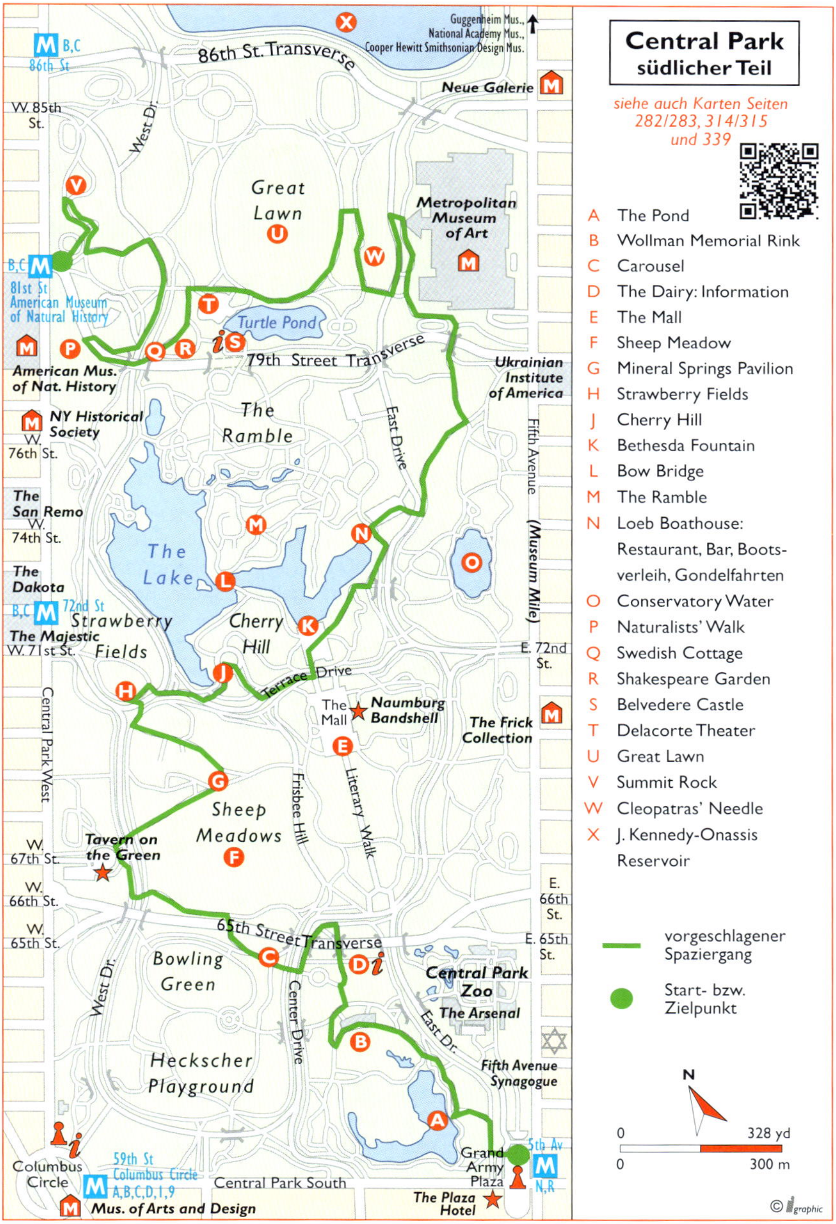
Central Park
südlicher Teil
siehe auch Karten Seiten 282/283, 314/315 und 339
A The Pond
B Wollman Memorial Rink
C Carousel
D The Dairy: Information
E The Mall
F Sheep Meadow
G Mineral Springs Pavilion
H Strawberry Fields
J Cherry Hill
K Bethesda Fountain
L Bow Bridge
M The Ramble
N Loeb Boathouse: Restaurant, Bar, Bootsverleih, Gondelfahrten
O Conservatory Water
P Naturalists' Walk
Q Swedish Cottage
R Shakespeare Garden
S Belvedere Castle
T Delacorte Theater
U Great Lawn
V Summit Rock
W Cleopatras' Needle
X J. Kennedy-Onassis Reservoir
vorgeschlagener Spaziergang
Start- bzw. Zielpunkt
N
0 328 yd
0 300 m
Guggenheim Mus., National Academy Mus., Cooper Hewitt Smithsonian Design Mus.
86th St. Transverse
B,C 86th St
Neue Galerie
W. 85th St.
West Dr.
Great Lawn
Metropolitan Museum of Art
B,C 81st St American Museum of Natural History
Turtle Pond
79th Street Transverse
American Mus. of Nat. History
Ukrainian Institute of America
NY Historical Society
W. 76th St.
The Ramble
East Drive
Fifth Avenue
The San Remo
W. 74th St.
The Lake
(Museum Mile)
The Dakota
B,C 72nd St
Strawberry Fields
Cherry Hill
The Majestic
W. 71st St.
E. 72nd St.
Terrace Drive
The Mall
Naumburg Bandshell
The Frick Collection
Central Park West
Frisbee Hill
Literary Walk
Sheep Meadows
W. 67th St.
Tavern on the Green
W. 66th St.
E. 66th St.
W. 65th St.
65th Street Transverse
E. 65th St.
Bowling Green
Central Park Zoo
The Arsenal
West Dr.
Center Drive
East Dr.
Heckscher Playground
Fifth Avenue Synagogue
Columbus Circle
59th St Columbus Circle A,B,C,D,1,9
Central Park South
Grand Army Plaza
5th Av N,R
The Plaza Hotel
Mus. of Arts and Design
© graphic

Eine beliebte Freizeitaktivität im Central Park ist das Rudern, hier vorm Loeb Boathouse

Der Park verfügt über drei Seen und mehrere kleine Teiche, einen Zoo, eine Eislaufbahn (nur im Winter), ein Bassin für Modellboote, Tennis-, Fußball-, Baseball- und Volleyballplätze, ein Theater, Picknickplätze, Ruderboote, Fahrradverleih, Spielplätze, Aussichtspunkte, Springbrunnen, Liegewiesen, Blumenbeete, Granitfelsen, Statuen, Restaurants, eine eindrucksvolle Pflanzenwelt (1.500 Spezien), 95 km Fußwege (zumeist asphaltiert) u. v. m. Jongleure, Musiker, Zauberer und asiatische Masseure runden das facettenreiche Treiben noch ab. Die wenigen Straßen sind an den Wochenenden für den Autoverkehr gesperrt und werden dann zum Eldorado für Jogger, Fahrrad-, Skateboard- und Rollschuhfahrer. Sportenthusiasten dürfen sich gern unter die Aktiven mischen.

Auswahl an Aktivitäten

Das unter beträchtlichem Aufwand zu großen Teilen planierte Gelände wartet darauf, auf Spaziergängen erkundet zu werden. Naturbelassener und dem Prinzip eines Englischen Gartens am nächsten stehend, ist der nördliche Abschnitt. Dort befindet sich in der Nordostecke das **Harlem-Meer**, ein 4,5 ha großer See. Im Sommer wird hier geangelt oder am Lasker Rink & Pool gebadet bzw. im Winter Schlittschuh gelaufen. Im Charles A. Dana Discovery Center erhalten Kinder Infos zur Natur und können Angeln ausleihen.

Der südliche Bereich bietet mehr Leben und mehr Highlights. Dazwischen liegt das große **Jackie Onassis Reservoir**, das man auf einem herrlichen Spaziergang umrunden kann.

Programm und Karte

Wer den Central Park zu einem ausgiebigen Programmpunkt machen möchte, der sollte sich zuerst in einem der fünf Infocenter (VC) über das aktuelle Programm erkundigen und sich eine detaillierte Karte geben lassen. Versäumen sollte man anschließend nicht, die Alleen mit ihren Denkmälern und Statuen („Mall"), die Hügel („Cherry Hill", „Pilgrim Hill", „Belvedere Hill") und die Seen „The Lake" und

„Belvedere Lake" anzuschauen. Für ein Picknick sollte man sich bereits außerhalb des Parks eindecken. Ein kleines Schmankerl ist noch **The Carousel**, ein historisches Pferdekarussell von 1908. Orgelmusik untermalt den Ritt auf einem der 57 Pferde.

Der Central Park ist ohne Zweifel Manhattans „grüne Lunge"

Geschichte des Parks

Die erste Kampagne für einen großen Park in Manhattan wurde bereits 1844 gestartet von William C. Bryant (Verleger der „New York Evening Post") sowie dem Landschaftsarchitekten Andrew Jackson Downing. Nach mehrjährigem Hick-Hack kaufte die Stadt schließlich 1853 das Gelände, das damals noch vor den Toren der Stadt lag. Es war bereits klar, dass Manhattan weit über dessen Grenzen hinauswachsen würde.

Da Downing 1851 bei einem Bootsunglück ums Leben kam, musste die landschaftliche Gestaltung in einem Wettbewerb ausgeschrieben werden. Aus 33 Vorschlägen ging 1858 der von Frederick Law Olmsted und Calvert Vaux als Sieger hervor. 3.000, meist irische, Tagelöhner sowie 400 Pferde waren von nun an damit beschäftigt, aus dem Land voller Hügel, Felsen, glazialen Formationen und auch Hüttensiedlungen und Schweinefarmen eine grüne Lunge für die wachsende Metropole zu schaffen. Dafür wurden 2,3 Mio. m³ Erde bewegt – gegen den erbitterten Widerstand der Bewohner der schäbigen Siedlungen, zumeist mittellose schwarze Familien. Doch bereits 1859 konnte der Park eröffnet werden. Eigentlich fertig war man aber erst 1876. Dann dauerte es nochmals 30 Jahre, bevor die Vegetation, u. a. 270.000 gepflanzte Bäume und Sträucher, sich voll entfalten konnten. Mit einer Länge von gut 4 km und einer Breite von etwa 860 m bedeckt der rechteckige Park eine Fläche von 340 ha und wird heute von jährlich 25 Mio. Menschen besucht.

Grüne Lunge für die Metropole

Sehenswertes im Central Park

Belvedere Castle

1872 aus den gesprengten Granitfelsen des Parks auf einem Hügel erbautes „Schloss". Alle beliebten Stilrichtungen des 19. Jhs. finden sich in diesem kitschigen Gebäude: Gotisch, maurisch, chinesisch, ägyptisch u. a. Seit 1919 beherbergt es eine Wetterstation und nun auch eines der **Infocenter** des Parks. Im Inneren wird man mit einem schönen Ausblick von der oberen Balkonbalustrade belohnt.

* Bethesda Terrace and Fountain

The Mall führt direkt zu den wunderschön aus Sandstein herausgearbeiteten Treppen mit den eingravierten vier Jahreszeiten. Unter diesen verbergen sich

Central Park Reservoir

Gewölbe mit wunderschönen Deckenkacheln. Von der Treppe aus blickt man direkt auf den 1863 fertiggestellten Springbrunnen, der ebenso nach einem biblischen Brunnen in Jerusalem benannt wurde und an die gefallenen Marinesoldaten während des Bürgerkriegs erinnert.

Central Park Zoo & Wildlife Center
Kinder werden Spaß haben an den Tieren aus zwei verschiedenen Klimazonen, dem Polarkreis sowie den Tropen (Vögel, Affen, Pinguine, Seelöwen etc.). Grizzly-Bären gibt es ebenfalls, und ein Streichelzoo wird die ganz Kleinen begeistern.

Cleopatra's Needle
Originaler ägyptischer Obelisk aus der Regierungszeit des Pharao Thutmosis III. (errichtet um 1450 v. Chr.). Die Stadt Alexandria schenkte ihn 1877 New York. Für die Kosten des Transports musste aber William H. Vanderbilt aufkommen.

*** Conservatory Garden**
Europäisch inspirierte Gärten
Formell gestalteter, 2,5 ha großer Parkabschnitt, den man durch das schmiedeeiserne Vanderbilt Gate *(5th Ave., zw. 104th und 105th Sts.)* betritt. Der zentrale **Italian Garden** wird betont durch zwei Apfelbaumalleen, der nördliche **French Garden** wird zweimal im Jahr mit bunten Blumen bepflanzt (Tulpen im Frühling, Chrysanthemen im Herbst), und der südliche **English Garden** beeindruckt durch die 180 Arten von einjährigen Pflanzen. Aufgelockert wird alles durch Springbrunnen und Skulpturen.

Conservatory Water
In diesem Wasser dürfen sich Kapitäne von Segelboot-Modellen austoben. Sonnabendmorgen ab 10 Uhr finden von April bis November Rennen statt *(www.*

cpmyc.org). Boote können vor Ort ausgeliehen werden *(www.sailthepark.com)*, auch von Kindern! Nördlich des Sees steht eine Skulptur von „Alice in Wonderland", westlich eine bronzene Statue des Märchenschreibers Hans Christian Andersen.

* Delacorte Theater

Hier finden seit 1959 im Sommer die kostenlosen Shakespeare-Aufführungen statt, siehe S. 155.

Great Lawn

1929 legte man hier ein Wasserreservoir trocken und dafür eine große Rasenfläche an, die bereits kurze Zeit später, während der Depressionsjahre, für ein Obdachlosencamp („Hooverville") genutzt wurde. Seit Ende der 1960er-Jahre macht The Great Lawn durch Demonstrationen und große Konzerte auf sich aufmerksam. Nördlich davon befindet sich das **Arthur Roxx Pinetum**, eine Ansammlung von Kiefern aus aller Welt.

Fläche für Demonstrationen und Konzerte

* Loeb Boathouse

Hier, am östlichen Ende des „The Lake", kann man auf der überdachten Veranda des Restaurant-Cafés sitzen und die Boote auf dem See beobachten. Es gibt einen Boots- und einen Fahrradverleih, und hier legen auch die nachgebauten venezianischen Gondeln ab: Romantik pur!
Reservierungen: *(212) 517-2233 (Ruderboote, Fahrräder) und (212) 517-3623 (Gondolas)*

The Mall

Breiter Spazierweg in Form einer Baumallee – und ehemals Flaniermeile der oberen Zehntausend –, der von Süden auf die Bethesda Terrace zuführt. Im südlichen Abschnitt, dem Literary Walk, stehen unter großen Ulmen Statuen bedeutender Schriftsteller, so z. B. die von Shakespeare und dem schottischen Romantiker Robert Burns. Weiter nördlich wurde 1923 die **Naumburg Bandshell**, eine Konzertmuschel, errichtet und ist seitdem oft Schauplatz von kleinen Konzerten. Der Vorplatz ist ein beliebter Treff der Dance-Skater-Gemeinde *(www.cpdsa.org)*.

* Shakespeare Garden und Swedish Cottage

Der romantische Garten ist bepflanzt mit Blumen, Bäumen und Kräutern, die in den Werken Shakespeares auftauchen. Im Swedish Cottage, einem 1880 gleich nebenan errichteten Holzhaus, werden auf Kindermärchen basierende Aufführungen eines **Marionettentheaters** gezeigt *(www.cityparksfoundation.org/arts)*.

Strawberry Fields

Yoko Ono ließ 1985 das Parkgebiet gegenüber dem Dakota Building, wo sie zusammen mit John Lennon bis zu dessen Ermordung lebte, als Ort des Friedens anlegen und benannte es nach dem Beatles-Song „Strawberry Fields Forever". 161 Nationen haben dafür Blumen, Bäume und Pflanzen gespendet. Nur die Erdbeerpflanzen waren bereits nach kurzer Zeit abgepflückt. Auf einem Platz ist ein Mosaikkreis eingefasst, auf dem der Titel eines anderen Lennon-Songs steht: „Imagine". Hier legen noch heute Fans Blumen nieder.

Pilgerort für Lennon-Fans

Wollman Rink
Die berühmte und oft fotografierte Eisbahn im Süden des Parks ist von Oktober bis April Treffpunkt der Eisläufer. Schlittschuhe werden ausgeliehen. Reservierung empfohlen *(www.wollmanskatingrink.com)*. Im Sommer wird hier ein kleiner Vergnügungspark aufgebaut.

Hinweis

Das **Dahesh Museum of Art** (europ./oriental. Kunst aus dem 19./20. Jh., *www.daheshmuseum.org*) zieht in naher Zukunft an folgende Adresse: *178 E. 64th St., zw. Lexington u. 3rd Ave.*

Upper East Side und die Museum Mile

(The) Africa Center

Das Museum ist immer noch in der Planung. Es sollen vornehmlich wechselnde Ausstellungen aus Afrika stammender Künstler gezeigt werden. Ziel des Museums wird es sein, den kulturellen Austausch zwischen den USA und dem schwarzen Kontinent zu fördern.
(The) Africa Center, *Ecke 5th Ave./110th St., www.theafricacenter.org*

Asia Society

Das asiatisches Kulturzentrum wurde 1957 etabliert auf Betreiben von John D. Rockefeller III. und seiner Frau. Ziel war und ist es, die asiatische und die Kunst der in Amerika eingewanderten Asiaten verständlicher zu machen. Teilbestände aus Rockefellers Privatsammlung werden gezeigt, und asiatische Künstler können hier ihre Werke präsentieren. Lesungen, Filmvorführungen, Theateraufführungen u. a. gehören ebenfalls zum Programm.
Asia Society, *725 Park Ave./70th St., www.asiasociety.org; Di–So 11–18 Uhr (Labor Day–Juni Fr bis 21 Uhr)*

Cooper Hewitt Smithsonian Design Museum

Bezaubernder Garten

Andrew Carnegie ließ das 64-Zimmer-Gebäude 1901, damals weitab vom Trubel der Stadt, für sich bauen. Nach dem Tod des Stahlbarons 1919 wurden seine Vermächtnisse sowie die der Hewitt-Schwestern (Enkelinnen des Industriellen Peter Cooper) hier ausgestellt. Später, vom Verfall bedroht, investierte 1963 das Smithsonian Institute in das Gebäude und den bezaubernden Garten und erhielt die Anlage letztendlich 1972 als Geschenk der Carnegie Corporation.

Den Grundstock der Kollektion bildet seither die **bunte Sammlung der Hewitt-Schwestern** (Gemälde, Drucke, Keramiken, Möbel, Wandbehänge etc.). Interestände, deren Kernpunkt sich immer um die Frage des Designs dreht. Auf geführten Touren werden die Ausstellungsstücke sowie das Haus selbst erläutert. Ein Café und ein toller Museumsshop runden das Bild ab.

Cooper Hewitt Smithsonian Design Museum, *2 E. 91st St./5th Ave. (Museum Mile), www.cooperhewitt.org; So–Fr 10–18, Sa bis 21 Uhr*

El Museo del Barrio

1969 in einem Klassenzimmer in East Harlem gegründet, zeigt das heutige Museum in der permanenten Ausstellung Gegenstände aus der Geschichte Lateinamerikas sowie Werke lateinamerikanischer Künstler, die in den USA leben. Auch die Sonderausstellungen sind beachtenswert. Hier wird deutlich, welchen Einfluss die Hispanics und Latinos mittlerweile im kulturellen und gesellschaftlichen Leben Amerikas haben. Im **El Teatro@El Museo**, dem ehemaligen Art-déco-Heckscher Theater, werden lateinamerikanische Musik-, Theater-, Film-, Tanz- und andere Aufführungen gezeigt.

Lateinamerikanische Kunst

El Museo del Barrio, *1230 5th Ave., zw. 104th u. 105th Sts. (Museum Mile), www.elmuseo.org; Di–Sa 11–18 Uhr*

** Frick Collection

Das „Beaux-Arts"-Gebäude wendet sich in der Art eines französischen Palais mit Terrasse, Freitreppe, kleinem Rasen und Gitter dem Central Park zu. 1913–14 für den Stahlindustriellen Henry C. Frick erbaut, beeindruckt der elegante Stadtpalast heute mit einer exquisiten Sammlung von Gemälden alter Meister sowie einer sehenswerten Möblierung. Hier wird die neureiche Stimmung der Gründerzeit mit ihrem unsicheren und am klassischen Europa orientierten Geschmack besonders gut sichtbar.

Exquisite Gemäldesammlung

Man folgt am besten dem empfohlenen Rundgang und sollte dann eine Ruhepause im herrlichen Innenhof des Garden Court einlegen. Etwa einmal im Monat werden Konzerte, Tanzveranstaltungen und/oder Lesungen angeboten.

Frick Collection, *5th Ave./70th St.(Museum Mile), www.frick.org; Di–Sa 10–18, So 11–17 Uhr*

Gracie Mansion

In dem kolonialen Palast von ca. 1800 wohnt seit 1942 der jeweilige Bürgermeister von New York. Auf der erläuterten Tour durch das Haus passiert man das Wohnzimmer des Bürgermeisters sowie einige Seitenräume. Der Blick hinunter auf den Fluss beeindruckt und hat George Washington während des Unabhängigkeitskriegs dazu veranlasst, eine Kanonen-Batterie hier aufzustellen.

Wohnsitz des Bürgermeisters

Gracie Mansion, *Carl Schurz Park, East End Ave./East 88th St., Touren: nach Ankündigung und rechtzeitiger Anmeldung: www1.nyc.gov/site/gracie/visit/visit.page*

*** (Solomon R.) Guggenheim Museum

Frank Lloyd Wright wurde 1943 vom Kupfer-Industriellen Solomon Guggenheim beauftragt, für seine Kunstsammlung einen „außergewöhnlichen" Museumsbau zu entwerfen. Doch erst 1959 wurde der Bau fertiggestellt, denn Bauamt, Öffentlichkeit und sogar der Bauherr erhoben immer wieder Einsprüche. Guggenheim und Wright erlebten somit die Eröffnung nicht mehr.

Frank Lloyd Wright hat sich mit dem „Schneckenbau" des Guggenheim Museums ein Denkmal gesetzt

Das Hauptgebäude besteht aus einer 432 m langen, fensterlosen Spirale, die sich um einen tiefen Innenraum legt. Das Museum erinnert an eine Schnecke mit einem weißen Schneckenhaus. Wright wollte, dass der Besucher der Architektur folgt: Mit dem Fahrstuhl nach oben fahren und dann auf der Betonrampe an den Exponaten vorbei nach unten gehen.

Wechselnde Ausstellungen zeigen meist moderne Kunst. Der qualitative Museumsbestand umfasst Werke bedeutender Surrealisten, Kubisten, Impressionisten, Minimalisten und Expressionisten (u. a. Kandinsky, Picasso, Klee, Kokoschka, Miró).
(Solomon R.) Guggenheim Museum, *5th Ave./88th St. (Museum Mile), www.guggenheim.org; Fr–Mi 10–17.45, Sa bis 19.45 Uhr*

* The Jewish Museum

In der herrschaftlichen Villa (gotischer Stil, 1908) ist die größte Ausstellung in den USA zur Geschichte der Juden zu sehen. Die Sonderausstellungen befassen sich mit jüdischer Kunst bzw. mit Werken jüdischer Künstler. Um die Ausstellungen verstehen zu können, ist eine gewisse Kenntnis über das Judentum und dessen Religion hilfreich (Audiogerät ausleihen!).

Im **Russ & Daughters Café** werden leckere Sandwiches und Bagels serviert.
The Jewish Museum, *5th Ave./92nd St. (Museum Mile), www.thejewishmuseum.org; Sa–Di 11–17.45, Do 11–20, Fr 11–16 Uhr*

Metropolitan Club

Das wohl luxuriöseste und imposanteste Clubhouse in New York, erbaut 1891–94 im italienischen Renaissance-Stil. Gegründet wurde der Club 1891 als Gegenstück zum damals vornehmsten Club, dem Union Club. Viele der Club-Gründer wurden nämlich im Union Club nicht aufgenommen. Und da Geld keine Rolle spielte, wählte man nicht nur diese Lage, sondern ließ verschwenderisch bauen und protzte mit der Bar, von der aus man auf den Central Park schauen konnte. Zu den Gründungsmitgliedern, die für den Bau die damals unfassbare Summe von 2 Millionen Dollar zahlten, gehörten die Vanderbilts, J.P. Morgan, die Whitneys und die Roosevelts.

Club der Reichen

Hier trifft sich auch heute gerne der Geldadel zum Dinner, zur Zigarre oder zum Bowlen. An einer strengen Kleiderordnung wird bis heute festgehalten, dafür gestattete man bereits in den 1940er-Jahren, vor den meisten anderen Clubs, Frauen die Mitgliedschaft.
Metropolitan Club, *1-11 East 60th St./5th Ave., www.metropolitanclubnyc.org; kein Zutritt für Nichtmitglieder*

*** Metropolitan Museum of Art

i Ausstellungsthemen

Erdgeschoss (Haupteingang):
Linker Flügel: griechische und römische Kunst; völkerkundliche Abteilung (afrikanische, pazifische und amerikanische Kunst)
zentraler Flügel: europäische Kunst des Mittelalters (Malerei, Skulptur, Kunsthandwerk); Robert Lehmann Collection (auf zwei Etagen): europäische Malerei der alten Meister und der klassischen Moderne; Sonderausstellungen; mittelalterliche und neuzeitliche Waffen und Rüstungen aus Europa, Asien und Amerika
American Wing: amerikanische Kunst und Kunsthandwerk; wiederaufgebaute Fassaden
Rechter Flügel: ägyptische Kunst des Alten, Mittleren und Neuen Reiches; wiederaufgebauter Tempel von Dendur

Obergeschoss
Linker Flügel: islamische und zentralasiatische Kunst; griechische und römische Kunst; europäische Malerei und Skulptur des 19. Jhs.; Sonderausstellungen
Zentraler Flügel: Kunst des Fernen Ostens; europäische Malerei bis ca. 1800
Rechter Flügel: asiatische Kunst; American Wing; Musikinstrumente

Das Metropolitan Museum zählt zu den ganz großen Kunstmuseen dieser Welt

Zur Parkseite hin präsentiert sich das Museum mit der gläsernen Ummantelung der modernen Anbauten. Zur 5th Avenue hin liegt der Haupteingang im ursprünglichen Gebäude.

Museum von Weltrang

Das „Metropolitan" gehört zweifelsfrei zu den bedeutendsten Adressen für Kunstliebhaber auf der Welt und muss in einem Atemzug genannt werden mit dem Louvre oder der Eremitage. In den 1880er-Jahren gegründet, wurde die monumentale Eingangsfassade zu Anfang des 20. Jhs. gestaltet. Die Ausstellungsflügel wurden über die Jahre laufend verändert bzw. komplett neu erbaut, sodass im Innern ein moderner Charakter vorherrscht.

In etwa 300 Räumen werden ca. **100.000 Exponate** gezeigt, Kunst und Kunsthandwerk aller Epochen und fast aller Kontinente – da wird man Schwerpunkte setzen müssen! Orientierung bietet der Museumsplan, den man ausgehändigt bekommt (max. ein Drittel der Ausstellung wird man schaffen).

Tipp für Rundgang

Unser Tipp für Unentschlossene und Kurzbesucher zu einem ca. zweistündigen **Rundgang**:
Nach Eintritt in die große Halle (Infostand) nach rechts in die **ägyptische Abteilung**, sich immer rechts haltend bis zum **Tempel von Dendur**, dann geradeaus in den **American Wing** mit seinem Wintergarten. Über das zentrale Treppenhaus schließlich in das Obergeschoss und sich dort eine der Sammlungen der **europäischen Malerei** anschauen.

Außerdem verfügt das Museum über eine Bücherei, gut sortierte Shops (Kunstdrucke, Bücher, Souvenirs usw.), Cafés und Restaurants. Der Besuch des **Open-Air-Roof-Garden** mit seinen Skulpturen aus dem 20. Jh. ist besonders lohnenswert (Mai–Okt.), hier gibt es auch ein kleines Restaurant.

Zu dem Museum gehört auch **The Met Breuer** (siehe S. 333).

Metropolitan Museum of Art, *5th Ave., gegenüber E. 82nd St., www.metmuseum.org; So–Do 10–17.30, Fr, Sa bis 21 Uhr, auf Ankündigungen zu Sonderausstellungen und klassischen Konzerten achten!*

Mount Vernon Hotel Museum & Garden

Koloniale Vergangenheit

1795 begannen Colonel W. Smith und seine Frau Abigail (Tochter des US Präsidenten John Adams) an dieser Stelle eine Farm anzulegen. Doch noch vor deren Fertigstellung mussten sie 1798 alles verkaufen an William T. Robinson, der dann ein „Coach House" (Pferdestation mit Kneipe) bauen ließ, das 1826 wiederum zu einem Hotel umgestaltet wurde. 1924 kaufte eine Gruppe der „Colonial Dames of America" das Haus und eröffnete 1939 ein Museum. Über neun Zimmer verteilt sind koloniale Einrichtungen aus dem 18. und 19. Jh. ausgestellt, und ein Film erzählt vom New York im frühen 19. Jh.
Mount Vernon Hotel Museum & Garden, *421 E. 61st St., zw. 1st u. York Aves., www.mvhm.org; Di–So 11–16 Uhr (letzte Tour: 15.15 Uhr)*

Museum of Comic & Cartoon Art

Eine Schatzkiste für alle Comic-Fans! Das Museum hat sich hier zusammengetan mit der Society of Illustrators, weshalb auch noch der Name **Museum of American Illustrators** kursiert. Zu sehen sind hier neben Comic-Zeichnungen auch Illustrationen und Plakate aus allen Epochen und aus aller Welt. Oft gibt es Sonderausstellungen. Man bedenke, dass vor dem Siegeszug der Fotogafie viele Dinge dem Leser durch Illustrationen nähergebracht wurden. Auch heute noch sind Karikaturen zu politischen Sachverhalten bzw. Zeichnungen z. B. in Kinderbüchern wichtige Bestandteile des Druckwesens.

Ein Muss für Comic-Fans

Museum of Comic & Cartoon Art, *128 E 63rd St., zw. Lexington u. Park Aves., www.societyillustrators.org*

** Museum of the City of New York

Das Museum konzentriert sich auf die Geschichte New Yorks seit der Zusammenlegung der fünf Boroughs 1898. Zu bewundern sind z. B. alte Stadtansichten, Kostüme, Fahrzeuge, Schaufenster, Spielsachen, Feuerwehrutensilien u. a. Seltener wird die Zeit vor 1898 angeschnitten. Sonderausstellungen nehmen Bezug auf aktuelle Ereignisse. Wer sich intensiver mit New York beschäftigen möchte, der ist hier richtig.

Museum of the City of New York, *5th Ave./103rd St. (Museum Mile), www.mcny.org; tgl. 10–18 Uhr*

National Academy Museum

Aufgrund der Ablehnung vieler Künstler an den etablierten Kunstschulen wurde 1826 diese Akademie gegründet. Seither muss jedes Neumitglied ein selbst geschaffenes, zeitgenössisches Kunstwerk stiften. Mittlerweile hat sich eine sehenswerte Sammlung angehäuft. Namhafte Künstler waren bzw. sind hier eingeschrieben bzw. haben hier unterrichtetet, so z. B. die Architekten Frank Lloyd Wright und Frank O. Gehry, Samuel F. B. Morse (Erfinder des Telegrafen) und Robert Rauschenberg (Mitbegründer der Pop-Art-Kunst). Zu sehen gibt es zeitgenössische Kunst seit dem 19. Jh. Die Sonderausstellungen beziehen sich zumeist auf Architektur und Design.

Zeitgenössische Kunst

National Academy Museum, *1083 5th Ave., zw. 89th u.90th Sts. (Museum Mile), www.nationalacademy.org; Mi–So 11–18 Uhr*

Neue Galerie

Das Museum wurde von dem Kunsthändler Serge Sabarsky sowie dem Kosmetik-Zar Ronald S. Lauder ins Leben gerufen. Die permanente Ausstellung umfasst in erster Linie **österreichische und deutsche Kunst des 20. Jhs**. und zeigt eine der größten Sammlungen Gustav Klimts und Egon Schieles sowie Werke von Kirchner, Kandinsky, Kokoschka u. a. Eine andere Abteilung beschäftigt sich mit den Leistungen der Bauhaus-Architekten. Beliebt ist das **Café Sabarsky**. Hier gibt es österreichisch-ungarische Gerichte sowie Kuchen in Wiener Kaffeehaus-Atmosphäre.

Neue Galerie, *5th Ave., zw. 85th u. 86th Sts. (Museum Mile), www.neuegalerie.org; Do–Mo 11–18 Uhr*

In den Seitenstraßen der Upper East Side geht es geruhsamer zu

Saint Nicholas Cathedral

Saint Nicholas ist seit seiner Fertigstellung 1905 Sitz der Diözese der Russisch-Orthodoxen Kirche in Nordamerika. Die Gelder für den Bau des Gotteshauses wurden damals in ganz Russland mithilfe von Spenden gesammelt. In Anlehnung an die barocken Kirchen des Zarenreiches („Moskau-Barock") hat ein Architekt russischer Abstammung nicht mit klischeehaften Stilelementen, wie z. B. den fünf Zwiebeltürmen, gespart.
Saint Nicholas Cathedral, *15 E. 97th St./Madison Ave.*

(Seventh Regiment) Park Avenue Armory

Das Fort wurde 1806 gegründet, in seiner heutigen Form aber erst 1879 fertiggestellt. Es fällt auf durch seine Größe und den „**Lego-Charakter**". Als es angelegt wurde, reichte die Stadt noch gar nicht bis hierher. Besonders eindrucksvoll ist das verschnörkelte Innere samt der riesigen Hallen. Heute werden die Räume für Kulturveranstaltungen und Kunstausstellungen genutzt. Veranstalter ist eine Organisation mit dem Namen **Park Avenue Armory** *(www.armoryonpark.org)*, die auch Touren anbietet.
(**Seventh Regiment**) **Park Avenue Armory**, *643 Park Ave., zw. 66th u. 67th Sts., Besichtigung nur auf Touren bzw. während Veranstaltungen*

Sotheby's

Renommiertes Auktionshaus

Das älteste Kunstauktionshaus der Welt, gegründet in London, hat seinen Hauptsitz hier in New York. In ewiger Konkurrenz mit Christie's, buhlt Sotheby's um jeden Kunden, ohne dabei das Ziel aus den Augen zu verlieren: die betuchte Gesellschaft. Und so werden hier alljährlich Milliarden umgesetzt.

Man kann Auktionen als Zuschauer (bedingt) beiwohnen bzw. die zum Verkauf stehende Ware anschauen – ein fürwahr ausgefallenes New-York-Erlebnis. Dafür bedarf es einer Anmeldung über die Webseite.
Sotheby's, *1334 York Ave./71st St., Infos unter ☏ (212) 606-7000, www.sothebys.com*

Temple Emanu-El

Diese **größte Synagoge der Welt** (2.500 Sitzplätze, 47 m lang, 130 m hoch) stammt aus dem Jahre 1929 und ist Sitz der reichsten und zugleich ältesten (reformierten) jüdischen Gemeinde von New York. Die Architektur mit ihren neoromanischen und byzantinischen Details (viele Mosaiken) unterscheidet sich kaum von der der christlichen Kirchen jener Zeit. Nur die Art-déco- und maurischen Ornamente setzen sich davon ab.

Temple Emanu-El, *5th Ave., zw. 65th u. 66th Sts., www.emanuelnyc.org; So–Do 10–16.30 Uhr*

info

Mit der Seilbahn nach Roosevelt Island

Ehemals wurden ausschließlich psychisch Kranke, Drogenkranke und Kriminelle auf die Insel im East River „abgeschoben". Alte, z. T. stark verfallene Gebäude zeugten lange von dieser Zeit, und auch die moderne Architektur mag kaum beeindrucken. Mittlerweile sind jedoch einige der renovierten Gebäude sowie neu errichteten Apartmenthäuser beliebte Wohnstätten. Zudem wurden einige Parks angelegt und eine Hochschule angesiedelt. Ein großer Teil der über 8.000 Bewohner sind allerdings Rentner.

Urig: mit der Seilbahn durch die Großstadt

Schön ist der Ausblick auf die Skyline. Eine Wanderung entlang der Promenade, zu den Grünflächen im Norden und Süden der Insel sowie durch den kleine Skulpturen-Garten wirkt entspannend. Doch wirklich attraktiv ist nur die Fahrt mit der Seilbahn von Manhattan aus. Auf der Ostseite, nahe der Queensboro Bridge, legt die Fähre ab Sommer 2017 entlang des East River an.

Roosevelt Island Aerial Tram, *Abfahrt Ecke 2nd Ave./60th St., 6–2 Uhr (Wochenende bis 3.30 Uhr), alle 15 Min.*

The Met Breuer

Im Gebäude des ehemaligen Whitney Museum zeigt das Metropolitan heute seine Sammlung an modernen und zeitgenössischen Werken (20./21. Jh.). Hochklassig! Sonderausstellungen gibt es außerdem.

The Met Breuer, *Madison Ave./E. 75th St., gleiche Öffnungszeiten wie das Metropolitan Museum of Art (siehe S. 330).*

Der Norden von Manhattan

Die interessantesten Stadtteile des Nordens von Manhattan im Überblick

In Stichworten
In Harlem wurde kräftig aufgeräumt und investiert – Gotteshäuser – Soul Food – Jazz-Clubs – Morningside Heights: Universität und Mega-Kirche – Nördlich der 135th Street: vornehmlich von Hispanics und Latinos bewohnt – Schöne Ausblicke auf den Hudson River – Klostermuseum

Morningside Heights

> **Hinweis**
>
> Morningside Heights liegt zw. 110th, 125th Sts., Morningside Park u. Hudson River • **Einwohner**: 24.000

Das bis etwa 1890 überwiegend als Farmland genutzte Gebiet liegt auf einem von Norden nach Süden verlaufenden, felsigen Hügelkamm, der zum Hudson River hin steil abfällt. 1776 schlugen George Washington und seine Freiheitskämpfer die Briten hier in der „Battle of Harlem" und vereitelten damit ihren Vormarsch auf die Stadt.

1870 wurde der Riverside Drive und 1887 der Morningside Park angelegt. Der Baubeginn der **Cathedral of St. John the Divine** 1892, die Errichtung von **Grant's Tomb** 1897 und besonders die aus Midtown hierher umgezogene **Columbia University** veränderten alles. Weitere Hochschuleinrichtungen, Buchläden, Restaurants, gut ausgestattete Mietwohnungen und 1906 der Anschluss an das U-Bahn-Netz machten Morningside Heights attraktiv für den Mittelstand.

Heute gilt der Stadtteil als Oase, die Geist (Columbia University), Seele (Cathedral of

St. John the Divine), Körper (St. Luke's Hospital) und das leibliche Wohl (viele kleine Restaurants) befriedigt. Parks und das bunte Treiben auf dem Uni-Campus unterstreichen diesen Eindruck.

Harlem und der Norden von Manhattan

Hinweis

Diese Stadtteile erstrecken sich zw. Harlem River/5th Ave., 110th St., Morningside/St. Nicholas Aves. u. 155th St. • **Einwohner**: 340.000

1658 gründeten holländische Siedler den Farmort Nieuw Haarlem. Um ihn entwickelten sich im Laufe der nächsten 120 Jahre große Anwesen angesehener Familien, wie der de Lanceys und der Hamiltons.

Im 19. Jh. löste man die kolonialen Großfarmen allmählich auf und teilte viel Land auf in kleine Parzellen. Diese konnten aber von den neuen Siedlern aus Europa (meist Iren) kaum gewinnbringend bewirtschaftet werden. Nieuw Haarlem blieb dagegen, bis etwa 1870, Spielplatz der High Society, die hier Poloplätze, Pferdebahnen und andere Sporteinrichtungen nutzte. 1837 wurde die New York & Harlem Railroad fertiggestellt und bald darauf ein flächendeckender Kutschen- und Busbetrieb (von Pferden gezogen) sowie eine Dampferlinie zwischen Downtown und 125th Street eingerichtet. Nieuw Haarlem begann sich zu entwickeln, und Städter entdeckten es als ruhiges, bezahlbares Wohngebiet.

Erst nach 1880 begann man ernsthaft mit dem Bau von Tenement- und Mittelklasse-Wohnblocks. Das wiederum zog Menschen an vom überteuerten bzw. überbevölkerten Südteil Manhattans. Die meisten ließen sich nahe dem East River bzw. an der Hügelkette im Westen nieder. 1889 eröffnete die Harlem Opera, und 1905 erreichte die U-Bahn den Stadtteil. So fanden sich genügend Bauherren, die in Brownstone-Häuser für die Mittelklasse investierten. Andrew Carnegie sponserte 1907 sogar den palazzoartigen Bau der New York Public Library an der 203 W. 115th Street. Vor allem Juden russischer und polnischer Abstammung, aber auch viele Deutsche zogen daraufhin hierher. 1917 lebten 80.000 Juden in Harlem und weitere 90.000 in East Harlem.

Harlem verändert sich

Die Brownstone-Häuser von Harlem werden wieder herausgeputzt

Trotzdem rentierten sich die Investitionen nicht. Viele Mittelständler fanden mittlerweile eine erschwingliche Bleibe in den höher aufragenden Gebäuden südlich des Central Park. Das drückte die Mietpreise in Harlem so drastisch, dass die einkommensschwache schwarze Bevölkerung hier ihre Lücke fand. 1920 lebten hier bereits 120.000 Afroamerikaner, und um 1930 waren es über 200.000.

Zugleich symbolisieren die „Roaring Twenties" die kulturelle Hochzeit. Dank der schwarzen Künstler galt Harlem als „chic". Jazz- und Nightclubs, wie der Cotton Club, Connie's Inn und der Savoy Ballroom, zogen bis in die 1950er-Jahre hinein ein feines Publikum an, und zwar aus ganz New York. Größen wie Duke Ellington, Fletcher Henderson, Louis Armstrong und Ella Fitzgerald traten regelmäßig auf. Der Jazz und die schwarze Literaturszene, angeführt von Intellektuellen wie Alain Locke, Langston Hughes und Zora Neale Hurston, sorgten dafür, dass diese Zeit als **Harlem Renaissance** in die Geschichte einging. Daneben lebten bekannte schwarze Maler, Broadway-Autoren und erfolgreiche Geschäftsleute in Harlem. Nur ließen es die Gesetze bis in die 1960er-Jahre nicht zu, dass die schwarze Bevölkerung die meisten großen Clubs als Gäste betreten durfte. Sie traf sich an anderen Orten, so z. B. in den Versammlungsräumen der Kirchen oder beim YMCA. Trotzdem wanderten Menschen aus aller Welt hier ein und steht Harlem bis heute für den kulturellen Erfolg der Afroamerikaner und deren Unabhängigkeit und gilt daher als die „Black Capital of the World".

Kultureller Abschwung

Die krisengeschüttelten 1930er-Jahre und die Zeit während und nach dem Zweiten Weltkrieg brachten große finanzielle Einschnitte. Wohlhabende schwarze Familien siedelten um nach Brooklyn, Queens und New Jersey, ein Teil des schwarzen Mittelstandes in die Bronx. Nur wenige finanziell abgesicherte Familien blieben in Harlem. Allmählich begann der kulturelle Schwung von Harlem zu verblassen. Da halfen auch Projekte der Stadt nicht, wie z. B. die 1937 eingeweihten Harlem River Houses *(W. 151st–W. 153rd Sts., zw. F. Douglass u. Adam C. Powell Blvds.)*. Obwohl großzügig angelegt mit Grünflächen u. a., blieben damals zahlungskräftige Mieter aus.

Bedingt durch die immer mehr grassierende Kriminalität und die häufigen politischen Proteste, die Razzien und harte Polizeimaßnahmen nach sich zogen, nahm die Bevölkerungszahl ab 1960 drastisch ab. Im Gegensatz dazu brachte

Auf dem Malcolm Shabazz Harlem Market gibt es vornehmlich afrikanische Waren

die „Civil Rights Movement" Harlem in den 1960er-Jahren weltweit in die Schlagzeilen. Politische Gruppen protestierten gegen die Diskriminierung der schwarzen Bevölkerung in Amerika. Ihr bekanntester Führer war Malcolm X, der von der Moschee an der *Ecke Malcolm X Blvd./116th St.* aus agierte und 1965 im Audubon Ballroom *(Broadway/W. 165th St.)* ermordet wurde. Zu dieser Zeit gingen viele Häuser in Flammen auf, zumeist von den Besitzern angezündet und als Versicherungsfall deklariert. Harlem brannte. Doch fand damit ein Säuberungsprozess statt: Die Afroamerikaner erhielten gleiche Rechte, und die Bausubstanz wurde entkernt. Nachdem die Kriminalität, wenn auch mit drastischen Methoden, erfolgreich bekämpft werden konnte, setzte ab Mitte der 1990er-Jahre ein bis heute anhaltender Renovierungs- und Bauboom ein. Schwarze Politiker finden nun ebenfalls den Weg in die höchsten Ämter, so war David Dinkins von 1989–93 Bürgermeister von New York.

Harlem, die „**City within the city**", gilt heute als sicher. Man kann hier problemlos abends herumlaufen bzw. mit der U-Bahn anreisen. Entlang den Boulevards haben sich immer mehr, z. T. sogar recht edle Restaurants, Bars und Geschäfte angesiedelt. Spekulanten, die mittlerweile auch die nördlicheren Regionen als „NoHa" zu vermarkten wissen, haben natürlich dafür gesorgt, dass die Mieten permanent steigen. Zahlreiche Gebäude dagegen werden über Kirchen, Wohltätigkeitsvereine bzw. Erbengemeinschaften an schwarze Familien zu günstigen Preisen abgetreten, doch fehlt denen oft das Kapital, um die Häuser zu sanieren.

Viertel im Umbruch

Harlem ist ohne Zweifel ein Stadtteil, der sich noch für einige Jahre im Umbruch befinden wird. Am besten erkundet man es auf einem erläuterten Spaziergang. Dabei passiert man zahlreiche Kirchen, von denen sich nicht wenige hinter einer einfachen Tür im Untergeschoss eines unscheinbaren Hauses verbergen. An Straßenständen wird Soul Food verkauft, schwarze Künstler stellen im **Studio Museum in Harlem** aus, in alten und neuen Musikclubs wird toller Jazz gespielt, und die Restaurants und Bars servieren deftiges Essen und bunte Cocktails. Eindrucksvoll sind die herausgeputzten Häuser der schwarzen Oberschicht, wie z. B. die **Astor Row** und die **Striver's Row**. Günstige Alltags- und Sportbekleidung findet man entlang der 125th Street, während auf dem **Malcolm Shabazz Harlem Market** *(52 W. 116th St./nahe Lenox Ave.)* noch um Kunsthandwerkliches und Textilien aus Afrika gefeilscht werden kann.

An schönen Wochenendtagen findet auch heute noch das Leben auf der Straße statt. Die Kinder spielen Ball in den Nebenstraßen, auf den Treppenaufgängen oder auf Campingstühlen auf dem Bürgersteig sitzen die Menschen und plaudern, und Verwandte von weit her kommen zu Besuch – fein gekleidet für den Gottesdienst in der traditionellen Heimat-Kirche.

info

Kirchen-Knigge

- ordentlich kleiden (keine Jeans, T-Shirts)
- nicht zu spät kommen
- nicht einfach schon nach 10 Min. wieder hinausgehen
- Geld in den Klingelbeutel werfen
- an der „Vorstellung" beteiligen; man wird z. B. mit Händedruck von der Gemeinde begrüßt und muss kurz erzählen, wo man herkommt usw.
- immer daran denken: Es handelt sich um einen Gottesdienst, keine Gospel-Show.

Redaktionstipps

- Die **Cathedral of St. John the Devine** (S. 342), die größte gotische Kirche der Welt, ist noch immer im Bau.
- In dem legendären **Apollo Theater** (S. 344) sind die Größen des Jazz aufgetreten.
- **The Cloisters** (S. 348) – sakrale Kunstschätze aus Europa.
- Das **Hamilton House** (S. 346) vermittelt einen Eindruck von dem Leben in New York um 1800.
- **Gospelbrunch** bei **Sylvia's** (S. 137)
- Afrikanisches Kunsthandwerk bekommt man auf dem **Harlem Market** (S. 161).

Zeitplanung

- **The Cloisters** kostet einen einen halben Tag (inkl. Anfahrt); wer nur **einen halben Tag** für den Norden Manhattans veranschlagt, sollte sich besser auf **Harlem** konzentrieren und die **Cathedral St. John The Devine** vorher oder hinterher besuchen.
- **Abends**: Die großen Straßenzüge in Harlem gelten auch abends als sicher, man sollte aber die Parks bei Dunkelheit meiden; am besten mit einem **Soul Food-Dinner** beginnen, dann ein bis zwei **Musikclubs** besuchen, evtl. findet etwas im **Apollo Theater** statt (vorher reservieren).

Zum Pflichtprogramm gehört für viele, an einem Baptisten-Gottesdienst teilzunehmen. Doch sollte man sich darüber im Klaren sein, dass die Busunternehmen dafür nur die ganz großen Kirchen anfahren. Eindrucksvoller ist der **Besuch einer kleinen Kirche**. Die wohl beste Methode ist es, sich einem kleinen, aus Harlem stammenden Tour-Unternehmen anzuschließen (siehe S. 174f.). „Alleingänge" sind nicht sinnvoll, denn so einfach in einen Gottesdienst einer kleinen Gemeinde hineinzuplatzen, ist nicht angebracht. Dazu sollte man sich vorher anmelden.

Kirchen mittlerer Größen, die man alleine besuchen kann, sind z. B.:

Memorial Baptist Church: *141 W. 115th St., zw. A. Clayton Powell Jr. Blvd. (7th Ave.) u. Lenox Ave., www.mbcvisionharlem.org.*

First Corinthan Baptist Church: *1910 A. Clayton Powell Jr. Blvd./W. 116th Sts., www.fcbcnyc.org.*

Canaan Baptist Church of Christ: *132 W. 116th St., zw. Lenox Ave. u. A. Clayton Powell Jr. Blvd., www.cbccnyc.org.*

Washington Heights und **Inwood**, die Stadtteile nördlich der 155th Street, entwickelten sich erst mit dem Ausbau der Broadway-Subway 1906. Zuerst kamen die Iren und

Harlem
HARLEM
THE BRONX
Hamilton Heights Historic District (Sugar Hill)
Hamilton Grange National Memorial
Strivers Row
Abyssinian Baptist Church
The City College of New York
Harlem Hospital Center
Schomburg Center
Walk of Fame
Nat. Jazz Museum
Apollo Theater
Theresa Towers
Studio Museum in Harlem
Marcus Garvey Park
Mt. Morris Watchtower
Grant's Tomb
Riverside Church
Columbia University
Morningside Heights
St. Luke's Hospital
Cathedral St. John the Divine
First Corinthian Baptist Church
Canaan Baptist
Malcolm Shabazz Mosque
Malcolm Shabazz Market
Memorial Baptist
NY Public Library
Martin Luther King Junior Towers
Charles A. Dana Discovery Center
Harlem Meer
African Art Center (in Planung)
Block House
Lasker Rink & Pool
Great Hill
Graffiti Hall of Fame
El Museo del Barrio
Museum of the City of NY
Conservatory Gardens
The Pool
The Loch
Central Park
North Meadow
97th Street Transverse
Mt. Sinai
St. Nicholas Cathedral
Nicholas Roerich Museum
American Buddhist Center
Manhattan Valley
Riverbank State Park
Riverside Park
Hudson River
Henry Hudson Parkway
Harlem River
Harlem River Drive
Major Deegan Expy.
Circle Line Boat Tour
Madison Ave. Br.
145th St Br.
Grand Concourse
Broadway
Amsterdam Avenue
St. Nicholas Ave.
Frederick Douglass Blvd (Eighth Ave.)
Adam Clayton Powell Jr. Blvd. (7th Ave.)
Malcolm X Blvd. (Lenox Ave.)
Fifth Avenue (Museum Mile)
Madison Avenue
Park Avenue
Lexington Avenue
Dr. Martin Luther King Jr. Blvd. (W 125th St.)
Central Park North
Central Park West
Cathedral Pkwy
Duke Ellington Blvd
Tito Puente Way
Metro-North
9A
87
N
0
500 m
© igraphic

Juden, doch leben hier heute vornehmlich Dominicans sowie Einwanderer aus anderen Ländern Mittel- und Südamerikas in den zumeist eintönigen Apartmentblöcken. Bodega-Romantik sucht man hier vergeblich. Die Parkflächen auf dem Höhenzug im Westen, besonders im Inwood Park, sind vom Bauboom verschont geblieben und vermitteln heute einen Eindruck, wie die Insel von Manhattan einmal ausgesehen haben mag.

In einigen alten Herrenhäusern befinden sich Ableger der Universitäten oder gemeinnützige Institutionen. Meistbesuchte Attraktion ist **The Cloisters**, ein riesiges Museum im Fort Tryon Park, in dem eine Sammlung mittelalterlicher Klosteranlagen zu besichtigen ist.

Zu **Spanish Harlem** (**El Barrio**) mehr auf S. 313.

Tipps für Spaziergänge

Morningside Heights

Optimum: *1 ½ Std.*

Vom Grant's Tomb im Riverside Park geht es zur Riverside Church und dann zum Campus der Columbia University, den man durchquert. Nicht weit davon entfernt steht die Cathedral of St. John the Divine. Von hier aus kann man gut durch den Morningside Park schlendern und den Spaziergang durch Harlem anschließen.

Tipp

Showman's Jazz Club (*125th St./Frederick Douglass Blvd.*), war und ist ein beliebter Club bei Jazz-Musikern und Theaterschauspielern aus Harlem. In den 1940er- und 50er-Jahren kamen die Musiker vom nahen Apollo Theater nach dem Auftritt hierher.

Harlem

Minimum: *3 Std.*, **Optimum**: *5 Std.*

Start ist an der U-Bahn-Station 116th St.: Ecke W. 116th St./Frederick Douglass Blvd. Folgt man der 115th St. bis zur Lenox Avenue, passiert man unterwegs die von Carnegie gestiftete Zweigstelle der New York Public Library (s. o.). Östlich der Lenox Avenue befindet sich ein Eingang des Malcolm Shabazz Harlem Market mit Geschnitztem und Stoffen vom schwarzen Kontinent.

Durch den Marcus Garvey Park geht es weiter zur 125th Street, der Lebensader von Harlem mit „alltäglichen" Geschäften, Malls sowie dem Bürgerzentrum, dem Studio Museum in Harlem und dem legendären Apollo Theater. Nahe dem Kreuzungsbereich mit der Lenox Ave. laden Restaurants zu einer Pause ein, z. B. Sylvia's *(Lenox Ave./W 126th St.)*.

Die vielen Gotteshäuser prägen das Straßenbild in Harlem

Nördlich von hier entspricht Harlem etwas mehr dem Klischee. In einigen Straßen noch heruntergekommene Brownstone-Häuser, hier und dort „Gotteshäuser" in Kellern und Dachstühlen, aber auch restaurierte Häuserreihen bilden das in heutiger Zeit „typische" Harlem. Vorzeigeadressen des wohlhabenden, schwarzen Bürgertums sind schon seit vielen Jahren Astor bzw. Striver's Row.

Folgt man der Striver's Row weiter nach Westen, steht man am Fuße eines Hügels. Auf diesem thront, wie ein altenglisches Schloss, das City College, dessen Speiseraum/Aula Harry-Potter-Charme versprüht. Aber nicht diesem, sondern dem ehemaligen Haus Alexander Hamiltons am Nordende des St. Nicholas Parks, sollte man Aufmerksamkeit zollen.

Tipp

Fahrt zum The Cloisters

Die Fahrt mit dem **M4-Bus** dauert etwas, aber er fährt an der Penn Station ab und von dort durch ganz Manhattan bis zum Fuße des The Cloisters. Besser kann man Manhattan in seiner Vielfalt gar nicht erleben. Für ein Picknick muss man vorher einkaufen. Im nahen Umkreis des The Cloisters gibt es keine Geschäfte, dafür aber immerhin ein Selbstbedienungs-Café (April–Okt.).

Sehenswürdigkeiten

Morningside Heights

** Cathedral of St. John the Divine

Tatsächlich wird die seit 1892 im Bau befindliche, riesige Kirche als „größtes gotisches Gotteshaus der Welt" bezeichnet – und die Arbeiten sind noch lange nicht abgeschlossen. So fehlen noch die Westtürme, die nach dem Vorbild von Notre-Dame in Paris gestaltet werden sollen, ein Querschiff, große Teile der inneren Sandsteinverkleidung u. v. m. Erste Planungen für die Kathedrale (zugleich Sitz der New Yorker Diözese) begannen bereits 1872. Die erste, romanische Variante erwies sich bald als zu kompliziert. Doch auch die gotische Struktur hat ihre „Tücken". So ist der Einbau von Metallträgern nicht möglich, und die Steine müssen nahezu alle in Handarbeit gehauen werden. Dies wird vornehmlich von „Streetkids" gemacht, die dabei unter Aufsicht europäischer Steinmetze stehen. Immer wieder kommt die Arbeit zum Erliegen, wenn die finanziellen Mittel ausgehen. Von weiteren bis zu 100 Jahren Bauzeit und noch anfallenden Kosten von über 500 Millionen Dollar geht man heute aus. Kein Wunder, dass man für die Besichtigung der Kathedrale freundlich, aber bestimmt zur Kasse gebeten wird.

Gotische Kathedrale im Bau

Cathedral of St. John the Divine, *Amsterdam Ave./112th St., tgl. 7.30–18 Uhr, Führungen (www.stjohndivine.org/visit/guided-visits/cathedral-tours): Der Tipp ist die Vertical Tour, weil man hier auch hinter die Kulissen schauen kann. Sonntagsgottesdienste mit Chor: 9, 11, 16 Uhr; www.stjohndivine.org*

Das Kirchenschiff ist fast 200 m lang, 44 m breit und 47 m hoch. 6.000 Gläubige passen hinein, von denen 3.000 einen Sitzplatz finden. Alleine der Dimensionen wegen lohnt ein Besuch, wenn auch das historische Flair europäischer Kathedralen fehlt.

Besichtigung

- Beeindruckend sind bereits die massiven Eingangstüren aus burmesischem Teakholz.
- Das Hauptschiff ist größer als die von Notre Dame und Chartres zusammen!
- Jede der Ikonen in den Seitenkapellen stammt aus einem anderen Land bzw. steht in Bezug zu einer ethnischen Gruppe.
- Stuckateure und Steinmetze sorgen, oft hoch unter der Decke, für den „Feinschliff" des Gotteshauses.
- Einige Kunstwerke haben einen sehr modernen Bezug. Auf Ausstellungsankündigungen achten und den Lageplan studieren.
- Im Souvenirshop werden Modelle verkauft, die die Kathedrale nach ihrer Fertigstellung darstellen.
- Im Garten kann man den Steinmetzen beim Behauen der Sandstein- und Granitblöcke zusehen – soweit die aktuelle finanzielle Lage das erlaubt.

Stilmix

Weniger die einzelnen Sehenswürdigkeiten beeindrucken als vielmehr die Größe und die Ansammlung unterschiedlichster Stilrichtungen und Thematiken, die man aus Gotteshäusern in Europa nicht kennt.

St. John the Divine wird natürlich für Konzerte, von Chören, für Kunstausstellungen etc. genutzt.

Columbia University Campus

Die **private Universität** ist mit 28.000 Studenten zwar nicht die größte New Yorks, aber sicherlich die bekannteste, und ihr Ruf strahlt weit über die amerikanische Ostküste hinaus. Sie ging aus dem 1754 vom englischen König Georg II. gegründeten „Kings College" hervor und wurde 1897 als Universität auf dem heutigen Gelände eingerichtet. Eisenhower war übrigens zuerst Präsident der Columbia University, dann erst der USA. 43 der ehemaligen Studenten erhielten später einen Nobelpreis, drei wurden US-Präsident. Die Bibliotheksarchive verfügen über 8 Mio. Bücher, 6 Mio. Mikrofilme und 28 Mio. Manuskripte, natürlich auch in digitaler Form.

Berühmte Studenten

Insgesamt umfasst die Universität 60 Einzelgebäude. Am interessantesten ist die mitten auf dem Campus gelegene, ehemalige Bücherei **Low Memorial Library**. Sie bildet den Mittelpunkt des Campus, wurde, wie große Teile der Gesamtanlage, 1893 vom Architekten Charles McKim entworfen und erhebt sich als überkuppelter Block mit einer ionischen Säulenhalle über einer monumentalen Freitreppe. Mitten auf dieser ist das Standbild der „Alma Mater" (1903) zu sehen mit dem lustigen Detail einer unter ihrem Rock hervorblickenden Eule.

Nebenan ist die kleine **St. Paul's Chapel** (1907) ein hübscher Blickfang. Entlang einer Achse, die parallel zur 116th Street von der Library ausgeht, reihen sich andere Institute und Gebäude im Stil der Neorenaissance.
Columbia University Campus, *114th–120th Sts., zw. Broadway u. Amsterdam Ave., einen Plan für einen Rundgang erhält man im Visitor Center (2960 Broadway, Low Library, Room 213) bzw. findet man auf der Webseite www.columbia.edu.*

Grant's Tomb und Riverside Church

An exponierter Stelle im Riverside Park ragt das **Mausoleum** über das hohe Ufer des Hudson River. Der mächtige Zentralbau aus 8.000 t Granit, 1897 im pseudohellenistischen Stil vollendet, birgt im Innern die Sarkophage von Ulysses S. Grant (1822–85) und seiner Frau. Als Vorbild diente Napoleons Invalidendom in Paris. Grant war im Bürgerkrieg General der Nordstaaten, später Präsident der USA (1869–77). Im merkwürdigen Gegensatz zur Machtarchitektur des Mausoleums steht die verspielt bunte Ausschmückung des Platzes, so z. B. mit Mosaikbänken, die Schulkinder entworfen haben.

Präsidentengrab

Schräg gegenüber steht die 1930 vollendete **Riverside Church**, bei der sich die Architekten an der Gotik der Kathedrale im französischen Chartres orientiert haben. Im Narthex findet man europäische Glasmalereien aus dem 16. Jh., und auch der Chorraum bietet Sehenswertes. Das Glockenspiel mit seinen 74 Glocken hat John D. Rockefeller in Gedenken an seine Mutter gestiftet. Es ist das größte seiner Art, und seine Klangbreite reicht über fünf Oktaven.
Grant's Tomb und Riverside Church, *Riverside Drive/122th St., www.nps.gov/gegr (Grant's Tomb) bzw. www.trcnyc.org (Riverside Church); Mi–So (im Sommer tgl.) 9–17 Uhr*

Grant's Tomb: Als Vorbild diente Napoleons Invalidendom in Paris

Harlem

Abyssinian Baptist Church

1923 errichtet in neugotischem sowie Tudor-Stil. Die Kirchengemeinde, 1808 als erste schwarze Kirchengemeinde New Yorks gegründet, wurde berühmt durch ihre prominenten Pastoren Adam Clayton Powell Sr. (1865–1953) und Adam Clayton Powell Jr. (1908–72). Letzterer war nach 1944 der erste schwarze Kongressabgeordnete New Yorks, den Posten behielt er über 20 Jahre lang. In dieser Zeit hat Powell Jr. sich stark gemacht in und für die schwarze Bürgerrechtsbewegung.

Abyssinian Baptist Church, *132 W. 138th St., zw. Adam C. Powell Blvd. u. Lenox Ave., www.abyssinian.org*

* Apollo Theater

1913 eingeweiht als Varieté-Theater („*whites only*!"). Berühmt wurde das Apollo Theater erst nach 1934, als schwarze Musikgrößen hier auftraten, z. B. Duke Ellington, Count Basie, Billie Holiday, Aretha Franklin sowie Ella Fitzgerald, die hier 1934 mit 17 Jahren debütierte. In den 40er-Jahren war die Bühne einer der Gründungsplätze des Bebop. Auch der Blues sowie der New-York-Style-Jazz feierten hier große Triumphe.

Auftritte junger Talente

In den 1970er-Jahren wurde das Apollo Theater geschlossen und 1986, nach umfangreichen Renovierungsarbeiten, wieder eröffnet. Heute finden in dem neoklassischen Konzertsaal unterschiedlichste Konzerte statt. Ein Klassiker ist die *Amateur Night*, bei der junge Talente auftreten und die Zuschauer mit abstimmen über deren Können.

Apollo Theater, *253 W. 125th St., zw. Frederick Douglass u. Adam C. Powell Blvds., www.apollotheater.org, erläuterte Touren: www.apollotheater.org/event/historic-tours*

Hinweis

Straßennamen in Harlem

Frederick Douglass Blvd.	8th Ave.
Adam Clayton Powell Jr. Blvd.	7th Ave.
Lenox Ave./Malcolm X Blvd.	6th Ave.
Martin Luther King Jr. Blvd.	125th St.

Astor Row

Die 28 Ziegelsteinhäuser wurden 1880–83 im Auftrag von William Astor gebaut. Einzigartig für New York sind die hölzernen Veranden. Doch wie in der Striver's Row können es sich nur wohlhabende Leute leisten, in den liebevoll restaurierten Gebäuden zu wohnen.

Astor Row, *8-62 W. 130th St., zw. Lenox u. 5th Aves.*

City College of New York

Wie eine Trutzburg prunkt das 1905 fertiggestellte, neugotische Bauwerk auf dem Hügelkamm. Es beherbergt das City College, welches als Auflage hat, dass ein großer Teil seiner 17.000 Studenten einer förderungswürdigen Minderheit angehört. Sie können zwar hinaufgehen zum Campus, im Grunde aber genügt der Blick von unten.

City College of New York, *zw. 138th u. 140th Sts. sowie Amsterdam Ave. u. St. Nicholas Terrace*

Tipp

Graffiti Hall of Fame

Ecke 106th St./Park Ave.: Werke der berühmtesten Sprayer der Szene sind hier an den Wänden einer Schule zu bewundern. Und immer wieder kommen neue hinzu. Bunt und toll!

Immer wieder trifft man in Harlem auf bunte Graffitis

Hamilton Heights Historic District und * Hamilton House

Zwischen 1886 und 1906 wurden auf dem ehemaligen Anwesen von Alexander Hamilton im Stil sehr unterschiedliche Reihenhäuser angelegt. Zuerst wohnten hier weiße Mittelständler. In den 1920er-Jahren kauften sich dann wohlhabende schwarze Familien hier ein und nannten den Bezirk „Sugar Hill“. Unter den Bewohnern waren Duke Ellington und Langston Hughes. Letzterer war ein schwarzer Literat, dessen Geschichten oft humoristischen Charakter hatten und zumeist in Harlem spielten. Hughes (1904–67) war Mitbegründer des Literaturkreises, aus dem später die „Harlem Renaissance“ entsprang. Eine Hauptfigur in seinen Romanen hieß Simple, die er als Sprachrohr für die schwarze Minderheit nutzte. Von 1947 an bis zu seinem Tod lebte Hughes in einem Haus in der 127th Street.

Ursprung der „Harlem Renaissance“

Das **Hamilton House** (Hamilton Grange) wurde 1801 für Alexander Hamilton (1755–1804) als Landsitz errichtet. Hamilton, von Beruf Anwalt, war maßgeblich an der Verteidigung von New York während des Unabhängigkeitskriegs beteiligt und beeinflusste nach dem Krieg sowohl die New Yorker als auch die amerikanische Politik. Zahlreiche Passagen der Unabhängigkeitserklärung stammen von ihm. Hamilton starb bei einem Duell mit seinem politischen Gegner Aaron Burr.

Das Haus wurde mehrfach versetzt und letztlich von der Nationalparkbehörde wieder in den ursprünglichen Zustand gebracht. Heute erhält man hier einen Eindruck über das Leben auf den „estates“ in New York um 1800.
Hamilton Heights Historic District und Hamilton House, *direkt nördlich des City College, zw. Amsterdam u. St. Nicholas Aves.;* **Hamilton House**: *St. Nicholas Park, 414 W. 141st St., www.nps.gov/hagr; Mi–So 9–17 Uhr*

info

„King of Africa“

Marcus Garvey (1887–1940), auf Jamaika geboren, war ein Verfechter der „Back to Africa“-Bewegung, die dafür kämpfte, dass schwarze Familien nach Liberia umsiedelten. Um dies zu unterstreichen, nannte der exzentrische Garvey sich auch „King of Africa“, verhandelte mit der liberianischen Regierung, gründete zur Finanzierung seiner Pläne eine Schifffahrtsgesellschaft und trat nicht selten in pompös-kitschigem Königsgewand auf. 1927, nach einer verbüßten Haftstrafe, wurde Garvey nach Jamaika ausgewiesen.

Marcus Garvey Park

Der Park ist um einen Felshügel angelegt und verfügt neben Grünflächen auch über ein Schwimmbad und ein Amphitheater. Der Hügel wurde bereits von den Indianern als Beobachtungsposten geschätzt, später auch von den Engländern während des Unabhängigkeitskriegs. Den 1856 errichteten Turm nutzte man vor Einführung des Telefons als Nachrichtenturm (Lichtzeichen), später dann als Feuerwachturm.
Marcus Garvey Park, *unterbricht die 5th Avenue zw. 120th u. 124th Sts.*

National Jazz Museum

Bekanntlich galt Harlem in den 1930- und 40er-Jahren als kreative Hochburg des Jazz. So ist, neben einigen Ausstellungsstücken, v. a. die Sammlung an Originalaufnahmen aus dieser Zeit die Attraktion im Museum, denn in die kann man hier reinhören.

National Jazz Museum, *58 W. 129th St./Lenox Blvd., www.jazzmuseuminharlem.org; Mo–Fr 10–16, Sa 11–16 Uhr*

* Schomburg Center for Research in Black Culture

Das Schomburg Center will allen Schwarzen mit afrikanischen bzw. westindischen Wurzeln als lebendiges kulturelles Zentrum und Forschungsstätte dienen. Eine Unmenge an Dokumenten (Filme, Fotos, Manuskripte, Musikaufnahmen), eine Bücherei, Wechselausstellungen und Vorführungen von Skulptur, Malerei, Volksmusik u. a. erwarten den interessierten Besucher. Das Inventar basiert auf der Sammlung von Arturo Alfonso Schomburg (1874–1938), einem schwarzen Gelehrten puertoricanischer Herkunft, und wurde bis heute immer weiter aufgestockt.

Kulturelles Zentrum

In den Boden des Flures ist, in Gedenken an den Literaten Langston Hughes, ein Kunstwerk in Form eines steinernen Flusses eingefasst. In diesem wurden Hughes sterbliche Überreste verteilt.
Schomburg Center for Research in Black Culture, *515 Lenox Ave./135th St., www.nypl.org/locations/schomburg; Mo–Sa 10–18, Di, Mi bis 20 Uhr*

* Striver's Row

Die 146 Reihenhäuser wurden 1891 angelegt für die weiße Oberschicht von Harlem. Der bekannte Architekt Stanford White hat dafür gesorgt, dass es nicht an Luxus fehlte. Kleine Vorgärten, Terrakotta-Verzierungen, teure Ziegelsteine, solide Treppenaufgänge und eine Service Road für die Anlieferung von Waren hinter dem Haus waren schon damals Zeichen des Überflusses.

Nach dem Ersten Weltkrieg zogen die weißen Familien weg, und wohlhabende Schwarze übernahmen die Gebäude. Unter ihnen W.C. Handy, Fletcher Henderson sowie Anwälte und Doktoren. Der Kosename „Striver" (Erstrebender) symbolisiert den Wunsch der hier **nicht** lebenden schwarzen Familien, es zu etwas zu bringen.
Striver's Row, *W. 138th u. 139th Sts., zw. Frederick Douglass u. Adam Clayton Powell Blvds.*

Theresa Towers

Die weiße Fassade aus Terrakotta und Ziegeln sticht deutlich heraus aus dem Gesamtbild von Harlem. Das 13-stöckige Gebäude beherbergte nach seiner Fertigstellung 1913 das Theresa Hotel, dem der Volksmund später den Beinamen „Waldorf of Harlem" verlieh. Das Hotel war besonders nach 1940 Mittelpunkt des kulturellen Lebens der Schwarzen in Harlem. Hier wurde gefeiert, hier stiegen schwarze Künstler, Millionäre und Schauspieler ab, und hier traf sich die High Society von Harlem zum Tee. Dazu sollte man wissen, dass Schwarze zu dieser Zeit in den Hotels von Süd-Manhattan weder logieren noch speisen durften. 1960 wohnte Fidel Castro hier und traf sich dabei mit den Präsidenten Chruschtschow, Nehru und Nasser. Andere namhafte Gäste waren u. a. Muhammed Ali, Louis Armstrong, Dinah Washington, Duke Ellington und Josephine Baker. Der Bürgerrechtler Philip Randolph organisierte 1963 von hier aus den Marsch auf Washington, und Malcolm X richtete hier 1964 das Büro der „Organization of Afro-American Unity" ein.

Hotel mit Geschichte

Heute befinden sich Büros und Abteilungen der Columbia University in dem unter Denkmalschutz gestellten Gebäude.
Theresa Towers, *Ecke Adam Clayton Powell Blvd./125th St.*

* The Studio Museum in Harlem

Das Kunstmuseum dient ebenfalls als Kulturzentrum für Harlem. Ziel ist es, Künstler mit afrikanischen Wurzeln zu fördern. Die permanente Sammlung umfasst Bilder, Fotos, Skulpturen und Mediaarbeiten, jedoch kann immer nur ein kleiner Teil davon gezeigt werden. Immer wieder finden hier Sonderausstellungen und andere kulturelle Veranstaltungen statt.
The Studio Museum in Harlem, *144 W. 125th St., zw. Adam C. Powell Blvd. u. Lenox Ave., www.studiomuseuminharlem.org; Do, Fr 12–21, Sa 10–18, So 12–18 Uhr*

Walk of Fame

Auf dem Gehweg sind Bronzeplaketten eingelassen, die an berühmte Afroamerikaner erinnern, so z. B. an Musiker wie Charlie Parker, Dizzie Gillespie und Ella Fitzgerald oder die Politiker David Dinkins und Adam Clayton Powell Jr.
Walk of Fame, *135th St., zw. Adam C. Powell u. Frederick Douglass Blvds.*

Manhattan nördlich der 145th Street

** (The) Cloisters

Ausstellungsräume im Überblick:

Hauptgeschoss: Fuentidueña-Kapelle (romanische Apsis u. zeitgleiche Kunst aus Spanien u. Italien); Kloster St. Guilhem (roman. Säulen u. Kapitelle); Langon-Kapelle (roman. Kapelle aus Südfrankreich); Kapitelhaus Pontaut; Kreuzgang aus Cuxa (Frankreich); Gobelinsaal (französische Gobelins des 14. Jhs.); frühgotische Halle (Skulpturen, Gemälde aus Frankreich u. Italien); Boppard-Saal (rheinische Kirchenfenster aus dem 15. Jh.); Saal der Einhorn-Gobelins (französische Gobelins von 1499); Saal des Gobelin aus dem spanischen Burgos; spätgotische Halle; Arkaden von Froville (gotischer Bogengang aus Frankreich).
Untergeschoss: Gotische Kapelle; Kreuzgang aus Bonnefont (Pyrenäen); Kloster Trie (südfranz. Kapitelle des 15. Jhs.), Glasgalerie mit Kirchenfenstern (Frankreich); Schatzkammer mit Sakralkunst (12.–15. Jh.)

Der Fort Tryon Park bildet einen vorzüglichen Rahmen für eines der überraschendsten Museen New Yorks. Obwohl vollkommen neuzeitlich (Bauzeit 1935–38), erwecken „die Kreuzgänge" – so die Übersetzung des Namens – den Eindruck eines mittelalterlichen Klostergebäudes aus Europa. Dies liegt auch an den vielen originalen Teilen, die aus verschiedensten Gründen aus französischen, italienischen, spanischen, englischen und deutschen Kirchen, Kapellen und Klöstern hierher gebracht wurden. Die Geschichte der Anlage ist eng verknüpft mit John D. Rockefeller, der dem Metropolitan Museum nicht nur Geld zum Erwerb der

Der Klostergarten

Kunstschätze zur Verfügung stellte, sondern auch das Gelände des Fort Tryon Parks kaufte, damit hier dessen Sammlung mittelalterlicher Sakralkunst ausgestellt werden konnte.

Man beginnt mit dem vorgeschlagenen **Rundweg** im oberen Hauptgeschoss *(Main Floor)*. Dabei darf man nicht versäumen, die beiden Kreuzgänge zu besuchen und sich natürlich auch das Untergeschoss *(Ground Floor)* anzuschauen.

Hoch im **Fort Tryon Park** gelegen, geht der Blick weit über den Hudson River hinaus. Auch die George Washington Bridge ist gut zu sehen. Der Park selbst wartet mit einer herrlichen Natur und einer unerwarteten Ruhe auf. Vom Fort ist heute nichts mehr zu sehen, dafür aber kann man sich an Granitkuppen, Wald, Rasenflächen, Picknickplätzen und Manhattans höchstem natürlichen Punkt (76 m ü. d. M.) erfreuen.
(**The**) **Cloisters**, *Margaret Corbin Dr., Fort Tryon Park, Inwood, www.metmuseum.org; So–Do 10–17.30, Fr, Sa bis 21 Uhr; Anfahrt: Subwaystation Dyckman St. (A-Line) oder M4-Bus (Penn Station – The Cloisters)*

Dyckman Farmhouse Museum

Holländisches Farmhaus

Das 1785 im holländischen Kolonialstil erbaute Farmhaus wirkt heute ziemlich verloren zwischen den Apartmentblöcken. Früher war es umgeben von 120 ha Farmland. Als 1915 die städtische Bebauung immer näher rückte und alle Grundstücke rundum bereits verkauft waren, haben Nachfahren der Dyckmans das Gebäude in letzter Sekunde gekauft und restauriert und so vor dem Abriss bewahrt. Schließlich stifteten sie es der Stadt. Ausgestellt sind Möbel und Gebrauchsgegenstände aus der Zeit zwischen 1785 und 1880.
Dyckman Farmhouse Museum, *4881 Broadway/204th St., www.dyckmanfarmhouse.org; Do–Sa 11–16, So 11–15 Uhr*

George Washington Bridge

Das eindrucksvolle Bauwerk wurde 1931 als achtspurige Hängebrücke vollendet. Doch war ihre Kapazität für den sprunghaft zunehmenden Verkehr bald schon nicht mehr ausreichend. Daher entschied man sich, zwischen die Pylone in einem komplizierten Verfahren ein zweites Deck (sechsspurig) zu hängen, und setzte diese Pläne 1959–62 in die Tat um. Abseits aller technischen Feinheiten fasziniert das 2.650 m lange Bauwerk auch dadurch, dass es ohne sichtbare Rampe direkt aus dem bewaldeten New Jersey herübergespannt zu sein scheint. Dort hatte Rockefeller einen Uferstreifen aufgekauft, damit keine Bebauung die Aussicht von den gegenüberliegenden Cloisters stören könne. Heute wird die Brücke jährlich von über 100 Mio. Fahrzeugen genutzt und ist damit die meistbefahrene Autobrücke der Welt.

Meistbefahrene Autobrücke der Erde

Hispanic Society of America

Archer Milton Huntington, Philanthrop, Sohn eines reichen Transportunternehmers und Liebhaber der iberischen Kultur, ließ 1904 auf dem Anwesen des berühmten Vogelkundlers und -zeichners John James Audubon dieses Museum errichten. **Kunstschätze aus nahezu allen Epochen** der portugiesischen, lateinamerikanischen und v. a. spanischen Geschichte sind zu sehen, so Werke von Goya, Murillo und Velásquez, aber auch Skulpturen, Stoffe, Möbel und archäologische Funde. Der Main Court aus rotem Terrakotta ist im Stil eines spanischen Innenhofs der Renaissancezeit hergerichtet.

Hispanic Society of America, *Audubon Terrace: Broadway, zw. 155th u. 156th Sts., www.hispanicsociety.org; Di–So 10–16.30 Uhr*

Morris-Jumel Mansion

Der britische Offizier Roger Morris zog 1765 in die elegante Villa mit der palisadenartigen Front und den vier Säulen, nutzte sie aber nur als Sommerresidenz.

Washingtons Hauptquartier

Berühmt wurde die Villa, als sie 1776 im Unabhängigkeitskrieg für einen Monat als Hauptquartier für General George Washington fungierte. Nach dem Krieg wurde Morris enteignet und die Villa umfunktioniert zu einer Taverne. Um 1810 kaufte der französische Händler Stephen Jumel das Gebäude. 1903 schließlich übernahm es die Stadt New York und richtete ein Museum ein. Zu sehen gibt es typisches Inventar der Oberklasse des 19. Jhs.

Die Parks in Inwood sind beliebt bei Kindern

Die zweigeschossigen Holzreihenhäuser gegenüber in der Sylvan Terrace stammen aus dem Jahre 1883 und sind die einzigen ihrer Art in New York.

Morris-Jumel Mansion, *Jumel Terrace, W. 160th/162nd Sts., www.morrisjumel.org; Di–Fr 10–16, Sa, So 10–17 Uhr*

6. BROOKLYN, QUEENS, THE BRONX UND STATEN ISLAND

Überblick

Während beim ersten New-York-Besuch natürlich die weltbekannten Sehenswürdigkeiten Manhattans im Vordergrund stehen, lohnen für Wiederkehrer auch die vier anderen Stadtteile (Boroughs) einen Besuch, zumal hier noch vieles von dem erhalten geblieben ist, was in Manhattan kaum noch existiert.

Ursprünglich kleine Dörfer

Anders als Brooklyn, das wie Manhattan ältere Strukturen aufweist, haben sich Queens und die Bronx erst seit Ende des 19. Jhs. aus kleinen Dörfern mit Vorortcharakter zu Stadtteilen mit weit über 1 Mio. Einwohnern und eigenen kulturellen Attraktionen entwickelt – in letzter Zeit in noch rasanterem Tempo! Man betrachte nur die Uferlinie am East River auf der Seite von Brooklyn und Queens, dazu die neuen bzw. erweiterten Museen, die Yuppie-, Studenten- und Partyszene von Williamsburg, den restaurierten Boardwalk auf Coney Island, die interessanten Entwicklungen von Sunset Park und Brooklyn Navy Yard, die Gegensätze in der Bronx, die ethnischen Viertel von Queens, das (noch enstehende) neue Riesenrad in Staten Island und das kulturelle Leben mit seinen Restaurants, Bars, Musik- und Neighborhood-Veranstaltungen etc.

Mit der U-Bahn und dem tollen Fährsystem lassen sich die Boroughs leicht erschließen.

info

Ausflüge von New York

Reizvoll wäre wohl eine Erkundung von Long Island mit seinen Stränden, dem östlichen Zipfel **Montauk**, der bei uns durch den gleichnamigen Roman von Max Frisch bekannt wurde, sowie dem Weinanbaugebiet nahe dem idyllischen Hafenstädtchen **Greenport** im Nordosten. Beide Ziele verfügen über eine gute touristische Infrastruktur sowie eine direkte Zugverbindung nach Manhattan. Unabhängiger ist man aber mit einem Mietwagen unterwegs, besonders im weitläufigen Montauk. Da Long Island recht groß ist, sollte man für einen Ausflug zwei, besser drei Tage einplanen.

Während des Indian Summer ist ein Ausflug ins Hudson Valley und in den Bear Mountain State Park besonders schön

Beliebt ist auch das landschaftlich reizvolle Hudson Valley, zu dem von Manhattan aus Bootstouren (ganztägig) abgehen, dessen richtige Erkundung aber auch drei Tage in Anspruch nehmen würde, vor allem, wenn man die zeitgenössischen Kunstausstellungen in **Beacon** besuchen möchte. Näher ist der **Bear Mountain State Park**, wo ein historisches Hotel mit gutem Restaurant die Gäste empfängt und in dessen Umgebung man schön wandern bzw. spazieren gehen kann. Das ist besonders bezaubernd im Herbst, wenn der Indian Summer die Blätter bunt färbt.

Bevölkerungsentwicklung in den fünf Boroughs von New York						
Borough	1790	1850	1900	1930	1980	**heute**
Manhattan	33.100	515.600	1.850.000	1.870.000	1.430.000	1.640.000
Brooklyn	4.500	139.000	1.166.000	2.560.000	2.230.000	2.630.000
Bronx	1.800	8.000	200.500	1.265.000	1.170.000	1.440.000
Queens	6.100	18.600	153.000	1.080.000	1.891.000	2.330.000
Staten Isl.	3.800	15.100	67.000	158.300	352.000	473.000

Brooklyn

Hinweis

Einwohner: 2,63 Mio. (bevölkerungsreichster Borough New Yorks) • **Fläche**: 183 km^2

Bereits 1636 erwarb die **Dutch West India Company** hier Land und gründete eine von Nieuw Amsterdam (später New York) vollkommen unabhängige Kolonie. Der Boden war fruchtbar, sodass sich schnell Farmer ansiedelten. In den ersten 50 Jahren gab es Konflikte mit den Indianern, dann waren diese vertrieben bzw. durch eingeschleppte Krankheiten und Alkohol dahingerafft. Sechs Orte wurden gegründet, fünf davon von Holländern. Einer davon war *Breuckelen* (Brooklyn) direkt am East River, durch das die „Road from the Ferry" *(Fulton St.)* führte zum Fähranleger nach Nieuw Amsterdam. Nach 1660 kamen auch Immigranten aus anderen Teilen Europas. Unter englischer Herrschaft hieß das Areal dann Kings County und prosperierte als **Korn- und Gemüsekammer für New York**. Im Unabhängigkeitskrieg fand die für die Amerikaner vernichtende „Battle of Long Island" (1776) auf den Hügeln nahe dem East River statt. Die Unabhängigkeit im selben Jahr konnte dies aber nicht verhindern, und der Ort Brooklyn startete wirtschaftlich durch. Schlachthöfe, Brauereien und stinkende Fabriken, von denen die Bewohner New Yorks gerne erlöst wurden, siedelten sich an. Eine Zeitung, Geschäfte und anderes folgten. In nur 20 Jahren verdreifachte sich die Einwohnerzahl Brooklyns.

Holländische Gründung

Der eigentliche Boom begann aber erst nach 1814, nachdem Robert Fulton eine große Dampffähre zwischen New York und Brooklyn eingesetzt hatte. Brooklyn entwickelte sich, neben seinem wirtschaftlichen Aufstieg, zur weltweit ersten „Schlafstadt" vor den Türen der Großstadt. Die Middle und Upper Class begann, den in vielen Bezirken ruhigen Stadtteil für sich zu entdecken. Mit 16.000 Einwohnern erwarb Brooklyn 1834 das Stadtrecht.

Beginn des Booms

Bis zum Zusammenschluss der fünf Boroughs 1898 ging es Schlag auf Schlag. Erschließungspläne konnten gar nicht schnell genug gezeichnet werden. Straßenbahnlinien wurden eingerichtet, weitere Fabriken angesiedelt, Wasser- und Gasleitungen (für Straßenlaternen) in Windeseile verlegt und die Hafenanlagen ausgeweitet, sodass um 1880 entlang der 11 km Kaianlagen mehr Tonnage umgeschlagen wurde als in New York. Auch die Kultur konnte sich entfalten: 1843 wurden das Brooklyn Institute (Ausstellungen, Lesungen etc.), 1859 die Brooklyn

Academy of Music und 1863 die Long Island Historical Society gegründet. Der Prospect Park, Brooklyns „grüne Lunge", öffnete 1870 seine Tore. 1853 zählten Brooklyn und das gesamte Kings County bereits 200.000 Einwohner, und 1860 waren es schon 278.000! Die Brooklyn Bridge, die den Fährverkehr über den East River entlasten sollte, wurde 1883 eingeweiht, und Coney Island verzauberte die Massen als Vergnügungsinsel ungeahnten Ausmaßes.

Brooklyn wuchs während der zweiten Hälfte des 19. Jhs. zur drittgrößten Stadt Amerikas heran und profitierte insbesondere von New Yorks Aufstieg. Um 1900 zählte man über 1 Mio. Einwohner. 1898 schlossen sich die fünf Boroughs zusammen als New York City. Für viele Brooklynites war dies „the biggest mistake", denn sie sahen ihre Stadt als eigenständig genug an, um New York Paroli bieten zu können. Der Zusammenschluss veränderte Brooklyns weitere Entwicklung. Es wuchs zwar weiterhin – 1930 zählte es mit 2,5 Mio. Einwohnern deutlich mehr als Manhattan –, der erste New Yorker Flughafen wurde in Brooklyn eröffnet (Floyd Bennett Field), Coney Island zog jährlich Millionen von Wochenendurlaubern an, und auch die kulturelle Szene blieb erhalten. Andererseits aber blieb Brooklyn provinziell und übernahm immer mehr die Vorortrolle für Manhattan, das einfach wesentlich mehr Anziehungskraft auf den Rest der Welt hatte.

Seit 1898 Teil von New York

Im Grunde können die Brooklynites aber froh darüber sein. In ihrem Borough sind die Immobilienpreise in weiten Teilen um einiges niedriger als in Manhattan, und die ethnischen Gruppen können sich noch verhältnismäßig ungestört entfalten, wenngleich auch hier die Gentrifizierung in den westlichen Stadtteilen und entlang der Subway-Linien ihren Lauf nimmt. Brooklyn ist bis heute, und bis auf einige Ausnahmen, eher bodenständig geblieben. Das haben in den 1960er-Jahren bereits Schriftsteller wie Arthur Miller und Norman Mailer erkannt, und auch heute bevorzugen (gut verdienende) Künstler, Schauspieler und Akademiker diesen Borough.

Der Prospect Park steht dem Central Park in nichts nach

Heute ist Brooklyn zum einen beliebte Wohnstätte wohlhabender New Yorker, die sich in die Brownstone-Häuser von Brooklyn Heights, Cobble Hill und Carroll Gardens eingekauft haben, zum anderen aber auch, in den südlichen und östlichen Stadtteilen, des Mittelstandes, der Immigranten sowie ethnischer Gruppen, die es in Manhattan geschafft haben und diesem den Rücken kehren wollen: Borough Park ist jüdisch, auf Coney Island lebt eine große russische Gemeinde. Bensonhurst ist „süditalienisches Terrain“ und Bay Ridge skandinavisch sowie irisch angehaucht. Anders dagegen Williamsburg samt Greenpoint im Norden: Ein Teil dieses Bezirks wird von orthodoxen Juden bewohnt, doch, günstig angebunden an das U-Bahnnetz, hat die Yuppie-Szene die großen Lager- und die kleinen Stadthäuser sowie die neu entstandenen Hochhausbauten am East River sowie an den Stationen des L-Train bereits als Idylle für sich entdeckt. Red Hook und Sunset Park werden diesem Beispiel folgen, auch wenn die Baustrukturen besonders in Red Hook wieder anders sind.

Wohnort wohlhabender New Yorker

Bedford-Stuyvesant galt lange Zeit als Negativbeispiel eines von Schwarzen bewohnten Großstadtslums. Doch seitdem sich 1968 Senator Robert Kennedy für die „Wiederbelebung“ dieses Stadtteils eingesetzt hat, hat sich ein lebendiger Stadtteil entwickelt mit Kleinindustrie, bunten Geschäften und einer deutlich niedrigeren Kriminalitätsrate. Nach Flatbush und Crown Heights zogen viele Immigranten aus der Karibik.

Einen **ersten Eindruck von Brooklyn** erhält man bei einem Spaziergang über die Brooklyn Bridge, am besten 1 ½ Std. vor Sonnenuntergang. Von der Brücke blickt man zurück auf die in warmes, orangefarbenes Licht getauchte Skyline von Manhattan.

In Stichworten

Brooklyn – bevölkerungsreichster Stadtteil New Yorks – Aus der Geschichte heraus stark genug, sich gegenüber Manhattan zu behaupten und davon abzugrenzen – Lofts in Williamsburg – Bourgeoisie in Brooklyn Heights und um den Prospect Park – Ethnische Viertel – Entspannter, günstiger, echter und ehrlicher als Manhattan

Die interessantesten Stadtteile von Brooklyn im Überblick

Borough Park

Hinweis

Im Südwesten (südl. Prospect Park/Greenwood Cemetery) • **Einwohner**: 154.000

Ab 1880 bebaut, waren die ersten Bewohner v. a. irische Immigranten. Ab 1920 folgten jüdische Familien aus Williamsburg und später auch italienische Familien, die aus umliegenden Bezirken bzw. der Lower East Side kamen. Für alle galt es als sozialer Aufstieg. Wohlhabendere Juden wanderten nach dem Zweiten Weltkrieg in weiter entfernte Villenvororte ab und machten damit Platz für strenggläubige, orthodoxe Juden, die wiederum aus Williamsburg, später auch aus Israel und Osteuropa kamen. Besonders die orthodoxen Juden sorgten fortan für eine hohe Geburtenrate. Man zählte durchschnittlich sieben Kinder pro Familie. Der eingesetzte Council of Jewish Organizations befasste sich mit der Ein- bzw. Erhaltung des orthodoxen, jüdischen Glaubens und vereinigt mittlerweile über 170 kulturelle und religiöse Gruppen unter sich. Es gibt an die 200 Synagogen und Tempel. Die Kinder werden in einem ganz eigenen Schulsystem unterrichtet. Das ethnische Fest heißt „Purim“ und wird im Frühling abgehalten.

Zentrum orthodoxer Juden

Borough Park sieht architektonisch aus wie viele andere Stadtteile New Yorks, nur die Aufschriften sind oft in jüdischer Sprache, die wenigen Restaurants bieten einzig Kosher-Food, die Menschen pflegen alte Traditionen, kleiden sich nach streng religiösen Riten und leben sehr zurückgezogen. Keine orthodoxen Juden fotografieren, ohne vorher zu fragen!

Jamaica meets Jerusalem

info

Das jamaikanische Viertel des Stadtteils **Crown Heights** erstreckt sich südlich von Bedford-Stuyvesant und ist Heimat der größten karibischen Bevölkerung außerhalb der Karibik selbst. Die **West Indian American Day Parade** (siehe S. 383) ist ein bunter Beweis dafür und lockt an die 2 Mio. Menschen an. Vor dem Eintreffen dieser Gruppe lebten bereits **strenggläubige Juden** im südlichen Distrikt, womit Zusammenstöße beider Gruppen bis heute unvermeidbar blieben. Trotzdem hat sich die Lage deutlich beruhigt; man kann zwar nicht von einem Miteinander, jedoch einem friedlichen Nebeneinander beider Kulturen sprechen.

Brooklyn Heights und DUMBO

Hinweis

Nordwest-Brooklyn liegt gegenüber Manhattans Financial District • **Einwohner**: ca. 21.000

Brooklyn Heights rasanter Aufstieg zu New Yorks erstem „Suburb“ begann mit der Einrichtung der dampfgetriebenen Fulton Ferry, einer regelmäßig verkehrenden Fährlinie. Bereits damals lockten die niedrigeren Immobilienpreise, die Nähe zum wirtschaftlichen Herz Manhattans und die exponierte Lage auf einem Hügel mit Aussicht auf Manhattan. In wenigen Jahrzehnten war die Hügelkette zugebaut mit zwei- bis dreigeschossigen Stadthäusern aller Stilrichtungen. Brooklyn Heights

war „in“. Als der Platz hier nicht mehr ausreichte bzw. weitere Fährlinien eingerichtet waren, folgten u. a. **Cobble Hill** (ab 1836), **Boerum Hill** (ab 1840), **Fort Greene** (ab 1855) und **Carroll Gardens** (ab 1869) dem Beispiel Brooklyn Heights. Hier wurden, stadtplanerisch durchdacht, Wohnhäuser für gut verdienende Arbeiter und den normalen Mittelstand errichtet, zumeist im Brownstone-Reihenhausstil. Das bedeutete, dass das Kellergeschoss als Anliegerwohnung bzw. kleines Geschäft konzipiert wurde, während die oberen Etagen den Hausherren blieben. Die Mieteinnahmen dafür beglichen einen Großteil der Kreditzinsen, ein Verfahren, das auch heute noch in ähnlicher Form in einigen Teilen New Yorks, wie z. B. in Harlem, praktiziert wird.

Brooklyn Heights entwickelte sich um 1850 zum Wirtschafts- und Verwaltungszentrum Brooklyns. Banken und Geschäfte aller Art wurden eröffnet, Hafenanlagen

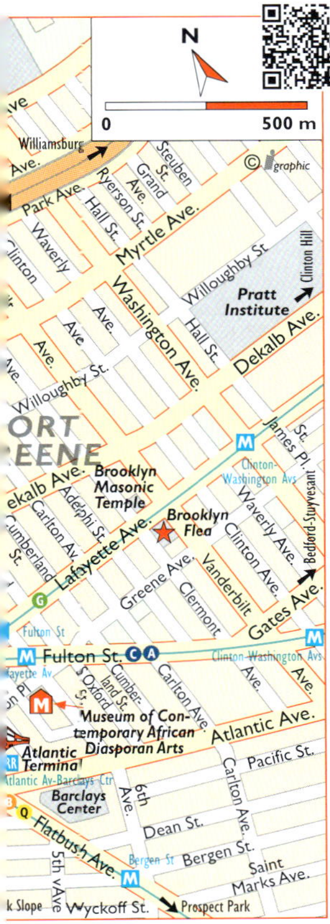

ausgebaut, und gleich östlich des Viertels wurde 1848 die Borough Hall, Brooklyns Rathaus, eingeweiht. 1908 erreichte die U-Bahn den Stadtteil, was zur Folge hatte, dass viele Angestellte herzogen. Diese vertrieben die reichen Leute.

Nach dem Ersten Weltkrieg folgten vornehme Apartmenthäuser und Hotels. Zu den Top-Hotels New Yorks zählten in den 1920er-Jahren das Bossert *(98 Montague St.)* mit einem beliebten Dachrestaurant sowie das St. George *(Clark St., zw. Hicks u. Henry Sts.)*.

Nach dem Zweiten Weltkrieg entdeckten **Literaten und Künstler** den Stadtteil, so z. B. Truman Capote und Arthur Miller. Es war aber auch die Zeit, in der ganze Straßenzüge dem Bau des Brooklyn-Queens-Expressway zum Opfer fielen. Das rief eine Gruppe von Anwohnern auf den Plan, die ab 1958 für den Erhalt des historischen Bezirks kämpften. Mit Erfolg. 1965 wurde Brooklyn Heights zum ersten „Historic District" in New York erklärt. Diesem Beispiel folgten andere Stadtteile.

Nach einer wirtschaftlichen Flaute ab Mitte der 1950er-Jahre (Schließung von Hafenanlagen und Werften etc.) hat sich Brooklyn Heights seit 1990 erholt. Die Immobilienpreise erreichen astronomische Höhen, und die Zeugen Jehovas („Watchtower") zahlten bis zu ihrem Umzug 2016 großzügig in das Stadtsäckel, und der Tourismus hielt, besonders nach Einrichtung des modern und sportlich angelegten **Brooklyn Bridge Park**, ebenfalls Einzug. Die Montague Street, die baumbestandenen, engen Straßen, das Flair ausgelassener Bourgeoisie sowie viele historische Bauten und nicht zu vergessen die Kirchen, wie z. B. die Plymouth Church of the Pilgrims (von 1849, *Hicks St., zw. Orange u. Cranberry Sts.*), die First Presbyterian Church (von 1846, *124 Henry St.*) und die First Unitarian Church (von 1844, *Pierrepont St./Monroe Pl.*), locken ebenfalls Besucher an. Von dieser Attraktivität profitie-

Der Brooklyn Bridge Park bietet Sport, Spaß und Erholung für Jung und Alt

Brooklyn Heights ist bekannt für seine idyllischen Seitenstraßen und die Restaurants an der Montague Street

ren auch die umliegenden Stadtteile, so z. B. Cobble Hill und Fort Greene. Ein Highlight von Brooklyn Heights ist die **Brooklyn Heights Promenade**, von der aus man am Nachmittag/Abend einen fantastischen Blick auf die Skyline von Süd-Manhattan hat.

Nordöstlich der Auffahrt zur Brooklyn Bridge wurde der ehemalige Lagerhausdistrikt **DUMBO** („**D**own **u**nder **M**anhattan **B**ridge **O**verpass") restauriert. Designer-Firmen, Filmstudios, Restaurants, kulturelle Einrichtungen und umgebaute Lofts haben die verstaubten Kisten und Kartons lange verdrängt. Am East River locken auch hier schöne Parkflächen und bieten sich an für romantische Fotos (Brooklyn Bridge, Fluss und Skyline) oder ein gemütliches Picknick am Flussufer.

Die **Fähren**, die nach Manhattan übersetzen bzw. entlang dem East River und nach Red Hook sowie Bay Ridge schippern, legen an dem Pier unter der Brooklyn Bridge ab.

Downtown/Civic Center/Fulton Mall

Hinweis

Diese Stadtteile erstrecken sich zw. Expressway im Norden, Atlantic Ave. im Süden, Cadman Plaza im Westen und Flatbush Ave. im Osten • **Einwohner**: 2.600 (Schätzung)

Mitte des 19. Jhs., dem rasanten wirtschaftlichen Aufstieg Brooklyns folgend, entschied man sich zur Anlage eines großzügigen Verwaltungsviertels (Civic Center). Es sollte günstig platziert sein zwischen den Hafenanlagen, den Wohngebieten und

Atlantic Antic Street Festival auf der Atlantic Avenue

der erstarkenden Einkaufsregion. Erstes, fertiggestelltes Gebäude war 1848 die Borough Hall (Rathaus), weitere Behördengebäude folgten. Das gesamte Umfeld bezeichnete man forthin als Brooklyn Downtown. Östlich vom Civic Center entwickelte sich die Fulton Street zur Einkaufszone. Der spätere Mitbegründer von Macy's eröffnete hier sein erstes Warenhaus. Vornehme Juweliere, Textilgeschäfte, Restaurants und Bankpaläste rundeten das Bild der Fulton Mall ab. Mit der wirtschaftlichen Flaute ab Mitte der 1950er-Jahre und dem Bau von Sozialwohnungen nordöstlich der Downtown verfiel die Einkaufszone zunehmend.

Wirtschaftlicher Aufschwung

Mittlerweile wandelt sich das Bild wieder. Der Verwaltungsbezirk erstarkt in ungeahnten Ausmaßen, und viele Behörden, die z. T. für ganz New York zuständig sind, haben hier ihren Sitz. Hohe, moderne Wohnhäuser schießen aus dem Boden und versprechen bei guter U-Bahn-Anbindung günstigere Mieten als in Manhattan. Konferenzhotels und die Technische Hochschule bauen weiter aus.

Wer gerne in **Antiquitätenläden** nach viktorianischen Produkten des 19. Jhs. stöbert, sollte in der Atlantic Avenue (*2 Blocks zw. Hoyt u. Nevins Sts.*) vorbeischauen. Hinterher warten ein paar kleine Restaurants etwas weiter westlich (*zw. Court u. Hicks Sts.*).

Fort Greene (ehem. Teil von Clinton Hill)

Hinweis

Fort Greene liegt zw. Vanderbilt-, Atlantic-, Flatbush- und Flushing Aves. • **Einwohner**: 16.000

Der nördlich des Fort Greene Park (ebenfalls angelegt von Olmsted und Vaux) liegende Teil ist wenig attraktiv, da hier langweilige Sozialwohnungs-Komplexe („Projects") hochgezogen wurden.

Interessanter dagegen sind die vielen **Brownstone-Reihenhäuser** in baumbestandenen Straßen südlich davon, die **Brooklyn Academy of Music** (**BAM**), die kleinen, z. T. hippen Restaurants und Bars im Kreuzungsbereich Fulton Street/ Lafayette Avenue und östlich davon sowie die tolle Auswahl an Restaurants in der DeKalb Avenue *(bes. zw. Cumberland St. u. Vanderbilt Ave.)*. Fort Greene bietet keine eigentlichen Highlights, doch kann man hier einen Eindruck gewinnen, wie die normalen Wohnviertel von Brooklyn einst ausgesehen haben und sich hier unter die echten New Yorker mischen.

info

Cobble Hill District

Der südlich von Brooklyn Heights (*südl. der Atlantic Ave.*) gelegene Stadtteil wurde 1836 gegründet und beeindruckt heute durch seine Wohnhäuser aus dem 19. Jh. Im **Gebiet um die Court Street** trifft man auf nette Geschäfte, u. a. den ausgesuchten Buchladen Book Court (163 Court St., www.bookcourt.org, auch Lesungen) und alteingesessene Restaurants (z. B. das italienische **Restaurant Queen**, *84 Court St., ☏ (718) 596-5955). Subwaystation: Bergen St.*

Red Hook

Hinweis

Red Hook liegt südwestl. des Gowanus/Prospect Expressway, am Südende der Van Brunt St. • **Einwohner**: 15.000 (davon über 6.000 in einer „Project-Siedlung" am Rand des Stadtteils)

Einst bedeutender Hafen

Mitte des 19. Jhs. wurde hier, großteils unter der Federführung des Eisenbahnmagnaten William Beard, ein Hafen angelegt. Die geografische Nase bot sich dafür an. Einziges Problem war die zum Wasser hin ungeschützte Position. Dafür fand Beard eine geniale Lösung: Leer ankommende Schiffe, die hier Ladung aufnehmen wollten, mussten vorher ihre Kielgewichte, sprich Steine, loswerden. Für diese kassierte er von den Schiffsführern stolze 50 Cent für einen cu yd (1 Kubik-Yard = 0,765 m^2). Diese Steine ließ er anlegen zu einer Schutzmauer („Breakwater") zur Bay hin. Das eingenommene Geld genügte für die Arbeitslöhne und die weitere Befestigung. So entstand das geschützte Erie Basin. Die u-förmige Mauer ist seither ein Symbol für Red Hook. Mit diesem sicheren Becken war es auch kleinen Getreideschiffen möglich, ihre Ladung zu löschen bzw. umladen zu lassen. Zweiter wichtiger Wirtschaftsfaktor für Red Hook war im 19. Jh. die Ziegelindustrie. Lehm dafür kam vorwiegend aus New Jersey und wurde hier in Ziegeleien zu Backsteinen verarbeitet. Große Backsteingebäude am Hafen zeugen von dieser Zeit.

Nach dem Zweiten Weltkrieg verwaiste der Hafen, als Ziegelsteine an Bedeutung verloren und modernere Container- und Getreideumschlagplätze für die nun größeren Schiffe im Großraum von New York angelegt wurden. Red Hook geriet in Vergessenheit, die Hafenanlagen verrotteten, die Wohnhäuser – zu klein für den Mittelstand – wurden teilweise ungenutzt ihrem Schicksal überlassen, und die alten Lagerhallen dienten nur als billiges Zwischenlager für zweitrangige Waren.

In Red Hook ticken die Uhren anders

Ende der 1990er-Jahre trauten sich gewiefte Immobilienmakler und Investoren wieder an die alten Backsteinbauten heran. Die wirtschaftliche Situation brachte es mit sich, dass wieder in alte Bauten investiert wurde. Die Backsteinlagerhäuser und die alte Ziegelei wurden restauriert – z. T. auch umgewandelt. Kleine Firmen, Galerien und Geschäfte eröffneten, und die nahen kleinen Wohnhäuser erwachten ebenfalls aus ihrem Dornröschenschlaf. Mit der Ansiedlung des IKEA-Möbelhauses im Ostteil des Viertels, des großen Fairway-Supermarkts und einiger netter Restaurants und Sommerbars haben die New Yorker den Stadtteil voller „postindustireller Romantik" als Ausflugsziel für sich entdeckt.

Das Straßenbahnmuseum ist verwaist, dafür brummt es im Fairway-Supermarkt in der alten Ziegelei

Noch geht alles langsam zu: Auf den alten Piers wird noch in aller Seelenruhe geangelt (schöner Blick hinüber zur Freiheitsstatue), und nur wenige Jachten verirren sich ins Getreidebecken. Die „Lehigh Valley", eine alte Hafenbarkasse *(290 Conover St., www.waterfrontmuseum.org, ☏ (718) 624-4719 ext. 11)*, kann nach Voranmeldung besichtigt werden. Auch sollte man schauen, was gerade im Gebäude der **Brooklyn Waterfront Artists** *(Südmole am Ende der Van Brunt St., http://bwac.org)* ausgestellt wird. Doch die Ruhe trügt: Pläne über einen Subway-Anschluss und den Bau von 50.000 Wohnungen samt Parkanlagen werden immer wieder diskutiert.

Verkehrsanbindung: Am einfachsten ist die Anreise mit dem Boot *(South Brooklyn Route, von: Wall St., Pier 11, Manhattan)*, die nächste U-Bahn-Station ist Smith–9th St. (F- und G-Trains), von wo aus auch Busse hierher fahren.

info

Sunset Park Industrial Park

Einst galten die riesigen Lager- und Fabrikgebäude als der wirtschaftliche Nabel von Brooklyn. Hier wurde im- und exportiert, aber auch produziert bzw. wurden eingeführte Waren zu einem verkaufbaren Produkt zusammengesetzt. Bis zu 25.000 Menschen haben hier gearbeitet.

Brooklyn Fleamarket im Industrial Park

Mittlerweile wurden und werden die Gebäude umgestaltet. Auf insgesamt 600.000 m^2 findet man heute **Shops** aller Art (auch Vintage!), v. a. aber Ateliers („**Open Studios**“), eine Wodka-Destille, Lebensmittelzubereiter, Dachterrassen, Foodmarkets, und an den Wochenenden wird hier der **Brooklyn Fleamarket** (nur Nov.–März) abgehalten. Angeschlossen an diesen ist das beliebte **Smorgasburg** mit den für Brooklyn so typischen Essensständen. Die versprechen leckere Speisen aus aller Welt. Zudem wird hier gefeiert bzw. werden Events abgehalten – Augen und Ohren auf! Industrial City ist spannend und verändert sich stets. Daher gilt es, vor einem Besuch deren Webseite anzuschauen.
Sunset Park, *Waterfront, 36th St./2nd Ave., http://industrycity.com, Subway-station: 36 St. (D-, N-, R-Trains)*

Park Slope und der Prospect Park

Hinweis

Park Slope liegt zw. Flatbush Ave., Prospect Park West, Ocean Pkwy u. 4th Ave. • **Einwohner**: 65.000

Der Prospect Park wurde, wie der Central Park, von Olmsted und Vaux geplant. 1868 eingeweiht, ebenso wie die dem Pariser Étoile nachempfundene Grand Army Plaza, bildeten diese den Grundstock für ein System ausladender Boulevards, und diese wiederum für die Erschließung umliegender Stadtteile, wie z. B. Park Slope.

Park Slope, in den 1870er-Jahren fertiggestellt, wurde angelegt als Wohnsiedlung für sowohl besser verdienende Angestellte (große Straßen und nahe der Plaza) als auch für die irischen Arbeiter (Nebenstraßen, südliche Bezirke). Brownstone-Reihenhäuser in baumbestandenen Straßen machten den Stadtteil attraktiv. Der kulturelle Rahmen wurde durch den Neubau des **Brooklyn Museum** (1893) geschaffen. Zu Beginn des 20. Jhs. wanderten die Besserverdienenden ab, und die Reihenhäuser verkamen zu Mehrfamilienhäusern, die nicht selten hoffnungslos überbelegt waren.

Soldiers' and Sailors' Memorial Arch am Grand Army Plaza

Erst ab den 1960er-Jahren erholte sich Park Slope wieder. Die Häuser, damals noch eine günstige Anlage, wurden restauriert, und junge Akademiker, Geschäftsleute sowie eine wohlsituierte linke Mittelschicht zogen ein. Letztere sorgte zusammen mit ein paar Aussteigern z. B. dafür, dass 1973 mit der **Park Slope Food CoOp** *(782 Union St.)* hier eine der ersten Lebensmittel-Kooperativen (gesunde Kost, Eigenbeteiligung) der USA eröffnete. 1974 wurde der Stadtteil zu einem „Historic District" erklärt.

Heute ist Park Slope ein Wohnviertel mit einer multikulturellen und intellektuellen Mittelstands-Gesellschaft. Besonders entlang der 5th und 7th Avenues findet man Restaurants und Lokale aller Art sowie eine Reihe ausgesuchter Geschäfte. Hauptattraktionen bleiben aber das Brooklyn Museum (of Art), der Prospect Park (inkl. Botanic Garden) und die Grand Army Plaza.

Nur wer sich ein paar Blocks nach Westen begibt, nach Gowanus, wird mit ausgesprochen speziellen Ausstellungen im kleinen **Morbid Anatomy Museum** (*424-A 3rd Ave., http://morbidanatomymuseum.org, Mi–Mo 12–18 Uhr*) überrascht. Die Themen wechseln, aber um den Tod geht es eigentlich immer.

Williamsburg und Greenpoint

Hinweis

Das Gebiet erstreckt sich zw. Bushwick Ave./Brooklyn-Queens Expressway, Flushing Ave., East River und Newtown Creek • **Einwohner**: 130.000 (Williamsburg) u. 73.000 (Greenpoint)

Die ersten Siedler, Holländer, Skandinavier und Franzosen, ließen sich in den sumpfigen Ebenen 1663 als Farmer nieder. Sie waren es auch, die Piraten wie dem legendären Captain William Kidd oftmals Zuflucht und Verstecke verschafften.

Industrielles Wachstum

Im Jahr 1800 wurde die erste Fährlinie eingerichtet, doch erwies sie sich als finanzieller Fehlschlag. Der zweite Anlauf, 1818, diesmal mit einer dampfgetriebenen Fähre, gelang schließlich. David Dunham, der „Father of Williamsburgh", sorgte dafür, dass der kleine Ort 1827 offiziell eingetragen wurde ins Register und machte somit den Weg frei für Industrieunternehmen. Bereits 1852 war Williamsburg zu einer Stadt mit über 30.000 Einwohnern angewachsen, und 1855 schloss es sich Brooklyn an. Neben Industrieunternehmen siedelten sich in den Randbezirken und auf der flussabgewandten Seite v. a. deutsche und irische Mittelständler sowie Fabrikbesitzer an. Es gab Biergärten, Clubs, Hotels und Restaurants. 1900 zählte man 105.000, um 1920 bereits 260.000 Bewohner.

Mit der Einweihung der Williamsburg Bridge (1903) kamen italienische und jüdische Arbeiter, sorgten für den Bau von mehrgeschossigen, billigen Mietshäusern und verdrängten allmählich den wohlsituierten Mittelstand. Nach dem Ersten Weltkrieg galten ganze Straßenzüge in Williamsburg als die am dichtesten besiedelten Flächen New Yorks.

Soziale Konflikte

Die Italiener wanderten ab, und ihnen folgten ab den 1930er-Jahren zumeist strenggläubige, vor den Nazis geflüchtete Juden der Satmar Chassidim-Sekte. Sie bestimmten das Bild von Williamsburg maßgeblich bis in die 1970er-Jahre, bauten Handelskontore auf, führten Großhandelsgeschäfte und besaßen auch ein paar kleinere Fabriken. Diese und die alteingesessenen großen Firmen zogen dann Einwanderer aus Puerto Rico und der dominikanischen Republik an, die heute noch ein Drittel der Bevölkerung ausmachen. Das sorgte für sozialen Konfliktstoff, dessen Ausmaß mit dem in der Bronx in den 1960er-Jahren zu vergleichen war.

Williamsburg: einst Arbeiterquartier und Lagerhausdistrikt, heute lebendiges Partyviertel

Auch heute noch prägen die 30.000 Juden das kulturelle Erscheinungsbild vieler Gebiete von Williamsburg. Die Mehrzahl wohnt in einem Abschnitt im Südwesten zwischen Whyte Avenue, Broadway sowie Heyward Street. In der Lee Avenue findet man ihre Geschäfte und noch ein paar echte Kosher-Delis.

Einzug der Künstler

In den 1980er- und 90er-Jahren kamen Künstler nach Williamsburg und machten aus den Lagerhäusern Lofts, richteten ihre Ateliers ein und besuchten die Kneipen in der Berry Street. Und es kam, wie es kommen musste: Dank der günstigen Verkehrsanbindung durch den L-Train entwickelte sich zuerst eine Studentenszene um die Bedford Avenue, der schließlich wiederum die besser verdienende Mittelschicht und die Yuppies folgten. Zwischen alte Häuser werden zunehmend neue Gebäude gesetzt, am Ufer des East River ragen immer mehr gläserne Wohnpaläste gen Himmel, und die Restaurant-, Kneipen- und Clubszene lässt ebenfalls keine Wünsche offen. Es macht Spaß, durch die so unterschiedlichen Straßen mit den z. T. ausgefallenen Geschäften und Lokalen zu laufen. Doch die Wochenendabende sollte man meiden – oder ganz auf „Party-Modus" umschalten.

New Yorks beliebtestes (und teuerstes) Steakhouse, **Peter Luger's** *(178 Broadway/ Driggs Ave.)* befindet sich hier. Zu erwähnen sind zudem das kleine **Williamsburg Art & Historical Center** *(135 Broadway/Bedford Ave., http://wahcenter.net)* und die **Art Gallery 101** (*101 Grant St.*), in denen vorwiegend lokale Künstler ausstellen, sowie die **Art Library** (*28 Frost St.*, internationale Skizzenbücher) und das **Museum of Food & Drink** (*62 Bayard St., Mi–So, www.mofad.org*). Gewissermaßen als Kontrastpunkt vermittelt die **Russian Orthodox Cathedral of the Transfiguration of Our Lord** *(Driggs Ave./12th St.)*, eine 1921 fertiggestellte Kathedrale, den bedeutenden Einfluss osteuropäischer Einwanderer. Außerdem findet sich hier das **Visitor Center der Brooklyn Brewery** (*79 North 11th St., www.brooklynbrewery.com*). Die Brauerei hat jedoch den Trend erkannt, hat die Gebäude bereits für gutes Geld verkauft und wird ab 2018 auf dem riesigen, ganz im Südwesten von Williamstown liegenden Gelände der **Brooklyn Navy Yard** (siehe dazu S. 384) produzieren. Das VC wird allerdings erst 2025 folgen.

Greenpoints Manhattan Avenue

Wer noch etwas weiter eintauchen möchte, sollte von Williamsburg nach Norden spazieren in das Viertel **Greenpoint**, dessen Zentrum sich im Kreuzungsbereich Manhattan und Greenpoint Avenues befindet und hier den Titel Greenpoint Historic District trägt. Zahlreiche Wohnhäuser verschiedener Einkommensklassen aus der Mitte des 19. Jhs. säumen die Straßenzüge. Etwas vornehmer präsentiert sich die Milton Street, großstädtischer und heute mit einigen Boutiquen und Restaurants gesäumt die Greenpoint Avenue und am geschäftigsten die Manhattan Avenue. Wer die Greenpoint Avenue bis zum East River herunterläuft, trifft dort linker Hand auf die **Brooklyn Barge Bar**: Untergebracht auf einer halbverrosteten Barkasse, gibt es hier nicht nur Getränke und Fingerfood samt Ausblick, sondern auch Kajaks zu mieten. Drei Blocks nördlich, am Ende der India Street, legt die **East River Ferry** ab in Richtung Manhattan (Midtown/Wall Street) sowie Hunters Point (Queens) und zu weiteren Anlegern in Brooklyn.

Tipp

Mit dem Bus durch Brooklyn
Die Linie B61 verkehrt zwischen Park Slope, Red Hook und Downtown. Dort, Ecke Fulton/Smith Sts., steigt man um in den Bus B62. Dieser fährt entlang der Park Avenue, dann durchs jüdische Viertel und entlang der Bedford Avenue in Williamsburg, weiter durch den Greenpoint Historic District, bis zur Queensboro Plaza. Besser kann man Brooklyn kaum erkunden – und natürlich hier und dort aussteigen.

Coney Island

Hinweis

Halbinsel im Süden von Brooklyn, durch den Coney Island Creek teilweise vom Festland getrennt • **Einwohner**: 25.000

Die Insel wurde noch vor Manhattan 1609 von Henry Hudson entdeckt. Die Holländer nannten sie *Konijn Island*, „Insel der Kaninchen", denn von denen gab es hier genügend. Die ersten Touristen, wohlhabende Geschäftsleute aus New York, kamen um 1830. Sie vergnügten sich in den Resorts. Mit der Einführung eines Raddampfer-Betriebs 1847 folgten die Spieler und Zuhälter. Nach dem Bürgerkrieg begann der große Boom. Mehrere Bahnlinien führten nach Coney Island, und gewiefte Geschäftemacher nutzten das freie Land im Zentrum für die Errichtung z. T. gigantischer Amüsieranlagen. John McKane, ein Ire mit wenig Sinn für legale politische Formen, riss alsbald alle Macht an sich und sorgte für die freie Entfaltung des Vergnügungsgeschäfts, mit allem, was dazugehörte. Bis zur Jahrhundertwende stieg die Insel auf zum „Sodom am Meer". 1870 wurden hier die Frankfurter erfunden, 1884 die Achterbahn und das Karussell. Wenig später folgten der Hot Dog, das Riesenrad und die Einführung des gemischten Badestrands.

Manhattan quoll über, und besonders in dessen Arbeitervierteln war es mit der Hygiene schlecht bestellt. Somit suchten immer mehr Menschen an den Wochenenden den Strand auf – eben auch, um sich einmal richtig zu waschen. 1895 schätzte man an Sommerwochenenden über 250.000 New Yorker auf Coney Island.

Um diesen Menschen etwas zu bieten, errichtete man die Vorgänger der heutigen Themenparks. Steeplechase Park war der erste (1897), ihm folgte der Luna Park (1903), und 1904 eröffnete schließlich das Dreamland. Der Ansturm auf die neumodischen Attraktionen war enorm: Zwischen 1895 und 1905 verdoppelte sich die Besucherzahl. Die Luxus-Resorts im Osten und Westen blieben bestehen, doch die Amüsiermeile im Zentrum war der Publikumsmagnet bis in die 1950er-Jahre. Auf Coney Island mischten sich alle ethnischen Gruppen und Klassen. Es hieß, „hier verwirkliche sich endlich die Unabhängigkeitserklärung".

Redaktionstipps

Parks und Promenaden

▸ Eine herrliche Abwechslung zum Pflastertreten bieten u. a. **Brooklyn Heights** und dessen Promenade (S. 357), **Brooklyn Bridge Park** (S. 373), **Prospect Park** (S. 378) und **Brooklyn Botanic Garden** (S. 379) sowie **Coney Island** mit New York's Aquarium und einem Boardwalk direkt am Strand lang.

Interessante Museen

▸ Neben dem **Brooklyn Museum (of Art)** (S. 376) lohnen das **New York Transit Museum** (S. 375) und die **Brooklyn Historical Society** (S. 374) den Besuch.

Restaurants/Picknicken

▸ Teuer, aber mit Aussicht auf Manhattan: **River Café** (S. 138); nette Restaurants finden sich in den Stadtteilen **Fort Greene** (z. B. in der DeKalb Ave.) und **Williamsburg**, z. B. **Peter Luger's** (S. 139); unvergleichlich: der Käsekuchen im **Junior's** (S. 138, 375); **Picknicken** kann man im **Prospect Park**, auf der **Brooklyn Heights Promenade** oder unter der **Manhattan Bridge** (DUMBO).

Einkaufsbummel

▸ **Atlantic Terminal Mall** (S. 376) oder trendy: **7th Avenue** in Park Slope (S. 364).

Zeitplanung

▸ **1 Tag**: Brooklyn Museum, dann Botanic Garden. Am späteren Nachmittag dann Brooklyn Heights bzw. den Brooklyn Bridge Park samt DUMBO. **2 Tage**: Mehr Zeit nehmen für Brooklyn Heights, den Brooklyn Bridge Park samt DUMBO, eine Neighborhood nach Wahl besuchen (z. B. Red Hook), am späteren Nachmittag nach Coney Island.

Nightlife

▸ Sich einfach treiben lassen in **Williamsburgs Szeneviertel** (S. 366); ein Bierchen in der Neighborhood-Bar **Brooklyn Inn** (S. 146), ein Soulkonzert im **Frank's** (S. 146) besuchen, ethnische Restaurants in **Fort Greene** (*Fulton St., östlich der Lafayette Ave. bzw. an der De Kalb Ave.*).

Das Geschäft brummte. Die Kosten für den Luna Park mit seinen Türmen und Minaretten, beleuchtet von 250.000 Glühbirnen, wurden in nur sechs Wochen wieder reingeholt! Das beflügelte weitere Investoren: Als Dreamland mit 1 Mio.

Birnen und dem weithin sichtbaren, 112 m hohen Beacon Tower noch einen draufsetzte, entschieden sich die Betreiber des 1907 abgebrannten Steeplechase Park, einen Park zu errichten, der größer war als die beiden anderen Parks zusammen. Sein Herzstück bildete der „Pavilion of Fun".

Fragwürdige Attraktionen

Das Dreamland wurde 1911 durch ein Feuer zerstört. Das gab dem Geschäft einen ersten Dämpfer, und man musste die Massen mit immer fragwürdigeren Mitteln des Showbusiness anlocken: „Der kleinste Mann", „Der schnellste Geiger", „Die stärkste Frau", „Der klügste Arbeiter" u. v. a. wurden zu Attraktionen degradiert. Als auch das nicht mehr genügte, wurde die Wissenschaft bemüht. Bekanntestes Beispiel: die Zurschaustellung des ersten Babybrutkastens der Welt, finanziert durch die Eintrittsgelder der Schaulustigen. Vulkanausbrüche wurden simuliert, Schlachten nachgespielt etc. Zu Spitzenzeiten liefen an die 450 Shows und Darbietungen parallel. Amerika befand sich auf Coney Island im „Zauber der Übermächtigkeit".

Der Erste Weltkrieg brachte den ersten großen Einbruch. Die Menschen wollten nichts Grausames sehen. Shows gerieten in den Hintergrund, und ganz normale Karussells und Achterbahnen übernahmen deren Rolle. Die Weltwirtschaftskrise mit der anschließenden Depression bewirkten den zweiten Einbruch. Zudem schaffte Robert Moses, New Yorks oberster Parkverwalter, in den 1930er-Jahren die meisten Shows ab, ließ dafür aber den Boardwalk ausbauen und Parks anlegen. Coney Island entwickelte sich zur „**Riviera der Armen**". 1944 brannte dann Luna Park ab. Nach dem Zweiten Weltkrieg fanden heimgekehrte Soldaten nicht genügend Platz in der Stadt, und so zog es sie, so oft es ging, auf die Insel. Am 4. Juli 1947 zählte man noch einmal 1,3 Mio. Besucher. In den 1950er- und 60er-Jahren wurden Wohnsiedlungen für arme Familien, zumeist Schwarze bzw. mit mittelamerikanischen Wurzeln, hochgezogen. Der Fortschritt (Autos, TV, andere

Brooklyn Botanic Garden

Vergnügungsparks etc.) machte die Attraktionen von Coney Island aber überflüssig. Als Folge schloss 1964 auch der Steeplechase Park. Es blieben nur noch ein paar Karussells und kleinere Achterbahnen übrig.

Niedergang des Vergnügungsparks

In den 1980er-Jahren kamen v. a. russische Juden, denen christlich-orthodoxe Russen aus der zusammengebrochenen Sowjetrepublik folgten. Der Ostteil der Insel erhielt dadurch den Beinamen „Klein-Odessa".

Mittlerweile kommen während der Sommersaison wieder über 14 Mio. Menschen nach Coney Island und genießen den großen Strand, die Imbissbuden und Lokale, die Hot Dogs von Nathan's, erkunden das renovierte **NY Aquarium** und erfreuen sich an der steigenden Anzahl an Fahrgeschäften. Gerne besucht werden die Baseball-Spiele der Brooklyn Cyclones im MCU-Park. Am schönsten aber ist ein Spaziergang entlang des 4 km langen Boardwalk am Strand – dazu ein Fischbrötchen von einem Imbiss dort.

Sehenswürdigkeiten

Brooklyn Heights, DUMBO, Brooklyn Downtown und Fort Greene

Spaziergang

Brooklyn Bridge Park, DUMBO, Brooklyn Heights, Brooklyn Downtown und Fort Greene
Minimum: *4 Std.*, **Optimum**: *6 Std. (Brooklyn Heights alleine: 3 Std.)*

Beginn ist an der U-Bahn-Station High Street Station (alternativ kommt man zu Fuß über die Brooklyn Bridge). Auf der Adams Street (*Boerum Pl.*), vorbei an der Borough Hall bis zum NY Transit Museum gehen. Anschließend entlang der Fulton Mall (Macy's Department Store) zu Junior's (*De Kalb/ Flatbush Aves.*) zum Käsekuchen essen.

Spaziergang durch Brooklyn

Danach eventuell dem Shopping Center Atlantic Mall einen Besuch abstatten und weiter durch den historischen Fort Greene District laufen. Zurück geht es dann entlang der Atlantic Avenue und der Court Street bis zur Montague Street. Kleine Lokale bieten sich für eine Pause an. Weiter geht es zur Brooklyn Heights Promenade und hinunter zum Brooklyn Bridge Park mit seinen Sportstätten, Grünanlagen und weiteren Lokalen. Entlang des East River nach Norden erreicht man schließlich den ehemaligen Lagerhausdistrikt **DUMBO**. Die nächste U-Bahn-Station ist nun York Street (*Ecke Jay St.*).

Borough Hall (Brooklyn City Hall)

Der Bau des Rathauses von Brooklyn war 1851 abgeschlossen, zu einer Zeit, als Brooklyn noch eine eigenständige Stadt war. Griechische Stilelemente, auffällig mit

Brooklyn Book Festival vor der Borough Hall

dem Säulenaufgang in Szene gesetzt, galten damals als der letzte Schrei und sollten der City Hall in Manhattan die Schau stehlen. An Marmor wurde nicht gespart. Die viktorianische Spitze mit Kuppeldach wurde 1898 aufgesetzt, nachdem die vorherige durch ein Feuer zerstört worden war. Das Gebäude kann zu normalen Bürozeiten besichtigt werden.

Borough Hall, *209 Joralemon St., zw. Adams u. Fulton Sts., Subwaystation: Borough Hall o. Court St.*

Brooklyn Academy of Music (BAM)

Mutiges Kulturprogramm

Die Akademie wurde 1859 als Kulturzentrum und -förderverein gegründet und zog 1908 in dieses (besonders von innen) auffällige Beaux-Arts-Gebäude. Weltberühmte Künstler sind hier aufgetreten, so u. a. Enrico Caruso bei seinem letzten Konzert, und Impresarios, wie z. B. Harvey Lichtenstein, haben hier ihre gewagten Musik- und Tanzveranstaltungen uraufführen lassen. Auch heute finden hier erstklassige Konzerte, Lesungen, Tanzvorführungen, Theaterschauspiele, Filmvorführungen etc. statt. Die BAM ist immer für ein hervorragendes und mutiges Kulturprogramm gut.

Brooklyn Academy of Music (BAM), *30 Lafayette Ave., www.bam.org; Subwaystation: Atlantic Blvd., Besichtigung: nur während Vorstellungen und selten nach Voranmeldung*

*** Brooklyn Bridge

siehe S. 213.

** Brooklyn Bridge Park, Fulton Ferry Park und DUMBO

Am Ende der Old Fulton Street landete im 19. Jh. die Fähre nach Manhattan. Später folgten Industrieanlagen. Heute ist es ein beliebtes Ausflugsziel.

Die gesamte Uferzone am East River zwischen Manhattan Bridge im Norden und Atlantic Avenue im Süden, der sog. **Brooklyn Bridge Park**, wurde auf einer Länge von mehr als 2 km komplett neu gestaltet. Ein restauriertes Karussell lädt zum Mitfahren ein, und auf Grasflächen bzw. an den Uferzonen kann man mit Ausblick auf die Skyline von Manhattan ausruhen oder picknicken. Am Fähranleger gibt es leckeres Eis an der Brooklyn Ice Cream Factory, und ein paar Restaurants bieten Snacks und ganze Mahlzeiten an. Auf einer Hafenbarkasse werden regelmäßig klassische Konzerte gegeben (**Bargemusic Ltd**.: *Fulton Ferry Landing, www.bargemusic.org*).

Down under Manhattan Bridge Overpass

Wer sich sportlich betätigen mag, kann dies auf den Piers südlich des Fähranlegers tun. Man kann u. a. Fahrräder, Kajaks oder Rollerskates (eine Bahn ist vorhanden) mieten, an einer Beach Bar in einen Gummi-Pool hüpfen oder sich an Fußball- oder Baseballspielen beteiligen. Wer zuerst Brooklyn Heights und die Promenade dort besucht, kann etwa 200 m nördlich der Promenade über eine Hängebrücke (Squibb Park Bridge) hinunterlaufen zum Park.

Hinter dem Park und unter der Auffahrt zur Manhattan Bridge liegt **DUMBO** (**D**own **U**nder the **M**anhattan **B**ridge **O**verpass). In den stattlichen Gebäuden befanden sich einst Kaffeeröstereien, Brauereien, Zuckerfabriken u. Ä. Heute ziehen die Galerien, Lofts, Restaurants und großen Büroräume viele Leute aus Manhattan an. Kulturelle Veranstaltungen aller Art finden im ehemaligen Tabak-Lagerhaus **St. Ann's Warehouse** (www.stannswarehouse.org) statt. Wer daran Interesse hat, sollte frühzeitig dafür buchen.

Versteckt in den Gewölben unterhalb der Auffahrtsrampe zur Brooklyn Bridge, der sog. **Brooklyn Bridge Anchorage**, gibt es Räumlichkeiten für Kunstausstellungen *(Old Fulton/Front Sts.)*. Hier im Ankerraum spannen riesige Gewichte die Drahtseile der Brücke. Sollte eine Ausstellung stattfinden, lohnt der Besuch alleine schon, um hinter die Kulissen der Brücke zu schauen.

Sehenswerter Ausstellungsraum

Der Brooklyn Bridge Park lädt ein zum Entspannen, zum Feiern und zu Bewegung

Brooklyn Bridge Park, Fulton Ferry Park und DUMBO, *East River, zw. Atlantic Ave. sowie Brooklyn u. Manhattan Bridges, www.brooklynbridgepark.org; Subwaystation: High St./Brooklyn Bridge, mit dem Boot von Pier 11 in Manhattan*

* Brooklyn Historical Society

Geschichte Brooklyns

In dem Gebäude von 1880 befindet sich heute neben dem Stadtteil-Archiv (u. a. hist. Fotos) das historische Museum von Brooklyn. Die permanente Ausstellung erläutert die Geschichte des Boroughs, während sich die Sonderausstellungen speziellen Aspekten widmen.
Brooklyn Historical Society, *Ecke Clinton/Pierrepont Sts., www.brooklynhistory.org; Subwaystation: High St., Clark St., Court St. o. Borough Hall; Mi–So 12–17 Uhr*

** Brooklyn Institute

Die Promenade bietet einen einzigartigen und erholsamen Ausblick auf die Skyline von Süd-Manhattan, besonders schön übrigens ein bis zwei Stunden vor Sonnenuntergang, wenn die Brooklynites selbst die Aussicht von den Parkbänken aus genießen. Die lockere Atmosphäre lässt die Hektik Manhattans schnell vergessen, und bald wird es einem so gehen wie den Brooklynites: Nicht mit Neid blicken sie auf die Wolkenkratzer, sondern mit dem Gefühl: „Gut, dass ich da nicht sein muss".
Brooklyn (Heights) Promenade, *oberhalb des Brooklyn-Queens-Expressway, zw. Orange u. Remsen St., Subwaystation: Clark St.*

Fulton Mall und * Junior's-Restaurant

Die Einkaufsstraße hat sicherlich bessere Zeiten gesehen, was viele heruntergekommene Fassaden und die maximal mittelmäßig bestückten Textil-, Juwelier-

und Parfümgeschäfte deutlich machen. Nur **Macy's** *(420 Fulton St./Bridge St.)*, das Kaufhaus des späteren Besitzers von Macy's in Manhattan (Geschichte steht am Eingang auf einer Plakette), bietet innen eine schöne Art-déco-Architektur und mittlerweile auch wieder Waren des mittleren und gehobenen Standards. Imposant wirkt das **Dime Savings Bank Building** *(9 DeKalb Ave./Bond St., nahe Fulton Mall)* wegen seiner auffälligen Säulenornamentik. Es wurde 1908 eingeweiht und 1932 erweitert. Typisch für Bankgebäude dieser Zeit ist die aufwendige Gestaltung, die besonders die kleinen Sparer anziehen sollte. Aufregend ist v. a. das Innere mit der schnörkeligen Kuppel-Uhr und der überdimensionalen Schalterhalle Es gibt aber Pläne, direkt über das Bankgebäude den höchsten Wolkenkratzer in Brooklyn zu errichten. Eine Bank residiert hier schon seit 2008 nicht mehr, daher ist eine Besichtigung zurzeit nicht möglich.

Auffällige Säulenornamentik

Schräg dahinter ist das große Restaurant **Junior's** eine Institution. Für den Käsekuchen kommen die New Yorker von weit her. Man kann ihn übrigens auch im Laden erstehen und mit zum Picknicken nehmen. Die Hamburger und die vielen anderen – sehr deftigen – Gerichte sind ebenfalls gut. Tipp: ein Mittagessen aus Hackklößchen mit Gravy (dunkle, dicke Soße), Kartoffelpüree und anschließendem Käsekuchen. Das hält bis spät in den Abend vor! Nach Feierabend und abends wird die Bar zum Mittelpunkt des gesellschaftlichen Lebens von Downtown Brooklyn. Der Besitzer hat sich übrigens geweigert, das Grundstück für 45 Millionen Dollar zu verkaufen, um für den o. g. Wolkenkratzer Platz zu machen!

Kulinarische Institution

Fulton Mall, *zw. Adams St. u. Flatbush Ave., Subwaystation: Borough Hall o. DeKalb Ave.*
Junior's-Restaurant, *DeKalb/Flatbush Aves., Subwaystation: DeKalb Ave.*

* New York Transit Museum

Das Museum der MTA, der New Yorker öffentlichen Verkehrsbetriebe, befindet sich in einer stillgelegten U-Bahn-Station. Die Geschichte der U-Bahn wird hier von den Anfängen an erklärt. Erläutert werden u. a. die Arbeitsbedingungen, unter denen die ersten Bauarbeiter die Schächte nach 1900 ausgehoben haben. So wurden z. B. die Löhne niedrig gehalten durch Ausspielen der verschiedenen Volksgruppen und Nationen (v. a. Italiener/Afroamerikaner/Iren). So wurden die italienischen Arbeiter durch ein „Padrone"-System angeheuert, was sie sehr an die Mafia-Hierarchie band. Zudem sind Waggons aus den verschiedenen Epochen der Subway ausgestellt und werden die Geschichten der Mosaiken, die in vielen Stationen noch heute zu sehen sind, erläutert. Ein Teil des Museums widmet sich der Geschichte des Busverkehrs.
New York Transit Museum, *Boerum Pl./Schermerhorn St., Subwaystation: Borough Hall o. Hoyt/Schermerhorn Sts., www.mta.info/mta/museum; Di–Fr 10–16, Sa, So 11–17 Uhr*

New York Transit Museum

Williamsburgh Savings Bank Tower, Atlantic Terminal Mall und Barclays Center

Das 154 m hohe, ehemalige **Bankgebäude** (1929 eingeweiht) mit seiner kleinen Kuppel und den vier großen Uhren an jeder Seite fällt bereits von Weitem auf. Seine phallusartige Form ist immer wieder für entsprechende Spitznamen und Witze gut. Sehenswert ist in erster Linie das Innere. 22 verschiedene Marmorsorten wurden hier verwandt. Die basilikaartige Schalterhalle mit ihrer eindrucksvollen Decke, das Wandmosaik, das ein Luftbild von Brooklyn darstellt, sowie weitere Ornamente und Mosaiken machen deutlich, wo und wie locker damals das Geld saß. Zu besichtigen ist die Halle nur bei Veranstaltungen (z. B. Brooklyn Fleamarket, Nov.–März).

Basilika-artige Schalterhalle

Gleich gegenüber befinden sich die Gebäude der **Atlantic** (**Terminal**) **Mall** mit zahlreichen Textilgeschäften, u. a. mit billigen Designermoden. Im modernen **Barclays Center**, einer 19.000 Besucher fassenden Mehrzweckhalle, finden Konzerte und zahlreiche Sportveranstaltungen statt. Die Brooklyn Nets (Basketball) und die New York Islanders (Eishockey) halten hier ihre Heimspiele ab. Unter dem gesamten Komplex befindet sich ein großer Knotenpunkt von Untergrund- und Vorortbahnen. Ein Block entfernt wird im kleinen **Museum of Contemporary African Diasporan Arts** *(80 Hanson Pl./S. Portland Ave.)* in Wechselausstellungen ausgefallene, zeitgenössische Kunst schwarzer Künstler gezeigt.
Williamsburgh Savings Bank Tower, **Atlantic Terminal Mall** und **Barclays Center**, *Hanson Pl./Flatbush Ave., Subwaystation: Atlantic Ave.*

Prospect Park/Park Slope

*** Brooklyn Museum (of Art)

Der Eingang *(Eastern Parkway)* des 1897 erbauten Gebäudes wird markiert von zwei großen Frauen-Statuen, die Manhattan sowie Brooklyn symbolisieren sollen.

Kunstmuseum von Weltruf: Brooklyn Museum of Art

Das riesige Kunstmuseum kann sich ebenfalls als Weltklasse-Museum bezeichnen. Ein Bestand von 1,6 Mio. Kunstgegenständen spricht für sich. Herausragende Sonderausstellungen runden das Bild ab.
Brooklyn Museum (of Art), *200 Eastern Parkway/ Washington Ave., Subwaystation: Eastern Parkway-Brooklyn Museum, www.brooklynmuseum.org; Mi–So 11–18, Do bis 20 Uhr*

Das Museum ist grob gesprochen folgendermaßen aufgeteilt:

Erdgeschoss (**1st Floor**): afrikanische und südamerikanische Kunst, weit zurückgehend auf die Zeit vor der Entdeckung Amerikas. „Indoor"-Rodin Sculpture Garden mit 50 Skulpturen des Meisters.
2nd Floor: asiatische Sammlung, bei der deutlich wird, dass die Kunst im Fernen Osten, je nach Land, sehr unterschiedlich ist. Auch islamische Kunst.
3rd Floor: ägyptische Ausstellung von Weltruf, u. a. ein Sarkophag, der auf 2500 v. Chr. datiert wird. Des Weiteren europäische Malereien. Kaum ein bekannter Maler, der hier fehlt: alleine 60 Bilder Monets und einige von Degas.

Aufteilung des Museums

4th Floor: nachgebaute (Wohn-) Räume aus den verschiedenen Epochen New Yorks, beginnend mit dem Jan Martense Schenk House von 1675 und endend mit einem maurisch eingerichteten Raum aus John D. Rockefellers Villa. Zahlreiche Antiquitäten. Historische Kostüme und eine Abteilung mit zeitgenössischer Kunst.
5th Floor: vorwiegend amerikanische Maler und Bildhauer. Amerikanische Kunstwerke aus der Zeit nach dem Zweiten Weltkrieg.
Im Garten: im Frieda Schiff Warburg Memorial Sculpture Park sind Überreste architektonisch wertvoller Stilelemente abgerissener New Yorker Gebäude zu bewundern.

Tipp

Schaut man aus den Fenstern an der Nordwestseite (obere Etagen), hat man eine schöne Aussicht auf das Häusermeer.

Grand Army Plaza

Der **Soldiers' and Sailors' Memorial Arch** am Nordwestende des Oval wurde 1892 in Gedenken an den Amerikanischen Bürgerkrieg errichtet und erscheint als eine Mischung aus Brandenburger Tor und Arc de Triomphe. Bronzestatuen und -plaketten zeigen Grant und Lincoln sowie heroisieren Armee und Marine. Dem Bogen sitzt eine Quadriga auf. Auf der Plaza stehen zudem noch ein Kennedy-Monument und der etwas kitschige Bailey Fountain.

Die Südostseite dominiert die Zentrale der 1892 eingerichteten **Brooklyn Public Library** *(www.brooklynpubliclibrary.org; Mo–Do 9–21, Fr, Sa 9–18, So 13–17 Uhr)* mit einem relativ modernen Gebäude. Hier finden sich gute Bücher zur Geschichte New Yorks und speziell zu Brooklyn und seinen Einwanderergruppen. Non-Residents müssen sich aber mindestens eine Woche vorher übers Internet für die Nutzung anmelden. Häufig werden Lesungen gehalten.

In dem 1891 im Stile eines venezianischen Palazzos erbauten Haus an der Ecke Lincoln Place/8th Avenue befindet sich einer der vornehmsten Herrenclubs von Brooklyn, der **Montauk Club**. Die Damen der Mitglieder durften während der ersten Jahrzehnte nach Club-Gründung nur selten herein, und das auch nur durch den Seiteneingang. Die Fresken und auch einige Details im Inneren (nur zugänglich für Mitglieder) weisen Motive aus der Geschichte der Montauk-Indianer auf.

Vornehmer Club

Subwaystation: *Grand Army Plaza*

** Prospect Park

Über den 225 ha großen Park wird gesagt, dass seine Architekten, Frederick Law Olmsted und Calvert Vaux, sich am Central Park nur aufgewärmt hätten, um hier dann dieses Meisterwerk 1866–74 zu schaffen. Den beiden gefiel diese Anlage allemal besser, und der „Father of the Park", James S.T. Stranahan, fand sich darin bestätigt, dass man Künstlern mehr freie Hand lassen müsse.

Der Prospect Park ist ebenfalls ein Platz der Erholung, des Sports, der Geselligkeit und zugleich eine Stätte der kulturellen Erbauung. Am besten erkundet man ihn von der Grand Army Plaza aus gegen den Uhrzeigersinn, sodass der Botanical Garden den krönenden Abschluss bildet. Der Park ist in drei große Landschaftstypen aufgeteilt:

Drei Landschaftstypen

The Long Meadow im Nordosten ist mit 36 ha die größte Wiesenfläche in einem New Yorker Park. Hier im **Picnic House** finden unterschiedliche Veranstaltungen (Musik, Tanz, Theater usw.) statt. Gegenüber steht die 1857 in italienischem Stil erbaute **Litchfield Villa**, einst Mittelpunkt des sozialen Lebens, heute Sitz der Parkverwaltung. Das Foyer lohnt einen kurzen Blick. Im Süden der Meadows gibt es einen **Quäker-Friedhof**, auf dem u. a. Montgomery Clift begraben wurde. Nach Ankündigung bietet die Parkverwaltung Touren über den Friedhof an.

Im Süden und Südosten befinden sich die **Wasserflächen** (Seen und Bäche). Brücken, ein orientalischer Pavillon, ein Tempelbau *(Croquet Shelter, Höhe Parade Pl.)*, ein Fischbassin u. a. basieren auf Plänen von Calvert Vaux bzw. dem bekannten New Yorker Architektenbüro McKim, Mead & White. Im **LeFrak Center** östlich des Sees kann man Fahrräder ausleihen, im Winter Schlittschuh laufen, und hier lädt

Cranford Rose Garden

ein Café zu einer Pause ein. Ein Stück weiter, am Breeze Hill, findet an Sonntagen während des Sommerhalbjahrs das beliebte **Smorgasburg** (Streetfood, Imbisse) statt. Das **Boathouse** ist der St. Marcus-Bibliothek in Venedig nachempfunden und beherbergt das **Audubon Center** (naturkundliche Ausstellungen).

Historisches Farmhaus

Der dritte Landschaftstyp, zwischen den Seen und der Flatbush Avenue, ist das **Waldareal** mit wunderschönen, Schatten spendenden Bäumen. Hauptattraktion hier ist das **Lefferts Homestead**, ein hierher geschafftes Farmhaus aus dem 18. Jh., in dem heute historisches Kinderspielzeug und zeitgerechte Möbel zu sehen sind und öfter Mitmachveranstaltungen angeboten werden. Nahebei können sich Kinder über ein restauriertes Karussell (**Carousel**), den **Prospect Park Zoo** (u. a. Panda-Bären und Seelöwen) sowie innovative Spielplätze erfreuen.

Gegenüber der Flatbush Avenue befindet sich der bezaubernde Botanische Garten.
Prospect Park, *zw. Eastern Parkway, Washington, Ocean u. Parkside Aves. sowie Prospect Park West und Southwest, Subwaystationen: Prospect Park, Grand Army Plaza od. Franklin Ave, www.prospectpark.org; an Sommerwochenenden verkehrt ein Trolleybus zwischen den Hauptattraktionen des Parks.*

** Brooklyn Botanic Garden

Der 21 ha große Botanische Garten lässt alljährlich die Herzen von nahezu 1 Mio. Besucher höherschlagen, und das besonders im Mai wegen der bunten Blütenpracht. Hauptattraktionen sind:

Ab Mai blüht die Blumenpracht

Discovery und Children's Garden: Hier wird v. a. den Kindern die Natur auf spielerische Weise nähergebracht. Es darf gerochen, gefühlt, geschmeckt werden!
Steinhardt Conservatory: Pflanzen der unterschiedlichen Vegetationszonen (Wüste, Wasser, Tropen u. a.) werden hier samt ihrer Evolutionsgeschichte erläutert. Das **Bonsai Museum** beeindruckt mit seinen 150 Bäumchen (30 Spezies).
Fragrance Garden: Ein Duftgarten, der besonders für Blinde eingerichtet wurde.
Celebrity Path: In den Boden eingelassen sind Bronzebläzzer, in die Namen bekannter Brooklynites eingraviert sind, so z. B. von Woody Allen und Barbra Streisand.
Shakespeare Garden: Mehr als 80 Pflanzen, die in Stücken von Shakespeare verewigt wurden, sind hier zu sehen.
Japanese Garden: Für die meisten ist der japanische Garten das Highlight. Ein rotes Torii-Tor steht im See, und der Garten folgt dem Geist anderer japanischer Gärten, dem der harmonischen Asymmetrie. Die japanischen Kirschbäume bilden einen weiteren Anziehungspunkt, besonders während der Blütezeit Ende April.
Die 40 orientalischen Kirscharten entlang dem **Cherry Walk** und der **Cherry Esplanade** blühen ebenfalls Ende April.
Der **Herb Garden** bietet 300 unterschiedliche Kräuter, die in Medizin, Küche und Körperpflege eingesetzt wurden bzw. werden.
Der **Cranford Rose Garden** (1.200 Spezies) lässt noch einmal die Herzen höherschlagen. Blütezeit ist von Mai bis Oktober, mit Höhepunkt im Juni. Nördlich des Rosengartens bzw. der Cherry Esplanade gibt es einen **Aussichtspunkt** mit Blick auf nahezu die gesamte Anlage. Nach diesem Rundgang kann man die Gärten durch den **Osborne Garden** (ital. Gartenanlage) im Nordwesten verlassen und gelangt auf die Grand Army Plaza.

Brooklyn Botanic Garden, *990 Washington Ave., Subwaystation: Prospect Park o. Eastern Parkway-Brooklyn Museum, www.bbg.org; März–Okt. Di–Fr 8–18, Sa, So, Feiertage 10–18, sonst nur jeweils bis 16.30 Uhr*

Tipp

Bay Ridge: Shopping und Trattorias
Ein wenig bekannter Shopping District für **Discount-Textilien** befindet sich an der 86th Street, zwischen 4th und 5th Avenues in Bay Ridge. Flaggschiff ist eine Filiale von **Century 21** (472 86th St.). Weitere Geschäfte sind u. a. **Gap**, **Modell's** und **T.J.Maxx**. Und wen der Hunger plagt, für den empfiehlt sich die 3rd Avenue mit einer Reihe guter italienischer Restaurants.

Coney Island

Festivaltipp

Mitte/Ende Juni findet die skurrile **Mermaid Parade** durch Coney Island statt. Bei ihr dreht sich alles um die Meerjungfrauen und Meeresgötter, www.coneyisland.com/programs/mermaid-parade.

Die Insel lässt sich in drei wesentliche Gebiete unterteilen, die man alle entlang dem Boardwalk, der breiten Holzpromenade am Strand, erreichen kann:

Im Westen und Zentrum der Insel beherrschen Wohnblocks und billig zusammengeschusterte Reihenhäuser das Bild. Dafür wurde aber ein altes Badehaus wieder hergerichtet und finden auf den Sportplätzen, allen voran dem **MCU Park** (Baseball und Fußball), alle möglichen Veranstaltungen statt.

info

Nathan's Hot Dog

Nathan Handwerker, ein polnischer Einwanderer, ist nicht der wirkliche Erfinder des Hot Dogs, aber war, zusammen mit seiner damaligen Verlobten Ida, der Erfinder des Nathan's Hot Dog mit all seinen typischen Beilagen (Sauerkraut, Käse, Chili u. a.). Handwerker hatte zuvor, von 1912–16, im Restaurant des wirklichen Erfinders des Hot Dogs, Charles Feltman, gelernt. Feltman hat die Wurst im länglichen Brötchen seit 1869 unter dem Namen Coney Island Red Hot verkauft.

Mittlerweile wird Nathan's Hot Dog weltweit verkauft, und der alljährlich auf Coney Island stattfindende „Nathan's Hot Dog Eating Contest" erfreut sich großer Popularität. Mittlerweile liegt der Rekord bei 73 gegessenen Hot Dogs in zehn Minuten! An der „Wall of Fame", gleich um die Ecke vom Imbiss-Restaurant sind die Rekorde aufgeführt. www.nathansfamous.com.

Auf dem Boardwalk ist immer etwas los

Im Zentrum der Insel, direkt gegenüber der Subwaystation Stillwell Avenue, lockt zuerst **Nathan's** mit seinen legendären Hot Dogs. Zum Meer hin gibt es eine Reihe von Kirmesattraktionen, zusammengefasst unter dem Namen **Luna Park** (GoCart, Karussells, Zielschießen etc.), von denen die Hauptattraktionen das Riesenrad **Wonder Wheel**, in dem die Gondeln schwingenderweise ihre Position wechseln, und die 1928 errichtete, größtenteils hölzerne Achterbahn **The Cyclone** sind.

Erfinder des Hot Dog

Lustig bunt sind die Läden am Boardwalk, auch wenn das Angebot eher aus Plastikramsch besteht. Dafür gibt es hier einige Imbisse mit Meeresfrüchten, Würstchen, Hot Dogs und bunten Cocktails. Weiter östlich befindet sich das Aquarium.

New York Aquarium for Wildlife Conservation

Das Aquarium wurde 1957 an dieser Stelle angesiedelt und in den letzten Jahren grundlegend renoviert. Die vielen Innen- sowie Außenbecken werden besonders die Kinderherzen höherschlagen lassen. Es gibt alle bekannten Meeresbewohner (inkl. „Anrainer") zu bewundern: Beluga-Wale, Delphine, Seelöwen, Pinguine, Walrosse, Haie, Flussfische, Echsen usw. Über 300 Spezies sollen es sein. Für den Besuch des Aquariums sollte man mindestens zwei Stunden veranschlagen.
New York Aquarium for Wildlife Conservation, *Surf Ave./W. 8th Ave., Subwaystation: W. 8th St., www.nyaquarium.com; tgl. 10–16.30, im Sommer bis 18 Uhr*

Im unkonventionellen **Coney Island Museum** *(1214 Surf Ave., meist nur Sa, So, www.coneyisland.com)* wird in Sonderausstellungen Lustiges und Geschichtliches gezeigt, dazu gibt es auch Infos über die „Insel". Ein paar ramschige Secondhand-Möbelgeschäfte hier an der Surf Avenue versprühen Flohmarktcharakter.

Im Osten der Insel, im Stadtteil **Brighton Beach**, leben v. a. seit den 1970er-Jahren aus Osteuropa eingewanderte Juden. Die meisten stammten aus der Schwarzmeer-Region. Daher trägt dieser Abschnitt auch den Beinamen „Little Odessa“. Die Brighton Beach Avenue *(östl. des Ocean Blvd.)* ist das Zentrum der Gemeinde, und je weiter man auf ihr nach Osten läuft, desto uriger werden die Geschäfte (Kaviar und andere russisch. Delikatessen). Tanz- und Speiselokale, wie das **National** *(273 Brighton Beach Ave.)* mit seinem kitschig-plüschigem Schnörkelschick runden das Bild ab. Im Bereich des Boardwalk laden weitere Cafés und Restaurants zu Apfelstrudel oder Fischplatte ein.

Weitere Sehenswürdigkeiten in Brooklyn

Fort Hamilton/Harbor Defense Museum

Das Museum beschäftigt sich mit der Geschichte des Fort Hamilton, das auf dem Grund eines ehemaligen holländischen Forts 1825–31 errichtet worden ist und zusammen mit einer ähnlichen Anlage auf Staten Island die Einfahrt des New Yorker Hafens bewachen sollte. Es werden auch andere Seeforts erläutert.
Fort Hamilton, *direkt südl. der Verrazano-Narrows Bridge, Subwaystation: 95th St.; Mo–Fr 10–16, Sa bis 14 Uhr*

Green-Wood Cemetery

Einst schrieb Thomas Wolfe: „Only the dead know Brooklyn“. Friedhöfe können Geschichte und Geschichten erzählen. Dieser gehört allemal dazu. Schillernde Persönlichkeiten, wie z. B. Walter Hunt (Erfinder der Sicherheitsnadel), William M. „Boss“ Tweed (korrupter Politiker im 19. Jh.), Lola Montez (Tänzerin, die u. a. eine Affäre mit dem bayerischen König Ludwig I. hatte), Leonard Bernstein (Dirigent), Samuel F. B. Morse (Erfinder des Telegrafensystems), Joey Gallo (Mafia-Boss – 1972 in Little Italy erschossen) und Albert Anastasia (Initiator der Mafia-Organisation „Murder Incorporated“, die in den 1940er- und 50er-Jahren für über 500 Ermordungen verantwortlich war) liegen hier begraben.

Green-Wood Cemetery

Der 195 ha große Friedhof wurde 1838 unter dem Motto „Versöhnung des Todes mit der Natur“ angelegt. Entsprechend mutet er an mit seinen vielen Wegen, kleinen Seen und Bächen sowie den schattigen Bäumen. Ein gotisches Eingangsportal *(5th Ave., gegenüber 25th St.)* und viktorianische Stilelemente runden das Bild ab, sodass der Friedhof einen Parkcharakter erhielt und damit viele Ausflügler anzog. Inspiriert davon, wurde ein Wettbewerb zur Anlage eines Parks in Manhattan ausgeschrieben. Diesen gewannen bekanntlich Frederick Law Olmsted und Calvert Vaux, und ihre eingereichten Pläne bildeten daraufhin die Grundlage für den Central Park.

Friedhof mit Parkcharakter

Ein Bummel über diesen Friedhof bietet zugleich Einblick in die abwechslungsreiche amerikanische Geschichte und schönes Wandern im Grünen. Wer es bequemer mag, schließt sich einer Trolley-Tour an (Zeiten im Internet).
Green-Wood Cemetery, *Haupteingang: 5th Ave. (25th St.), es gibt 4 weitere Eingänge, Subwaystation: 25th St., www.green-wood.com; tgl. geöffnet*

Kulturtipps

Interessante Theater
Das **Billie Holiday Theater** (*1368 Fulton St., Bed-Stuy, http://thebillieholiday.org*) und sein Ensemble wurden 1972 ins Leben gerufen, um Brooklyn wieder eine kulturelle Identität zu geben. Hier wird experimentiert, im Musik-, aber auch im Theaterbereich. Im **Kings Theatre** (*1027 Flatbush Ave., Flatbush, www.kingstheatre.com*), 1929 eingeweiht und frisch renoviert im Stile der romantisch-plüschigen Epoche, treten z. T. weltbekannte Künstler auf. Hier lohnt der Besuch schon des Theaterbaus wegen.

Bunt, bunter, am buntesten: West Indian American Day Parade
Die legendäre Karnevalsparade findet alljährlich am Labor Day auf dem Eastern Parkway (*zw. Howard Ave. u. Grand Army Plaza*) statt. Dass es dabei ausgesprochen farbenfroh (schrille Kostümierung), feucht-fröhlich (Caipirinha satt) und musikalisch/tanzend (Calypso-Klänge ohne Ende) zugeht, versteht sich von selbst. Und überall werden lecker gewürzte karibische Speisen angeboten. *http://wiadcacarnival.org.*

Ausflug: Brooklyn pur in einem halben Tag

Dieser halbtägige Ausflug ist kein Muss, bietet aber einen hervorragenden Überblick über die ethnische Vielfalt von Brooklyn. Zuerst geht es mit der Subway (A-, C-Train) bis zur Station Nostrand Avenue im Stadtteil **Bedford-Stuyvesant**. Die Fulton Street ist dessen Haupteinkaufsstraße (ein paar Blocks südlich beginnt das jamaikanische Viertel von Crown Heights – siehe Info-Kasten S. 357). Einst war „Bed-Stuy" ein Viertel der weißen Mittelklasse. Mit dem Erreichen der A-Train-Linie 1936 entwickelte es sich dann zum Magneten für schwarze Familien, die es sich leisten konnten, Harlem den Rücken zu kehren. Rassistische Konflikte folgten, bis die letzten weißen Familien weggezogen waren. In den 1960er-Jahren eskalierte die Kriminalität, doch hat sich die Lage mittlerweile deutlich normalisiert. Bed-Stuy versprüht Atmosphäre und ist heute „echter" als Harlem, obwohl auch hier eine Gentrifizierung einsetzt. Hier wuchsen Mike Tyson, Norah Jones und viele bekannte Rapper, so z. B. Jay-Z, auf. Man sollte nach Osten spazieren, mal auf der Fulton Street, dann auch mal parallel dazu weiter nördlich durch die mit Brownstone-Häusern gesäumte Halsey Street. Lokale und Imbisse findet man v. a. nördlich der Station Nostrand Avenue sowie im Kreuzungsbereich Halsey Street/Lewis Avenue.

In der Marcey Avenue/Ecke Madison Street befindet sich eine der größten Baptistengemeinden der USA. In deren imposanten **Concord Baptist Church of Christ** (*www.concordcares.org*) finden sonntags von Gospelgesängen untermalte Gottesdienste statt.

Einen Abstecher wert sind die **Hunterfly Road Houses** in der Bergen Street (*zw. Rochester u. Buffalo Aves.*). Hier wohnten um 1830 befreite Sklaven. In einem Museum sowie um die Ecke im **Weeksville Heritage Center** (*St. Marks/Buffalo Aves., www.weeksvillesociety.org; Di–Fr 9–17 Uhr*) erfährt man mehr dazu.

Mit dem Bus durch bunte Viertel

Die Tour geht jetzt weiter mit dem B46-Bus entlang der Utica Avenue bzw. dann dem Malcolm X Boulevard in Richtung Norden. Am Broadway, gleich unter der Hochbahn, steigt man aus und läuft kreuz und quer gen Norden durch den Stadtteil **Bushwick**, in dem vorwiegend Puerto Ricaner sowie Hispanics wohnen und der auch wieder andere ethnische Gruppen anzieht. In den Seitenstraßen sind die kleinen Reihenhäuser fein herausgeputzt, die Hauptstraßen dagegen sind gesäumt von größeren Gebäuden, teilweise aus der Gründerzeit. Hier und dort, besonders entlang der Wilson und Knickerbocker Avenues, eröffnen immer mehr kleine Lokale und sorgen für ein gemütliches Beieinander. Auch hier sollte man kreuz und quer laufen und ab der Kreuzung Wilson/Flatbush Avenue den B57-Bus (Richtung Red Hook) entlang der Flatbush Avenue nehmen. Zuerst passiert er noch einmal ein karibisches Viertel, um dann zwischen Union und Classon Avenues durch das von orthodoxen Juden bewohnte Viertel von **South Williamsburg** zu fahren. Dieses erstreckt sich v. a. nördlich der Flatbush Avenue. Hier kann man aussteigen, durch das Viertel schlendern und dann zu Fuß der Flatbush Avenue weiter gen Westen zu folgen.

Werftgebäude mit neuer Nutzung

Nach ca. 1 km ist das **Building 92** mit dem Infocenter der **Brooklyn Navy Yard** erreicht. In dem großen Hafenbereich, während des Zweiten Weltkriegs als „Can Do"-Yard bezeichnet, wurden bis in die 1950er-Jahre hinein Kriegsschiffe in großem Stil gebaut. 1943 arbeiteten hier an die 70.000 Menschen. Die Geschichte der Werft und der Kriegsmarine und deren Bedeutung für Brooklyn werden im Gebäude erläutert. Unregelmäßig gibt es Führungen aller Art (Infos: *www.bldg92.org*). Auf dem Gelände werden nur noch kleine Schiffe repariert. Filmstudios, Galerien, Designerstudios, kleine Fabriken, Büros, eine Whiskey-Destillerie und sogar ein klitzekleines Weinfeld auf einem Dach haben hier jetzt ihren Platz gefunden. Und im **Building 77** richten sich immer mehr Geschäfte, u. a. der bekannte Fischladen Russ & Daughters sowie die Brooklyn Brewery, ein.

Westlich des Navy Yard endet dieser Exkurs im Stadtteil DUMBO.

Queens

Hinweis

Einwohner: 2,33 Mio. • **Fläche**: 283 km^2 (37 % der Fläche New Yorks)

Die ersten Bewohner waren natürlich auch hier die Indianer, die sich vorwiegend an den nördlichen, geschützten Buchten angesiedelt hatten. Nach 1633 kamen dann die Holländer, später die Engländer. Als erste feste Siedlung wurde Vlissingen, das heutige Flushing, 1645 registriert. Die Siedler hatten mit salzigen, schweren Böden, dichten Wäldern und den sich gegen sie auflehnenden Indianern zu kämpfen. Mitte des 17. Jhs. waren die meisten Indianer vertrieben, außer ein paar wenigen, die mit den weißen Farmern kollaborierten. Doch es folgten Auseinandersetzungen religiöser Art zwischen den Engländern und Holländern. Besonders die Quäker hatten darunter zu leiden. Mit der Übernahme durch die Engländer 1664 wurde die Kolonie aufgeteilt in Counties, eines davon das Queens County, benannt nach Katharina von Braganza (1638–1705), Gemahlin des englischen Königs Charles II.

Auseinandersetzungen der Siedler

Das County wurde vornehmlich landwirtschaftlich genutzt, und somit entstanden ein paar Dörfer und Siedlungen. Die meisten Immigranten aber blieben entweder in New York (Manhattan) bzw. Brooklyn, oder es zog sie nach Westen. Im Queens County dagegen wurden Friedhöfe angelegt, dagegen nur wenige Industrien angesiedelt. Ein paar Wochenendurlauber nutzten die Strände um Far Rockaway. 1898 schlossen sich die vier Boroughs zur New York City zusammen. Die Abstimmung im Queens County war jedoch uneinheitlich. Die östlichen Gebiete stimmten gegen eine Zusammenführung. Somit entstand das unabhängige Nassau County.

Anschließend ging es etwas schneller voran. Lebten hier um 1900 nur 150.000 Menschen, waren es 1921 schon 470.000 und 1930 bereits über 1 Mio. Durch die gute Verkehrsanbindung über die Brücken und Fähren, die solide ausgebaute Long Island Railroad und später den 1940 eingeweihten Queens-Midtown-Tunnel bekam Queens einen immer größeren Stellenwert. Sein größtes Kapital war (und ist) die Fläche. Manhattan und Brooklyn waren ausgebaut, und die Bronx hatte mit der eigenen Entwicklung genug zu tun.

Reste der Fähranleger von Long Island

Die Filmindustrie siedelte sich in den 1920er-Jahren in Astoria an, Fabriken, Hafenanlagen und das Highwaynetz wurden ausgebaut, und Ende der 1920er-Jahre hatte Queens vier Flugplätze. Vor dem Zweiten Weltkrieg folgten dann die großen Sportstadien, so v. a. die auf der ehemaligen Müllhalde der Stadt, den Flushing Meadows. Hier lag auch das Areal für die Weltausstellung 1939/40. Der La Guardia Airport eröffnete 1939. Die zweite Weltausstellung fand 1964 ebenfalls in Flushing Meadows statt. Im gleichen Jahr wurden das Shea Stadium sowie die Tennisanlagen eingerichtet, wo alljährlich die berühmten „US Open" abgehalten werden.

Entwicklungsschübe

Queens war und ist v. a. das „Schlafzimmer New Yorks" und beliebt bei neu eingetroffenen Einwanderern und der pendelnden Mittelschicht. Die Stadt hat hier ab den 1920er-Jahren zahlreiche, z. T. öffentlich geförderte Wohnprojekte hochgezogen, auch welche, die aus kleinen Ein- bis Zweifamilien-Häusern bestanden. Damit begründet sich die ethnische Vielfalt. Mitte der 1930er-Jahre wohnten auch viele bekannter Jazz-Musiker hier, so z. B. Louis Armstrong, Benny Goodman, Ella Fitzgerald, Billie Holiday und viele andere. Sie traten besonders oft in Jazz-Clubs im Stadtteil Jamaica auf. Die lateinamerikanischen Künstler gastierten im noch heute existierenden (**Thalia**) **Spanish Theatre** *(41-17 Greenpoint Ave., Sunnyside)*.

Da Queens immer noch wachsen kann, leben hier nicht nur Nachkommen der Einwanderer der „ersten und zweiten Stunde" (Engländer, Italiener, Iren, Deutsche usw.), sondern auch überproportional viele Menschen aus Asien und Lateinamerika. Das hat zu zahlreichen Konflikten geführt, besonders in den 1950er- und 60er-Jahren, als es sogar zu Straßenschlachten kam.

Ethnisch divers

Auch heute noch sind mehr als ein Drittel der Einwohner in Queens im Ausland geboren. So leben z. B. in Elmhurst, Amerikas ethnienreichstem Stadtteil, Menschen aus mehr als 120 Ländern. Nach Queens zu ziehen, bedeutet für New Yorker nach wie vor den sozialen Aufstieg (außer für die Upper Class natürlich). 42 % der Wohnungen/Häuser hier sind Eigentumswohnungen/Eigenheime (Manhattan und The Bronx: jeweils ca. 20 %), und das Durchschnittseinkommen einer Familie liegt um 25 % über dem in Brooklyn und um 40 % über dem in der Bronx.

Die Linie 7 durchquert „internationales Territorium" und fährt in Queens nur überirdisch

Immer noch herrscht eine relativ kleinbürgerliche Stimmung vor, und die einzelnen Stadtteile agieren gerne als eigenständige Gemeinden. Ein Gemeinschaftssinn aller Bewohner dieses Borough bzw. ein Zugehörigkeitsgefühl zu New York ist kaum zu erkennen. Auch architektonisch wirkt Queens eher wie eine Anhäufung zu groß gewordener Dörfer.

Die meisten Attraktionen finden sich im Westen in Long Island City/Astoria und am East River, wo sich Künstler und die Filmindustrie angesiedelt haben. Das Museum of the Moving Image lohnt einen Besuch, und am Hunter's Point Park, wo moderne Apartmentblocks für Familien und gutsituierte Mittelständler hochgezogen wurden, lässt es sich gut spazieren gehen. Dieses Areal gilt es in naher Zukunft im Auge zu behalten, denn immer mehr Lokale eröffnen hier, und in den ehemaligen Fabrikgebäuden und Lagerhäusern werden zunehmend Lofts eingerichtet. Selbst die Hotelszene entwickelt sich rasant, denn die Subway-Anbindung an Manhattan ist gut. Weiter nördlich wechseln laufend die Ausstellungen im beliebten Socrates Sculpture Park.

Spannende Aussichten

Die Museen in Flushing Meadows (Corona Park) muss man als zweitrangig ansehen. Eine Ausnahme macht da nur das „Panorama of New York" im Queens Art Museum. Doch gilt hier die Aufmerksamkeit dem Louis Armstrong House Museum, und wer gut zu Fuß ist oder über ein Fahrzeug verfügt, folgt hier dem „Jazz Trail" (*http://ephemerapress.com/queens-jazz-trail.html*), der v. a. zu Wohnhäusern bekannter Jazz-Musiker führt.

In Stichworten

Flächengrößter Stadtteil – vorwiegend „kleinbürgerlich" – Zentrum der Filmbranche – US Open (Tennis) – ethnisch stark diversifiziert – weniger Charme als Brooklyn, dafür aber „im Kommen"

Rundfahrt durch das multikulturelle Queens

info

Die ethnische Vielfalt kann ein Grund sein, diesem Stadtteil mehr Aufmerksamkeit zu schenken. Die Subwaylinie 7 (*http://queens.about.com/od/eatingout/a/7subway_eats.htm*) bietet sich für Liebhaber internationaler Küchen an.

Man fährt mit der Subway 7 bis zur Endstation (*Flushing/Main St.*). Sobald die Bahn aus dem Tunnel auftaucht, erhält man einen ersten Eindruck von der Weitläufigkeit von Queens. Dann passiert der Zug das Citi-Field-Stadion und Flushing Meadows. An der Endstation herrscht asiatisches Flair. Nahe der Station, an der Ecke Main St./41st Rd., hat der Bus Q58 seinen Startpunkt und fährt bis zu seiner Endstation (*Palmetto St./Wyckhoff Ave., Ridgewood*). Unterwegs passiert man alte Friedhöfe sowie unterschiedliche ethnische Viertel. Aussteigen lohnt sich z. B. im polnisch-italienischen Viertel (*Grand Ave., zw. 57th Ave. u. 69th St.*). Die Lokale hier haben bestimmt noch nicht viele Touristen gesehen. Von der o. g. Endstation lässt es sich bequem mit der Subway zurück nach Manhattan fahren oder alternativ vorher noch einen Abstecher in ein kleines, deutsch geprägtes „Refugium" unternehmen. Der Bus Q55 fährt von der Myrtle-Wykhoff Station aus in Richtung Myrtle/Jamaica Aves. Ziel ist das Restaurant Zum Stammtisch (*69-46 Myrtle Ave. in Ridgewood, Haltestelle Myrtle Ave./70th St.*), wo Wurst, Schnitzel, Kartoffelpüree und Sauerkraut sowie Hefeweizen serviert werden. Zurück geht's dann wieder mit dem Q55 zur o. g. Subwaystation.

Hinweis

Verwirrend: Straßennummern und Adressen in Queens
Die zwei- bis dreistelligen Adressen sind in der Tat verwirrend. Doch hat man sie einmal verstanden, sind sie sehr hilfreich. Hier der Schlüssel dazu.

Beispiel: 136–13 38 Av. Flus. Die Adresse befindet sich in Flushing (Flus) an der 38th Avenue, nahe Ecke 136th St., die Hausnummer ist 13.

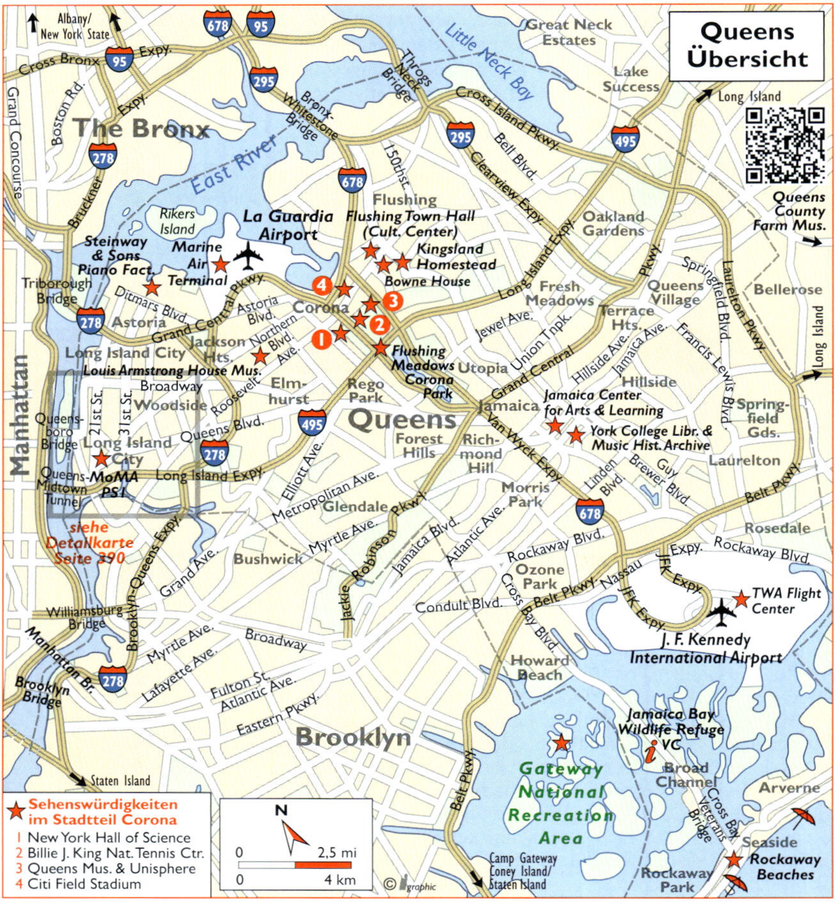

Die interessantesten Stadtteile und Gebiete von Queens im Überblick

Long Island City (einschl. Hunter's Point), Astoria u. Steinway

Hinweis

Die Stadtteile erstrecken sich zw. East River im Westen und Norden, Hazen und 49th Sts. im Osten und Newtown Creek im Süden • **Einwohner**: um 200.000

Bis weit ins 19. Jh. machten laufend überflutete Marschen die Landwirtschaft hier unattraktiv. Doch mit dem Verkauf der Hunters Farm (heutiger Hunter's Point) wendete sich das Blatt. Zwei gewiefte Investoren, Neziah Bliss und Eliphalet Nott, ließen die Sümpfe trockenlegen und Straßen bauen. Weitere Investoren folgten, ebenso wie die Eisenbahn (1854) und Fährverbindungen mit Manhattan (1859). Vom Hunter's Point aus entwickelte sich das Areal zu einem Industriestandort, der im Norden bis nach Astoria reichte, wo die Steinway-Klavierbauer um 1870 sogar einen ganzen Stadtteil für ihre Arbeiter errichten ließen. 1870 wurden die Orte und Siedlungen, einschließlich Astoria und Steinway, zu Long Island City, der einzigen eigenständigen Stadt neben New York, Brooklyn und Williamsburg, zusammengefasst.

Dann boomte die Schwerindustrie so sehr, dass sie bereits nach 1900 wegen „Platzmangels" wieder abwandern musste. Sie hinterließ aber eine gut ausgebaute Infrastruktur (Highways, Eisenbahntrassen, Straßenbahnlinien etc.), die andere Industrien, die Verkehrsbetriebe (Stützpunkte) und v. a. auch den Handel anzog. So behielt der Stadtteil das Image des „Muscle of New York". In den 1920er-Jahren startete die Filmindustrie (u. a. Paramount Pictures) in Astoria durch und produzierte hier über 15 Jahre in den Studios Filme am Fließband. Doch konnte sie sich nicht gegen die Übermacht Hollywoods durchsetzen. Entscheidendes Problem war das Wetter. So zog es die Filmemacher immer mehr an die sonnige kalifornische Küste, wo neben dem guten Wetter die landschaftliche Kulisse einen besonderen Vorteil bot.

In Hunters Point, direkt am East River, wurden moderne Wohnhäuser hochgezogen

ASTORIA
QUEENS
RAVENSWOOD
LONG ISLAND CITY
ROOSEVELT ISLAND
SUNN
Lighthouse Park
NYC Health & Hospitals/Coler
Socrates Sculpture Park
Isamu Noguchi Garden Museum
Rainey Park
Kaufman Astoria Studios
American Mus. of the Moving Image
Queens Council on the Arts
Rio Bonito Supermarket
Fisher Landau Center for Art
Queensbridge Park
Aerial Tramway
Ed Koch Queensboro Bridge
Cornell NYC Tech
Sculpture Center
Long Island City Courthouse
MoMA P.S. 1
Water's Edge
11st St. Basin
F.D. Roosevelt Four Freedoms Park
Roosevelt Memorial
LIC Flea & Food
Gantry Plaza State Park
Hunters Pt Station
Long Island Expressway / Queens-Midtc
Belmont Island
Queens Midtown Tunnel (Toll road)
Hunters Point South/ Long Island City
Long Island City Station
Hunters Point South Park
Hunters Point
Newton Creek
Newtown Creek Nature Walk
Newtown Creek Wastewater Treatment Plant
Newtown Creek Visitor Center
East River
West Channel
East Channel
Circle Line Boat Tour
Franklin D. Roosevelt Drive
Main Street
Roosevelt Island Bridge
East River Ferry
LIRR (MTA Long Island Rail Road)
31st Ave.
31st Dr.
Broadway
33rd Ave.
33rd Rd.
34th Ave.
35th Ave.
36th Ave.
37th Ave.
38th Ave.
39th Ave.
40th Ave.
41st Ave.
41st Rd.
Queens Plaza South
42nd St.
43rd Avenue
43rd Rd.
44th Ave.
44th Rd.
44th Drive
45th Avenue
45th Rd.
46th Ave.
46th Rd.
47th Rd.
47th Ave.
48th Ave.
49th Ave.
50th Ave.
51st Ave.
54th Ave.
Borden Ave.
Hunters Point Ave.
Thomson Ave.
Skillman Ave.
Honeywell St.
Northern Blvd.
Queens Blvd.
Jackson Ave.
Vernon Blvd.
Vernon Boulevard
Center Blvd.
21st St.
Crescent St.
31st St.
Steinway St.
39th St.
Van Dam St.
Pulaski Bridge
Manhattan Ave.
Mac Guinness Blvd.
Greenpoint Ave.
Kingsland Ave.
Review Ave.
Railroad Ave.
Paidge Avenue
Provost St.
N. Henry St.
Ash St.
Box St.
Clay St.
Commercial St.
Broadway
Steinway St
36th Av
36th St
39th Av
Roosevelt Island
21st St-Queensbridge
Queensboro Plaza
Queens Plaza
Court Sq-23rd St
Court Sq
33rd St-Rawson St
Hunters Point Av
21st St
Vernon Blvd Jackson Av
25A
25
495
N

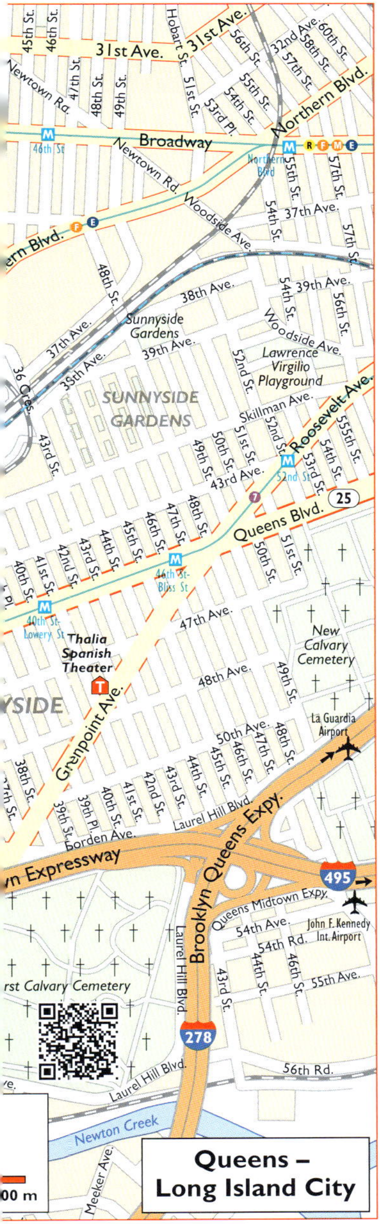

Nach dem Zweiten Weltkrieg begannen die Industrie- und Handelsunternehmen abzuwandern. Doch war es dieser Stadtteil, in dem im großen Stil die Lagerhäuser und ehemaligen Fabrikanlagen umfunktioniert wurden zu Ausstellungshallen, Ateliers, Lofts u. Ä. Ein Vorreiter also für SoHo, TriBeCa und Williamsburg. Long Island City hat viele Einwanderer angezogen. So zählt „Greek Astoria" *(zw. Ditmar's Blvd. im Norden, Broadway im Süden, Steinway St. im Osten und 31st St. im Westen)* heute noch über 50.000 griechischstämmige Einwohner. Ab den 1980er-Jahren kamen viele Zuwanderer aus Lateinamerika und Asien.

Umgestaltete Lagerhäuser

Heute ist die **Schwerindustrie komplett verschwunden**, dafür aber hat sich die Filmindustrie wieder berappelt. Mit Videoclips, Werbesendungen sowie Spielfilmen, die von der New Yorker Kulisse und Lebensweise leben, wird hier wieder Geld gemacht. Alle Studios zusammengenommen gelten als die viertgrößte Film-Produktionsstätte in Amerika. Neben dem Museum of the Moving Image zählen das Isamu Noguchi Garden Museum, das MoMa PS 1, die Sculpture Gardens, die ethnischen Restaurants *(u. a. im Bereich Broadway/31st St.)*, die Parkanlagen am Hunters Point und entlang dem East River sowie – falls man an einer Führung teilnehmen kann – die Steinway-Fabrik in Long Island zu den touristischen Highlights. Auch das **Fisher Landau Center for Art** *(38–27 30th St., www.flcart.org, Do–Mo, 12–17 Uhr)* mit seinen wechselnden, zeitgenössischen Kunstausstellungen mag einen Besuch wert sein. Nebenbei sei noch erwähnt, dass sich die Steinway Street als „The World's Longest Department Store" bezeichnet. Das mag leicht übertrieben sein, aber spannend ist ein Bummel hier schon. Ebenso ist eine beachtenswerte Biergarten- und Kneipenkultur entstanden. Neben den auf S. 140 (Restaurants) in den gelben Seiten erwähnten Adressen sei hier noch auch die Craftbeer-Brewery **SingleCut Beersmiths** *(19-33 37th St., nördl. der 20th Ave. und nahe der Steinway Factory, http://singlecutbeer.com)* hingewiesen, wo alleine jedes Jahr zwölf neue Biere vorgestellt werden.

Filmindustrie

Corona Park/Flushing Meadows

Hinweis

Zwischen den Stadtteilen Corona, Elmhurst und Flushing sowie dem East River und dem Grand Central Parkway • **Fläche**: 508 ha

Anfang September ist das Arthur Ashe Stadium Mittelpunkt der Tenniswelt

Um die einstige Flussmarsch *(meadow)* lebten die Matinecock-Indianer. Später kamen die Siedler und nutzten das Gebiet zum Fischfang und zur Ernte der Schilfgräser. Mit der Eingemeindung zu New York wurde die Infrastruktur ausgebaut. Die Verkehrswege und Dämme blockten fortan den Fluss ab, und das Marschland wurde freigegeben als Müllabladeplatz, u. a. mit Bergen von Asche- und Schlackeresten. Der „Mount Corona" ist ein 30 m hoher Ascheberg! 1939/40, nachdem das Gebiet bereits zu einem Park umfunktioniert worden war, fand hier die erste von zwei Weltausstellungen statt. Die zweite kam 1964. Die Expos trugen maßgeblich dazu bei, dass der Park verschönert und das Tennis Stadium sowie das Shea Stadium errichtet wurden. Auf den Tennisanlagen werden heute alljährlich Anfang September die **US Open** ausgetragen, das Shea Stadium wurde mittlerweile ersetzt durch das **Citi Field Stadium**.

Als Robert Moses, New Yorks oberster Parkverwalter, in den 1930er-Jahren den Corona Park gestalten ließ, setzte er den Maßstab hoch: Es sollte das „Versailles von Amerika" werden. Das mag nicht ganz gelungen sein, doch zeigt sich der Park heute, auch aufgrund seiner Weitläufigkeit, von seiner schönsten Seite. Zudem beeindrucken im Park das Queens Museum mit dem „Panorama von New York", die große Weltkugel „Unisphere" und ein Technikmuseum (Hall of Science). Die Überreste der Weltausstellung haben jedoch bessere Zeiten gesehen.

info

Einige Zahlen zu den US Open

Das Turnier wird auf **17 Plätzen** (4 „Show Courts", 13 Feldplätze) ausgetragen, weitere 5 Plätze stehen fürs Training zur Verfügung.
Das gesamte Preisgeld beträgt nahezu **$50 Mio**.
360 Schieds- und Linienrichter werden eingesetzt.
Veranstaltungsort ist das **Billie Jean King National Tennis Center**. Die drei größten **Arenen** sind das Arthur Ashe Stadium (22.500 Sitze), das Louis Armstrong Stadium (10.200 Sitze) und der Grandstand (6.000 Sitze).
Die Balljungen und -mädchen „jagen" während des Turniers über **55.000 gespielten Bällen** nach.
Über **700.000 Zuschauer** schauen während der zweiwöchigen Spielzeit vor Ort zu.
9.000 aktuelle Pressemitteilungen werden im Durchschnitt während eines Turniers von der USTA ausgegeben.
Internetadresse: www.usopen.org.

Andere Stadtteile von Queens

Elmhurst (110.000 E.), in der Mitte von Queens, ist der Stadtteil New Yorks, in dem Menschen der meisten unterschiedlichen Nationalitäten leben: Zurzeit zählt die Stadtverwaltung über 120! Beachtenswert ist dabei, dass die Kriminalitätsrate relativ gering ist und dass die Integration sowie das Miteinanderleben dieser verschiedenen Völker heute als beispielhaft für viele andere Städte in den USA hingestellt wird. Natürlich gibt es hier multikulturelle Geschäfte und Veranstaltungen, doch sollte man sich auf einen Besuch vorbereiten, sonst findet man vieles nicht. In der Chinatown von Elmhurst *(rund um die Subwaystation Elhurst Ave.)* gibt es den größten chinesischen Supermarkt New Yorks, den Hongkong Supermarket *(82-02 45th Ave., nahe Broadway)*.

Einwohner aus 120 Ländern

Jackson Heights, nördlich von Elmhurst, wird oft das „Little India" von New York genannt. Sari- und Gewürzshops sowie indische Restaurants locken entlang der 37th Avenue *(Bereich 74th St.)* Käufer aus der ganzen Stadt an (Adressen unter: *http://www.garamchai.com/sareeNJNY.htm*). Im Umfeld haben sich auch Neuankömmlinge aus Bangladesch, Pakistan und Afghanistan niedergelassen. Ostasiatische Einwanderer, besonders Koreaner, leben und handeln entlang dem äußerlich wenig attraktiven Northern Boulevard. Die asiatische Gemeinde von Jackson Heights macht heute mit einem Anteil von 23 % einen großen Teil der Bevölkerung aus.

Mittel- und südamerikanische Restaurants findet man entlang Roosevelt und 37th Avenues *(zw. 76th St. u. Junction Blvd.)*. Der oft erwähnte **Jackson Heights Historic District** *(zw. 34th u. Roosevelt Aves. sowie 77th u. 88th Sts.)* ist ein Wohnbezirk, der nach 1910 in zwei wesentlichen Etappen und als vorbildliches „Development Project" hochgezogen wurde. Beachtung fanden v. a. die begrünten Hinterhof-Gartenanlagen. Es war die erste „Garden Apartments"-Siedlung in einer amerikanischen Stadt.

Jamaica ist der am dichtesten besiedelte Stadtteil von Queens. Schon früh im 19. Jh. entwickelte er sich zu einem der Zentren auf Long Island, da er an der Hauptstraße durch die Insel lag. Bis in die Nachkriegszeit galt Jamaica als das begehrteste Wohngebiet von Queens, verlor diesen Status mit der immer dichter werdenden Besiedlung, was die Mittelständler vertrieb. Es folgten zuerst afroamerikanische, in den 1980er-Jahren lateinamerikanische und in den letzten Jahren zunehmend asiatische Familien, viele davon Moslems aus Bangladesch, die die

Auch die lateinamerikanische Küche ist bestens vertreten in Jackson Heights

Redaktionstipps

Interessante Museen/Ausstellungen

- Das **Queens Museum** (S. 398) bietet neben zahlreichen Kunstwerken auch ein umwerfendes Modell von New York.
- Aufsehenerregend ist zudem das **Unisphere** (S. 398), der größte Metallglobus der Welt.
- Ebenso sehenswert: **Isamu Noguchi Garden Museum** (S. 397), **Socrates Sculpture Park** (S. 396), **MoMA PS 1** (S. 396) und natürlich **das American Museum of the Moving Image** (S. 395), das sich dem Film widmet.

Für Musikfreunde

- In der **Steinway & Sons Piano Factory** werden Führungen angeboten (vorher anmelden!) (S. 396).
- Im **Louis Armstrong House & Museum** (S. 399) kann man den einstigen Wohnsitz des Jazz-Musikers besichtigen.

Einkehrmöglichkeiten

- **Griechisch** bzw. **italienisch** essen kann man gut in Astoria, z. B. im **Bahari Estiatorio** oder im **Omonia Café** (beide nahe Broadway/32nd u. 33rd Sts.).
- Ein beliebter Biergarten ist der **Bohemian Hall Garden** (S. 140).
- **Picknickplätze** findet man im Socrates Sculpture Park (S. 396) und am Hunters Point South Park.
- Kleine Restaurants laden entlang **Steinway Street** und **Broadway** zu einem Stop ein.
- Wer sich's leisten mag, isst im **Water's Edge** (*East River, an der 44th Drive*).
- **Einkaufsbummel**
- In Astoria im Bereich **30th Ave./Broadway/ Steinway St**. laden nette Geschäfte zum Bummeln ein.

Zeitplanung

- **1 Tag**: einen halben Tag sollte man für den **Corona Park** (S. 397) und das **Queens Museum** (NY-Panorama) (S. 398) veranschlagen und mittags nach Long Island City/Astoria fahren. Dort gebührt dem **Museum of the Moving Image** (S. 395) die meiste Zeit, bevor man am Nachmittags/frühen Abend ein **Picknick am East River** macht. Wer mehr Zeit veranschlagt, sucht sich einen Stadtteil seiner Wahl aus oder fährt einfach mit der **Subwaylinie 7** bis zur Endstation, steigt aber zwischendurch mal aus.

Am Abend

- **Windowshopping** in Astoria und dann ins griechische Lokal **Bahari Estiatorio** (S. 140) einkehren.

Lücken füllten. Ein bunter Stadtteil also, den es zu erkunden lohnt, trotz der einsetzenden Gentrifizierung. Man sollte sich aber vorbereiten und schauen, wo man entlangschlendern möchte. Einzige touristische Attraktion von Rang ist das **Jamaica Center for Arts** (*161–4 Jamaica Ave., Subwaystation: Jamaica Center-Parsons/Archer, von dort zur 161st St. laufen; www.jcal.org*), ein lokales Kulturzentrum, in dem interessante Wanderausstellungen gezeigt und Lesungen abgehalten werden.

Flushing hieß unter holländischer Kolonialherrschaft Vlissingen, woraus der Name später abgeleitet wurde. Bereits um 1662 traf sich eine Quäkergemeinde regelmäßig im Haus von John Bowne. Die Holländer bekämpften die Religionsgemeinschaft, jedoch erfolglos. Das gab den Anstoß für die von da an sehr großzügige Handhabung von Religionsgemeinschaften in Amerika.

Bis in die 1970er-Jahre lebten großteils Italiener in dem Stadtteil, die dann verdrängt wurden durch Japaner, Chinesen sowie später dann Koreaner („Korea Town", *Bereich Main St./Northern Blvd.*) und Taiwanesen. Zu den wenigen Sehenswürdigkeiten gehören die alte Town Hall, das historische Museum im Kingsland House und eines der ältesten Häuser auf New Yorker Boden, das Bowne House. Wer asiatische Atmosphäre sucht, steigt einfach an der Endstation der Subwaylinie 7 aus und schaut sich dort um. Die Quirligkeit der dicht bebauten Chinatown in Manhattan findet man hier nicht, dafür asiatische Geschäfte aller Art.

Sehenswürdigkeiten

Long Island City (mit Astoria u. Steinway)

** American Museum of the Moving Image

Das Filmmuseum ist in einem Teil der ehemaligen Astoria-Studios untergebracht. Hier wird anschaulich erklärt, „wie die Bilder laufen lernten" und wie Filme heute gemacht werden. Ton, Maske, Film sowie kleine Details der Filmproduktion werden auf didaktisch einprägsame Weise erläutert. Man darf auch selbst ausprobieren. So kann man bekannte Filmszenen mit der eigenen Stimme vertonen, sich in einen Film hineinprojizieren und lernt dabei, dass vieles nur ein Aspekt der Täuschung des Auges ist. Zudem gibt es zahlreiche Requisiten aus erfolgreichen Filmen zu bewundern. Eine weitere Ausstellung befasst sich mit Dingen „**Behind the Screen**". Nebenan, in den realen **Kaufman Astoria Studios** *(34–12 36^{th}St., www.kaufmanastoria.com)* wurden u. a. der Marx-Brothers-Film „Cocoanuts" sowie das Hippie-Musical „Hair" gedreht und heute noch die „Sesamstraße". Umgeben ist das Ganze vom Kaufman Arts District, in dem sich vieles um das Thema Film dreht, Lokale zum Verweilen einladen und Veranstaltungen stattfinden.

American Museum of the Moving Image

American Museum of the Moving Image, *36-01-35Ave./37th St., Subwaystation: Steinway St., www.movingimage.us; Mi, Do 10.30–17, Fr bis 20, Sa, So 11.30–19 Uhr, zudem Filmvorführungen*

* Isamu Noguchi Garden Museum

Der japanisch-amerikanische Künstler Isamu Noguchi (1904–88) war einer der bekanntesten Bildhauer der USA und hat an der Gestaltung zahlreicher öffentlicher Einrichtungen mitgewirkt. Er legte v. a. Wert auf die Akzentuierung der Symbiose Mensch–Natur. 1985 hat er seine Ateliers hier der Öffentlichkeit zugänglich gemacht. Im Garten stehen vornehmlich seine Skulpturen, und im Haus werden Wechselausstellungen seiner anderen Werke gezeigt.

Berühmter Bildhauer

Isamu Noguchi Garden Museum, *9-01 33rd Rd./Vernon Blvd., Subwaystation: Broadway (Astoria), dann Bus Q104, http://noguchi.org/museum; Mi–Fr 10–17, Sa, So 11–18 Uhr*

MoMA PS 1

Unbekannte Talente

Mit 12.000 m² Ausstellungsfläche in einer ehemaligen Public School (PS) ist das Zentrum für Gegenwartskunst eine der größten Kunsthallen der USA. (Noch) unbekannte Künstler stellen hier aus, aber auch Ausstellungen, die sich mit speziellen Thematiken befassen, werden gezeigt. Die **M. Wells Dinette** ist das Café-Restaurant im Hause. Hier speist man in einem Klassenzimmer.
MoMA PS 1, *22-25 Jackson Ave./46th Ave., Subwaystation: 21st St./Van Alst, www.momaps1.org; Do–Mo 12–18 Uhr*

Socrates Sculpture Park

Der Park wurde auf einem alten Industriegelände am East River mit Ausblick auf Manhattan angelegt. Die Skulpturen bestehen vornehmlich aus zusammengeschweißten Überresten ehemaliger Industrieanlagen u. Ä., sind also in die Kategorie zwischen moderner Industriekunst und „Mad Max" einzuordnen. Die Kinder lieben das Areal als Spielplatz, und die Erwachsenen nutzen die Wiesenfläche zum Picknicken und einen Besuch des nahen Isamu Noguchi Garden Museum. Natürlich gibt es auch hier Sonderausstellungen.
Socrates Sculpture Park, *32-01 Vernon Blvd./Broadway, Subwaystation: Broadway (Astoria), dann Bus Q104, www.socratessculpturepark.org; 10 Uhr–Sonnenuntergang*

Socrates Sculpture Park

* Steinway & Sons Piano Factory

Gegründet wurde die Klavierbaufirma 1853 von Heinrich Steinweg aus Deutschland, der sich ab 1854 Henry Steinway nannte. Die ersten Fabrikationsanlagen befanden sich nach 1860 in Manhattan *(Ecke Park Ave./53rd St.)*. Henrys Söhne Theodore, Henry Jr. und William führten den Betrieb zu Weltgeltung, sodass die Fabrik in Manhattan zu klein wurde. 1870–73 kauften die Steinways eine 160 ha große Fläche östlich von Astoria, benannten sie nach der Firma und siedelten dort die Arbeiter, meist deutsche Immigranten, an. Eine ganze Stadt wurde errichtet, mit Kirche, Kindergarten, Bücherei und sogar einer eigenen Straßenbahn.

Die Produktionsrate erreichte 1926 mit über 6.000 Flügeln (Grand Pianos) ihren Höhepunkt. Die Einführung des Radios und die wirtschaftliche Depression traf die Klavierbauer schwer. Von 1931–33 und auch während des Zweiten Weltkriegs wurde die Klavierproduktion

Steinway: Klavierbau mit Liebe zum Detail

sogar eingestellt. Im Krieg wurden im New Yorker Werk dafür Gleitflugzeuge für die Armee hergestellt, im Hamburger Werk (u. a.) Betten für die Bunker. Nur langsam erholte sich die Firma von den Folgen dieser Zeit.

1972 verkauften die Steinways die Klavierfabrik, danach wechselte sie mehrmals den Besitzer und gehört nun einem Hedgefonds. Heute produzieren das Werk in Queens und das in Hamburg jeweils etwa 1.300 Pianos im Jahr, davon gut 2.000 Flügel und 600 Standklaviere. Den Ruf, die besten Flügel der Welt herzustellen, hat die Firma bis heute, und verkauft werden diese nur in 200 ausgewählten Geschäften weltweit.

Die **Steinway Mansion**, das ehemalige Wohnhaus der Familie Steinway, liegt versteckt zwischen Bäumen auf einem nahen Hügel: 18–33 41st Street. Es wird privat genutzt und kann nicht besichtigt werden.
Steinway & Sons Piano Factory, *1 Steinway Pl., zw. 38th St. u. 19th Ave., Subwaystation: Ditmars Blvd. (Linie N und W), ☏ (718) 721-2600, info@steinway.com, www.steinway.com; Factory-Touren nur nach rechtzeitiger Anmeldung (es gibt nur wenige Touren – meist Di – und nur wenige Plätze!)*

Corona Park/Flushing Meadows

Hinweis

Corona Park/Flushing Meadows liegen im Norden von Queens, zw. Roosevelt Ave., Long Island Expressway, Grand Central Parkway u. Van Eyck Expressway, Subwaystation: Mets-Willets Point. Einen Plan des Parks erhält man im Queens Museum.

New York Hall of Science

Das Technikmuseum ist ein Relikt der letzten Weltausstellung (1964), wurde seitdem natürlich mehrmals aufgefrischt. Daher hat es für Kinder eine gewisse Anziehungskraft, denn es gibt unzählige Ausprobierstationen („Hands-on"). Das Liberty Science Center in New Jersey ist diesem aber doch überlegen. Der 300 m südlich davon gelegene **Queens Zoo** lohnt nicht wirklich, denn mit dem in der Bronx kann er auf keinen Fall mithalten.

Spannend für Kinder

New York Hall of Science, *westl. d. Grand Central Parkway, Subwaystation: 10–15 Gehmin. von den Stationen Mets-Willets Point bzw. 111th St., www.nysci.org; Mo–Fr 9.30–17, Sa, So 10–18 Uhr*

Queens Museum

Das Kunstmuseum stellt viele moderne Künstler aus. Schwerpunkte liegen bei Fotografien, Skulpturen und Kunstwerken aus den Ländern, wo viele Bewohner von Queens ehemals herkommen (Südasien, Osteuropa). Eine Seitenausstellung beschäftigt sich mit der Geschichte der Weltausstellung von 1964.

Detaillierter Nachbau New Yorks

Hauptattraktion ist ohne Zweifel das ** **Panorama of New York City**, ein nahezu 900 m^2 großes Modell der Stadt im Maßstab 1:1.200. Über 830.000 Gebäude sind hier nachempfunden, zudem Tausende von Straßen, Parkanlagen usw. Alle zehn Minuten verdunkelt sich der Raum, und die Lichter des „Big Apple" gehen für kurze Zeit an. Das Modell wird laufend aktualisiert. Je länger man auf der Balustrade um das Modell wandert, desto mehr wird man sich in die Details verlieben. Einfach toll!
Queens Museum, *östl. d. Grand Central Parkway, Subwaystation: jeweils 15 Gehmin. von den Stationen Mets-Willets Point bzw. 11th St., www.queensmuseum.org; Mi–So 12–18 Uhr.*

Unisphere

Der größte Metallglobus der Welt wurde ebenfalls für die Weltausstellung errichtet. Er ist 42 m hoch, hat einen Durchmesser von 36 m, wiegt 320 t, wird umkreist von Satellitenringen und steht inmitten eines Brunnens. Ziel war es (zu Zeiten der ersten Weltraumflüge), den „Frieden durch Verstehen" zu symbolisieren und die „Errungenschaften der Menschheit auf einer immer enger zusammenwachsenden Welt in einem immer weiter expandierenden Universum" zu zelebrieren.
Unisphere, *gegenüber dem o. g. Queens Museum*

Unisphere

info

Jazz- und Blues-Musiker aus Queens

Viele schwarze Musiker lebten in Queens, nachdem sie genügend Geld verdient hatten, um sich von Harlem zu lösen. **Louis Armstrong**, amerikanische Jazz-Legende, lebte von 1943–71 hier. In seinem ehemaligen Wohnhaus befindet sich jetzt ein Museum, das ****Louis Armstrong House & Museum**. Der Besuch lohnt sich allemal! *34-56 107th St., Corona, nächste Subwaystation: 103 St./Corona Plaza, http://louisarmstronghouse.org; Di–Fr 10–17, Sa, So 12–17 Uhr*

Begraben wurde „Satchmo" auf dem nahen Flushing Cemetery (163-06 46th Ave., Corona), wo auch **Dizzie Gillespie** und **Charlie Savers** ihre letzte Ruhe gefunden haben.
Ragtime-King **Scott Joplin** ist auf dem St. Michael's Cemetery begraben worden: 72-02 Astoria Blvd., East Elmhurst, Grave 5, Row 2, Plot 5.
Count Basie lebte von 1948 bis in die späten 1960er-Jahre im Stadtteil Jamaica: 174-27 Adelaide Ln./175th St. Nahebei wohnte auch **Thomas Fats Waller**.
Woody Guthrie (1912–67), bekannter Folk-Blues-Musiker (u. a. „This Land is Your Land"), hatte von 1955 bis zu seinem Tod sein Domizil in Howard Beach: 159-13 85th St.
Weitere bekannte Musiker, die in Queens lebten, sind **Ella Fitzgerald, Mercer Ellington** und **Billie Holiday**.

Wer sich näher mit der Musikszene von Queens befassen möchte, kann dies im **York College Library & Music History Archive** tun: *94-20 Guy R. Brewer Blvd., Jamaica, Subwaystation: Parsons-Archer/Jamaica Center. ☏ (718) 262-*

Satchmo, die amerikanische Jazz-Legende

info

2000, www.york.cuny.edu; Mo–Fr 10–17 Uhr, Anmeldung empfehlenswert. Hier kann man alte Aufnahmen hören und Bilder ansehen sowie in Manuskripten lesen. Zudem gibt es Jazz-Konzerte.

Bekannt ist zudem die **Flushing Town Hall** für ihre regelmäßigen Jazz-Programme wie z. B. monatlich stattfindende Jazz-Jam-Sessions und die **Jazz Clinic**. ☏ *(718) 463-7700, ext. 222 (Box Office), www.flushingtownhall.org.*

Weitere Sehenswürdigkeiten in Queens

In Flushing

Nächste Subwaystation für alle drei aufgeführten Punkte: Flushing/Main Street (Endstation der Linie 7).

Die **Flushing Town Hall** *(137–35 Northern Blvd.)*, 1862 erbaut, diente bis zur Konsolidierung von Greater New York 1898 als Rathaus. Der romanische Baustil lässt eher an eine herrschaftliche Villa in der Poebene denken. Heute befindet sich hier das Kulturzentrum des Stadtteils (Musikveranstaltungen aller Art/Kunstausstellungen).

Haus der Quäker

Im **Bowne House** *(37-01 Bowne St., Touren nur nach Voranmeldung: ☏ (718) 359-0528, www.bownehouse.org)*, einem der ältesten Häuser auf New Yorker Boden, lebte über Generationen die Bowne-Familie. John Bowne (1628–95), ein Quäker, baute das Haus 1661 und hielt hier regelmäßige Treffen dieser Religionsgemeinschaft ab. Dafür wurde Bowne von der holländischen Regierung sogar vor Gericht gestellt. Bei der Führung geht es im Wesentlichen um Erläuterungen zur Gemeinschaft der Quäker.

Das **Kingsland Homestead** *(143–35 37th Ave., Di, Sa, So 14.30–16.30 Uhr, www.queenshistoricalsociety.org)*, keine 100 m schräg gegenüber, wurde nach dem Unabhängigkeitskrieg erbaut und diente damals als Farmhaus. 1968 ließ man das Gebäude an diese Stelle bringen und richtete die **Queens Historical Society**, das lokale Geschichtsmuseum, in ihm ein. Hier erhält man auch eine Karte, auf der ein Rundgang durch das historische Flushing erläutert ist.

Jamaica Bay Wildlife Refuge

Highlight für Vogelfreunde

Besonders Ornithologen werden in diesem Naturareal auf ihre Kosten kommen. Über 300 Arten von Wasser-, Küsten- und Schilfvögeln gibt es zu beobachten. Im Visitor Center bekommt man Infos über das Gelände. Ein „Nature Trail" durchs Marschland (Sicht auf die Skyline von Manhattan!) lockt besonders an Wochenenden viele Besucher an, unter der Woche ist es ruhiger.

Das Refuge ist Teil der Gateway National Recreation Area, einem der größten Parks auf städtischem Boden, zu dem u. a. weite Teile des Rockaway Beach und das ehemalige Floyd Bennett Airfield (historische Hangars, VC in ehemaligem Terminal) gehören.

Jamaica Bay Wildlife Refuge, *VC: Goose Island, Subwaystation: Broad Channel, von dort entlang der Noel Rd., dann nach rechts entlang dem Cross Bay Blvd. Das VC liegt linker Hand (800 m bzw. 20 Gehmin. von der Subway), www.nps.gov/gate; tgl. 8.30–17 Uhr*

Marine Air Terminal (La Guardia Airport)

Das Art-déco-Gebäude am Flughafen La Guardia wurde 1939/40 erbaut als Terminal für die luxuriösen Transatlantik-Wasserflugzeuge von Pan Am. Auch heute dient es als Terminal. Eindrucksvoll ist die 71 m lange und 3,6 m hohe Wandmalerei an der Kuppel.

Riesige Wandmalerei

Marine Air Terminal (**La Guardia Airport**), *mit dem Flughafenbus ab Grand Central und Penn Station sowie Port Authority Busbahnhof in Manhattan, oder mit Subway bis 125th St., Linie 4, 5, 6, dann M60-Bus bis zum Airport. Dieser Terminal liegt auf der Westseite der Flughafenanlage.*

Queens County Farm Museum

Die ältesten Einrichtungen der historischen, flämischen Farm datieren auf 1697. Vieles ist erhalten, so das alte Farmhaus, Gewächshäuser, Scheunen sowie Gemüse- und Kräutergarten. Kinder werden es lieben, im „Petting Zoo" Tiere anfassen bzw. auch reiten zu dürfen.

Queens County Farm Museum, *73-50 Little Neck Parkway (73rd Ave.), Glen Oaks, Subwaystation: Kew Gardens, von dort Q46-Bus bis Little Neck Pkwy. Dann noch 3 Blocks nach Norden, www.queensfarm.org; tgl. 10–17 Uhr (Gebäudebesichtigungen u. Shopzeiten variieren)*

Rockaway Beaches

Der 16 km lange Strand auf einer Lagunenzunge ist ein beliebtes Ausflugsziel. Nicht nur das Baden und Surfen – die Wellen hier sind um einiges spannender als in Coney Island – lockt die Städter an, sondern auch die Möglichkeit, auf dem 9 km langen Boardwalk spazieren zu gehen. Auf diesem gibt es aber, anders als auf Coney Island, keine Imbissbuden. Gute Surfbedingungen samt Ausleihstationen von Boards findet man auf Höhe 72nd sowie 116th Streets. An letzterer steht das Memorial des 2001 hier verunglückten Fluges 587. Wer es ruhiger mag, sollte an die Südwestspitze zum **Jacob Riis Park** laufen (Busanbindung: Q22 von der 116th St. bzw. Q35 von Flatbush/Brooklyn).

Ausflugsziel für Surfer

Rockaway Beaches, *Rockaways im Süden von Queens, Subwaystation: die besten für eine Erkundung sind Rockaway Park bzw. Beach/67th St.*

Trans World Airlines Flight Center (Terminal 5 des J.F. Kennedy Airport)

Der finnische Architekt Eero Saarinen (1910–61) zeichnete für dieses **Meisterwerk moderner, expressionistischer Baukunst** verantwortlich. Saarinen, beeinflusst durch Mies van der Rohe, verstand es, aus Beton und Glas so schwungvolle Gebäudeformen zu gestalten, dass die Beziehung zum Fliegen in allen Belangen deutlich wurde. Fast nichts im Gebäude ist geradlinig. Auch technisch war dieses Terminal in vielem ein Vorreiter. Doch all das führte dazu, dass der Terminal den heutigen Ansprüchen nicht mehr gerecht wurde. Deshalb wurde umgebaut. Heute ist nur noch das denkmalgeschützte Hauptgebäude erhalten und wird teilweise fremdgenutzt.

Trans World Airlines Flight Center, *Subwaystation: Howard Beach/JFK und dann mit AirTrain*

The Bronx

Hinweis

Einwohner: 1,44 Mio. • **Fläche**: 109 km²

Namensgeber Jonas Bronck

Jonas Bronck, ein Holländer schwedischer Herkunft, war der erste Europäer, der 1639 im Süden der heutigen Bronx eine Farm gründete und der Region seinen Namen gab. Siedler aus Holland, Deutschland, Dänemark und Frankreich folgten ihm, hielten sich aber nicht immer an das Friedensabkommen mit den hier ansässigen Wickquasgecks, sodass diese letztendlich doch vertrieben wurden. Bereits 1693 konnte die erste Brücke nach Manhattan geschlagen werden. Im 18. Jh. kamen vorwiegend englische Einwanderer. Kleine Farmorte entwickelten sich, und wohlhabende New Yorker bauten ihre Landsitze aus. Mitte des 18. Jhs. versuchte ein Visionär, Benjamin Palmer, die kleine City Island zu einem bedeutenden Seehandelszentrum zu machen. Das Projekt ging aber schief.

Die Bronx war Schauplatz einiger Konflikte im Unabhängigkeitskrieg, fristete jedoch bis zum beginnenden 19. Jh. ein eher bescheidenes Dasein. Nur ein paar New Yorker des gehobenen Mittelstands entdeckten die Vorzüge des Manhattannahen Bezirks. 1841 wurde das St. John's College (heute Fordham University) gegründet, und West Farms und Morrisania erhielten Stadtrechte. Mit den großen Einwandererwellen kamen dann viele Iren und nach der fehlgeschlagenen Revolution von 1848 auch Deutsche. Letztere ließen sich im Süden der Bronx nieder und gründeten v. a. Geschäfte, Bars und ... Brauereien. Neu für Amerika war ihr besonderer Hang zu Vereinen, die fortan den sozialen Mittelpunkt der deutschen Gruppe bildeten.

Seemannsfriedhof von City Island

Noch vor der Vereinigung der Boroughs 1898 konsolidierte sich die Bronx. Grenzen wurden abgesteckt, Stadtteile eingemeindet, Teile der New York University angesiedelt, der Grand Concourse und andere Straßen gebaut, der Botanische Garten sowie der Zoo geplant, und durch die Initiative des Journalisten John Mullaly konnten 1888 große Flächen als Parkflächen gesichert werden. Eine gesunde Kleinindustrie an der Südspitze (Mott Haven, Port Harris, Hunts Point) rundete das Bild ab, sodass die Bronx wirtschaftlich robust in die neue Großstadtgemeinde einbezogen werden konnte und um 1900 als der Borough mit den besten Zukunftsperspektiven galt.

Entwicklung durch U-Bahn-Anschluss

1904 erreichte die erste Subwaylinie die Bronx. Weitere folgten. Damit konnten viele Tenement-Bewohner aus dem East Village/Lower East Side hierherziehen und ihren sozialen Aufstieg beginnen. Es waren Jugoslawen, Italiener, Griechen und v. a. Juden. Die Bronx erlebte nach dem Ersten Weltkrieg einen wahren Boom. Immer mehr Industrie siedelte sich an, und die Einwohnerzahl stieg rapide an, von 200.000 (1900) auf 730.000 (1920) bis auf über 1,2 Mio. (1930). 1923 wurde das Yankee Stadium eingerichtet für die auch als „The Bronx Bombers" (u. a. legendäre Spieler wie Babe Ruth und Lou Gehrig) bekannten New York Yankees.

Ansprechende Lokale, Mittelklasse-Wohnblocks mit Grasflächen, Kinos, Nachtclubs, Art-déco-Verwaltungsgebäude und wohlsortierte Shoppingareale machten die Bronx in den Golden Twenties zum bevorzugten Stadtteil der Mittelklasse. 1934 hatten 99 % der Haushalte ein eigenes Badezimmer, 95 % Zentralheizung, 97 % heißes Wasser und 48 % Kühlanlagen. Ein Standard, der weltweit nahezu einzigartig war für ein Wohnviertel dieser Art.

Hinweis

Berühmte Personen, die aus der Bronx stammen, sind die Schauspieler Al Pacino, Denzel Washington, der Regisseur Stanley Kubrick, die Musiker und Sänger Neil Simon, Jennifer Lopez und Yehudi Menuhin sowie die Modezaren Ralph Lauren und Calvin Klein.

Zu wenig bezahlbare Wohnungen

Die Depressionszeit ab 1930 bedeutete dann den Niedergang der südlichen Stadtteile der Bronx. Gewillt, der unteren Einkommensklasse solide, aber bezahlbare Wohnungen zu bieten, wurden in der **South Bronx** vier- bis sechsstöckige, von privater Hand finanzierte Wohnblocks gebaut. Auch an Parks und soziale Einrichtungen wurde gedacht. Die Mieten stiegen jedoch überproportional an, denn schon bald war die Nachfrage höher als das Angebot. Doppelbelegungen und damit eine starke Abnutzung waren die Folge. Nach dem Krieg verschärfte sich die Lage durch die heimkehrenden Soldaten. Sie hatten wenig Geld und waren unzureichend ausgebildet für die vorhandenen Jobs. Die „Slum-Clearings" in Manhattan zwangen weitere Menschen in die Bronx. Zu spät wurde eine Kommission der Stadt eingesetzt, die für normale Verhältnisse sorgen und Mieter sowie besonders Vermieter kontrollieren sollte. Inmitten dreier Highways gelegen, Kriminalität und Verfall der Bausubstanz allgegenwärtig, war die Mittelschicht schon lange abgewandert.

Die Vermieter wollten nicht mehr investieren, da die Häuser bereits verwohnt waren, und die Mieter zahlten oft keine bzw. unregelmäßig ihre Mieten, da die Wohneinrichtungen diese oft nicht mehr wert waren. In den 1950er- bis 70er-Jahren behalfen sich somit beide Seiten mit dem Abbrennen der Häuser. Die Vermieter wollten sich des Problems entledigen und Versicherungssummen einheimsen, die Mieter dagegen wussten, dass sie so Priorität bei der Stadt besaßen, um in neuere Gebäude umziehen zu können, und wurden zudem entschädigt für ihre abgebrannten Haushaltsgegenstände. Wer in der South Bronx blieb, fristete ein unerfreuliches Dasein. Straßengangs beherrschten die Szene, Drogen kursierten frei, und die Arbeitslosenrate stieg und stieg, auch, weil viele Unternehmen abwanderten. Trotzdem ließ die Stadt weitere Hochhauswohnblocks errichten. Der Wohnungsmarkt konnte so zwar entschärft werden, die Kriminalität wurde dagegen noch mehr ghettoisiert.

info

Graffiti-Renaissance in der Bronx

Dank der „Zero Tolerance"-Politik während der 1990er-Jahre sind die Zeiten der bemalten und besprühten Subways von New York vorüber. Die einen empfanden sie als Kunstwerk, andere sahen in ihnen das Symbol des Niedergangs. Für die Künstler/Sprayer selbst war es ein Versuch, ihre Talente, ihre Freuden, aber auch ihren Frust auszudrücken.

Der Kult versickerte, und die Szene drohte in Vergessenheit zu geraten. Mittlerweile jedoch lebt die Graffiti-Kunst wieder auf, und das mit Erfolg. Spezielle Graffiti-Touren durch die Bronx bietet z. B. **Levy's Unique New York** (*www.levysuniqueny.com/categories/unique-new-york-tours*) an.

Graffiti-Künstler in der Bronx wählen gerne das Thema „Subway"

Heute hat sich die Lage in der Bronx deutlich entschärft. Die South Bronx ist natürlich kein Juwel, doch langsam beginnt sie, hip zu werden. So entstehen dreigeschossige Reihenhäuser mit Gärten, ehemalige Fabrikgebäude werden umgebaut zu Wohnhäusern mit Lofts, Parks saniert, und der **New Fulton Fishmarket**, der zweitgrößte Fischmarkt der Welt, hat sich am Hunts Point niedergelassen (*www.newfultonfishmarket.com, Mo–Sa 1–7 Uhr*). Donald Trump ließ sogar einen Golfplatz in Throggs Neck anlegen.

Nahe diesem wird auf einer Landzunge im **Maritime Industry Museum at Ft. Schuyler** (*6 Pennyfield Ave., www.maritimeindustrymuseum.org, Mo–Sa 9–16 Uhr*) ein wenig zur Geschichte der Schifffahrtsindustrie in Amerika erzählt – u. a. anhand von Modellen und geborgenen Instrumenten. Das Yankee Stadium wurde ebenfalls neu gebaut, und mit der Einbeziehung der **High Bridge** in das New Yorker Parksystem hat auch die Stadt ein deutliches Zeichen gesetzt.

1848 als **Aqueduct Bridge** erbaut, ist die High Bridge die älteste Brücke in New York. Ehemals bestand sie ausschließlich aus Sandstein, später

Die South Bronx wird aufpoliert: Auch die Stadtparks erleben hier eine Renaissance

wurden tragende Elemente durch Stahl ersetzt. Ab 1970 war die Brücke gesperrt, wurde aber aufwendig restauriert und 2015 für Fußgänger und Fahrradfahrer wieder freigegeben. Das 40 m über dem Harlem River gespannte Bauwerk verbindet die Bronx (nahe 170th St.) mit dem Highbridge Park in Manhattan (Höhe W. 174th St.). Sie zu überqueren lohnt sich!

In Stichworten

Bei Weitem nicht so schlimm wie ihr Ruf, z. T. sogar hip: South Bronx – Die North Bronx ist wohlhabend – Wie ein Fischerort an der Ostküste: City Island – 24 % sind Parkfläche

Tipp

Wer mit dem Mietwagen in die Bronx kommt, sollte z. B. entlang der Jerome Avenue fahren. Großenteils „überdacht" von der Hochbahn, findet man hier zahlreiche Autoreparaturwerkstätten mit bunten Graffitis an den Rollläden und alten Autos auf den Parkflächen sowie in den Seitenstraßen kleine Geschäfte, die so typisch sind für diesen Stadtteil.

Sehenswertes im Norden

Die touristischen Attraktionen befinden sich vorwiegend im Zentrum bzw. im Norden. Beliebteste Ziele sind die **New York Botanical Gardens** sowie der **Bronx Zoo**. **Woodlawn** mit seinen Mausoleen ist der Friedhof der „Rich or Famous", und vom **Wave Hill** hat man einen schönen Blick auf den Hudson River. Das **Van Cortlandt House Museum** sowie das **Valentine-Varian House** bieten einen guten Einblick in die Geschichte der Bronx. Gerne besucht wird zudem das italienische Viertel entlang der Arthur Avenue, während City Island immer noch als Geheimtipp für Fans maritimer Kost und Lebensart gilt.

Haupteinkaufsstraße ist die wenig ansprechende Fordham Avenue *(Bereich Grand Blvd.)*, die den wohlhabenderen Norden und den sozial schwächeren Süden voneinander trennt. Der Grand Concourse mit seinen 1920er-Art-déco-Gebäuden zeigt dagegen auf, wie gut es der Bronx nach dem Ersten Weltkrieg gegangen sein mag. Und hier steigen mittlerweile die Immobilienpreise!

Die interessantesten Stadtteile der Bronx im Überblick

Fordham und Belmont

Hinweis

Fordham und Belmont liegen zw. Fordham u. Kingsbridge Rds., Bronx River Pkwy im Osten, E. 180th St. im Süden sowie Jerome Ave. im Westen • Einwohner: zusammen 66.000

Eine Furt veranlasste den ersten Siedler, John Archer, zu der Namensgebung (Fordham = Häuser an der Furt), wobei nie geklärt wurde, ob es sich um eine Furt über den Harlem oder über den Bronx River gehandelt hat. 1841 erreichte die New York & Harlem Railroad den Ort und wurde das römisch-katholisch St. John's College (heute Fordham University) gegründet. Damit begann die Entwicklung zu einer Kleinstadt. Ende des 19. Jhs. wurde der Stadtteil dank der Anlage des Bronx Zoo und der New York Botanical Garden attraktiv für Investoren. In die neu gebauten Wohnhäuser zogen als Erstes die Bauarbeiter vom Zoo und den Gärten, fast ausschließlich Süditaliener, ein. Die zu dieser Zeit üblichen, mafiaähnlichen „Padrone-Strukturen" sicherten ihnen Job und Kredite, wenn auch nur spärliche Löhne.

Süditaliener erste Bewohner

Im 20. Jh. dann wurde die Bebauung immer dichter und die Häuser immer höher. Bereits in den 1920er- und 30er-Jahren wurden in die vier- bis sechsgeschossigen Gebäude Fahrstühle eingebaut (in Mietshäusern deutscher Großstädte befanden sich zu dieser Zeit noch 90 % der Toiletten in den Kellern). Die Fordham Avenue entwickelte sich zu einem großen Einkaufsgebiet. Bis 1950 zogen v. a. Italiener, Juden

Unter der Woche ist der Orchard Beach ein Geheimtipp

und Iren aus Manhattan hierher. Bekannt war der Stadtteil besonders wegen seiner erstklassigen Schulen und Universitäten, wie z. B. die Bronx High School of Science. Mit dem Wegzug der weißen Mittelschicht kamen dann die Hispanics, Latinos und Bewohner aus der hoffnungslos überfüllten South Bronx. Das Wohnniveau kippte, doch es erreichte nie den Negativstandard der South Bronx.

Heute leben noch viele Italiener in Belmont, besonders im Bereich um die Arthur Avenue, und drücken dem Stadtteil mit ihren Trattorias und italienischen Feinkostläden ihren Stempel auf. Im Nordosten und Osten befinden sich die schönen Botanical Gardens sowie der größte Stadtzoo Amerikas, The Bronx Zoo.

*City Island und Pelham Bay Park/Orchard Beach

Hinweis

Nordostzipfel der Bronx • **Einwohner**: 4.500 • **Anreise**: Mit der Subway bis zur Endstation der Linie 6 (Pelham Park), von dort mit Bus BX29 bis auf die Insel

Die Fisch-Restaurants an der „italienischen" Arthur Avenue lohnen einen Besuch

Bis 1761 war die 2½ km lange und nur knapp 3 km² große Insel spärlich besiedelt. Dann kaufte sie ein Syndikat um Benjamin Palmer mit dem Ziel, hier einen Handelsposten zu errichten, der es mit der Stadt New York aufnehmen konnte, und benannte sie dementsprechend um in City Island. Doch der Unabhängigkeitskrieg machte den Investoren einen Strich durch die Rechnung. Die bereits angesiedelten Fischer blieben aber, und 1830 folgte eine Firma, die aus den nahen Wassern Salz gewinnen konnte. Beliebt war die Insel noch als Standort für die Lotsen, die die aus Neuengland kommenden Schiffe bis nach Manhattan begleiteten, sowie in jüngerer Zeit auch bei wohlhabenden Hobby-Kapitänen, die hier ihre Jachten ankern bzw. über Winter an Land lagern.

Das kleine Idyll erinnert an einen verschlafenen Fischerort irgendwo an der Atlantikküste – ein **echter Anachronismus** zu einem New-York-Besuch. Fischer leben und arbeiten hier noch. Kleine Boutiquen, Antikshops, Ferienhäuser und besonders die **Fischrestaurants**, die u. a. Lobster anbieten, locken im Sommer viele Wochenendgäste an. Tipp: unter der Woche kommen, aber Öffnungszeiten der Restaurants beachten. Im **Nautical Museum** *(190 Fordham St.)* erfährt man weitere Details zur Insel.

Der eigentliche Grund, City Island zu besuchen, sind, neben den Restaurants natürlich, die Ruhe und Beschaulichkeit. Sehr schön sind zudem Boots- bzw. Angeltouren, für die auf vielen kleinen Schildern geworben wird.

Fischrestaurants und Bootstouren

Der **Orchard Beach**, Teil des **Pelham Bay Park**, liegt direkt am Festland, nördlich der Brücke nach City Island. Der sichelförmige Strand wird am Wochenende gerne von der Hispanic- bzw. Latino-Bevölkerung aufgesucht. Unter der Woche ist es etwas ruhiger. Im Park und nahe dem Strand gibt es Picknickplätze. Als Attraktion gilt die 1842 fertiggestellte **Bartow-Pell Mansion**, ein elegantes Wohnhaus samt schmucker Gartenanlage und Teil des ehemaligen Pelham-Anwesens. Im Gebäude befindet sich ein Museum *(895 Shore Rd., Bus BX45 von der Pelham Park Subwaystation, www.bartowpellmansionmuseum.org; Mi, Sa, So 12–16 Uhr)*.

Riverdale

Hinweis

Riverdale liegt zw. Hudson River, Henry Hudson Pkwy, 233nd St. und der nördlichen Countygrenze • **Einwohner**: 50.000

Zu Beginn des 19. Jhs. ließen sich die Superreichen luxuriöse Villen an den Hang von Riverdale bauen, um von dort den bezaubernden Ausblick auf das Hudson Valley zu genießen. 1851 erreichte die Eisenbahn auch dieses Gebiet und mehr wohlhabende Menschen zogen her. Erst als der Parkway gebaut war und mehr Buslinien den Stadtteil nach dem Zweiten Weltkrieg erreichten, wurden auch Apartmenthäuser u. Ä. errichtet. Das wiederum vertrieb die „Oberen Zehntausend", und ihre Villen wurden oftmals gespendet, um fortan als Schulen oder Institute zu dienen. Doch sind die meisten Bewohner auch heute noch wohlsituierte Bürger.

Villen mit Ausblick

Einen Besuch wert ist der **Wave Hill**, ein ehemaliger Landsitz, von dem aus man einen schönen Blick auf das Hudson Valley genießen kann. Zu bedenken gilt, dass die Anreise nach Riverdale Zeit in Anspruch nimmt (die nächste Subwaystation ist *242nd St./Manhattan College/Van Cortlandt*).

South Bronx Piano Town

info

Mitte bis Ende des 19. Jhs. wanderten deutsche Klavierbauer nach Amerika aus und gründeten im Stadtteil Mott Haven eine Reihe von Klavierfabriken, u. a. Krakauer Brothers, Kroeger Piano Co., Mathushek & Son und Estey Piano Co. Überreste der Wandreklamen sind noch zu erkennen, einige Fabrikgebäude beherbergen heute Lofts, nur produziert wird hier schon lange nicht mehr.

Redaktionstipps

Sehens- und Erlebenswertes

- **The Bronx Zoo** (S. 411) ist der größte Stadtzoo der USA, ein herrliches Refugium ist zudem der **New York Botanical Garden** (S. 412).
- Die bescheidenen Lebensverhältnisse von Edgar Allan Poe sind im **Poe Cottage** (S. 411) zu erahnen, Nostalgie erlebt man im **Van Cortlandt House** (S. 414) und im **Valentine-Varian House** (S. 414), einer Farm von 1758, die mit dem Landleben von einst vertraut macht; auf die Spuren berühmter Leute begibt man sich in **Wave Hill** (S. 415).
- Neben Miles Davis und Duke Ellington liegen auf dem **Woodlawn Cemetery** (S. 415) weitere Berühmtheiten begraben.
- In der **Hall of Fame for Great Americans** (S. 413) wird bedeutender Persönlichkeiten gedacht.
- Kontrastprogramm zu New York City: **City Island** (S. 408) wirkt wie ein verträumter Fischerort.

Essenspause

- In einem italienischen Geschäft in der **Arthur Avenue** (S. 410) einkaufen für ein **Picknick** (Pastrami, Käse, Rotwein, Baguette) im NY Botanical Garden.
- Bei **Mario's** (S. 141) Pasta oder auf City Island Fisch oder Hummer essen, z. B. im **Lobster House** (S. 141) oder im **Johnny's Reef Restaurant** (S. 141).

Zeitplanung

- **1 Tag**: Eines der beiden folgenden Museen besuchen: **Van Cortlandt Haus** oder **Valentine Varian House/Bronx History Museum**. Lunch im italienischen Viertel entlang der Arthur Ave. (evtl. hier Picknick-Zutaten einkaufen). Den überwiegenden Teil des Tages nutzen für den **Botanical Garden** oder den **Zoo**. Abends: Fisch bzw. Hummer essen in City Island.

Spaziergänge

- Dafür eignet sich die Bronx nur bedingt. Möglich ist ein Spaziergang vom Edgar Allen Poe Cottage in die Arthur Ave. („Little Italy") und von dort weiter zum Botanical Garden oder vom Cortlandt House über das Valentine-Varian House zum Botanical Garden (je insg. 1½ Std. plus Zeit im Zoo/Bot. Garden). Die Erkundung von City Island (2 Std.) ist nur zu Fuß sinnvoll. Dabei folgt man einfach der City Island Ave.

Sehenswürdigkeiten

Fordham

* Arthur Avenue

Entlang weniger Blocks der Arthur Avenue und ein paar Seitenstraßen breitet sich New Yorks „Italien" in seiner ganzen Vielfalt aus. Hinter z. T. unscheinbaren Kulissen verstecken sich echte Trattorias mit noch echteren Nudelgerichten, Grappa und Parmesan. An anderer Stelle betritt man eine Markthalle, in der Salami, Oliven, Espresso u. Ä. angeboten werden. Und nicht nur hier, auch in den kleinen Geschäften bestimmen Chianti, Pizzagewürze und Kitschporzellan das Shoppingerlebnis. Fischhändler bieten frische Muscheln verschiedener Gattungen, Calamari, Meeresschnecken und natürlich Fisch direkt am Bürgersteig an. Süßmäuler werden ebenfalls belohnt, entweder im **DeLillo Cafe & Pastry Shop** (*610 E. 187th St.*) oder direkt in der Arthur Avenue in **Madonia Brothers Bakery**. Gleich daneben dann die **Bronx Beer Hall** (*im Market, 2344 Arthur Ave.*), die eine Reihe bester, regional gebrauter Biere ausschenkt.

Wer enttäuscht war vom „Little Italy" in Manhattan, sollte über einen Besuch hier, samt kulinarischem Intermezzo, ernsthaft nachdenken. In der Belmont Filiale der NY Library *(186th/Hughes Sts., Mo–Sa)* befindet sich das **Enrico Fermi Cultural Center**, das sich den italienischen Einwanderern und ihren Errungenschaften widmet. Oft diente das Viertel als Filmkulisse, so z. B. für den Klassiker „GoodFellas" bzw. Robert de Niros „In den Straßen der Bronx".

Arthur Avenue Belmont, *zw. E. Fordham Rd u. Crescent Ave., Subwaystation: Pelham Parkway o. Fordham Rd.*

* The Bronx Zoo

Der größte Stadtzoo Amerikas wurde 1899 gegründet und erstreckt sich über 108 ha im südlichen Abschnitt des Bronx Park. Etwas paradox wirkt es schon, wenn dann immer wieder triste Wohnblocks durch die Baumreihen schauen, besonders nahe der „Afrikanischen Ebene". Zoos mögen nicht jedermanns Sache sein, aber die Anlagen hier wurden und werden regelmäßig nach neuesten Erkenntnissen „tierfreundlicher" gestaltet, ganz nach den Richtlinien der Wildlife Conservation Society (Käfigvergrößerungen, artgerechte Bepflanzung, Aufnahme von Tieren zur Pflege). Ob die Tiere sich nun zwischen Gebäuden und Zäunen während ihrer Pflegezeit wohlfühlen, ist Ansichtssache. Wen es hierhertreibt, der sollte Zeit mitbringen. Es gibt mehr als 4.000 Tiere zu sehen, darunter über 1.800 Säugetiere, 800 Vögel und 670 Reptilien. Am besten informiert man sich gleich am Eingang über Veranstaltungen (Fütterungen etc).

Größter Stadtzoo Amerikas

The Bronx Zoo, *zw. E. Fordham Rd., River Pkwy, E. Tremont Ave. u. Southern Blvd., Subwaystation: Pelham Parkway, www.bronxzoo.com; April–Okt. Mo–Fr 10–17, Sa, So 10–17.30 Uhr, sonst tgl. 10–16.30 Uhr. Es gibt Selbstbedienungsrestaurants sowie Food Carts. Zoo-Shuttle: von April–Okt. (Hop-on-Hop-off, Erläuterungen).*

i Hauptattraktionen des Zoos

Wild Asia: Sibirische Tiger, Pandabären, das Asiatische Rhinozeros (Nashorn) etc. Die „Bengali Express Monorail" fährt durch das offene Gelände. Zum Asia-Gebiet gehören die **Jungle World**, ein tropisches Gewächshaus (asiat. Regenwald mit entsprechenden Tieren) sowie ein Education Center.

African Plains: Giraffen und verschiedene Savannentiere (Antilopen etc.). Die Löwen sind in einem eigenen Gehege untergebracht.

Congo Gorilla Forest: Hier wurde Afrikas Regenwald auf 26.000 m² nachempfunden und 19 Menschenaffen in ihm ausgesetzt. Dafür wurden 15.000 Bäume und Pflanzen gesetzt und elf Wasserfälle angelegt.

In der **World of Reptiles** gibt es 670 Reptilien zu sehen.

Mouse House: Verschiedene Mäuse sowie die „Norwegische Ratte", die für die New Yorker noch heute eine Plage bedeutet und in der Metropole heimisch ist.

Baboon Reserve: In einer ostafrikanischen Landschaft hausen die Paviane, die zur Familie der Meerkatzen gehören.

Des Weiteren: **Monkey House** (Affen), **Birds of Prey** (Greifvögel), **Aquatic Bird House** (Süßwasservögel, z. B. Flamingos), **Sea Bird Colony** (Seevögel, Pinguine), **World of Birds** (Tropische, bunte Vögel), **Seelöwen**, **Tiger**, **Bisons**, die **Himalayan Highlands** („asiatischen Bergregion", u. a. mit Schneeleoparden) und ein kleiner **Zoo für Kinder**.

Edgar Allan Poe Cottage

Edgar Allan Poe (1809–49) siedelte 1846 von New York nach Fordham um, in der Hoffnung, dass seine Frau hier von ihrer Tuberkulose genesen würde. Sie

In diesem Holzhaus verbrachte Edgar Allan Poe die letzten Jahre seines Lebens

starb aber 1847. Die Poes lebten in sehr ärmlichen Verhältnissen, und oft fehlte es am Notwendigsten, was mit dazu beitrug, dass beide früh starben. Poe, der maßgeblich an der Entwicklung der späteren Kriminalliteratur beteiligt war, ist uns hauptsächlich bekannt als Autor von Schauergeschichten. Doch Poe war auch Literaturkritiker, Lyriker sowie Erzähler und gilt als einer der Vorreiter der von der Romantik ausgehenden Literatur des 19. Jhs. Die kleine Holzhütte, Poes letzte Wohnstätte, wurde 1917 zu einem Museum (Erinnerungsstücke, Manuskripte, alte Möbel, Film) umgestaltet.

Edgar Allan Poe Cottage, *2640 Grand Concourse, Poe Park, Subwaystation: Kingsbridge Rd., http://bronxhistoricalsociety.org/poe-cottage; Do, Fr 10–15, Sa 10–16, So 13–15 Uhr*

** New York Botanical Garden

Tipp

Bereits vor einem Besuch erkundigen über Programme und Ausstellungen (Vogelbeobachtung, Musikveranstaltungen, botan. Exkursionen).

Der 100 ha große Garten wurde 1891 geplant und schließlich angelegt auf der ehemaligen Estate des Schnupftabakfabrikanten Pierre Lorillard. Als Vorbild für die Gestaltung galten die Royal Botanic Gardens in Kew (England). Ein wunderschönes Areal mit Hügeln, Felsen, Flüssen, Feuchtgebieten und sogar kleinen Wasserfällen wurde geschaffen bzw. erhalten. Neben den ausladenden Grünflächen und Bäumen gibt es 27 spezielle Gärten zu besichtigen, so z. B. den Rose Garden, einen Garten mit den endemischen Pflanzen der Region, einen Rock Garden, Apfel- und Kirschbaumpflanzungen, ein Gebiet mit verschiedenen Ahornarten, und für die Kinder gibt es einen Abenteuerspielplatz. Wer nicht alles erlaufen mag, kann selbst gewählte Abschnitte mit einer Tram zurücklegen.

27 verschiedene Gärten

Obwohl die Ruhe und Beschaulichkeit in der Natur den Besuch hier zur wahren Freude machen, dürfen die Hauptattraktionen an dieser Stelle nicht vergessen werden:

Das **Enid A. Haupt Conservatory** ist ein riesiger, 1902 fertiggestellter Glaspavillon (Crystal Palace), aufgeteilt in zehn einzelne „Räume", mit dem zentralen Palmenhaus unter der Rotunda. In diesem Gewächshaus werden Pflanzen von drei wesentlichen Klimazonen (Tropen, Subtropen, Wüsten) gehalten. Die vorgestellten Gebiete sind nochmals unterteilt in geografische Regionen. Zu beachten sind die wechselnden Jahreszeiten- und Blumenshows. Besonders die bunte Frühjahrsshow zieht natürlich viele Besucher an. *Riesiger Glaspavillon*

Im **Watson Building** befindet sich die Parkverwaltung. Hier werden Vorträge gehalten, Sonderausstellungen gezeigt und im Steere Herbarium an die 8 Mio. Pflanzenspezies konserviert (nicht zu besichtigen). Etwas südlich des Hauses lädt der **Hudson Grill** zum Essen ein.

Die **Snuff Mill** ist die 1870 stillgelegte Schnupftabakfabrik, deren Wassermühle dazu diente, den Tabak zu mahlen. Heute befindet sich in dem Gebäude im Sommer ein Café mit Terrasse.

New York Botanical Garden, *zw. E. Fordham Rd., River Pkwy, Th. Kazimiroff Blvd./ Southern Blvd. Haupteingang: Conservatory Gate am Southern Blvd., Subwaystation: Bedford Park Blvd., www.nybg.org; Di–So 10–18 Uhr; es gibt Restaurants, aber ein Picknick im Park wäre eine bedenkenswerte Alternative.*

Weitere Sehenswürdigkeiten in der Bronx

Bronx Museum of the Arts

Hier werden vorwiegend Werke amerikanischer Künstler aus dem 20. und 21 Jh. gezeigt.

Bronx Museum of the Arts, *1040 Grand Concourse/165th St., Concourse, Subwaystation: 167th St., B-, D-Trains, www.bronxmuseum.org; Do–So 11–16 Uhr (Kernzeit)*

Hall of Fame for Great Americans

Die Ehrenhalle amerikanischer Persönlichkeiten, die erste Hall of Fame in Amerika, ist in einem auffälligen Beaux-Arts-Komplex (190 m lange Kolonnaden im Halbkreis) von 1900 untergebracht, der heute zum Bronx Community College gehört. Bis 1979 hat ein Komitee die Persönlichkeiten aus Politik, Wissenschaft, Kunst, Literatur, Wirtschaft und Arbeitswelt ausgewählt. Insgesamt sind 102 Skulpturen und Tafeln zusammengetragen worden, u. a. die von Edgar Allan Poe, den Gebrüdern Wright und zahlreicher Präsidenten.

Hall of Fame for Great Americans, *Hall of Fame Terrace/181st St., Morris Heights, Subwaystation: 183rd St., von dort 20 Min. zu Fuß, www.bcc.cuny.edu/hallofFame; Mo–Fr 9–17, Sa, So 10–16 Uhr*

Die Pflege der Rosen in den Botanical Gardens bedarf großer Sorgfalt

* Valentine-Varian House/Museum of Bronx History

In dem Farmhaus von 1758 befindet sich heute das **Bronx County Historical Society Museum**, in welchem historische Lithografien, Fotos sowie Haushaltsgegenstände aus den unterschiedlichsten Epochen ausgestellt sind.
Valentine-Varian House/Museum of Bronx History, *3266 Bainbridge Ave./E. 208th St., Subwaystation: 205th St. o. Mosholu Parkway, http://bronxhistoricalsociety.org/museum-of-bronx-history; Sa 10–16, So 13–17 Uhr*

Van Cortlandt House Museum

Der Plantagensitz wurde 1748 für den holländischen Kaufmann Frederick van Cortland und seine Familie gebaut. Die wiederhergerichteten Räume, antiken Möbel sowie der „Geruch aus alten Zeiten" veranschaulichen, wie man im 18./19. Jh. in und um New York gelebt hat. Beeindruckend sind die Küche und ein historisches Puppenhaus.
Van Cortlandt House Museum, Broadway/246th St., Subwaystation: Van Cortlandt Park/242nd St., www.vchm.org; Di–Fr 10–16, Sa, So 11–16 Uhr

info

Heinrich-Heine-Brunnen

Im Joyce Kilmer Park (Grand Concourse/E. 161st St.), nahe dem Yankee Stadium, steht ein weiß getünchter **Brunnen** zu Ehren des deutsch-jüdischen Dichters **Heinrich Heine** (1797–1856). Die Geschichte des Brunnens ist facettenreich: Fasziniert von Heines Lebenswerk, wurde er 1888 von der rebellischen österreichischen Kaiserin Elisabeth (1837–98) in Auftrag gegeben. Der Brunnen sollte eigentlich in Düsseldorf stehen, doch antisemitische Propaganda verhinderte dies. Offizieller Ablehnungsgrund: Die drei nackten Nymphen seien dem Betrachter nicht zuzumuten. Teile des Brunnens wanderten daher auf Elisabeths Inselresidenz im Mittelmeer. Als die Kaiserin 1898 einem Attentat zum Opfer fiel, wurden „unerwünschte" Stücke aus ihrem Privatbesitz veräußert, so auch der Brunnen. Deutsch-jüdische Einwanderer aus der Bronx kauften ihn und wollten ihn im Central Park ausstellen lassen. Doch auch Amerika war nicht frei von Ressentiments. Mit derselben Begründung wie zuvor wurde der Brunnen nicht genehmigt. New Yorks Aushängeschild, der Central Park, sollte „sauber" bleiben.

Heinrich Heine, verewigt inmitten der Bronx

info

Schließlich ließen die Stifter ihn in einem vornehmlich von Deutschen bewohnten Viertel der Bronx aufstellen. Doch ab 1960 waren alle Deutschen weggezogen, und das Viertel verkam zu einem Ghetto lateinamerikanischer Tagelöhner, deren Kids sich mehr in Straßenschlachten und auf Drogenmärkten verdingten, als sich um Heines Philosophie zu bemühen. Graffiti, abgehauene Nasen, Brüste und sogar ein verlorengegangener Nymphenkopf waren die Folge.

In den 1990er-Jahren erholte sich das Viertel, und die Stadtverwaltung erinnerte sich ihres einzigartigen Kulturgutes. Mithilfe von über $1 Mio. an Spendengeldern wurde der Brunnen in Kanada restauriert.

Wave Hill

Wave Hill

Die 1843 erbaute Villa in einem wunderschönen Park mit Blick auf das Hudson River Valley macht deutlich, dass v. a. der Geldadel die Bronx früh für sich entdeckt hatte. Der vornehme Landsitz diente vielen Persönlichkeiten als Zuhause. Auch Teddy Roosevelt, Mark Twain und Arturo Toscanini lebten hier für eine Weile.

Im Haus erhält man Informationen über Programme sowie eine Karte. Immer wieder finden Musikveranstaltungen, Naturwanderungen und Kunstausstellungen hier statt. Der Höhepunkt ist die liebevoll gepflegte, **7 ha große Gartenanlage** (3.000 Spezies, Gewächshaus), in der auch einige Skulpturen, z. B. von Henry Moore, stehen. Und nicht zu vergessen, der Ausblick auf den Hudson River – man sollte es den ehemaligen Bewohnern gleichtun und den vorbeifahrenden Schiffen zuwinken.
Wave Hill, *249th St. (Independence Ave.), Subwaystation: 242nd St., von dort mit Wave Hill Shuttle (stdl. zw. 9.10 u. 15.10 Uhr, letzter Shuttle zurück um 17/Sommer 18 Uhr), www.wavehill.org; Di–So 9–16.30 Uhr, Mitte März–Okt. bis 17.30 Uhr*

* Woodlawn Cemetery

Gräber bekannter Persönlichkeiten

Ausgerechnet in der Bronx befindet sich New Yorks Friedhof mit den größten Mausoleen und den meisten Grabstätten bekannter Persönlichkeiten. Woodlawn wurde nach dem Bürgerkrieg in einer hügeligen und mit majestätischen Bäumen bestandenen Landschaft angelegt. Der 160 ha große Friedhof bietet eine Gelegenheit, sich auf einem Spaziergang mit der bunten Geschichte des „Big Apple" zu befassen. Am Eingang kann man in einem Register nach den Grabstätten schauen, die man gerne aufsuchen möchte. Hier liegen u. a. begraben: F.W. Woolworth (Gründer des Kaufhauskonzerns), Jay Gould

(Eisenbahntycoon), Fiorello LaGuardia (Bürgermeister von New York) und Joseph Pulitzer (Pulitzer Price). Die Liste der Musiker, die hier ihre letzte Ruhestätte gefunden haben, liest sich wie ein „Who is Who des Jazz“: Joseph „King“ Oliver, Duke Ellington, Miles Davis, W.C. Handy, Cootie Williams, Lionel Hampton, Irving Berlin, sowie Broadway-Komponist George Michael Cohan („Yankee Doodle Dandy“).

Riesige Mausoleen

Eindrucksvoll sind die z. T. gigantischen Mausoleen, die einer ganzen Familie als Grabstätte dienen. Zumeist weisen sie griechische Architekturstile auf. Woolworth dagegen wählte zwei – recht eigenwillige – ägyptische Löwen als Bewacher seiner Gruft. Andere Gedenksteine bestehen aus einer steinernen „Nadel“, optisch angelehnt an Cleopatra's Needle im Central Park. Und es gibt eine kleine Fläche, auf der verunglückte und ermordete Kinder begraben liegen und auf die immer wieder frische Blumen gelegt werden.

Woodlawn Cemetery *Haupteingang: Webster Ave./233rd St., Subwaystation: 233rd St. (Trains 2 u. 5), www.thewoodlawncemetery.org; tgl. 8.30–16.30 Uhr; am Eingang erhält man eine Fotoerlaubnis sowie eine Karte*

Yankee Stadium

Das 2009 eröffnete Stadion (52.000 Plätze) des weltweit wohl bekanntesten Baseball-Teams, der New York Yankees, kann an spielfreien Tagen (oft inkl. Clubhouse und Presse-Box) besichtigt werden. Ein **Museum** gibt es auch. Die 45- bis 60-minütigen **Classic Tours** beginnen alle 20 Minuten zwischen 11 und 13.40 Uhr. Während der Spielsaison (Ende März–Okt.) kann es zu Terminverschiebungen kommen!

Yankee Stadium, *1 East 161st St., Subwaystation: 161st St./Yankee Stadium. Es ist ratsam, Touren im Vorfeld zu buchen: Ticketmaster (www.ticketmaster.com) oder über newyork.yankees.mlb.com/nyy/ballpark/stadium_tours.jsp. Besonders während der Saison!*

Die Yankees sind das wohl bekannteste Baseball-Team der Welt

Staten Island

Hinweis

Einwohner: 473.000 • **Fläche**: 152 km² • **Sprich**: „Stetten“

Schon vor 14.000 Jahren sollen Indianer hier gelebt und seit 3000 v. Chr. sogar Ackerbau betrieben haben. Die hügelige Insel mit ihrem Hausberg, dem Todt Hill (125 m), wurde früh von Europäern entdeckt und als strategisch wertvoll angesehen. Giovanni da Verrazano kam als erster 1524. Doch erst nach 1609 begannen die Holländer unter Henry Hudson mit der Besiedlung und legten 1661 den Ort Oude Dorp an. Sie tauften die Insel *Staaten Eylandt*, benannt nach dem holländischen Parlament *(Staten-Generaal)*, das dieses ganze Unternehmen finanziert hatte.

Vertreibung der Indianer

Die Holländer hatten viele Kämpfe mit den Indianern durchzustehen. Doch sie hinterließen den Engländern eine relativ friedliche Insel, denn die letzten Indianer verließen diese nach einem fragwürdigen Friedensabkommen im Jahre 1670. Hugenotten, Wallonen, Engländer und eine afroamerikanische Minderheit machten bis ins 18. Jh. hinein den größten Teil der Bevölkerung an der Südküste aus. Im Jahre 1687 veranstaltete der Duke of York eine schicksalhafte Segelregatta, denn der Siegerpreis war Staten Island. Die Mannschaft von Manhattan gewann. Seither wird die Insel vom „Big Apple“ regiert.

Das 18. und beginnende 19. Jh. erlebte die Insel als farmwirtschaftlich genutztes „Outback von New York“. Zudem lebten einige Fischer, Muschelsammler und Gesetzlose hier. **Richmond** bildete das Zentrum und wurde 1729 zum

Im 19. Jahrhundert wurden viele neue Siedlungen auf Staten Island gegründet (Gebäude im Historic Richmond Town)

Countysitz ernannt. In New Dorp und um die Kills im Südosten lebte das seefahrende Volk. Der Rest bestand aus kleinen Siedlungen und Farmparzellen. Während des Unabhängigkeitskriegs schifften die Engländer ihre Truppen über die Insel ein, und am 11. September 1776 fanden im Conference House Friedensgespräche statt, die aber ohne Erfolg blieben. 1783 verließen die letzten englischen Truppen Amerika von Staten Island aus, und 1799 wurde auf der Insel ein Quarantänelager für Einwanderer eingerichtet.

Beginn der Industrialisierung

Ab 1820 änderte sich vieles: Erste Industrien wurden aufgebaut, Farmen zu *Estates* zusammengefasst, Freizeitresorts eingerichtet, Siedlungen für Einwanderer ausgebaut, Fährlinien nach Manhattan eingesetzt und die defizitäre Muschelfischerei in eine einträgliche Austernzucht umgewandelt. Zählte man 1790 noch 3.800 Einwohner, waren es um 1830 11.000 und um 1860 über 25.000. Die Insel war erwacht aus ihrem Dornröschenschlaf, stand aber auch fortan im Schatten von Manhattan und Brooklyn.

Zum Teil recht **gegensätzliche politische Kräfte** formierten sich. Die einen orientierten sich weiter am ländlichen Leben, die progressiv Denkenden dagegen an dem an der Küste mit seinen Resorts und Industrien. Ausgerechnet der Kampf gegen die Quarantänestation vereinigte beide Lager und damit auch den politischen Geist der Insel. Die Station wurde 1857 in einer konzertierten Aktion niedergebrannt. Der Bau der Eisenbahn (1860) ließ entlang dem Schienenstrang weitere Siedlungen aus dem Boden schießen. Während des Amerikanischen Bürgerkriegs brachen v. a. in den Fabriken immer wieder Unruhen aus. Denn die meisten Bewohner von Staten Island sympathisierten mit den Südstaatlern und wehrten sich gegen die Sondersteuern zugunsten der Union. Dies führte letztendlich dazu, dass der Aufwärtstrend nach dem Krieg ein jähes Ende fand. Erst massive Investitionen und Motivationsversuche von Seiten New Yorks brachten wieder Bewegung in das County. Mehr Eisenbahnlinien, Hafenanlagen und Werften wurden eingerichtet und der Wochenendtourismus gefördert durch neue Resorts und Vergnügungsparks am Midland sowie am South Beach.

Im Noble Maritime Museum in Snug Harbor wird die Bedeutung des Hafens und der Seefahrt für Staten Island erläutert

Auf mehr Entwicklungshilfe hoffend, stimmte Staten Island 1894 mit überwältigender Mehrheit für den Beitritt zu Greater New York. Das wirtschaftliche und politische Geschehen konzentrierte sich im Osten der Insel und zog somit die meisten Neusiedler hierher. 1920 löste **St. George** Richmond als Verwaltungsstandort ab.

Staten Island führte seit dem Zusammenschluss der Boroughs weiterhin ein eher unattraktives

Dasein. Umweltverschmutzende Farbenfabriken, Hafenanlagen, Werftbetriebe, Klärwerke und nach dem Zweiten Weltkrieg auch noch die Anlage der größten Müllhalde New Yorks an den Kills, dazu ein Tuberkulosekrankenhaus und zahlreiche Alten- und Pflegeheime rückten den Status der Insel in ein wenig erfreuliches Licht. Staten Island blieb das **Stiefkind der New Yorker**, zog vornehmlich eine Arbeiterbevölkerung an und wehrte sich zunehmend gegen die „Unterdrückung durch New York". Auch der Bau der Verrazano-Narrows Bridge (1964) sorgte nur für einen verhaltenen Aufschwung, und dieser bestand eher in der weiteren Ansiedlung von Hafen- und Ölbetrieben sowie einem immer stärker werdenden Durchgangsverkehr nach New Jersey. Die erhoffte Verdoppelung der Bevölkerungszahl auf 500.000 in zwei Jahrzehnten blieb aus.

Vermehrte Investitionen

In einem Referendum 1993 stimmte eine überwältigende Mehrheit für die Abspaltung vom „Big Apple" und den Anschluss an New Jersey. Davon aufgerüttelt, investierte New York wieder vermehrt in Staten Island. Straßen wurden neu geteert, Museen aufpoliert, Strände gesäubert, das Bus- und Bahnnetz modernisiert und der Staten-Island-Ferry-Verkehr kostenlos angeboten. Die Müllhalde an den Kills wurde 2000 geschlossen und zu einem riesigen, der Altlasten wegen aber umstrittenen Naturpark, dem **Freshkills Park**, umgestaltet *(Richmond Ave., zw. Arthur Kill Rd. u. Travis Ave., ☏ (212) 360-1311, www.nyc.gov/parks, erläuterte, 2-stündige Bustouren durch das Gelände)*. Doch wurde der Schutt der eingestürzten Türme des World Trade Center doch wieder, wenn auch an anderer Stelle, in Staten Island als „Landfill" abgeladen.

Nahe des Fähranlegers in St. George lockt eine große **Shopping Mall** und, wenn alles nach Plan läuft, ab 2018 auch das 192 m hohe **New York Wheel**, eines

Die Staten Island Yankees trainieren und spielen im Ball Park@St. George

Redaktionstipps

- Die Fahrt mit der **Staten Island Ferry** (S. 220) ist kostenlos.
- Sehr sehenswert sind das Museumsdorf **Historic Richmond Town** (S. 420) und die **Snug-Harbor-Museen** (S. 422), ein interessantes Kulturzentrum.
- Ein ultimatives Erlebnis wird die Fahrt mit der **New York Wheel** (**Riesenrad**) (S. 419) sein, sofern fertiggestellt – und die Fahrt über die **Verrazano-Narrows Bridge** (S. 424).
- Empfehlenswert: das **Blue Restaurant** nahe Snug Harbor (S. 423) oder ein **Picknick am Wasser**.
- **Zeit**: mind. 6 Std. (besser 1 Tag) für An-/Rückfahrt und den Besuch von zwei ausgewählten Attraktionen.

der größten Riesenräder der Welt. Es soll bis zu 1.440 Personen gleichzeitig die Gelegenheit bieten, New York aus einer anderen Richtung zu betrachten *(www.newyorkwheel.com)*. Nur mit den Finanzen hakt es ein wenig, denn die Kosten für den Bau haben sich Schätzungen zufolge bereits verdoppelt. Die Staten Island Yankees, ein Baseball-Team aus der Minor League, haben ihr Stadion genau dazwischen.

Abgesehen von dem Riesenrad und der Überfahrt mit der Fähre ist das verschlafen-provinzielle Staten Island, touristisch betrachtet, bestimmt der unattraktivste Borough. Der Besuch der Historic Richmond Town, der Snug-Harbor-Museen und der anderen hier aufgeführten Attraktionen lohnt letztendlich nur für speziell Interessierte. Die Erkundung der Insel ist recht einfach: alle Bus- und Bahnlinien beginnen am Fähranleger in St. George.

In Stichworten

Kleinbürgerliche Schlafstadt von New York – Riesenrad – kleine Werften – „Separationsgedanken“

Sehenswürdigkeiten in Staten Island

** Historic Richmond Town

Eine Fahrt mit der kostenlosen Staten Island Ferry gehört zum Pflichtprogramm

Für das Museumsdorf wurden über 30 historische Gebäude restauriert, teilweise aber nur von außen. Eine Reihe von Gebäuden wurde erst hierhergeschafft. Alle Epochen seit 1670 sind vertreten. Es gibt eine Kirche, verschiedenste Kaufmannsläden, historische Werkstätten, Wohn- und Verwaltungsgebäude sowie ein **historisches Museum**.

Richmond Town war die erste große Siedlung auf der Insel und dank der zentralen Lage wurde hier 1729 auch der County-Sitz eingerichtet. Nachdem

Staten Island
Übersicht

In der Historic Richmond Town kann man historische Gebäude aus allen Epochen New Yorks besichtigen

Staten Island sich 1898 an New York angeschlossen wurde, verlor diese Siedlung an Bedeutung. 1920 wurde St. George, besonders wegen des Fähranlegers, zum Verwaltungs- und Wirtschaftszentrum des Borough. 1939 übernahm die Historical Society die Schirmherrschaft über das Dorf und konnte es so in kleinen Schritten wieder herrichten. Heute lässt sich hier gut nachvollziehen, wie Landschaft und Leben in und um die Metropole einst ausgesehen haben.

Museumsdorf

Viele Gebäude können besichtigt werden. An vielen Punkten werden alte Handwerkskünste und im Sommer auch Bürgerkriegsszenen vorgeführt. In der Taverne finden, zumeist am Wochenende, Musikveranstaltungen statt, für die man reservieren sollte (☏ *(718) 351-1611*). Das gilt auch für Dinner-Events im **Bennett Café** (nur an ausgewählten Tagen). Hierzu muss man die für die Veranstaltung entsprechende Telefonnummer nachschauen: *www.historicrichmondtown.org/visit/bennett-cafe*.

Die Besichtigungstour beginnt im **Third County Courthouse** (1837), in dem sich das Visitor Center befindet. Hier kann man sich auch für die erläuterten Touren anmelden.
Historic Richmond Town, *441 Clarke Ave., Bus S 74 von Staten Island Ferry, www.historicrichmondtown.org; Mi–So 13–17 Uhr, Touren Mi–Fr 14.30, Sa, So 14 u. 15.30 Uhr*

Snug Harbor Cultural Center

Das Kulturzentrum befindet sich auf der ehemaligen, 35 ha großen Anlage eines Heims für Seeleute im Ruhestand. Bis zu 1.000 alte Seebären haben hier einst Seemannsgarn ausgetauscht. Auf dem Gelände verteilen sich 28, z. T. sehr schöne

Gebäude. Die **Main Hall** ist das älteste Haus (1833). 680 Plätze bietet die Music Hall. Neben einem Historischen Archiv sowie einem **Kunstmuseum** *(auch zeitgenössische Kunst, Mi–So 10–17 Uhr)* beeindruckt v. a. die **Noble Maritime Collection** *(www.noblemaritime.org; Do–So 13–17 Uhr)*. Hier sind maritime Bilder des Malers John A. Noble (1913–83), der seine Schaffenszeit auf einem alten Schlepper vor Staten Island verbracht hat, ausgestellt. Schiffsmodelle und Sonderausstellungen mit historischem Aspekt in puncto Hafen von New York und Staten Island werden ebenfalls gezeigt. Der **Botanische Garten**, in dem gelegentlich Musikveranstaltungen stattfinden, ist eher eine Oase der Ruhe. Nur der kleine chinesische Garten mit Pavillons bietet da etwas Besonderes.

Maritime Motive

Snug Harbor Cultural Center, *1000 Richmond Terrace, Bus S40 von Staten Island Ferry, www.snug-harbor.org; Di–So 10–16 Uhr (variiert)*

Tipp

Das **Blue Restaurant** gleich gegenüber dem Snug-Harbor-Komplex (*1115 Richmond Terrace Rd.*) serviert gute Meeresfrüchte-Gerichte und besticht durch den Ausblick auf die Hafenanlagen mitsamt den Schleppern („Tugs"), die die großen Pötte rein- und rausmanövrieren.

Weitere Sehenswürdigkeiten in Staten Island

Alice Austen House

In dem schön gelegenen viktorianischen Häuschen wohnte die berühmte Dokumentar-Fotografin Alice Austen (1866–1952). Ihre Fotos, einige davon sind ausgestellt, zeigen v. a. den American Way of Life in der ersten Hälfte des 20. Jhs. Austen war niemals als professionelle Fotografin tätig, sondern sah das Fotografieren nur als Hobby an. Erst kurz vor ihrem Tod wurden ihre Bilder entdeckt.

Alice Austen House, *2 Hylan Blvd. (zw. Edgewater u. Bay Sts.), Bus S51 von Staten Island Ferry, www.aliceausten.org; März–Dez. Di–So 11–17 Uhr*

Conference House (Billopp House)

Das Haus am Südwestzipfel der Insel wurde berühmt als Versammlungsort einer Friedensmission (u. a. Benjamin Franklin und John Adams) während des Unabhängigkeitskriegs. Die wesentlichen Gespräche fanden am 11. September 1776 statt, endeten aber erfolglos.

Erfolglose Friedensgespräche

Heute befindet sich in dem Gebäude ein **kleines Museum**, das sich aber größtenteils mit der Geschichte des Besitzers, Colonel Christopher Billopp, beschäftigt. Einrichtungsgegenstände aus dem 18. Jh. sind zu sehen.

Conference House, *298 Satterlee St., am Südwestende des Hylan Blvd., Bus S78 (bis Craig Ave.) von Staten Island Ferry od. mit Rapid Transit-Bahn bis Tottenville fahren, dann noch 1 km zu Fuß, Anreise vom Fähranleger mind. 1.15 Std.! http://conferencehouse.org; April–Mitte Dez. Fr–So 13–16 Uhr*

Garibaldi-Meucci Museum

Museum zweier Italiener

Das Haus befindet sich inmitten des italienischen Viertels Rosebank und erinnert an zwei seiner Bewohner, die hier 1851–53 lebten: Antonio Meucci, der von sich behauptet, vor Alexander Bell das Telefon erfunden zu haben, und seinen Gast, Giuseppe Garibaldi, einen furchtlosen Revolutionär (in Italien) und Lebemann. Briefe, Fotos und einige Erinnerungsstücke sind zu sehen.
Garibaldi-Meucci Museum, *420 Tompkins Ave., Bus S78 von Staten Island Ferry bis Chestnut Ave., www.garibaldimeuccimuseum.org; Mi–Sa 13–17 Uhr*

Jacques Marchais Museum of Tibetan Art

Hier werden Kulturen und Mythen von Tibet, China und Nepal, ferner von der Mongolei und Indien vorgestellt. Neben einem buddhistischen Tempel sind ein Tangka (tibetischer Wandbehang) aus dem 17. Jh. und zahlreiche Kunstgegenstände zu sehen. Wer jedoch schon einmal in Ostasien gewesen ist, wird der Ausstellung wenig abgewinnen können.
Jacques Marchais Museum of Tibetan Art, *338 Lighthouse Ave., Bus S74 von Staten Island Ferry bis Lighthouse Ave., dann 10 Min. zu Fuß den Berg hinauf, www.tibetanmuseum.org; Mi–So 13–17 Uhr*

St. George (Fähranleger)

Hinweis

Zum Riesenrad lagen bei Drucklegung noch keine näheren Informationen vor. **Infos** unter http://newyorkwheel.com.

Der Manhattan zugewandte Stadtteil ist das politische Zentrum von Staten Island. Massive Gebäude am Hang oberhalb des Fähranlegers machen das sofort deutlich. Wem nach einem Spaziergang zumute ist, der kann etwa eine Meile westlich des Fähranlegers durch den **New Brighton Historic District** *(zw. Jersey St. u. Lafayette Ave.)* streifen.

Das **National Lighthouse Museum** befindet sich direkt südlich des Fähranlegers *(200 Promenade at Lighthouse Point, http://lighthousemuseum.org; Di–So 9–17, im Winter 11–16 Uhr)*. Hier wird die Geschichte der Leuchttürme in den USA erzählt, die ja ihren Beginn in der New York Bay genommen hat.

Verrazano-Narrows Bridge

Fahrt nach Staten Island gratis

Die nach dem italienischen Entdecker benannte Hängebrücke verbindet Brooklyn mit Staten Island. Sie wurde 1964 nach 15-jähriger Planung und fünf Jahren Bautätigkeit eingeweiht. Der Verkehr wird über zwei Ebenen geleitet. Die beiden Türme sind jeweils 190 m hoch und die Narrows an dieser Stelle ca. 2,2 km breit. Von Staten Island kommend, muss man einen hohen Brückenzoll zahlen, in der Gegenrichtung jedoch nicht!

New Jersey

Alles, was westlich des Hudson River – also im Staate New Jersey – angesiedelt ist, wird von den New Yorkern nicht so recht ernst genommen. Hier, im überwiegend flachen Marschland, wurden schon seit jeher nur Industrie- und Handelsunternehmen angesiedelt, für die New York zu teuer war bzw. keinen Platz bieten konnte.

Entlastung der Metropole

Im Laufe der letzten Jahrzehnte haben Städte wie Newark, Jersey City, Hoboken, Union City, Elizabeth u. a. aber gut vom wirtschaftlichen Wandel in New York profitiert. Die wichtigsten Hafenanlagen des städtischen Großraums befinden sich hier, Newarks Airport entlastet die beiden New Yorker Flughäfen zunehmend, und am Hudson River hat sich eine begehrte, da günstigere, Wohnstätte für die Manhattaner Mittelschicht entwickelt. Mit dem PATH-Train oder den Schnellfähren sind die Pendler schnell in ihren Wohnungen in Hoboken oder dem N° 1 Exchange Place. Einzig der Holland Tunnel ist und bleibt ein Nadelöhr. Eine Straßenbahn *(Light Rail)* verbindet die ufernahen Städte und Attraktionen zwischen Union City im Norden und Bayonne im Süden. Ein weiterer Vorteil von New Jersey sind die niedrigeren Steuern.

Kein Touristen-Highlight

Reisenden haben diese Städte jedoch nicht viel zu bieten – mit Ausnahme des u. g. Liberty State Park und seiner Attraktionen, ein paar Restaurants und Bars in Hoboken sowie ein paar günstigeren Einkaufsmöglichkeiten, für die der Weg aber nur für wirkliche Kaufräusche lohnt.

Die riesige Uhr am Uferrand ist die **Colgate-Clock**. Ihr Durchmesser beträgt 15 m. Die Minutenhand wiegt eine Tonne und bewegt sich pro Minute um 60 cm.

Liberty State Park

Der Park ist ein beliebtes Ausflugsziel: Ausblicke auf Manhattan, Picknickareale, Fitness-Parcours, ein 25 ha großes Naturareal (Salzmarsch) und der vom Hafen aus weithin sichtbare **Eisenbahnterminal** (Ausstellungen in Planung), von dem einst viele Neuankömmlinge, gleich nach Erledigung der Einwanderungsformalitäten auf Ellis Island, weitergefahren sind zu ihrem Ziel in Amerika, ohne jemals New York selbst betreten zu haben.

Technik-museum

Hauptattraktion im Park ist aber das **Liberty Science Center** *(251 Phillip St., www.lsc.org; Di–Fr 9–16, Sa, So bis 17.30 Uhr)*, ein Technikmuseum, das die New York Hall of Science in Queens deutlich in den Schatten stellt. Hier kommen alle Altersgruppen auf ihre Kosten. Ein großes IMAX-Kino, unzählige technische Stationen zum Selbstausprobieren und ein Observation Tower, von dem man Manhattan und die Freiheitsstatue einmal aus anderer Perspektive erleben kann, bilden die Highlights.

Liberty State Park, *Freedom Way, PATH-Train zur Grove St., von dort mit Parkbus oder von Hoboken mit der Straßenbahn. NY Waterway-Fähren legen nördlich im Liberty Harbor an.*

7. ANHANG

Literaturverzeichnis

Sachbücher

Deutschsprachig

Gudrun Arndt: ***Spaziergänge durch das literarische New York***. New York war Durchgangsstation, Wohnstätte, beliebtes Reiseziel und natürlich Schaffensgrundlage für unzählige literarische Werke von Hunderten von Schriftstellern aus aller Welt. Gudrun Arndt hat ihre Wohngegenden besucht, Hintergründe erforscht und auch ganz allgemein einiges zur Literaturgeschichte des „Big Apple" recherchiert. Ein Muss für versierte Leseratten!

Rich Cohen: ***Murder Inc. oder Nicht ganz koschere Geschäfte in Brooklyn***. Interessante Reportage über die berüchtigte jüdische Verbrecherorganisation „Murder Inc.". Hier wird aufgezeigt, wie New York vor Zeiten „regiert" wurde. Bekannte Gangster, wie z. B. Meyer Lansky, Dutch Schultz und Frank Costello, werden aufgeführt.

Sabine Scholl: ***Sehnsucht Manhattan***. Literarische Streifzüge durch New York.

Englischsprachig

Joan Biondi u. **James Haskins: *Black New York***. Auf 140 Seiten wird die geschichtliche Entwicklung der afroamerikanischen Bevölkerung in New York beleuchtet. Zudem werden, unterteilt in Stadtteile, Einzelaspekte und interessante Adressen zu Livemusik, Restaurants, historischen Plätzen usw. genannt.

Gerry Frank: ***Where to Find it, Buy it, Eat it in New York***. Die Bibel für den Einkaufsrausch. Gut gegliedert in Themenbereiche. Für die anderen Themen neben „Shopping", wie Restaurants, Sehenswürdigkeiten u. Ä., lohnt der Kauf nicht unbedingt.

Anna Gendel: ***Art in Focus – New York New York***. Kleines Buch, das die Highlights (bestimmte Gemälde, Gebäude, Räume in Gebäuden, Kirchen) der Kunstszene des „Big Apple" vorstellt. Sehr gut ausgesucht und anschaulich dargeboten. Auch gibt es Empfehlungen zu Tagestouren, Routenvorschläge und Zeitpläne für Kunstinteressierte.

Michael I. Glitter u. **Linda A.K. Josefowicz**: ***24 Hour New York***. Guide durch New Yorks Nachtleben, besonders das nach Mitternacht.

Guide to New York City Landmarks: New York City Landmarks Preservation Commission (John Wiley & Sons, Inc., New York). Ausgezeichnetes und sehr ausführliches Nachschlagewerk zu Baudenkmälern, historischen Gebäuden und markanten Punkten in der Stadt. Gut geeignet für Kenner des „Big Apple" und diejenigen, die sich genau mit einem Stadtteil befassen möchten.

Kenneth T. Jackson: ***The Encyclopedia of New York City***. Einzigartiges, über 1.300 Seiten starkes Nachschlagewerk. Alles wird angesprochen und gut erläutert. Ein Muss für New-York-Fans.
Elliot Willensky u. **Norval White**: ***American Institute of Architects Guide to New York City***. Ausführliche Informationen über New Yorks Architektur. Sehr speziell.
Gerard R. Wolfe: ***New York, A Guide to the Metropolis***. Gut beschriebene Stadtspaziergänge mit Schwerpunkt auf Architektur und Geschichte.

Literatur/Belletristik (Deutsch und Englisch)

Paul Auster: ***Mond über Manhattan***. Dieser avantgardistische Roman schildert den Selbstfindungsprozess des Studenten Stanley Fogg, der in der Anonymität der Großstadt durch eine Aneinanderreihung merkwürdiger Ereignisse dem Geheimnis seiner Herkunft näherkommt. Und wer Gefallen an Paul Auster gefunden hat, kann dann gleich mit der ***New York Trilogie: Stadt aus Glas/Schlagschatten/Hinter verschlossenen Türen*** weitermachen. Andere Werke von Paul Auster: ***Mein New York***, ***Die Brooklyn Revue***, ***Unsichtbar***.
Truman Capote: ***Frühstück bei Tiffany***. Durch die Verfilmung mit Audrey Hepburn in der Rolle der Holly Golightly ist diese charmante Geschichte aus dem Jahre 1958 über das chaotische Leben in New York City den meisten wohl schon bekannt, sie eignet sich auch bestens als Urlaubslektüre.
Charles Carillo: ***Einmal Brooklyn und nicht zurück***. In diesem liebenswert komischen Gegenwartsroman zeichnet Carillo ein sehr persönliches und sympathisches Porträt seiner Stadt mit all ihren Absurditäten und Eigenheiten.
John Dos Passos: ***Manhattan Transfer***. Durch die Erzählungen einer Vielzahl fiktiver Personen, die als Gemeinsamkeit nur den Status als New Yorker Bürger haben, erstellt Dos Passos (z. B. über Dialogfetzen oder Zeitungsschlagzeilen) eine Art Collage über das Thema New York im frühen 20. Jh.
Theodore Dreiser: ***An American Tragedy***. Clyde Griffith macht sich schuldig an einem Unfall, flieht daraufhin vom Ort des Geschehens und beginnt, in einer New Yorker Fabrik zu arbeiten. Dort verführt er eine Kollegin, Roberta. Als sich ihm jedoch die Chance bietet, eine reiche junge Frau zu heiraten, beschließt er, sich Robertas, die ein Kind von ihm erwartet, zu entledigen. Dieser Roman basiert auf einem tatsächlichen Mordfall, der sich im Jahre 1906 in New York zugetragen hat.
Ralph Ellison: ***Der unsichtbare Mann***. Ellison schildert in diesem sozial-politischen Roman die Suche eines namenlosen schwarzen Mannes nach seiner Identität. Als Fabrikarbeiter in New York City und involviert in linkspolitische Aktivitäten, wird er Zeuge der Rassenaufstände in Harlem. Er fühlt sich unsichtbar und nicht-existent in den Augen der Weißen, spürt aber andererseits auch die zerstörerischen Tendenzen des schwarzen Nationalismus und das Versagen kommunistischer Reformen.
F. Scott Fitzgerald war der Sprecher der „Lost Generation" und die Symbolfigur der wilden Zwanziger („*roaring twenties*"). Sein wohl berühmtester Roman, ***Der große Gatsby***, schildert die Suche des sagenumwobenen Alkoholschmugglers Gatsby nach seiner verlorenen Liebe. Gatsbys Partys ziehen sowohl die High Society als auch die Unterwelt New Yorks an. Wer Erzählungen liebt, sollte auch den Band ***Ein Diamant – so groß wie das Ritz*** nicht verpassen.

Jonathan Safran Foer erzählt in seinem Roman ***Extrem laut und unglaublich nah*** die Geschichte des jungen Oskar Schell, der tieftraurig nach dem Grund für den plötzlichen Tod seines Vater sucht. Die Ereignisse des 11. September werden mit denen der deutschen Familiengeschichte des Jungen auf eindrucksvolle Weise verarbeitet.

Allen Ginsberg kam als experimenteller Dichter der „Beat Generation", der sich besonders für die Erkundung unterschiedlicher Bewusstseinsstadien interessierte, zu großem Ruhm. Zu empfehlen ist besonders sein Band ***Howl and other Poems***.

Michael Gold: ***Jews Without Money*** (1930, nur in Englisch). In dieser romanhaften Autobiografie schildert der Autor das Leben im jüdischen Ghetto der Lower East Side, die schwierigen äußeren Umstände und politischen Ereignisse der Zeit.

Colin Harrison: ***Manhattan, nachts***. Zum Teil schockierende Recherche eines New Yorker Journalisten, denn sie zeigt die negativen Seiten der Stadt auf: Skandale, Gewalt, Tragödien ...

Dashiell Hammett. Neben Ed McBain und Mickey Spillane ist Hammett bekannter Krimiautor New Yorks. Von seinen zahlreichen Büchern spielen ***Der gläserne Schlüssel*** und ***Der dünne Mann*** direkt in der Weltstadt.

Bernd Hüppauf u. **Rolf Bäumer** (**Hrsg**.): ***Signale aus der Bleecker Street***. Fast 20 Sichtweisen auf New York aus der Feder verschiedener deutscher Autoren finden sich in dieser Anthologie. Nicht einfach zu lesen und im Einzelnen nicht immer gelungen, ergibt sich zusammengenommen aber ein Kaleidoskop der Stadt, spontan, manchmal witzig und immer wieder Fragen offen lassend. Und das passt zu New York.

Washington Irving: ***A History of New York*** (nur in Englisch). In dieser Satire des frühen 19. Jhs. parodiert Irving in der Verkleidung des „Diedrich Knickerbocker" die geschichtlichen Ereignisse, die sich um die Entstehung New Yorks drehen, bis zur Machtübernahme durch die Briten im Jahre 1664. Wenn auch nicht immer ganz auf Fakten basierend, gewinnt der Leser doch einen höchst amüsanten Einblick in das Leben der frühen Kolonie.

Henry James: ***Washington Square***. Erzählt wird die Geschichte von Catherine Sloper, die, wie schon der Titel verrät, an eben jenem New Yorker Washington Square bei ihrem Vater aufwächst. Dieser ignoriert sie weitestgehend und vertreibt ihren vor allem an ihrem Geld interessierten Verlobten. James schildert eindrücklich das Leben in gehobeneren Verhältnissen im späten 19. Jh.

Thomas Kelly: ***Boomtown Blues***. Kelly beschreibt die Arbeiterschicht und Unterwelt New Yorks und konfrontiert den Leser mit den Realitäten der 1990er-Jahre wie Bandenkriminalität und organisiertes Verbrechen. Durch Protagonisten unterschiedlicher Herkunft zeichnet er ein abwechslungsreiches Bild seiner Stadt.

Jack Kerouac erfand die Bezeichnung „Beat Generation" für eine Generation von Schriftstellern, die in den 1950er-Jahren im East Village lebten. ***On the Road***, ein z. T. biografischer Roman, befasst sich mit deren zielloser Suche nach Erfahrung und nach Bedeutung, die durch die USA-Reise einiger Freunde – u. a. auch nach New York – zum Ausdruck gebracht wird. ***Lonesome Traveller*** (1960) vermittelt ebenfalls einen wenig romantischen Einblick in das Leben im „Big Apple".

Ed McBain: ***Killer's Choice***. McBain konzentriert diesen Roman, wie viele anderer seiner Kriminalgeschichten auch, nicht so sehr um einen einzelnen Detektiv als vielmehr um die Macht der New Yorker Polizei, die in einem (fiktiven) 87. Revier ermittelt.

Lily Brett, australische Autorin, die seit Jahren in New York lebt und in ihren Aufzeichnungen das Leben in New York auf witzige und unterhaltsame Weise beschreibt. Unter anderem ***Chutzpe*** und zwei Kolumnenbände: ***New York*** und ***Immer noch New York***.

Eugene O'Neill, einer der führenden New Yorker Dramaturgen des 20. Jhs., ist keine ganz leichte Kost. O'Neill war bahnbrechend durch seine Erkundung neuer Themengebiete, so z. B. schwarze Charaktere als Hauptdarsteller auf der Bühne. Unter anderem zu empfehlen sind die beiden Theaterstücke ***Der Eismann kommt***, das in einer Bowery Bar spielt, und ***Eines langen Tages Reise in die Nacht***.

Joseph O'Neill: ***Niederland***. Der holländische Bankier Hans van den Broek lebt einsam und von Frau und Kind verlassen im legendären Hotel Chelsea. Inmitten der Hysterie nach dem 11. September sucht er nach einem neuen Leben in der erschütterten Stadt und trifft den Westinder Chuck Ramkisson, der noch einer der wenigen ist, die am amerikanischen Traum festhalten und ihr Schicksal selbst in die Hand nehmen. Eine ungewöhnliche Freundschaft entsteht, und Hans macht sich auf, ein gänzlich unbekanntes New York mit Chuck zu entdecken. Ein begeisternder und weiser Roman über New York, die Stadt, die eine Welt umfasst.

Grace Paley: ***Die kleinen Störungen der Menschheit***. Mit heiter-ironischen und kritischen Kurzgeschichten über das Leben in der Metropole New York werden die Leser im Bann gehalten. In zwei weiteren Bänden ***Ungeheure Veränderungen in letzter Minute*** und ***Später am selben Tag*** tauchen viele der gleichen Charaktere wieder auf, und so fügen sich die Geschichten beinahe wie ein Puzzle zusammen.

William Sidney Porter, besser bekannt unter dem Pseudonym **O. Henry**, gilt als Meister der überraschenden Wendungen, und nach ihm ist ein bedeutender amerikanischer Literaturpreis benannt. Seine zweite Kurzgeschichtensammlung ***The Four Million*** (nur in Englisch) hat New York City als Schauplatz gewählt. Die ***Meistererzählungen*** sind auch in Deutsch erhältlich (Diogenes).

Richard Powers: ***Der Klang der Zeit*** (2005, Fischer). Die Geschichte einer Familie und ihrer Leidenschaft zur Musik bringt dem Leser auch ein Stück jüngerer amerikanischer Geschichte näher.

Jacob Riis: ***How the Other Half Lives*** (nur in Englisch). In Form einer Fotodokumentation mit umfangreichen Texten stellt Riis die Brutalität des amerikanischen Stadtlebens, aufgezeigt an den Immigranten, die in den Tenements der Lower East Side lebten, realistisch dar. Dieser Band bleibt ein wichtiges Stück Zeitgeschichte.

Henry Roth, der am Anfang des 20. Jhs. als österreich-ungarischer Jude mit seinen Eltern nach New York kam, schildert in ***Nenn es Schlaf*** seine Erfahrungen als Kind im Alter von sechs bis acht Jahren: die Einreise durch Ellis Island, Erlebnisse in den Straßen New Yorks und die Beziehung zu seinen Eltern. Zu seiner Zeit nur mäßig erfolgreich, wurde das Buch in den 1960er-Jahren wiederentdeckt und seitdem als amerikanischer Klassiker gefeiert. Ebenfalls von Henry Roth: ***Requiem für Harlem***.

Eward Rutherfurd: ***New York – The Novel*** (deutsch: ***Im Rausch der Freiheit***). Drei Jahrhunderte der Geschichte New Yorks werden in diesem Roman aus der Sicht der Nachfahren Van Dycks und Masters und vielen anderen in unterhaltsamer und kreativer Weise erzählt. Ein Schmaus, nicht nur für Geschichtsfanatiker.

Sapphire, die ihre Jugend in der „Verlierer-Gesellschaft" von Harlem zugebracht hat, beschreibt in ihrem Roman ***Push*** die Entwicklung des schwarzen Mädchens Precious Jones. Precious (auch der Titel der Verfilmung) wird geschlagen, vom Vater vergewaltigt und hat sich in ihrem Lebensfrust schon als Teenager 90 kg regelrecht angefressen. Ihr Schulbesuch diente nur als Mittel zum Kassieren des Sozialgeldes. Doch im Laufe der Jahre entdeckt Precious die Schönheit der Sprache und auch damit ihre eigene, die eben nicht im äußeren Erscheinungsbild liegt. Ergreifende, aber nicht gerade leichte Kost.

Mickey Spillane ist laut manchen Quellen der meistverkaufte Krimiautor der Welt. In über 20 Romanen ist der nicht eben zimperliche Mike Hammer sein Protagonist, der als Detektiv mit großem Misstrauen gegenüber der Welt unermüdlich Fall nach Fall ermittelt. Verfolgen kann man ihn z. B. in ***Ich, der Richter*** oder ***Regen in der Nacht***.

Edith Wharton: ***Zeit der Unschuld***. Mit dem Pulitzer-Preis prämierter Gesellschaftsroman, der den Konflikt eines Mannes zwischen zwei Frauen schildert und deutlich die Grenzen der gesellschaftlichen Toleranz des frühen 20. Jhs. aufzeigt. Die erfolgreiche Verfilmung von Martin Scorsese (1993) unterstreicht die andauernde Faszination dieser Epoche. Der inhaltliche Schwerpunkt von Whartons literarischem Werk ist der Adel New Yorks.

Anzia Yezierska: ***Bread Givers*** (nur in Englisch). Yezierska beschreibt den Konflikt zwischen einer Tochter der Neuen Welt und ihrem Vater, einem Rabbiner der Alten Welt. Durch die Loslösung vom Vater und von der althergekommenen Frauenrolle lebt sie den amerikanischen Traum. Ihr Ziel, sich von materieller Armut zu lösen, wird durch einen eisernen Willen, harte Arbeit und durch ihre Unabhängigkeit wahr.

Kleine kulinarische Sprachhilfe

<table>
<tr><td colspan="4">Auf der Speisekarte (menu) sind die Vorspeisen (appetizer, starter), Salate (salads), Hauptspeisen (entrees, main courses) und Nachspeisen (desserts) aufgeführt, Beilagen (side dishes, side orders) sind oft separat gelistet. In vielen Restaurants kann man zu einem Hauptgericht unter verschiedenen Beilagen auswählen.</td></tr>
<tr><td colspan="4">Fleisch</td></tr>
<tr><td>beef</td><td>Rind</td><td>lamb</td><td>Lamm</td></tr>
<tr><td>pork</td><td>Schwein</td><td>veal</td><td>Kalb</td></tr>
<tr><td>buffalo/Bison</td><td colspan="3">Bison</td></tr>
<tr><td colspan="4">Bei Burgern und Rindfleisch wird man gefragt, wie das Fleisch zubereitet werden soll, „How would you like your burger cooked?"</td></tr>
<tr><td>well done</td><td colspan="3">ganz durchgebraten</td></tr>
<tr><td>medium</td><td colspan="3">halb durchgebraten, innen eher rot</td></tr>
<tr><td>medium well</td><td colspan="3">dreivietel durchgebraten, innen eher rosa</td></tr>
<tr><td>rare</td><td colspan="3">innen ganz roh, nur außen gebraten, häufig verwendet man auch die Bezeichnung medium-rare</td></tr>
</table>

Geflügel			
chicken	Hähnchen	duck	Ente
turkey	Truthahn		
Fisch und Schalentiere			
catch of the day	der Fang des Tages, frisch gefangen am selben Tag		
seafood	Fischgerichte/Meeresfrüchte allgemein		
clams	Herz-Muschel	crab	Krabbe/Krebs
king crab	großer Alaskakrebs	lobster	Hummer
crayfish	Languste	shrimps	Krabben bzw. Garnelen
oysters	Austern	salmon	Lachs
catfish	Wels	tuna	Tunfisch
scallops	Jakobsmuschel	trout	Forelle
Beilagen			
cole slaw	roher, geschnitzelter Kohl, in saurer Sahnesoße		
baked potato	Folienkartoffel		
(French) fries	Pommes frites		
mashed potatoes	Stampfkartoffeln/Kartoffelpüree		
Teigwaren			
bagel	festes ringförmiges Brötchen, ursprünglich jüdisch. Es gibt sie einfach, mit Körnern, Zimt, Rosinen, Zwiebeln und vielen anderen Variationen. Bagels werden zumeist mit Cream Cheese (ähnlich: Sahnequark/Frischkäse) gegessen, wer um Einiges mehr bezahlt, bekommt noch gebeizten Lachs, Tomate, Zwiebel und Kapern dazu.		
biscuit	weiche Brötchen (süßlich)		
cereal	Cerealien; unter diesem Begriff wird meist alles von Müsli, Haferflocken, Cornflakes usw. verstanden.		
cookies	Kekse		
cornbread	Maisbrot		
Danish Pastry	Blätterteigstückchen		
doughnut/donut	ähnlich wie der Berliner, nur mit Loch; gefüllt (Marmelade, Vanillecreme) und/oder mit verschiedenem Guss		
muffins	kleine Teekuchen. Süß. Oft in fruchtigen Geschmacksrichtungen angeboten.		
pretzel	gibt es als Salzgebäck oder als weiche und mächtige Laugenbretzel; die New Yorker essen sie gerne mit Senf.		
Verschiedenes			
pastrami	koscheres, in dünnen Scheiben geschnittenes, geräuchertes und gut gewürztes Rindfleisch (meist aus Schulter). Sandwichauflage		
pepperoni	auf der Pizza: Salami (etwas scharf)		
lettuce	auf dem Sandwich oder zum Burger: ein paar Salatblätter		
decaffeinated, decaf	entkoffeiniert		

Eierspeisen	
bacon and eggs	Eier mit knusprig gebratenem Schinkenspeck
boiled eggs	gekochte Eier
ham and eggs	Eier mit Schinken
omelette	Omelette mit verschiedenen Zutaten, die man sich oft selbst zusammenstellen kann
scrambled eggs	Rührei
sunny side up	Spiegeleier, das Eigelb und der obere Teil des Eiweißes weich, der Rest hart. Dann gibt es noch folgende Varianten: „over" bedeutet auf beiden Seiten fest gebraten, „over easy" bedeutet auf beiden Seiten leicht knusprig gebraten.
Mexikanische Spezialitäten	
tortilla	Fladen aus Mais, meist als Chips serviert mit Soße oder Guacomole
burritos	Fladen aus Weizenmehl, in dem verschiedenen Zutaten eingewickelt sind
chilli relleno	mit Käse gefüllte Pfefferschoten
enchiladas	Fladen aus Maismehl, in dem verschiedene Zutaten eingerollt werden
guacamole	Avocadocreme, die mit Tortillachips gegessen wird, aber eigentlich auf alles kann
nachos	Tortillachips
tacos	meist harte Maistortillas, in die verschiedene Zutaten gefüllt werden
tamales	Maisblätter mit Füllung, oft sehr trocken
Andere Spezialitäten, eine Auswahl	
Blintzes	Teigtaschen, gefüllt mit Quark, Cottage Cheese oder Sauercreme und serviert mit Apfelmus oder Blaubeeren
Knishes	weiche Teigtasche, gefüllt mit verschiedenen Zutaten. Die geläufigsten sind die mit Kartoffelpüree.
Shish-Kebob	auf einem Grill zubereitete Fleischstücke (Rind, Schwein, Huhn), die entweder auf einem Spieß oder in einem Pitabrot eingewickelt serviert werden. Gut gewürzt und oft mit Paprika und Zwiebeln zubereitet.
Pita	Fladenbrot mit Fleisch-Zwiebelfüllung
Wraps	alles was auf ein Sandwich kommen kann, wird in einen dünnen Fladen eingewickelt
Falafel	aus Kichererbsen hergestelltes Mus, aus dem kleine Bällchen geformt werden, die dann frittiert werden. Mit Pita und Salatbeilage und verschiedener Soße serviert
Hummus	aus Kichererbsen, Olivenöl, Zitrone und Knoblauch hergesteller Dip
Udon/Ramen	dicke/dünne gekräuselte Nudeln, die in asiatischen Restaurants als Grundlage in der Suppe dienen
Sushi/Sashimi	das Erstere ist der rohe Fisch auf einem Reisbällchen serviert, Sashimi ist der rohe Fisch, bei dem der Reis separat serviert wird

Stichwortverzeichnis

C

D

Bildnachweis

Alle Bilder stammen von den Autoren Marita Bromberg und Dirk Kruse-Etzbach, außer S. 56: William P. Gottlieb/Library of Congress.